Philosophical
Troubles

Collected Papers,
Volume 1

Saul A. Kripke

哲学的困惑

克里普克
哲学论文选辑

[美] 索尔·克里普克 _著

刘叶涛 雒自新 刘东 等 _译

上海人民出版社

目　录

译 者 序

克里普克(Saul A. Kripke, 1940—2022)出生在美国纽约州一个犹太人家庭,是当代最负盛名、最主要的逻辑学家和哲学家之一。克里普克堪称"奇才":6 岁时自学希伯来文,9 岁读完莎士比亚剧作;在数学方面更是展现罕见天分,小学时自学几何和微积分,靠直觉而不诉诸任何几何符号便推导出了几何方面的结果,读高中时即开始研究数理逻辑并撰写研究论文。有这样一则关于克里普克的传奇故事:年仅 18 岁时他写了一篇论文——《模态逻辑的完全性定理》(A Completeness Theorem in Modal Logic),寄送到哈佛大学数学系审查,有关专业人士认为那应该是一篇优秀的博士论文,邀请他毕业后到校工作。据说克里普克是这样回的信:"您的提议让我倍感荣幸,但我妈妈说我必须先读完高中然后上大学。"该文后来被推荐到逻辑学国际顶尖刊物《符号逻辑杂志》(Journal of Symbolic Logic)于 1959 年发表,克里普克当时年仅 19 岁。在该文正式发表前一年,克里普克进入哈佛大学数学系学习,大学二年级时即应邀为麻省理工学院研究生讲授高阶逻辑课程。1962 年哈佛大学毕业获学士学位后留校任教,此后再也没有攻读过任何学位。克里普克先后就职于哈佛大学(1962—1968)、洛克菲勒大学(1968—1976)、普林斯顿大学(1977—1998),是普林斯顿大学的荣誉退休教授,自 2003 年起任纽约城市大学研究生中心杰出哲学教授,直至逝世。纽约城市大学克里普克中心(SKC)即以其名字命名,该中心计划建立一个保存克里普克作品的数字档案馆,内容包括可以追溯到 1970 年的讲座和研讨会录音,以及可以追溯到 1950 年的手稿、讲义以及有关哲学和数学的信函等等。1970 年克里普克在普林斯顿大学做了三次讲演,讲演整理稿先是收入戴维森(D. Davidson)与哈曼(G. Harman)主编的论文集《自然语言的语义学》(Semantics of Natural Language),1972 年出版;1980 年以《命名与必然性》(*Naming and Necessity*)为题出版单行本，克里普克加写了"序言"和"跋言"。这三篇讲演发表后引起了重大反响，奠定了克里普克在哲学界的地位。1973 年克里普克应邀在牛津大学主讲"约翰·洛克讲座"(6 讲)，主题为"指称和存在"(Reference and existence)。2001 年克里普克获得瑞典科学院颁发的罗夫·肖克奖(Rolf Schock Prize)，该奖项被认为相当于逻辑学和哲学领域的诺贝尔奖。克里普克先后当选美国文理科学院院士、英国科学院通讯院士、欧洲文理科学院院士、挪威科学院院士等。2012 年克里普克受陈波教授之邀访问中国，参加在北京大学举行的"克里普克、逻辑和哲学"国际研讨会，并在多所高校做了公开学术讲演，出席了在山东大学举行的"中国分析哲学论坛"并做学术报告，其间与中国逻辑学家和哲学家进行了学术交流。2022 年 9 月 15 日，克里普克在美国新泽西州逝世。

克里普克的研究涉及模态逻辑、逻辑哲学、语言哲学、形而上学、认识论、心灵哲学等领域。在他所涉足的几乎每个领域和论题上，其成果都产生了非同一般的广泛而深刻的影响。例如，因为克里普克中学时那篇惊世骇俗的论文，连同后面几篇论文，为当时处于争议之中的模态逻辑提供了语义理论，现代模态逻辑的可能世界语义学因此又被称为"克里普克语义学"。可能世界语义学非克里普克独创，他的独特贡献在于提出了可及关系(accessible relation)框架，使得我们可以恰切地把握模态命题的语义解释，可及关系的哲学解读也可以为分析模态的逻辑哲学难题提供独特的帮助。又如，关于广义认知语境中同一替换规则有效性问题的"信念之谜"之所以又被普遍称为"克里普克之谜"，乃是因为克里普克充分说明了这个问题何以成为一个真正重要且具有普遍性的难题。由于其学术影响之大，已经出版或发表的专门研究克里普克思想的著述已经非常之多。2009 年进行的一项民意调查中，他在"过去 200 年间最重要的哲学家"中位列第七位，在当时在世的哲学家当中则排在第一位(https://leiterreports.typepad.com/blog/2009/03/so-who-is-the-most-important-philosopher-of-the-past-200-years.html)。

和任何天才人物一样，克里普克常常见人之未见、发人所未发，而其所见所发者多为大的创见，往往产生里程碑式的意义。格外令人印象深刻的是，某些因为特定原因已经"沉寂"的话题，本以为已告终结，却由于克里普克的某种"心血来潮"和"灵光一现"，其观点一经发表即重新引发热潮，重新成为关注焦点;而有的学术论争,则因为他提出的新理论、新视角或新方法而被认为基本可告终结。例如,选入本文集的逻辑悖论研究文章《真理论纲要》,在其发表之前,说话者悖论的经典解决方案是塔尔斯基(A. Tarski)的语言层级论。对该方案此前存在着很多误解,如有人就错误地以为该方案禁止一般意义上的自我指称,而对该方案之成就的揭示也远远不够深刻,比如使用层级方案分析自然语言中的语义悖论。克里普克通过对塔尔斯基方案的诊断,明确提出了语义悖论研究"回归自然语言"的研究路线,为后续研究开辟了全新的视野,奠定了其后发展的基本研究范式。该文的发表被认为"把悖论研究推进到了一个新的阶段,并促成了 20 世纪西方学界逻辑悖论研究的第二次'高潮中的高潮'的出现"①。又如,在限定摹状词的意义和指称问题上,克里普克关于说话者指称和语义指称的区分,实际上终结了从罗素(B. Russell)到斯特劳森(P. Strawson)再到唐纳兰(K. Donnellan)的系列争辩,成为后续研究的一种基本框架。

选入本文集的 13 篇论文,有些此前已公开发表,有些则是首次通过本书正式印制公开发表。按照克里普克的想法,选文时同时采用了多个遴选标准,选择哲学而非技术性文章是其中首要标准。按照这样的设计,这些论文实际上没有具体的统一主题。为了便于读者把握论文内容和主旨,进而把握不同篇章之间可能存在的关联,我们对每篇论文进行了"摘要",以期作为一种"导读"。

1.《同一性与必然性》,本文收于穆尼茨(M. K. Munitz)主编的《同一性与个体化》(*Identity and Individuation*),于 1971 年公开发表。本文系根据克里普克在前述《命名与必然性》三篇讲演之前于纽约大学所做的一次讲演而来,于 1971 年公开发表,可视为《命名与必然性》的"简版"。在这些讲演中,克里普克将弗雷格(G. Frege)、罗素、维特根斯坦(L. Wittgenstein)、塞尔(J. R. Searle)等归为指称和意义的描述论阵营,对其如下基本观点进行了批判:任何名称都有含义,除空名外都有指称;名称的含义可以由相关联摹状词来表达,且含义决定指称。克里普克针对这些观点提出了模态论证、认识论论证和语义论证等三大论证。以此为基础,他提出了一种历史—因果

---

① 张建军:《逻辑悖论研究引论(修订本)》,人民出版社 2014 年版,第 120 页。

的指称理论,简称"因果论",主要观点是:专名和自然种类词是严格指示词,在所有可能世界指称同一对象,它们直接指称,无需含义为中介;这种直接指称可归结为通过因果链回溯到个体或自然种类之"范型"的最初命名仪式。与因果论紧密相关,克里普克做了如下工作:一是论证马库斯(R. B. Marcus)提出的"同一关系的必然性定律"可以在一阶模态谓词逻辑中加以证明,进一步深化了"必然同一性"论题的理解,与当时流行的偶然同一论构成鲜明对立,引发了后续大量研究成果面世;二是重新划分了必然/偶然、先验/后验、分析/综合这三对传统范畴所属的领域,认为三者分属形而上学、认识论和语言哲学,因而不能像逻辑经验主义者那样将它们等同起来,存在着"先验偶然命题"和"后验必然命题";三是发展了一种现代本质主义学说,认为一事物的本质就是它在所有可能世界都具有的属性:个体的本质是它的起源,人工产品的本质是其物质构成,自然种类的本质是其内部结构,这些说法恢复了在现代哲学中受到猛烈攻击的本质主义和形而上学研究,为分析形而上学开辟了新领域和新方向。他还把自己提出的严格指示词理论应用到心灵哲学领域,反驳心身同一论,同样产生了很大的影响。

2.《两个关于知识的悖论》,本文系克里普克1972年剑桥大学学术讲座的整理稿,在本选辑中首次公开发表。这是克里普克关于认知悖论的研究,自然也涉及对"什么是知识"这个知识论核心问题的理解。该文试图通过拒斥知识的持续性原则来消解意外考试悖论,并在此基础上提出了一个关于知识的新的悖论——独断论悖论。克里普克针对蒯因关于意外考试悖论的解决方案提出了质疑。后者认为,在意外考试悖论中,学生的归谬推理所否定的并不是老师的宣告本身,而是"学生事先知道宣告为真"这个假设,而因为学生事先不可能真正知道宣告的真假,所以学生的归谬推理并不能成立。为了得到这个悖论,还必须增加这样一个前提:学生在第 N-1 天知道考试将在前 N 天中的某一天举行。克里普克一般性地论证,增加这个前提还不够,意外考试悖论得以构造出来,真正起作用的是两个前提,一个是知识的持续性原则,一个是 KK 原则。克里普克说明,KK 原则尽管不能得到一般性的辩护,但足以保证具体认知实践目标的完成,可以保留并加以应用;根本性错误出在知识的持续性原则上。知识持续性原则也就是记忆保持原则:如果一名学生在 i 这天知道一个陈述,那么在之后的任意一天都将知道这个陈述。这个原则默认了学生不会发生遗忘。但这种情况并不是真的，即使学生的记忆力足够好，在认知实践中也完全可能会因为误导性证据的出现而丢失以前的知识。而如果不诉诸这个成问题的前提，每当我们排除了第 N 天之后，要想接着排除第 N-1 天，就不仅需要之前的前提为真，而且需要学生在 N-2 天时知道这些前提为真。而且，只要 N-2 不等于 0，这些就是额外增加的前提，每次都需要独立给出论证。这样，看上去形式证明只是重复使用了相同的推理，但实际每个步骤都暗中增加了额外的、需要单独论证的前提。为了说明知识的持续性原则不能一般性地成立，克里普克用较大篇幅针对亨迪卡(J. Hintikka)和马尔科姆(N. Malcolm)对持续性原则的辩护进行了反驳。针对"一旦你知道了某事，就没有进一步证据导致你改变自己的想法"，克里普克发现并提出了一种关于知识的新的悖论，即"独断论悖论"，以此进一步反驳知识具有持续性。

3.《空名与虚构实体》，本文 1973 年首次在会议上宣读，收入本选辑系首次公开发表。1973 年克里普克以"指称和存在"为主题主讲了 6 次牛津大学洛克讲座。《空名与虚构实体》即为这些讲演的"简版"。该文探讨了空专名如何指称、虚构实体何以存在等问题，这些探讨是对《命名与必然性》所论主题的延续和扩展，后者回避了空名意义和指称问题的研究。克里普克在文中论证了如下观点：第一，"存在"是个体的一个真正的谓词。在此之前，弗雷格和罗素都反对将"存在"看成个体的逻辑谓词，而是将其处理成量词。这与他们掌握并使用一阶谓词逻辑工具分析"存在问题"直接相关。克里普克认为，"所有东西都存在"这一点是必然的，但不能说所有东西都有"必然存在"这一属性，所以，不能说"存在"是一个可以归于任一个体的不足道谓词。事实上，很多东西只具有偶然的存在，比如，假如某人的父母不曾相遇，这个人也就不会存在了。第二，虚构实质上是一种"假装"，虚构名称不具有普通名称的功能，它们只是在"假装进行指称"；关于虚构对象的陈述也只是假装表达了命题，而不是真的表达了命题，但是不能由此而认为这样的命题是没有意义的。第三，虚构实体是由于人们的虚构活动才得以存在的一种特定类型的抽象实体，它们的存在取决于虚构作品是否被实际创造出来，因而虚构实体的存在是一个诉诸经验便可解决的问题，在日常语言中，我们完全可以对虚构实体进行量化并建立同一性。克里普克认为，"虚构的"一词可以叠置出现,如果我们是在《哈姆雷特》这部戏剧之中谈论"哈姆雷特",它就指称一个现实不存在的虚构角色,但如果是在这个故事之中进行谈论的话,它所指称的就是一个真实存在的个体对象。当断定"存在哈姆雷特这样一个虚构人物"时,所指称的是一个虚构角色,而这个角色是存在的,因为这样一部作品已经创作了出来。

4.《真理论纲要》,本文 1975 年在学术会议宣读,同年发表于《哲学杂志》(Journal of Philosophy)。这是克里普克关于语义悖论和真理论的研究成果。第一,他通过说话者悖论的梳理,特别是对"经验说谎者"的强调,提出了一个十分重要的观点:语义悖论的产生与悖论性语句的语法和语义特征没有实质关联,悖论的产生并非源于悖论性语句语法或语义上的内在缺陷,试图由此消解悖论注定徒劳无功;悖论产生的根源在悖论性语句之外,即用于检验语句真值的"经验事实":如果经验事实出乎意料地不利出现,原来被认为性质良好的语句就有可能导致悖论。第二,克里普克对语义悖论的经典解悖方案,也就是塔尔斯基语言层级论的成就和问题进行了探讨。他特别指明,塔尔斯基方案绝没有禁止一般意义上的自我指称,经典解悖方案与基于自指定理的哥德尔不完全性定理在本质上是相通的;塔尔斯基方案所反对的只是经典一阶理论语言的"语义封闭性",要想解决语义悖论,就需要构造一种具有开放性的语言层级,只允许高层级语言对低层级语言进行描述和真值指派。第三,基于对以往语义悖论解悖方案的辨析,克里普克提出了自己的解悖方案。他认为,传统方案试图让自然语言去适应形式语言,要求所有谓词必须是完全定义好的,这违反了人们使用真值谓词的日常直觉,因此应该调整研究思路,回到自然语言当中去研讨语义悖论的解决方案。沿着这条"回归自然语言"的路线,克里普克给出了一种以"有根基性"概念为核心的方案。他认为这个方案在以下两方面超越了以往方案,一是具备完整的形式结构,能够经得起严格的技术推敲,二是高度符合人们关于"单义性"真值谓词使用实践的直觉。

5.《说话者指称和语义指称》,本文于 1977 年首次刊发于《中西部哲学研究》(Midwest Studies in Philosophy)。这是克里普克关于限定摹状词意义和指称问题的研究成果,但其中论述的区分和方法论原则同样适用于名称。1905 年罗素发表了被誉为"哲学分析典范"的摹状词理论。该理论是罗素基于其经验论哲学,为解决由"存在"引发的逻辑和哲学问题而提出的。罗素应用带等词的一阶谓词逻辑,试图为日常语言提供一套人工改写程序,以此揭示语言形式背后的逻辑形式。通过这样一种改写,他把空专名引发的本体论难题转化成了包含相应限定摹状词的语句的真值这样一个语言问题。摹状词理论提出近半个世纪之后的 50 年代,自然语言分析学派的斯特劳森对罗素的基本构想提出了尖锐批评。斯特劳森主张在语言、语言的使用和语言的言述之间进行严格区分;认为指称不是语词本身的功能,而是语词的使用的功能,语句本身没有真假,具有真值的是语句的具体使用;摹状词理论的错误在于只关注了语言本身,忽视了具体说话者对语言的使用;日常语言并没有确切的逻辑,应该放弃揭示其深层逻辑结构的想法,回到自然语言分析。唐纳兰在 20 世纪 60 年代区分了限定摹状词的归属性用法和指称性用法,按照归属性用法,说话者用摹状词去陈述关于任何人或任何如此这般的东西的某件事情,而不管具体是什么人或什么东西;按照指称性用法,说话者使用摹状词是为了让听话者了解其所谈论的是什么人或什么东西,并谈论关于那个人或那个东西的某些事情;摹状词理论忽视了限定摹状词的指称性用法,只适于刻画归属性用法。克里普克在这些工作的基础上更进一步,认为唐纳兰的区分只是"说话者指称"和"语义指称"这种一般性区分的特殊情况。一个词项的语义指称由语言的一般约定、说话者的意图以及各种语境因素共同决定,一个词项的说话者指称指的是说话者在一个给定场合希望谈论并相信满足成为该词项的语义指称的对象。一个词项的语义指称由说话者使用该词项指称特定对象时的"一般意向"给出,说话者指称由在给定场合指称一特定对象的"特殊意向"给出。在"简单场合",说话者的特殊意向等同于一般意向,在"复杂场合",说话者的特殊意向不同于其一般意向,但他"相信"这个特殊意向与其一般意向所决定的是同一个对象。唐纳兰的归属性用法就是"简单"场合,指称性用法则是"复杂"场合。克里普克论证,按照这些区分,摹状词理论是一种没有歧义的语义理论,唐纳兰对罗素的反驳是不能成立的。

6.《信念之谜》,本文最早收于玛格丽特(A. Margalit)主编的《意义与使用》(*Meaning and Use*)于 1979 年发表。蒯因因为同一替换律等经典逻辑法则在模态语境下的失效而拒绝接受狭义模态逻辑。为了应对蒯因的诘难,克里普克诉诸可能世界语义学,认为只有在严格指示词之间才能进行同一替换。但这个反驳也仅仅适用于狭义模态语境,在信念语境这样的广义模态语境中,同一替换律失效问题仍然存在。"信念之谜"指的就是信念语境中专名的同一替换所引发的难题。这个问题又被普遍称为"克里普克之谜"。该问题的产生依赖于某些特定的原理,其中最核心的一个是"去引号原理",涉及的是诚实自省的赞同和信念之间的关系:如果一个普通英语说话者经深思熟虑,真诚地赞同 p,那就说明他相信 p。克里普克依据这些原理,构造了关于皮埃尔这个法国人相不相信"伦敦是一个漂亮城市"的思想实验。他论证,信念之谜是一个具有普遍性的问题。对于特定的认识主体来说,尽管"鲁迅"和"周树人"指称同一个人,但只要该主体不知道这一点,他就完全可能会相信鲁迅是《狂人日记》的作者,同时不相信周树人是《狂人日记》的作者;对于自然种类名称,情况同样如此。克里普克试图通过对于信念之谜的产生和解决的分析,进一步论证其关于指称和意义的因果论,并批评描述论。他认为,试图按照描述论,通过将不同的识别属性与具有相同指称的名字进行关联,以此化解信念之谜,无法最终解决问题。不过,他也没有系统说明信念之谜何以通过因果论得到妥善解决。克里普克断定,正如任何真理论必须处理说谎者悖论一样,任何关于信念和名称的理论也必须处理好这个难题;信念之谜的导出说明,我们平时用于信念归属的那些手段,比如去引号原理,需要重新进行研究和把握。

7.《诺齐克论知识》,本文成稿于 1986 年,在本选辑中系首次发表。这篇论文原稿是克里普克为诺齐克(R. Nozick)的《哲学解释》(*Philosophical Explanation*)所做的书评,后来写成了长篇研究论文。为了统一处理数学知识、伦理知识以及可以采取因果分析的经验事例,诺齐克在其著作中对"什么是知识"采取了一种反事实型分析。克里普克在本文中细致探讨了诺齐克关于"知识"的这种反事实定义。按照诺齐克,一个人 S 知道 p,意味着同时满足如下四个条件:(1)p 是真的,(2)S 相信 p,(3)如果 p 不是真的,S 就不会相信它,(4)如果 p 是真的,S 就会相信它。为了应对这些条件出现的"反例",诺齐克后面又增补了一个标准——S 通过方法 M 而知道 p,从而将上述定义修正为:(1)p 是真的,(2)S 经由方法 M 而相信 p,(3)如果 p 不是真的,而 S 想要通过 M 得出一个关于是否 p 的信念,那么 S 就不会相信它,

(4)如果 p 是真的,而 S 想要通过 M 得出一个关于是否 p 的信念,那么 S 就会相信它。考虑到第三个条件和第四个条件及其修改版本的重要性,克里普克利用可能世界语义学、严格指示词理论等工具,通过一系列思想实验,用了极大篇幅细致分析了第三个条件和第四个条件所存在的问题,特别是以往针对这两个条件提出的诸多反例。克里普克认为:(1)诺齐克关于知识的外在化条件没有排除认知主体可能出现的非理性的情况;(2)即使主体是理性的并得到证成,第三个条件也不会准确表达"相关替代者"的思想;(3)诺齐克的条件也没有准确表达"可靠的方法"这个思想。克里普克最后得出结论:即便诺齐克的条件得到了满足,并让方法 M 保持固定,也完全有可能没有获得知识。

8.《罗素的辖域概念》,本文 2005 年首次刊发于《心灵》(Mind)。1905 年罗素通过《论表示》(On denoting)一文正式提出了摹状词理论。克里普克这篇论文则是专门为纪念摹状词理论提出 100 周年而作。克里普克重新梳理了罗素和弗雷格、斯特劳森的争议,断言《论表示》一文并"没有被认真阅读过,或者,从根本上就已经被误读了",因而应该重估摹状词理论的学术价值。摹状词理论提出之前,罗素曾在《数学原理》中提出一个"辖域无关性定理":在外延语境中,对单独一个摹状词来说,只要它满足了存在和唯一性条件,摹状词的辖域之分就是无关紧要的,不会由于辖域的不同造成命题真值上的差异。克里普克提出,这条定理对于内涵语境以及同一摹状词的多次出现,是无法成立的;只有认真研究《论表示》及相关著述,才能完整地把握摹状词理论的成就和问题。克里普克论证,在内涵语境中,摹状词(无论限定的还是不定的)除了宽辖域和窄辖域,还有一种中间辖域。假设事实上太阳系有 9 颗行星,对"行星的数目可能必然是偶数"这种"双嵌入"事例,有三种理解:(1)对于行星的数目来说,有一点是真的,即它可能必然是偶数,按照这种宽辖域理解,这是一个假命题;(2)下面这一点是可能的,即有一点是必然的,即恰好存在 x 颗行星而且 x 是偶数,这种窄辖域理解也是一种为假的理解;(3)下面这一点是可能的,即存在一个 x,使得恰好有 x 个行星,而 x 必然是偶数。这是一种中间辖域,按照这种理解,原句是真的。(3)是罗素没考虑到的。克里普克利用这种辖域区分重新分析了认知语境中的同一替换问题,以及罗素著名的"游艇"问题,他一方面论证,罗素关于摹状词(外延语境和内涵语境)辖域区分的思想没有得到应有重视,另一方面指明罗素为内涵语境中辖域区分提供的例子存在问题,比如关于认知语境中同一替换规则失效的"乔治四世想知道司各脱是不是《威弗利》的作者"一例,就无法与罗素的亲知理论相容。此外,在摹状词理论对自然语言的改写程序中,按照罗素在《数学原理》第2版的设想,可以用谢弗竖取代否定词和析取词作为初始联结词,但克里普克论证,这样的话,若对辖域选择不当,可能导致用于进行分析的摹状词比有待分析的摹状词还要多,从而影响摹状词理论解题功能的发挥。

9.《弗雷格的含义和指称理论》,本文系克里普克2001年的学术讲演稿,在本选辑系首次公开发表。本文讨论的是弗雷格关于"间接语境"中词项和句子的指称和含义问题的观点。弗雷格基于 $a=a$ 和 $a=b$ 这两个同一性陈述具有不同认知价值之根源的把握,提出专有名称和普遍名称均有"含义",认知价值的不同就在于 a 和 b "含义"上的差异。但是,词项在间接语境中的含义和指称的情况远比这复杂。在"哥白尼相信行星轨道是圆的"这个句子里,"行星轨道"的指称并非简单地就是轨道本身,而是"行星轨道"这个词的含义,"行星轨道是圆的"的指称也不再是其真值,而是其所表达的思想,而这个思想正是哥白尼所相信的东西。弗雷格称这种现象为间接语境中的"指称的转移"。他认为不仅存在着间接指称,而且存在着间接含义。但在克里普克看来,按照这个思路,只要出现从句叠置,比如"我们记得,哥白尼相信行星轨道是圆的",就会出现双重间接指称和含义、三重间接指称和含义等组成的一个层级,假如不能搞清楚这些间接含义是什么,也就无法理解相关的句子是什么意思,这显然违反人们的日常认知实践,因而并不存在这种无穷层级。克里普克论证,间接含义应该具有"启发性",即仅仅从含义本身就能知道指称对象是什么,如"3的平方"就具有这种启发性,而"2022年1月1日的英国首相"的间接含义则并非如此;进一步讲,间接含义应具有直接启发性,即任何理解间接含义的人,必须保证能够直接知道它的指称对象。克里普克为弗雷格的"组合原则"进行了辩护,认为在任何一种语言中,只要用具有相同指称(含义)的组成部分替换某个组成部分,整体的指称(含义)保持不变;他还特别阐释了一条相反的原则:整体的含义与其组成部分的含义之间是一种一对一函数关系,要理解句子整体的含义,必须理解它的组成部分的含义。克里普克不赞成罗素关于"不存在从指称到含义的反向路径"的说法。他认为,弗雷格也主张一种和罗素近似的亲知学说:每当人们确定了一个指称对象,人们就内省地亲知到了这个指称对象是如何确定的,而这就是相应的含义;我们对含义的这种内省性亲知,为我们提供了一种确定它以及指称它的方式,而这就是间接含义;可以为间接含义提供一种递归性说明。由于间接含义是通过亲知确定其指称对象的,所以人们不需要任何信息,甚至不需要进行任何计算,就可以知道其指称对象是什么。克里普克还通过梳理伯奇、卡普兰(D. Kaplan)、佩里(J. Perry)等人对弗雷格的研究,讨论了弗雷格《思想》一文中提出的涉及索引词、指示词、第一人称、内在心智状态的语句的含义和指称问题,从而进一步论证了弗雷格的亲知学说。他认为,从亲知的角度看,时间等语境要素是对涉及这些内容的思想的完整表达的组成部分,把握句子表达的命题,必须同时把言述句子所涉及的各种语境要素包含在内。总之,要想正确理解弗雷格,理解他的亲知学说是必要的。

10.《第一人称》,本文2006年作为会议论文宣读,收入本选辑系首次公开发表。这篇论文系统考察了卡普兰、弗雷格和刘易斯(D.Lewis)等人关于第一人称词项的含义和指称的观点,对第一人称代词"我"分别从语义学刻画、自我概念以及它在信念、命题中所起的作用等方面作了深入分析。首先讨论了卡普兰等人关于"我"的语义学观点。对"我"的语义学说明的困难在于:"我"确定指称的方式似乎因人而异,每个人在使用"我"时,都有其特殊的指称方式;即使如此,人们仍然能够相互交流和理解。克里普克同意卡普兰的如下观点:要通过描述"我"的使用方法,而非寻找弗雷格式的含义来刻画"我"的语义。人们使用"我"时依赖于一个先在的自我概念。其次,克里普克考察了笛卡尔、休谟等人关于"自我"的观点,批评笛卡尔的"主体"理解会导致唯我论和循环,而休谟的"漂浮"的"自我"则根本无法理解。克里普克赞同笛卡尔关于"我"是思想主体和身体共同构成的统一实体的观点,他认为,"我思故我在"是他发现的先验偶然命题的例证,从而为该断言进行了辩护。克里普克还批评了安斯康姆将"我"等同于笛卡尔式自我,而"我"并非指称性表达式的观点,指出她无法解释为何可以对包含"我"的句子进行存在概括。最后,克里普克考察了刘易斯对"命题""可能世界"以及

"自我"等的理解,指出,刘易斯和他均认为每个可能世界都是唯一的,都把其中一个可能世界视为现实世界,但在哪一个可能世界是现实世界上存在着分歧。克里普克认为,我们每一个人都以一种特殊的方式把握"自我",这种认识方式比任何纯粹的语言学描述都更加基本,它是我们使用第一人称的基础。

11.《无限定输出及其对于语言哲学的若干教益》,本文2008年首次在相关会议上宣读,收入本选辑系首次公开发表。这篇文章谈论的是从言信念与从物信念的关系问题。从物和从言的区分历史悠久。从物指的是"关于事物",从言指的是"关于语言"。蒯因曾以一场不允许平局的博弈为例说明它们的区别:这场博弈有一个获胜者这一点是必然的,但不能认为存在某一个特定的博弈方,使得我们可以说"他"获胜是必然的。蒯因据此将从言和从物区分为概念性命题态度和关系性命题态度,并提出了那个有名的例子——"我想要一只单桅帆船"。对这句话的从物理解是:存在一只特定的帆船,那是我想要的;从言的理解只不过是,我追求的"只是解除无船之困",并不是想要哪一只特定的帆船。克里普克这篇论文要解答的核心问题是:从物信念能否归结为从言信念? 还是说,毕竟存在着两种信念? 所谓"无限定输出"是指,可以把从物信念悉数归结为从言信念,由从言信念到从物信念的蕴涵总是有效的。克里普克梳理了蒯因、索萨(E. Sosa)、丹尼特(D. Dennett)等人对于这个问题的回答。索萨和丹尼特只是表面上拒绝承认从物信念的存在,实际上都认可无限定输出原则并对其提供了辩护,最终还是承认从物信念。蒯因则一般性地拒绝接受从物命题态度。通过辨析这些人的观点和论证,克里普克对无限定输出原则持有否定立场,认为从言与从物的区分是客观存在的。他论证,坚持无限定输出原则有效,是误用格赖斯(H. P. Grice)会话隐含学说所导致的;从这条原则会导致"语用废纸篓谬误"和"玩具鸭谬误":第一,人们会因为所具有的信念实际为假,而混淆信念主体错以为满足摹状词的对象和真正满足摹状词的对象;第二,如果遵从无限定输出原则,把从物信念化归为从言信念,就会导致从物信念所谈的对象在从言信念中变得完全不相干,从而毫无用处。总之,认可无限定输出会导致诸多消极结果,防范无限定输出是语言哲学应该吸取的主要教益。

12.《预设与回指》,本文1990年首次在学术会议上宣讲,收入本选辑系首次公开发表。文章研究的是语言学中的"预设投射问题":如果我们有一个逻辑上的复合句,它的子句具有某些预设,我们如何根据子句的预设计算出整个复合句的预设? 克里普克通过很多日常语言使用实践中的例子,特别是通过与预设的传统算法的区分,论证说,以往探讨预设投射问题的文献都忽略了预设性词句本身所携带的"回指"要素,从而错误描述了预设是什么;而一旦把该要素考虑进来,预设问题就会得到全新的阐释、分析和解决。为了准确把握预设,克里普克区分了积极语境和消极语境。积极语境是指这样一种语境,它在会话中会被明确提到,它或者是会话参与者心里想的而且会话者知道那是他心里想的,或者它本身就是显著的;消极语境仅指会话参与者所能把握的一般性背景,这种背景并不是相关的或者会话者心里想的。克里普克论证说,无论是在积极语境还是其他从句或话语要素中,均存在着对并行信息的回溯指称。如果某个东西被明确提到,或者如果它正好就是人们心里所想的,这个东西就进入了积极语境。基于对积极语境的作用的理解,克里普克重新考量了"也""又""停止""其他"等所触发的预设,得出了若干新观点,比如,一个强调型预设句需要明确指称积极语境或指称另一从句;积极语境或其他从句蕴涵着某个人具有某种性质,或是做过了某件事情;只要预设处在积极语境之中,在前面紧邻的话语中,它就可以不说出来。

13.《时间与思想之谜》,本文 2011 年完成,专为本选辑撰写。本文提出了一个关于时间和思考的悖论。假设在某个时刻,我思考时间点的集合 S,比如我可以思考电视还不为人们所知之时所有时间组成的集合、星际旅行成为日常事务之时的所有时间组成的集合,等等。假设我在某个特定的时间 t_0 思考集合 S_0,而 S_0 包含了所有如下的时间 t:我在 t 时思考一个给定的时间集 S_t,但 S_t 不包含 t 本身($S_0 = \{t \mid S_t$ 存在 $\& t \notin S_t\}$。)既然我是在这个特定的时间 t_0 思考 S_0,那么,t_0 是不是 S_0 的元素呢? 如果 t_0 是 S_0 的元素,那么 t_0 满足 S_0 的定义条件,因而 t_0 不是 S_0 的元素;如果 t_0 不是 S_0 的元素,t_0 仍满足 S_0 的定义条件,因而 t_0 是 S_0 的元素。克里普克简要比较了这个悖论和罗素悖论的异同:两者都依赖于相应集合存在这一假定,因而只要拒斥这些集合的存在,悖论即可消解;但克里普克这个悖论的集合的存在与概括原则无关,而只依赖于分离公理。克里普克详细比较了这个悖论和卡普兰悖论的关系,揭示了卡普兰悖论所依赖的一般性假定。其中一个假定是,所有可能世界构成一个集合,因而才会有基数问题及其幂集的基数问题。克里普克否认可以一般性地谈论可能世界的集合,但认为谈论所有时间点构成的集合毫无问题。另一个假定是,"对每个命题 p 和固定的时间点 t_0,都存在一个世界,使得我们在其中恰好在 t_0 时思考命题 p"。克里普克论证,他提出的这个悖论仅仅依赖于一个十分普通的假定,即他可以在给定时间点 t_0 自由地思考集合 S_0。对于这个悖论,克里普克提到两种可能的解悖方案,其一是遵循罗素解悖诉求的某种分支类型论,其二是他在《真理论纲要》中提出的"根基性"解悖方案。他认为,后者能够很好地解决这个关于时间和思考的悖论。

以上这些文献涉及如下关键词:含义、指称、同一性、必然性、严格指示、真理、本质主义、悖论、摹状词、索引词、认知疑难、知识。尽管有些文献自面世至今已颇有时日,但当代逻辑和语言哲学前沿研究表明,鉴于克里普克理论的独特地位,其原始文献已经变得越来越重要,特别是一些误视和错解的出现提示我们,重读相关文献是避免在歧途上越走越远的必由之路。例如,若不能搞清楚克里普克"必然同一论"的逻辑原理,当代关于偶然同一性的研究是无法深入的,相应也无法理解与此相关联的相对同一性与绝对同一性的对立;若不能弄明白克里普克为什么会认为必然/偶然、先验/后验、分析/综合分属形而上学、认识论和语言哲学,就无法准确把握其反描述论的三大论证的逻辑和哲学根据,进而也就无法把握其严格指示词及本质主义的成就和问题。重读相关文献,夯实研究地基,匡正可能的误区,是我们决定将本选辑译成中文的基本动机。

本选辑可以作为研究克里普克思想或者学习克里普克理论的读本或工具书。我们的基本想法是:若能把握逻辑和语言哲学及相关研究的若干前沿进展和主要问题,将有助于读者深入理解这些文献的价值,进一步明确克里普克理论在相关领域的历史地位,最终也将有助于推动相关研究的发展。鉴于本选辑篇章主题并不统一,下文主要以"描述论和因果论的论战"为线索对其作扼要阐述,谨供学界参考,以期引发更为丰富且深入的研究。

20世纪70年代以前,描述论在指称和意义研究中占据绝对统治地位。

但自从克里普克《命名与必然性》发表至今,在描述论和直接指称论之间就发生了一场长达半个世纪的大论战。论战不仅发生在逻辑和语言哲学领域,在形而上学、认识论、心灵哲学中也产生了广泛而深刻的影响,构成20世纪这些领域的最重要内容之一。双方各有拥护者和批评者,诠释型、批判型、整合型、取代型学说纷至沓来,衍生出许多新理论,如严格指示词和因果历史理论、因果描述论、二维语义学、谓述论等,以至于有这样的说法:《命名与必然性》催生了一个"真实可见的哲学产业"。

在这场论战中长期居于统治地位的描述论是被攻击方。弗雷格和罗素被克里普克归入传统描述论的主要代表,共同观点是:任何名称都有含义,除空名外都有指称;关于名称所指对象的描述给出了名称的含义;含义是识别指称的依据、标准或途径,含义决定指称。后期维特根斯坦、斯特劳森、塞尔把描述论发展成簇摹状词论,认为确定指称的是数目不定的多个摹状词,后者提供名称的意义。直接指称论是这场论战中的攻击方。认为名称直指对象,不必以含义为中介;名称对所属语句的语义贡献仅在于提供指称。有些直接指称论者还认为,确定指称的不是含义或描述性内容,而是始于相关对象的初始命名仪式并在语言共同体内传播的因果链条。克里普克、唐纳兰、卡普兰、马库斯、普特南(H. Putnam)是直接指称论的倡导者,萨蒙(N. Salmon)、索姆斯(S. Soames)、威廉姆森(T. Williamson)等人是克里普克理论的追随者、诠释者和修补者,也是回击新批评的捍卫者。秉持描述论对直接指称论进行回击的代表人物有达米特(M. Dummett)、埃文斯(G. Evans)、塞尔、普兰丁格(A. Plantinga)、刘易斯、索萨、斯坦利(J. Stanley)等。他们中有人提出了宽辖域名称、严格化摹状词等修补型方案;有人发展了元语言描述论、因果描述论等替代型理论;塞尔将这场论战置入心灵哲学框架,提出了一种关于专名的意向性理论。实验哲学的倡导者马切利(E. Machery)等人则质疑克里普克反描述论的思想实验中所采用的直觉带有某些特定的倾向和偏见,从而引发了探寻指称理论的正确方法论的诸多探讨。阿斯海姆(O. Asheim)受弗莱斯达尔(D. Føllesdal)"真正指称词项"概念(这个概念系由克里普克的"严格指示词"概念发展而来)启发,认为描述论的对立面应为"真正指称论"。基于"逻辑形式"这一关键点的把握,他论证了单称词项在逻辑形式中不可消除,并就两种理论的对立与整合进行了研讨,揭示了开辟

"第三条道路"的可能。在这场论战的前多半个时段,直接指称论获得压倒性的优势,以致威廉姆森断言"描述论已死"。但最近20多年,由于斯塔尔内克(R. Stalnaker)、杰克逊(F. Jackson)和查尔默斯(D. Chalmers)等人的工作,出现了一种"描述论的复兴"。

总之,描述论和因果论的论战构成近半个世纪意义和指称问题研究的主动脉和核心线索,这场论战与另外几场论战共同绘就了当代分析哲学的宏阔画面。②以这场论战为主轴,我们将当代指称和意义研究的主要方向及问题总结和提炼如下。

一、描述论、直接指称论和二维语义学

(1)描述论研究。弗雷格和罗素被克里普克一同列为传统描述论的代表,但无论立论基础、理论范式还是拟定目标,两人实际都存在很大差异,需对此进行批判性考察。弗雷格的"sense"概念自提出以来就备受争议:含义何以作为语言表达式的语义值?含义如何作为确定指称的标准或手段?含义如何负载认知意义?有关这些问题的分歧在戴维特(M. Devitt)、麦克道威尔(J. MacDowell)等新弗雷格主义者那里表现得十分明显,近年来争论也很大。簇摹状词论的产生与自然语言分析的兴起同步,其主要代表同时也是自然语言分析学派的代表,这是一种巧合,还是历史的必然?簇摹状词论只是传统描述论的演进形态,还是一种实质替代理论?

(2)直接指称论研究。因果论与直接指称理论是否等同?直接指称论与真正指称论区分在哪里?克里普克反描述论三大论证对推翻描述论的统治地位具有决定性作用,而模态分析被认为在其中发挥了关键作用,但这三大论证近年遭到很多批评,它们能否经得起这些批评,值得深入探讨。直接指称论的"外在论"指称机制迄今仍有很大争议,如何仅依靠一根外在因果链就能确定指称对象?"指称的转移"这类指称实践中常见的现象看起来就是它不容易解释清楚的。对描述论的各种捍卫,如卡普兰主张在摹状词前

---

② 参见陈波:《分析哲学内部的八次大论战》,《北京大学学报》2018年第2期。

置"dthat"算子,斯坦利主张对摹状词进行"现实化"处理使其同样具有严格性,以便消除专名和摹状词的所谓对立,这些观点的合理性均值得深入研究。

(3) 指称和意向性研究。塞尔从20世纪50年代开始探讨专名的意义问题,提出了簇摹状词论,是后期描述论的主要代表。80年代他提出了分析意向性理论,彰显了指称和意向性之间的内在关联,用它继续诠释和发展早期的专名理论,并对指称因果论进行批判。但是,塞尔对克里普克的模态分析没有表现出实质兴趣,而克里普克也始终没有对意向性分析发表过看法,这让两人的争议扑朔迷离:这究竟是一场针锋相对的争论,还是自说自话? 在使用专名成功指到对象问题上,意向性要素如何发挥作用? 意向性如何助力专名进行工作? 如何系统把握塞尔"语言指称以心智指称为基础"这个论断的合理性? 对象何以成为意向对象? 指称如何成为一种带有意向性的"行动"? 回答这些问题,有助于把握描述论各形态的关联和差异,更有助于把握意义外在论和内在论对立的根由以及破解对立的路径。

(4) 整合尝试和二维语义学。很多人试图整合描述论和直接指称论,例如埃文斯、戴维特等人主张的各种混合理论,刘易斯、杰克逊等人主张的因果描述论,但一直没有获得广泛认可。查尔默斯等人提出的二维语义学是一种调和型理论,其目标是:(一)重建为克里普克的先验偶然命题和后验必然命题所打破,由康德、弗雷格、卡尔纳普在意义、理性和模态三者之间建构的所谓"金三角";(二)将其思想应用于解决语言哲学和心灵哲学中出现的疑难问题,消解来自直接指称论的批判,在吸收直接指称论精华的基础上为描述论做辩护。已经出现了很多针对二维语义学的批评,查尔默斯等对此也作了回应,但并未达成共识。二维语义学是否成功实现了拟定目标,成功修复了语义"金三角"的每一项连接? 它与经典真值条件语义学、可能世界语义学的关联和区别表现在哪里? 它是否内含严重的缺陷?

二、专名、自然种类词、索引词

(1) 专名的语言哲学研究。关于专名的语义学争论发端于密尔(J. S.

Mill)，他认为专名的语义值就是，而且只是其指称对象，这是专名对其所构成语句的唯一贡献。主要纠结于弗雷格之谜、空专名的意义和指称等疑难问题的解决，弗雷格从认识意义角度提出了专名的含义理论。弗雷格的"sense"被认为是对密尔"connotation"一词的继承。但实际有很大差别。从密尔，经传统描述论、簇摹状词理论、元语言描述论，到直接指称论，再到混合理论、二维语义学等理论整合的努力，对这一系列"含义"概念的理解是否同一？是否已经发生某种实质性变化？判断的标准是什么？进而可追问：专名的语义值是什么？如何使用专名指称所指对象？专名的工作原理究竟如何？

（2）专名的形而上学和认识论问题。克里普克认为，专名的严格性的形而上学基础是专名所指对象的本质属性。他坚持从物模态，发展出如下本质主义学说：个体的本质是其因果起源，自然种类的本质是其内部结构。这种主张自提出以来就争议不断，很多人也陆续提出了对本质属性/偶有属性的模态刻画。克里普克利用可能世界语义学刻画的必然性/可能性属于形而上学进路，考察的是对象本身的模态状况，这与认识论意义上的必然性/可能性不是完全重合的。尽管克里普克坚持只有在本体论意义上才能合法使用必然性/可能性，但并未在学界达成基本共识，这引发了一个严重的认识论问题：如何识别个体对象的存在？如果无法归类，就不可能准确进行识别，也就无法准确进行指称。从认识论上的缺陷把握专名的直接指称论存在的问题，是一个值得关注的研究方向。

（3）自然种类词的逻辑哲学问题。应从形而上学层面回答如下问题：什么是自然种类？它们是否可以独立于认知主体而存在？自然种类是否可以还原为其他实体？自然种类的本质是什么？指称和本质之间存在密切关系，已成为学界共识，但如何去准确刻画和把握这种关系，仍有很大争议。克里普克所主张的自然种类的内在结构本质主义，是有关指称的语义论证的形而上学结果，反过来，这种本质主义也是这种语义外在论的基础。克里普克试图对专名和自然种类词项进行统一处理，把专名理论直接套用到自然种类词，认为自然种类词项的语义表现与专名相似，应该用作单称词项，而不是用作自然种类谓词。这些看法在当代逻辑哲学研究中充满争论，就连直接指称论的捍卫者索姆斯，也对这种"统一论"深深怀疑。可进一步追问:内在结构与起源各自对于自然种类词和专名的功能是否可以相提并论?对专名和自然种类词亲缘关系的判定标准是什么?如何准确刻画个体和自然种类的本质。解答这些问题将涉及自然种类的实在论与非实在论、实在论与约定论、基础论与还原论等争论,亦将涉及对逻辑可能性、形而上学可能性、物理可能性等多种可能性及其相互关系的辨析,具有重要价值。

(4)先验偶然命题和后验必然命题。个体起源的本质主义引出了"标准米尺是一米长"这样的先验偶然命题,自然种类本质主义引出了"水是H_2O"这样的后验必然命题。由于这些发现,克里普克提出,必然/偶然、先验/后验和分析/综合分别属于形而上学、认识论和语言哲学。如果考虑他反描述论的三大论证,这种领域界划是克里普克得出其因果论及相关哲学结论的背景框架。这个发现的理据何在?是否解决了想要解决的问题?先验偶然和后验必然的想法是否能够立得住?有哪些问题?对于真理理论研究有何意义?历史地看,从莱布尼茨、休谟、康德、逻辑实证主义到蒯因、克里普克,有关这三组范畴的理论不断发生变化,关于它们的分歧也层出不穷,关于其间的区分与关联还没有得到系统澄清。

(5)索引词的指称和意义。尽管罗素被归为描述论的主要代表,但他主张严格区分逻辑专名和普通专名,认为只有逻辑专名才具有真正指称功能,普通专名才是缩写和伪装的摹状词。逻辑专名是典型的指示代词,它们的属概念是索引词。索引词范围广泛,按照卡普兰的分类,包括代词(如我、这个)、副词(如这里、今天)、形容词(如我的、当前的)。主流的描述论和直接指称论研究并没有系统探讨过索引词的意义和指称,而是认为可以把这些理论直接用到索引词上。这种应用能否算作一种适当方案,从而使我们可以统一把握所有名称的指称机制?此外,索引词是自然语言的重要组成部分,对它们的研究既包括建构关于它们的语义理论,又包括系统把握信念的本质、自我知识、第一人称、意识以及其他重要的逻辑和哲学问题。

三、摹状词和摹状词理论研究

(1)摹状词的语言意义问题。自摹状词理论提出至今,对限定摹状词的研究已经相对成熟,但其他类型的摹状词研究还很薄弱,有待系统和深入的探讨。其中包括:不定摹状词、复数摹状词[如"the dogs are barking"(那些狗正在大叫)的"the dogs"]、物质名词摹状词[如"the water is cold"(水很凉)中的"the water"]、类属摹状词[如"the dog is a loyal friend"(狗是忠诚的朋友)中的"the dog"]。能否统一处理这些摹状词的指称和意义?限定摹状词理论在这个问题上的借鉴价值何在?一种整全的摹状词理论值得探究。

(2)摹状词理论的拓展应用。从罗素提出摹状词理论开始,经斯特劳森的批判,到唐奈兰区分归属性用法和指称性用法,再到克里普克区分说话者指称和语义指称,构成当代摹状词意义研究的一条发展脉络。透过这条脉络可以发现摹状词意义研究的拓展性价值:一是摹状词研究与指称问题研究的密切关联不断强化,二是人工语言分析模式与自然语言分析模式结合得越来越紧密。克里普克区分语义指称和说话者指称之后的摹状词理论研究进展值得关注。摹状词理论对代词回指问题研究的应用也是近年热点:指示代词在本性上是否与专名相一致?其意义的确定是否依靠摹状词?指示代词在单称否定存在句、信念报道语境及虚构语境中的意义表现如何?这些问题与索引词研究是相互交叉的。

(3)摹状词和指称。摹状词用作指称表达式、量化表达式还是谓述表达式?这是有关摹状词的争论的中心问题。不同的用法反映出不同的本体论和认识论立场。描述论是摹状词理论的扩展性应用,描述论遇到的挑战对于摹状词理论同样存在。描述论和摹状词理论面对同样的批评,也面临着同样的辩护。描述论、直接指称论、元语言描述论,都赋予了摹状词以不同的功能,其根本争议在于:摹状词是用作名称的意义,还是仅仅用作实现指称功能的工具?摹状词的使用如何帮助名称进行指称?如何帮助人们识别指称对象的存在及其本质?对解答这些问题来说,基于情境语义学(situation semantics)的摹状词理论研究具有重要价值。

四、语句、命题、命题态度和认知疑难

(1)命题理论。命题理论研究的历史可以远溯至柏拉图,弗雷格之前

最著名的理解来自斯多亚学派的"lekta"。弗雷格的命题理论也就是他的含义理论:任何语言表达式都有含义和指称,语句的指称是它的真值,语句的含义是其所表达的命题(思想);语句的含义由其组成部分的含义及语句的语法结构所决定。罗素早期也持有相同看法,但后期他基于单称命题理论提出了一种多元关系论,不再承认命题态度是认知主体和命题本身之间的二元关系。现代命题理论仍以这些为灵感来源,研究的问题包括:命题和语句的关系是什么? 命题的指称和含义是什么? 命题何以作为真值载体? 命题的本体论地位是什么? 如何刻画命题的形而上学? 命题与事实(事态)的关系如何? 什么是事实? 如何把握否定存在命题的意义?

(2) 命题态度理论。核心问题是指,命题态度词辖域内的语言表达式在功能上何以与普通情况下不同? 弗雷格认为,命题态度词引起指称的变化:命题态度词辖域内的指称表达式指称的是对于命题态度对象的表征方式,而不是该表达式普通意义上的指称对象;表达式的普通含义在命题态度语境中变成为其所含语句的真值条件的一部分,这种指称上的变化可以归因于含义的不同。语句的真值取决于词项的指称,而语句的认知意义则取决于词项的含义。这种方案的合理性长期以来都是学术争议的焦点,也是很多新理论的来源。支持者如卡普兰甚至给出了对态度语境进行量化的方案,反对者则提出很多问题该方案解决不了,比如它对索引词不适用,不能解决多个认知主体的共同信念的归属问题。有关命题态度的典型难题——"弗雷格之谜""克里普克之谜"和"理查德之谜",提出了关于"相信"的两个根本性问题:一个是认知主体如何能就同一个对象合理地持有两个完全不同的单称信念? 另一个是一个表达同一关系的陈述如何可能既是真的又能提供新信息? 描述论和直接指称论哪一个能更令人满意地回答这两个问题,被认为是评判孰优孰劣的重要标准之一。如果去引号原理和逆去引号原理普遍适用,人们的言述与他的信念的关系就具有一般性,因而对"相信"的把握就可以涵纳几乎所有的命题态度问题。有研究甚至断言,包括"信念"在内的所有的命题态度(如觉知、愿望、意图),都是具有意向性的心智状态。

五、虚构名称、假装、虚构实体和抽象实体

（1）虚构实体的本体论问题。主要区分为实在论与反实在论。实在论者主张空专名有指称对象，虚构对象是存在的，虚构对象或者是非存在的具体对象，或者是抽象的柏拉图对象，或者是由作者创作的抽象人造物。实在论又分为柏拉图主义［梅农（A. Meinong）、泽尔塔（E. Zalta）等人］、可能主义（刘易斯等人）、克里普克主张的则是一种混合理论。反实在论者否认空专名有指称对象，认为空专名和含有空专名的命题没有意义，但这类命题具有真值。他们进而否认虚构对象的存在，主张从字面上解释命题的真值条件，而不假定虚构名称背后的本体论承诺［普利斯特（G. Priest）、沃尔顿（K. Walton）等人］。其中，持有实在论的泽尔塔在抽象对象理论方面建立了较为完整的形式化方案，而假装理论从沃尔顿以来得到了更为系统化的讨论。反实在论中以假装理论（pretence theory）最为流行，是当前热点问题，吸引了一大批研究者的关注。实在论与反实在论之争、实在论内部和反实在论内部之争，方兴未艾。

（2）虚构对象的认识论问题。虚构实体是哪种类型的东西？它们是抽象的存在物还是具体的存在物？如何认识它们的存在？实在论者主张虚构对象存在，虚构对象直接或非直接地具有虚构故事所赋予的属性，假装理论者则主张虚构对象并不真的具有属性，而只是被假装具有某种属性。就虚构对象的同一性问题而言，实在论者认为，两个虚构对象同一当且仅当它们对应故事内部所赋予的相同属性，而假装理论者认为，虚构对象是我们假装存在的对象，因而虚构对象同一当且仅当我们假装它们同一。克里普克的主张是，两个虚构对象同一当且仅当它们的内外属性都相同。这些不同的观点，很多是近些年提出来的，大多针锋相对，争议不断。孰优孰劣？谁的解释力更强？是否需要以及如何进行整合？

（3）虚构名称的指称和意义。核心争议问题包括：它们是否指称对象？如果没有，人们何以有意义地谈论此类对象？含有这些词项的命题是否有确定真值？能否应用它们进行有效推理？描述论无法圆融地解释虚构名称的指称和意义，对直接指称论来说则构成更大的威胁。很多描述论者如弗

雷格和罗素,都是反实在论者,而像克里普克这样的直接指称论者却是实在论者。如何使用虚构名称成功进行指称?能否基于这个焦点问题的解决进行卓有成效的理论整合?克里普克"指称与存在"的讲演就是要回答这些问题。关于虚构名称的研究对于推进摹状词理论研究、命题理论研究、命题态度归属问题研究,具有重要的现实意义。例如,就含有虚构名称的命题的真值而言,实在论者主张命题的真值依赖于与对象的本质或事态相关的事实;含有虚构名称的命题的推理与普通推理一样,也要遵守全称概括与肯定前件等经典逻辑规则。

本选辑的翻译工作采取分工合作、交叉审读、统稿审校方式完成。不同篇章译者的分工基于其已有研究基础(博士论文或代表性成果)与所译文章的密切关联,具体如下:《同一性与必然性》(杨四平,南京大学逻辑学专业博士,现就职河北工业大学马克思主义学院);《两个关于知识的悖论》《诺齐克论知识》(雒自新,南京大学逻辑学专业博士,现就职西安交通大学马克思主义学院);《空名与虚构实体》《无限定输出及其对于语言哲学的若干教益》(刘叶涛,北京大学逻辑学专业博士,现就职南开大学哲学院);《真理论纲要》《第一人称》(赵震,北京大学逻辑学专业博士,现就职安徽大学哲学学院;万美文,北京大学逻辑学专业硕士,现就职中国建筑西北设计研究院);《说话者指称和语义指称》《罗素的辖域概念》(冯立荣,南京大学逻辑学专业博士,现就职吉林师范大学马克思主义学院);《信念之谜》《弗雷格的含义和指称理论》(刘东,中国人民大学逻辑学专业博士,现就职中国人民公安大学马克思主义学院;王晴,中国社科院逻辑学专业博士,现就职聊城大学政治与公共管理学院);《预设与回指》(陈晶晶,中国人民大学逻辑学专业博士,现就职石家庄铁道大学马克思主义学院;石运宝,中国社会科学院逻辑学专业博士,现就职皖西学院马克思主义学院);《时间与思想之谜》(徐召清,北京大学逻辑学专业博士,现就职四川大学哲学系)。各篇文章成稿之后交由刘叶涛统一校订。此外,本选辑中的三篇论文此前已由本项目组译出并发表,本次重新进行了审校修订,其中包括:《空名与虚构实体》(刘叶涛原译)、《第一人称》(赵震、万美文原译)(载《世界哲学》2013年第2期)、《真理论纲要》(刘叶涛原译,载《逻辑与语言——分析哲学经典文选》，东方出版社 2005 年版）。

本书有幸列入教育部哲学社会科学研究后期资助项目，向有关专家致以衷心感谢！同时也得到中央高校基本科研业务经费专项资金（63202306）的资助支持。翻译工作得到两位业师——武汉大学哲学学院陈波教授、南京大学哲学系张建军教授的密切关注和具体指导，谨致谢忱！上海人民出版社独具慧眼，充分认可本选辑的学术价值，欣然接纳选辑的翻译出版，谨此致以崇高敬意和衷心感谢！本书责任编辑于力平老师和陈依婷编辑对本书工作付出了辛勤的劳作和耐心的等待，展示了一如既往的敬业精神和杰出的专业水准，特此致以特别的谢意！

刘叶涛

2023 年 10 月于南开大学

导　言

　　读者面前这部文集所选入的论文既有已经发表过的，也有此前从未公开发表过的。决定选择哪些论文时，我没有按照单独一种标准进行。实际上，我所遵循的标准有好几个，有的标准相互之间甚至还是相互冲突的。这样也许就等于说我根本没有遵照任何标准，但在列出最后的选文清单时，很多想法掠过我的脑海（或许本书的编辑们也想到了），它们当中有些可能值得提一提。

　　我一开始做了几个决定，其中之一是把我已经发表的关于模态逻辑的论文排除在外，这是因为，我觉得如果补充上一些新的东西，把那些论文单独成集也是很不错的。这个决定导致我决定采取一种一般性的态度，也就是更倾向于去选择那些哲学面向的论文，而不是技术主导的文章。在我此前已经发表过的论文中，我们选了几篇时间更久远的论文，它们已经成为大量哲学讨论的主题，其中包括：《同一性与必然性》（1971）、《真理论纲要》（1975）、《说话者指称和语义指称》（1977）、《信念之谜》（1979）。除了这些，我添加了时间更晚时候发表的几篇：《罗素的辖域概念》（2005）、《弗雷格的含义和指称理论：一些解释性评注》（2008），以及《预设与回指：关于投射问题之表述的若干评论》（2009）。当然，《真理论纲要》算是这种"非技术性论文"规则的一个例外，但它是我旧文中的得意之作，而且也属于我所理解的更严格意义上的哲学类论文。实际上它一开始就是发表在一般性的哲学刊物上的（《哲学杂志》），而且我当时也是想让它对普通的哲学读者带来影响。

　　未发表论文的选择旨在遵照排除技术性工作这个原则。但是，这几乎没有让提出最终清单的过程变得简单。所选入的这些论文只是代表了我在这些年积累的未公开发表的研究成果中很小的一部分，我确信，把很多拿掉

1

的文稿放到本选辑中同样也是恰当的。但是在选择过程中,我也需要考虑准备时间的容量和长度,决定是一定要做出来的。于是我只能这样劝慰自己:这次被拿掉的大量文稿在未来的文选中会找到自己合适的位置。在选入的文章中,有些出自相对晚近的学术报告和讲演,对其所阐发的主题,我发现自己因为某种原因已经重新进行了思考,包括《第一人称》《无限定输出及其对于语言哲学的若干教益》。有些文章时间更久远一些,但也没有发表过,像《两个关于知识的悖论》以及《空名与虚构实体》,它们反映出那些与我一同开展该项目研究的人的偏好。至于其他入选文章,比如《诺齐克论知识》,之所以要选进来,是因为对原稿好像不需要做什么加工。好吧,我们大概就是这么想的。

有一件事在我的研究中已经成为常态,那就是,大多数选入本书的未发表论文都是基于特定讲演的文稿完成的。它们当中只有两篇的本意是要写成论文的——《时间与思想之谜》和《诺齐克论知识》。后者本来是受卡斯塔内达(H. Castañeda)的委托,为《理性》(*Noûs*)杂志撰写的一篇关于诺齐克(R. Nozick)《哲学解释》(*Philosophical Explanation*)一书的书评。非常奇怪的是,唯一一篇专门为本文集撰写的论文——《时间与思想之谜》——至少在"技术性"一词的宽泛和基础性意义上,也可以说是选择"非技术性论文"策略的一个例外。我头一次想到其中提出的那个悖论是在几十年前了。我发现,之所以又一次想到这个问题,与卡普兰关于可能世界语义学的悖论密切相关。

所有未发表的论文在选入本书时都进行了相当程度的重写(或续写),而我只在很少的地方才指明已经做了哪些补充和改动。有时候即便没有明确陈明,这种修改对读者来说也是显而易见的,但在多数情况下则并非如此。话虽如此,在这里我还是应该补充一句:这些论文的基本思想没有改动,而且每篇论文的核心主张与其最初提交或写出来时是一样的。那些听了我的讲演或者看过最初手稿的人,无疑会对这些文章的主要思想十分熟悉。

实际上,尽管这些未发表论文从没有正式面世,可它们当中有些已经广泛传播了。那些时间更久远的文章尤其如此,比如《空名与虚构实体》(它是我在牛津所做的约翰·洛克讲演的前身)和《诺齐克论知识》。这两篇文章的主题实际上都曾以书面形式研讨过。很多作者,包括哈曼、刘易斯(D. Lewis)、诺齐克等等这些杰出的哲学家,都曾试图针对《两个关于知识的悖论》中提出的独断论悖论提出自己的解决方案。《诺齐克论知识》给出的"红色谷仓"这个反例也已经成为关于知识的反事实理论的标准批评意见,但是目前这一篇针对诺齐克观点进行的完整、长篇幅而且详尽分析的论文,几乎还没有人知道。

总体上看,我并没有尝试去回应批评或是不同的意见。然而《两个关于知识的悖论》是个例外。我在其中增补了一个附录,其中讨论的是关于意外考试悖论的自指方案,还增补了一封信,那是我1972年写给菲奇(F. Fitch)的,其中谈的也是这些问题(忽然想起来,这又是"非技术性论文"规则的一个例外了)。此外,既然很多人都是从哈曼的《思想》(Thought)一书中获知了关于独断论悖论的阐述,于是我想我应该再补充一个评论,谈一下为什么在我看来他的处理方案并没有解决好这个问题。

和处理没有发表的手稿的方式不同,对此前已经发表过的论文,我采取了一种十分保守的策略。选入本书时它们保持了原来发表时的形式,我只是偶尔加上一个提示或脚注,表示特地添加的内容。当然,事实上,我没有尝试去进行修改,并不意味着我没有做出任何修改。不作修改的理由之一是,有些已经发表的论文,尤其是发表时间更早的那些,已经引发了大量的评论和回应,在我看来,如果对原来的主题内容作出修改,对读者和评论者来说是不公正的。事实上,我可不敢去篡改它们。而如果补充一些回应以及我的修改的话,在我看来很可能就会导致这个项目拖延太久——更不用说,让它们变得比原始文本更长所增加的风险——会把这些论文本身弄得很零散(至少我就亲身经历过,有一次研讨会记录了人们对《真理论纲要》一文的回应和修改,光誊写下来,就有几百页了)。

我希望读者不会因为我决定把精力集中到此前未发表的文本上而感到失望。可以这样说,即便现在可以随意改变重点,从而让某些章节段落更清晰一些,或者是做出某些修改,我还是会坚持以前没有发表的论文中提出的主要思想。正像前面说过的,我有可能会把有些内容增补到每一篇文章,无论是已经发表的,还是没有发表过的。然而,这个过程自然可能会继续下去,实际上这个过程也的确比我们一开始所预期的长得多。有些文章不得不等待很久才能完成,而同我一道工作的人们都有某种紧迫感,希望它们尽快面世。

最终选入这本书的论文涵盖了很多主题:认识论、语言学、语用学、语言哲学、分析哲学史、真理理论、形而上学,等等。人们已经注意到,选文过程反映出我对哲学谜题和悖论的喜好。整体来说,从事哲学和逻辑思考一直都是我的工作中有趣的部分。我可能会对特定的问题产生强烈的兴趣。但不走运的是,把它们写出来既没有乐趣也不那么吸引人。不过我的确发现,有时候一个人并不是真正精准地知道自己的想法是什么,除非你或者把它们在讲演中表达出来,或者是把它们给写下来。我希望这份努力没有白费,而且希望别人也能像我一样,发现这里讨论的哲学问题令人着迷。

这本选辑最终面世,得益于很多人给予的直接或间接的帮助。纽约城市大学研究生中心索尔·克里普克中心(SKC)的建立对于完成这个项目发挥了关键作用。正因如此,我要首先感谢戈尔茨坦(M. Goldstein)校长、基利(B. Kelly)院长和罗宾逊(C. Robinson)教务长,感谢他们对我的工作的热忱关心,感谢他们让克里普克中心变成现实。对戴维特(M. Devitt)、格林伍德(J. Greenwood)、斯沃茨(B. Schwartz)、瓦斯里欧(I. Vasiliou),我也要表示特别感谢,感谢他们在克里普克中心的成立和运行过程中所做的工作。我对他们的支持深深感激。

克里普克中心团队提供了无价的帮助。作为中心主任的奥斯塔格(G. Ostertag)和毕希纳(J. Buechner)仔细地阅读、评议和编辑了此前没有发表过的那些论文的多个版本。惠特克(M. Whitaker)和菲尔普斯(B. Phillips)帮助校订了全文以及核实了参考文献。戴维特密切关注了本书的进展,根据实际情况的需要在几个时间节点上提出了意见并建议了截止期限。最后,佩德罗(R. Padró)深谙本书原初的理念,并把它贯彻始终,她完成了大部分的编辑工作,在整个选文抉择和重写的过程中提出了评论、建议并一直在鼓励我。设想没有她的帮助这本书还能存在,那真是非常值得怀疑的。我最要感谢的,是能够与这个优秀的团队一道工作,希望将来还能继续和大家共事。

收入本书的这些论文,从构思到写出来或讲述出来,其时间周期跨越了四十多年。很多同事和朋友尽管可能与本书的出版并不直接相关,但对收在本书中的单篇论文都作出了贡献。我已经设法在相关论文中感谢了他们并把功劳归给了他们,但在这里,我还是想强调一下我对他们的谢意。特别要感谢泰希曼(H. Teichman),他贴心地拿出自己那么多时间帮助编辑了原始手稿。感谢伯曼(F. Birman)和纳德勒(P. Nadler)对本书标题提供的建议。我对牛津大学出版社的本书编辑奥林(P. Ohlin)以及他的职员们心怀感恩,特别是约翰逊(N. Johnson),感谢他们的支持和帮助。

最后我想感谢我的家人,特别是我的父亲拉比·迈尔·塞缪尔·克里普克(Rabbi Myer S. Kripke),感谢他们对我和克里普克中心的无私的支持。

索尔·克里普克

2010 年 10 月 12 日

第一章　同一性与必然性

有一个问题在现当代哲学中频繁出现，即"偶然的同一性陈述何以可能?"这种提问题的方式与康德提出他的如下著名问题的方式相类似："先验综合判断何以可能?"这两个不同的情况中有一个共同的现象:在一个情况中，康德认为"先验综合判断是可能的"这一点理所当然，而在另一个情况下，现当代哲学文献的作者们觉得"偶然的同一性陈述是可能的"这一点同样也是显而易见的。我在这里不打算去讨论康德的问题，而只是想提一下如下这种类似:试图回答"先验综合判断何以可能"这个问题的一本大厚书写成之后，后面就会有人站出来，宣称对这个问题的解答是，先验综合判断当然是不可能的，并宣称如果有谁想写一本试图表明并非如此的书，那也注定会是白忙一场。我不想在先验综合判断是否可能这个问题上讨论孰是孰非。但在偶然的同一性陈述是否可能这个问题上，大多数哲学家已经感觉到，偶然的同一性陈述这个概念遭遇到了某种类似于下面这个悖论的情况。拒斥偶然的同一性陈述之可能性的论证如下:①

首先，根据同一替换法则，对任意对象 x 和 y，如果 x 和 y 等同，则如果 x 具有某特定属性 F，则 y 也具有该属性:

(1) $(x)(y)[(x=y) \supset (Fx \supset Fy)]$

---

① 这篇论文最初是在纽约大学就同一性问题所做的一次讲演，当时的讲演是口头的，并没有正式的书面讲稿。不过当时的讲演录了音，这篇论文就是根据录音整理而来的，只稍微做了些编辑和加工，并没有改变最初口头讲演的风格。如果读者一边读，一边想象着这里面的句子乃是出于即兴表达，适当时候会有停顿和重音，可能有助于理解。不过，还是会有一些段落不容易理解，因而有必要拿出时间对相关的论证进行扼要的阐释。[关于这些观点更加详细的版本仍然是相当精简的，仍然是对口头观点的记录，这个版本载于戴维森和哈曼主编的《自然语言的语义学》这本论文集中(*Semantics of Natural Language*, Dordrecht: D. Reidel, 1972);后来它作为单行本出版，题目是《命名与必然性》(*Naming and Necessity*, Cambridge: Harvard University Press, 1980)。]针对我的观点的疑义，扩充和赞同有时不得不被压缩掉，尤其是在讨论理论同一性及心—身问题之时。要是不这样做的话，我给原稿增补的那些注释就会变得更加冗长。

再有,任意对象当然是**必然地**自我等同的:

　　(2) $(x)\square(x=x)$

但是,

　　(3) $(x)(y)(x=y)\supset[\square(x=x)\supset\square(x=y)]$

是(1)的代入例。于是,从(2)和(3)可以得出,对任意 x 和 y,如果 x 等同于 y,那么 x 等同于 y 这一点就是**必然的**:

　　(4) $(x)(y)((x=y)\supset\square(x=y))$

这是因为条件句的前件 $\square(x=x)$ 因其已知为真而被消去了。

　　上面这个论证在最近的哲学研究中多次被提到。但它的结论却被认为具有高度的悖论性。例如,威金斯(D. Wiggins)在他的论文《同一性陈述》中就说:

> 无疑,偶然的同一性陈述是存在的。令 $a=b$ 是其中之一。从它的真和(5)[也就是上面的(4)],我们就可以得到"$\square(a=b)$"。但如果这样的话,还怎么可能存在偶然的同一性陈述呢?[②]

随后他说,对于这个论证,可能会有五种不同的回应,他反驳了所有这些回应,并进行了自我回应。这里我不想讨论针对这一陈述的所有可能存在的回应,而只是想提一下威金斯反驳的第二个回应。它是这样说的:

> 我们可以接受这个结论,并给出这样的辩护:只要"a"和"b"是专名,那就不会出现任何问题了。这样做的结果是:用专名是不可能提出偶然的同一性陈述的。

后面他又说,他对这种解答不能满意,而且还有许多哲学家也一直对此不满意,虽然还是有人对它表示赞成。

　　是什么让陈述(4)看起来令人吃惊呢? 它说的是,对于任意对象 x 和 y,若 x 是 y,那么 x 是 y 这一点就是必然的。我曾经提到过,有人可能会依

---

② R. J. Butler, ed., *Analytical Philosophy*, *Second Series*(Oxford:Blackwell, 1965), p.41.

据前提(2)是假的来反对这个论证,也就是说,并非每一个对象都必然自我
同一。例如,我本人是必然自我同一的吗? 有人可能会这样争论:在某些我
们可以设想我在其中根本就不存在的情境当中,"索尔·克里普克是索尔·
克里普克"这个陈述就是假的,或者说,并非我是自我同一的。也许在这样
一个世界当中,说索尔·克里普克是自我同一的既不是真的也不是假的。
情况也许真的就是这样,但实际上,这取决于我们对一个我不想在这里展开
讨论的话题持有什么样的哲学观。这个话题指的是:有些陈述提到了那些
在现实世界或任意给定的可能世界或反事实情境中不存在的对象,对于这
些陈述的真值,我们该说些什么呢? 这里就让我们采用较弱的方式来解释
必然性吧。只要陈述中提到的对象存在,这个陈述就是真的,这种时候我们
就可以把这些陈述看作是必然的。要是我们想要很慎重地看待这个问题,
我们就必须去研究一下"存在"作为谓词的问题,并追问一下,这个陈述能不
能重述成这种形式:对于任意 x 来说,这一点是必然的,即如果 x 存在,那么
x 自我同一。这里我就不细讲这种特殊形式的陈述了,因为它和我要说的
主题并不相关。实际上,我也没有打算考虑公式(4)。我觉得,只要你相信
公式(2),你就会接受公式(4)。如果 x 和 y 是相同的东西,而我们毕竟可以
谈论一个对象的模态性质,能够像平常那样谈论从物模态,以及谈论一个对
象**必然**具有特定属性,我认为公式(1)就一定能够成立。令 F^* 是任意属
性,包括涉及模态算子的属性,若 x 和 y 是相同的对象,并且 x 具有属性 F,
则 y 也必然具有这同一属性 F。即使属性 F 本身具有这样的形式,即必然
具有其他某个属性 G,尤其是必然与某个特定对象相等同,情况也是这样。
我并不想针对公式(4)本身讨论什么,因为它本身并没有针对任何特定的真
同一陈述,断定该陈述是必然的。它根本就没有谈到任何有关**陈述**的事。
它说的是:对于每个**对象** x 和**对象** y,如果 x 和 y 是相同的对象,那么 x 和 y
是相同的对象这一点是必然的。在我看来,如果认真考虑一下(如果有人不
这么认为,在这里我也不想去提供论证了),它和陈述(2)实际上几乎就没
有什么差别。根据同一性的定义,既然 x 是唯一一个与 x 等同的对象,"(y)
$(y=x \supset Fy)$"对我来说只不过就是"Fx"的一种啰嗦一些的说法而已,因此,

---

* 此处原文为"x",按照上下文,应为属性谓词"F",特此更正。——译者注

不管"F"是什么，$(x)(y)(y=x \supset Fx)$所说的与$(x)Fx$完全就是一样的——即使"F"表示的是必然和x等同这个属性，情况也是这样。因此，如果x具有这个属性（与x必然等同），那么(4)所断定的就是：每一个与x等同的事物都自动具有这个属性。但是，从陈述(4)我们显然能够推导得出，各种具体的同一性陈述一定是必然的，而这被认为是一个具有十足悖论性的结论。

威金斯说，"无疑，偶然的同一性陈述是存在的"。他所说的偶然的同一性陈述的例子是这样的："美国首位邮政部长与双光眼镜的发明者是相同的"，或者"这两人均与《周六晚邮报》所声明的创始人相同"（顺便说一句，我猜这个声明是假的）。有些这样的陈述显然是偶然的。同一个人，既发明了双光眼镜，又担任过美国邮政部长一职，这明显是一个偶然事实。我们怎样才能把这个情况和陈述(4)为真这个情况协调起来呢？这个问题我也不想说太细，不然的话就会陷入武断和偏执。我觉得罗素摹状词理论的辖域概念已经很好地解决了这个问题。根据罗素的看法，例如，我们可以恰当地说，《哈姆雷特》的作者本可能没有写《哈姆雷特》，甚至可以说，《哈姆雷特》的作者本可能不是《哈姆雷特》的作者。我们在这里这样说，当然不是要否认一个对象与其自身等同的必然性。我们要说的是，关于某个特定的人，这是真的：首先，他是实际上唯一写了《哈姆雷特》的那个人；其次，这个人尽管实际上写了《哈姆雷特》，但本可能没有写《哈姆雷特》。换句话说，如果莎士比亚当初决定不写悲剧，他本就可能没有把《哈姆雷特》写出来。在这些情况下，实际写了《哈姆雷特》的人本就可能没有把《哈姆雷特》写出来。罗素是这样来阐明这一点的，他说在这样一个陈述中，摹状词"《哈姆雷特》的作者"的第一次出现具有大辖域。③也就是我们说："《哈姆雷特》的作者具有如下属性：他本可能没有写《哈姆雷特》"。我们并**没有**断定下列陈述本可能实际发生，即《哈姆雷特》的作者没有写《哈姆雷特》，因为这个情况不是真的。如此断定也就意味着这样说，即情况本可能是这样的：有人写了《哈姆雷特》，但他又没有写《哈姆雷特》，这属于逻辑矛盾。在这里，除了罗素对这个问题的特定具体表述（这取决于他的摹状词理论），这个区分似乎是

---

③　这个摹状词的第二次出现具有小辖域。

任何一个有关摹状词的理论都要提出来的。例如,假如真有人遇到了哈佛的校长,但把他当成了一名普通教工,于是他可能就会说:"我把校长误认成了普通教工。"这样说并不意味着他认为"哈佛校长是一名普通教工"这个命题是真的。例如,假如他相信某种民主制度已经在哈佛影响深远,以至于校长已经决定去承担普通教工的工作,他本就有可能表达了这样的意思。但这大概并不是他的意思。罗素指出,他的意思实际上是这样的:"某人是哈佛大学的校长,但我把他误当成了普通教工"。罗素还提供了一个这样的例子,其中有人是这样说的:"我原本以为你的游艇比它实际上大。"另一个人对此的回答是:"不,我的游艇并不比它实际上大。"*

只要模态的概念,以及模态语境的量化这些概念有意义,我们就有相当充分的解决方案来避免悖论,如果我们用摹状词来代替(4)中的全称量词,在双光眼镜这样的例子中,我们所能得出的唯一结论是④:存在一个人,他碰巧发明了双光眼镜,他又碰巧担任过美国首任邮政部长,而他必然是自我同一的。存在一个对象 x,x 发明了双光眼镜,同时作为一个偶然事实,还存在一个对象 y,y 是美国首任邮政部长,最后发现,x 是 y 这一点是必然的。这里的 x 和 y 是谁呢? x 和 y 指的都是本杰明·富兰克林,而本杰明·富兰克林和他自己同一当然是必然的。由此可见,只要我们接受罗素的辖域概念,在摹状词那里就不会出现任何问题了。⑤在这里,我干脆把这个问题抛

---

* 克里普克在《罗素的辖域概念》一文中专门探讨了这个例子,本文收入本书第八章。——译者注

④ 在罗素的理论中,假如 $F(\iota x G x)$ 中的摹状词以整个语句作为它的辖域(用罗素 1905 年所使用的术语,它具有一种"主要出现"),$F(\iota x G x)$ 就能从 $(x)F x$ 和 $(\exists!x)G x$ 推出。只有这样,$F(\iota x G x)$ 才是"关于""$\iota x G x$"的指谓对象的。把这个规则应用到(4),我们就能得到正文中的结果了。需要注意的是,在 $\Box(\iota x G x = \iota x H x)$ 这种有歧义的形式当中,如果两个摹状词有一个或这两个都具有"主要出现",这个公式就没有断言 $\iota x G x = \iota x H x$ 的必然性;而如果两个摹状词都具有次要出现,该公式就断言了 $\iota x G x = \iota x H x$ 的必然性。因此,在一种没有明确的辖域指示词的语言中,摹状词必须要用最小的可能辖域进行解释——只有这样,$\neg A$ 才是 A 的否定,$\Box A$ 才是 A 的必然化,如此等等。可参看本书第八章。

⑤ 当然,具有相同目的的更早区分,是中世纪关于从言和从物的区别。许多逻辑学家,特别是斯穆里安(A. Smullyan)指出,罗素对于辖域的区分消除了模态悖论。

为了避免误解,我强调一下:我当然没有断定罗素的辖域概念解决了蒯因针对"本质主义"提出的难题;罗素的辖域概念(特别是与模态逻辑的现代模型论方案一起)真正表明的是:为了避免让"同一个人发明了双光眼镜并担任了首任邮政部长"成为一个必然真理,量化模态逻辑不需要否认 $(x)(y)(x=y \cdot \supset \cdot F x \supset F y)$ 的所有代入例为真,也不需要否认"$(x)(G x \supset G a)$"(其中的"a"(转下页)

在一边不谈,而是继续探讨威金斯提出的关于名称的问题。威金斯说他可以接受这个结论,并为此辩护道,只要 a 和 b 是专名,那就毫无问题。随后他又反驳了这一点。

有关专名的特有问题是什么呢? 至少可以这样说:如果有人不熟悉关于这个问题的哲学文献,他就会天真地感觉到专名属于下面这样的情况。首先,如果有人说"西塞罗是一位演说家",在这个陈述中,他使用"西塞罗"这个专名就仅仅是为了挑出一个特定对象,然后把某种属性赋予这个对象,也就是说,在这个例子中,他赋予一个特定的人曾经是一个演说家这个属性。如果另外有人使用了另一个名字,例如"图利",他就仍然是在谈论同一个人。如果一个人说"图利是一位演说家",他是把同样的属性赋予了同一个人。可以说,不管一个人说的是"西塞罗是一演位说家",还是"图利是一位演说家",这些陈述所表征的事实或事态都是一样的。因此,名称的功能似乎**仅仅**就是去指称,而不是用"双光眼镜的发明者"或"美国首位邮政部长"这些属性来描述被如此命名的对象。莱布尼茨律和规则(1)好像不应该仅仅在全称量化形式中成立,对于"若 $a=b$ 且 Fa,那么 Fb"这种形式,只要 a 和 b 代表的是名称,F 代表的是表达对象真正属性的谓词,它也会成立:

$$(a=b \cdot Fa) \supset Fb$$

只要在 a 处和 b 处代入任意名称,我们就可以再次通过同样的论证来获得这个结论:"如果 $a=b$,那么必然 $a=b$"。这样我们就可以大胆给出这个结论:但凡"a"和"b"是专名,只要 a 是 b,那么 a 是 b 就是必然的。如果两个专名之间的同一性陈述是真的,该陈述就必定是必然的。事实上,这个观点早就有人提出来了,例如,马库斯在她的一篇讨论模态逻辑的哲学解释的论

(接上页)要由一个其辖域为所有"Ga"的非空限定摹状词替换)的所有代入例为真。不需要为了确保得出这些结果而采用罗素对摹状词的语境性定义;但其他那些把摹状词看作初始词项的逻辑理论,弗雷格的或者别人的,必定通过某种方式表达了相同的逻辑事实。弗雷格表明,一个包含具有小辖域的限定摹状词的简单的非叠置语境,不能理解为是"关于"该摹状词的指谓对象的,而可以理解为是关于它的"含义"的。有些逻辑学家对下面这个问题感兴趣,即在什么条件下,内涵语境中具有小辖域的摹状词与具有大辖域的同一个摹状词等值? 罗素对模态逻辑中的摹状词处理方式的优点之一是,这个答案(大致就是说,摹状词就是本次讲演中所说的"严格指示词")经常可以从量化模态逻辑的其他设定当中推出:不像辛迪卡的处理方式那样,需要特别设定什么东西。即使摹状词被当作初始词项,关于辖域什么时候不相关的特定设定,通常都是可以从更为基本的公理当中推导出来的。(参看本书第十一章。)

文中就提出了这一观点。⑥根据这个观点，例如，只要有人给出了像"西塞罗是图利"这样两个名称之间的正确的同一性陈述，那么，他的陈述只要是真的，就一定是必然的。但这样一个结论似乎明显是假的。（我和其他哲学家一样，有一个保守描述的习惯，"似乎明显是假的"意思也就是"明显是假的"。实际上，我认为这个观点是正确的，不过，我并不完全赞同马库斯女士为之辩护的那种形式）。无论如何，它似乎明显是假的。在那次学术讨论会上，蒯因教授回应马库斯教授时给出了一个例子："如果按照马库斯教授对专名和摹状词作出的分别，我看会有麻烦。指派名字的范例是贴标签。在一个晴好的夜晚，我们可以给金星贴上专名'长庚星'（Hesperus）这个标签。而某天太阳升起之前我们又给同一个行星贴上专名'启明星'（Phosphorus）这个标签。"（蒯因认为类似的事情以前曾经发生过。）"最后，当我们发现我们给同一个行星贴了两次标签时，我们的发现是经验性的，而并不是因为专名是摹状词。"据我们所知，清晨看到的行星金星最初曾被误以为是一颗发光的恒星，并被叫作"晨星"（the Morning Star），或者（为了避免因为使用摹状词引发什么问题）把它叫作"启明星"。同一颗行星，当在夜晚见到的时候，被认为是另一颗恒星，也就"昏星"，被称作"长庚星"。后来，天文学家们发现启明星和长庚星乃是同一颗星。可以肯定，再多的先验推理也不能让天文学家们推断出启明星就是长庚星。事实上，以他们所掌握的这些信息来看，情况本可能正好相反。因此，有人论证说，"启明星是长庚星"这个陈述必定是一个普通的偶然的经验真理，它有可能最后被发现不是这样。因此，名称之间的真同一陈述是必然的这个观点必定是假的。蒯因在《语词和对象》一书中给出的另一个例子来自量子力学的著名先驱薛定锷教授：在中国西藏和尼泊尔都能看到一座山。当我们从一个方位看时，它被叫作"高丽森克峰"，而从另一方位看时，它被叫做"珠穆朗玛峰"；后来通过经验人们发现，高丽森克峰就是珠穆朗玛峰。（蒯因还说，他推断这个例子在地理上实际是错的。我猜：要想获得地理上的信息，人们不应该信赖物理学家。）

---

⑥ 《模态和内涵语言》（"Modalities and Intensional Language"，*Boston Studies in the philosophy of Science*，Vol.1，New York：Humanities Press，1963），第71页及之后各页。也可以参看蒯因的"评论"和随后发生的讨论。

当然,针对这个论证可能会有这样一个回应,那就是否认"西塞罗""图利""高丽森克峰""珠穆朗玛峰"这样的名称真的是专名。有人可能会说(有人的确已经这样说过了,他的名字叫伯特兰·罗素),正因为像"启明星是长庚星"和"高丽森克峰是珠穆朗玛峰"这样的陈述是偶然的,所以我们可以看到,这些名称并不真的是纯指称性的。用马库斯的话说,你并不仅仅是在给一个对象"贴标签";你实际上是在对它进行摹状。启明星是长庚星这个偶然事实意味着什么? 它意味着这个事实,即夜晚时分在天空某处的**那颗恒星**是清晨时候天空某处的**那颗恒星**。同样,高丽森克峰是珠穆朗玛峰这个偶然事实意味着这个事实:从尼泊尔如此这般的一个角度看到的那座山,是从西藏如此这般的另一个角度看到的那座山。所以,像"长庚星"和"启明星"这样的名称只可能是摹状词的缩写。"启明星"这个词项**必定**意味着"……看到的那颗恒星",或者(我们再谨慎些,因为它实际上最后证明并不是一颗恒星),"在清晨某时和某位置看到的那个**天体**",而"长庚星"这个名字**必定**意味着"在夜晚某时和某位置看到的那个天体"。于是罗素得出结论:如果我们想把"名称"这个术语留给那些实际上只是命名一个对象而不对其进行摹状的东西,我们所能拥有的真正的专名,就是我们关于自己的直接感觉材料的名称,这些是我们自己"亲知"到的对象。出现在语言中的这类名称只有像"这"和"那"这样的指示词。容易看到,对同一性之**必然性**的这个要求,如果理解成是为了让名称之间的同一免遭所有可设想的怀疑,那么,也就只有直接感觉材料的指示性名称才能确保满足这个要求了;因为只有在这些情况下,两个不同名称之间的同一性陈述才能一般性地避开笛卡尔式的怀疑。有时,罗素还允许其他一些东西作为亲知对象,例如一个人的自我;对此我们在这里不必细谈。其他哲学家(例如马库斯的回应,我记得至少是在口头讨论当中——我不知道是否已经出版,因此也许不应该给她"贴这个标签"。[7])说过:"如果名称真的只是标签,真正的标签,那么一本好的字典就应该能告诉我们,它们是同一个对象的名称。"你有一个对象 a 和一个对象 b,它们的名称分别是"约翰"和"乔"。根据马库斯的说法,一本

---

[7] 应该给她"贴这个标签"。参看她在论文之后的讨论中给出的评论,*Boston Studies in the philosophy of Science*,Vol.1,p.115。

字典就应该能够告诉你"约翰"和"乔"是不是同一个对象的名称。当然,我并不知道理想的字典应该做些什么,但普通专名似乎无法满足这个要求。就普通专名来说,你当然可能做出完全属于经验性的发现,比如发现长庚星是启明星,尽管我们过去不是这样认为的。我们可以怀疑高丽森克峰是不是珠穆朗玛峰,或者西塞罗事实上是不是图利。即便是现在,我们也可以设想我们发现假想长庚星是启明星是错的。也许天文学家们犯了错。因此这种观点似乎是错误的,如果我们使用的名称并不是指像罗素那样的人造的名称概念,而是指那些普通意义上的名称,那就可能会存在使用专名的偶然的同一性陈述,而与此相反的观点似乎明显就是错的。

在新近的哲学研究中,还有大量其他类型的同一性陈述也被作为偶然的同一性陈述的例证拿出来,为的是证明它们可能与我在前面提到的任何一种类型的陈述都不一样。例如,"热是分子运动"这个陈述便是其中之一。首先,科学应该已经发现了这一点。经验科学家通过他们的研究发现(我想他们的确已经发现了),被我们称作"热"的外部现象,事实上乃是分子的扰动。这类发现的另一个例子是"水是 H_2O",再举例的话,比如,黄金是具有如此这般原子数的元素、光是光子流等等。从"同一性陈述"的某种意义来说,这些都属于同一性陈述。其次,仅仅因为它们是科学的发现,于是它们就被认为明显属于偶然的同一性陈述。毕竟,热本可能被证明不是分子的运动。还有其他替换性理论曾经被提出来,例如热的热质(caloric)理论。假如这些关于热的理论是正确的,热也就不是分子运动了,而是一些布满了被叫作"热质"的对象的实体。一种理论最后被证明是正确的,而其他理论被证明是不正确的,这属于科学进程当中的问题,而不是什么逻辑必然性的问题。

这样的话,这里我们就又发现了另一个显然属于偶然同一陈述的例子。因为它和心—身问题相关联,所以它被认为是一个非常重要的例子。早就有很多哲学家,他们一直想成为唯物论者,想成为一种特定形式的唯物论者,这种形式就是今天我们所知道的这种"同一性理论"。根据这种理论,某种特定的心智状态,例如一个人处在疼痛之中,与他的大脑的特定状态是同一的(或者根据某些理论家的看法,与他整个身体的状态是同一的),总之就是与他大脑或身体的某种物质或神经状态相同一。由此,根据这个理论,要是我在此刻感觉到疼痛,这就会与我的身体或大脑所处的特定的某种状态相同一。其他哲学家对此持反对意见,认为这是不可能的,因为毕竟我们可以想象:即使我身体状态不是这样,我的疼痛仍然存在。也许我们可以想象,我的身体根本不存在,但却处在疼痛当中,或者与此相反,我们可以设想,即使没有疼痛,我的身体却存在并处在一个完全相同的状态。事实上,可以设想,即使根本没有心灵"在它背后",身体也能够处在这种状态。通常的回答是承认所有这些事情本都可能会发生,但同时也论证说,这些情况与心智状态和物理状态的同一性问题是不相关的。据说,这种同一类似于热和分子运动的同一或者水与H_2O的同一,只不过是另一种偶然的科学同一性。就像我们可以想象没有任何分子运动的热,我们也能想象没有任何大脑状态与之对应发生的心智状态。但是,就像第一个事实无损于热和分子运动的同一,第二个事实也完全不会影响心智状态和相应大脑状态的同一。所以,最近许多哲学家坚持认为,对于我们从理论上理解心—身问题来说,有一点是很重要的:可能存在这种形式的偶然的同一性陈述。

最后来陈述一下**我自己**的想法。与那些看似正确的观点或其他人的观点正相反,我认为在专名同一性和理论同一性这两种情况当中,同一性陈述是**必然的**,而不是偶然的。也就是说,如果它们是**真**的,它们就是**必然真**的,当然,假的同一性陈述不是必然的。人们怎样做才能为这个观点提供辩护呢?尽管我确信这个观点是正确的,但或许我还没有对这个问题提供一个完整的解答。不过在开始解答问题之前,让我先给出一些我要用到的区分吧。第一个是**严格指示词**(rigid designator)和非**严格指示词**的区分。这两个词是什么意思呢?作为一个非严格指示词的例子,我可以给出"双光眼镜的发明者"这样一个表达式。让我们假设发明双光眼镜的人正是本杰明·富兰克林,于是"双光眼镜的发明者"这个表达式就指示或指称一个特定的人,即本杰明·富兰克林。然而,我们很容易设想,这个世界本就可能有所不同,在不同的情形下,另外某个人在本杰明之前就做出了这项发明,这样的话,**他**就会成为双光眼镜的发明者。从这个意义上说,"双光眼镜的发明者"这个表达式是非严格的:在某些情况下,一个人会是双光眼镜的发明者;在其他情况下,另外一个人则会成为双光眼镜的发明者。与此相对照,我们可以考虑一下"25的平方根"这个表达式。我们可以独立于任何经验事实,给出一个算术证明,证明25的平方根实际上就是数字5,因为我们是从数学上证明这一点的,于是我们所证明的就是*必然*的。如果我们真把数字看作实体,那么,至少出于这次讲座的目的,权且就让我们这样假设,"25的平方根"就必然指示一个特定的数字,也就是5。这样的表达式,我称之为"**严格指示词**"。有些哲学家认为,如果有谁使用了严格或非严格指示词这样的概念,那就表明他陷入了某种混淆,或者没有充分注意到某些事实。我所说的"严格指示词"是什么意思呢? 我指的是这样一种词项,它们在所有可能世界均指同样的对象。为了排除一种肯定和我无关的混淆,我没有使用"本可能指示一个不同的对象"来指称语言本可能会通过不同方式来使用这个事实。例如,"双光眼镜的发明者"这个表达式本可能会常常被这个星球的居民用来指称那个败坏了哈德莱堡(Hadleyburg)名声的人。* 这种情况有可能会发生,假如,第一,这个星球的人不讲英语,而是讲另外某种在发音上和英语有所重叠的语言;第二,在这种语言中,"双光眼镜的发明者"这个表达式即意指"败坏了哈德莱堡名声的人"。当然,在他们的语言中,这个表达式指称的就是实际上败坏了哈德莱堡名声的那个人,无论那个人是谁。可这并不是我要表达的意思。当我说一个摹状词本来有可能指称某个不同的东西时,我的意思是:在**我们**的语言中,在**我们**用它描述一个反事实情境时,本可能存在另一个不同的对象,它满足**我们**为成功实现指称所提供的描述条件。因此,例如当我们谈论另一个可能世界或反事实情境时,我们用"双光眼镜的发明者"这个短语去指称在那个反事实情境下发明双光眼镜的人,无论那个人是谁,而不是指称被该反事实情境当中的人们称作"双光眼镜的发明者"的那个人。**他们**有可能讲一种和英语语音重叠的不同的语言,而在那种语言中,"双光眼镜的发明者"是通过另一种不同方式使用的。我在这里所关心的**不是**这个问题。对于这个问题,他们本可能又聋又哑,或者本可能根本就没有人存在。(即使根本没有人,也有可能存在双光眼镜的发明者——上帝或者撒旦会做这件事。)

其次,在讨论严格指示词这个概念时,我的意思并不是说,被指称的对

---

* 取自马克·吐温的小说《败坏哈德莱堡名声的人》(*The Man That Corrupted Hadley-burg*)。——译者注

象必须在所有可能世界当中存在,即该对象必须是必然存在的。有些东西,
就像正整数这样的数学实体,如果存在,就必然存在。有些人坚持认为,上
帝既是存在的又是必然存在的;有些人认为上帝是偶然存在的;有些人认为
上帝是偶然地无法存在;还有人认为上帝是必然无法存在的。⑧所有这4种
选择都已经被人尝试过了。我不管这些,我在使用严格指示词概念时,并不
要求被指称的对象必然存在。我想表达的意思是说:在所说的对象确实存
在的任意可能世界,在对象将会存在的任一情境,我们用这个指示词去指这
个对象。在该对象并不存在的情境下,我们就应该说,这个指示词没有任何
指称对象,被如此指称的这个对象并不存在。

　　我说过,很多哲学家将会发现,严格指示词这个概念本身是有争议的。
人们对此提出的反对意见如下:看吧,你正在谈的是那些反事实情境,也就
是说,你正在谈论其他的可能世界。这些世界和现实世界是完全分离开的,
而现实世界恰恰不是另一个可能世界;它就是我们这个现实的世界。所以
当我们说,在你谈论理查德·尼克松这样一个存在于另一可能世界的对象
之前,你必须说清楚,在这另一个可能世界中,哪个对象会是理查德·尼克
松。那就让我们谈论一种情境吧,其中的情况就像你所说的那样,理查德·
尼克松可能成了SDS(特别职务队)的一员。当然,你正在谈论的SDS的这
个成员,他的许多特征属性和尼克松都很不一样。在我们可以说明这个人
会不会是尼克松之前,我们必须订立跨越可能世界的同一性标准。下面这
些就是其他要被跨越的可能世界。在这些可能世界中存在着各种各样的对
象,它们的属性和现实对象不一样。有些属性在一些方面和尼克松相像,但
有些属性又和尼克松在其他方面相像。那么,这些对象中哪一个是尼克松
呢?人们必须提供衡量同一性的标准。这表明了严格指示词概念是如何陷
入一种循环的。假设我们把某个数字指示为行星的数目*。如果这真的就
是我们最喜欢的指示这个数字的方式,那么,在现实世界中行星的数目是9
的情况下,在其他任一可能世界,我们也必须把任何一个作为行星数目的数
字等同于数字9。因此,下面这一点被不同的哲学家广泛争论过,例如蒯因

---

　　⑧　如果根本就没有神,特别是,如果神的非存在是必然的,我们再用大写的"他"(He)去指称
神,那就是值得怀疑的了。文中的用法必要从非字面意义上加以理解。

　　*　本文中"行星的数目"均指"太阳系中行星的数目"。——译者注

就曾经隐含地加以论证,而经他提醒,另外还有许多哲学家也明确进行了论证,那就是说,实际上我们并不能去问一个指示词是严格的还是非严格的,因为我们首先需要一个跨可能世界的同一性的标准。有一种极端观点甚至认为,既然可能世界跟我们自己的世界如此不相干,我们实际上就绝不能说,它们当中有哪个对象和我们现存的某个对象是**一样的**,而只能说,存在一些对象,它们与现实世界中的东西多少有些相似。因此,实际上,我们不应该去谈论哪些事情有可能会发生在另一可能世界里的尼克松身上,而只应该说,在那个世界中的尼克松的"对应体"(counerparts,刘易斯使用的术语⑨)身上会发生什么事情。在其他可能世界,有人养狗,并把它们称作"跳棋"(Checkers)＊。其他人支持 ABM(反弹道导弹条约),但是并没有养着什么名叫"跳棋"的狗。此中各色人等多少都与尼克松相似,但是,没有谁实际上能被说成就是尼克松;他们只是尼克松的**对应体**,要想选出哪一个是最佳对应体,你只能按照自己喜欢的标准,通过指出哪一个与尼克松最像。这种观点在模态逻辑的拥护者和批判者当中被广泛传播。

在我看来,所有这些讨论在某种程度上都过于严肃地看待了可能世界这个比喻。这样讨论的话,"可能世界"就像是另一个国家或者地处遥远的一颗星球,好像我们通过望远镜就可以模糊地看到这颗遥远星球上的一举一动。实际上,如果照字面意思看待这幅画面,刘易斯的观点是最合理的。在遥远的另一颗星球上,没有谁能够与我们这里的某个人严格等同。但是,即使我们拥有一些不可思议的运送方式,可以把这同一个人从一个星球带到另一个星球,我们也确实需要某种同一性的认识论标准,以便我们可以说那颗遥远星球上的某个人和我们这里的某个人是不是同一个人。

在我看来,所有这些看事情的方式完全是误导性的。它就相当于这样一个观点,即反事实情境必须纯定性地加以描述。于是我们就不能说,例如,"假如尼克松给了参议员 X 足够的贿赂,他就能够让卡斯韦尔获得批

⑨　刘易斯(D. Lewis),《对应体理论和量化模态逻辑》("Counterpart Theory and Quantified Modal Logic", *Journal of Philosophy*, LXV, 1968),第 113 页及之后各页。

＊　这是尼克松生前一条爱犬的名字,2001 年尼克松的女儿把这条狗的遗骨移葬到尼克松夫妇的墓旁。帮助尼克松获得公众支持的著名的"跳棋讲演"(Checkers Speech)就和这条小狗有关。据说,它被看作尼克松家庭的"亲密一员"。——译者注

准",因为这样说所指称的就是某些特定的人,尼克松和卡斯韦尔,并谈论了在反事实情境中哪些事情会发生在他们身上。相反,我们必须要这样说才行:"假如一个有着如此这般发际线并且持有如此这般政治观点的人,给了一个身份是参议员并且有着如此这般其他属性的人足够的贿赂,那么,一个身份是南方法官且拥有许多其他与卡斯韦尔相似属性的人将获得批准。"换句话说,我们必须纯定性地描述反事实情境,随后提出这个问题:"假定这个情境当中包含了具有如此这般属性的人或物,这些人中哪一个是尼克松(或者尼克松的对应物),哪一个是卡斯韦尔,如此等等?"在我看来,这样做是错误的。谁会阻止我们说"假如尼克松做了某些事,他就可以让卡斯韦尔获得批准呢"?我们谈的是**尼克松**,并提问在某些反事实情境下,哪些事情会发生在**他**身上。我们可以说,假如尼克松做了某些事情,他就会在选举中输给汉弗莱。我所反对的那些人会论证说,"是的,但你如何认定你正在谈论的人事实上就是尼克松呢?"假如你用望远镜观察整个情境的话,那的确很难认定这一点,但这并不是我们在做的事。像这样的认识论问题并不适于对可能世界提出。如果"可能世界"这个短语让人们觉得这些问题是适用的,那我们就应该**抛弃**这个短语,而改用其他表达式,如"反事实情境",这样可能会少一些误导。如果我们说"假如尼克松贿赂了如此这般一位参议员,尼克松就可以让卡斯韦尔获得批准",在有关这个情境的这种描述中所**给出**的就是:这是一种情境,在其中我们正在谈论尼克松、卡斯韦尔以及如此这般的一位参议员。针对**规定**我们谈论的是某个特定的人这一点提出的反对意见,似乎并不亚于针对规定我们谈论的是某些特定**属性**这一点提出的反对意见。其他观点的支持者认为谈论某些特定的属性是无可非议的。他们所说的并不是,"我们如何知道(另一可能世界中的)这一属性就是红色的属性?"但他们确实发现谈论某个特定的人是可以反驳的。但是,我看不到一种情况比另一种情况有更多反对的理由。我认为这实际上根源于这样一种思想观念:可能世界存在于外界,但它们非常遥远,只能通过特制的望远镜才能够看到。引起更多非议的是刘易斯的观点。根据刘易斯,当我们说"在某些情形下,尼克松可能会让卡斯韦尔获得批准",我们实际上的意思是:"某个不是尼克松但和他非常相似的人,有可能会让某个与卡斯韦尔非常相似的法官获得批准。"情况也许就是这样,某个和尼克松非常相似的人可能会让某个和卡斯韦尔非常相似的人获得批准。但是，**这样做**并不能让尼克松或卡斯韦尔感到满意，也不会让尼克松追悔不及地说："**我本来应该这样做，就可以让卡斯韦尔获得批准了。**"真正的问题是：在某些情形下，尼克松**本人**是否可以让**卡斯韦尔获批**。我认为这种反对观点根本就是建立在一幅误导的画面之上。

相反，我们能够完好地谈论严格指示词和非严格指示词。此外，针对它们我们拥有一种很简单的直觉测试。例如我们可以说，行星的数目本可以是一个与事实上不同的数字。比如本可能只有 7 颗行星。我们可以说，双光眼镜的发明者本可以是某个与**事实上发明它的人不同的**另外一个人。⑩不过我们不能说，81 的平方根本可能是一个与实际不同的数字，因为这个数字必定是 9。如果我们把这个直觉测试用到"理查德·尼克松"这样的专名上，它们在直觉上似乎就会证明是严格指示词。首先，即便是当我们谈论我们假设尼克松在其中做了不同事情的反事实情境，我们也是假定我们仍在讨论的还是尼克松本人。我们说，"如果尼克松贿赂了某个参议员，他就有可能让卡斯韦尔获得批准"，我们假定，所谓"尼克松"和"卡斯韦尔"，我们指称的仍然还是与现实世界完全相同的两个人。看起来我们不能说"尼克松本来可能会是一个与其实际所是不一样的人"，当然，除非我们是在用隐喻的方式进行表达："他本可能是一个不同**类型**的人（如果你相信自由意志，而且你相信人并不是天生就腐败的）。"你可能会认为在这种意义上这个陈述会是真的，但是，即使第 37 届美国总统本可以是汉弗莱，尼克松在这另一种字面意义上也不可能是一个与其实际所是不一样的人。因此，短语"第

---

⑩　有些哲学家认为，在英语中，限定摹状词是有歧义的，有时候"双光眼镜的发明者"严格指示实际发明了这个东西的那个人。如果把这个观点解释成关于英语（而不是一种可能的假设性语言）的一个论题，目前我倾向于拒绝接受它，但这里我不打算论证这个问题。

我想在这里指出的是，与一些意见相反，这种所谓的歧义不可能取代罗素关于摹状词的辖域概念。考虑语句"行星的数目本可能必然是偶数"，这个句子显然可以这样解读，以便表达一个真理：如果有 8 颗行星，行星的数目就必然是偶数。但是，如果没有辖域的区分，对于摹状词的"指称性"（严格性）解读和非严格性解读就都会让该陈述为假。（既然行星的数目为 9，严格性的解读就相当于这样一个错误，即 9 本可能必然是偶数。）

"严格性"解读就等于是罗素所说的摹状词的主要出现；非严格性解读，也就是最小的辖域——有些人追随了唐纳兰，也许会宽泛地称这种解读为"归属性"使用。这样，中间辖域的可能性就被忽略掉了。当前例子中，对◇□（行星的数目是偶数）预期的解读，让摹状词□（行星的数目是偶数）的辖域既不是最大的可能，也不是最小的可能。（参看本书第八章，2a 部分。）

37 届美国总统"是非严格指示词,但"尼克松"似乎会是严格指示词。

在回到同一性陈述的问题之前,让我提出另外一个区分。这个区分非常根本,而且理解起来也比较难。在最近的讨论中,很多哲学家争论了各种真理范畴的意义,并把它们看作是等同的。其中一些哲学家大声疾呼:它们就是等同的,而其他人,像蒯因,却说它们同样都是毫无意义的。但通常来看,它们并没有被区分开。这些范畴就是"分析的"(analytic)、"必然的"(necessary)和"先验的"(a priori),有时可以把"确定的"(certain)包括进来。我不想讨论所有这些范畴,而只是想讨论一下先验性和必然性这两个概念。它们通常被看成是同义词。(对许多哲学家来说,可能不应该说他们认为这两个词是同义词,因为他们只是互换着使用它们而已。)我希望把它们区分开。说一个陈述是必然的,这是什么意思呢? 我的意思只不过就是:第一,该陈述是真的;第二,它不可能是别的样子。当我们说某件事是偶然为真的,我们的意思是,尽管实际情况是这样,但事情是别的样子也是有可能发生的。如果我们想把这种区分指派给一个哲学分支,我们应该把它指派给形而上学。与此相反,还有一个先验真理的概念。先验真理指的是那些不依赖于任何经验而能够被知道的真理。请注意,这种表述本身并没有说到任何关于所有可能世界的事情,除非把它用到定义当中去。这种表述所说的只不过是:在不依赖任何经验的情况下,人们可以知道这在现实世界中是真的。通过某种哲学论证,从我们不依赖任何经验便知道某件事在现实世界为真,可以推出它也在所有可能世界必定会被知道为真。但是,想要确立这个观点,就必须提出一些哲学论证才行。假如我们打算把这个概念指派给一个哲学分支,它就应该属于认识论,而不是形而上学。它所涉及的是我们可以知道某件事实际为真的方式。当然,这种情况是有可能的:如果有什么东西是必然的,它就能够先验得知。(顺便说一下,应该注意到,这样定义的先验真理概念当中包含了另一种模态:它能够不依赖任何经验而被知道。因为这里有两个模态,所以复杂了一些。)这里我没时间详细探讨这些概念,但有一件事从一开始就能看得到,那就是说,这两个概念的等同绝不会是不言自明的。如果它们是共外延的,那也需要一些哲学论证去加以确立。如上所述,它们属于不同的哲学领域。其中一个与知识有关,也就是关于这个现实世界的某些方面,人们能够知道些什么。另一个和形而上学有关,即这个世界**可能**会是什么样的;既然现实世界已经是这个样子,它在某些方面可能会是不同的样子吗?事实上,我坚持认为,这两类陈述没有哪一种包含在另外一种当中。但在这里我们需要加以讨论的是:所有必然之物都是先验可知或者已知的吗?考虑一下哥德巴赫猜想这个例子。它说的是,每一个偶数都是两个素数之和。它是一个数学陈述,如果它是真的,它就肯定是必然真的。毫无疑问,人们不能说,尽管事实上每个偶数都是两个素数之和,但有可能还存在另外一个数,它是偶数但不是两个素数之和。这样说是什么意思呢?另一方面,对于"每个偶数是否事实上都是两个素数之和"这个问题,答案还不知道,目前我们也没办法去判断它是否成立。所以,我们肯定不知道(不管是先验地还是后验地)每个偶数是两个素数之和。(当然,既然还没有找到任何反例,也许我们就掌握了某种证据。)但不管怎么说,我们确实不是先验地知道,每个偶数事实上是两个素数之和。当然,定义中只是说"**能够**不依赖经验而被知道",而有人可能会说,如果这是真的,我们就能够(could)独立于经验而知道它。很难看出这个主张究竟是什么意思。情况可能就是这样。它的一个可能的意思是,假如它是真的,我们就能够**证明**它。如果这个断言被一般性地应用到数学陈述上,而我们又必须在某个固定的系统之内加以研究,它就一定是错的。这就是哥德尔所证明的东西。即使我们指的是"一般意义上的直觉证明",情况也完全可以是这样(至少这个观点和相反的观点同样清楚和可能),即尽管这个陈述是真的,但人类心智还是没法去证明它。当然,一个**无限**的心灵也许能够证明它,所用的办法,就是逐个考察每一个自然数,看它是不是这个情况。当然,从这个意义上说,它也许是能够先验得知的,但只有无限的心灵才能做到,而这样则会触发其他复杂问题。我不想讨论这样的问题,也就是去设想采取一个包含无穷多步骤的行动,就像逐个检查每个数字的情况那样。在这个问题上人们已经写出了大量的哲学文献:有些人宣称这在逻辑上是不可能的;另一些哲学家则认为这在逻辑上是可能的;还有一些哲学家对此未置可否。我的主要观点是,正是因为这样一个陈述是必然的,它就是能够先验知道的,这一点并不是不言自明的。在我们判定它能够这样为人所知之前,需要进行大量的澄清工作。可见,这里表明的是,即使一切都是必然的这一点在某种意义上就是先验的,它也不应该被看作是一个不言自明的定义问题。这是一个需要研究的有实质内容的哲学论题。

　　人们可能给出的另一个例子与本质主义问题有关。这里有一张讲桌。哲学上经常提出来的一个问题是：它的本质属性是什么？除了像自我同一这样不言自明的属性，还有什么属性是这样的：如果它还想存在，它就必定具有这样的属性⑪，也就是说，一个对象如果没有它们，它就不再是这个对象了？⑫比如说，用木头制成，而不是用冰制成，这可能就是这张讲桌的一个本质属性。就让我们拿"它不是用冰制成的"这个较弱的陈述举例吧。这样就会按照我们需要的强度对其进行确证，也许这种确证同样会充满戏剧性。假设这张讲桌事实上是用木头制成的，那么，这张讲桌有可能从一开始存在时就用冰制成吗？比如用泰晤士河的水冻成的冰制成？人们会相当强烈地感觉到这是不可能的，尽管事实上人们确实可以用泰晤士河的水做一张讲桌，不过这事先要通过某种加工，把这水冻成冰，并把冰做的讲桌正好放在这儿，替代这张木制讲桌。假如人们真的这样做了，人们当然就制成了一个**不同的东西**。它不会再是**这张讲桌**，于是就不会再有这样一种情况，在其中，此处的这张讲桌由冰制成，或者是由泰晤士河的水制成。至于以后，比如一分钟之后，它能否转化成冰，就已经是另外的问题了。所以，如果这样一个例子是正确的——这是本质主义的支持者们所倡导的观点——这张讲桌就不可能由冰制成，在任何一种我们想说这张讲桌存在的反事实情境中，我们也不得不说，它不是由泰晤士河的水冻成的冰制成。当然，有些人拒绝接受本质属性的概念，认为它们毫无意义。通常情况下，这是因为（例如，我

----

　　⑪　这个定义是本质属性概念通常的表述，但必须把"存在"本身排除在外：根据所给的定义，"存在"会是不言自明的本质属性。我们应该把"存在"看作一个对象的本质属性，仅当这个对象必然存在。也许还有其他不寻常的属性（包括存在），对这些属性来说，这个定义同样是有争议的。〔感谢斯洛特（M. Slote）提出了这个见解。〕

　　⑫　作为注释的这个语句的两个子句给出了本质属性概念的等值定义，因为□（（∃x）（x=a）⊃Fa）等值于□（x）（¬Fx⊃x≠a）。然而，第二种表述在支持"跨界同一"理论上提供了强有力的引导。因为它表明的是，我们考虑"另一个可能世界中的对象b"，通过追问它是否缺乏a的任何本质属性来测试它是否与a同一。因此，让我来强调一下：尽管本质属性（不言自明地）是这样一种属性，没有它，一个对象就不能是a，但由此绝不能推出，a的本质的、纯定性属性共同构成成为a的充分条件，也不推出，任何纯定性的条件对于一个对象成为a来说是充分的。此外，即使可能存在使得一个对象成为尼克松的必要而且充分的定性条件，也仍然没有理由要求对所有反事实情境提供一种纯定性的描述。我们可以追问：要是没有卷入那些敏感事件，尼克松是否本可能成为一个民主党人？

认为蒯因就会这样说)他们觉得本质属性的概念依赖于跨可能世界的同一性概念,而后者本身就是毫无意义的。既然我拒绝接受该观点,我就不再讨论它了。我们可以谈论**这一对象本身**,谈论它是否可能具有某些它实际上并不具有的属性。例如,即便是在此一时刻,它都有可能在不同于现实所处房间的另一房间之内,但它不可能从一开始就是由冻成冰的水制成。

如果说本质主义观点是正确的,那也是有条件的。只有当我们一方面明确区分了后验真理和先验真理的概念,同时另一方面又明确区分了偶然真理和必然真理,本质主义观点才是正确的。这是因为,尽管"这张桌子如果存在,它就不是由冰制成的"这个陈述是**必然**的,但这件事不是我们先验得知的。我们所知道的首先就是,这张讲桌通常都不是由冰制成,它们通常是由木头制成的。这看上去像是木头。它摸上去不是凉的,但假如说它是用冰制成的,摸起来就会感觉到凉。由此我断定大概它不是用冰制成的。这里我的整个判断是后验的。我可能会发现,一个精巧的小把戏发生在我身上,事实上这张讲桌就是由冰制成的;但我现在要说的是,只要事实上它并不是由冰制成,事实上它是木头制成的,人们就不可能想象在某些情形下它本可以用冰制成。所以我们不得不说,尽管我们不可能先验地知道这张讲桌是否由冰制成,但既然它不是用冰制成的,它就**必然**不是用冰制成。换句话说,如果 P 是"这张讲桌不是用冰制成的"这个陈述,人们通过先验的哲学分析就会知道"如果 P,那么必然 P"这种形式的条件句。如果这张讲桌不是用冰制成的,它就必然不是由冰制成的。另一方面,我们通过经验研究知道,这个条件句的前件 P——这张桌子不是用冰制成的——是真的。我们可以通过分离规则得出结论:

$$P \supset \Box P$$
$$\underline{P}$$
$$\Box P$$

这个结论——$\Box P$——指的是,这张桌子不是用冰制成的这一点是**必然**的,而既然该结论所依据的一个前提是后验的,这个结论也就是后验得知的。可见,本质属性的概念只有在区分了先验真理和**必然**真理之后,才能被真正坚持下来,而我确实坚持本质主义观点。

现在让我们回到同一性问题上来。关于"长庚星是启明星"或者"西塞罗是图利"这两个陈述，人们可以通过经验研究发现了它们，而我们的经验信念可能最后会被证明是错误的。所以人们通常会论证，这类陈述因此必定就是偶然的。而有的人则从另一方面提出了这个观点，从而坚持认为"因为有了这个关于必然性的论证，所以名称之间的同一性陈述一定是先验可知的，因此，也许只有一类非常特殊的名称才可能真正起到名称的作用；其他都是伪名称、伪装的摹状词或诸如此类的东西。然而，只有特定一小类的同一性陈述是先验得知的，而这些陈述就是那些包括真正的名称的陈述。"如果人们接受我给出的这些区分，那就不必匆促地给出任何结论了。人们可能会坚持认为，名称之间的某些同一性陈述，尽管经常是后验得知的，而且也许不是先验可知的，但如果是真的，实际上就是必然的。由此看来，我们是有余地坚持这一观点的。当然，有余地坚持并不意味着我们就应该坚持它。我们需要看一看让我们坚持它的证据是什么。首先回顾一下我此前提出的关于专名似乎是严格指示词的观点，就像我们用"尼克松"这个名称谈论某个特定的人（即便是在反事实情境当中）的时候那样。如果我们说，"假如尼克松没有给萨克斯比写那封信，也许他就会让卡斯韦尔获得批准"，在这个陈述中，我们所谈论的同样是现实世界中的这几个人——尼克松、萨克斯比和卡斯韦尔，我们谈论在某些反事实情形下在他们身上会发生什么事。如果名称是严格指示词，关于同一性的必然性可能就没有什么疑问了，因为"a"和"b"会是某个特定的人或某个特定事物 x 的严格指示词。于是，即便是在每一个可能世界，a 和 b 也都会指称相同的对象 x，而不会去指称其他对象，所以不会存在 a 本可能不是 b 的情境。那必定会是这样一种情境，在其中，我们现在还称为"x"的对象将不会与其自身同一。这样的话，人们就不可能会遇到这样一种情境，在其中西塞罗不会是图利，或者长庚星不会是启明星。[13]

除了用先验性定义必然性之外，是什么会让人们有不同的感觉呢？有

---

[13]　由此我同意删因的说法，"长庚星是启明星"是（或者可能是）一个经验发现；我也赞同马库斯的看法，它是必然的。根据我目前的立场，删因和马库斯两人都错误地把认识论问题和形而上学问题弄混了。

两件事让人们有不同的感觉。⑭有些人倾向于把同一性陈述看作元语言陈述,从而把陈述"长庚星是启明星"等同于下面这个元语言陈述:"'长庚星'和'启明星'是同一个天体的名称"。这当然有可能是错误的。我们本来可以把"长庚星"和"启明星"这两个词用作两个不同的天体的名字。这和同一性的必然性问题无关。在同样的意义下,"2+2=4"都有可能是假的。"2+2"和"4"这两个词项本就可能用于指称两个不同的数。比如我们可以设想一种语言,其中"+""2"和"="按照标准方式使用,但 4 却被用作比如−1的平方根的名称,我们可以称之为"i"。这样的话,"2+2=4"就会是假的,因为 2 加 2 并不等于−1 的平方根。但这不是我们想要的东西。我们并不是只想说,某个我们事实上用来表达某种真东西的陈述本来可以用来表述某些假东西。我们想要按照**我们的**方式使用这个陈述,然后看它是否有可能是假的。现在我们就这样来尝试一下吧。人们心里想的是什么呢?他们说,"看,长庚星本可能不是启明星。有一颗行星在早晨被看到,它在夜晚也被看到;作为一个经验事实,后来人们发现,它们原来是同一颗行星。假如人们发现事情不是这样,它们就会是两颗不同的行星,或者是两个不同的天体,所以,你怎么能说这样一个陈述是**必然的**呢?"

这些人可能有两层意思。首先,他们的意思可能是说,我们并不是先验地知道长庚星是不是启明星。这点我已经承认了。第二,他们的意思可能是说,他们实际上可以想象一些情形,他们称这些情形就是长庚星在其中不是启明星的情形。让我们把这里的这些词项用作一个行星的**名称**,考虑一下这样一种情形会是什么样的。例如,情况本可能是这样,即金星确实就在清晨我们看到它的那个位置升起来,但另一方面,在夜晚金星出现的位置,金星却没有出现在那里,而是火星占据了那个位置。这完全就是反事实的,

---

⑭ 所谓的两种混淆,尤其是第二种,都和"长庚星是启明星"的必然性的形而上学问题与其先验性的认识论问题的混淆相关。如果长庚星是根据它在夜晚天空中的位置识别出来的,启明星是根据它在清晨天空中的位置识别出来的,那么在经验研究开展之前,研究者就完全可以知道:长庚星是启明星当且仅当同一个天体在夜晚占据了 x 这个位置,在清晨占据了 y 这个位置。然而,这两个陈述先验的实质等值,并不能推出它们的严格(必然)等值。(相同的观点适用于下面要讲的热和分子运动的例子)同样的观点在某种程度上也适用于"长庚星是启明星"与"'长庚星'和'启明星'命名相同的东西"这两个陈述之间的关系。当然,另一种起作用的混淆是,我们对一种反事实情境说些什么和处在这种情境之中的人如何描述它。这种混淆也可能和先验性与必然性的混淆相关。

因为金星实际上就在那里。现在我们可以设想,在这种反事实的另一个可能世界里,地球上可能住满了人,而人们可能会用"启明星"这个名称表示清晨的金星,用"长庚星"表示夜晚的火星。现在看来,这一切都没有什么问题,但这会是长庚星不是启明星的情境吗?无疑,这就是一种在其中人们能够真实地说出"长庚星不是启明星"的情境;但是,我们应该用我们的语言去描述事物,而不是用他们的语言。因此,让我们用我们自己的语言去描述一下。夜晚时分金星并不在那个位置这种情况何以能够真正发生呢?比如每晚都会有某个彗星来到这里,把金星猛地拉动那么一点点。(这会是设想情况这样发生的一种非常简单的科学方式:实际并不是那么简单——实际上这是很难去设想的。)它碰巧只是每天夜晚过来,然后猛地把这些东西拉动了一把。就这样,火星就被拉到了金星所在的位置。然后清晨时分,彗星又把这两个天体拉回到它们原来的位置。考虑一下我们现在称之为"启明星"的行星,我们该说些什么呢?我们可以说,这颗彗星经过它身边,并把启明星拉走了,所以它并不在通常情况下启明星在夜晚时所占据的位置。如果我们确实这样说,而且真把"启明星"用作一颗行星的名称,我们就不得不说,在这样的情形下,启明星在夜晚时就不会在我们实际上看到它所处的位置了;或者说,夜晚时长庚星就不在我们实际上看到它所在的位置了。我们可以说,在这种情形下,我们就不能称长庚星为"长庚星"了,因为长庚星将会处在一个不同的位置。但这仍不会让启明星变得与长庚星不同;相反,真实发生的情况会是,长庚星会处在一个和实际位置不同的位置,也许并不处在这样一个使人们会称之为"长庚星"的位置。但是,这并不会是启明星不是长庚星的情境。

让我们再举一个可能更容易搞懂的例子吧。假设某人用"图利"指称谴责喀提林的那位古罗马演说家,用名称"西塞罗"指称的那个人,其作品是高中三年级的拉丁文课上的必修内容。当然,他事先可能并不知道谴责喀提林的人正好就是写了这些作品的同一个人,这是一个偶然陈述。但是,这个陈述是偶然的这个事实不应该让我们认为,如果"西塞罗是图利"这个陈述是真的(并且事实上的确也是真的),它就是偶然真的。例如,假设西塞罗事实上确实谴责了喀提林,但他认为这项政治成就如此伟大,以至于他不想再去费心思去写什么文学作品了,那么,我们会不会说,在这些情形下他就不再是西塞罗了呢?在我看来,答案是否定的,与此相反,我们会说,在这些情形之下,西塞罗没有写作任何文学作品。西塞罗本应该写出某些著作来,这一点并不是他的必然属性——就像是随形的影子那样。我们很容易设想一个情境,在其中莎士比亚没有写出属于莎士比亚的那些作品,或者设想一个在其中西塞罗没有写出属于西塞罗的作品的情境。可能发生的情况是这样:我们使用某个像"这些作品的作者"这样的描述性短语,来固定(fix)"西塞罗"这个词项的**指称对象**。而一旦我们固定了这个指称对象,我们就要用"西塞罗"这个名称**严格地**指示那个事实上我们通过这些作品的著作权来加以识别的人。如果是另外某个人写了这些作品,我们也就不用它去指任何一个替代西塞罗去写这些作品的人了。事情本可能是这样发生的:写了这些作品的那个人并不是谴责喀提林的那个人。有可能是卡修斯写了这些作品。但我们不会因此就说西塞罗可能会是卡修斯,除非我们是在用一种非常不严格而且充满隐喻的方式讲话。我们会说,关于西塞罗,我们也许早就认出了他,而且通过他的作品认识了他,而他可能没有写出这些作品来,另外有人,比如卡修斯代替他写出了这些作品。

这样的例子不能作为我们认定同一性陈述是偶然陈述的根据。人们之所以把它们误当作根据,是因为错误解释了**名称和用于固定指称的摹状词**之间的关系,错误地以为它们是同义词。即便是在谈论反事实情境时,我们把"西塞罗"这样一个名称的指称对象固定为写出了如此这般作品的那个人,当我们谈到西塞罗时,我们也并不是在谈论这种反事实情境中任何一个**将会**写出如此这般作品的人,而是在谈论西塞罗,对于他,我们是用下面这个偶然属性识别出来的,即他就是实际上(在现实世界中)写出某些作品的那个人。⑮

---

⑮ 关于这张讲桌,如果有人抗议说,它毕竟还是**有可能被证明**是用冰制成的,因此它本可以是用冰制成的。对此我会这样来回复:他真正的意思是说,一张讲桌有可能看上去和这张讲桌一样,而且有可能就放在了和这张讲桌同样的位置,而那张讲桌可能就是用冰做的。简言之,相对于**一张用冰做成的讲桌**与相对于**这张讲桌**,我所处的认识论情境可能是完全相同的。在正文中我已经论证,要想反对长庚星可能最终证明不同于启明星,或者西塞罗不同于图利,就应该给出这种答复。于是在这里,"对应体"概念有它自己的用处。因为并不是这张桌子,而是一个认知"对应体",是用冰制成的;不一样的,并不是长庚星—启明星—金星,而是金星实际扮演的两个角色(昏星和晨星)的两个不同的对应体。正是因为这个事实,本可以用冰制成的,并不是**这张桌子**。关于这张桌子的模态属性的陈述,绝不会指称它的对应体。然而,如果有人混淆了认识论问题和形而上学问题,他就会走上刘易斯和其他人所倡导的对应体理论的道路。

　　我希望这一点在这样一个简短篇幅中已经说得相当清楚了。实际上，我预设了某种我并不真正相信普遍为真的东西。让我们假设，我们确实是通过摹状词来固定名称指称对象的。即使我们就是这样做的，我们也并没有因此就让这个名称和这个摹状词成为**同义词**。相反，我们使用这个名称**去严格地**指称如此命名的那个对象，即使是在谈论被如此命名的事物已经不满足所说摹状词的反事实情境中，也是这样做的。对于那些指称对象由摹状词加以固定的命名的情况，我认为这就是实际上发生的事。但是，与大多数最近的理论家相反，事实上我也认为，名称的指称很少或几乎并不通过摹状词加以固定。我这样说并不仅仅是指塞尔说的这句话："固定指称的并不是单独一个摹状词，而是一个属性簇或者一个属性家族。"我的意思是说，这个意义上的属性**根本**就没有用到。但在这里我没有时间细讲了。就让我们假设关于命名的主流观点至少有一半是真的，而且指称就是由摹状词来固定。即使这一点为真，这个名称也不会与摹状词同义，但这个名称会用来**命名**一个我们通过该对象满足某种摹状这一偶然事实而挑选出来的对象。因此，尽管我们可以想象一个情况，其中写了这些作品的那个人不是谴责了喀提林的那个人，我们也不应该说，这就是西塞罗不是图利的情况。我们应该说，这是一种在其中西塞罗没有写出这些作品，而是卡修斯写出了它们的情况。西塞罗和图利的同一仍然是成立的。

　　现在让我们转到热和分子运动的例子上。这确实是一种偶然同一的情况！新近的哲学反复强调了这一点。如果它是偶然同一的例证，那就让我们来设想一下，在什么情形下它会是假的？关于这个陈述，我坚持认为，哲学家们以为明显属于让这个陈述在其中为假的情形，实际并不是那样。当然，首先人们要论证"热是分子运动"是一个后验判断。科学研究本可能会给出与此相反的结果。但正如我之前说过的，这和它是必然的这一点并不相违——至少，只要我的看法是正确的。但是，可以肯定，这里人们心中想到的是非常特殊的情形，他们认为在这些情形当中，"热是分子运动"这个判断会是假的。那么，这些是什么样的情形呢？人们能从我们经验地发现热是分子运动这个事实中提炼出这样的情形。这是怎么做到的呢？当我们发现热是分子运动时，我们最先发现的是什么？存在一种我们可以通过触感而觉察到的外部现象，从中产生出我们称之为"热感"的一种感觉。后来我们发现,产生出我们通过触感而觉察到的那种感觉的这种外部现象,事实上是我们触摸到的物体当中分子的高度扰动现象。这样的话,人们可能就会认为,要去设想一种热在其中不是分子运动的情境,我们只需要设想这样一种情境,在其中我们有着完全相同的感觉,但造成这种感觉的却不是分子运动,而是别的。同样,如果我们想要设想光不是光子流,我们就可以设想这样一种情境,在其中我们用完全同样的方式感受到某种别的东西,产生出我们称作视觉经验的东西,不过这并不是通过光子流产生的。为了让这个例子变得更加鲜活,或是为了看到事情的另一方面,我们也可以考虑这样一种情境,在其中我们**关注**的是分子运动,但在这个情境中,这样的运动却没有给我们造成热的感觉。也有可能发生的一种情况是,我们,或者至少是生活在这个星球上的生物,其身体构造本来可能是这样的,以至于我们可以说,分子运动的增加并没有给我们带来这种感觉,反倒是分子运动的减慢给我们带来了这种感觉。于是人们可以认为,这就会是一种热不是分子运动的情境,或更准确来说,这就是一种温度不是平均分子动能的情境。

但我认为事实并非如此。让我们再来考虑一下这个情境。首先,让我们在现实世界中考虑一下。现在来设想:我们这个现实世界被大量火星人入侵,当他们触摸有低速分子运动的冰时,实际却得到了我们称作“热感”的那种感觉——实际上也许刚好相反——当他们把手靠近(会引起大量分子扰动的)火时,反倒没有得到热的感觉。此时,我们会这样说吗:“这让人对热是分子运动产生了怀疑,因为存在着其他一些这样的人,他们并没有获得同样的感觉”?很明显不会,没有人会这样想。相反,我们会说,不知为何,当火星人觉察到冷时,他们得到的感觉就和我们觉察到热时得到的感觉一样,当他们觉察到热时,他们并没有得到热的感觉。但是,现在让我们考虑这样一种反事实情境。⑯假设地球从一开始就有这样的生物居住。首先设想它上面根本没有任何生物居住,这样也就没有谁会觉察到热的感觉了。

---

⑯ 我刚才描述的情境不也是反事实的吗?如果这些火星人事实上从未入侵过,那么至少它完全可以是反事实的。严格说来,我想要做出的二分比较了下面这两个情况,一是,假如一种(可能是反事实的)情境出现了,在这种情境当中,我们**将会**如何谈论它,二是,明知一种反事实情境不出现,关于它我们**究竟**如何谈论——也就是这样一种区分,一方面是我们在一种情境当中使用的语言,另一方面是的确用来描述这种情境的语言。(考虑这个描述——“假设我们都说德语”,这个描述是用英语完成的。)如果把这种反事实情境设想成现实的,就能够让前一种情况变得生动起来。

但是,我们不会说,在这样的情形下热不存在就是必然要发生的事;我们会说热本来是可以存在的,比如,如果有火对空气进行加热的话。

让我们假设物理规律没有太大的不同:火确实能加热空气。那么,即使周围没有生物去感受它,热也是存在的。现在让我们假设进化发生了,生命被创造了出来,周围有了一些生物。但那些生物和我们不一样,而是更像火星人。此时我们会说:因为这个星球的生物感受它的方式不一样,因而热突然变成了冷吗? 不,我认为我们应该把这种情境描述为这样一种情境,在其中,尽管这个行星上的生物有我们的热感,但当他们接触到热的时候却没有得到这种感觉。当他们接触到冷时,反而得到了这种感觉。这种情况确实是我们能够想象得到的。我们能够设想这种情况发生,就好比我们能够设想我们的星球被这类生物入侵。可以分两步进行考虑。首先,有这么一个阶段,此时根本不存在任何生物,人们当然可以设想这个星球有冷有热,即使周围没有任何生物去对其进行感知。后来,这个星球经历了进化过程,住满了和我们具有不同神经结构的生物。这些生物可能对热并不敏感;他们并不像我们一样对热进行感知;但另一方面,他们却像我们感知热一样对冷进行感知。但是,热仍然是热,冷也仍然是冷。于是,要特别说明的是,这些设想与以下说法完全不构成对立:在这种反事实情境中,热仍然还是分子运动,仍然是由火所产生,等等。这就好比,即使这个星球上根本没有任何生物,情况也会是这样。与此相似,我们可以设想,这个星球上住着这样的生物,当空气中出现声波时,他们却能获得视觉上的感受。我们不应因此就断言:"在这样的情形下,声音就会是光"。相反,我们应该说:"这个星球上居住着这样一些生物,他们在某种意义上对声音有视觉上的敏感,甚至可能对光也有视觉上的敏感。"如果这些是正确的,那么,热是分子运动,光是光子流,这些仍然可能是并且仍然将是必然真理。

为了简洁地陈明我的观点,我们把"热"和"分子的运动"这两个词项均用作表示特定外部现象的严格指示词。既然事实上热就是分子的运动,而且两个指示词都是严格的,那么根据我在这里给出的论证,热是分子运动将会是必然的。让我们产生偶然性错觉的是,我们是通过下面这个偶然事实识别出热的存在,即这个行星上碰巧存在着这样的生物——也就是我们自己,他们对热的某个方面具有敏感性,也就是说,他们对分子运动或者对热具有敏感性——这些是同一种东西。而这一点是偶然的。因此，我们使用摹状词"引起如此这般感觉的东西，或者我们如此这般地感觉到的东西"来识别热。但在使用这个事实的时候，我们用的是热的一个偶然属性，这就像我们用西塞罗写了如此这般的作品这种偶然属性来识别他一样。于是，我们在一个例子中用"热"这个词项，在另一个例子中用"西塞罗"这个词项，去**严格**指示它们所代表的对象。当然，"分子运动"这个词项是严格的，它永远代表分子的运动，从不代表其他现象。所以，正如巴特勒主教（Bishop Butler）所说，"每样东西都是它自己，而不是另一样东西"。所以，"热是分子运动"是必然的，而不是偶然的，只有当人们就像设想这张桌子本可能用冰制成因而产生偶然性错觉那样去进行设想，才会在这个问题上产生偶然性错觉。我们可以认为人们能够这样去设想，但如果我们这样尝试的话，那么，经过反思我们就会看到，我们实际设想的只不过是，处在这个位置上的是另一张讲桌，而它实际上是用冰制成的。下面这个事实则是另外一回事：我们可以通过这张桌子就是我们在如此这般的位置看到和摸到的那个对象来识别它。

那么，这个问题如何与心—身问题相关呢？人们通常认为，它和"热是分子运动"这个陈述一样，也是偶然的同一性陈述。情况不可能是这样的。就像"热是分子运动"一样，它不可能是一个偶然的同一性陈述，假如我的看法是正确的，这是因为"热是分子运动"本就不是一个偶然的同一性陈述。下面就让我们看一下这个陈述的情况吧。例如，"我在这样的时刻处于疼痛之中，就是在这样一个时刻我的大脑处于这样一种状态之中"，或者"一般来说，疼痛就是这样一种神经（大脑）状态"。

由于下述原因，这一点被认为是偶然的。首先，我们能够设想，即使没有疼痛，大脑状态也是存在的。每当我们处于某种大脑状态，我们就会有疼痛，这只是一个科学上的事实。其次，人们可以设想，一种生物处于疼痛之中，却没有处于任何一种特定的大脑状态，甚至根本就没有大脑存在。至少表面看来，人们甚至会认为，即使他们可能是错的，他们也可以设想出完全没有血肉的生物，至少肯定不是像我们这样有血有肉的生物。所以，我们好像可以设想某些明确的情形，在其中这种关系是假的。如果这些情形真的存在，那么请注意：我们不可能通过说这只不过是一种错觉就可以一劳永逸地解决问题。它是某种我们明显可以设想的东西。实际上，我们并不能像我们错误地认为可以设想一种热不是分子运动的情境那样，对此进行设想。这是因为，尽管我们可以说，我们通过热以如此这般的方式影响到我们这一偶然属性，偶然地挑出了热，但我们不能通过同样方式说，我们通过疼痛以如此这般的方式影响到我们这一事实，偶然地挑选出疼痛来。按照这样一幅画面，这种大脑状态是会存在的，我们通过它让我们感觉到疼痛这个偶然事实把它挑选出来。这种说法对大脑状态有可能成立，但对疼痛来说却不能成立。这个经验本身必须就是这个经验，而我不能说：它是一种疼痛，是我当下所拥有的疼痛的一种偶然属性。⑰实际上，"我的疼痛"和"我处于如此这般一种大脑状态"这两个词项首先似乎都是严格指示词。也就是说，不管什么时候，只要有什么东西是如此这般的疼痛，它本质上就会是这个对象，也就是如此这般的疼痛，并且，不管在哪里，只要有什么东西是如此这般的大脑状态，它本质上就是这个对象，也就是如此这般的一种大脑状态。因此，这两者都是严格指示词。我们不能说这个疼痛有可能是某种别的东西，某种别的状态。这两个都是严格指示词。

第二，我们想到的挑选出它们的方式——也就是说，通过它是特定类型的经验把疼痛挑选出来，通过它是具有如此这般分子结构的某特定物质对象的状态来挑选出大脑状态——这两种情况都是本质而非偶然地挑选出它

---

⑰ 现今最流行的同一性理论，显然不能满足这个简单的要求。因为这些理论通常认为，心智状态就是大脑状态，促使大脑状态成为心智状态的，是它的"因果作用"，也就是这一事实，即它倾向于产生出某种行为（正如意向产生出行动，或者疼痛，或者疼痛行为），或者是由某种刺激而产生（比如因针扎而产生疼痛）。如果把大脑状态和它的起因及后果之间的关系看成是偶然的，那么处于如此这般的一种心智状态就是大脑状态的一种偶然属性。令 X 是一种疼痛。因果作用同一性理论家认为，(1) X 是一种大脑状态，(2) X 是一种疼痛的事实要被（大致）分析为这一事实，即 X 由某种刺激而产生，从 X 会产生出某种行为。当然，(2)中提到的事实被看作是偶然的；大脑状态 X 完全可以存在，在缺乏其他条件的情况下，并不倾向于产生出适当的行为。因此(1)和(2)断言的4是，一种特定的疼痛 X 本来可以存在，但它可能不是一种疼痛。在我看来，这显然是荒谬的。设想任何一种疼痛：它本身本可以存在，却不是一种疼痛，这有可能吗？

如果 $X = Y$，那么 X 和 Y 将共有所有的属性，包括模态属性。如果 X 是一种疼痛，Y 是相应的大脑状态，那么是一种疼痛就是 X 的本质属性，而是一种大脑状态就是 Y 的本质属性。如果这种对应关系事实上就是同一性，那么对于 Y 来说，对应于一种疼痛就是必然的，对于 X 来说，对应于一种大脑状态就是必然的，事实上就是对应于这种特殊的大脑状态 Y。这两个断言似乎都是假的；有一点似乎明显是可能的，那就是说，X 在没有相应大脑状态的情况下也是可以存在的；或者，即使没有感觉到疼痛，这种大脑状态也应该是存在的。与他们目前几乎普遍存在的做法相反，同一性理论家不可能接受这些直觉；他们必定会否认它们并且还要为它们辩解。这绝不是一件容易做的事。

们的对象,也就是说,它们是通过本质属性把对象挑选出来。不论何时,只要分子具有这种结构,我们就**确实**具有这样一种大脑状态。不论何时,只要你感觉到了**这一点**,你确实就会有疼痛。这样看来,同一性理论家好像遇到了一些麻烦,因为既然我们这里有两个严格指示词,所说的同一性陈述就是必然的。因为它们本质地挑选出了它们的指谓对象,所以我们不能说,你好像把同一性陈述设想为假的那种情况,真的是一种幻觉,就像我们在热与分子运动一例中所感到的幻觉那样,因为那种幻觉依赖于我们通过某种偶然属性挑选出了热这个事实。所以,没有多少操作的余地;也许根本就没有任何余地。⑱同一性理论家认为,疼痛就是大脑状态,他们也不得不认为疼痛必然就是大脑状态。因此,他不可能承认,但必须否认,存在某些情境,在其中一个人会有疼痛但没有相应的大脑状态。现今常见的同一性理论论证当中,这一点还远远没有被否认。事实上,从一开始,这位唯物论者和他的对手就承认这一点。他说,"当然,我们有疼痛却没有相应大脑状态这种情况本就有**可能**存在。这是一种偶然的同一。"但这是不可能的。他不得不坚持认为我们处在某种幻觉之中,认为我们能够设想有可能存在疼痛但没有大脑状态的情境。关于这种幻觉可能会是什么,我能想到的唯一的模型是,或者至少是这位唯物论者本人通过同热与分子运动一例进行类比给出的模型,在这种情况下是完全行不通的。因此,唯物论者面临一个非常严峻的挑战。他不得不想方设法去表明,我们觉得能够看到其可能发生的那些事情,

---

⑱ 在这里简要重述一下下面这个论证可能会有些帮助。如果"疼痛"和"C-纤维刺激"都是现象的严格指示词,那么,认为它们同一的人必定就会认为这种同一是必然的。这种必然性如何与 C-纤维刺激可能最后证明根本与疼痛无关这个明显的事实保持一致呢?我们可以通过与热和分子运动一例进行类比来尝试给出回应;后一种同一也是必然的,然而有人相信,在科学研究表明并非如此之前,分子运动最后可能会证明并不是热。对此的回答当然就是,真正可能的情况是:人们(或者一些理性或感性的生物)本可以和实际上的我们处于**相同的认知情境**,而且通过与我们识别热的方式相同的方式识别一种现象,也就是通过我们称之为"热感"的感觉来感觉它,但没有出现分子运动的现象。此外,这些生物本来可能因为某种神经机制而对分子运动(也就是热)不敏感。按照相同方式解释 C-纤维刺激没有成为疼痛这种明显的可能性,是不可能做到的。在这里我们也必须假设,我们本可以处于相同的认知情境,并按照我们识别疼痛的相同方式来识别某种东西,而它并不与 C-纤维刺激相对应。但是,我们识别疼痛的方式是去感觉它,并且,如果 C-纤维刺激可以出现而我们没有感到疼痛,那么,C-纤维刺激就会出现,同时**没有疼痛**出现,这种情况与同一性的必然性正好相反。麻烦在于:尽管"热"是一个严格指示词,热却是通过它以某种方式被感觉到这种偶然属性识别出来的;另一方面,疼痛是由某种本质(实际上是必要而且充分的)属性识别的。一种感觉只要被感觉为疼痛,那它就是疼痛。

实际上是不可能发生的。他不得不去表明,我们能够设想的那些事情实际上并不是我们能够设想的事情。这就要求给出某种哲学论证,而这种论证与我们在探讨热和分子运动的案例时给出的论证差异很大。它必须是一个比我所能理解到的更加深刻而巧妙的论证,而且还要比我读过的任何一本唯物论著作中提出的论证都要更加巧妙。所以,我的研究结论就是,我们正在使用的分析工具和同一性论题相互冲突,因而与"心智状态恰恰就是身体状态"这个一般性论题相冲突。⑲

　　我的下一个课题是就心—身问题提出自己的解决方案,不过,我还没有想好。

----

　　⑲　同一性理论基于同一性的**必然性**或者基于本质属性概念,所有反对同一性理论的论证都受到笛卡尔二元论的启发。早期的论证表面上已经被热和分子运动以及双光眼镜的发明者也是邮政部长的类似给驳倒了,但也提供了这样的启发:我在这里给出的论证也是一样。奥尔布里顿(R. Albritton)和斯洛特曾告诉我说,他们各自都试图给出反对同一性理论的本质主义论证,可能其他人也这样做了。

　　最简单的笛卡尔论证也许可以这样重述:令"A"是笛卡尔的身体的**名称**(严格指示词)。笛卡尔论证说,因为即使 A 不存在他也能存在,◇(笛卡尔 $\neq A$),因此笛卡尔 $\neq A$。那些指责他犯了模态错误的人忘记了"A"是严格指示词。只要它的(可能值得怀疑的)前提是可接受的,笛卡尔的论证就是有效的,他的结论就是正确的。另一方面,只要笛卡尔一死就被认为停止了存在,即使不使用模态论证,也能够确立"笛卡尔 $\neq A$";因为若果真如此,当 A 是一具尸体时,A 无疑会比笛卡尔存在得时间更久。因此,A 具有一种笛卡尔所不具有的属性(在某时刻存在)。相同的论证能够确证,一个雕像不是一块石头,或者不是构成它的分子的聚集。如此看来,纯粹的非同一性可能是一个弱的结论。[参看威金斯的文章,*Philosophical Review*, LXXVII(1968),第 90 页及之后各页。]然而,笛卡尔式的模态论证当然也能够用来支持相关的更强的结论。

第二章　两个关于知识的悖论*

我想我们都曾听说过有关意外死刑或意外考试的难题。我将用考试来陈述这个悖论,因为死刑显然会让整个情境显得太过悲凉。①

这个悖论可以通过下述方式来陈述。一位教师宣布,月内他将举行一次考试。考试将在中午举行。他还宣布,这次考试将是一次意外考试:在考试举行的前一天,没有哪个学生会知道考试会在接下来的一天举行。于是,一个学生可以像下面这样进行推理:

> 如果这位教师想要履行他所宣告的承诺,他就不能在最后一天举行这次考试。这是因为,假如他这样做了,那么在这一天的前一天中午过后,我们(学生)就会知道只剩最后一天了,而它不得不是考试的日子。这显然与教师宣告说这是一次意外考试相矛盾,于是这一天就可以从日程中删掉。但如果这样的话,考试也不可能在倒数第二天举行,

---

*　本文基于 1972 年在剑桥大学为道德科学俱乐部(Moral Sciences Club)所做录音讲座的记录稿整理而成。这份记录稿,至少牛津大学的哲学本科生是知道的,因为它已列入他们的课程大纲。正如在我的其他出版物中那样,本文的交谈性口气有时也许会反映出它的这个来源。我已经对原稿做了修改和补充,还加进来一个附录,但我对意外考试悖论提出的解决方案与 1972 年(在别的地方也许更早)提出的方案还是一样的。

①　我们如今可以在索伦森(Sorensen,1988a,第 7 章)中发现关于这个难题来源的历史描述。索伦森仔细考察了关于这个主题的众多哲学文献,包括它早期出现时的形式。但是,基于他本人在这一章开头所引用的其他人的资料,索伦森把它追溯到了二战期间(1943 年到 1944 年之间的某个时候)发生在瑞典的一次真实的防空演习,这次演习将在一周之内的某一天举行,但具体是哪一天,人们事先并不知道。一位瑞典的数学家艾克波姆(L. Ekbom)从中发现了一个问题。这个人在该悖论溯源史中的角色在后来的哲学文献中丢失了,不过在索伦森引用的一些资料里他被提到了。

尽管在做这次讲演时我好像只知道这个悖论的绞刑和考试版本,但在删因(1953)的第一段就明确提到了一个意外空袭演练的版本,而这可以在现实事件当中找到来源。更重要的是,追溯到 1943—1944 这个日期似乎可以确证意外考试悖论是最早的"逆向归纳"(backward induction)悖论,比(有穷次)重复囚徒困境和塞尔顿连锁店悖论都要早,后两者一般来说在博弈理论家那里和经济学家那里都是很出名的。关于如何分析这些悖论,我在这里并没有提出任何主张。

因为当发现倒数第三天中午过去,而考试仍然没有举行之后,我们就会认识到只剩两天并且最后一天已经排除,于是考试就必须在倒数第二天举行。但如果这样的话,我们就将事先知道那就是考试的日子,再一次出现了矛盾。

　　这个学生可以继续逆向进行相同的推理:一旦她从日历本上把一天排除掉,剩下的最后一天就仿佛真的成了最后一天,并且可以通过相同的推理把它排除掉。最后也就一天都剩不下了。由此这个学生就可以得出这个结论:要么这次考试不会举行,要么它将不会是一次意外考试。

　　正如前面我说过的,这个问题有时会以刽子手或法官的形式提出来,他们会宣布一个囚犯在相同的条件下被执行死刑。我之所以想让这个难题表现出与教师和考试相关联,是因为这样做可以让我们认识到这就是一件日常生活中发生的事。教师**确实**宣告了意外考试会发生,似乎并没有产生任何这样的矛盾:对一名教师来说,履行他或她关于举行一次意外考试的承诺,似乎并不是不可能的事。②

　　有趣的是,这种问题讨论起来好像完全就是一个哲学问题。而实际上它在何种程度上属于哲学问题,取决于我们可以从它里面提取出多少哲学上的寓意来。格林(G. Greene)把自己的作品分为小说、娱乐作品以及其他类型:小说被认为是一种更加严肃的作品,而娱乐作品通常是最好的作品。从这个意义上讲,像这样的问题本身就可以被归类为娱乐。但是,如果可以从中得出有关我们对知识的基本概念的结论,它也可能会显现出"小说"的一些特征。在这里,与典型哲学问题相比,我们更像是处在维特根斯坦所描述的那种"智力痉挛"(intellectual cramp)当中——在其中,全部事实都摆在我们面前,似乎不存在任何新的信息可以去获取,可我们真的不知道我们对这个问题的描绘究竟错在了哪里。

　　我曾经做过这样一个"科学实验",它可以成为分析该问题的模型。实验者向被试者宣布说,他有一副桥牌(数量有限)——可能是一副完整的桥

---

　　② 我们都知道,在当今的死刑法理中,人们通常并不确定他们什么时候会被执行死刑——临刑上诉以及诸如此类的事情使得执行的日期变得不确定。但是,那种宣告他们已经选了一个"意外"日期给囚犯执行死刑的虐待狂法官,我希望越少越好。

牌,或者只是它的一部分,但其中包含黑桃 A。这些牌将按次序一张一张地翻开。实验者进而告诉被试者,他事先不会知道什么时候黑桃 A 将会出现。③

现在我们来设想,这副牌里只有 1 张。实验者说:"这张牌是黑桃 A,但除非你把它翻开,否则你就不知道它是哪张牌。"被试者将会认为这显然是废话一句。许多探讨过意外考试悖论的人已经假定,关键性过渡发生在 1 天和 2 天的情况中间(或更准确地说,只要有两天或更多天,这种过渡就发生在排除最后一天和倒数第二天中间)。也许在某种意义上看,这样说是正确的。但是我们现在假设,在这副牌里有 2 张牌,黑桃 A 和另外一张,实验者再次宣告:"你将不会提前知道什么时候黑桃 A 会被翻开。"在做这个实验的时候,我听说该悖论的被试者④做出了下面这样的回应:"这个宣告里面仍然存在某种非常奇怪的东西。如果你已经把黑桃 A 放在了底下,那么在你已经翻开第一张牌之后,我也就不会感到意外了。因此,如果你真打算做你所说的事,你就不可能把黑桃 A 放在底下。但是现在我已经证明,它必定会是上面那张牌,这样的话,我们又一次发现这并不是意外的。**我确实事先就知道了。**"

考虑这种情况:这副牌里有全部 52 张,或者至少其中牌的数量很大。设想实验者在不告诉被试者黑桃 A 在哪里的情况下向被试者保证,他已经把黑桃 A 放在了这副牌里面的某个地方,而且,如果这些牌被一张接一张翻开的话,被试者将不会提前知道什么时候黑桃 A 会被翻到。实验者能保证做到这一点吗?看起来他显然能够做到,比如说把黑桃 A 放在中间某个位置。⑤

---

③ 我确实认为,这个实验应该在一个严格的心理实验室中做;上学时我在大学里跟同学们做过这个实验。我们可以试着改变桥牌的数量,也可以改变在实验之前被试者是否已经听说过"意外考试"问题,或者以前是否没有人告诉过他们这个问题(但是,他们本人在这个实验过程中可以展开这个推理,也可以不这样做)。

④ 这位被试者是斯贝尔(R. Speier)。如果我记得不错,我们都是在校本科生(大约在 1960 年)。后来(2009 年)我发现艾耶尔(1973)提到了一个桥牌的模型,但它和一开始提出的问题有所不同,可参看下面注释中提到的情况(不过它和那一个也不是完全相同)。

⑤ 在这次讲演稿的原始版本中,我设想,实验者恰恰是当着被试者的面把黑桃 A 放在中间某个位置。但这并不是意外考试版本的恰当模型。尽管毫无疑问,被试者不会提前知道什么时候黑桃 A 会被翻开,但实验者也不会提前知道。在意外考试的原始版本中,教师已经决定了其(转下页)

　　于是,被试者仍然可以像两张牌的情况那样,完成相同类型的推理。而且这个推理似乎可以一般化处理。然而在这个情况中,这听起来很**难**令人信服。于是人们会得到这样的印象:牌越多,推理就会变得越来越弱。而这一点本身就让人感到奇怪,因为这不过就是同一条推理的反复应用。

　　当然,从关于堆的悖论那里,我们对这种现象已经非常熟悉了:如果某人名下只有 1 英镑,那么她是穷人;如果某个名下只有 N 英镑的人是穷人,那么某个名下仅有(N+1)英镑的人也就是穷人。因此,运用数学归纳法,无论她拥有多少英镑,她都会是穷人。这是一个我们熟悉的哲学问题,其中必然存在某些问题,但我们很难准确地说出究竟问题出在了哪里。堆/贫穷的问题涉及带模糊谓词的推理,但目前所探讨的问题是否涉及模糊性,并不清楚。

　　这个问题中的推理的前提是什么? 在考试前的那一天,学生们将不会知道考试即将举行。令存在 N 天,考试将会在这其中的一天举行,令 E_i 表示考试将在 i 日举行。教师宣布,考试将会在前 N 天中的某一天举行:

　　(1) 对某个 i, $1 \leqslant i \leqslant N$, E_i(等值于 $E_1 \lor \cdots \lor E_N$)

　　考试将恰恰就在一天当中举行;也就是说,考试将不会在两个不同的日子当中举行:

　　(2) 对任意 $i \neq j$, $1 \leqslant i, j \leqslant N$, $\neg(E_i \land E_j)$

　　这样就会存在一个宣告,即这次考试会是一次意外考试。令对于任意陈述"p", $K_i(p)$ 的意思是,学生在 i 日那天知道 p 为真。因此我们可以说,并非学生在 i-1 日那天知道考试将会在 i 日那天举行:

（接上页）体在哪一天举行这次意外考试,这一点让情境变得非常不同。如果实验者按照我在较早版本中所描述的那样做,那么最后一张牌就会被顺利排除掉,但意外考试悖论的推理就会是多余的,因为每个人都看到黑桃 A 被插入到了中间的某个位置。从第二张牌到最后一张牌,也是同样的道理,如此等等。(事实上,在同一个原始版本中,我最终提到了这点不相似的地方。但如果那样的话,我本就不应该介绍这个过程,就好像它从一开始就是相似的。)这种排除究竟会在什么地方终止,我有些不能确定,而且,与我对正文后面就此问题所说的话相反,可能会涉及某种类似模糊性(vagueness)那样的东西。但在这里,无论它是否适用于其他地方(我发现一般来看这个观点是相当不可靠的),只有在像如今著名的威廉姆森(T. Williamson, 1994)所刻画的那种意义上,它才是模糊的,因为毕竟这张牌就处在某个确切的地方。它具体在哪个确切的位置,只不过是两个人都不知道,而这种模糊性仅仅是认知上的(不过在这个事例中,他们最终还是能发现这张牌的位置)。

(3) 对每个 i, $1 \leqslant i \leqslant N$, $\neg K_{i-1}(E_i)$

如果 i 等于 1, 那么 $i-1$ 就等于 0, 这意味着在整个序列当中(也就是在第一天之前), 学生不会提前知道考试将会在第一天举行。

现在我们补充一个前提。如果考试尚未在前 $i-1$ 天当中某一天举行, 那么 $i-1$ 日那天中午一过, 学生就会知道:

(4) 对每个 i, $1 \leqslant i \leqslant N$, $(\neg E_1 \wedge \neg E_2 \wedge \cdots \wedge \neg E_{i-1}) \supset K_{i-1}(\neg E_1 \wedge \neg E_2 \wedge \cdots \wedge \neg E_{i-1})$

已知前提(2), 我们就可以得出这个结论:如果考试将在第 i 天进行, 它就不可能在此前的任何一天举行。因此, 由(4)和(2)可以推出, 如果考试将在第 i 天举行, 学生在第 $i-1$ 天就会知道, 考试在前 $i-1$ 天当中的任何一天都没有举行:

(5) 对每个 i, $1 \leqslant i \leqslant N$, $E_i \supset K_{i-1}(\neg E_1 \wedge \neg E_2 \wedge \cdots \wedge \neg E_{i-1})$

这些据说就是导出一个悖论所需要的那些前提了。此外, 还可能会有一些关于知识自身的前提, 也是进行推理所必需的。其中显而易见的前提包括:如果一个学生在 i 日那天知道了任一陈述, 那么该陈述就是真的:

(6) 对每个 i, $1 \leqslant i \leqslant N$, $K_i(p) \supset p$

此外, 我们也许还需要"知识的演绎闭合":如果一个学生在 i 日那天知道 p, 并且在 i 日那天知道如果 p 那么 q, 那么学生在 i 日那天就会知道 q:

(7) 对每个 i, $1 \leqslant i \leqslant N$, $(K_i(p) \wedge K_i(p \supset q)) \supset K_i(q)$

一般来说, 这个前提是假的——人们完全可能只知道一个演绎论证的所有前提, 却不知道其结论。如果每个人的知识都是演绎闭合的, 数学也就会成为一个自明的学科了。正如当时的美国总统将会说的⑥, 只要否认这样一个前提, 就可以解决这个问题;但是, 我们可以提出这样一个简化的假定, 即这些特定的学生足够聪明, 以至于能够推导出他们所知之事的全部后承。可见, 这并不是问题争议之所在。⑦

---

⑥ 在我做这次讲演时, 美国总统是尼克松(R. Nixon)。

⑦ 到我发表讲演时, 至少德雷斯克(F. Dretske)(参看 1970, 1971)就否认知识总是演绎闭合的, 即便对于那些有能力进行这种推导的人, 也是这样。从那时起, 就有许多人开始追随他。据说这防范了一些哲学怀疑论提出的问题。但这些作者(他们有可能会, 也可能不会给出所需要的那些限定)大概必定会认为, 只有在与怀疑论相关的非常特殊的情况下, 演绎闭合的相关原理(转下页)

我们还必须假定,在任意一天,一名学生知道全部逻辑规则,包括所有命题重言式。这对身处具体认知实践之中的学生同样是不真实的,这一点任何开过逻辑课的人都知道。然而我们可以假定这种情况对这些学生来说就是真的,于是他们就可以展开任何类型的演绎推理了。让我们把这个想法符号化如下:

(8)对每个 i, $1 \leq i \leq N$, Taut $\supset K_i$(Taut)

现在我们就能从所有这些前提推导出一个矛盾——这次考试根本不可能意外地举行,这与前提(1)构成矛盾吗?我们试图通过表明考试不可能在最后一天举行,从而开始进行推理。该推理必定试图陈明,如果考试要在第 N 天举行,学生就会在第 $N-1$ 天知道考试将在第 N 天(最后一天)举行,由此归谬地表明考试不可能在第 N 天进行。通过在前提(5)当中用 N 替换 i,我们会发现,学生**在第 $N-1$ 天知道**,考试在前 $N-1$ 天当中任何一天都没有举行。她从前提(1)知道,它必定会在前 N 天当中的某一天举行,并因此在第 $N-1$ 天得出结论说,它必定会在第 N 天举行[即 $K_{N-1}(E_N)$]。但这与前提(3)的相关个例[也就是 ¬ $K_{N-1}(E_N)$]直接构成矛盾。于是她就会得出结论说,她一开始的假设(E_N)通过归谬被否证掉了,因此考试不可能在最后一天举行。

但是,这里面存在着一个谬误:前提(1)说的是,考试将在前 N 天当中的某一天举行,而不是,学生**知道**这一事实。为了得到这个结论,我们还必须有这样一个前提:学生在第 $N-1$ 天知道考试将在前 N 天中的某一天举行(即对某个 i,$1 \leq i \leq N$,$K_{N-1}(E_i)$)。但是,从我们的前提当中,我们无法得到这一点。这就是蒯因在其论文《论一个所谓的悖论》(Quine,1953)中对该悖论提出的解决方案。(他选择的是囚犯要被绞死的版本。)囚犯应该知道法官对他的绞刑判决将会施行。但他是如何知道这一点的呢?或许这位法官本身就是一个说谎者。蒯因这样写道:

(接上页)才会失效。否则的话,一个人就可能会指责其他人犯了那个著名的谬误,即针对他的观点(从可接受的前提)给出一个有效的演绎论证。

在我发表这次讲演时,我可能还不知道德雷斯克的论文。然而我很走运,在我发表该讲演的一个版本时,德雷斯克就在听众之中,他不但不倾向于提出反驳,还发现这篇论文很有说服力。参看本书第七章对这个问题的一些讨论。

值得注意的是,K[囚犯]在结论中默认(按照所杜撰的周四绞刑故事,这是错误的)判决将不会得到施行。如果这是一个他准备最终确定接受(尽管是错误接受)的结论,那么他本应该从一开始就准备好把它作为一个可能的选项,从而认真加以考虑。

通过把 n 当作 1 并复原绞刑的主题,K 的谬误可以立马就被清除掉。法官在周日下午告诉 K,他,也就是 K,将在第二天正午时分被执行绞刑,而他将会对这一事实保持无知,直到绞刑发生的那天上午。这时候,K 可能会抗议说法官自相矛盾。第二天上午 11 时 55 分,刽子手可能会击毁 K 的这个自信,由此表明法官所说的话并不是自相矛盾,而是实实在在的真理。假如 K 在周日下午已经做了正确的推理,他的推理本来会是下面这样的。"我们必须区分四种情况:第一,我将在明天正午被执行绞刑,而我现在知道这一点(但我并不知道);第二,我将不会在明天正午被执行绞刑,而我现在知道这一点(但我并不知道);第三,我将不会在明天正午被执行绞刑,而我现在不知道这一点;第四,我将在明天正午被执行绞刑,而我现在不知道这一点。后面这两个选项属于开放的可能,并且全部这四种可能性当中的最后一种将会满足判决的要求。因此,与其指责法官自相矛盾,倒不如让我们把判决搁置一边,并期盼发生最好的结果。"(Quine 1953:20,21)⑧

蒯因针对这个问题的解决方案我好像从来就没有满意过:重新考虑桥牌的实验。抽出一张牌(正面朝下)同时说"这是黑桃 **A**,但你不知道这是黑桃

---

⑧ 补充两点来总结一下蒯因的讨论吧。第一,蒯因一开始讨论了许多天的情况,并论证,如果绞刑发生在最后一天,那么该判决不可能得到实施的想法是错误的;他还通过一种更抽象的方式讨论了它——因此有"默许了判决将不会得到施行"这个短语。进而他在正文引用的那段话中得出了这个更为极端的结论,也就是说,即便只有一天,法官的宣判也没有任何问题。

第二,人们也许会详细说明蒯因的这个评论,即"如果这是一个他准备最终作为一种确定性而接受(尽管是错误接受)的结论,那么它就是一种他从一开始就本应该准备作为一种可能性加以考虑的选项"(1953:65)。他说:"倾向于被这个谜题所欺骗,这也许可以追溯到 K 的论证与归谬推理的错误关联。人们也许假设了,出于其论证空间的考虑,为了证明判决不会得到落实,K 非常恰当地假定了该判决得到了贯彻落实,"(66)。蒯因接着说,该谜题的论证不仅仅要求假设该判决将会得到落实,而且要求假设囚犯知道它会得到落实。这破坏了任何关于这是一个有效归谬论证的想法,其中这个较弱的假设会被准许。

A",尽管不是在字面上就构成矛盾,但看上去也确实够奇怪的。[9]在我后半部分的发言中,难道我是在请你设想我不能被信任吗? 在前半部分我难道不是正在和你交流知识吗? 实际上,在这种情况下(它与考试或者绞刑时长只有一天的情况相类似),既然这样做会让人觉得奇怪,听者也就不知道自己要去相信什么了,因此也就不会知道,只要存在多张牌,这种奇怪的感觉就不会持续存在了。

删因说,这个谬误是从如下事实推导出来的:因犯不知道法官正在告诉自己一条真理,或者,学生根本**不知道**将会有一次考试举行。但我认为,通常来说,仅凭一个好老师告诉过你,你就完全能够**知道**某件事。假如一名教师打算宣告,在一个月之内将会举行一次意外考试,那么一个表现糟糕的学生也不能通过说她并不知道将会有一次考试从而为自己开脱。如果只有一天的话,我们就会有与我刚刚提到的相类似的情境了。但如果有许多天,那么,凭借教师告诉他们的事,就会很自然地给学生们提供知识。

很明显,我们有理由改变前提(1),以便允许一名学生从一开始就知道会有一次考试将在前 N 天当中的某一天举行。

(1′) 对某个 i,$1 \leqslant i \leqslant N$,$K_0(E_i)$(换言之,$K_0(E_1 \vee \cdots \vee E_N)$)

同样,我们也可以允许她在一开始就知道,这次考试将不会在两天内举行,并且考试将会是意外的:

(2′) 对任意 $i \neq j$,$1 \leqslant i, j \leqslant N$,$K_0(\neg(E_i \wedge E_j))$

(3′) 对每个 i,$1 \leqslant i \leqslant N$,$K_0(\neg K_{i-1}(E_i))$

现在我们就能得出悖论了? 我们还需要两个前提。第一,如果一名学生在 i 日这天知道一个陈述,那么她在之后的任意一天都将知道这个陈述:

(9) 对任意 i 与 j,使得 $0 \leqslant i \leqslant j \leqslant N$,$K_i(p) \supset K_j(p)$

表面看,这只不过意味着我们所假定的是,这名学生没有忘记她所知道的任何事情。其次,我们需要(尽管它的使用也许能够避免)所谓双 K 原则:如果一名学生在 i 日这天知道 p,那么该学生在 i 日这天知道她自己在 i

---

⑨　参看摩尔悖论("p,但并非我相信 p")。众所周知,这种形式的陈述并不是矛盾的,有时候甚至还会是真的,但无论是谁,给出这样一个陈述都会是一个奇怪的行为。适当变化一下,情况也会是相同的。假设有人问我的名字,我说,"我是索尔·克里普克,但你仍然不知道我的名字是什么。"这在字面上也许并不是一个逻辑矛盾,但它显然十分古怪。

日这天知道 p：

（10）对任意 i, $0 \leqslant i \leqslant N$, $K_i(p) \supset K_i(K_i(p))$

后面这个前提是关于知识的逻辑中一条有争议的规则；因此，人们可能认为这就是出错的地方，于是就想着不再使用它。然而我想对它作一些评论。如果某人知道某事，那么她就知道她知道它，情况是这样吗？在最近的哲学研究中，对这个问题存在两种态度。一种是，知道你知道某事，那就意味着你知道它。按照亨迪卡（1962：108—110），这种态度源自于叔本华（Schopenhauer），而亨迪卡本人对此作了进一步的论证。与之对立的是如下这个观点⑩：也许我们知道许多事情，例如尼克松是美国总统，俄国在 1917 年发生了革命，太阳的主要成分是气体，对这些事情，单纯认识论上的怀疑就可以将其否定掉。然而，我们并非真的**知道**我们知道它们，因为那将涉及一种很高程度的确定性。也许我们的证据并不能构成知识（不过我猜如果我们够幸运，事实上还是可以的）。知道你知道某事，就是去完成一项非常伟大的认识论壮举，这与仅仅知道它没有可比性——因为你不能把知识与只是有理由相信某种假的东西区分开。在这样两种立场之间进行判定和区分，乃至在两者之外找到第三条道路，是非常困难的工作，因为"我知道我知道 p"并不是我们经常放在嘴上说的句子。

我要提出的想法是不赞成这条原则为真，而是说它**接近**为真：对实现全部的实际目标来说，它足够用了。假设我知道某事——例如我知道尼克松是美国现任总统。以下就是对这个例子中双 K 原则的一个论证。你（作为听众之一）当然知道我知道尼克松是这位总统。一方面，我刚刚说过这一点，或许我这样说的根据是报纸、电视等等。如果你过去就认识我，那么即使我没有这样说，你也会推断我会基于同样的依据而知道这个事实。当然，就判断这个问题来说，通常情况下我所处的位置并不比你的更差。这里有什么关于享有特权的非自行把握（non-self-access）的原则吗？我的想法是，通常来说，如果另外某人能够知道我知道某事，那么，至少基于相同的依据，

---

⑩ 事实上，现在（2009 年）我并不确定在"当代哲学"（即 1972 年）中，我心里本可能想到的那个持有这种对立一方观点的人是谁。人们当然可以想象有人可能持有这样一种观点的合理性。然而，主张知道就蕴涵着知道某人知道，当然可能会被质疑，而这一点的确已经遭到许多哲学家的质疑。

我自己也能够知道它,尽管我也许并不需要去使用这些依据。(我自己并不**需要**去论证:对了,我已经说过尼克松是总统,我读了报纸,等等;但是,如果你能知道我是基于这些依据而知道的,说我的情况非常糟糕,将会让人感到意外。)

事实上,该论证可以得到进一步强化。因为我知道你知道我知道尼克松是总统。毕竟我刚刚就这样说过。但知识蕴含真理。因此,如果我知道你知道某事,那我自己就必定知道它。因此,我知道我知道尼克松是总统。

还有另外一个变体:我知道每个读那些报纸的人都知道尼克松是总统,而且我知道我自己也读那些报纸。因此,我知道我一定会知道尼克松是总统。在谈到这些变体时,认为我需要把所给出的推理流程走上一遍,这并非出于自然而然,不过,它是有效的,而且从中能推出双 K 原则的适当案例。

毫无疑问,也许会有例外的情况,它们会导致这样的论证无法适用,但在相当多的情况下,这里的论证应该是可以接受的。然而,我想把自己和亨迪卡以及其他主张这样一条原则普遍成立并把它看作近似一个重言式的那些人区别开(在我看来,亨迪卡所依据的显然是一个循环论证)。然而,由于我已经给出的那些论证,我相信人们对于当前情况下这个原则能够成立应该是毫无疑问的。因此我认为,这个谬误在这里根本就不存在。因此,我们可以在这些前提前面加上任意多个 K——不但一名学生会在一个给定日子知道它们为真,而且在那个给定日子里她还知道她知道它们为真,如此等等。

现在来看,人们就可以从这些前提再加上我们刚刚讨论的那条原则推出矛盾了。然而似乎非常奇怪的是,即使考试将举行的宣告为真,学生也不可能**知道**它将是真的:因为学生肯定确实知道这样的考试将会举行。让我们再来看一下前提(9):如果一名学生在一个给定日子知道某事,在之后的任何一个日子里她就都知道它。这在认识论中是一条普遍为真的原则吗?事实上,她有可能会忘事,但这并不是问题之所在:我们可以假设她的记忆力足够的好,以至于不会忘记任何重要的细节。但这样的话,它就会是真的吗?

你们当中很多人都知道我写过关于模态逻辑的文章。假设我来到你们当中一个人面前,伤心地否认了这一点,并("诚恳地")宣称这些论文是某个名叫"施密特"的人写的,而我只是在它们上署了我自己的名字罢了,我甚至给你看了一份带有施密特笔迹的手稿。经过一番苦口婆心的劝说,你很可能就此确信我没有写过任何关于模态逻辑的文章。如此,在后来的日子里你甚至都不会再相信这件事,更不用说知道它了。你也许会说,这意味着在之前的日子里你也不知道它。如果我现在正在讲述实情,而且我没有写过任何关于模态逻辑的论文,那么情况可能就是这样。但若假设我现在正在说谎,就像在讲某种形式的英语笑话,而实际上我是写了这些文章的。这样来说,你一开始具有的信念就是正确的,而且假定你正处在一种足够好的状态,足以理性地支持自己的信念,如此等等,那么你似乎在此前的日子里就确实知道这一点,但在被理性劝说之后,改变了自己的想法。如果你想争论说,在此前的日子里你也**并不**知道,那么你将不得不说,如果在未来某个日子里某人提供了虚假证据从而改变了你的想法,你也不会知道一个特定的事实。因此,在后来可能发生的事情面前,现在你信以为真的事情显得脆弱不堪。我觉得我更想这样说:人们现在就能知道某件事,但在后来的日子里,基于进一步的误导性证据,**丢失**了那个知识。(它必定是**误导性**证据;假如它是真实的,你所假想的知识事实上就会是错误的信念。)

在这种特定的悖论情境中究竟发生了什么呢?让我们再来尝试排除这最后一天。出于归谬的考虑,我们说,考试将在第 N 天举行。它将不会在前 $N-1$ 天中的任一天举行;因此,学生知道考试将不会在前 $N-1$ 天举行,而且根据前提(4),学生将在第 $N-1$ 天就知道这一点。学生从一开始就知道这次考试将在前 N 天中的任一天举行。由此我们就可以得出结论:如果她知道考试没有在前 $N-1$ 当中的任一天举行,她就会知道它必定会在第 N 天举行,而这与前提(3)构成矛盾。但该论证中漏掉了这样一步:正因为在第 0 天她知道考试将在前 N 天任一天举行,所以在第 $N-1$ 天她必定也会知道这一点。如果不使用前提(9),事实上也就得不出这一点来,而且,如果这个学生后来怀疑这次考试到底还会不会举行,这一点就会是假的。

称这是"漏掉的一步"合理吗?在这种情况下,学生在第 0 天知道的事,她在未来的任意日子里也会知道,这一点是显而易见的吗?教师已经宣告,考试将会在接下来的 N 天当中的某一天举行,并且它将是一次意料之外的考试。于是,当所涉及的日子除一天之外其他已经全部过去之后,学生会怎么想呢？或许有些事出错了，因为，如果教师仍然打算举行一次考试的话，那它就不是一次令人感到意外的考试了：他们也许会因此陷入怀疑，然后说，"看吧，也许老师现在不打算给我们搞一次考试了；也许他改主意了。"这就是曾一度拥有知识，而后来某个时候又失去知识的情况。学生在一开始拥有考试将会举行的知识，但在考试时段结束时就不再拥有这个知识了。这在我看来似乎属于相当直白的常识，而如果假定学生一直保留着这个知识，那就会是错误的了。因此，断言最后一天能够被排除的论证步骤事实上是错误的，因此整个论证就绝不能进行下去。这就是这个论证当中的根本性错误之所在。

然而，我在前面提到的问题的一个特征在这种解释中并没有体现出来，即某种程度上，天数越多，论证就会越糟糕。或许我们可以通过某种方式，通过排除最后一天从而修复这个论证。我们不能诉诸前提（9），因为在这种情况中它显然是错误的。但我们可以额外添加这样一个前提：即使在第 $N-1$ 天，学生也知道考试将会举行。我们可以通过说必须要为课程给出一个成绩，而成绩总是要基于考试才能给出，这是学校定的一个规矩，从而让这一点变得合理起来。于是，在第 $N-1$ 天，如果考试仍然没有举行，学生们就会想，"有些事出错了，但情况不可能是：老师决定不给我们搞这次考试了，而是说，他已经决定不再那么麻烦去搞什么意外考试了。"

这样的话，我们确实就可以排除掉这最后一天了——在如下意义上进行排除，即这些前提与假设考试将在最后一天举行构成矛盾，因为这些前提中包含这样一个：这次考试被举行的时候，将会令人感到意外。我们该如何排除倒数第二天呢？直觉上的推理是这样的：知道考试将不会在最后一天举行，则第 $N-1$ 天就成了剩下的最后一个可能的考试日子了，于是我们展开与对第 N 天所做推理完全相同的推理；由此可见，我们不需要更多前提就完全可以逆向地逐天排除掉每一天。但是，正如到目前为止我们所明确论证的，这是一个谬误：我们尚未得出结论说，任何人在任意某天知道这次考试将不会在最后一天举行；我们只是得出结论说，事实上它不会在最后一天举行。

学生的推理要想进行下去，我们需要做些什么呢？我们必须知道，在第 $N-2$ 天她说"我知道这次考试不可能在最后一天举行，因此就只剩下一天可以安排考试了，也就是第 $N-1$ 天"。于是，那一天就可以被当作新的最后一天来看待,而考试将在那一天举行的假设由于同考试将出人意料这个假定相矛盾而被排除。但实际上这是错误的,因为我们所知道的全部事情是,**实际上这场考试将不会在第 N 天举行,而不是学生在第 $N-2$ 天知道它**(即 $K_{N-2}(\neg E_N)$)。一名其知识能够演绎闭合的学生将会知道这一点,只要(在任意已知日子里)她知道那个结论所基于的全部前提。我们用的是什么前提呢?我们要求学生在第 $N-1$ 天知道考试仍将举行。但是现在,我们需要一个更强的前提:她在第 $N-2$ 天将知道她在第 $N-1$ 天将会知道考试仍将举行。在我所描述的、考试属于学校一条规矩的前述情境中,这是可以接受的。但所用的另一个前提是,考试将是意外的:学生在第 $N-1$ 天并不知道考试将会在第 N 天举行(这是我们用到的那种特殊情况)。学生要想在第 $N-2$ 天利用这一点,她就必须在第 $N-2$ 天知道在第 $N-1$ 天她将不知道考试会在第 N 天举行[即 $K_{N-2}(\neg K_{N-1}(E_N))$]。根据前提(3),她在第 0 天就知道这一点,但 $N-2$ 不一定是 0。如果我们接受前提(9),那么,既然她在第 0 天就知道 $\neg K_{N-1}(E_N)$,于是她在第 $N-2$ 天就必然会知道它。这个原则在这种情况中是合理的吗?在第 $N-2$ 天,如果考试尚未举行,学生会怎么想呢?"将会有一次考试——这是学校的规矩。但它真的会是意外的考试吗?如果我知道它将会是一次意外考试,我也就会知道考试不得不在明天进行,而在这种情况下它也就根本不是一次意外考试了。因此,我并不知道它将会是一次意外考试。也许老师会坚持说考试是意外的,也许他不打算找麻烦,并且就在最后一天举行了考试。"因此,尽管学生从一开始就知道这场考试将是意外的,但在第 $N-2$ 天她可能并不知道这一点;她也许仍然会被说成是从一开始就知道这一点,只要它仍然会是意外的——也就是说,它在第 $N-1$ 天举行,而不是在第 N 天举行。又是前提(9)导致了谬误——只不过现在谈的是意外的要素,而不是这场考试是否会举行。

这样,我们就不能利用前提(9),从学生最初知道的事推出她在第 $N-2$ 天知道的事;我们需要额外补充一个前提,以便说明学生在第 $N-2$ 天仍然知道这场考试是意外的。这个额外增加的前提什么时候才会是合理的?一种是 $N=2$ 的情况,也就是说,整个课程周期就只有两天。此时前提(9)就不需要了,因为人们认为学生一开始就知道的东西已经足够多了,没有给知识的丢失留出时间。然而在这种情况下,教师的宣告就具有了一种我们在删因对一天情形的分析中所注意到的摩尔悖论的味道。当我试着对一名本科同学做桥牌实验时,所发生的恰恰就是这样一件事,这我在上面已经提到了。因此,正如我所说过的,最后一天与倒数第二天之间的区别并不总是关键性的。

假使有许多天,情况会是什么样的呢? 那样的话,为了排除 $N-1$ 这一天,我们就需要另外一个论证:学生在第 $N-2$ 天仍然知道考试将会如期举行,并且它会是意外的(不会被提前知道)。我们可以再次调用“学校的规矩”这个手段。我们可以假设,以下是学校的长效政策:考试必须要在学生并不知道它将会举行的一天举行,即便是在这一天之前,学生也并不知道。此外我们当然也假定了,学校的政策要求必须要举行一次考试。给定了这些条件,考试将在第 $N-1$ 天举行这个假设将导出这些恰当前提的一个矛盾来。这种类型的想法可以重复出现,从而依次排除清单上的那些日子。于是,学校的规矩将会变得越来越复杂,而且将会涉及关于知识的知识、知识的缺乏以及情境保留的多次叠置出现。⑪

让我们通过描述这个推理是如何重复发生的,从而对这个论证进行一下概括。在任一情况下我们都会得出这样一个结论,即这次考试不可能在一个给定日子,也就是第 J 天举行;然后我们试图排除第 $J-1$ 天。为了做到这一点,我们必须假定的,不但包括前面那些前提都是真的,而且还包括,学生在之前那一天,也就是第 $J-2$ 天知道前面所有那些前提都是真的。只有这样,学生才能基于自己的知识,在第 $J-2$ 天得出结论说,考试将不会在从 J 向前的日子里举行,并因此说,它必定会在第 $J-1$ 天举行,而这与这是一场意外考试这个前提构成矛盾。于是,我们一再要求的不仅有:前面那些前提是真的,并且它们从一开始就被知道是真的;而且还有:无论是哪一天,它们都会在第 $J-2$ 天仍然被知道是真的,并且这总是一个额外补充的前提,因为我们并没有认定前提(9)普遍为真,而是认为(9)是某种必须要在每种情

---

⑪　有人也许会模糊地认为,正是学校政策允许在每种情况中这些足够多的叠置出现,从而产生了悖论。于是**将会**存在一个模糊性问题。

在本次讲演的初始版本中,我提到了在注释 5 中讨论的情况,在那里,实验者将那张牌随机地放在那副牌中间某个地方。于是,情况看上去似乎(至少再次模糊地想到)是,所涉及的足够多的知识叠置将总是可以用来从后往前连续排除那些日子。但在原初手稿中我明确说,使用该推理去排除倒数第二天是有效的,不过是多余的,因为被试者能够看到,那张牌没有被放在靠近底部的位置。正如我在注释 5 中所做的那样,我本该进而得出结论说,这个模型大大改变了原来的问题。

况下单独加以论证的东西。

因此,在我们本以为只是在反复使用相同推理的地方,事实上在每个阶段我们都暗中添加了额外的前提。这种累积的感觉——所涉及的日子越多,推理就会变得越弱——来源于这些额外前提的堆垒,而实际上,应该提供具体论证以便对它们提供证成。

这是我对这个悖论想说的所有的话。我不知道它是否真的得到了解决。我确信,关于这个悖论,人们可能还有很多话想说。

在这里,我想接着考虑如下这条规则:**如果你现在知道了某件事,那么在之后的任意日子里你都会知道它**。在上文对该悖论所提供的错误论证中已经假定了这条规则(前提(9)),而它也是蒯因所假定的:

> 如果这是一个他准备最终确定接受(尽管是错误接受)的结论,那么他本应该从一开始就准备好把它作为一个可能的选项,从而认真加以考虑。(Quine 1953:20)

也就是说,如果学生在开始之时就知道考试将会举行,那么在之后的任意时段,她都不能去怀疑或者否认这一点:而这一点正是我所要否认的。相反,蒯因似乎认为下面这一点显而易见:假如她在之后的一个时段认可这场考试将不会举行,那么在更早的任何日子里,她也不会知道考试将会举行。

亨迪卡又一次说道:

> 完整意义上的"知识"的基础必须是**确凿无疑的**,这个要求到底隐含着什么?限于我们的目的,指出此要求会有以下明显后果就足够了:如果某人在知识的强意义上说"我知道 p",他就暗中否定了,任何进一步的信息都将引导他改变自己的观点。他本人接受如下观点:他将仍然坚持说自己知道 p 是真的——或者至少会坚持说 p 事实上是真的——即使他过去比现在知道得更多。(Hintikka 1962:20—21;这里的强调原文就有)

当然,在某个方面来看,亨迪卡的这段话显然是真的,因为他说,"他本人接受如下观点：他将仍然坚持说自己知道 p 是真的……即使他过去比现在知道得更多。"如前所述，这不是一条实质性原则。"知道……"（knows that）可以被任何命题态度词替换，比如"相信……"（believes that），乃至"怀疑……"（doubts that），而所得到的结果仍将为真——也就是说，以下这一点仍然是真的：某人将坚持说他怀疑 p，比如，即使他会变得比现在更加怀疑。但亨迪卡这里实际的意思大概是，即使我比现在拥有更多证据，我将仍然知道 p，这是知识特有的一个特征；而这是我在给出反例时意欲否认的东西。也许你现在知道某件事，但后来，基于进一步的证据——没有漏掉任何证据或没有忘记任何证据——你却被引导至对它产生了怀疑。

亨迪卡说这条原则只适用于"知识的强意义"。这意味着"知道"（to know）这个短语有两种意义：一种是强意义；以及，或许还有一种弱意义，在这个意义上这条原则实际上对它并不适用。在马尔科姆（Malcolm，1952）中也有关于这一点的某种思想：马尔科姆承认存在这样的情况，在其中你可能知道某事，但后来基于别的证据你却得出结论说，你并不知道这件事。他给出的是下面这个例子：如果你知道太阳距离地球大约 9 000 万英里，那么后来，由于见多识广的天文学家们说（或许是错误的——他并不清楚这一点）这里面弄错了，正确的距离是 2 千万英里，你也许就会被说服，从而认为自己是错误的。而天文学家们也许说了某件错误的事（例如，如果天文学家们约定好，决定跟公众开个玩笑），但如果他们是正确的，事先你当然并不知道。[12]

但马尔科姆论证说，这种情况并不总是为真，他引用了另外一个例子：假设在你面前的桌子上有一个墨水瓶。某种之后新获得的信息将导致你改变自己的想法，这种情况有可能发生吗？马尔科姆写道：

> 可能碰巧在接下来的时刻，这个墨水瓶突然从视线中消失了；或者

---

[12]　参看马尔科姆（1952：184）。既然知识蕴涵真理，那么，如马科尔姆确实给出了知识在其中丢失了的例子，则天文学家们的宣告必定就是错误的——毕竟你此前确实知道太阳距离地球大约 9 000 万英里。如果该讨论涉及的是一种确定性，是一种证成了的信念，或者此类东西，在其中这些并不被解释为蕴涵真理，那么事情将会变得不同。同样的情况对于我在本文前面的大部分讨论也是适用的。如果知识用一个并不蕴涵真理的概念替换，所有的事情将会变得不同。例如，我就不必给出这样一个例子，在其中我错误地让某人确信我从来没有写过关于模态逻辑的文章。然而，利用知识蕴涵真理这一事实的其他论证也能胜任。

可能我会发现自己待在花园里的一棵树下,并没有什么墨水瓶;⑬或者可能一个或多个人会进入这个房间,并且明显诚实地断言,他们看到这张桌子上并没有墨水瓶……如果承认这些事情**可能**发生,我就会被迫承认,如果这些事确实发生了,这将证明**现在**这里没有墨水瓶吗?根本不是!我可以说,当我的手看上去越过了这个墨水瓶时,**那么**我应该正在遭受幻觉;假如这个墨水瓶突然消失了,那么它可能就会奇迹般地停止存在……

……没有任何进一步的经验或者调查能够向我证明我是错的。因此,如果我打算去说"我知道这里有一个墨水瓶",我应该正在强意义上使用"知道"……

当说我应该不把任何东西当作现在这里没有墨水瓶的证据时,我并不是在**预测**,假如有各种令人吃惊的事情发生,我应该做些什么。如果我家里其他成员进入这个房间,在观察了这张桌子的桌面之后,带着明显的诚实断言他们根本就没有看到什么墨水瓶,我也许会陷入痴迷或是变得疯狂。我甚至**可能**开始相信,这里并没有,而且也不曾有过墨水瓶。我不能确定地预言我会有什么样的反应。但如果它**不是**一种预测,我的如下断言又会是什么意思呢:我应该不把任何事物当作这里不存在任何墨水瓶的证据?

上述断言描述了我对这里有一个墨水瓶这个陈述**当前**所采取的态度。它并没有预言,如果不同的事情发生了,我的态度**将会**是什么。我现在对这个陈述采取的态度,会与我当前对其他那些陈述(例如,我有一颗心脏)采取的态度,有根本的不同。⑭我**现在**确实承认,某些未来发生的事情将会否证后者。然而**现在**不存在任何可设想的未来事件,会被我看作证明了这里不存在墨水瓶。

上面这些评论并不是在写自传。它们是要阐明关于证据、证明及否证的那些常见概念。(Malcolm 1952:185—186;其中的强调原文就有)

他把"三加二等于五"这个陈述与墨水瓶的例子归为同一类。要说墨水

---

⑬ 他当时身在他房间里的桌子旁边。

⑭ 马尔科姆把"他自己有一颗心脏"这个陈述看成是他只在"知道"的弱意义上才知道的陈述,因为他有可能后来会被说服,从而认为这个陈述是假的。

瓶的例子是一个好例子,对此我没有把握——一位魔术师也许可以说服你,你上当了。[⑮]

对于在我面前是否有个墨水瓶,现在可能没有什么疑问,然而在我看来,这似乎可以与假设进一步的证据可能说服我并不存在任何墨水瓶共存。对我来说,这里似乎有两个不同的问题:我是否拥有那种通过现在不存在任何疑问来描述的确实性? 以及,我是否采取了没有任何进一步的证据能够否证它这种态度? 但是,这里不考虑这种区分,也把这个特定的例子是否正确的问题放在一边——也许会有正确的例子。这里,有一件奇怪——并且未经论证——的事情:为什么这表明了存在"知道"的一种强意义,对它来说这一点是真的? 假设存在知识的一些事例,在其中没有进一步的证据会导致我改变自己的想法,同时还存在知识的**其他**事例,在其中我将会改变自己的想法。这并不说明"知道"这个词要在两种**意义**上使用,这就好比存在着

---

⑮　马尔科姆在下面这一点上的看法肯定是正确的:一般情况下,我们将会把一个墨水瓶存在于这个房间看成是确实的,而不仅仅是可能的。马尔科姆引用了艾耶尔的话,意思是:"除了重言式,没有任何命题有可能只是可能的假说"(1952:183, n.4)。(也可参看马尔科姆在同一页上对笛卡尔和洛克的引用。)实际上,休谟也说过,有些经验陈述并非真的只是可能。他写道:"一个说太阳明天将会升起或者所有人必然会死只是可能的人显然会是荒唐的;不过很明显,与经验所能提供给我们的相比,关于这些事实我们并没有更进一步的把握"(2000:Book 1, Part III, Sec. XI)。(然而休谟追随了前人,对先验知识继续保留了"知识"这个词项,并用"证明"来表示那些提供经验上确实知识的论证;我把这看作一个技术性术语,并非真的是否认马尔科姆对艾耶尔的反驳。)

在马尔科姆墨水瓶一例中,我实际上可以确定的是这里有个墨水瓶,但我将同样确定的是,马尔科姆所描述的那些未来的离奇事件将不会发生。如果我心中当真涌现了它们当中有些将要,乃至有可能发生这样的想法,那么,我心中涌现的就是如下想法:也许是一位聪明的魔术师正在哄骗我,或者另外某个甚至更加**荒诞**的情况发生。在我看来,马尔科姆所说的话似乎并没有描述我当下对他所提到的那些怪异可能性所采取的态度。

关于其他一些案例,我的直觉与马尔科姆完全背道而驰。所引用文字中的我有一颗心脏这个陈述指称的是他在该文靠前位置提出的如下断言:如果大为吃惊的外科医生们告诉他,当他们给他动手术时发现他并没有心脏,那么,与涉及墨水瓶的例子不同,他将会相信他们。但我发现这个信念更难放弃,即使是在异乎寻常的境况之下(我可能会认为,这些外科医生一定是在捉弄我)。

在我讨论天文学家的案例时,我担心从地球到太阳的距离是否就是知识,天文学家们一定是在跟我们开玩笑(根据定义)。但是,就让我们只是来谈一谈,是什么东西会导致我放弃我关于太阳与地球之间距离的**信念**。如果没有一个详尽解释,像马尔科姆所描述的这样一种异乎寻常的错误,是难以理解的。我可能会担忧天文学究竟还是不是一门科学。一点轻微的错误将会更好,而且可能更容易解释清楚。如果有一个天文学家委员会宣称地球是扁平的,我是绝不会轻易相信的。

马尔科姆在该文结尾处(189)说,该文的思想来源于同维特根斯坦的讨论,这一点我在1972年还没有注意到。如果是这样的话,这些思想显然就是基于维特根斯坦向他阐述的、如今已经在《论确定性》(On Certainty, Wittgenstein 1969)一书中提出的一些思想。然而我并不确定,这本书中的维特根斯坦是否会同意马尔科姆处理各种问题的方式。

富有的美国人,也存在着贫穷的美国人,这并不表明"美国人"这个词正在两种意义上使用。任何一个类都可以通过各种有趣的方式而被分为多个子类。为什么不反过来说:一般情况下,知道并不蕴涵着没有任何进一步的证据会导致我丢掉自己的知识,但在我确实知道的一些情况当中,事实上恰恰就是这种情况(而且这并不是因为"知道"的某种特定的意义):没有任何进一步的证据会导致我改变自己的想法?

我们需要另外某种——比如语言上的——证据,以便表明"知道"正在两种意义上被使用。在乌班吉语(Ubangi)或斯瓦希里语(Swahili)中,用两个不同的词来表示"知道"的这两种不同的意思,这种情况难道真的可能会发生? 当然,在英语中"知道"这个词确有不同的意思:那些被翻译为 connaître 而不是 savoir 的知道,以及那些被翻译成 wissen 而不是 kennen 的知道。这些就是知道(knowing)的不同意思:你知道一个人(know a person)与知道 p 是真的(knowing that p is true)是不同的。这些的确是"知道"的不同含义,而这一事实也通过其他语言在这两者之间进行了区分这个事实得到了呈现。我们所有人当然都听说过"知道"在"圣经中的含义",在英语中这源于钦定版圣经(King James Bible)对相应经典希伯来语的翻译,而且在其他一些语言中或许也是这样类似的区分。但是,为什么应该存在着不同种类的命题或事实性知识呢? 乍看起来,我觉得情况似乎是,事实性—命题性知识有两种不同的意义这个想法是为了转移人们的注意力。因此,这些人心里想的可能会是什么呢? 为什么他们不说存在着两种情况呢?

我认为他们的心里是这样想的。[16]首先,存在关于知识的显而易见的原则,他们觉得从那些原则可以推出,如果你知道某事,那就没有进一步的证据能够导致你改变自己的想法——这里的根据必须是确凿的。但那样的话就会存在反例;于是这个结论似乎就不正确了。但是,为什么不承认反例就是反例呢? 为什么非要诉诸"知道"具有不同意义的信条呢? 真的应该存在不同的词条吗? 但是,如下想法的背后必定隐藏着什么东西:"知道"具有这样一种含义,按照这种含义,知识是不可能丢掉的(亨迪卡),或者,至少我们

---

⑯ 尽管关于"知道"是否具有不同的意义这个问题的讨论最近有所复苏,但我的选择是不去参考新近关于该主题日益增多的文献。

目前对该陈述采取的态度是,知识是不可能丢掉的(马尔科姆)。这就是我们的第二个悖论。与我对第一个悖论的处理不同,我只是把它陈述出来,并不打算解决它——因为我发现了它的存在!

我想尝试着证明我早些时候断言为假的那个原则:如果你现在知道某事,那么此后你必定还会知道它。人们不可能真用这样一种简单的形式去证明它。你也许会忘记,如此等等。但是,人们可以尝试去证明由马尔科姆对所谓强意义的"知道"的讨论所表明的一个更为谨慎的原则:如果我现在知道某事,那么,作为一个理性主体,我应该打定主意,不允许进一步的证据将其推翻。但这似乎并不是我们对待我们所知道的陈述的态度——它似乎也不是一种理性的态度。

考虑如下推导。首先是知识的演绎闭合:

(1)如果 A 知道 p,并且 A 知道 p 衍推 q,基于这样的知识,A 得出结论 q,那么 A 知道 q。

继而(令"p"是任意陈述):

(2)p 衍推如下假定:任意反对 p 的证据都是误导性的(这里误导性的意思是指**导致一个假结论**)。

如果 p 是真的——注意,(2)并没有说到关于知识的任何事情——那么,任何反对它的证据都是误导性的,也就是说,会导致错误的结论——并非 p。现在假设

(3)主体 A 知道 p,并且 A 知道(2)。

于是,只要他进行了恰当的演绎推导,那么,从前提(2)我们就能得到结论:

(4)A 知道任意反对 p 的证据都是误导性的。

（该陈述适用于任意证据，无论是现在还是未来的，但我们自然会对未来的证据最感兴趣。）这一点似乎已经非常奇怪了：仅仅因为知道某个常见或平凡的知识（我称之为 p）人们就知道一件普遍性的事：任何反对 p 的进一步的证据都将是误导性的。

我们可能会拥有像下面这样一条普遍性原则（不过很难通过一种漂亮、严格的方式加以陈述，尤其是，很难让它呈现出那种必然的普遍性）：

（5）如果 A 知道采取一个 T 类型的行动会导致结果 C，并且 A 最大的愿望就是避免 C（也就是说，这是唯一相关的问题），那么，A 现在就应该决定不采取任何 T 类型的行动。

这也是一个影响十分广泛的陈述，但是我们正在考虑的是这样一种情况，其中 A 在一个特定的时间知道，如果他在未来做出任何一件特定类型的事，会导致某种他所认为的坏的后果，不存在任何其他相关的后果会将其推翻。例如，假设他知道，如果他打开那扇门，站在门外的某个人会朝他开枪。于是，对他来说决定不打开那扇门就会是一件合乎理性的事。

因此，他应该下决心不去做任何 T 类型的行动。令 T 类型行动也就是接受反对 p 的证据——也就是说，基于某进一步的证据而怀疑或否认 p。如果我们仅仅陷入怀疑——而这是一件我们不想做的事，结果 C 就是得到一个假信念——或者至少是丢掉一个真信念。于是，人们可以得出结论：

（6）A 应该下定决心不受任何反对 p 的证据的影响。

为了让这个论证更加清楚，请注意：这里人们可以通过两种方式作出这个决定。首先，人们可以决定不去看任何所谓反对 p 的证据，例如，我可能会决定不去读特定类型的书。我认为，这是具体实践中最重要的案例。意外考试悖论中是不可能遵守这样一个决定的（也可参看注释⑰），它似乎也不是我提到的那些作者们心里面想到的事。其次，人们可以有所预料地决定，一旦面对某种反对 p 的证据，不考虑这是不是人们所希望的，人们还是应该将其忽略，因为既然人们知道 p，人们就会知道该证据必然是误导性的。

这两者似乎都不是在我们知道某事的情况下,对待进一步的证据的态度。我认为,关于"知道"有什么强意义的想法,正是从这样一个论证得来的;在一些特定的情况下,这些结论是真的。但是,如果你看一下这里的前提和推理,似乎并没有假设"知道"有什么"超级"含义,它只不过就是通常所讲的那个"知道"。因此,肯定是在其他地方出了问题,而这就是问题之所在——出问题的是什么呢?

一些政治或宗教上的领袖,实际上就是循着一些像(6)这样的路线进行论证的。他们以此为基础论证说,如果他们的追随者或受众本人并不足够强劲地坚持自己的决定,那么,他们——领袖——应该帮助他们,以避免使其与误导性证据发生接触。出于这个原因,他们竭力主张或者强迫人们不去读某些特定的书、文字以及诸如此类的东西。但许多人并不需要任何外在强迫。他们自己就会去回避读什么东西,如此等等。

倘若我们接受了这个论证的结论,我们针对第一个悖论的解决方案在某种意义上看就全部落空了,因为无论事情将来如何变化,学生都会下定决心,绝不应该丢掉她对教师的宣告的任何信念。这是原则(6)的一种不言自明的特殊情况,但它是我考虑这第二个问题以及这个特定的前提集的来源。而且在认识论中,它们拥有自身独有的重要价值。人们可能会被它们从两个方向进行引导:第一,人们可能会认为(6)是正确的,因而,知道某事意味着绝不可能会有进一步证据导致我改变自己的主意。但既然那是几乎从不会发生的情况,所以我们几乎什么也不知道。这是怀疑论的态度。与此不同,人们则可能会被导向相应的独断论立场——既然我们知道各种各样的事,那现在我们就应该下定决心,不受任何进一步的证据的影响。[17]

---

[17] 尽管事实上我是因为考虑第一个悖论(意外考试悖论)而导出了第二个悖论,但在某种程度上,要是把这种情况当作范例,也将会是误导的。在意外考试悖论中,学生由于亲身经历每一天的流逝(也许直到临近最后也没有看到考试发生),导致无法避免面对进一步的证据,因而也许不能坚持她的决定。对于我心里想到的关于该悖论的许多典型情况(其中人们可以完全避免与"误导性"反面证据发生接触),同样的情况并不适用——例如通过避免阅读特定的书或文章。

与此相应的马尔科姆(1952)案例,至少在如下方面是相同的:对我来说有一点十分重要,即按照当下的决定去表达该问题,而不是把它说成是对我将要做什么的一个预言。然而在马尔科姆的所有案例中,人们可以彻底避开误导性的反面证据的想法并未出现。(并且,正如我在上面所说的,就其中的部分案例来看,马尔科姆认为反面证据是误导性的,这一点,并不那么明显。)

例如,一种常识性的观点是,你**确实**知道我写过一些关于模态逻辑的论文,但进一步的证据可能导致你改变关于这一点的想法。因此,你应该理性地让你本人对这种改变想法的情况保持开放,即使事实上你知道我写过这些论文。问题是,这是为什么呢?[18][19]

附录 1

在最近一次课堂讨论中[20],迈克尔(F. Michael)评论说,只需要对"意外"这个概念做一点简单的改动,就可以避免删因提出的那一步骤,至少对最后一天来说,这是可行的。倘若人们不能在一个给定日子之前知道,**如果**一事件(考试或绞刑)终究会发生,则该事件就必定会发生在那一天,那么,我们就把这次考试(或绞刑)看成是意外的。于是,人们是否提前知道将会存在一次考试(一次绞刑)的问题,就变成不相关的了。[21]人们可能会尝试把"意外"的定义弄得复杂一些,使之与日期的逐次排除相对应,但最终,我的主要讨论中额外知识假定的堆垒,将会导致越来越复杂的条件句,它们会有越来越多的前件,以及人为性特别强的"意外"概念。

然而,我们把如下看法归于肖(1958),即教师的宣告应该被看作是**自指**的:人们不能事先从当前这个宣告推出考试将在什么时候举行。这样做的话,无论是在知识假定中还是在前件中,任何堆垒都可以避免。针对意外考试悖论这种自指方案,我最喜欢的一种阐述是在菲奇(F. B. Fitch)的一篇论

---

⑱ 但也请参看我前面的注释⑫。既然我所提及的作者(亨迪卡和马尔科姆)以及此前对意外考试悖论的探讨都在讨论知识,而且因为知识是目前这篇论文的主题,所以这第二个问题是按照知识进行讲述的。但是,关于确实性、合理证成的信念等,也可能存在类似的问题。

⑲ 我要感谢已故的安斯康姆[G. E. M. (Elizabeth) Anscombe]与剑桥道德科学俱乐部记录了这次讲演。感谢毕希纳、奥斯塔格、泰希曼,尤其要感谢佩德罗,他们帮助我完成了目前这个版本。这篇论文也是在纽约城市大学研究生院克里普克中心的支持下完成的。

⑳ 指的是我在纽约城市大学研究生中心2009年春季开设的讨论班上。

㉑ 我发现艾耶尔(1973:125)中有一个与此类似的评论。

文中(1964)提出来的。㉒㉓假如有足够多的材料将这类包含在哥德尔第一不完全性定理当中的那种自指进行形式化处理(比如,将语法引述到基础数论当中去),人们就能够应用可演绎性将该问题进行形式化处理,并把知识概念消除掉。也就是,宣告(A)可以是这样的:那场考试将会在这样一天举行,使得人们不可能从(A)本身再加上考试在此前日子里尚未举行这一事实,推导出它正好就在那一天举行。菲奇径直承认,这样一个宣告若经如此阐释,将会导致逻辑矛盾。其中的推理遵循了意外考试论证的通常样式,从最后一天开始,逐次排除所有的日子。然而他论证说,一个稍弱一些的版本是"明显自我相容的"。这样就修正了上述宣告,以至于"实际上想要的东西并不是,这次意外事件**无论在什么时候发生**都将是一次意外,而是,仅当它发生在**不是最后一天**的某一天时,它才是意外的"(163)。他在修正后的

　　㉒　肖(Shaw, 1958)似乎认为,自我指称让这个问题变得可疑,就像说谎者悖论那样,但是菲奇的哥德尔型阐述已经排除了逻辑上的疑虑。肖在阐述过程中也有些草率。被排除掉的这种事先推导,不仅涉及该宣告自身,还涉及一点,那就是这场考试尚未举行。

　　㉓　也可参看卡普兰和蒙塔古(Kaplan and Montague, 1960)。他们的版本仍然是关于知识的,而菲奇的版本则表明,为了推导的展开,"知识"概念是可以消去的。卡普兰和蒙塔古已经完成了理当受到尊敬而且著名的作品,而目前这篇文章在形式上无懈可击。然而,我在它里面看到了一些问题。例如,"人们不能知道一个关于未来的非分析性语句"真的是我们的一条"直觉上的认识论原则"吗(81—82)?难怪人们不可能提前知道关于考试(绞刑)的任何事情;这种意外只不过就像太阳的每天照常升起那样!(也参看前面的注释⑮。)

　　但是,他们的论文存在的主要问题是:为了获得哥德尔型自指,他们把知识处理成了谓词,而不是一个内涵算子(参看他们在第80页第一段结尾处给出的理由)。然后他们把这个问题归结为与说谎者悖论相类似(他们称之为"知道者",第88页)。根本上看,他们正是从"我的否定是已知的"[第87页,公式(1)],通过应用关于知识的直觉原则推导出了矛盾。但这样的话,意外考试(绞刑)的原初"味道"就没有了。人们可能会把全部责任推给知识谓词的使用。在后来的一篇论文蒙塔古(1963)中,蒙塔古受此启发,论证说,如果模态被处理成谓词,恰恰是因为有可能出现哥德尔型自指,因而通常的模态规律就不可能保持有效了。

　　卡普兰—蒙塔古的目标和菲奇的目标之间存在重要的分别。卡普兰和蒙塔古试图寻找"一种真正的悖论性裁断"(1960:85),也就是一种显然能够被证明既为真又为假的裁决。而另一方面,菲奇则通过他的开创性工作几乎避免了引发任何悖论的可能性。整个论证可以在一阶算术("皮亚诺算术")中加以形式化,或严格地说,通过添加有穷多与 $E_1, \cdots, E_N$ 相对应的命题常项,这是对该系统的一个扩充。根据定义,只要皮亚诺算术是相容的(这些添加的命题常项不造成任何变化),就不可能存在任何矛盾。

　　鉴于我们正在寻找一种自指性解释,我认为菲奇的观点要比卡普兰和蒙塔古的观点更好一些。问题并不是要找到一个像说谎者那样的悖论,而只是要找到这样一个高度反直觉的结论:在特定的时间限定内,不可能宣告一次意外考试(或者裁决一次意外绞刑)。卡普兰和蒙塔古讲到一个事例(裁决 D_2 和 D_3)(第82—84页),他们只是把它看作一种无法落实的(因而不是真正悖论性的)裁决,这个情况实际上比后来进行修改以期得到一个"真正的悖论性裁决",更接近于体现事情的本真态。

这个宣告中将这一点包含了进来,即最后一天"在不被该预言本身可证明地蕴涵这种**弱意义**上,将是一次意外"(163)。㉔

附录2　写给菲奇的信

我现在附上一封写给菲奇的信。㉕要是我今天写这封信的话,那么我不会以勒伯(Löb)定理开头,而是以哥德尔第二不完全性定理开头,这是主要的观点。㉖这个观点指的是,菲奇修正后的宣告蕴涵了,各种事情都不能从它那里推导出来,这里指的是与考试将在什么时候举行有关的那些事情。**更不必说它会蕴涵自身的相容性了。**但是,根据哥德尔第二不完全性定理,任何蕴涵自身相容性的陈述,其自身必定是不相容的,而这与菲奇关于修正后的宣告的猜想正好相反。

正如我在给菲奇的信中所总结的,我并不认为该问题的自指型解释是一种很自然的解释。

[加州大学洛杉矶分校]

洛杉矶,加利福尼亚州

哲学系

1972 年 8 月 4 日

弗雷德里克・菲奇教授

哲学系

耶鲁大学

纽黑文,康涅狄格　06520

㉔　参看他的公式(16)(针对2天)和(17)(针对3天)。[在我看来,这显然是涉及对(17)的表述中使用不相容的"或者"的一个小错误,我希望在别的地方再去讨论,而不用专门关联到菲奇的论文。]

㉕　菲奇在回信中只是说,他并没有发现什么错误的地方。

㉖　正如我在这封信中提到的,我已经表明,勒伯用一种不同方式所证明的勒伯定理,实际是哥德尔第二不完全性定理的一个简单推论。例如,参看斯穆里安(Smullyan, 1992:110)和布鲁斯和杰弗里(Boolos and Jeffrey, 1980: ch.16)。在给菲奇的信中,我实际给出了这个论证,而这也许就是我为什么会提到勒伯定理的原因。

亲爱的弗雷德：

　　您也许会对以下与您在 1964 年 4 月在 APQ 上关于预言悖论相关的文章的观点感兴趣。(16)中[同时也是(17)中]被您称为"明显自我相容"的陈述，实际上是可以反驳的。理由如下：称该陈述为"P"。P 蕴涵 ~Bew#~P，这是因为，如果 Bew#~P，那就可以肯定 Bew#[P⊃Q₁]并且 Bew#[P⊃Q₂]。因此，P⊃~Bew#~P 是可证的。所以，Bew#~P⊃~P 是就可证的。根据著名的勒伯定理(即如果 Bew#A⊃A 是可证的，A 就是可证的；*JSL* 1955, pp.115—118)，~P 就是可证的[Löb 1955]。

　　实际上，我们应该以下述这种方式来看待这一情境：令 P 是任意蕴涵其自身并非可反驳这一点的陈述。于是，Z(这里的 Z 指的是基础数论)加上 P，就是一个能够证明其自身相容性的系统，因此根据哥德尔第二不完全性定理，这就是不相容的。因此，在 Z 中 P 必然是可反驳的。你的陈述 P 是一个蕴涵其自身之不可反驳的陈述，因为它蕴涵着，任何事情都不可能从它推导出来，因此它是可反驳的。通过相同的论证容易确证如下结论：上引勒伯定理实际上是哥德尔第二不完全性定理的一个简单推论，这一点我在一篇没有发表的短文中提出来过。只需要把前一段中的 P 当作 ~A 就可以了。

　　相同的看法表明，本奈特(M. Bennett)在对您和其他人论文的评论(*JSL* 1965)中所说的话，大部分都是错的。一些他宣称为自我相容或逻辑上为真的陈述，能够通过相同的论证表明是可反驳的，至少，如果他们按照哥德尔型自指来解释的话，情况就会是这样。

　　既然蕴涵其自身相容性的任何陈述(因此也是任何蕴涵着别的事物不可能从它推导出来的陈述)无论如何，都是可反驳的，因而在我看来，对于采用哥德尔型自指和数论中可演绎性的预言悖论的解释，实际并没有抓住原初悖论的实质。因为原初悖论肯定不是从这种一般性考虑推导出来的。我自己对这个悖论的观点与此不同，但那是另外一个问题了。

美好的祝愿
索尔·克里普克

附录3　对第二个悖论的评论

关于我的第二个悖论,已经有相当多的二手文献面世,它已经被周知为独断论悖论(dogmatism paradox)了。我说过,我们可以围绕其他认知概念讨论这个悖论,如确定性、合理信念等等;事实上也的确存在一些其他形式的文献。此外,人们可以区分关于该问题的第一人称表述和第三人称表述,在后一种情况下,则要区分它是一个他或她当真知道的主体,还是仅仅是一个**觉得**他或她知道的主体。我在这里讨论的是一个真正知道 *p* 的主体 *S*。

在已发表的文献中,针对我的第二个悖论的第一次讨论,收在哈曼的名著《思想》(*Thought*, Harman, 1973:147ff) 中。我强调的正是这个版本。我希望我正确理解了哈曼。为了讨论他对该问题的处理方式,我们应该记住,我的观点涉及一个**提前**作出的决定,也就是决定将特定类型的证据忽略掉。一般来说,我遵循的策略是不去阅读某种特定类型的文献,如此等等。我们可能会决定去忽略特定的证据,即使我们被迫面对它,但这种做法通常更难维持。㉗

正如我在这篇论文中提到的,遵循这些策略的人毕竟并不罕见。然而通常情况下,由于这个原因,我们把他们看作并非真正知道的独断论者。不过在这里,前提是,我们正在面对一个真正知道的主体。我们正在论证,这样一个主体应该坚持独断论态度,因为任何反面证据实际上都是误导性的。(在我自己的讨论中,我所设想的是试图说服人们,让他们错误地以为我从来没有研究过模态逻辑,以至于先前的某些知识将会丢失。)

哈曼的讨论是这样进行的,其中我们用字母"*p*"替换他的具体例子。他

㉗　那些遵循这种主要策略的人们,可能会被拿来与尤利西斯(Ulysses,希腊神话中的男子名。——译者注)进行比较,也就是:假如他已决定把蜡放到他的耳朵里,或是采取了其他方式,他会做些什么? 如果有谁被迫去面对证据[塞壬(the sirens),古希腊神话中半人半鸟或半人半鱼的女海妖,以美妙歌声诱使航海者驶向礁石或进入危险水域。——译者注],那么,把自己捆绑到桅杆上,在某种程度上就类似于他可以遵循的第二种策略。再考虑一下试图避开毒品的例子(我听说有人在危险的——误导的——书和危险的毒品之间进行了比较),以及一个瘾君子可能会警告他的朋友关注他在努力戒毒前的行为表现。

说，"既然现在我知道 p，那么现在我就知道，任何看起来表明了别的事情的证据就是误导性的。这并不能保证我对任何进一步的证据一概置之不理，因为获得那些进一步的证据能改变我所知道的东西。特别是，在我获得这样更进一步的证据之后，我可能就不再知道它是误导性的了。因为拥有新的证据可能会让以下情况为真：我不再知道是 p；如果我不再知道这一点，我就不再知道这个新证据是误导性的了"（1973：148—149）。

既然如此，我们不一定不赞同哈曼关于新证据的获得（至少对典型事例）所说的话。但要记住，我在讨论一个提前做出的决定。正是因为该主体希望避免哈曼所描述的那种知识丢失的情况，出于这个原因，她或他才做出了这个决定。通常来说，这个决定就是避免与所谓的证据产生特定类型的联系，例如阅读不适当的书（因为它们可能只包含诡辩和假象），避免与不适当的人交往，如此等等。另外，根据假设，这些书等等东西是误导性的，而该主体也知道它们是误导性的。

人们当然应该把这个决定解释成包含了一种更加具体的形式，从而避免与针对 p 的某种具体反面证据相联系，尽管通常情况下人们不会知道它。哈曼准确指出，如果这样的联系真的发生了，人们就完全可能会丢掉 p 这个知识，因而不再知道这个反面证据是误导性的。但是，这恰恰就是为什么该主体决定不介入这样一种情境的原因了！[28]

我应该补充一点，那是当我最初做这次演讲时可能没有意识到的，即有时候独断论策略是一种合理的策略。我没有读过很多辩护占星术、巫术以及此类东西的文献［我记得维恩博格（S. Weinberg）提出过相同的观点］。即使是面对具体的所谓证据时，尽管我不知道如何反驳它，但我已经把它忽略掉了。我曾经读过一位著名的占星术辩护者写的一篇文章的一部分。[29]还有一次，我曾看到过一则告示，它自称证明福斯特（V. Foster）已经被杀死了（或许是奉了克林顿夫妇的命令，尽管这一点并没有明确讲明）。当时我

---

[28]　我所假定的是，我们正在面对一个希望避免丢失知识的主体。有时候会有这样的人，他们"不想知道"或者确实希望丢掉他们所拥有的知识，有时是出于可以说很好的理由。他们不在这里的讨论之列。

[29]　当时我一眼扫到的，是埃森克（H. Eysenck）所写的一篇文章，文章自称证明了一位法国占星师的理论。

没有打算反驳具体的断言,而是认定这是一件毫无价值的事。[30][31]一个认识论问题,是详细阐明独断论态度得到证成时发生了什么样的情况。

参考文献

Ayer, A. J. (1973). "On a Supposed Antinomy." *Mind* 82:125—126.

Bennett, J. (1965). "Review of R. Shaw, The Paradox of the Unexpected Examination." *Journal of Symbolic Logic* 30:101—112.

Boolos, G., and R. Jeffrey(1980). *Computability and Logic*, 2nd ed. Cambridge: Cambridge University Press.

Dretske, F. (1970). "Epistemic Operators." *Journal of Philosophy* 67:1007—1023.

——. (1971). "Conclusive Reasons." *Australasian Journal of Philosophy* 49:1—22.

Fitch, F. (1964). "A Goedelized Formulation of the Prediction Paradox." *American Philosophical Quarterly* 1:161—164.

Harman, G. (1973). *Thought*. Princeton: Princeton University Press.

Hawthorne, J. (2004). *Knowledge and Lotteries*. Oxford: Oxford University Press.

Hintikka, J. (1962). *Knowledge and Belief: An Introduction to the Logic of the Two Notions*. Ithaca, NY: Cornell University Press.

---

[30] 我的反应得到了几项调查的充分证实,其中甚至包括斯塔尔(K. Starr)所领衔的一项调查的证实。如果有谁不喜欢这个例子,那就试试比如说否认犹太人大屠杀。

[31] 诺齐克对该问题的讨论(1981:237—239)的价值在于,他认识到存在这样的情况,其中针对与我们所知道的东西相反的那些可疑或荒诞观点的所谓证据,可以被忽略(239)。他的讨论的其他部分在这方面与哈曼的讨论相类似,他设想我们面对一条特定的证据 e,声称削弱乃至否定了知识 p。诺齐克把他对这个问题的相当详细的讨论奠定在他的如下观点基础之上:知识在全称例示(UI)之下不能闭合。尽管 S 可能知道所有反对 p 的证据都是误导性的,但按照诺齐克的观点,这并不表明 S 知道某个反对 p 的具体证据 e 是误导性的,因而可以对其置之不理。于是他补充了关于这种特定情况的一个精细的讨论。许多人(包括我在内)也许会发现,诺齐克对 UI 下知识的闭合的反驳本身是不合理的。但是在这本文集中,我较详细地讨论了诺齐克的理论,我希望大家原谅我省略了它对这种情况的应用的更进一步讨论。(有关诺齐克对演绎闭合观点的更多讨论,可参看本书第七章。)刘易斯也发展出了一种认识论理论,该理论说,一个主体是否知道 p 可能依赖会话语境,尤其值得注意的是,传统怀疑论哲学的怀疑是否被引入到了这场讨论之中(参看 Lewis, 1996)。就当前这个悖论来说,他认为,仅仅听说存在所谓的反面证据就足以创制一个语境,在其中人们不再知道 p,因此这样的反面证据是误导性的。(对我来说有一点并不清楚:刘易斯的意思是说我们意识到了所声称的反面证据是什么,还是说我们仅仅意识到了它的存在呢?)我们已经看到,一般来看,这太强了,但我认为刘易斯可能并不是真的没有意识到这一点。我在这里不能探究刘易斯的语境理论,不过我的倾向不是要对其表示赞同。其他哲学家,例如霍桑(Hawthorne, 2004)和索伦森(Sorensen, 1988b)已经讨论过这个问题。我在这里并不打算讨论他们的观点。

Hume, D.(2000). Treatise of Human Nature. Ed. David Fate Norton. Oxford: Oxford University Press. First published 1740.

Kaplan, D., and R. Montague(1960). "A Paradox Regained." *Notre Dame Journal of Formal Logic* 1:79—90.

Lewis, D.(1996). "Elusive Knowledge." *Australasian Journal of Philosophy* 74:549—567.

Löb, M. H.(1955). "Solution to a Problem of Leon Henkin." *Journal of Symbolic Logic* 20: 115—118.

Malcolm, N.(1952). "Knowledge and Belief." *Mind* 61:178—189.

Montague, R. (1963). "Syntactical Treatments of Modality, with Corollaries on Reflexion Principles and Finite Axiomatizability." *Acta Philosophica Fennica* 16:153—167; reprinted in Montague(1974).

——.(1974). *Formal Philosophy: Selected Papers of Richard Montague*. Ed. R. Thomason. New Haven, CT: Yale University Press.

Nozick, R.(1981). *Philosophical Explanations*. Cambridge, MA: Harvard University Press.

Quine, W. V. O.(1953). "On a So-Called Paradox." *Mind* 62:65—67. Reprinted under the title "On a Supposed Antinomy," in *The Ways of Paradox and other Essays*. Cambridge, MA: Harvard University Press, 1966, 19—21; page references are to the reprint.

Shaw, R.(1958). "The Paradox of the Unexpected Examination." *Mind* 67:382—384.

Smullyan, R.(1992). Gödel's Incompleteness Theorems. Oxford: Oxford University Press.

Sorensen, R.(1988a). *Blindspots*. Oxford: Clarendon.

——.(1988b). "Dogmatism, Junk Knowledge, and Conditionals." *Philosophical Quarterly* 38:433—454.

Williamson, T.(1994). *Vagueness*. London: Routledge.

Wittgenstein, L.(1969). *On Certainty*. Ed. G. E. M. Anscombe and G. H. von Wright. Trans. G. E. M. Anscombe and D. Paul. Oxford: Blackwell.

第三章　空名与虚构实体*

我以前的著作（Kripke，1980）①的主要关注点之一是专名和自然种类词的语义学。普特南提到的那种为密尔所主张的经典理论认为：专名所具有的功能仅仅在于去进行指称；它们有所指（denotation）但没有涵义（connotation）。直到最近才主导该领域的另一种替代性观点则是弗雷格和罗素所倡导的。他们认为，在一种很强的意义上讲，普通的名称②是有涵义的：一个像"拿破仑"这样的专名仅仅意味着：那个有着我们通常归于拿破仑的多数属性——例如，是法国的皇帝、遭遇了滑铁卢溃败，如此等等——的人。当然，介于这两者之间的观点也可以提出来，或许已经有人提出来了。

对于各种普遍词项，如"牛"和"虎"，或者"榆树"和"山毛榉"，不只是弗雷格和罗素，就连密尔（他比前两人可能还更加明确地）也认定，它们是有涵义的。这意味着：只要我们通过掌握某个属性清单，我们就能知道什么算作是一只虎，而这些属性就构成了成为一只虎的必要且充分的条件。无论是在密尔与弗雷格—罗素有歧见之处，还是在他们没有任何分歧的地方，我

---

　　*　本文实际是我在牛津大学的约翰·洛克讲座的准备稿，它是在"语言、意向性和翻译理论"（Language, Intentionality, and Translation Theory）会议上宣读的。本次会议是 1973 年 3 月在康涅狄格大学举行的，会议的组织者是韦勒（S. Wheeler）和特洛尔（J. Troyer）。会上宣读的其他论文，连同后来的会议讨论，一起发表于《综合》（*Synthese* 27, 1974）。这里的版本是在本次会议承办方所做记录的基础上完成的。关于我这篇论文的一般性讨论印于《综合》该卷第 509—521 页，不过本文并没有发表在那一期。本次会议的论文是由许多杰出的语言哲学家提交的，他们也都参加了本次会议的讨论。

　　①　这本书现在已经很出名了，但读者们在读这篇论文时应该切记：在当时，这本书还相当新，因此我在文中对它的部分内容再次进行了概述。

　　②　罗素还谈到了所谓逻辑专名（logically proper names）。就这些名称看，罗素的观点与密尔接近，但他论证说，我们平时所说的"名称"实际上并不是逻辑专名。当我谈论罗素关于名称的观点时，我所关心的恰恰就是那些普通名称，因此，我在文中省掉了"普通的"这个限定词，尽管按照罗素的看法，它们并不是"真正的"名称。参看下面注释⑭提到的讨论，以及罗素（Russell, 1918—1919）所做的一般性讨论。

都主张这一观点:他们的共识基本上是错误的;在这里,比任何假定具有的含义(sense)更重要的东西,是指称(reference)。③

今天我想讨论这个问题的一个方面,因为支持弗雷格—罗素专名理论的诸多考虑中,似乎没有哪一个会比如下事实更具有决定性:名称有时候可能会是空的——例如,它们可能会在虚构作品当中出现。而且,即使它们实际上的确用于进行指称,提出如下问题仍然是可以理解的:所说的指称对象是否的确存在呢? 例如,我们会提出这样的问题:作为一个历史人物的摩西(Moses)是否真的存在过,如此等等。我们这样提问是什么意思呢? 如果命名的功能只是指称,那么,空名似乎根本不会有什么语义功能了,但很显然,它们并没有失去其语义功能。关于这一点,任何喜欢虚构作品的人都可以证明。而且,即使它们的确有指称对象,我们也可以问,比如摩西或拿破仑是否真的存在过? 当我们这样问时,我们并不是在问**那个人**是否真的存在过。我们不是在**就他**提问,他是否真的存在过,因为如果我们问这样一个问题,答案将是显而易见的。因为每一个人都确实存在,所以**那个人**也确实存在。正如弗雷格与罗素所强调的,就一个人问他是否真的存在,这是无法理解的。

对于这个问题,弗雷格—罗素的分析及其修正形态会提供一种整齐划一的答案。如果我们讲一个故事,例如一个涉及夏洛克·福尔摩斯的故事,那么,说福尔摩斯的确存在就等于说:有人唯一地满足这个故事所说的所有条件,或者至少会满足其中的大多数或者足够数量的条件。而说他不存在就等于说实际情况并非如此。如果要把这作为对这个陈述的分析,那么它也就应该适用于反事实情境。说"福尔摩斯会在特定情形下存在(或者本可能会存在)",也就等于说,某个人会唯一地扮演福尔摩斯故事中那个侦探的角色,或者本来可能会在那些情形下扮演这个角色。说他在特定情形下不

---

③　最近出现了很多修正理论,但在这里,我打算把它们同弗雷格、罗素放在一起:许多人——维特根斯坦(Wittgenstein, 1953)、塞尔(Searle, 1958),以及其他一些人,他们认为,并不存在一个固定的属性清单,其中的属性构成拿破仑或者是一只虎的必要且充分的条件;相反,我们应该利用的是一个属性簇,其中的多数属性必须大致地适用于该对象。并不是其中的全部——或者至少并不是其中的大多数属性,都不适用。我在(Kripke, 1980)论证中说,不管提出这种修正理论的人想的是什么,这种修正理论本身并没有真正克服针对经典理论的那些最重要的反对意见(参看这本书的第31—33页、第60—61页,以及第74—75页)。

存在,就等于说在那些情形下,这个故事对任何一个这样的侦探来说都不会是真的。于是,我们就可以在这些句子中用存在量词去替换这些名称,用"一个唯一满足这个故事所述各项条件的人存在"去替换"福尔摩斯存在"。而不论对于现实世界还是对于任一可能世界来说,这些都被认为是必要且充分的条件。

你们当中有些人将会明白,我区分了两类问题:一类是与必然性有关的问题,即某种东西是否会在一个可能世界中为真;另一类是认识论问题,即我们是否会先验地知道某些条件必定会在现实世界中为真。因此,这里有两个与弗雷格—罗素分析有关的问题。首先,下面的说法成立吗?如果我们问摩西在一个给定的反事实情境中是否存在,或者问福尔摩斯是否会存在,也就相当于在问通常就他们所说的那些事情在该情境中可以为真吗?其次,关于现实世界,我们先验地知道,或者会以某种预先的确定性知道,摩西或者福尔摩斯在现实世界中的存在实质上等价于某个唯一满足该故事所说条件的人的存在?这些问题是可以区分开的,而且也是截然不同的。弗雷格和罗素可能在一个问题上对了,但在另一个问题上错了。无论如何,他们似乎给所有这些问题提供了一个整齐划一的答案,而所有这些问题也与我们提出下述问题时所实际问到的相契合:是真的有福尔摩斯,还是说只是看起来有呢?

那些熟知我此前著作的人将会知道,根据一连串的例证,我相信弗雷格—罗素的分析在应用于自然语言时,无论对哪一种情形来说,都是错误的。一般来说,它对于反事实情境来说是错误的,而且,就我们关于现实世界能够先验说出的话来说,它也是错误的。可以肯定,例如,当我们问摩西是否会在特定情形下存在时,并不等于在问:在这些情形下如此这般的事件是否会发生。这是因为:首先,也许摩西本来可能会存在,但却没有参与宗教或者政治活动,因而没有做出那些伟大事迹中的任何一个。而且,当然也不需要其他任何人做过他所做过的那些事。其次,即便摩西从未存在过,也许会有某个身高差不多的人出现,而这个人正好做了那些伟大的事。这些陈述(一个是包含"摩西"的陈述,另一个是包含一个与这个名称典型相关的摹状词的陈述)应该在所有可能世界都具有相同的真值,而在这些陈述当中,没有哪一个会在一个可能世界中推出另一个。不论从哪一个推导方向看,都可能是一个为真而另一个为假。④当然,在历史哲学中,可能有某些(极端不合理,也许从来就没有被谁坚持过的)观点会断定:存在着伟大的个体人物,他们被唯一地要求去完成特定的任务。这一点几乎不会被认为仅从对存在陈述以及专名的分析中便能推导出来。因此我认为,在这种情形下,弗雷格—罗素的分析必须要被拒绝。特别是,把一个反事实情境描述为一个在其中摩西可能会或可能不会存在的情境,并不是要问是否会有什么属性得到了例证。⑤这样做,就是要反对弗雷格为"存在不是一个谓词"这一信条提供的技术上的意义。一个具有"摩西存在"这种形式的明显的单称陈述,并不等价于任何具有"如此这般的属性得到例证"这种形式的陈述,除非你把"是摩西"这一属性看成所讨论的那种属性。但如果这样做的话,那就要用弗雷格并不喜欢的形式来书写了。从根本上看,它的意思就是说:"有一个 y,使得 y 是摩西"。

罗素也认为存在不是一个谓词。⑥显而易见,存在这个属性之所以会困扰到罗素,乃是因为它对每一样东西都显然为真。如罗素所说:"就谓词而言,没有任何东西不能被设想为假。我的意思是说,有一点是完全清楚的,即如果有像我们所谈论的个体的存在这种事情的话,那么,它不适用是绝对

---

④ 请注意,在这个例子中,我把"摩西"看成了一个真实人物的名称,甚至也许会假定摩西五经所述内容在实质上的准确性(如果不是完全准确的话)。我正在讨论的是反事实情境,我所论证的是:某个满足摩西五经所述内容的人的存在,与摩西是否会在一个给定的反事实情境中存在没有什么关系。[基于维特根斯坦(Wittgenstein,1953:§79)对这个例子的使用,我在(Kripke,1980:66—67)中针对这个例子做了讨论。]

⑤ 当然,你可以发明一种属性出来,比如常常被蒯因提议的"摩西化"(Mosesize)。参看蒯因的文献(Quine,1940:149—150 & Quine,1960:176—180),还有我在 1980 年的著作(Kripke,29)所做的评论。在这里,我不讨论这样一种人造的属性,它本身也无可非议。

⑥ 弗雷格和罗素都认为,存在不可能是个体的谓词,但是当我们把一个存在量词附加到一个一位谓词时,他们把存在看成是由此表达的"高阶"属性。弗雷格说,把存在看成个体的谓词而非(用他的术语讲)二阶概念这个错误,是本体论论证的根本性错误[参看弗雷格(Frege,1997:146,注释 H)]。罗素的观点实际上与弗雷格的观点类似,不过,他是根据自己的摹状词理论进行表述的,以至于有一个关于个体的谓词这一幻觉可以与摹状词是指称对象的词项这一幻觉联系起来。这一点在蒯因那里是很清楚的,他写道:"罗素着手解决关于存在的疑难,他的办法是承认'存在'一词仅仅与摹状词相关,并把整个语境'($ \iota x$)(...x...)存在'解释为'($ \exists y$)($ x$)($ x = y . \equiv . (...x...)$)'……的简写。这种办法为康德关于'存在'不是一个谓词的模糊断定提供了一种严格的技术意义;也就是说,'存在'在语法上并不能和一个变项结合起来组成'y 存在'这样一个独立的句子"(1940:151,引文有省略)。但是,很难看出弗雷格和罗素何以可能否认"($ \exists y$)($ y = x$)"是定义存在的一个"一阶概念"(或者说:个体的谓词)。参看下文关于必然存在的讨论,以及注释⑧中摩尔对罗素提出的反驳。

不可能的,而这是一种错误所特有的特征"(Russell,1918—1919:211)。罗素在这里使用的前提可以被解释为正确。所有东西都存在这一点是必然的,或者说,对于每一个 x 来说,都会存在一个 y,使得 y 是 x。由此绝对推不出存在是一种不言自明的属性,也就是说,所有东西都有必然的存在。用符号表示,差异就存在于 $\square(x)Ex$(这是罗素所援引的事实)和 $(x)\square Ex$ 之间,后面这一点是推不出来的。仅当第二个公式为真时,这个把存在归于个体的谓词才是不言自明的。我在一篇论模态逻辑的技术性论文中讨论了这种混淆,我认为这是一种模态上的谬误(Kripke,1971:70)。⑦事实上,如果一个特定对象的存在是偶然的,我们就可以就这个对象说:在某些明确规定的条件下,它本可能不曾存在而且**不会**存在。例如,如果我的父母从未相遇,我也就不存在了。因此,摩尔对罗素的反驳是正确的。按照摩尔的说法,我们可以就一个特定对象说,在某些情形下它本来不会存在,而且不意指任何这样的意思:我们必须根据某些属性是否本来有可能或不可能得到例证这一点对之进行解析。⑧

现在我们转向现实世界。弗雷格和罗素的观点是:提问福尔摩斯是否真的存在,就是在提问这个故事是否在实质上对某个人(唯一)为真;而问摩西是否存在过,就是问这个故事是否在实质上对某个人为真。我们先来看一下不涉及虚构作品的例子,历史学家们已经断定这些人物的确存在过。我(Kripke,1980:67—68)讨论过这个例子。如果摩西存在过的话,从一个肯定性回答就能推出这个故事实质上对某个人为真吗?我认为,即使是在讨论现实世界,在这里弗雷格和罗素是又一次犯了错的。他们没能把两种传说区分开:一种传说完全就是一整套关于神话人物的罗织,另一种传说则是就实际人物生发出来的。在后一种情形下,我们可以说,这些传递到我们

---

⑦ 我(Kripke,1980:157—158)(我现在陈述的一些观点在那里已做了概述)说过,把"福尔摩斯"用作一个现实个体而非可能个体的名称这一做法,如今在我看来好像是错误的。

⑧ 摩尔写道:"就任何人都能够察觉到的每一个感觉材料来说,所涉之人总会因为所涉感觉材料的真实性而说'这个本可能不存在';我看不出这一点何以能够为真,除非'这个实际上的确存在'这个命题也是真的,并因此使得'这个存在'这样的话具有意义"(1959:126)。

摩尔的论证明显适用于更大的对象类,而不仅仅局限于感觉材料。(我认为,他之所以更关心感觉材料,是因为考虑到了罗素关于逻辑专名的思想,尤其是,"这个"总是被用作感觉材料的逻辑专名。)如果你认为某些对象(比如数)的**确**有必然的存在,那么,这一点对于每一个这样的对象来说,都会是一个有意义的事实,而且应该毫无疑问地推出该对象的存在。

的故事是传奇性的,对任何人都不成立,然而,摩西或故事中提到的其他人的确存在过。事实上,有一位圣经学者就是这样描述约拿的,而我引用过这个学者的话。⑨

正如我就这些例子所强调过的,尽管我们所知的关于约拿的故事实质上是假的,但我们之所以仍然可以说约拿的确存在过,是因为有一根历史的传递链条,这个名称(或许有语言上的变化)通过这根链条传递到我们这里,并且可以回溯到约拿这个人本身,以及那些就其做了错误断定的故事之上。

假设福尔摩斯的故事对唯一一个侦探全部为真:这就等于断定福尔摩斯确实存在了?许多这种类型的书,连书皮都会同这样一个断言构成冲突。第一页上可能会这样写:"本书中的角色是虚构的,若与在世或已辞世的什么人有雷同,则纯属巧合。"说这话的意思是:即使因为某个离奇的事件,这本书所讲的故事对某个特定的人实质为真,乃至只对其为真,这种雷同也纯属偶然,该书的作者对此并无知晓。(实际上,我们可能会对这样一个论断表示怀疑,但可以肯定,从理论上看,这并不是不可能的。)他们不是故事中出现的那些名称的指称对象,这个故事对他们实质为真也只是一个巧合。如果这个故事对其为真的这些人之一因为侵犯隐私,或者因为诽谤或恶意中伤而被起诉,他不会单单因为确证了这个故事对其实质为真而被判胜诉。即使这一巧合的确得到了确证,法官也将驳回原告,从而与弗雷格、罗素、维特根斯坦以及塞尔所断言的正相反。⑩其原因仍在于缺乏与一个现实的人的任何历史联系,即便这些信念对这个人实质上为真。

温和处理一下,也就足够了。如果弗雷格—罗素理论是错误的,那就可以确定,必定会提出某种理论取而代之。但是,如果这些新提出来的理论(正如人们通常所认为的那样)不能就存在问题以及在直观上正确但却明显

---

⑨　我本来是能够忠于摩西本人的。著名的圣经学者诺斯(M. Noth)相信,的确有一个摩西,但[与维特根斯坦(Wittgenstein, 1953:§79)所说的,我(Kripke, 1980:31)曾引用的相反]他和《出埃及记》里那个离开埃及的人或者做了摩西五经中所描述的大多数与之相关的著名事件的人毫无瓜葛。(与之有关的真正核心的东西是"带领犹太人找到了耕地"。)在我提交这篇论文时,我可能还不知道这个信息。

⑩　后来有人告诉我,我的断言在英国诽谤法中是不能成立的——因为英国法律对原告很有利,但在美国法律中却是可以成立的。在这个问题上,我没有认真去核实。我所提出的理论观点实际上并不会受此影响[即便如此,在这里英国法律也采纳了某种类似于"严格责任"(strict liability)的东西]。

为空的名称问题提供一种说明,那么,这些问题本身就没有对这些新理论提供正面的支持,并对强调指称而非描述性含义的论证做出反驳。

让我们试着看一看,一种正确的说明会是什么样的吧。实际上,这里面有两个不一样的问题。一个是说,当我们使用一个现实的名称,也就是一个确有指称对象的名称时,所表达的是哪种命题:当我们给出一个使用该名称的存在陈述时,所表达的是什么? 假设"摩西"这个名称指称一个特定的人。当我们准确说出摩西的确存在时,或者如果我们错误地说出摩西不存在,或者以一种反事实的方式这样说:假如摩西不曾存在过,会发生什么事,我们总是在谈论那个人。在这个意义上,存在就是一个谓词。当然,如果这个人就在旁边,他就必定满足这个谓词,而这种情况使得存在成了一个很特殊的谓词。但是,尽管我们可以把这分析为"($\exists y$)($y =$摩西)",但我们不应试图用任何涉及对于属性的例证的东西去替代它。当我们说:"摩西本可能不存在,并且本可能会在特定情形下不存在"时,我们正在就一个特定的人谈论某件事,而不是就他的业绩在特定情形下是否被完成进行谈论。像"每一个(现实的)人都有可能不存在"这样的量化语句是说得通的,而存在就是一个由量词所管辖的谓词。

我曾就类似情况提出过警告(Kripke, 1980),下面这一点是无关紧要的:假如摩西不曾存在,人们就不能做出否定存在的断定。相反,既然我们能够指称摩西,我们就能够描述一种摩西在其中不存在的反事实情境。下面这一点没有丝毫紧要之处:在这一情境当中,人们不能说"摩西不存在",至少,如果按照我们在这里的方式使用"摩西"这个名字的话。实际上,我能够描述一种我在其中不存在的反事实情境,尽管如果这种情况发生,我也不准备去说它。把下面两种语言相混同,是错误的:一种语言是在一种特定情境出现时人们**会拥有**的语言,另一种是在该情境当中我们用来描述情况会怎么样的语言。(有时候我会在出版物和学术讨论中碰到这种混淆。)

在虚构作品中发生了什么事呢? 一般来讲,有一点可以肯定,那就是,虚构作品就是一种假装(pretence),即假装故事中发生的事真的发生了。创作一部虚构作品就是去设想——比如编造一段浪漫的爱情故事——真的有福尔摩斯,这个故事中用的"福尔摩斯"这个名字的确指称某个人,即福尔摩斯这个人,等等。因此,下面这一点大概就是这个故事所假装的一部分,即

"福尔摩斯"这个名字的确是一个名字,的确具有名称通常具有的那些语义功能。如果我们错误地相信这个名字是非空的而不是空的,下面这一点就会是这种错误的一部分了:这是一个具有名称通常的语义功能的名称。我在这里粗略地陈述了这个原理,正如适用于虚构作品一样,我可以称之为假装原理(the pretense principle)。虚构作品中发生的事,就是假装现实的条件得到了实现。⑪一部虚构作品甚至不用说:它用到的名称是其中人物的"真实名称"、他们的父母给他们取的名字,准确的"家族名称",或者他们的朋友对他们的称呼,如此等等。实际上,在《洛丽塔》(*Lolita*,Nabokov,1955)⑫中已经表明:为了保护无辜者,已经对这些名称进行了改变。而这

---

⑪　其他许多人也坚持与此类似的观点。但是,在我进行本次讨论乃至后来做洛克讲演的时候,我完全没有意识到这个原理已被弗雷格阐释过了。请看下面这段文字:

> 不能履行专名的普通职能,也就是对某种东西进行命名这种职能的那些名称,可以被称作模拟专名(mock proper names)[*Scheineigennamen*]。尽管威廉·泰尔(William Tell)的故事(德国诗人和戏剧作家席勒的最后一部剧作,这部作品以 13 世纪瑞士农民团结起来反抗奥地利暴政的故事为题材。——译者注)是一个传说,而不是一段历史,"威廉·泰尔"只是一个模拟专名,但我们不能否认它的意义。但是,我把"威廉·泰尔击落了他儿子头上的一个苹果"这句话的意义描述为虚构性的。
>
> 我们不讨论"虚构",我们可以讨论"模拟思想"(mock thoughts)[*Scheingedanke*]……这些思想在科学中甚至不会得到人们的严肃对待:他们只是模拟的思想。假如席勒的《唐·卡洛斯》(*Don Carlos*)被看作一段历史的话,那么在很大程度上,这部戏剧就会是假的。但是,一部虚构作品根本就无意于被人们这样严肃对待:它根本就只是一场游戏而已。戏中的专名尽管与历史人物相对应,但都是模拟专名;它们无意于在这些作品中被严肃对待……
>
> 逻辑学家们没有必要因为模拟的思想而伤神,这就如同一个物理学家,如果他打算去研究打雷,他根本就不用去关心舞台上发生的打雷。(Frege,1897:229—230)

上面这段文字引发了各种各样的问题。但是,对弗雷格进行解释并不是这里的目标。不过,这里有三点需要引起我们的注意。第一,就我所知,弗雷格是第一个强调虚构之中的空名以及包含这些空名的语句是假装的人。第二,假如我刚引用的这段话被完整给出并予以详细解释,关于我所谓的"弗雷格—罗素"观点是否就是弗雷格关于虚构名称之含义的观点,就不确定了。某种与之类似的东西的确好像就是弗雷格关于历史人物之名称的观点;就传说和虚构来说,它也好像是某些当代弗雷格主义者,如丘奇(A. Church)的观点[参看他就"柏伽索斯"所做的评论(Church,1956:7,n.18)]。然而,我们可以从上述段落导出的关于虚构名称的观点将会与此迥然不同。(理解这段话,使之自洽或与弗雷格在别处所说的话保持融贯协调,是一件有些困难的事。)第三,在这段话中,弗雷格说,即使一个历史人物用本名在虚构作品中出现,这个名字也只是一个"模拟专名"。如果这意味着它并不真的就是所谈人物的名称,或者说,它未能指称他或者她,那么,我不认为这是正确的。当托尔斯泰在《战争与和平》中提到拿破仑,并使之作为该书的一个角色时,他就正在讨论拿破仑其人(见第 9 章)。

⑫　在前言中,推测是原稿的编辑说,这些名称不是真实的。例如,亨伯特·亨伯特(Humbert Humbert),这个叙述者和主角的名字就是一个化名。

也是其假装的一部分。

如果情况真的就是这样,无疑这些名称就并不真的具有指称对象了,它只是被假装具有指称对象;如果与密尔观点相类似的某种见解是正确的,那么命名的语义功能就是指称,于是由此可以推出,这里我们只是在假装指称一个特定的人,并说出某些与之相关的事情。这样的话,在这个故事中出现的那些命题,就不是就某个特定的人说出某些事情的真正的命题;相反,它们只是假装的命题。这并不是说,故事中出现的这些句子从最强的可能意义上说是无意义的,因为可以这样说:我们都知道它们正在假装去表达的是哪种命题。情况可能是这样的(尽管这种假设可能是一种幻想):实际上,柯南·道尔所写的不是故事,而是就实际发生的事件所写的历史阐述。在这种情形下,如果我们相信那些语句没有表达任何命题,那我们就错了。实际上,我们可以在原则上说它们的确表达命题。但是,按照我所主张的观点,如果这些名称实际上并不进行指称的话,它们也就不会表达任何命题了。特别地,我们应该对一个真正的命题提出这样一个要求:在每一个可能世界中,我们都应该能够断定据称由该语句表达的命题在所涉情形下是否为真。如果这个测试对于虚构中的句子失效,它们就不表达真正的命题。而在我看来,这一测试对于虚构中的句子来说的确是失效的。

仍沿用我此前提到过的那个例子,假定"福尔摩斯"这个名称事实上没有指称对象,那么,在什么情况下福尔摩斯会存在呢?这可不只是说某个人或其他人做了那个故事中所说的那些事,因为"福尔摩斯"这个名称应该严格地指称一个特定的人。你不能说:"哦,它不指称一个真实的人,而只是指称一个(纯粹)可能的人",无论你喜不喜欢这样一种本体论,因为许多可能的人本来都有可能去做故事中所说的那些事。实际上,如果情况有所变化,也就是说,在另一个可能世界中,某个现实的人本来有可能会做故事中所说的那些事。如果查尔斯·达尔文决定从事另一个行业,他本可能成为那个时代伦敦附近的一位杰出侦探,并同某个类似于莫利亚蒂(Moriarty)的人做斗争。这并不是在说,他或者别的什么人中,谁会成为福尔摩斯,或者本来有可能成为福尔摩斯。他本来能够扮演福尔摩斯的角色,他本来能够完成人们听说的关于福尔摩斯的那些事情。但是,如果关于福尔摩斯的假装意味着"福尔摩斯"严格地指称某个人,我们就不能说哪个人会被指到。在挑选一个而不是另一个的问题上,并没有什么标准可言;我们只是要说,这个名字并没有指示什么。⑬

关于假装问题,我想再多说几句。除了我所掌握的关于假装命题的哲学信条,有一点在我看来似乎也是显而易见的,即任何理论都必然要从如下事实开始:这些虚构中的假装都是假装。人们好像因为空名而感到担忧和困惑,就好像它们的存在是一个巨大的悖论,而且好像很难找到一个理论能够就这些事情的可能性作出解释。"如果命名的功能就是指称,我们如何可能会有空名呢?"正相反,我们事实上**必定**会有空名,这是因为,给定任何一种指称理论——给定**任何**关于指称条件如何满足的理论——我们肯定能够**假装**这些条件得到了满足,而事实上却并非如此。因此,(虚构中)被假装的名称的存在不可能在不同的名称理论之间做出裁定。

空名是否可能这个问题让罗素尤为焦虑。他想要清除空名的可能性(因为他的逻辑专名概念,普通意义上的名称被认为是缩略的限定摹状词,它们可以是空的,并非真的就是名称,参看注释②)。他把逻辑专名限定为我们的直接感觉材料的名称,这种感觉材料的存在被认为是毋庸置疑的,但同时也是转瞬即逝的。⑭于是,这些被这样命名的事物的存在就是一个毋容

---

⑬　参看我的论述(Kripke, 1980:156—158)。回想起来,当我做这次报告时,这些内容还是相当新的。本节从一个虚构的自然种类词("独角兽")开始,继而谈论"夏洛克·福尔摩斯"。

⑭　下面这段对话表明了这一点:

问题:如果一个事物的专名,即"这个",从一刻到另一刻都在发生变化,我们何以可能做出什么论证呢?

罗素先生:你可以让"这个"维持大约一到两分钟。我写下一个点(说着他在黑板上点了一个点),而且只在一小段时间内谈论这个点。我的意思是说:它经常发生变化。如果你快速进行论证,你就能够在论证完成之前得到一小段时间。我认为事物会持续有限的一段时间,大约几秒钟、几分钟或者随它碰巧多长的时间。

问题:你不认为空气会对这个点产生作用并对之造成改变吗?

罗素先生:只要空气没有对其外观产生足够大的影响,以致使你获得一种不同的感觉材料,那就没有什么关系。(1918—1919:180)

早在《论表示》("On Denoting", 1905)一文中,罗素就认为,我们的命题的组成部分必定是亲知的对象。但是,随着他的研究的不断深入,允许我们亲知的东西逐渐变得越来越有限。那些并不是我们亲知对象的事物的所谓名称,实际是伪装的摹状词。罗素(Russell, 1918—1919)提出的理论与其早期思想相比,则是更加有限了。我把下述观点归功于马金(G. Makin)(就在我做完这次讲演之后):对罗素来说,感觉材料实际上是某种物理性的东西,不严格地说,可以将其等同于视觉印象。我在文中就倾向于这样处理。这并不影响下面这一点:正如上述对话所证明的,它们都是转瞬即逝的实体。

置疑的真理了。维特根斯坦在《逻辑哲学论》(Wittgenstein, 1961)中让他的名称所指称的那些对象成为这个世界的必要装备的组成部分。因而,所说的那些事物本应无法存在这一点不是可能的。当然,这两种策略源于同一个动机:实际正如我们所知,它们是相互协作的关系。

有趣的是,他们得出的结论并不完全相同,实际上是不相容的,这表明从认识论转到形而上学考虑时会产生麻烦。可以肯定,我们自己的直接感觉材料的存在并不具有任何类型的必然存在。它们的存在同任何东西的可能状况一样,都只是偶然的。就在此刻,我接收到了各种各样的视觉印象。假如我根本没有进入这间屋子,或者假如我蒙着眼睛进了这间屋子,这些视觉经验就不会存在。因此,它们的存在是偶然的。许多注释家都在怀疑,《逻辑哲学论》中所讲的那些对象究竟是不是罗素所讲的那种感觉材料? 除了内在的证据之外,我们可以说的一件事情是指:如果它们就是罗素式的感觉材料,它们将不会满足《逻辑哲学论》为对象规定好了的那些条件。

无论如何,罗素几乎没有能够成功地避免空名的纯粹可能性。如果名称被限定到我们自己的直接感觉材料,或许情况就会是这样:我们不能怀疑所谓的对象是否存在。但是,我们仍旧可以杜撰一个故事,从中设想我们自己使用假装的名称去命名感觉材料,而这些假装的名称在故事中就被说成是罗素式的逻辑专名,而实际上它们是我们所不具有的感觉材料的名称。比如,假设一个这样的名称是"哈里"(Harry),而"哈里"是某个特定的感觉材料的名称。于是对我来说,在这个故事之外说出下面的话会是真的:哈里不存在,没有任何像哈里这样的感觉材料。可见,即便是罗素的理论,也没有能够避开这个困难。对我来说,似乎不可能去设想这个困难能够被令人信服地避开;假定我们有一种指称理论,下面这一点就可能是一个故事所假装的一部分:这个故事所要求的那些条件得到了满足,即使事实上并非如此。(要想在我们是否真的在进行命名这一问题上避免产生错误,是有可能做到的,但要想避开虚构或假装的可能性,则是做不到的。)

因此,为了把这个问题弄得再清楚一些,我们必须停下来,不要再作茧自缚了。我们必须认识到,无论我们可能会赞成什么样的指称理论,假装语义指称的条件能够得到满足总是可能的。一个故事有多大程度的意义,这取决于我们在"对什么进行假装"这一问题上的知晓程度如何。在福尔摩斯的例子中,所假装的是:这个名称指称一个特定的人,而某些事情是围绕这个人谈起的。这不是说现在故事中的那些句子表达真正的命题,就好比我们可以说在哪种反事实情形中它们会是真的,因为我们不可能做到。关于假装我所说的这些话,若**经必要修正**,可以应用到犯错及其他类似的情形——是错误,而不是假装或虚构。(也许罗素会因为他的确实性条件而避开犯错的可能。)我们不应该认为下面一点有多奇怪:这样的错误可能会存在——我们应该将其视为自然而然的和不可避免的。

现在来看,要想在这个问题上获得正确的认识,我们就必须区分关于名称的两种情况:一种是在虚构中出现的名称的情况——在虚构中,如果正确使用了它们,我们就可以说这些人物不存在,例如"福尔摩斯不存在";另一种情况则与此相反,"福尔摩斯"这个名称的使用方式促使我们认为,说福尔摩斯不存在是真的。有人——比如亨迪卡(Hintikka, 1962)已经论证,如果把笛卡尔的"我思故我在"看作一个逻辑推论,那会是一个错误的推论。亨迪卡说:这是因为,如果用"哈姆雷特"来替换其中的"我",那么,尽管哈姆雷特思考了很多事情,但由此能推出哈姆雷特存在吗? 亨迪卡所设想的这种用法接受一种真—假式的英语测试,按照这种测试,我们问:

哈姆雷特结婚了——是真还是假?

哈姆雷特优柔寡断——是真还是假?

哈姆雷特思考——是真还是假?

要是将最后面这个问题标记为假的,那就相当于宣称哈姆雷特是一个无思想的角色,而这并不是这部戏的意图之所在。但是,有一点是亨迪卡的论证未能认识到的:在这种意义上——按照这种特殊用法,我们正在就这出戏剧进行报道——"哈姆雷特存在"也会是真的,因为在这出戏中,确实有哈姆雷特这么一个人。这一点并不是不言自明的。有时候,按照这样一种真—假式测试,这样一个陈述应被标记为"假"。例如,这一点是可能的:按照这部戏,麦克白的匕首不存在。那么哈姆雷特父亲的亡魂是真实的? 还是说哈姆雷特纯粹只是在设想? 在这种情形下,我认为这出戏所要传达的意图是:他的亡魂是真实的。在这种意义上,可以肯定地说,哈姆雷特的确是存在的,不过,要是他真的认为窗帘后面有一只猫,那么,实际上并没有这么一只猫。因此,"A 思考,故 A 存在"这个推理完全立得住,尽管存在针对这个推理模式的这个所谓的反例。⑮

在《哈姆雷特》这部戏剧中,有一场名为"贡扎加的谋杀者"(The Murder of Gonzago)的戏。让我们假想,按照《哈姆雷特》这部戏,这不应该与任何历史人物有关。⑯于是,如果在《哈姆雷特》这部戏中进行谈论的话,我们可能就会说,像贡扎加这样一个真实的人从来就没有存在过,贡扎加只是一个虚构的人物。既然在这出戏中哈姆雷特是一个真实的人物,那么这样去谈论哈姆雷特就是错误的。因此,贡扎加纯属虚构,而哈姆雷特则是一个真实的人物。无论自由逻辑可能会提出什么理由,哈姆雷特的例子(亨迪卡在论文中引用了它)也不会是其中之一。⑰

有时候,我们并不是说"哈姆雷特"是一个空名,而是这样说:"哈姆雷特"是一个虚构人物的名称。看上去这样似乎为该名称提供了一个指称对象。我们应该把这看作是一种致人误解的言说方式?还是说,我们应该赋予日常语言一个被称为"虚构角色"的东西的本体论呢?"被称为'虚构角色'的东西"这个令人不安的用词表明了一个否定的回答。我们四周有魂灵一般的实体存在吗?

实际上,我认为,我的上述问题的答案会是肯定的,虚构角色**不是**像魂灵一般的实体或者纯粹可能的实体——它们是在这个真实世界中存在的一种特定类型的实体。当我们说"有哈姆雷特这样一个虚构人物"时,我们似乎对它们进行了存在量化处理。这种形式的陈述——它们不是故事当中的陈述,因为在这个故事中,哈姆雷特不是一个虚构人物,而贡扎加却是一个

---

⑮ 格赖斯告诉我,这也是他的看法,不过我并不确保我们在每个细节上都完全相同。

⑯ 当我提出这种设想时,我只是在表明自己的无知。实际上,很显然,贡扎加家族聚集了一群重要的意大利贵族,他们统治着曼图亚(Mantua)和其他地方。(我不太清楚为什么在莎士比亚那里它被拼成了"Gonzago"。)多年以前,我跟一位莎士比亚专家谈过这事,他告诉我,一个真实的贡扎加(也许是这个家族中的一位成员)确实被谋杀了,不过并不存在任何一部像我们都知道的《贡扎加的谋杀者》这样一出戏。然而,我不能有把握地证实这一点。在本文中,我默认我的如下设想是没有问题的,即历史上既没有一个被谋杀的贡扎加,也没有一部有关这样一场谋杀的戏剧。

⑰ 在自由逻辑系统中,"Fa, $\therefore$ $(\exists x)Fx$"这个经典逻辑的存在概括的推论模式是非有效的。此外,$(\exists x)(x=a)$ 既不是有效的,也不能一般地从 Fa 推出。无论可能出于什么样的动机,从《哈姆雷特》这出戏的内部来看,"哈姆雷特思考"这种情况绝不能用来确证我们需要自由逻辑。

虚构人物——也不是不言自明的,正如在这个故事中使用"哈姆雷特"的肯定存在陈述并非不言自明一样。这里我们可以追问:"有哈姆雷特这样一个虚构人物吗?"对它的回答是肯定的。有贡扎加这样一个虚构的人物吗? 回答会是否定的,因为只是《哈姆雷特》这出戏说有《贡扎加的谋杀者》这么一出戏。而实际上根本就没有这么一出戏,因此,根本就没有出现在《贡扎加的谋杀者》中的贡扎加这么一个戏剧化的人物。如果在这出戏里面,那我们会说哈姆雷特是一个真实人物,贡扎加是一个虚构角色。而如果在这出戏之外的话,我们要说的是,哈姆雷特是一个虚构人物,而不是一个真实人物;另一方面,贡扎加则不是一个虚构人物。也就是说,如果我们说的是有这么一个虚构人物,那是在一个虚构作品当中,而不是在这个虚构作品之外。

下面这一点是重要的:所谓的虚构人物并不是不可捉摸的可能的人。它们的存在问题是一个关于现实世界的问题。它取决于某些作品是否已经被实际地写了出来,某些虚构的故事是否已经被实际地讲述了出来。虚构角色可以被看作一种因为人们的活动而存在的抽象实体,就好像国家是一种由于人们的活动及其相互关联而存在的抽象实体一样。[18]如果关于人及其相互关系的某些条件是真的,一个国家就会存在;它有可能不能归结为这些条件,因为我们不能把它们精确地(或者,也许是不会导致循环地)讲出来。同样,如果人们做了某些事情,也就是说,创造了某些虚构作品以及这些作品中的角色,那么,一个虚构角色也就会存在了。

在日常语言中,我们经常会对虚构角色进行量化。如果我们总是可以用一个描述人们的活动的句子去替换最初的(量化)句子,那么这样的量化也许就可以被消除掉。[19]但是,例如这里就是我以前的一次谈话。你可能听说过,在圣经中以色列人经常受到谴责,因为他们把自己的孩子献祭给了一个名叫"摩罗其"(Moloch)的邪神。有些圣经学者坚持认为,把"摩罗其"看

---

[18] 因瓦根(V. Inwagen, 1977, 1983)似乎重新发现了一个与此很相似的理论。我本人现在还模糊地记得听过达米特的一次讲演,其中曾经提到空名和虚构角色的名称之间的区分。如果我所记不错,它很可能影响了我的思想。此外,摩尔在他(反驳赖尔)的论文《想象的对象》(Imaginary Objects)中说:狄更斯的各种虚构陈述的确是"关于匹威克先生"的,但不能由此得出有关虚构角色的本体论的任何明确结论。他似乎也不是在捍卫迈农的本体论。参看摩尔的论述(Moore, 1959:105)。

[19] 不过有一点是真的:存在着具有特定属性的虚构角色,有谁否认这一点,都会犯错。

成一个邪神的专名,是一个错误。⑳实际上,根本就没有这样的异教神,"摩罗其"指的是一种献祭,就像祭神用的烧祭品那样。㉑而"献给摩罗其"实际上应该翻译为"作为一个摩罗其",也就是指这种献祭本身。因此,有这样一个异教神这个想法根本就是一个错误。有一次,我曾向一个人㉒解释过这一点,我说的是,按照这种解释,没有一个这样的神,而他却对我说:"当然没有这么一个神。你不相信异教神,不是吗?"这个回答明确了我说的话当中存在的一个模糊之处:一种解释涉及对真正的神进行量化,就此而言,有一点大概已经得到确证,即没有像摩罗其这样一个神;另一种解释则涉及对虚构实体进行量化,例如在"有这样一个(虚构的)神吗?"对它的回答本应是肯定的,但按照这个特殊的理论,答案最后却变成了否定的。"神"这个词最后被证明是一个歧义词。这个词可以这样来使用,从而使得只有正常类型的异教信徒才会承认奥林匹斯山诸神的存在。但在通常情况下,我们并不是这样用的,例如当我们提出这些问题的时候:"有多少希腊神存在呢?""你能对希腊诸神进行命名吗?"如此等等。

针对"哈姆雷特存在吗?"这个问题,如果我们根据虚构角色的存在进行阐释,回答就会是肯定的,我们不是在报道这个故事的内容。同样,对于"有摩罗其这么一个神吗?"这个问题的回答也可能是肯定的,这与艾斯菲尔德正好相反。我们必须确定清楚:我们在这里谈论的是哪一种实体。如果我们问的是:"有哈姆雷特这样一个虚构人物吗",回答会是肯定的。当然,我们可以问一个指称为 A 的虚构角色和一个被指称为 B 的虚构角色是不是同一个虚构角色。这是有意义的。在日常语言中,通过一种简要而且现成的方式,我们就可以把握到对这些虚构角色进行量化以及建立同一性的工具。它们不是魂灵般的可能实体;它们是根据人们的活动而存在的特定类型的抽象实体。

---

⑳ 事实上,艾斯菲尔德(O. Eissfeldt)就是其中的一位,还有接受他的理论的那些人[参看艾斯菲尔德的论述(Eissfeldt, 1935)]。我认为,与我讲这番话的时候相比,现如今艾斯菲尔德的理论可能已经不那么流行了,但这并不影响这个例子有用。更早的一种被艾斯菲尔德归于盖格尔(A. Geiger)的理论,也会得出这样一个结论:"摩罗其"不是一个异教神的名字,而是来源于"米利其"(melech)(希伯来语中的"国王")的去声化。近来我读到的一些评论家(本文发表很久之后)都接受这一点:"摩罗其"的确命名一个异教神。

㉑ 事实上,我记得它指的是人祭。

㉒ 法兰克福(H. Frankfurt)。

在这些问题上,很多人都弄混了,因为他们说:"这些以虚构方式做如此这般事情的虚构角色肯定是有的;但虚构角色并不存在;因此,某种与迈农观点类似的观点,由于涉及一阶存在和二阶存在,或者广义的存在和狭义的存在,因而必定能够成立"。㉓这些并不是我想要在这里说的话。在故事中使用的"哈姆雷特"这个名称,并不是要去指称一个虚构角色,它是打算去指称一个人的;只有当我们在这个故事之外进行谈论时,我们才能说这样一个人是不存在的。当我们说"有哈姆雷特这样一个虚构角色"时,我们并不是在指称一个魂灵般的人——我们是在指称一个虚构的人物,它的确是存在的,因为人们已经写出了关于他的特定类型的作品。如我所说,虚构角色是一种特定类型的抽象实体。还有并不存在的所谓的虚构角色——贡扎加就是一个例子。然而,可能会有**虚构的**虚构角色,如贡扎加。"虚构的"这个谓词可以叠置,贡扎加是一个真正的虚构的虚构人物。尽管没有这样一个虚构人物,但的确有这样一个虚构的虚构人物。㉔

虚构角色的属性可能是多种多样的,其中很多都不是人的属性(迈农式的,或是其他的)。因此,一个虚构角色可以广为流传或无人问津,可以被文艺批评家们广泛讨论,可以在莎士比亚的几部戏剧中发现,可以被柯南·道尔创造出来,如此等等。另一方面,我们的语言有一个约定,允许我们简要地㉕把它们出现于其中的作品的那些属性归于它们。因而,有一个虚构的侦探,他住在贝克街,能够从一些细枝末节处引出结论,等等。有一个虚构的人物,有人交给他一项任务:去杀掉他的叔叔,但没有一个虚构人物会得到这样一个任务:去杀掉自己的曾祖母。(或者也许会有;已经写出来了太多的作品,但很可能我恰恰没有听说过一部相关的作品。而且,如果有这么一部作品的话,我也可以自信地说,各个虚构角色并不是同样出名。)

有两种东西仍未涉及。首先,我应该提到我关于想象之物(imaginary

㉓　无论如何,这就是罗素在《论指称》中所描述的迈农。我承认,我从来没有读过迈农的东西,所以并不知道这种描述是否准确。迈农是罗素(至少在最初开始的时候)所尊重的一位哲学家,因而这种描述不大可能是在说反话。

㉔　回忆一下(参看注释⑯):这个例子明显是不正确的,但我坚持"它是正确的"这一假装。正确的例子显然的确存在。请注意:如果艾斯菲尔德的看法正确,那就没有像摩罗其这样的虚构角色(神)了,但也没有这样的虚构的虚构角色。

㉕　我的意思是说:像"在相关的故事中"这样一个用语可以省略,这的确也是通常做法。

substance)的观点,例如魔法药剂或者独角兽,尤其是考虑到普特南曾经强调过的那些情形。我坚持认为,我们不能像文献中通常所说的那样,可以合理地说:尽管事实上没有独角兽,但独角兽本来可以存在。为什么我会认为我们不能这样说呢? 在神话故事中,独角兽被认为指称一个特定的物种,一个关于动物的特定的自然种类。"虎"这个词并不仅仅意指"任何黄色并带有黑色条纹的动物"。一只动物,无论是实际地存在还是仅仅反事实地存在,尽管它从外部看起来确实就像一只虎,但如果它从内部看是一只爬行动物,它就不会是一只虎,这一点我已经强调过了(Kripke,1980:119—121,以及别的地方)。㉖与此类似,某种具有与水不同的化学构造的东西自然不会是水。因此,"水是 H_2O"这个陈述是一个必然真理。

如果我们所指称的是一种现实的动物,我们当然可以通过普特南所说的"范型"(Putnam,1975a)把它挑选出来,而并不知道它的内部结构如何,或者不知道如何把它同其他假的东西如假金或假虎区分开。刘易斯曾经向我提到过袋虎,它也会遇到这样的情况。作为一个门外汉,我们不一定能够做出这种区分,我们可以把这交给科学家,他们可能会用一段较长的时间去做这种区分,但我们仍旧能够指称虎。这是因为虎就在我们周边;在现实世界,我们同它们具有历史因果的联系,通过这种联系,我们就可以指称它们。那些决定它们的本质属性,可以在后来通过经验的方式被发现;而当发现它们的时候,我们就可以说哪些与虎相似的可能的(或现实的)动物不会是(或者不是)虎了。

我认为,同样的看法对于独角兽也是成立的。如果关于独角兽的故事实际上是真的,那么这些动物当然真的就会在我们周边,我们能够指称它们并在今后发现它们的内部结构。但是,假设这个故事完全是假的,它和任何现实动物没有任何关联。于是我们就不应该说,在这个故事中"独角兽"仅仅意味着(让我们说,这就是整个故事告诉我们的):"看起来像是一匹马而且有单独一只角的动物"。我们不应该说,"独角兽"仅仅意味着任何与此相像的古老动物,因为这样的话,它就不会是一个物种的假装的名称了。实际上,我们完全可以发现这个故事的一个新的片段,它可以解释有时候人们

㉖ 我所参考的词典定义在那里被完整地给了出来。

何以会被那些看起来恰恰就像是独角兽的动物所误导,并把它们错看成独角兽。这些假独角兽在市场上被估以高价,直到它们的内部结构被发现。然而,这个故事并没有详细说明内部结构上的差异。"独角兽"被看成是一个特定物种的名称。我们获得了对于它们的局部识别;还有其他的标准,会把它们从假独角兽中挑选出来,但我们并没有被告知这些标准会是什么。我们也不能说:"好吧,让我们等着生物学家们的发现吧",因为生物学家也不可能找到任何与独角兽有关的东西。因此,我们不能说到任何可能的动物,说它们会是独角兽。我们只是可以说,它看上去有独角兽应该有的样子。如果一个可能世界包含两个很不相同的物种,两者都完全符合前述故事中的描述,我们也不能说出它们哪一个会是独角兽。

回到现实世界,我同样想说:仅仅发现存在着与神话中关于独角兽的任意描述完全匹配的动物,这本身并不说明发现真的存在着独角兽。尽管这种情况可能不会发生,但这种关联可能会是纯粹偶然的。事实上,这个神话故事可以这样说:"这个神话故事中提到的物种是虚构出来的,与现存的或灭绝的任何物种的任何类似均纯属巧合。"让我们假设,实际上它的确是这样说的。这说明,我们所需要的不仅仅是如下事实,即在未经修改的神话故事中的这些动物满足独角兽应该满足的每一描述,但这个神话故事是关于它们的神话故事,这个故事所说的是关于它们的这些事情,因为人们同它们具有历史的或现实的联系。

于是,这里有两个不同的论题。首先,我们可能会发现独角兽实际上存在过,但是,要发现这一点,我们就不仅必须要发现某些动物具有神话故事中提到的那些属性,我们还将不得不发现这个物种与这则神话故事之间存在的一种真实的关联——至少是在谈论一个未在高等生物学层面上明确加以说明的物种的情况下。如果给出了关于该物种的一个精确的生物学说明,回答就有可能是不同的。关于其内部结构的一种完整描述(也许是关于它在进化树、基因遗传等诸如此类中所处位置的详细解释)可能会引导我们说:"意外的是,最后证明有一个恰好与之相像的物种存在。"但这并不是通常在故事和神话传说中发生的事。再者,我讲述这一点的方式可能有太多的认识论意味。实际上,我并不是在讨论我们能够"发现"什么。与我们通常的想法相反,独角兽实际存在过这一点要想为真需要什么条件,我所做的就是要提供这种条件。㉗然而,假如按照我刚刚提到的条件,这些详细说明是精确的,那么,如果一个满足这些说明(结构、进化树上的位置,等等)的种类实际上存在,这个故事就可能会是真的,而关于所说种类的真正的命题就可以得到表达,即使是在这种关联纯属巧合的(不可能的)情况之下。

其次——这是另一个论题——假定根本就没有什么独角兽,我们就**不可能**说,独角兽在特定情形下本来可能会存在或者可能存在。关于独角兽的陈述,与关于福尔摩斯的陈述一样,它们只是**假装**表达命题。它们并不真的是在表达命题,而只是声称要表达命题。正如我在前一段提到的那样,就物种而言,至少当这个神话传说没有完整地说明一个假想的物种时,情况就是这样。我们不可能说什么时候这些句子会对一个反事实情境为真,因而没有命题会得到表达。㉘

然而,还应该说到某种别的东西。正如福尔摩斯是一个虚构人物,有可能或本来可能有一个虚构的神,我们就用圣经中的"摩罗其"来指称它㉙,因而,的确有"独角兽"这么一个虚构的动物类。它并不命名一个自然种类——即便是一个迈农式的自然种类——而又是一种现实的抽象实体,一种"虚构的生物",我觉得曾在一本词典上看到了这个说法。

关于假装表达一个命题这一原理,让我提到或许是其最难理解的一点。我们可能会很强烈地感觉到,"假如独角兽存在这个陈述是假的,它怎么可能

㉗ 如果"独角兽"这个词事实上的确回溯到了某个真实的动物种类,则有两种可能性。一个是说,独角兽毕竟还是存在的;另一个是指,一个虚构的动物类与一个真实的动物类具有一种历史的关联。就单个人而言,一个与此类似的东西是圣诞老人,这是一个虚构人物,它可以回溯到一个真实的历史人物——圣·尼古拉斯(Saint Nicholas)[参看我的论述(Kripke, 1980:93)]。不论是动物种类还是人,我们究竟要在什么时候说,如今属于虚构事例的东西出自一个真实的事例,或者关于一个实际的历史人物或者动物种类的错误观念是否会生成,这是一个微妙的问题。可能会存在边界事例。但是我们不需要在这里对此过多纠缠。

㉘ 在这里以及在我的早前论述(Kripke, 1980)中,当我很不正式地讨论动物自然种类,甚至以一种相当非正式的方式使用"物种"这个词的时候,我可能忽略了一套特殊的技术性细节。关于应该如何定义"物种"以及应该定义多大或多小的自然动物类,在生物分类学文献中一直就存在着问题和争议。此外,我丝毫没有注意到不同性别的物种具有很不相同的内部结构(通常总是会有一些差异)的情况。尽管在化学方面我也不是什么专家,但谈论化学物的结构可能不会引起什么争论。但是在这里,虚构种类的例子太好了,因而是不能错过的,而我希望一种简要而且现成的处理能够为这些例子提供一种合理的思想。

㉙ 除《摩西五经》以外,"摩罗其"可能出现在后来的宗教文献当中,**现在**用来表示一个虚构的神。我的陈述实际上应该被限定为《摩西五经》中的用法。

不会真的表达一个命题?"与此相反,我首先要说,只是能够说它是假的还不够。如果可能,我们还必须能够说在什么情况下它会是真的。这里好像没有什么清晰的标准。不过有一个问题始终还在:我们为什么要说它是假的? 我们为什么要说"独角兽不存在"呢? 类似地,对于福尔摩斯当然也可以这样提问。

我不能完全确定这一回答是正确的,但我会说我所能说的。首先,我认为这些论证是相当确定的:"独角兽存在"不能表达命题,或者,"福尔摩斯的确存在"不能表达命题。在这里,当我讨论"福尔摩斯的确存在"的时候,我不是在用"福尔摩斯"去指称一个虚构人物;按照这种解释,这个名称的确声称要去指称一个存在的实体。我也不是按照如下约定来使用这个句子:算作真的东西就是这个故事所说的话。

假设我正在使用这个句子表达一个关于这个故事提供给我们的侦探的所谓命题。这样我就不能谈到一个反事实情境,说它可以被正确地描述为这样一种情境,在其中"福尔摩斯喜欢板球""福尔摩斯是一个侦探",或者"福尔摩斯存在"。因为当我思考它们的时候,我并不能理解在什么情形下它们会是真的——更不用说其他任何关于福尔摩斯的命题了,比如"福尔摩斯是那个时代最好的侦探"。在这些陈述中,有一些是真的,当我们只是在报道故事所述内容之时,它们的确表达了命题,但我说过,这不是我这里所讨论的那种用法。(同样,有时候我们使用这个陈述只是为了说这个故事说了或者蕴涵 p,但这是一种不同的用法。)我也不是在讨论那些关于虚构角色的陈述。它们在描述现实情境或反事实情境方面是有真值的;特别地,这样一个虚构的侦探事实上的确存在,但我们可以轻易地设想在其中这个侦探不会存在的反事实情境,这种情境也就是柯南·道尔,或者(也许)是别人没有写或者构思这样一个故事的情境。㉚

㉚ 求助于这个虚构人物会是很吸引人的,以至于关于作为一个空名的"福尔摩斯"的问题会消失。此外在我看来,包含"福尔摩斯"的那些陈述有多重的歧义。它们可以按照这个故事进行评价,或者,它们就是关于这个虚构人物(而这样一个人物的确存在)的陈述。但是我们已经看到了,应用于人的谓词可以通过一种派生的方式归于抽象实体。

不过,并不是所有专名都被用作虚构角色的名称,我也不确定总会有类似的实体类。无论如何,"福尔摩斯不存在"看上去的确像具有一种使其为真的用法。然而,需要注意:这是哲学家的一种无时态的用法。我们的确有意说:"福尔摩斯从来没有存在过",对于"火星"(这个行星)来说,情况类似。对我来说,"乔治·华盛顿不再存在,尽管他以前的确存在过",好像是关于一个死去的人的相当自然的表达,但我并不倾向于将其表达为"华盛顿不存在"。(我是这样理解的:这里也没有一个关于空名的问题。)听了萨蒙的一次讲演之后,我本来可以想到这个例子。

　　不过,我们可能会很强烈地感觉到,我们应该真实地说"独角兽不存在"。我同样强烈地感觉到,事实上,我们应该就班德斯奈奇(bandersnatches)说同样的话,这是刘易斯·卡罗尔(L. Carroll)在《胡言乱语》(Jabberwocky)中提到的动物。也许,班德斯奈奇是一种虚构的野兽。按照这个故事所说,它还是一种很危险的野兽。当然,根本就没有班德斯奈奇这样的动物,我们可以说"根本就没有什么班德斯奈奇"。但可以肯定,在这里没有谁会断定,我们可以说在特定情形下班德斯奈奇会存在——关于它们,我们所掌握的信息还是不够多。它们只是某种危险的动物。最好离它们远点儿! 它们还是"弗洛密斯"(frumious)。但是谁会知道这是什么意思呢(尽管这无疑会是一种危险或不让人喜欢的特征)? 这并没有妨碍我们去断定:"班德斯奈奇不存在,而且从来就没有存在过",或者"根本就没有什么班德斯奈奇"。于是,试图根据"独角兽存在"这个句子为假这一直觉去确证该句子表达一个命题这一论证,肯定不可能是确定的。仅仅因为我们说"独角兽不存在",并不能推出我们可以将可能世界与独角兽的概念进行比较,并宣称在一个可能世界中独角兽会不会存在。就班德斯奈奇来说,这种情境更是显而易见的。

　　请不要这样说:如果有人——即便是比如卡罗尔本人——写了有关一种真实的动物(比如虎)的这么一首诗,班德斯奈奇就会存在,因而班德斯奈奇就会是虎。这意味着:如果语言在这种反事实情境中得到了发展,"班德斯奈奇的确存在"这个句子就会表达某种为真的东西了。这当然会成为实际发生的情况,但这是在讨论卡罗尔在这种情境中会使用的那种语言,而不是在讨论卡罗尔运用于这种情境的实际语言。显然,如果像诗中那样使用"班德斯奈奇",我们就不能说这是一种在其中虎会是班德斯奈奇(或者,"虎会是班德斯奈奇"这个句子为真)的情境了。虎会被叫作"班德斯奈奇",但我们不能说它们就是班德斯奈奇。我们不能说什么时候某种东西会是一个班德斯奈奇,正如不能说什么时候某个动物会是"弗洛密斯"一样。

　　尽管我们可以说"没有什么班德斯奈奇"或者"班德斯奈奇不存在",但这显然不意味着我们会知道班德斯奈奇存在会是什么样子。也不涉及这种普通类型的不可能性,例如圆的方的必然不存在。我们的确说过:"班德斯奈奇不存在",因而,关于班德斯奈奇的某个句子好像具有真值,但这并不意味着含有"班德斯奈奇"的句子表达平时所说的命题。我认为,这是一个很重要的问题;也许关于这一点,评论家们有话要说。他们可能只是想说我错了。然而,卡普兰表达了在很多方面都与我类似的看法,因此这对他来说也会是一个问题。因此,我不认为他可能会说我的看法是完全错误的。

在这里我们能说些什么呢?同样的问题对"福尔摩斯"也会出现。我们想说:"福尔摩斯不存在。"有人可能会提议对其做元语言的解释,而不是将其解释为是关于一个人的。于是你可以说:"福尔摩斯不存在"应该被分析为意指"'福尔摩斯'这个名称没有指称对象"。因而,"福尔摩斯存在"就应该解释为意指"'福尔摩斯'这个名字确有指称对象"。如果我们拥有一个特定的指称理论,比如历史理论,我们就可以进一步加以分析,并说:"福尔摩斯存在"意味着"这个链条延至某处",而"福尔摩斯不存在"就意味着"这个链条哪里也延伸不到"。

有很多理由让我拒绝接受上述看法,上面实际上已经说到了。让我先来说说我接受的是什么吧。尽管如下说法可能不是先验的,但就当前目标而言却足够接近先验了:摩西存在当且仅当"摩西"这个名称有一个指称对象;福尔摩斯存在当且仅当"福尔摩斯"这个名称有一个指称对象。这是名称进行指称的条件。一般来说,这些关系都是成立的,元语言陈述的实质等价以及相应地采用"实质方式"的陈述会被自动接受。

然而,无论是"摩西"的例子还是"福尔摩斯"的例子,这种元语言的翻译都没有提供一种同时也适用于反事实情境的分析。相反,即便"摩西"没有指称对象,摩西本来也是可以存在的。如果他或者别人从来没有被称作"摩西",这种情况就会发生。下面这种情况也是真的:"摩西"这个名字本来有一个指称对象,但这个指称对象却可能不是摩西。[31]然而,如上所述,我最想强调的就是这一点。如果我们反事实地说:"如果摩西不存在,那么会

---

[31] 在我说这些话时,我的确忽略了很多复杂情况。首先,很多人可能会在事实上被称作"摩西",但这是不相关的。我将不得不更加谨慎地谈论"指称对象",然后就像我们在某些谈话中,或是按照钦定版译本或其他那样,说出关于这个名称的指称对象的某些事。关于他本人或者任何人是否会在"被称为"的日常含义上被称为"摩西",我不想做什么提示。这个名字好像是古埃及的,在《圣经》原文中被译成了希伯来语。实际上它并不是"摩西",关于相应的假想情境的文字描述,需要作出类似的调整。但这些都不是很要紧。

如何如何……",或者"如果他的父母从未相遇,摩西就不会存在了",或者只是简单地说:"摩西本来不会存在",我们所谈的是这个人,并问在他身上会发生什么。

于是,我们的问题就是这样:如果我们假想地、反事实地或者通过诸如此类的方式,使用否定存在陈述,我们一般是在假设我们正在谈论一个指称对象,并且问:如果这个对象不存在,则会发生什么。另一方面,如果我们直截了当地作出这样的陈述,我们好像就否弃了该对象本身,并说所用名称只是声称要成为一个名称。我们也不能仅仅通过看一本书,《摩西五经》或者柯南·道尔讲的故事,就能够搞清楚哪种策略是恰当的。但是,我们难道不希望为这种陈述提供一种毫无争议的分析吗?

上面我就虚构角色所说的话,为我们提供了某种缓冲。一个虚构角色的名称有一个指称对象。于是,你可以假设这个名称确定地有一个指称对象(这个虚构角色)。就一部给定的作品来说,它究竟是关于一个虚构角色的还是关于一个真实人物的,这是一个诉诸经验调查就可以解决的问题。

然而,要是把这作为一种完整的解答,我发现自己会感到不安。有人倾向于断定:"福尔摩斯从来就没有存在过"。无神论者的通常倾向就是否认上帝的存在,或许有时候他们的意思就是要把它当作一个空名来用。㉜举上面提到的例子,根据我对艾斯菲尔德的引用,他是否认摩罗其的。但是假如艾斯菲尔德错了,你就能够设想两个古时发生的论证,其中一个说的是:他相信丘比特(Jupiter)而不相信摩罗其(艾斯菲尔德的一个追随者关于否认一个特定的虚构存在物的用法,也必须得到解释)。"班德斯奈奇"代表一个真正的虚构物种或者野兽类,但我们倾向于说"没有什么班德斯奈奇",在这个例子中,这话的意思是否认这个类的存在(尽管没有谁能说出一个班德斯奈奇会是什么)。

是什么给了我们这样说话的权利呢?我希望我知道自己究竟说了些什么。下面就是我的尝试。我们有时候好像要拒斥一种命题,意思是说,没有

㉜ 关于"上帝"这个词,可能还有某个问题[参看我的论述(Kripke, 1980:26—27)]。这里我把它看作一个名称。然而有人可能会把它看作一个摹状词,即"唯一的神性存在物",若如此,可以对其应用罗素的分析方法。(我倾向于支持第一种看法,尽管指称是通过摹状词加以固定的。)传统上就有一个用于表示上帝的没有争议的专名,但在今天人们的日常言谈中,它却很少被见到。

这种形式的真命题,我们不用承诺去意指:我们所说的话毕竟还是要表达什么命题的。于是,不需要确定福尔摩斯是不是一个人,或者我们是否能够谈到这种假想的情境,在其中"福尔摩斯做了如此这般的事"正确地描述了这一情境,我们可以说:"这个屋子里的人没有谁是福尔摩斯,因为这些人全都出生得很晚,如此等等";或者,"无论班德斯奈奇可能是什么,迪比克(Dubuque)这个地方肯定没有一个"。严格讲,在这里我们应该能够说:没有任何其意为"在迪比克有班德斯奈奇"的真命题,不需要承诺这种命题的存在。可见,"福尔摩斯不存在""没有什么班德斯奈奇"等等,乃是同一原理的极限情形,它们实际上完全否认了有可能会有特定类型的命题。

总而言之,我在文中所强调的是下面这些观点:

首先,存在是个体的一个真正的谓词。尽管说每一样东西存在可能是不言自明的,但许多东西都只有偶然的存在,它们本来可能不存在。这种类型的陈述不应该被归结为关于属性之满足的陈述。

其次,一部作品是真实的还是虚构的,这个问题并不等同于:那些断定某些发生在叙事中的事件的存在陈述发生了或者没有发生(或者,在叙事中例证的一些属性得到了例证或者没有得到例证)。这种巧合可能让人感到奇怪,但这一点不是不可能的:如此这般的事情可能会发生,但却与这部作品没有任何关联。

第三,当我们按照故事所说评判何者为真时,对存在陈述的评价方式必须与对其他陈述的评价方式相同(它们没有什么不一样,就像我们上面讨论过的亨迪卡提出的对比"哈姆雷特思考"和"哈姆雷特存在"的例子,以及麦克白的匕首等例子所表明的)。

第四,有关虚构角色以及其他虚构对象的存在问题,与其他任何问题一样,都属于经验问题,有时候会有肯定或者否定的答案。这些取决于哪些虚构作品存在。因此,肯定会有一个虚构的侦探,那个时候他被广泛阅读,他被描述为是存在的,住在贝克街,等等。然而我们已经给出了例子,按照这些例子,各种虚构或者神话传说中的对象的存在可能会是有疑问的或是有争议的,而且我也已经评论说:"虚构的"一词可以被重复使用。我们可能会错误地相信一个虚构角色的存在。也许最让人吃惊的情况(上面没有提到)是这样的:我们把某种东西当作一部虚构作品,而它实际上却是一段有文字记载并被如此预期的真实历史。

最后,我还剩下了一些问题,它们似乎涉及真正为空的名称以及对于非存在的真实断定。这些刚刚才被讨论过。[33]

参考文献

Beaney, M., ed.(1997). *The Frege Reader*. Oxford: Blackwell.

Carroll, L.[C. L. Dodgson]. (1872). *Through the Looking Glass, and What Alice Found There*. London: Macmillan.

Church, A.(1956). *Introduction to Mathematical Logic*. Princeton, NJ: Princeton University Press.

Davidson, D., and G. Harman, eds.(1972). *Semantics of Natural Language*. Dordrecht, the Netherlands: D. Reidel.

Eissfeldt, O.(1935). *Molk als Opferbegriff im Punischen und Hebräischen, und das Ende des Gottes Moloch*. Halle(Saale), Germany: M. Niemeyer.

Evans, G.(1982). *The Varieties of Reference*. Ed. John McDowell. Oxford: Oxford University Press.

Frege, G.(1897). "Logic". In *Posthumous Writings*, ed. And trans. Hans Hermes, Friedrich Kambartel, and Friedrich Kaulbach. Chicago: University of Chicago Press, 1979. Reprinted in part in Beaney(1997), 227—250; citations are to the reprint.

——.(1997). "Function and Concept". In M. Beaney(1997), 130—148. Translated by P. T. Geach. Originally published in 1891.

Gunderson, K. (1975). *Language, Mind, and Knowledge*. Minnesota Studies in the Philosophy of Science, Volume 7. Minneapolis: University of Minnesota Press.

Hintikka, J.(1962). "*Cogito, Ergo Sum*: Inference or Performance?" *Philosophical Review* 71:3—32.

Kripke, S.(1963). "Semantical Considerations on Modal Logic". *Acta Philosophica Fennica* 16:83—94.Reprinted in L. Linsky(1971); citations are to the reprint.

——.(1973). *Reference and Existence: The John Locke Lectures*. Unpublished.

——.(1980). *Naming and Necessity*. Cambridge, MA: Harvard University Press. First pub-

---

㉝ 我要感谢韦勒和特洛尔对我最初讲演所做的记录。感谢毕希纳、奥斯塔格和泰希曼所提供的编审建议,特别感谢佩德罗所提供的有价值的对话和提议,还要感谢她在制作现有版本过程中给予的帮助。本文的完成得益于纽约城市大学研究生中心索尔·克里普克中心的支持。

lished in Davidson and Harman(1972), 253—355, 763—769.

Linsky, L., ed.(1971). *Reference and Modality*. Oxford: Oxford University Press.

Moore, G. E.(1933). "Imaginary Objects", *Proceedings of the Aristotelian Society: Supplementary Volume XII*: 55—70. Reprinted in Moore(1959), 102—114.

——.(1936). "Is Existence a Predicate?" *Proceedings of the Aristotelian Society, Supplementary Volume XV*: 175—188. Reprinted, with apparent changes, in Moore(1959), 115—126; citations are to the reprint.

——.(1959). *Philosophical Papers*. London: George Allen & Unwin.

Nabokov, V.(1955). *Lolita*. New York: Random House. 1st ed., Paris: Olympia, 1955.

Putnam, H.(1975a). "The Meaning of 'Meaning'". In Gunderson(1975). Reprinted in Putnam(1975b).

——.(1975b). *Mind, Language, and Reality: Philosophical Papers*, Volume 2. Cambridge: Cambridge University Press.

Quine, W. V. O.(1940). *Mathematical Logic*. Cambridge, MA: Harvard University Press.

——.(1960). *Word and Object*. Cambridge, MA: MIT Press.

Russell, B.(1905). "On Denoting". *Mind* 14:479—493.

——.(1918—1919). "The Philosophy of Logical Atomism". *The Monist* 28:495—527, and 29:33—63, 190—222, and 344—380. Reprinted in Russell(1988), 155—244.

——.(1988). *The Collected Papers of Bertrand Russell, Volume 8: The Philosophy of Logical Atomism and Other Essays*, 1914—1919. Ed. John Slater. London: Routledge.

Salmon, N.(1998). "Nonexistence". *Noûs* 32:277—319. Reprinted in *Metaphysics, Mathematics, and Meaning: Philosophical Papers, Volume 1*. Oxford: Clarendon, 50—90.

Searle, J. R.(1958). "Proper Names". *Mind* 67:166—173.

Strawson, P. F.(1959). *Individuals*. London: Methuen.

van Inwagen, P. (1977). "Creatures of Fiction". *American Philosophical Quarterly* 14: 299—308.

——.(1983). "Fiction and Metaphysics". *Philosophy and Literature* 7:67—77.

Whitehead, A. N., and Russell, B.(1910, 1912, 1913). *Principia Mathematica*. 3 Volumes. Cambridge: Cambridge University Press. 2nd ed., 1925(Vol.1), 1927(Vols.2, 3).

Wittgenstein, L.(1953). *Philosophical Investigations*. Trans. G. E. M. Anscombe. Oxford: Blackwell.

——.(1961). *Tractatus Logico-Philosophicus*. Trans. David Pears and Brian McGuinness. London: Routledge.

第四章 真理论纲要[*]

一、问题

自从彼拉多(Pilate)(向耶稣)提问"什么是真理?"(《约翰福音》18:38)以来,随后进行的对该问题正确答案的求索,却被另一个同样出现在《新约圣经》中并众所周知的问题所困扰。正如《提多(Titus)书》作者保罗(Paul)所说(《提多书》1:12),一个克里特岛的先知("克里特岛人自己的一个先知")断言"克里特岛人总是说谎者",而如果(像使徒所说)"这个证言是真的"对于克里特岛人所说的其他所有的话都成立,就会出现这样的情况:克里特岛先知的这句话为真当且仅当它为假。对真这个概念的任何处理都必须设法对付这个悖论。

克里特岛人的例子说明了一种实现自指的方法。令 $P(x)$ 和 $Q(x)$ 是语句的谓词。有时经验证据能够确证,语句"$(x)(P(x) \supset Q(x))$"[或"$(\exists x)(P(x) \land Q(x))$"等诸如此类的语句]自身满足谓词 $P(x)$;有时经验证据表明它是满足 $P(x)$ 的**唯一**对象。在后一种情况下,这样的语句"谈

* 本文是在 1975 年 12 月 28 日举行的美国哲学学会(APA)真理研讨会上宣读的。

最初,我本以为会通过口述的形式提出这篇论文,而不用提交一份准备好的文字稿。后来,《哲学杂志》的编辑要求我至少提交一份我的这篇论文的"纲要"。我也承认这样做是有用的。接到这个要求的时候,我已经忙着做别的事情了,于是不得不匆匆忙忙地准备当前这个版本,我甚至都没有机会去修改这份初稿。假如我有机会修改的话,我本可以扩充第三部分中关于基本模式的论述,以便让它变得更加清楚。本文表明,大量的形式和哲学上的素材,以及对所得结果的证明不得不被省略掉。

本文的概要 1975 年春天就在芝加哥举行的符号逻辑学会会议上按照这个标题提交了。更长的版本则于 1975 年 6 月在普林斯顿大学的三次讲演中提出。我希望能在别的地方发表另一个更加详细的版本。这个版本将包括在本文中提出但未加证明的那些技术要求,以及许多在本纲要中没有提到或者被简化了的技术和哲学上的素材。

论自身",以使其满足 $Q(x)$。如果 $Q(x)$ 表示的恰恰是谓词①"是假的",此时说谎者悖论就产生了。举例来说,令 $P(x)$ 是谓词"印在《哲学的困惑》第 76 页第 4 行的殊型(token)" * 的缩写,如果 $Q(x)$ 解释为"是假的",那么语句 $(x)(P(x) \supset Q(x))$ 就会导致悖论。

使用经验谓词的说谎者悖论突出强调了悖论问题的一个主要方面:**如果经验事实极为不利,那么,我们关于真和假的许多,也可能是大部分普通断言都倾向于显现出悖论特征。**考虑琼斯下面这个普通的陈述:

(1)尼克松关于水门事件的多数(也即大多数)断言都是假的。

显然,(1)本身没有任何错误,它在结构上也没有什么问题。一般而言,通过对尼克松有关水门事件的断言逐一进行列举并加以评判,(1)的真值便可确定。然而,除以下这种难以处理的情况外,假设尼克松关于水门事件的断言真假参半:

(2)琼斯关于水门事件所说的一切都是真的。

此外,假设(1)是琼斯关于水门事件的唯一断言,或者换言之,除(1)之外,琼斯所有关于水门事件的断言都是真的,那么,几乎不需要什么专业知识就可以表明,(1)和(2)都是悖论性的:它们为真当且仅当它们为假。

例(1)突出强调了一个重要的教益:试图寻找一个能够让我们筛选出导致悖论的——无意义或不合式的——语句的**内在**标准是徒劳的。实际上,(1)是包含"假"这一概念的普通断言的范例,而恰恰就是这样的断言,却是

---

① 遵照真理"语义"论的通常约定,我把真和假当作适用于语句的谓词。如果真和假主要应用于命题或者其他非语言实体,那就把语句的谓词读作"表达真"。

我把语句当作首要的真之载体,并不是因为我认为真首先是命题(或者"陈述")的特征这样的异议,与对真理的正式研究或者语义悖论无关。相反,我认为最终要想认真解决这个问题,可能需要区分"表达"层面(把语句和命题联系起来)和"真理"层面(被公认应用于命题)。我还没有研究过,当直接应用到命题时,语义悖论是否会提出问题。我把真谓词直接应用到语言对象的主要原因在于,关于这种对象的一种自指的数学理论已经得到了发展。(也可参看注释㉜)

进一步讲,关于这种理论的更新的成果,容许带有指示词和歧义词的语言,并且认为,言述,也就是一种读法的语句和诸如此类的东西具有真值。因为它是非形式的阐述,所以本文并不试图把这样的问题弄清楚。语句是正规的真之载体,但偶尔我们也非形式地讨论言述、陈述、断定等等。尽管我们将在下文当中表明,如果一个语句是悖论性的或者是无根据的,它就可能无法产生出一个陈述,但有时我们可以说,在语言中对一个语句的每一次言述似乎都产生一个陈述。仅当我们认为不精确可能造成混乱或误解时,我们才会把这样的问题精确化。同样的讨论也适用于关于引用的约定。

* 这句话所指称的正是这句话本身,因为这就是处于本书原本这一行的那句话。——译者注

我们当前的政治争论所特有的。然而,语句(1)没有任何语法或者语义上的特征能够保证它是非悖论性的。在前述段落的假定之下,(1)会导致悖论。②这样的假定是否成立,依赖于关于尼克松(和其他人)的言述的经验事实,而不依赖于内在于(1)的语法和语义的任何东西。[即便是最谨慎的专家,也可能无法避免导致悖论的言述。据说有一次罗素问摩尔(G. E. Moore)是不是总讲真话,并把摩尔的否定回答视为摩尔曾经说过的唯一的假话。可以肯定,没有谁会比罗素对悖论更为敏感。然而他显然没能意识到,如他所想,如果摩尔所有**其他**的话都是真的,那么摩尔的否定回答就不单单是假的,而且还是悖论性的。③]我们的原则是:一种适当的理论必须容许包含真概念的陈述具有**风险性**:如果经验事实极为(并且出乎意料地)不利,那么这些陈述就会冒着具有悖论性质的风险。不可能存在这样的语法或语义"筛子",去筛除"坏"的例子而只保留"好"的例子。

以上我集中谈了利用语句的经验特征的悖论,比如由个别人言述这种类型的悖论。哥德尔(Gödel)则从根本上表明,这样的经验特征并不一定会有利于纯语法特征:他表明,对于每一个谓词 $Q(x)$,都存在一个语法谓词 $P(x)$,使得语句$(x)(P(x) \supset Q(x))$明显是满足 $P(x)$ 的唯一对象。于是在某种意义上,$(x)(P(x) \supset Q(x))$"谈论自身",以使之满足 $Q(x)$。他还表明,基本语法在数论中是可以得到解释的。正因如此,哥德尔认为自指语句的合法性就像算术本身一样毋庸置疑。但是,使用经验谓词的示例仍然十分重要:它们突出强调了风险性原则。

自指的更简单、也更直接的形式是使用指示词或专有名词:令"杰克"是语句"杰克是短的"的名字,这样我们就有了一个谈论"自身是短的"的语句。我看不出这种"直接"的自指有什么问题。如果"杰克"本来就不是语言中的名字④,为什么我们就不能把它作为我们喜欢的任一实体的名字引进来呢?特别是,为什么它就不能被作为记号"杰克是短的"(未经解释的)

---

② 尼克松和琼斯可能都作出了各自的言述,但都没有意识到经验事实会让它们成为悖论性的。

③ 就普通理解而言(与那些陈述说谎者悖论的人的习惯相反),这里的问题在于摩尔的言述的诚实性,而不在于其真与假。悖论也可能按照这种解释推导得出。

④ 我们假设"是短的"已经存在于语言中了。

的有限序列的一个名字呢？（如果称这个记号序列为"哈里"而不是"杰克"，可以吗？关于命名的禁令在这里显然是任意的。）由于在命名之前并不需要对"杰克是短的"这个记号序列进行**解释**，因而在我们的程序中并不存在恶性循环。然而，如果我们把它命名为"杰克"，它就立刻会变得有意义而且为真了。（注意：我正在谈的是自指语句，而不是自指命题。⑤）

我将在一个更长的版本当中，对前述段落得出的结论给出进一步的论证，方法是，除了给出更详尽的哲学阐述，还要给出数学论证，以便证明：由"杰克是短的"所例证的这类简单的自指实际上可以用来证明哥德尔不完全性定理本身[也可证明哥德尔-塔尔斯基（Tarski）的"真的不可定义性"定理]。与通常的表述方法相比，如此表述哥德尔定理的证明可能会让初学者更容易理解。这样做也消除掉了哥德尔被迫用一种更迂回的手段取代直接自指的印象。但在这个纲要当中，我不得不省去这个论证。⑥

长时间以来，人们已经认识到，说谎者语句的一些直觉问题也是以下语句所具有的：

（3）（3）是真的。

尽管这个语句不是悖论性语句，但它也没有明确的真值条件。更复杂的例子包括这样的语句对，它们中的每一个都说另一个是真的，还有语句$\{P_i\}$的无限序列，其中 P_i 说 P_{i+1} 为真。一般来说，如果像（1）这样的语句断定，一个特定的类 C 中的（所有、有些、大多数，等等）语句是真的，那么，只要 C 中语句的真值得以确定，（1）这样的语句的真值也就可以确定了。如果这样的一些语句本身含有真这个概念，那么，它们的真值就必须通过考察**其他**语句才能最终确定，等等。如果这个过程最后终止于不含真概念的语句，从而使得最初陈述的真值得以确定，我们就称最初的语句是**有根基的**；否则，称为无根基的。⑦正如例（1）所表明的，一个语句是否有根基，一般来说并不是语句本身的（语法或语义）特征，而是通常依赖于经验事实。我们说出我们希

---

⑤　运用这种技术获取"直接"自指**命题**的可能性并不那么明显。

⑥　可以通过多种方法达到这一目的，或者使用非标准的哥德尔编码方法（在这种情况下，陈述可以包含指派其自身哥德尔数的数字），或者使用标准的哥德尔编码方法，加上"杰克"一类的附带常项。

⑦　举例来说，如果一个语句断定 C 中所有的语句都是真的，那么，如果 C 中有一个语句为假，我们就说那个做出断定的语句是假的和有根基的，而不需要考虑 C 中其他语句的根基性。

望最后被证明是有根基的语句。像(3)这样的语句,尽管不是悖论性的,却是无根基的。前文所述是对通常的"根基性"概念进行的粗略勾勒,其目的并不是要提供一种形式定义:能够提供一种形式定义将是下文要提出的形式理论的主要优点。[8]

二、先前的方案

到目前为止,仅有的解决语义悖论的较为详尽的方案,我将称之为"经典方案"。此方案导致了著名的塔尔斯基语言层级。[9]令 L_0 为一种形式语言,它是通过通常的一阶谓词运算,从一系列(完全定义的)初始谓词建立起来的,而且它足以讨论其自身的语法(可能使用算术化方法)。(我省略了精确的描述。)这样的语言不能包含它自身的真谓词,所以元语言 L_1 包含对 L_0 为真(实际上是满足)的谓词 $T_1(x)$。(事实上,塔尔斯基说明了在一种高阶语言中如何去定义这样一个谓词的方法。)这个过程可以重复,从而导致一个语言的序列 $\{L_0, L_1, L_2, L_3, \cdots\}$,其中每一个语言都含有前一个语言的真谓词。

哲学家们已经开始怀疑经典方案是否可以作为对我们的直觉所进行的分析。可以肯定的一点是,我们的语言只包含一个"真的",而并不包含应用于层次逐步升高的语句的不同短语"真$_n$"的序列。与这种反对意见相反,传

---

⑧ "根基"概念第一次被明确引进,好像是在赫兹博格(H. Herzberger)的著述中,题目是《语义学中的根基悖论》["Paradoxes of Grounding in Semantics", in, *The Journal of Philosophy*, XVII, 6 (March 26, 1970):145—167]。赫兹博格和卡茨(Jerrold J. Katz)曾共同从事用"根基"方法解决语义悖论的研究工作,但其成果并未发表。赫兹博格的论文就是在该项成果基础之上完成的。语义学中"根基"的直觉概念肯定是更早时候关于该主题的信念的一部分。就我所知,当前的工作给出了关于这个概念的第一个严格的定义。

⑨ 所谓"经典方案",指的是这样的方案:它在经典量化理论范围内起作用,并要求所有谓词在变项的范围内是完全定义好的。很多人认为,"语言层级"或者说塔尔斯基型方案,好像禁止人们去构造某种自我指称的语言或包含其自身真值谓词的语言。在我看来,并不存在这样的禁令,而只有一些定理,它们规定了在普通的经典量化理论框架内,什么可以做和什么不可以做。哥德尔曾表明,经典语言能谈论自身的语法;使用受限制的真定义和其他装置,这样的语言能大谈自身的语义。另一方面,塔尔斯基证明:一种经典语言不能包含自身的真谓词,而一种高阶语言可以为一种较低阶的语言定义真谓词。这些结果都不是从关于自我指称的先验限制而得来,而是从对一种经典语言的限制导出的。经典语言的所有谓词都是完全定义的。

统观点的捍卫者(如果他不像塔尔斯基那样,想彻底撇开自然语言)可能会回答说,普通的真概念总体上是有歧义的:具体场合的"层次"是由说话者的言述背景和他的意向所确定的。区分真谓词,使每一个都具有层次的观念,似乎与上面关于"根基性"的讨论中暗含的下述直觉思想相对应。首先,我们做出各种言述,如"雪是白的",这样的语句不含真概念。然后,我们使用谓词"真₁"把真值赋予这些语句。(粗略地讲,"真₁"指的是"一个其自身不含真或者相同系列概念的真陈述"。)由此我们就可以构造谓词"真₂",它应用于含有"真₁"的语句,等等。可以假定,在每一个言述的场合,当给定的谈话者使用"真的"这个词的时候,他便给它加上了一个隐含的下标,通过逐步的对应,当他在自己的塔尔斯基层级中逐步升高时,下标也便随之增长。[⑩]

　　然而不幸的是,这幅画面好像并不忠实于事实。如果有人做出了像上文(1)那样的言述,他并**没有**给"假的"的言述附加任何确定其谈话的"语言层次"的下标,无论是公开的还是隐含的。如果我们对**尼克松**之言述的"层次"有确切的把握,那么隐含的下标就不会引起麻烦,采用(1)或其更强的形式:

　　(4)尼克松关于水门事件的所有断言都是假的。

只需通过选择任何一个比尼克松与水门事件有关的言述所涉及的层次更高的下标,我们就可以涵盖所有的情况。然而一般来讲,谈话者**没有办法知道尼克松有关言述的"层次"**。尼克松本可以说,"迪安是说谎者",或者"当海尔德曼说迪安说谎时,他讲了真话",等等,它们的"层次"可能又依赖于迪安的"言述"的层次,等等。如果谈话者被迫提前给(4)[或给(4)中的词

---

　　⑩　帕森斯(C. Parsons)的《说谎者悖论》("The Liar Paradox")或许可以被认为给出了与这一段的描述相类似的论述。然而,他的论文的大部分内容得到了当前方案的确认而不是反驳。特别注意他的第19个注释,他希望得到一种可以避免使用公开下标的理论。极小固定点(见下文第3部分)避免了公开的下标,但却产生了"层次"概念。在这方面,它可以同标准集合论相类比,而与类型论相反。层次并非这些语句的内在性质,这个事实为当前理论所独有,而且它是缺乏公开下标时的补充。

　　经典方案对内在层次的指派,可以保证避开上文第1部分所解释的意义上的"风险"。对下面的语句(4)和(5),指派内在层次以消除其风险的方法,也将会阻止它们去"寻求自己的层次"(参看第659—697页)。如果我们希望容许语句公开追求自己的层次,我们也必须容许风险性语句的存在。这样,我们就必须视语句为**试图表达命题**,并且容许存在真值间隙。见下文第3部分。

"假的"]指派一个"层次",他可能无法确定应该选择一个多高的层次。若不考虑尼克松言述的"层次",而一旦他选择了太低的层次,他的言述(4)也就达不到目的了。像(4)这样的陈述按常规用法应该有一个"层次"的思想,在直觉上是有说服力的。然而在直觉上同样明显的是:(4)的"层次"不应该单独依赖于它的形式(就像"假"——或者也许是"言述"——被指派公开下标那样的情况),也不应该由说话者提前指派,(4)的层次应该依赖于有关尼克松所说情况的经验事实。尼克松的言述所属的"层次"越高,(4)的"层次"也就越高。这意味着,在某种意义上,一个陈述应该有权寻求自己的层次,使之足够高,以便说出想要说的话,而不应该像在塔尔斯基的层级中那样,有一个提前固定好的内在层次。

还有一种情况让经典方案更难处理。假设迪安断定了(4),而尼克松接着断定:

(5) 迪安关于水门事件所说的一切都是假的。

通过全称断定(4),迪安希望把尼克松的断定(5)包括在其范围之内(作为尼克松关于水门事件的断定之一,它被说成是假的)。而尼克松同样也希望通过断定(5)来对待迪安的断定(4)。对于给这样的陈述指派内在的"层次",以便使得给定层次的陈述只能谈论更低层次陈述的真与假的任何理论,两者都取得成功明显是不可能的:如果这两个陈述处在同一层次,它们就谁也不能讨论对方的真或假,尽管不属同一层次时较高层次者能讨论较低层次者,但反之不然。而在直觉上,我们经常可以给(4)和(5)指派明确的真值。设想迪安关于水门事件至少做出了一个真陈述[(4)除外],那么,不用对(4)进行任何评价,我们就能判定(5)是假的。如果尼克松关于水门事件的所有其他断定也是假的,那么迪安的(4)就是真的,如果其中有一个是真的,那么(4)就是假的。请注意,在后一种情况下,我们无需对(5)作出评价,就可以判定(4)是假的。但在前一种情况下,对(4)为真的评价则要依赖于对(5)为假进行的**在先**评价。倘若关于尼克松和迪安的诚实性有一套不同的经验假定,(5)就会是真的[评价其为真将取决于对(4)为假进行在先评价]。在经典方案范围内,似乎难以处理这些直觉问题。

尽管对经典方案的其他缺陷给出的解释,构成我的研究当中一个相当大的部分,但要在一个简略的纲要中做到这一点是更加困难的。其中一个

是超穷层次的缺陷问题。在经典方案范围内,容易断定:

(6) 雪是白的。

断定(6)是真的,"(6)是真的"是真的,"'(6)是真的'是真的"是真的,等等。"是真的"在这个序列中的不同出现被指派了逐步增加的下标。断定刚刚描述过的序列中的所有陈述为真,则是更为困难的。为此,我们需要一种超穷层次的元语言,它高于所有有穷层次的语言。但令我惊讶的是,我发现定义超穷层次的语言遇到了巨大的技术困难,而这些困难还从来没有被认真地研究过。[11](普特南和他的学生——假借着完全不同的描述和数学动机——研究了这个问题,但那也只是为特殊情况服务的,在这种情况下,我们是从最低层次的基础数论语言开始的。)在这个问题上,我既获得了各种肯定性结论,同时也得到了各种否定性结论,但在这里无法对它们一一加以详述。但应该说,在本文的陈述当中,如果"语言层次论"打算包含对超穷层次的说明,那么该理论的主要缺点之一,简单地讲就是它**不存在**。可以说,现存的著述只为**有穷**层次定义了"塔尔斯基的语言层级",而这几乎是不够的。我个人的工作包括将传统理论向超穷层次的扩充,但至今还没有完成。有限的篇幅不但会妨碍我对这项工作进行描述,还会妨碍我提到让这个问题变得非常重要的数学方面的困难。

其他问题只能一带而过。有一个事实让我感到惊讶,那就是:经典方案绝不能保证上文提到的直觉意义上的根基性。Σ_1 算术陈述的真概念本身就是 Σ_1,这个事实可用来构造(3)这种形式的陈述。即使未加限定的真定义仍然存在疑问,标准定理也允许我们轻易去构造一个一阶语言 L_0,L_1,L_2……的**下降**链条,以便让 L_i 包含 L_{i+1} 的真谓词。我不知道这样一个链条是否会招致无根基语句,我甚至不是很清楚在这里如何去陈述这个问题。这个领域的一些重大技术问题仍有待解决。

几乎所有寻找经典方案之替代方案的新近文献——我想特别提到范·弗拉森(Bas Van Fraassen)和马丁(Robert L. Martin)的著述[12]——都在一个

---

[11]　超穷层次问题在 ω 层采用标准方法也许不是难得解决不了,但在更高的序数层,这个问题会变得更加严重。

[12]　参看马丁主编:《说谎者的悖论》(*The Paradox of the Liar*, New Haven: Yale, 1970)及所列参考书。

基本观念上存在共识：只有一个真谓词，它可以应用于包含该谓词本身的语句，通过承认真值间隙并宣布悖论性语句恰好落在此间隙当中，悖论就可以得到避免。在我看来，这些著述好像有时存在小的缺陷，而几乎总是存在大的缺陷。小的缺陷在于，有些著述所批评的只是经典方案的某种"扭曲变体"，而不是经典方案本身。⑬大的缺陷在于，这些著述几乎都只是一些不同的建议，而不是真正的理论。它们几乎从没有为一种至少丰富到足以表达（直接或经由算术化）其自身基本语法并含有其自身真谓词的语言，进行任何严格的语义公式化处理。而这样的语言只有在形式上被严格地建立，才能说给出了一种关于语义悖论的理论。就理想状态而言，一种理论应该表明该技术可以用于任意丰富的语言，而无论除真之外，这些语言的"普通"谓词都是什么。在另一种意义上，经典方案提供了一种替代方案所没有提供的理论。塔尔斯基表明，对于量词的辖域为集合的经典一阶语言而言，他是怎样通过使用对象语言的谓词加上集合论（高阶逻辑）给出真的**数学定义**的。替代文献放弃了真的数学定义方面的努力，而满足于把它当作直觉上的初始概念。最近我读过的唯一一篇"真值间隙"类的论文出自马丁和伍德拉夫（P. Woodruff）⑭，它接近于开始试图寻找一种理论所需的任何这样的东西。不过，我自己提出的方案受到该文影响的程度是显而易见的。⑮

---

⑬　参看前面的注释⑨。例如，在马丁的论文《通向说谎者悖论的解决之道》["Towards a Solution to the Liar Paradox"，*Philosiphical Review*，LXXVI，3（July 1967）：279—311]和《论格雷林悖论》["On Grelling Paradox"，*Philosiphical Review*，LXXVII，3（July 1968）：325—331]中，他归于"语言层次论"的各种对自指的限制，即使就经典语言来说，也早已遭到了哥德尔的工作的否定。也许会有，或者已经有一些理论家，他们相信关于对象语言的所有讨论都必须在一种独特的元语言当中进行。这并不要紧，主要问题在于：在经典语言内能实行怎样的建构？什么东西需要真值间隙？几乎所有马丁提到的自指的情况都能通过经典的哥德尔型方法得以实施，而无需诉诸部分定义的谓词或者真值间隙。在第2篇论文的第5个注释中，马丁留意了哥德尔关于足够丰富的语言包含自身语法的论证，但他好像没有意识到，这样的工作使得他反对"语言层次"的大部分争辩变得不再相关。

与此相反，有些人好像仍然以为，对自指的某种一般禁令将有助于处理语义悖论。就自指**语句**而言，这样的立场在我看来好像没有什么希望。

⑭　《在 L 中表示"在 L－中－真"》["On Representing 'True-in-L' in L"，*Philosophia*，5，（1975）：217—221]. 按照本文所用的术语，马丁和伍德拉夫的论文证明**极大**固定点（而非极小固定点）存在于弱三值方案的语境当中。它没有对此理论做进一步的展开。尽管这篇论文部分地预见到了当前的方案，但我在从事我本人的工作时，并不知晓此事。

⑮　实际上，在开始从事这里给出的方案的研究时，我对这篇著述知之甚少。即便是现在，我对它仍然还不够熟悉，以至于难以描绘两者之间的联系。马丁的工作在形式推导上与当前的方案最为接近，但在哲学基础方面则不然。（转下页）

三、当前的方案

即便给出了"真的"的普通用法的**权威性**解释,或者给出了解决语义悖论的**权威性**方法,我并不认为包括这里即将给出的方案在内的任何方案是权威性的。恰恰相反,现在我还没有认真考虑过对当前方案提供哲学上的证成,我也不确定这个方案确切的应用领域及其局限性都是什么。不过,我的确希望我给出的模型具备这样两个优点:首先,它提供了一个富于形式结构和数学特征的领域;其次,这些特征在适当程度上符合重要的直觉。于是,该模型技术上的丰富性将受到检验。它不一定符合所有的直觉,但我希望它符合多数直觉。

遵照上文提到的那些著述,我们主张考察容许真值间隙的语言。受斯特劳森的影响[16],我们认为语句总是试图作出陈述、表达命题,等等。说谎者语句的有意义性和结构的合理性依赖于下述事实:在一些明确的条件之下,它具有确定的真值条件(表达命题),而不是说它总会表达命题。像(1)这样的语句通常是**有意义**的,但在不同的条件下,它可能不会"作出陈述"或者"表达命题"。(在这里我并不试图给出哲学上完全精确的表述。)

为了落实这些思想,我们需要一个语义方案,该方案所处理的是那些可能只是得到部分定义的谓词。给定一个非空域 D,一元谓词 $P(x)$ 由 D 的不相交子集的序对 (S_1, S_2) 来解释。S_1 是 $P(x)$ 的**外延**,S_2 是它的**反外延**。$P(x)$ 对 S_1 中的对象为真,对 S_2 中的对象为假,在其他情况下就是未定义的。对 n 元谓词的推广显而易见。

克林(Kleene)的强三值逻辑是处理联结词的一个恰当的方案。如果 P 是假的(真的),则 $\neg P$ 就是真的(假的);如果 P 是未定义的(无真假可言),

---

(接上页)关于使用三值逻辑或类似方法解决集合论悖论,还有相当多的文献,我不熟悉它们的细节,但它们与当前方案的联系似乎相当密切。这方面我应该提到的人有:吉尔莫(Gilmore)、费奇和费弗曼(Feferman)。

[16]　在我看来,斯特劳森的观点说的是,"当今的法国国王是秃子"虽然没有作出什么陈述,但仍然有意义,因为它给出了作出陈述的指导原则(条件)。我把这一点应用到悖论性语句,而并不关心斯特劳森当初谈论摹状词时的情形。应该指出的是,斯特劳森的说法有些含糊,而我选择了一个更可取的解释,我想斯特劳森如今也会喜欢这种解释。

则 ¬ P 也是未定义的;如果至少一个析取支为真,则该析取句为真,而不需考虑另一个析取支的真、假或未定义;⑰如果两个析取支都是假的,则该析取句是假的。在其他情况下,析取句就是未定义的;其他真值函项可以按照通常方式由析取和否定定义而来。(特别地,如果两个合取支都是真的,则该合取句是真的,如果至少一个合取支为假,则合取句为假,在其他情况下就是未定义的。)如果 $A(x)$ 在个体域 D 中对于 x 的某些指派来说是真的,则 $(\exists x)(A(x))$ 就是真的;如果 $A(x)$ 对于 x 的所有指派都是假的,$(\exists x)(A(x))$ 就是假的,在其余情况下,$(\exists x)(A(x))$ 就是未定义的。$(x)A(x)$ 可定义为 ¬$(\exists x)$ ¬ $A(x)$。所以,如果 $A(x)$ 对于 x 的所有指派为真,则 $(x)A(x)$ 就是真的,如果 $A(x)$ 至少对于 x 的一个指派为假,则 $(x)A(x)$ 就是假的,在其余情况下,$(x)A(x)$ 就是未定义的。我们可以把前述内容转化成关于"满足"的一个更为精确的形式定义,但这里我们不想找麻烦。⑱

我们希望这个方案符合下面这些直觉。假设我们正在给某些还不理解"真的"一词是什么意思的人解释这个词的意思。我们可以这样说:我们有资格在恰好能够断定(或否定)任一语句本身的情况下,断定(或否定)该语句为真。于是,我们的与谈方就能够理解,比如说,把真赋予(6)("雪是白的")是什么意思,但是,他对把真赋予包含"真的"一词本身的语句仍然会感到困惑。因为一开始他没有理解这些语句,所以一开始便向他解释,说这

⑰　这样,"雪是白的"和说谎者语句组成的析取句将是真的。假如我们认为说谎者语句**没有意义**,大概我们将不得不认为任何包含它的复合语句也就没有意义。由于我们并不认为这样的语句没有意义,所以我们可以采纳本文提出的方案。

⑱　这就是克林的赋值规则,参看他的《元数学导论》(*Introduction to Metamathematics*, New York: Van Norstrand, 1952, sec.64, pp.332—340)。克林的正规表(regular table)观念(对于他考虑的赋值类来说)相当于下文中我们对 φ 的单调性提出的要求。

我听说,有人认为我使用克林赋值规则的做法,类似于那些因为"量子力学"的出现而主张抛弃经典逻辑或者主张在真和假之外再设置其他真值等等的人的做法。我对此感到吃惊。这些看法给我的惊讶程度大概与给克林的惊讶程度相同。克林(正如我这里所做的)打算写出在普通数学中即可得到证明的标准数学成果的著作。"未定义的"并不是**附加**的真值,就好比——在克林的书里——第 63 部分中的 μ 并不是一个附加的数字。也不应该像说(在克林那里)部分定义的函数的使用让加法的交换律不成立那样,说"经典逻辑"并非一般地成立。如果特定的语句表达真命题,那么这些命题的任何**重言等值**的真值函项也都表达真命题。当然,即使采用重言等值的形式,那些含有不表达真命题的成分的公式也可能含有不表达真命题的真值函项。(这种情况在克林赋值规则下会出现,但在范·弗拉森那里就不会出现。)处理那些不指派数字的词项的纯粹约定,不应该被称作算术的改变,处理不表达命题的语句的约定在任何重要的哲学意义上也都不是"逻辑的改变"。这里偶尔用到的"三值逻辑"一词不应产生误导。我们所有的考虑事项都可以在一种经典的元语言中被形式化。

样一个句子"是真的"("是假的")就等于断定(否定)这个语句本身,同样
是无法说清楚的。

不过,经过进一步深入思考,即便是应用到各种本身就包含"真的"一词
的语句的真概念,也能够逐渐变得清楚起来。让我们试着来考虑下面这个
语句:

(7)印在 1971 年 10 月 7 日《纽约时报》上的某个句子是真的。

(7)就是本身即包含真概念的典型例句。如果说(7)是不清楚的,那么下面
的语句:

(8)(7)是真的。

也就是不清楚的。然而,如果我们的主体愿意断定"雪是白的",按照前述规
则,他也就会愿意断定"(6)是真的"。但是,假设(6)本身就是印在 1971 年
10 月 7 日《纽约时报》上的断定之一,既然我们的主体愿意断定"(6)是真
的",也就愿意断定"(6)印在 1971 年 10 月 7 日的《纽约时报》上",那么,利
用存在概括规则就可以推出(7)。一旦他愿意断定(7),他也就会愿意断定
(8)。通过这种方式,主体最终能够把真值赋予越来越多的包含真概念本身
的陈述。没有理由设想所有包含"真的"的陈述都会通过这样的方式得到判
定,但大部分是这样的情况。实际上,我们的建议是:"有根基的"语句可以
描述为那些在这样的过程中最终获得真值的语句。

当然,像(3)这种典型的无根基语句,在刚刚描绘的过程中是不会获得
真值的。特别地,它将永远不会被称为"真的"。但主体不能通过说"(3)不
是真的"来表达这个事实。这样的断定和下面这个规定会发生直接冲突:主
体应该恰好在他否定一个语句本身的情况下否定这个语句是真的。在提出
这个规定的过程中,我们已经进行了慎重的选择(见下文)。

下面让我们看一看,该怎样给出这些思想的形式表达。令 L 是经过解
释的经典一阶语言,它带有一列有限的(或者甚至是可数的)初始谓词。设
变项的取值范围是某个非空域 D,初始的 n 元谓词由 D 上(完全定义的)n
元关系来解释。L 的谓词的解释在下面的讨论中将保持不变。我们再假设
语言 L 足够丰富,以至于它的语法(比如经由算术化)能在 L 中得到表达,而
且,存在某种编码方案,能把 D 中元素的有穷序列编成 D 的元素。我们并
不试图让这些思想精确化,莫肖瓦基斯(Y. N. Moschovakis)的"可接受"结

构概念将能完成这项工作。[19]我应该强调的是,我们下面做的大量工作都是在关于 L 的更弱的前提下完成的。[20]

假设我们通过增加一个其解释只需要得到部分定义的一元谓词 $T(x)$,从而将 L 扩充到语言 $\mathscr{L}$,$T(x)$ 的解释由一个"部分集合"(S_1, S_2) 给出,如上文所说,S_1 是 $T(x)$ 的外延,S_2 是 $T(x)$ 的反外延,对 $S_1 \cup S_2$ 之外的实体,$T(x)$ 是未定义的。令 $\mathscr{L}(S_1, S_2)$ 是 $\mathscr{L}$ 的解释,它源自用序对 (S_1, S_2) 对 $T(x)$ 进行解释,而 L 其他谓词的解释仍如以前。[21]令 S_1' 是 $\mathscr{L}(S_1, S_2)$ 的真语句(编码)[22]的集合,S_2' 是 D 的所有这样的元素的集合:它们或者不是 $\mathscr{L}(S_1, S_2)$ 的语句(编码),或者是 $\mathscr{L}(S_1, S_2)$ 的假语句(编码)。S_1' 和 S_2' 由 (S_1, S_2) 的选择唯一确定。显然,如果把 $T(x)$ 解释为包含 $T(x)$ 本身在内的语言 L 的真谓词,那么,必有 $S_1 = S_1'$ 和 $S_2 = S_2'$。[这意味着,如果 A 是任一语句,A 满足(不满足)$T(x)$,当且仅当 A 通过赋值规则为真(假)。]

满足这个条件的序对 (S_1, S_2),被我们称为**固定点**。对于 $T(x)$ 的一个给定解释 (S_1, S_2),令 $\phi(S_1, S_2) = (S_1', S_2')$,$\phi$ 是定义在 D 的不相交子集的所有序对 (S_1, S_2) 上的一元函数。"固定点"(S_1, S_2) 在字面上是 ϕ 的固定点,也就是说,它们是那些使得 $\phi((S_1, S_2)) = (S_1, S_2)$ 的序对 (S_1, S_2),如果 (S_1, S_2) 是固定点,有时我们也称 $\mathscr{L}(S_1, S_2)$ 是固定点。我们的基本任务,就是要证明固定点的存在并考察其性质。

我们首先就来建构一个固定点。我们通过考察一个特定的"语言层级"来完成这个目标。首先,我们把经过解释的语言 $\mathscr{L}_0$ 定义为 $\mathscr{L}(\wedge, \wedge)$,这里 $\wedge$ 是空集,也就是说,$\mathscr{L}_0$ 是 $T(x)$ 完全没有得到定义的语言。(它从来就不是固定点。)对于任一序数 α,假设我们定义 $\mathscr{L}_\alpha = \mathscr{L}(S_1, S_2)$,则 $\mathscr{L}_{\alpha+1} = \mathscr{L}(S_1', S_2')$,和

---

[19] 《抽象结构的基本归纳》(*Elementary Induction on Abstract Structure*, Amsterdam:North-Holland, 1974.)"可接受结构"概念是在本书第五章中阐发的。

[20] 没有必要为了简单而设想 L 中的所有谓词都是完全定义的,仅当我们给 L 添加"满足"而不是真值时,才需要 L 包含对有穷序列进行编码的装置这一前提。就当前大部分工作而言,其他前提可以更弱。

[21] 在语言 $\mathscr{L}$ 中,除了谓词 $T(x)$ 之外,所有的谓词都得到了解释。下文定义的语言 $\mathscr{L}(S_1, S_2)$ 和 $\mathscr{L}_\alpha$ 都是通过对 $T(x)$ 的某个解释的详细说明从 $\mathscr{L}$ 得来的。

[22] 我之所以在很多地方,在括号里写下"……的编码"或"……的哥德尔数",为的是提醒读者,用哥德尔编码或其他某种编码手段,语法可以在 L 中得到表达。有时我偷懒,去掉了括号里的说明,把表达式和它们的编码直接进行了等同。

以前一样,在这里,S_1'是$\mathscr{L}_\alpha$的真语句(编码)的集合,S_2'是D的所有这样的元素的集合:它们或者不是$\mathscr{L}_\alpha$的语句(编码)或者是$\mathscr{L}_\alpha$的假语句(编码)。

刚刚给出的语言层级与塔尔斯基经典方案的层级相似。$T(x)$被解释为$\mathscr{L}_{\alpha+1}$中对于$\mathscr{L}_\alpha$的真谓词。但是,在当前方案当中还出现了一个有意思的现象,下面就来详细讲述。

令(S_1^+, S_2^+)**扩充**(S_1, S_2)(可记为$(S_1^+, S_2^+) \geqslant (S_1, S_2)$或者$(S_1, S_2) \leqslant (S_1^+, S_2^+)$)当且仅当$S_1 \subseteq S_1^+$,$S_2 \subseteq S_2^+$。从直觉上讲,这意味着:如果把$T(x)$解释为$(S_1^+, S_2^+)$,则该解释与在所有$(S_1, S_2)$得到定义的场合中通过$(S_1, S_2)$进行的解释是一致的。唯一的区别在于,$(S_1^+, S_2^+)$的解释可能使$T(x)$在$(S_1, S_2)$的解释下没有被定义的一些情况变成有定义的。我们的赋值规则的基本特征如下:Φ是对$\leqslant$的单调(保序)运算,也就是说,若$(S_1, S_2) \leqslant (S_1^+, S_2^+)$,则$\Phi((S_1, S_2)) \leqslant \Phi((S_1^+, S_2^+))$。换句话说,如果$(S_1, S_2) \leqslant (S_1^+, S_2^+)$,那么,任何在$\mathscr{L}(S_1, S_2)$中为真(或为假)的语句在$\mathscr{L}(S_1^+, S_2^+)$中**仍保持其真值**。这意味着:如果在以前未定义的情形中给$T(x)$一个明确的真值,使得$T(x)$的解释得以扩充,那么,不会出现以前确立的真值发生改变或变成未定义这样的情况,至多某些以前未定义的真值会变成被定义的。这个特征——从技术角度讲,即Φ的单调性——对于我们所有的建构都是关键性的。

由Φ的单调性可以推断,对任一序数α,$T(x)$在$\mathscr{L}_{\alpha+1}$中的**解释扩充了**它在$\mathscr{L}_\alpha$中的解释。对于$\alpha = 0$这是显而易见的:因为在$\mathscr{L}_0$中,$T(x)$对所有的x都未加定义,$T(x)$的任一解释都自动扩充它。如果这个断定对$\mathscr{L}_\beta$成立——也就是说,如果$T(x)$在$\mathscr{L}_{\beta+1}$中的解释扩充了它在$\mathscr{L}_\beta$中的解释——那么,任何在$\mathscr{L}_\beta$中为真或为假的语句,在$\mathscr{L}_{\beta+1}$中仍将保持原有真值。我们来看一下这个定义,它说$T(x)$在$\mathscr{L}_{\beta+2}$中的解释扩充了它在$\mathscr{L}_{\beta+1}$中的解释。通过归纳我们已证明了这一点:对所有有穷的α,$T(x)$在$\mathscr{L}_{\alpha+1}$中的解释总是扩充它在$\mathscr{L}_\alpha$中的解释。这表明,谓词$T(x)$的外延和反外延随α的增长而增长。当α增长时,越来越多的语句被宣布为真或为假,而一旦一个语句被宣布为真或为假,在所有更高的层次上它仍然保持原有真值。

到目前为止,我们只是定义了有穷层次。对于有穷的α,令$(S_{1,\alpha}, S_{2,\alpha})$是$T(x)$在$\mathscr{L}_\alpha$中的解释。当$\alpha$增长时,$S_{1,\alpha}$和$S_{2,\alpha}$(作为集合)也增长。于

是存在一种显然的定义第一个"超穷"层次——可称之为"$\mathscr{L}_\omega$"——的方法。定义 $\mathscr{L}_\omega = (S_{1,\omega}, S_{2,\omega})$，这里 $S_{1,\omega}$ 是有穷的 α 的所有 $S_{1,\alpha}$ 的并集，$S_{2,\omega}$ 是有穷的 α 的所有 $S_{2,\alpha}$ 的并集。就像我们对有穷层次所做的那样，给定 $\mathscr{L}_\omega$，我们就可以定义 $\mathscr{L}_{\omega+1}$，$\mathscr{L}_{\omega+2}$，$\mathscr{L}_{\omega+3}$，等等。当再次到达一个"极限"层次时，像以前一样，我们又会得到新的并集。

从形式上讲，我们可以为每一个序数 α 定义语言 $\mathscr{L}_\alpha$。如果 α 是一个后继序数（$\alpha = \beta + 1$），则令 $\mathscr{L}_\alpha = \mathscr{L}(S_{1,\alpha}, S_{2,\alpha})$，这里的 $S_{1,\alpha}$ 是 $\mathscr{L}_\beta$ 的真语句（编码）的集合，而 $S_{2,\alpha}$ 是由 D 中所有这样的元素组成的集合：它们或者是 $\mathscr{L}_\beta$ 的假语句（编码），或者不是 $\mathscr{L}_\beta$ 的语句（编码）。如果 λ 是极限序数，则 $\mathscr{L}_\lambda = \mathscr{L}(S_{1,\lambda}, S_{2,\lambda})$，在这里，$S_{1,\lambda} = \bigcup_{\beta<\lambda} S_{1,\beta}$，$S_{2,\lambda} = \bigcup_{\beta<\lambda} S_{2,\beta}$。这样，在"后继"层次上，我们让真值谓词高于以前的层次，并且，在极限（超穷）层次取以前层次上被宣布为真或为假的所有语句的并集。即使将超穷层次包括在内，$T(x)$ 的外延和反外延仍然会随 α 的增长而增长。

应该注意的是，这里的"增长"并不意味着"严格增长"。我们已经断定 $S_{i,\alpha} \subseteq S_{i,\alpha+1}$（$i = 1, 2$），$\subseteq$ 关系允许相等性。问题是，这个过程会一直持续到越来越多的陈述被宣布为真或假吗？或者，这个过程会终止吗？也就是说，是否存在一个层次 σ，在那里 $S_{1,\sigma} = S_{1,\sigma+1}$ 且 $S_{2,\sigma} = S_{2,\sigma+1}$，使得在下面的层次没有"新的"陈述再被赋予真值呢？答案必然是肯定的。$\mathscr{L}$ 的语句组成一个集合。如果 $\mathscr{L}$ 的新语句在每个层次都得到确定，我们最终会在某个层次穷尽 $\mathscr{L}$ 而不再能决定更多的东西。这一点容易转换为一个形式证明（这个技术很基础，并为逻辑学家们所熟知），从而证明存在一个序数层 σ，使得 $(S_{1,\sigma}, S_{2,\sigma}) = (S_{1,\sigma+1}, S_{2,\sigma+1})$，但是，由于 $(S_{1,\sigma+1}, S_{2,\sigma+1}) = \Phi((S_{1,\sigma}, S_{2,\sigma}))$，这意味着 $(S_{1,\sigma}, S_{2,\sigma})$ 就是一个固定点。也可证明，它是"极小"或"最小"固定点：任何固定点都扩充它。这就是说，如果一个语句在 $\mathscr{L}_\sigma$ 中被赋值为真或为假，那么，它在任何固定点都具有同样的真值。

我们把刚刚给出的对固定点的这种建构，和我们以前的直觉理念关联起来。在初始阶段（$\mathscr{L}_0$），$T(x)$ 是完全未定义的。这就相当于一开始主体还没有理解真概念的阶段。给定通过克林赋值规则给出的一种对真的刻画，主体很容易就能上升到层次 $\mathscr{L}_1$。也就是说，他能给各种陈述赋予真值，而不需要知道关于 $T(x)$ 的任何情况。特别地，他能给所有那些不包含 $T(x)$

的语句赋值。一旦他完成了这种赋值,如在 $\mathscr{L}_1$ 中那样,他也就扩充了 $T(x)$。于是,他就可以利用 $T(x)$ 的新解释给更多的语句赋值,继而上升到 $\mathscr{L}_2$,如此等等。最后,当这个过程变得"饱和"时,主体就到达了那个固定点 $\mathscr{L}_\sigma$。(作为一个固定点,$\mathscr{L}_\sigma$ 是包含其自身真谓词的语言。)所以说,刚才给出的形式定义和以前陈述过的直觉建构十分类似。[23]

我们一直在讨论包含自身真谓词的语言。而实际更有意思的一件事是,把任意一种语言扩充到包含自身**满足**谓词的语言。如果 L 包含 D 中所有对象的名称,而且指谓关系得到定义(如果 D 不可数,则意味着 L 包含不可数多的常项),满足概念(为了多数目的)可被真概念有效替代:例如,我们不说 $A(x)$ 被对象 a 所满足,而说当其中的变项被 a 的名字替代时,$A(x)$ 变成真的。这样,以前的建构就得到了满足。换句话说,如果 L 不包含所有对象的名称,我们可以通过增加一个二元满足谓词 $Sat(s, x)$,从而将 L 扩充到 $\mathscr{L}$,其中 s 以 D 的元素的有限序列为取值范围,x 的取值范围是公式。和以前用真进行的建构相似,我们定义一个最终到达固定点的语言的层级——一种包含自身满足谓词的语言。如果 L 可数而 D 不可数,单独使用"真"进行的建构终止于一个可数的序数,但使用"满足"进行的建构却可能终止于一个不可数的序数。尽管用"满足"进行的建构更为基本,但为了阐述上的简便起见,下面我们将继续集中讨论使用"真"进行的建构。[24]

---

[23] 和塔尔斯基的层级进行一下比较:塔尔斯基的层级在每个层次上都使用新的变化着的真谓词。塔尔斯基层级的极限层次在那篇论文中还没有得到定义。我的研究在某种程度上涉及了它,但难以对之进行刻画。当前的层级使用的是单一的真谓词,它随层次的增长而增长,直到达到极小固定点的层次。定义那些极限层次是一件容易做到的事。该层级中的语言不是主要的兴趣所在,它越来越近似于带有自身真值谓词的极小语言。

[24] 考虑 L 对 D 的每一个元素都有一个标准名称的情况。我们可以考虑序对 (A, T),(A, F),这里 A 分别表示真的和假的。克林规则就相当于一组这样的序对集合的闭合条件:例如,如果对于 D 的元素 a 的每个名称,有 $(A(a), F) \in S$,则把 $((\exists x)A(x)), F)$ 置入 S 中;如果 $(A(a), T) \in S$,则把 $((\exists x)A(x)), T)$ 置入 S 中,等等。考虑在克林规则的类似规则下闭合的序对的 S 的最小集合,对 L 的每一个真的(假的)原子公式 A,它包含 (A, T)((A, F)),再考虑在这样两个条件下闭合的序对集合:(i)如果 $(A, T) \in S$,则 $(T(k), T) \in S$;(ii)如果 $(A, F) \in S$,则 $(T(k), F) \in S$,其中,"k"是 A 的一个简化的名字。容易表明,集合 S(显然)相当于极小固定点[这样,在(i)和(ii)的逆命题下它是闭合的]。我使用这个定义是为了说明:(一个可接受结构上)极小固定点上真的集合,在莫肖瓦基斯的意义上是归纳的。与文中给出的定义相比,它可能更加简单。和其他定义一样,文中给出的定义具有以下优点:它给出了对于"层次"的一个定义,从而使得人们容易与塔尔斯基层级进行比较,而且轻松概括出了不同于克林赋值规则的其他赋值方案。

这种建构可以一般化处理,为的是让 L 容纳比一阶逻辑更多的符号。例如,我们可以有一个表示"对于不可数多的 x"的量词,一个表示"大部分"的量词,一种带有无穷联结词的语言,等等。按照克林赋值规则,存在一种相当标准的方法,凭此方法可以扩充这些量词和联结词的语义学,为的是容许真值间隙的存在,但我们在这里不想就此给出细节。

让我们检验一下,我们的模型是否满足了前文提到的一些要求。很明显,这个理论是必要的:包括那些含有数论或语法在内的任何语言,都可以扩充到一个带有自身真谓词的语言,而且,利用集合论技术,相关的真概念**在数学上能够得到定义**。在我们的层级当中,不存在任何有关超穷层次语言的问题。

给定 $\mathscr{L}$ 的一个语句 A,我们定义:如果 A 在极小固定点 $\mathscr{L}_\sigma$ 上有真值,它就是**有根基的**,否则便是**无根基的**。就我所知,到目前为止,以前没有形式定义的直觉概念,在当前理论中变成了精确定义的概念。如果 A 有根基,则定义 A 的层次为最小的序数 α,使得 A 在 $\mathscr{L}_\alpha$ 中具有真值。

如果 $\mathscr{L}$ 包含数论或语法学,那么,建构"谈论自己",也就是谈论自身为假(说谎者语句)或自身为真[如语句(3)]的哥德尔型语句就不会出现什么问题。这就容易表明,所有这些语句在形式定义的意义上都是无根基的。例如,如果使用说谎者悖论的哥德尔形式,说谎者语句就可以得到下面这个形式:

(9) $(x)(P(x) \supset \neg T(x))$

其中,$P(x)$ 是一个语法(或算术)谓词,被(9)自身(的哥德尔数)唯一满足。同样,(3)得到以下形式:

(10) $(x)(Q(x) \supset T(x))$

其中 $Q(x)$ 被(10)(的哥德尔数)唯一满足。在这些前提下,通过对 α 的归纳容易证明在任何 $\mathscr{L}_\alpha$ 中,(9)和(10)都不会有真值,也就是说,它们都是无根基的。无根基的其他直觉案例可以通过同样方式得出。

我在前面已经强调过,普通陈述的特征,也就是它们的安全性(根基性)没有内在的保证,而且它们的"层次"依赖于经验事实。这一点在当前模型中得到清晰显现。例如,除了下面这种情况,我们再次考虑(9):现在的 $P(x)$ 是一个其外延依赖于未知经验事实的经验谓词。如果 $P(x)$ 证明只对

(9)自身为真,(9)就和以前一样是无根基的。如果 $P(x)$ 的外延全都是由比如说 2、4 和 13 层的有根基语句组成,(9)在 14 层上也就是有根基的。如果 $P(x)$ 的外延全部都是由任意有穷层次的有根基语句组成,那么(9)在 ω 层也就是有根基的,如此等等。

现在我们考虑(4)(5)两例。可以利用(9)将(4)形式化,把 $P(x)$ 解释为"x 是尼克松关于水门事件断定的一个语句"。[为了简化,忽略"关于水门事件"把一个语义成分引入 $P(x)$ 的解释当中的情况。]把(5)形式化为:

(11) $(x)(Q(x)\supset\neg\,T(x))$

把 $Q(x)$ 解释为"x 是迪安关于水门事件的一个断定"。为了比较(4)和(5),假设(9)是 $Q(x)$ 的外延,(11)是 $P(x)$ 的外延。现在来看,没有什么东西能保证(9)和(11)是有根基的。然而,和上文的直觉讨论相类似,假设某个真的且有根基的语句满足 $Q(x)$,如果这种语句的最低层次是 α,那么(11)在 $\alpha+1$ 层上也就是假的和有根基的。另外,如果除(11)之外所有满足 $P(x)$ 的语句都是假的,(9)就是有根基的和真的。考虑到(11)的层次,(9)的层次将至少是 $\alpha+2$。另一方面,如果某一个满足 $P(x)$ 的语句是有根基的和真的,那么,(9)在 $\beta+1$ 层上将是有根基的和假的,其中 β 是这类语句的最低层次。对当前模型的解题能力来说,关键的一点是给(4)和(5)[(9)和(11)]指派层次,从而让这些层次依赖于经验事实,而不是被提前指派。

我们说过,尽管像(3)这样的语句是无根基的,但它在直觉上也不是悖论性的。让我们按照本文给出的模型就此讨论一番。最小固定点 L 并非唯一的固定点。我们用(10)把(3)加以形式化,其中 $Q(x)$ 是只对(10)本身为真的(L 的)**语法谓词**。假设我们并不是从完全定义的 $T(x)$ 开始建构我们的语言层级,而是从使 $T(x)$ 对(10)为真开始,在其他情况下都是未定义的。然后,我们就可以像方才那样建构我们的语言层次了。容易看到,如果(10)在给定的语言层次上为真,那么,在下一层次上它也将保持为真[这里利用的是 $Q(x)$ 只对(10)为真,而对其他为假这一事实]。像以前一样,在这里我们可以表明,$T(x)$ 在每一层次上的解释都扩充以前所有的层次,在某一层次上,这种建构将终止于产生出一个固定点。不同的是,在最小固定点没有真值的(10)现在是**真的**。

这种情况表明了如下定义:如果一个语句在**任何**固定点都没有真值,它就是**悖论性的**。也就是说,一个悖论性语句 A 是这样的,如果 $\Phi((S_1, S_2)) = (S_1, S_2)$,那么,$A$ 既不是 S_1 的元素,也不是 S_2 的元素。

(3)[或它的形式化(10)]是无根基的,但不是悖论性的。这意味着:我们**可以相容地使用谓词"真的"**,以便给(3)[或(10)]提供一个真值,尽管指派真值的极小过程不是这样做的。另一方面,假设在(9)中,$P(x)$ 对(9)自身为真,对其余为假,从而使得(9)成为说谎者语句。那么,说谎者悖论的论证容易证明,(9)在任何固定点都不可能具有真值。所以,(9)在我们的技术意义上是悖论性的。请注意:如果 $P(x)$ 对(9)为真对其余为假只是一个经验事实,那么,(9)是悖论性的本身也就是一个经验事实。(我们可以定义"本身就是悖论性的""本身就是有根基的"等概念,但在这里我不想这样做。)

从直觉上看,情况似乎是这样的:尽管最小固定点对于真的直觉概念可能是最自然的模型,而且该模型是在我们对虚构主体的指令之下**产生**的,但其他固定点决不会与这些指令发生**冲突**。我们**可以相容地使用"真的"**一词,以便给像(3)这样的语句提供一个真值,同时也不会违反下述直觉观念:当我们恰好能够断定语句本身时,该语句就应该被断定为真。这一点对悖论性语句并不成立。

使用佐恩(Zorn)引理,我们可以证明,**每个固定点都可以被扩充到一个极大固定点**。**极大固定点**是这样一个固定点,对它的真扩充将不再是一个固定点。**极大固定点**指派"尽可能多的真值"。我们不能指派比"与真的直觉概念相容"更多的东西了。像(3)这样的语句,尽管没有根基,但在每个**极大固定点**都有一个真值。然而,无根基语句是存在的,它们只是在某些**极大固定点**有真值,而不是在所有**极大固定点**都有真值。

构造使(3)为假的固定点和构造使(3)为真的固定点,是同样容易的事,所以,对(3)的真值指派是**任意**的。实际上,任何不给(3)指派任何真值的固定点,都能扩充到使(3)为真和使(3)为假的固定点。有根基语句在所有固定点都拥有同样的真值。然而,无根基的和非悖论性的语句只在它们有真值的固定点才有相同的真值。例如:

(12)(12)或其否定是真的。

很容易证明,存在使(12)为真的固定点,但不存在使之为假的固定点。然而,(12)没有根基(在极小固定点没有真值)。

我们称一个固定点是**内在的**,当且仅当它没有给语句指派一个与该语句在任何其他固定点的真值形成冲突的真值。也就是说,固定点(S_1, S_2)是内在的,当且仅当没有其他固定点(S_1^+, S_2^+)和L'的语句A,使得$A \in (S_1 \cap S_2^+) \cup (S_2 \cap S_1^+)$。我们说一个语句有内在的真值,当且仅当某个内在的固定点给它提供一个真值,也就是说,A有一个内在的真值,当且仅当存在一个内在固定点(S_1, S_2)使得$A \in S_1 \cup S_2$。(12)就是一个好的示例。

存在着非悖论性语句,它们在所有具有真值的固定点上具有相同的真值,不过这些语句缺乏内在的真值。考虑$P \vee \neg P$,P是任一无根基的、非悖论性语句。于是$P \vee \neg P$在一些固定点(也就是那些P具有真值的固定点)上为真,而且没有使之为假的固定点。然而,假设存在使P为真的固定点,也存在使P为假的固定点。[比如说,P是(3)。]这样,$P \vee \neg P$在任何内在固定点就都不可能有真值,因为根据我们的赋值规则,除非某一选言支有真值,$P \vee \neg P$不可能有真值。㉕

不存在扩充所有其他固定点的"最大"固定点。实际上,任何两个给同一公式指派不同真值的固定点都没有共同的外延。然而,表明有一个最大的内在固定点并不困难。实际上,这些内在的固定点构成了≤之下的一个完整的结构。最大的内在固定点是$T(x)$唯一的"最大"解释,它与我们关于真的直觉观念相符,并且在真值指派中没有作出任何任意的选择。因此,作为一个模型,它是特殊理论兴趣所面向的一个对象。

把"塔尔斯基的语言层级"和当前这个模型进行比较是一件很有意思的事。不幸的是,如果不引入超穷层次,很难完全一般地完成此任务。本文省略了这一任务。不过,我们可以讨论有穷层次的比较。从直觉上讲,塔尔斯基的谓词"真$_n$"好像是单一真值谓词的所有特殊情况。例如,我们在前文中说,"真$_1$"意指"是一个不包含'真'的真语句"。我们可以从形式上刻画这个想法。令$A_1(x)$是一个恰恰对不包含$T(x)$的$\mathscr{L}$的公式为真的语法(算术)谓词,也就是说,它对所有L的公式为真。从语法角度看,$A_1(x)$本身和

㉕ 如果我们使用的是超赋值技术,而不是克林赋值规则,$P \vee \neg P$将总是有根基的和真的,而这样的话,我们就必须换个例子了。

下面所有其他的语法公式一样,都是 L 的公式。把"$T_1(x)$"定义为"$T(x) \wedge A_1(x)$"。令 $A_2(x)$ 是一个运用于所有那些其原子谓词是 L 的原子谓词加上"$T_1(x)$"的公式的语法谓词。(更精确来讲,这种公式的类可以定义为这样一个最小的类,对任意变项 x_i,这个类包括了 L 的所有公式和 $T(x_i) \wedge A_1(x_i)$,而且,在真值函项和量化的条件下,这类公式是闭合的。)这样,定义 $T_2(x)$ 为 $T(x) \wedge A_2(x)$。一般而言,我们可以把 $A_{n+1}(x)$ 定义为一个恰好运用于由 L 的谓词和 $T_n(x)$ 建立的公式的语法谓词,而 $T_{n+1}(x)$ 则定义为 $T(x) \wedge A_{n+1}(x)$。假定 $T(x)$ 由最小固定点(或是任何其他固定点)来解释。通过归纳容易证明,每一个谓词 $T_n(x)$ 都是完全定义的,$T_0(x)$ 的外延恰好由 L 的真公式所组成,而 $T_{n+1}(x)$ 的外延由将 $T_n(x)$ 和 L 联结而得的语言的真公式所组成。这意味着:所有塔尔斯基有穷层级的真值谓词在 L_6 内都是可定义的,并且,所有塔尔斯基层级的语言都是 $\mathscr{L}_6$ 的子语言。[26]只要我们定义了超穷的塔尔斯基层级,那么这种结果就可以扩充到超穷。

有些相反的结论在这个纲要中难以表述。塔尔斯基层级中的语句的特征在于,如果不考虑经验事实的话,它们是安全的(本身就是有根基的),而且其层次是内在的。由此可以很自然地去推想,任何带有内在层次 n 的有根基语句,在某种意义上都"等价于"塔尔斯基层级中层次 n 上的一个语句。只要我们对"内在层次""等价"等诸如此类的概念提供了正确的定义,这类定理就可以陈述和证明,甚至可以扩充到超穷。

到目前为止,我们假定的是,真值间隙将按照克林的方法进行处理。但这样做并不是必不可少的。假如 Φ 的单调性的基本特征得以保持,那么任何处理真值间隙的方案都是有用的。也就是说,假如对 $T(x)$ 的解释的扩充不会改变 $\mathscr{L}$ 中任何语句的真值,而是至多把真值赋予以前未加定义的语句,那么,任何解决真值间隙的方案就都是有用的。给定任何这样的方案,我们都可以使用以前的论证去建构极小固定点和其他固定点,定义语句的层次以及"有根基的""悖论性的"等概念。

---

[26]　我们假设,塔尔斯基层级定义:$L_0 = L$, $L_{n+1} = L + T_{n+1}(x)$(对 L_n 为真或满足 L_n)。换句话说,我们可能更倾向于归纳地建构 $L_0 = L$, $L_{n+1} = L + T_{n+1}(x)$,其中每一个新的层次的语言包含所有以前的真值谓词。为了和第二个定义保持一致,在文中修改一下这种建构是一件容易的事。在每一个层次上,这两个不同层级所具有的表达力都是相同的。

范·弗拉森的**超赋值**概念是一个有用的方案。㉗就语言 $\mathscr{L}$ 来说，容易给出这个概念的定义。在 $\mathscr{L}$ 中，给定 $T(x)$ 的一个解释(S_1, S_2)，称一个公式 A 为真（假）当且仅当它在每一个解释(S_1^+, S_2^+)下，根据普通的经典赋值规则证明为真（假），其中(S_1^+, S_2^+)扩充了(S_1, S_2)并且是**完全定义**的，也就是说，$S_1^+ \cup S_2^+ = D$。于是，我们可以像以前那样定义层级 $\{\mathscr{L}_\alpha\}$ 和极小固定点 $\mathscr{L}_\sigma$。在超赋值解释下，经典量化理论中的所有可证公式在 $\mathscr{L}_\sigma$ 中都是真的，但在克林赋值规则下，只有它们得到定义，才能说它们是真的。由于 $\mathscr{L}_\sigma$ 含有自身的真值谓词，所以，我们不需要通过元语言的模式或者陈述来表达这个事实。如果 $PQT(x)$ 是一个恰好对在量化理论中可以证明的 $\mathscr{L}$ 的语句为真的语法谓词，那么我们就可以断言：

（13）$(x)(PQT(x) \supset T(x))$

而且（13）在极小固定点也将是真的。

我们在这里使用了超赋值，考虑了 $T(x)$ 的解释的**全部**外延。真理的直觉特征促使我们很自然地去考虑对整个外延类进行的限定。例如，我们只能考虑**相容**的解释(S_1^+, S_2^+)，这里(S_1^+, S_2^+)是相容的，当且仅当 S_1 不包含语句及其否定语句。这样我们就可以定义：A 在 $T(x)$ 经由(S_1, S_2)解释下为真（假），当且仅当 A 在(S_1, S_2)的任何**相容**且完全定义的外延解释下，在经典逻辑意义上为真（假）。

（14）$(x) \neg (T(x) \wedge T(neg(x)))$

将在极小固定点为真。如果我把可容许的全部外延限定为那些定义语句的**极大**一致集的外延，那么在通常意义上，不仅（14），甚至是：

$(x)(Sent(x) \supset T(x) \vee T(neg(x)))$

在极小固定点也将证明为真。㉘然而，必须谨慎地解释刚刚提到的公式，因为即使就超赋值解释来说，它也不是那种存在任何使得每一个公式或其否定为真的固定点的情况。（悖论性公式在所有固定点仍然没有真值。）这种现象和下述事实相关：在超赋值解释下，一个析取式为真，并不需要其中某

㉗　参看他的《单称词项、真值间隙与自由逻辑》["Singular Term, Truth-value Gaps, and Free Logic", *Journal of Philosophy*, LXIII, 17(Sept. 15, 1966):481—495]。

㉘　弗里德曼（H. Friedman）提出的说谎者悖论表明，关于沿着这个方向可以做些什么，是存在限定条件的。

一析取支为真。

当前这项工作的目标,并不是要在克林的强三值方案、范·弗拉森的超赋值方案或其他任何方案——如马丁和伍德拉夫所推崇的弗雷格型弱三值逻辑,不过,实际上我暂时倾向于认为后者过于累赘,不方便使用——当中,提出什么特别的推荐意见。我的目标甚至也不是要在特定的赋值方案的极小固定点和其他各种固定点之间给出任何明确的推荐意见。[29]实际上,假如没有非极小固定点,我本来就不能在"有根基的"和"悖论性的"之间定义直觉上的不同。倒不如说,我的目标是提供一套灵活的、可被同步探讨的工具,它们的丰富性和与直觉的一致性可以得到检验。

我不太能确定,是否存在这样一个明确的实际问题:自然语言是否会按照弗雷格、克林、弗拉森或者其他某种方案来处理真值间隙——至少是那些和语义悖论相关的真值间隙? 我甚至不是十分确信,假如选择某种解决真值间隙的方案,是否明确存在一个关于自然语言应由极小固定点或另一个固定点赋值的实际问题。[30]现在,我们并不是在寻找这个正确的方案。

当前的方案可应用于包含模态算子的语言。在这种情况下,我们不是只考虑真,按照模态的模型理论的通常方式,我们还要面对一个可能世界的体系,并在每一个可能世界中评估真和 $T(x)$。必须对接近极小固定点的语言 $\mathscr{L}_\alpha$ 的归纳定义进行相应修改。但在这里,我们就不能给出具体细节了。[31]

具有讽刺意味的是,把当前这种方案应用到带有模态算子的语言,可能会让那些不喜欢内涵算子和可能世界,并且愿意将模态和命题态度当作对语句[或语句殊型(token)]为真的谓词的人产生兴趣。蒙塔古(R. Montague)和卡普兰利用基本的哥德尔型技术指出,这样的方法容易导致与说谎者悖

---

[29] 不过可以肯定,在许多方面看,极小固定点都是自然而然地挑选出来的。

[30] 我并不是要断言在这些领域不存在任何明确的事实问题。甚至我本人也可能不赞成或者并不认为一些赋值方案优越于其他方案。但是,与多种可以利用的工具相比,我个人的看法并不重要,所以我对本文的目标采取不可知的立场。(我认为,如果逻辑主要应用于处理命题的观点被采纳,而我们只是在详细地说明如何去处理那些不表达命题的语句的约定的话,那么,超赋值方法并不比克林方法有更多吸引人之处。见注释[18]。)

[31] 当前这套技术的另一个应用目标是"非直谓的"替代量化,在那里,替代类词项本身包含给定类型的替代量词(例如,把一种包含替代量词和这种语言本身的任意语句的语言作为替代物)。一般来说,把这样的量词引进经典语言而不产生真值间隙,是不可能的。

论相似的语义悖论。㉜尽管一段时间以来,这个困难已为人们所熟知,但是众多拥护该解决方案的文献,通常也只是简单地忽略这个问题,而没有说明要怎样才能将其解决。(比如利用语言的层级?)假如必然算子和真谓词都被容许,我们就能定义应用于语句的必然谓词 $Nec(x)$,方法是依照个人喜好,或者使用□$T(x)$,或者使用 $T(nec(x))$㉝,并按照前一段中所勾勒的可能世界方案来处理它。(我的确认为,语句的任何必然谓词,在直觉上应该是派生的,它们是用算子和真谓词定义的。我也认为,这一点对命题态度同样可以成立。)我们甚至可以以"蹬开这个梯子",径直把 $Nec(x)$ 作为初始概念,在可能世界的框架内处理它,就**好像**它是用一个算子加上一个真谓词来定义的。如果我们乐意利用可能世界把它们处理为模态算子,那么,同样的看法也适用于命题态度。(我个人认为,这样的处理包含相当多的哲学困难。)将当前的方案应用到所讨论语句的假定谓词之上,而无需使用内涵算子或者可能世界,是有可能的,只是现在我还不知怎样才能做到。

许多致力于用真值间隙方法解决语义悖论的人,好像都希望得到一种普遍性语言,在这种语言中,任何可以详尽陈述的事情都可以得到表达。(哥德尔和塔尔斯基关于一种语言不能包含自身语义学的证明,只适用于没有真值间隙的语言。)而当前方案的语言包含它们自身的真谓词,甚至是自身的满足谓词,就此而言,普遍性语言的愿望变成了现实。不过可以肯定,

---

㉜　蒙塔古:《模态的语法处理,自返原则及有穷可公理化引理》("Syntactical Treatment of Modality, with Corollaries on Reflexion Principle and Finite Axiomatizability", *Acta Philosophica Fennica*, *Proceedings of Colloquium on Modal and Many Valued Logics*, 1963:153—167);卡普兰和蒙塔古:《一个重新获得的悖论》["A paradox Regained", *Notre Dame Journal of Formal Logic*, I, 3(July 1960):79—90]。参看本书第二篇论文的附录 1 和 2。

目前我们知道,只有当模态和命题态度是应用于语句或其殊型的谓词时,这个问题才会出现。蒙塔古—卡普兰的论证不适用于把模态和命题态度作为内涵算子的标准公式化。即使我们想对信念对象进行量化,如果把信念对象当作命题并且把这些命题等同于可能世界的集合,这样的论证仍然是不适用的。

然而,如果我们对命题进行量化处理,那么,只要给定适当的经验前提,与命题态度有关的悖论就会出现。例如,参看普赖尔(A. N. Prior)的《论一类悖论》["On a Family of Paradox", *Notre Dame Journal of Formal Logic*, II, 1(January 1961):16—32]。(关于命题态度而非模态)我们可能也希望,能比可能世界集合更好地将命题加以个体化,而这样的一个"好的结构"可能允许蒙塔古和卡普兰所使用的哥德尔型论证直接应用于命题。

㉝　作为那些把模态和态度看作语句谓词的人想要的概念的形式化方法,第二个版本一般来说更好。对命题态度来说,这一点尤为适用。

当前的方案并没有宣称给出了一种普遍性语言,而且我怀疑这样的目标是否能够达到。首先,定义极小固定点的归纳过程是在集合论元语言中,而不是在对象语言自身当中实施的。其次,关于对象语言,我们能够作出一些我们在对象语言中不能作出的断言。例如,由于这个归纳过程从不会使说谎者语句为真,因而说谎者语句在对象语言中就**不是真的**,但在对象语言中我们不能根据我们对否定和真谓词的解释说出这一点。如果我们认为,比如按照克林赋值规则,极小固定点给出了一个自然语言的模型,那么在这个意义上我们就可以说,在自然语言中,说谎者语句不是真的。这一点必须被认为是与自然语言发展中的后来的某个阶段相关联的。而在这个阶段,说话者会对导致极小固定点产生的过程进行反思。而它本身并不是这个过程的一部分。不得不上升到一个元语言,可能是本理论的一个弱点。塔尔斯基层级的幽灵依然纠缠着我们。[34]

这里采用的方案预先假定了塔尔斯基的"T 约定"适用于三值方案的下述说法:如果"k"是语句 A 的名字的缩写,那么 $T(k)$ 为真或为假当且仅当 A 分别为真或为假。这与以下直觉相符:即 $T(k)$ 具有与 A 本身相同的真值条件。它表明,如果 A 陷于真值间隙,则 $T(k)$ 也会陷于其中。另一种不同的直觉[35]断言,如果 A 为假或未定义,那么 A 就**不是真的**,$T(k)$ 就是**假的**,而其否定就是**真的**。就这种观点来看,$T(k)$ 就是完全定义的谓词,不存在任何真值间隙。塔尔斯基的"T 约定"大概必须通过某种方式加以限定。

为了容纳后一种直觉而去修改当前的方案并不困难。我们可以取任意固定点 $L'(S_1, S_2)$。修改 $T(k)$ 的解释以便让它对 S_1 之外的任何语句为假。[我们称之为使 $T(k)$"闭合"。]塔尔斯基"T 约定"的一个修改版按照下面这个条件句是成立的:$T(k) \lor T(neg(k)) \cdot \supset \cdot A \equiv T(k)$。特别地,如果 A

---

[34] 注意,我们写这篇论文所用的元语言可以被视为不包含任何真值间隙。一个语句在一个给定的固定点或者有或者没有真值。

像"有根基的""悖论性的"这样的语义概念均属于元语言。对我来说,这种情境在直觉上似乎可以接受。和真概念相比较,这些概念在哲学家们反思它们的语义学(特别是语义悖论)之前,没有一个以其本真形态出现在自然语言当中。如果我们放弃普遍性语言的目标,本文提出的这种模型,与我们反思与真概念生成过程相关联的那个阶段(这个阶段在非哲学家说话者的日常生活中得以延续)之前的自然语言模型,同样合乎情理。

[35] 我认为,第一种直觉的重要性可以得到哲学上的辩护。也正因如此,我特别强调了基于该直觉的方案。另一种直觉只在我们反思体现第一种直觉的过程之后才会出现。见前文所述。

是一个悖论性语句,我们就能够断定￢$T(k)$。同样,如果 A 在 $T(x)$ 闭合之前就有真值,那么 $A \equiv T(k)$ 就是真的。

通过闭合 $T(x)$ 获得的对象语言,是其所有谓词都被完全定义的经典语言,因而可以用通常的塔尔斯基方式为经典语言定义真谓词。在外延上,这个谓词**不会**与对象语言的谓词 $T(x)$ 发生冲突,而且下述想法肯定是合理的:正是这种元语言谓词为闭合的对象语言表达了"真正"的真概念。这种闭合语言的 $T(x)$ 在闭合之前就定义了固定点的真理。可见,我们仍旧不能避免对元语言的需要。

普遍性语言的目标看来难以实现,于是有人据此断言,真值间隙方法或任何试图比经典方案更接近自然语言的方法都是徒劳无功的。我希望,当前方案的可行性及其在众多情况下与关于自然语言的直觉的一致性,会对这种否定态度产生触动。

在本纲要中,还有一些数学应用和纯技术上的问题我没有提到,它们超出了只为哲学期刊而作的论文的范围。存在着描述序数 σ(极小固定点的建构就终止于这个序数)的特征的问题,这个问题可以拥有相当一般性的答案。如果 L 是一阶算术的语言,就可以证明 σ 是 ω_1,即第一个非递归序数。一个集合是 $\mathcal{L}_\sigma$ 中带有一个自由变项的公式的外延,当且仅当该集合是 Π_1^1,而且,它是一个完全定义的公式的外延当且仅当它是超算术的。近似于极小固定点的语言 $\mathcal{L}_\alpha$ 提出了一种关于超算术层级有趣的"无记号"版本。更一般地说,如果 L 是莫肖瓦基斯意义上的一种可接受结构的语言,而且使用的是克林赋值规则,那么,一个集合是极小固定点上一元公式的外延,当且仅当它在莫肖瓦基斯意义上是归纳的。[36]

---

[36] 哈灵顿(L. Harrington)告诉我,他已经证明了下面这个猜想:一个集合是一个完全定义的一元公式的外延,当且仅当它是超基础的(hyperelementary)。Π_1^1 和超算术集合等在 L 是数论的情况下的特殊情况,与使用了克林方案还是使用了范·弗拉森方案无关。但在范·弗拉森的表述导致的是 Π_1^1 集合而不是归纳集合这种一般情况下,就不是这样的了。

第五章 说话者指称和语义指称[*]

　　我在本文要讨论的这些问题的灵感来自唐纳兰的名篇《指称与限定摹状词》[①],但我感兴趣的——标题中提到的这个区分,却超出了唐纳兰论文的范围。我认为,这个区分对于语言哲学的建构与批判是相当重要的。然而篇幅所限,我在这里还不能充分讨论这些区分的应用,甚至都不能充分地讨论我对唐纳兰论文的所有看法。

　　此外,尽管我对唐纳兰的论文以及相关文献中所提出的实质性问题相当感兴趣,但我的结论将是方法论层面的,而非实质性的。我可以这样说:唐纳兰的论文声称,既要对罗素的限定摹状词理论(被看作一种关于英语的理论),又要对斯特劳森的理论给予决定性反驳。我主要关心的不是下面这些问题,例如,究竟唐纳兰的观点是对的,还是罗素(或斯特劳森)的观点是对的? 而是这样一个问题:**唐纳兰在其论文中的思考驳倒了罗素(或斯特劳森)的理论吗?** 为明确起见,我将专注于唐纳兰对罗素的反驳,而暂不考虑斯特劳森。在这个问题上,我会得出一个明确的结论,这个结论可以阐明一

---

　　[*] 除目前的手稿,本章的不同版本自 1971 年以来分别在纽约大学、麻省理工学院、加州大学洛杉矶分校,以及其他地方的学术研讨会上提交过。目前这个版本是在麻省理工学院发言稿的基础之上写成的。唐纳兰本人听了我在加州大学洛杉矶分校的报告,而他的一篇论文,《说话者指称、摹状词与回指》("Speaker Reference, Descriptions and Anaphora" in Peter Cole, ed., *Syntax and Semantics 9*: *Pragmatics*, New York: Academic Press, 1978, pp.47—68),在很大程度上似乎就是对这里所提到的思考的一个评论。(不过他并没有专门提到本文)。考虑到唐纳兰后来的观点,我决定不对之前已在多次会议上报告的论文进行修改:这主要是因为我认为早期版本均可自圆其说,而唐纳兰在后期论文中提出的问题可以在其他地方加以讨论。但在这里,我还是应该说一下下文会提到的代词化(pronominalization)现象。在他的论文中,唐纳兰似乎认为,这种现象与“说话者指称是一个语用概念”的观点不相容。正相反,我在本文(以及唐纳兰所听的那次报告)结尾处特别强调了这种现象,并论证这种现象是支持这个观点的。也可看下面的注释㉛。

　　[①] "Reference and Definite Descriptions", *Philosophical Reviews* 75(1966):281—304. 也可参看唐纳兰的《把汉普蒂和达普蒂重新写到一起》["Putting Humpty Dumpty Together Again", *Philosophical Reviews* 77(1968):203—215]。

些有关语言的方法论准则。我的结论是:唐纳兰论文中的思考**本身并没有驳倒罗素的理论**。

任何关于罗素或唐纳兰观点**本身**的结论,都必定是试探性的。倘若要求我对罗素作出一个尝试性的评判,我会说,尽管他的理论在处理日常话语方面比许多人所认为的要好很多,而且,尽管许多针对它的流行的反驳都不能令人信服,但他的理论最终很可能还是会走向失败。我的思考与存在形如"那张桌子"(the table)这样的"非独具"(improper)限定摹状词有关,这类摹状词本身并不包含指定唯一个体的具体条件。与罗素的画面相反,我很怀疑,在增加了某些指定唯一个体的具体条件之后,这类摹状词还总是可以被看作某种省略形式。情况甚至有可能会是这样:就重要方面而言,真实的画面将与唐纳兰的描述十分类似。但在这里,这些问题基本上会被搁置一边。

我倾向于阐述的一个具体结论(尽管我对它也不是完全有信心)是:像罗素理论这样的单义性理论要比那些预设歧义性的理论更可取。唐纳兰论文中提出的很多观点(尽管不是全部),似乎就是在"指称性"与"归属性"用法之间预设了一种(语义)歧义性。但正如我们会看到的——唐纳兰本人在这一点上并非完全一致,因此,即使在这里,我也不确定我是否表达了与他不同的意见。[②]

一、预备性思考

唐纳兰声称,有一类特定的语言现象可以驳倒罗素的理论。按照罗素的观点,如果有人说"那个 x 使得 $\phi(x)\psi's$",他的意思就是,有唯一一个个体 x,它满足"$\phi(x)$",而且,任何这样的 x 也满足"$\psi(x)$"。[即 $(\exists x)(\phi!(x) \wedge \psi(x))$,其中"$\phi!(x)$"是"$\phi(x) \wedge (y)(\phi(y) \supset y=x)$ 的缩写"]唐纳兰论证说,如下这种语言现象对于罗素是非常不利的:假设在一次聚会

---

② 在注释①中提到的他后来发表的那篇论文中,唐纳兰似乎更明确地主张一种语义歧义性。即使在后来的论文中,谈论该问题时他也有点不那么直截了当。

上,有人眼睛盯着一个特定方位,对他的同伴说:

(1)"那边那个喝香槟的人今晚很开心。"

假设说话者与听话者实际都有一个错误的印象,他们所指的乃是一个滴酒不沾的人,那人正在喝的是苏打水。不过,他当晚有可能的确很开心。现在,如果那边并没有人在喝香槟,罗素就会认为(1)是假的,而弗雷格和斯特劳森则会认为它处于真值间隙。然而唐纳兰却强调说,即使那个人是在错觉之下被指称的,我们仍然有一个实实在在的直觉:说话者就那个被指称的人说出了某些为真的东西。

按照罗素和弗雷格的看法,由于事实上没人在喝香槟,所以这个案例就涉及了无指称对象的限定摹状词,或者空的限定摹状词。为了避免目前这个问题与限定摹状词为空时引发的问题产生毫无必要且毫不相关的纠缠,我将修改上述(以及唐纳兰论文中摹状词为空的所有其他)案例。③假设"那边"恰好有一人确实正在喝香槟,尽管他的酒杯说话者(和听话者)都看不到。再假设他与说话者所指称的那个滴酒不沾的人不同,他是因为心情痛苦而借酒消愁。此时,**所有经典理论(罗素型和弗雷格型理论)**都会认为(1)是假的(这是因为:那边恰好有一个人在喝香槟,但他今晚**并不开心**)。现在来看,说话者关于他所指称的那个人(那个滴酒不沾的人)说出了**真实的东西**,但所有经典分析都疏漏了这样一个维度,基于一个**没有人在谈论的其他某个人**(那个喝香槟的人)的不幸遭遇,而对说话者的断言赋予假值。林斯基(L. Linsky)之前曾提出过一个类似的例子。他也是把它当作一个空指称的案例提出来的。我再一次对之进行修改,以便使得其中的摹状词非空。假设有人看到一位女士跟一位男士在一起。他把那位男士认成了那位女士的丈夫,看到他对她的举止之后,他说道"她的丈夫对她很好",而其他人可能会点头赞同,"是的,他看上去的确对她很好。"假设当前谈论的男士并不是她的丈夫。假设他是她的情人,正是因为她的丈夫对她不好,她才找了情人。我们又一次看到,罗素和弗雷格的分析都会认为上述陈述为假,而且都会基于一个未参与这些对话的男士的残忍而做出这样的评价。

---

③ 我还要回避那些不满足唯一性条件的"非独具"摹状词的情况。这类摹状词对于最终评价唐纳兰的立场,可能很重要,也可能不重要,但他论文中没有哪个论证依赖于它们。

受克罗克(L. Croker)一段评论的启发,我还可以给出一个例子:假设一本宗教叙事集(类似于《福音书》)自始至终都把它的主人公称为"弥赛亚"(The Messiah)。假设有一位历史学家想要考证一下这本书的**历史精确性**——也就是说,他想确定这本书是否精确叙述了其英雄人物(我们假定这个英雄人物的身份已经明确)的事迹。只要本书作者认为这个英雄人物就是弥赛亚,并把他的作品讲给那些享有相同信念的教友,那么,这个英雄人物实际上是不是弥赛亚这个问题还重要吗? 当然不重要。需要注意的是,这里并不仅仅是"宽容原则"在起作用。正好相反,如果弥赛亚事实上是另外一个人,并且,倘若出于一种异乎寻常但并非有意设计的巧合,这本叙事集对**他**的事迹做了真实的描绘,那么,我们也不会由此而把这本叙事集称为"历史真实的"。相反,如果书中提到的事件对于书中所指的主人公不成立,那我们就要认为本书是历史**虚假的**。书中所讲的故事是否符合事实上被称为弥赛亚的人——这个人可能根本就不为作者所知,他甚至有可能在作品完成之后还活着——这些都是毫不相干的。这一事实再次与弗雷格和罗素的立场发生了不一致。

根据这些例子,唐纳兰区分了限定摹状词的两种用法。在"归属性"用法中,说话者"关于如此这般的人或事物,无论是谁或者是什么东西,陈述了某件事情"。在"指称性"用法中,说话者之所以"使用摹状词,为的是让听话者分辨出他正在谈论的是谁或者是什么东西,然后关于那个人或者那个东西陈述某件事情。在第一种[归属性用法]情况下,限定摹状词的出现可以说是本质性的,因为说话者想要针对那个符合摹状的事物或人,无论是什么或者无论是谁,做出某种断言;但在指称性用法中,限定摹状词只是一种工具……用来引起听话者对一个人或事物的注意,并且……任何一种其他的工具,如另外一个摹状词或另外一个名称,也同样有效"④。例如,假设我发现史密斯被残忍地谋杀了。史密斯尸体的状况促使我说,"杀害史密斯的凶手(一定)是疯了。"这时我们就有一种**归属性**用法:我们谈论的是那个凶手,不论他(她)会是谁。另一方面,设想琼斯正在因为史密斯被杀案受审,

---

④ 《指称与限定摹状词》,第285页。我在这一段及下一段的讨论都是以唐纳兰这篇论文为基础,详见第285页以及第289—291页。

而我是法庭上的一位旁听者。当我看到被告人在被告席上的疯狂举动之后，我或许会说，"杀害史密斯的凶手是疯了"。（我忘了被告的名字，但我确信他有罪。）我此时的用法就是指称性的：不论琼斯是不是真凶，而且即使凶手实际上另有其人，如果琼斯要指控我诽谤，说他不符合我的摹状，并不能为我提供任何辩护。在唐纳兰的意义上，前述所有案例（滴酒不沾的"喝香槟"的人、被当成丈夫的情人、假的弥赛亚）都属于指称性用法。

归属性用法的一个直观标志，是可以合法地插入一个具有评论意味的连接语——"不论他是谁"。在第一种情形下，我们可以说"杀害史密斯的凶手，不论他是谁，是个疯子"，但在第二种情形下，就不能这么说了。但我们不能因此而被误导：一个限定摹状词可以被归属性地使用，即便说话者相信某个特定的人如琼斯，符合这个摹状词，只要该说话者正在讨论那个唯一符合摹状词的人，**无论是谁**，而说话者关于琼斯事实上满足摹状词的信念是与此无关的。在我从史密斯的尸体状况推断出凶手疯了的例子中，即使我怀疑，乃至坚信琼斯就是罪魁祸首，我也是以归属的方式使用那个摹状词的。

我丝毫不怀疑唐纳兰提出的这种区分是存在的，也并不怀疑这种区分具有根本的重要性，但我并不认为这个区分是互斥的或者穷尽了所有的可能。但唐纳兰还认为，罗素的理论就算适用，也只适用于归属性用法（第293页），而限定摹状词的指称性用法则接近于专名，甚至接近于罗素的"逻辑专名"（参看第282页和第IX部分）。他似乎认为，罗素的理论无法解释以上提及的指称性用法的案例。我想要考察的正是这些观点。

二、这个区分的一些所谓的应用

唐纳兰上述区分的一些所谓的应用已经口口相传，甚至在某种程度上已经进入了书面传播，但在唐纳兰的论文中并没有提及这些应用。下面我将提到一些我发觉有问题的应用。遗憾的是，比起这些应用问题真正值得花费的篇幅，我将不得不相对精炼地讨论它们，因为对于本文的主要论题来说，它们只是辅助性的。

（一）从言（*De Dicto*）和从物（*De Re*）

许多有能力的人（无论是否通过书面形式）都曾暗示，唐纳兰的区分可以等同于，或者代替从言—从物的区分，或者模态或内涵语境中的小辖域—大辖域的区分。

"行星的个数**必然是奇数**"可能有两个意思，取决于按照从言还是从物进行解释。倘若是从言解释，它所断言的就是：行星的个数是奇数，这是一个必然真理——我认为这是假的（因为行星的数目本来可以是 8 个*。倘若是从物解释，它所断言的就是：行星的实际个数（9）具有"**必然是奇数**"这个性质（像我这样的本质主义者认为这是真的）。类似地，如果我们说，"琼斯相信迪比克城最富有、首次进入上流社交场合的少女会嫁给他"，我们的意思或者是，琼斯的信念有一项特定的内容，迪比克城最富有、首次进入上流社交场合的少女会嫁给他；或者，关于**那个少女**，琼斯相信，事实上她是迪比克城最富有的，而且会嫁给他。当前的这个观点让人们认为，从言情形等同于唐纳兰的归属性用法，从物情形等同于指称性用法。

在我看来，任何这样一种等同都是混淆。（我不认为唐纳兰做了这样的等同。）对此存在很多的反对意见，这里我只提其中几个。第一，限定摹状词的从言用法既不能等同于指称性用法，也不能等同于归属性用法。弗雷格已经注意到了这里的基本观点。如果一个限定摹状词被嵌入（从言）内涵语境之中，就不能说我们是在**对于被描述之事物**进行讨论，无论是说这个事物满足该摹状词，还是别的。若从言理解，语句"琼斯相信那个迪比克城最富有、首次进入上流社交场合的少女会嫁给他"，可以被某个（让我们假设，是错误地）以为迪比克城**不存在**首次进入上流社交场合的少女的人所断言；这样的话，他就绝不会是在谈论最富有的、首次进入上流社交场合的少女，即便是"归属性地"谈论。类似地，如果进行从言解读，那么，"1976 年是法国国王的事物（the king of France）**本该是秃头（1976 年的法国本该是君主制）是可能的"就是真的；但我们不是以归属性方式使用"1976 年是法国国

---

* 现在太阳系有 8 个行星，但克里普克写作时是 9 个行星，不过这并不影响此处论证的有效性，读者可自行转化。——译者注

** 这里克里普克用的是小写的"king"，应理解为"是国王的事物"这样一个谓词，可参看本书第八章《罗素的辖域概念》脚注⑤。——译者注

王的事物"去谈论 1976 年是法国国王的事物,因为在 1976 年法国没有是国王的事物。弗雷格的结论是,在这些语境中,"1976 年是法国国王的事物"指称的是其通常的含义;无论如何,如果我们这里想说"指称"的话,它不能去指称非存在的是国王的事物。即使有这样一个是国王的事物,如果从言解读的话,引号中的断言也将不会对于他说出任何事情:说他本可能是秃头,将是一种从物解读(事实上,这正是当前讨论的区分)。

其次,与此更加相关的是,唐纳兰的指称性用法也不能等同于从物用法。(我认为唐纳兰也会同意这个说法。)假设我不知道有多少个行星,但(基于某种原因)天文学理论规定了那个个数必须是奇数。如果我说,"行星的个数(不管多少)是奇数",我的摹状词就是在归属性地使用。如果我是一个本质主义者,我还会说,"行星的个数(不管多少)必然是奇数",理由是所有奇数都必然是奇数;而我的用法正是第一种情形中的归属性用法。在"杀害史密斯的凶手,不管是谁,警察知道是谁,但他们没有说"这句话中,或者更明确一些,在"警察知道,杀害史密斯的凶手,不管他是谁,犯了谋杀罪;但他们没说他是谁"这句话中,"杀害史密斯的凶手"是在归属性地使用,但属于从物用法。

最后一点:罗素想用自己提出的摹状词的辖域概念处理从言—从物之分。有人提出,唐纳兰的指称性—归属性区分可以替代罗素对辖域的区分。但是,**没有一种二重区分可以做到这一点**。我们来考虑下面这句话:

(2)行星的个数本可能必然是偶数。

在日常用法中,例句(2)可以解释为真:例如,原本可能正好有 8 个行星,在这种情形下,行星的个数就可能是偶数,因而必然是偶数。(2)尽管被解释成了真的,但既不是从物的也不是从言的;也就是说,"行星的个数"这个摹状词既不具有至大辖域也具有至小辖域。请思考:

(2a)$\Diamond\Box$(∃x)(恰好有 x 个行星,并且 x 是偶数)

(2b)(∃x)(恰好有 x 个行星,并且 $\Diamond\Box$(x 是偶数))

(2c)$\Diamond$(∃x)(恰好有 x 个行星,并且 $\Box$(x 是偶数))

(2a)—(2c)为(2)提供了三种可供选择的罗素型分析。(2a)为摹状词提供了至小辖域(从言);它说的是,原本可能必然有偶数个行星,这样说想必是假的。(2b)为摹状词提供至大辖域(从物);它说的是,行星的实际个数(也就是9)本可能必然是偶数,这个说法依然为假。(2c)是使(2)为真的解释。当内涵算子叠置出现时,这种中间辖域就是可能的。对于,比如"琼斯怀疑福尔摩斯相信杀害史密斯的凶手是疯了",也可能存在三种与此类似的解释;或者(使用不定摹状词的情形)"胡佛指控贝里根兄弟密谋绑架了一位美国高官"。(实际上我是最近在报纸上读到这句话的,当时就想知道它是什么意思。)⑤它也许意味着:(a)有一位特定的高官,胡佛指控贝里根兄弟密谋绑架了他(至大辖域,从物用法,这应该是我们想要的解释);(b)胡佛指控贝里根兄弟密谋如下一件事:让我们绑架一位高官(至小辖域,从言);或者(c)胡佛指控有一位高官(胡佛可能不知道他的身份),其要被贝里根兄弟密谋绑架(中间辖域)。

随着内涵性(或其他)结构的叠置出现,一个限定摹状词就可能有越来越多的辖域。没有哪一种**二重区分**可以取代罗素的辖域概念。⑥特别地,无论是从言—从物之分,还是指称性—归属性之分,都做不到。

(二)严格限定摹状词

倘若把限定摹状词 $\iota x\phi(x)$ 看作初始词项并给它指派指称对象,那么,相对于每个可能世界,对于这样一个摹状词,按照惯例所赋予的那个非严格的、唯一的对象,如果有的话,就在那个世界具有 ϕ 性质。(不必在意空摹状词的情形,这需要进一步约定。)例如,在一个有 8 个行星的反事实情境中("行星的个数是偶数"对于这个情境为真),"行星的个数"就指8。另外一种限定摹状词 $\iota x\phi(x)$,也就是严格的限定摹状词,可以通过如下约定从语义上引入:令 $\iota x\phi(x)$ 在所有可能世界都表示那个(事实上)是 ϕ 的唯一对象(此时,经解释之后,"行星的个数是奇数"就表达一个必然真理)。在理论上,或许使用刚刚给出的记号,这两种限定摹状词显然都可以在单独一种形式语言中引入。有人提出,在英语中,限定摹状词在两种解读之间是**有歧义的**。有人进一步提出,两类限定摹状词,非严格的和严格的,是从言—从物区分的根源,而且应该就此取代罗素的辖域概念。有人则更进一步提出,它

---

⑤　当时还没有透露基辛格就是所说的那位高官。(也可看第八章。)

⑥　事实上,对于任意确定的n来说,没有一种n重区分可以做到这一点。独立于当前的作者,卡图南(L. Kartunnen)也曾论证过类似观点,即任何一种二分或者n分都不能替代辖域区分。我在本书第一章第⑩个注释简要讨论了这个问题。

们等同于唐纳兰的归属性—指称性之分。⑦

　　我对上述这种观点的评论将十分简短,以避免添加太多的附注。尽管我对这个主题持开放态度,但我并不确信有任何明确证据表明这种歧义是存在的。基于上文给出的理由,作为一种二重区分,所谓的歧义不能替代罗素的辖域概念。一旦有了罗素的辖域概念,就可以用于处理从言—从物之分;进一步假设歧义性的存在,似乎是没必要的。与目前语境更相关的一点是,一个限定摹状词的"严格"含义,如果有的话,并不能等同于唐纳兰的"指称性"用法。我认为,把指称性用法与严格限定摹状词等同,是因为受到了这样一种推理路线的鼓动:唐纳兰认为,指称性摹状词是那些接近于专名,甚至罗素的"逻辑专名"的东西;而专名,或至少是罗素型"逻辑专名",当然是严格的。因此,唐纳兰的指称性摹状词正是这里说的严格限定摹状词。

　　如果我们假定,唐纳兰和我一样,也认为名称是严格指示词,那么他的指称性限定摹状词将最合理地理解为严格地指称它们的指称对象。但我并不清楚在这类指称的严格性方面,他是否会赞同我的观点。⑧更重要的是,一个如上定义的严格限定摹状词,依然是借助对相关属性的唯一满足去决定其指称的——而这一事实就把这类摹状词与唐纳兰所定义的指称性摹状词区分开了。卡普兰提议,英语中的指示代词"那个"(that)可以用于让任意限定摹状词变得严格。"那个混蛋——杀害史密斯的人,不论是谁——肯定是疯了!"其中的主词严格指示杀害史密斯的凶手,但它依然属于唐纳兰

---

　　⑦　参看斯塔尔内克和帕蒂(B. Partee)的论文,从中可以找到这类提议,以及前一章节提到的一些观点,该文收录于戴维森和哈曼主编的论文集《自然语言的语义学》(*The Semantics of Natural Language*, Dordrecht: Reidel, 1972)。我要强调的是,这些论文中的大多数启发性讨论可以单独给出来,独立于这里所拒斥的、把唐纳兰的区分与其他区分进行等同的观点。

　　⑧　参看他的论文《先验偶然与严格指示词》("The Contingent A Priori and Rigid Designators", *Midwest Studies in Philosophy Volume II: Studies in the Philosophy of Language*, Peter A. French, Theodore E. Uehling, Jr., and Howard K. Wettstein eds., Morris, MN: University of Minnesota Press, 1977, pp.12—27)。在这篇文章中,唐纳兰问我,是否认为(自然语言中的)专名总是严格的:显然,他认为专名可以关联到缩写的、非严格限定摹状词。我的观点是,专名(或许除了某些古怪和派生性的、不被用作专名的用法之外)总是严格的。特别地,这个观点适用于"海王星"。在逻辑上,可能有单个语词是非严格限定摹状词的缩写,但这些语词不是名称。这个观点不仅仅是术语上的:我的意思是,这类缩略的非严格限定摹状词在一个重要的语义特征上,不同于我们实际话语中的(我们所说的)典型专名。我只是在陈述,而不是在论证我的这一观点;我也不能偏题去评论唐纳兰论文中提出的其他观点。

意义上的归属性用法。⑨

（三）

在《命名与必然性》中⑩，我提出了反驳专名的描述（或簇摹状词）理论的论证，其所关注的是一个专名的指称对象，也就是名称命名的那个人，不曾满足通常与之关联的摹状词，而是其他人满足。例如，"哥德尔"这个名称的意义可能是"那个曾经证明了算术不完全性的人"；但即使哥德尔是一个骗子，根本没有证明过任何东西，而是盗用了一个不为人知的、名叫"施密特"的人的成果，我们的"哥德尔"一词也将指称那个骗子，而不是那个真正满足该限定摹状词的人。作为反驳，曾有人说过，尽管这个论证在反驳作为一种指称理论的描述论这一主要目标方面的确是成功的（也就是说，它证明了，所援引的描述性特征并不决定指称），但它在证明名称不是缩略的限定摹状词方面毫无用处，因为我们可以把当前谈论的摹状词理解为唐纳兰意义上的指称性摹状词。指称性摹状词可以轻易指称那些不满足摹状词的东西；我的论证没有证明名称不与这类摹状词同义。⑪

我对这一论证的回应或许会在后文变得更加清楚。当前，我只想给一个（过于）简短的答复：在"她的丈夫对她很好"以及类似案例中，"她的丈夫"一词可以指称她的情人，只要我们误以为我们所指的那个人（她的情人）就是她的丈夫。一旦我们被告知真相，我们就不再那样指称他了（例如，参看唐纳兰的论文，第300—301页）。类似地，某人可以使用"那个证明了算术不完全性的人"作为一个指称性限定摹状词，去指称哥德尔；它是有可能被，例如忘了他名字的人这样使用的。但是，如果上面那个假想的欺诈行为被发现了，那个摹状词就不可再用作指称哥德尔的工具了；从此以后，它就只能用于指称施密特。这样，我们会撤回所有之前使用那个摹状词指称哥

---

⑨ 参看卡普兰的论文《那个》["Dthat", *Syntax and Semantics*, Vol.9, P. Cole(ed.)(New York：Academic Press, 1978), pp.221—243.]，但在这篇论文中，他也有些混淆严格性与唐纳兰的指称性用法的倾向。

⑩ Cambridge：Harvard University Press, 1980.（最初是以"命名与必然性"为题收录在 *Semantics of Natural Language*, *op. cit.*, pp.253—355, pp.763—769）；参考文献请参考再版的单行本。

⑪ 对于这个观点，参看卡茨，《逻辑与语言：考察近年针对内涵主义的批评》["Logic and Language：An Examination of Recent Criticisms of Intensionalism", *Minnesota Studies in the Philosophy of Sciences*, Vol.7(Minneapolis, 1975), pp.36—130.]，特别参看其中的5.1和5.2节。就专名而言，卡茨认为即使把描述论看作一种意义理论，其他论证也对其不利。

德尔的断言(除非它们对施密特也真)。但是,我们不会类似地撤回"哥德尔"这个名称,即使在欺诈行为被发现以后;"哥德尔"依然会用于命名哥德尔,而不是施密特。因此,名称与摹状词不是同义词(也可参看下文的脚注㉖)。

三、主要问题

(一) 与罗素意见不合?

唐纳兰的见解构成对罗素理论的反驳吗? 他的观点与罗素的观点矛盾吗? 人们可能会认为,如果唐纳兰是正确的,罗素就一定是错误的,因为对于包含指称性限定摹状词的陈述,唐纳兰的真值条件与罗素的是不一样的。不幸的是,这个问题并不是那么清楚。考虑"她的丈夫对她很好"这个案例,其中错误地谈到了那个情人。如果唐纳兰直截了当地断言,引号中的陈述为真,当且仅当那个情人对她很好,而不管她丈夫对她好不好,那么,唐纳兰与罗素之间的问题显然就关联在一起了。但唐纳兰并没有这么说:他只是说,说话者已经指称了一个特定的人,那个情人,并说他对她很好。但如果我们问:"是的,但说话者做出的那个陈述是真的吗?"此时唐纳兰就无法正面回答了。这是因为,如果我们不是在说话者所指称的那个人是她的丈夫这一错误印象下,我们就不会通过"她的丈夫对她很好"表达出相同的断言。"如果它['她的丈夫']被指称性使用,我们就不清楚'那个陈述'是什么意思了。……说他(说话者)所作的陈述是,她的丈夫对她很好,会使我们陷入困境。因为,我们[在报道说话者所说内容时,必须要使用限定摹状词],或者是以归属的方式,或者是以指称的方式,如果是前者,我们就是不实地报道了说话者的语言行为;而如果是后者,那么我们自己就是在指称某人",而通常情况下,只有我们认为某人就是她的丈夫时,我们才可以把某人指称为"她的丈夫"。[12]

既然唐纳兰没有明确断言"她的丈夫对她很好"这个陈述会具有非罗素型真值条件,那么迄今为止,他就尚未与罗素的理论构成明显矛盾。他所提出的、在报道"那个陈述"方面有一个问题的论证,在如下两个方面是可疑的。

---

[12] 参看唐纳兰的《指称与限定摹状词》,第302页。

首先，它使用了这个前提：如果我们说"琼斯说她的丈夫对她很好"，我们自己必须或者归属性地或者指称性地使用这个摹状词；但正如我们所见，间接引语中的限定摹状词既不是指称性的又不是归属性的。[13]

其次，在指称—归属区分的本性方面存在一个重要的问题。唐纳兰说他的区分既不是语法上的也不是语义上的：

> 无论摹状词是被指称性地使用，还是被归属性地使用，这个语句的语法结构对我来说似乎都是相同的：也就是说，这个语句不是语法上有歧义的。假设在语词的意义上有歧义，似乎也没什么吸引力；它看起来也不是语义上有歧义的。（或许，我们可以说语句是语用上有歧义的：摹状词所起的不同作用是随说话者的意向而发生变化的。）当然，这些都只是直觉；我对这些并没有提供论证。不过，举证责任应在另一方。[14]

暂时假设情况确实如此。那么，如果指称—归属之分是语用上的，而非语法或语义上的，那它大概就是关于言语行动的区分了。没有理由认为在做关于他人所说内容的间接引语报道时，我自己也必须拥有相同的意向，或者参与了相同类型的言语行动；事实上，我显然也不是这样做的。倘若我说"琼斯说警察就在附近"，琼斯也许是作为一个警告而说这话的，但我不必把它说成一个警告。如果指称—归属之分既不是语法上的也不是语义上的，没有进一步论证的话，就没有理由去认为，我在间接引语中的用法应与我所报道的那个人的用法相匹配，无论是指称性的还是归属性的。而对于真正的语义歧义来说，情况会非常不同。如果琼斯说"我从未去过 bank"，而我报道说"琼斯否认他去过 bank"，那么，如果我的报道是准确的，我对"bank"赋予的意义就必须要和琼斯赋予的意义相匹配了。

事实上，上述段落似乎与唐纳兰论文的整体走向不一致。唐纳兰提出，

---

⑬　因此，如果从字面上理解唐纳兰，我在讲演中所作出的论证就是正确的。但是，如果要对唐纳兰进行比较宽容的理解，这很可能符合唐纳兰的本意，请参看下面的注释㉔。不过，如果要维持这种理解的话，那就必须把摹状词看作具有语义歧义性：参看紧接在这一点之后提出的观点。

⑭　《指称与限定摹状词》，第 297 页。

"她的丈夫对她很好"这个陈述中没有语法或者语义上的歧义。同时他还提出,罗素可能给出了归属性用法,而不是指称性用法的正确分析。这肯定不是融贯的。可以进行分析的,不是在某种语用意义上的"用法",而是语句的**含义**。如果这个语句**并不是**(语法或)语义上有歧义,它就只有一种分析;说它有两个不同的分析,那就等于对它赋予了一种语法或语义歧义。

唐纳兰拒绝对说话者的断言——"她的丈夫对她很好"——赋予真值的论证似乎是错误的。我在下文依据言语行动理论对这个问题所做的说明,对"这个陈述"不会造成任何问题;它只不过就是"她的丈夫对她很好"这个陈述。但在本文所提到的那些情形下,唐纳兰谨慎地拒绝说"她的丈夫对她很好"为真,在直觉上似乎也是正确的。让我们假设,说话者所指的那个人对她很好。但对我们来说,如果**我们**相信她的丈夫对她不好,我们就很难说,当他(说话者)说出"她的丈夫对她很好"时,这句话表达了一个真理。

唐纳兰认为他已经驳倒了罗素。但他所明确断言,更谈不上确立的,只不过是这样一点,即,通过说"她的丈夫对她很好",一个说话者可以指那个情人,并说到他,说他对她很好。所以,首先我们可以问:**假如**这个断言是正确的,它与罗素的观点会有冲突吗?

其次,既然唐纳兰否认在限定摹状词上倡导一种语义歧义的做法与其论文的许多内容并不相容,所以我们可以尝试忽略这种否认,而把他的论文理解为正是在论证这样一种语义歧义的存在。于是,我们就可以提问:唐纳兰是否已经确立了一种与罗素理论不相容的(语义)歧义性呢?

(二)一般性评论:理论手段

我们需要一种一般性手段来讨论这些问题。有些手段已为人们所熟知,但鉴于其所固有的重要性与用途,我还是要回顾一下。首先,让我们遵循格赖斯⑮,在一个给定场合**说话者的话的意思**,与在那个场合中说那些话

---

⑮ 关于格赖斯,参看如下论文,我在本节一开始所进行的大量讨论都不严格地遵循了那些论文中的观点,主要有:《感知的因果理论》["The Causal Theory of Perception", *Proceedings of the Aristotelian Society*, supplementary vol.35(1961)];《逻辑与会话》["Logic and Conversation", Peter Cole and Jerry Morgan, eds., *Syntax and Semantics*, *Vol.3*: *Speech Acts*, New York: Academic Press, 1975, pp. 43—58];《意义》["Meaning", *Philosophical Review* 66(1957):337—388];《言述者意义、语句意义与语词意义》["Utterer's Meaning, Sentence-Meaning and Word-Meaning", *Foundations of Language* 4 (1968):225—242];《言述者的意义与意向》["Utterer's Meaning and Intentions", *Philosophical Review* 78(1969):147—177]。

时他的意思之间作出区分。例如,一个窃贼对另一个窃贼说:"警察就在附近。"这句话的意思很清楚:警察在附近。但说话者的意思也可能是"我们来不及偷更多东西了,分头跑吧"!尽管这是**在这种场合下说话者说这些话的意思**,但这不是**这些话的意思**,甚至也不是这种场合下**这些话的意思**。假设他说的是"警察就在 bank 里",那么在这种场合,"bank"的意思是一家商业银行,而不是河岸,而这与在这种场合下的**话的意思**相关。(在其他场合,同样的话则有可能意味着警察在河岸。)但是,如果说话者的意思是"咱们分头跑吧",即便是在相同场合,这也不是**他的话的意思**的一部分。

　　受格赖斯例子的启发⑯,我再举一例:魔术师让一块手帕变换颜色。当回忆起这个戏法时,有人说,"当时,他把红手帕放在了桌边";还有人小心翼翼地插话,"它**看起来**是红色的"(It looked red)。在这个场合,这句话的意思是:被指称的对象(那块手帕)看起来是红色的。当我们谈论在这个场合下的话的意思时,我们所谈论的内容就包括消除言述的歧义。[也许在某些场合,其中的"它"指称一本书,发音相同的言述的意思可能是,它看上去被读过了(It looked read)——被翻阅过多次,而且是精读]。但在这个场合,说话者的意思是:也许那块手帕并非真的是红色,也许那个戏法依赖于某种幻觉。[注意,在这个场合,不仅"它看起来是红色的"**这句话**的意思是,它看起来是红色的,也可能不是红色的,而且**说话者**也是这个意思。另一方面,说话者无意让听话者相信那块手帕看起来是红色的,或者让他(说话者)相信它看起来是红色的。这两个事实都属于公共知识。同样的道理**也可能**对"警察就在附近"成立。⑰这些例子与格赖斯对"意义"的分析相矛盾吗?格赖斯的理论变得非常复杂,我不太确定。]

　　在语言中,词句的意思这个概念是一个语义学概念,它由我们的语言约定给出。它们在给定场合的意思,由这个场合中的那些约定,以及说话者的意向和各种不同的语境特征所决定。最后,说话者在给定场合说出特定话语的意思,可以从说话者各种更进一步的特殊意向,以及各种可以适用于所有人类语言的一般原则推导出来,不管这些语言有什么样的特殊约定。(比

---

⑯　参看《感知的因果理论》。

⑰　假设第二个窃贼也充分意识到警察就在附近,但因贪图更多赃物而导致拖延。那么,通过言说其所言说的东西,第一个窃贼就没有传递任何信息,而只是催促第二个窃贼抓紧"分头逃跑"。

照格赖斯的"会话准则")例如,用"它看起来是红色的"取代对红色的一个直言断定。而按照一个关于人类话语的可信的一般原则,如果第二个说话者坚持用一个较弱的断言取代一个较强的断言,说明他就是想对那个较强断言表示怀疑。由此,一旦知道了英语的语义学,以及说话者的话在这个场合的意思,我们就可以推导出其真正的意思(格赖斯的"会话隐含")。[18]

现在让我们来讨论说话者指称与语义指称,这两个概念是上文讨论的格赖斯型概念的特殊情况。如果一个说话者在他的个人语言中有一个指示词,那么,他个人语言中的特殊约定[19](给定世界的各种事实)就决定了指示词在他的个人语言中的指称:我称这为指示词的**语义指称**。(如果这个指示词是歧义性的,或者包含了索引词、指代词等类似的东西,我们就必须谈论一个给定场合下的语义指称。这个指称将由语言的约定,加上说话者的意向以及各种语境特征决定。)

说话者指称是一个更难理解的概念。例如,我们思考如下我在其他地方提过的一个案例。[20]两人在远处看见了史密斯,但误把他当成了琼斯。他们之间有一段简短的对话:"琼斯在干什么?""在耙树叶。"在两人的公共语言中,"琼斯"就是琼斯的一个名称;它从不命名史密斯。但在某种意义上,在这个场合,对话的两位参与者显然都在指称史密斯,而第二位说话者关于所指之人所说为真,当且仅当,史密斯在耙树叶(不管琼斯是不是在耙树叶)。我们如何解释这一点呢?假设一个说话者认为,一个特定对象 a 满足成为指示词"d"的语义指称的条件。然后,如果想要对 a 说点什么,他就用

---

[18] 尽管会话原则可适用于**一切语言**,但对**不同的社会**,它们有不同的应用。在一个会把直白措辞看成粗鲁无礼的社会中,用"它看起来是红色的"取代"它是红的"也只不过是因为习俗,"它看起来是红色的"携带了可能与我们不同的会话隐含。即使社会成员和我们一样,都讲**英语**,情况可能也是这样。会话原则是涉及语言共同体的心理学、社会学和人类学的问题。无论语言共同体可能讲什么样的语言,会话原则都是适用的。但这些适用的原则可能会随语言共同体的不同而多少有点差异(甚至在某种程度上,也会受到他们说着具有特定结构的语言这个事实的制约)。当然,我们通常可以陈述广泛适用的、"跨文化的"一般性会话原则。而另一方面,语义和语法原则属于语言约定问题,不论这种语言可能会在什么样的文化环境中被言说。**也许有时很难划出界线,但一般来说,界线是存在的。**

[19] 如果我在《命名与必然性》中倡导的关于专名的观点是正确的(事实上,唐纳兰也持有类似的观点),在一种个人语言中,与名称相关的那些约定,通常都会涉及这样一个事实:这种个人语言不仅仅是个人语言,而且是一种公共语言的组成部分,其中,指称可以从一环传到另一环。

如本章所证明的,我在《命名与必然性》中关于专名的看法与指称—归属之分并无特殊联系。

[20] 《命名与必然性》,注释③。

"d"去谈论 a，例如他说"$\phi(d)$"。那么在这个场合，他就用 $\phi'd$ 谈论了 a；在一种适当的格赖斯的意义上（上文已作了详细的阐明），他的**意思**是 $a\phi'd$。这是真的，即使 a 不是"d"的真正的语义指称。如果不是这样，那么，$a\phi's$ 就包含在他（在这个场合）所要表达的意思当中，而不在他的话（在这个场合）的意思当中。

由此，我们可以尝试着把一个指示词的说话者指称定义为：在给定的场合，说话者想要谈论，并且相信其满足语义指称条件的那个对象。他是带着对当前所讨论的对象作出一种断言的意向去使用指示词的（如果说话者关于该对象满足恰当语义条件的信念是错误的，它就不是真正的语义指称）。说话者指称就是说话者使用指示词所指的事物，尽管在他的个人语言中，该事物可能不是指示词的指称。在上述例子中，琼斯，也即名称所命名的那个人，是语义指称。史密斯是说话者指称，是"你在指谁？"这个问题的正确答案。㉑

下面，说话者指称概念将被推广到更多涉及存在量化而非指示的案例。

在一种给定的个人语言中，一个（不含索引词的）指示词的语义指称，是由说话者使用该指示词指称特定对象时的**一般**意向给出的。说话者指称是由在给定场合中指称一个特定对象的**具体**意向给出的。如果在已知场合中，说话者相信他想要谈论的那个对象满足成为语义指称的那些条件，那么

㉑　唐纳兰在他的论文中证明，有一些与通常不太一样的"指称性"用法，其中，说话者，或者说话者与听话者，都意识到被使用的摹状词并不适用于他们正在讨论的事物。例如，他们明知他是个篡位者，但由于害怕秘密警察，因而依然使用"那个是国王的人（the king）"。对于专名也可以给出类似的例子：如果史密斯是一个严重的精神病患者，认为自己是拿破仑，他们会用"拿破仑"这个名称取笑他。主要是为了阐述起来比较简单，我已把这两种情形排除在说话者指称与唐纳兰的指称性使用（以及下文要提到的 D-语言）等概念之外了。我认为，如果对这两个概念进行修改，以便在一种更加精细的分析中容纳这些案例，整个情况也不会发生实质性的改变。特别是，如果容许这些案例，那很可能会弱化语义歧义的案例：因为它们会逐渐变为反讽和带"引号"的案例。"他是一个'好朋友'"可能是反讽式的（不论在抄写文本中是否使用了引号）。"'那个是国王的人'依然在执政""'拿破仑'已经就寝了"是类似的用法，不论我们是否明确使用了引号。很明显，"好朋友""才华横溢的学者"等短语，并不具有反讽和引号的**含义**：反讽是一种特定的言语行动形式，可以从语用方面进行解释和说明。如果我们把这类案例也包括在指称性使用范围以内，那么，类似地，限定摹状词中的语义歧义案例也会被**弱化**。

在日常会话中，我们说，说话者可以在各式各样的环境下指称某个人，这些环境包括语言错误、说漏嘴以及刻意的语言误用。（如果马拉普洛太太说"地理老师说过，等边三角形是等角的"，那么，她**指称**的是几何老师。）我们越是把这类现象包含到说话者指称这个概念之中，我们与语义概念的联系就越远。

他就相信,在他的一般意向与具体意向之间没有冲突。我的假说是,唐纳兰的指称—归属之分应从这个角度进行一般化概括。因为在一个给定场合,说话者可能会基于两个原因中的其中一个而相信他的具体意向与一般意向重合。在一种场合下("简单"场合),说话者的具体意向只是去指语义指称:也就是说,他的具体意向就是一般语义意向。(例如,他用"琼斯"作为琼斯的名字——按照你喜欢的专名理论去解释这一点——而在这种场合,他只是想用"琼斯"去指琼斯而已。)另外一种场合——"复杂"场合——他有一个具体意向,这个意向和他的一般意向不同,但他相信这个意向(具体意向)事实上与他的一般意向所决定的是同一个对象。(例如,他想要指称"那边"那个人,但相信那人就是琼斯。)在"简单"场合,说话者指称,**根据定义**,就是语义指称。在"复杂"场合,如果说话者的信念正确的话,它们可能重合,但它们不必然重合。("那边"的人可能是史密斯,不是琼斯。)预先说一下,我的假说将会是:唐纳兰的"归属性"用法,只不过就是"简单"场合,是限定摹状词所特有的,类似地,指称性用法则是"复杂"场合。如果这个猜想是正确的,那么,把唐纳兰的"指称性"用法理解为限定摹状词的这样一种用法,也就是像他那样把限定摹状词理解为好像一个专名,就是错误的。因为简单场合与复杂场合的区分,将像适用于限定摹状词那样,也适用于专名。

(三)唐纳兰对罗素的驳论:方法论与实质方面的思考

根据上文所阐释的概念,我们来考察唐纳兰所援引的反驳罗素的论证。唐纳兰指出了一个现象,他声称,这个现象按照英语中限定摹状词的罗素型说明是无法解释清楚的。他是通过设定一种歧义性去解释这个现象的。我们不一样,我们希望基于语用学的考虑解释这一现象,把它置入说话者指称与语义指称的区分之中。我们怎样才能看出唐纳兰的现象是否与罗素型说明相冲突呢?

我建议对语言学议案提出的任何一种所谓的反例进行如下测试:如果某人声称英语中的一个特定语言现象构成一种已知分析的反例,那就来考虑一种假定的语言,除该已知分析被约定为正确之外,它(尽可能)与英语相似。设想把这样一种语言引入一个共同体,并被共同体中的成员所言说。如果当前讨论的现象仍然会在讲这种假定语言(可能不是英语)的共同体中出现,那么,它在英语中出现这一事实就不能否证已知分析对于英语是正确的这个假说。从当前讨论中删掉了这样一个例子:有人已经声称,同一性不可能是那种在而且只在每一事物与其自身之间成立的关系,因为如果这样的话,同一性陈述的非自明性就是无法解释的。但是,如果承认这种关系有意义,并且,如果可以证明涉及这种关系的假定语言也会产生相同的问题,那就可以推导出,这些问题的存在并不能驳倒在英语中"与……同一"代表着同样的关系。[22]

所谓"弱罗素语言",我的意思是指这样一种语言,除了含有限定摹状词的语句的真值条件被约定与罗素理论的真值条件保持一致之外,其他方面都与英语类似。例如,"当今的法国国王是秃头"为真,当且仅当,恰好存在一个是法国国王的人,并且那人是秃头。以弱罗素语言为支撑,这种效果可以通过赋予限定摹状词语义指称的方式达到:一个限定摹状词的语义指称,就是那个满足摹状词的唯一对象,如果有的话;否则,就是没有语义指称。一个简单的主—谓式语句为真,如果它的谓词对于其主词的(语义)指称为真;该句子为假,则意味着或者主词没有语义指称,或者谓词对主词的语义指称不真。

既然弱罗素语言把限定摹状词当作初始指示词,它因而就不完全是罗素型语言。所谓"中间罗素语言",我指的是这样一种语言,其中,包含限定摹状词的语句都被理解为它们的罗素型分析产物的缩写或者释义:例如,"当今是法国国王的事物是秃头"的意思是(或者具有一种"深层结构",如)"恰好有一个是当今法国国王的人,而且他是秃头",或者类似的形式。摹状词不是词项,而且也没有被赋予独立的指称或者意义。"强罗素语言"则更进一步:限定摹状词实际上被禁止在这种语言当中出现,它们的位置被罗素型释义所取代。讲这种语言的人不再说"她的丈夫对她很好",而必须说"恰好有一位男士与她结了婚,而且他对她很好",或者(更好的说法是),"有唯一一位男士与她结了婚,并且所有与她结婚的人,都对她很好",或者类似的形式。如果罗素是正确的,那么拖沓冗长就是这些版本的唯一缺陷。

唐纳兰援引的现象会在讲这些语言的共同体中出现吗?当然,这些语

---

[22]　参看《命名与必然性》中关于"非同一性"(schmidentity)的讨论,第108页。

言的说话者和我们一样,也非一贯正确。他们自己也会出现在聚会上,也会错误地以为某人正在喝香槟,即使那人喝的是苏打水。如果他们是弱罗素语言或者中间罗素语言的说话者,他们会说,"那个在角落里喝香槟的人今晚很开心",他们之所以这样说,正是因为**他们以为**,尽管**是错误地以为**,**罗素型真值条件得到了满足**。对于这些说话者,难道我们不会说他们是在误以为喝香槟的印象下,指称那个滴酒不沾者吗? 而且,如果他很开心,难道他们不是**正确地**说到了他很开心吗? 对这两个问题的回答似乎明显都是肯定性的。

就弱罗素语言来说,前文阐释的一般性理论手段似乎完全可以解释那种现象(唐纳兰所说的现象)。一个限定摹状词的语义指称是由上述条件给出的:这是一个(弱)罗素语言的特殊约定问题,在这种情形下,指称就是那个唯一满足摹状条件的对象。另一方面,说话者指称是由一个适用于所有语言的一般言语行动理论所决定的:它是说话者想要指称,并且相信其满足罗素型语义指称条件的那个对象。我们又一次看到,在断言他所断言的那个语句时,说话者的意思是,说话者指称(那个滴酒不沾者)满足那个谓词(开心)。因此,上述大致的理论手段可以充分解释我们关于这一案例所具有的直觉。

其他类型的罗素语言又是什么样的情况呢? 即便是在明确禁止摹状词出现的强罗素语言中,相同的现象也可能会发生。事实上,它们会以存在量化的"委婉"用法在英语中出现:"恰好有**一个人**(或者:**某人或其他人**)正在那个角落喝香槟,而我听说他与简·史密斯在谈恋爱。"在英语中,迂回说法表达的是话题的微妙性,但说话者指称(在一种相当普通的意义上)也可以很清楚,即使他事实上是在喝苏打水。在英语中,只有当说话者想要获得一种相当委婉且拘谨的效应时,这类迂回说法才会非常普遍。但在强罗素语言(当然不是英语)中,因为定冠词是禁止出现的,所以它们会变得更加常见。

这个例子可以让我们进一步引申出"说话者指称"这一概念。当一个说话者断言一个存在量化语句 $\exists x(\phi x \wedge \psi x)$ 时,他心里可能很清楚哪个事物满足"ϕx",而且他还可能希望向听众传达这个事物满足"ψx"的信息。在这个案例中,(说话者)做出存在性断言时,当前所讨论的事物(可能满足或者可能不满足"ϕx"）就被称为"说话者指称"。正如我已经提到的,在英语中,这类案例（"委婉"用法）是相当罕见的;但它们是可以消除的,即使存在量化是以高度迂回且明显非指称的方式表达。例如"并非这间屋里的**每一个**人都不喝香槟,而任何这样一个不喝香槟的人……"。㉓

如果说话者指称的概念适用于强罗素语言,它也就适用于中间罗素语言,因为此时,$\psi(lx\phi(x))$的说话者指称,既是说话者心中唯一一例示"$\phi(x)$",又是说话者想要传达是ψ的那个事物。

既然唐纳兰援引的现象**会**在所有罗素语言中出现,假如人们真的去说这些语言,那它们**的确就会**在我们**事实上所言说**的英语中出现,这一事实就绝不构成英语不是一种罗素语言的论证。

我们可以把罗素语言与所谓的D-语言进行对比。在D-语言中,指称性与归属性限定摹状词这一明显的歧义性,被明确纳入了语义学,并影响到真值条件。（"D-语言"是为了暗示"唐纳兰",而不是"唐纳兰的多种语言",因为正如我们已经看到,在是否设定一种语义歧义方面,"唐纳兰"本就是"有歧义的"。）无歧义的 **D-语言**包含两个不同的词:"*the*"和"*ze*"（与"*the*"押韵）。一个具有"*...theF...*"形式的陈述为真,当且仅当,省略号所代表的谓词适用于那个唯一满足 *F* 的对象（我们不必详细说明不存在这样一个对象会如何;如果我们遵循罗素,那就认为这个陈述为假就是了）。一个具有"*...zeF...*"形式的陈述为真,当且仅当,省略号所代表的谓词适用于说话者所认为的那个唯一满足 *F* 的对象。（这一次我们仍然不处理这样一个对象不存在的情况。）**歧义性的 D-语言**除了"*the*"或者依据"*the*"的语义学,或者依据"*ze*"的语义学被歧义性地解释之外,其他方面与无歧义 D-语言一样。唐纳兰的论文所传达的总体印象是:英语是歧义性的 D-语言,尽管他的说法曾一度与此相反;只是基于这样的假设,我们才能说"指称性用法"（实际上是指称性含义）偏离了罗素的理论。包含"*ze*"的陈述的真值条件,因而包含歧义性 D-语言中"*the*"的其中一个含义的陈述的真值条件,和罗素的理论**是不**

㉓　或者,如果明确使用变项,就是"**存在一个人** x **使得……**"的形式。请注意,在一个形如"∃$x(\phi x$ ∧ $\psi x)$"的言述中,只要在说话者心中**哪一个**事物满足 $\phi(x)$ 是清楚的,就可能会有一个说话者指称,即使说话者与听话者双方都意识到,有很多东西满足 $\phi(x)$。

相容的。㉔

我们有两个假说：一个说的是，英语是一种罗素语言；另一个说的是，英语是一种歧义性的 D-语言。哪一个更为可取呢？正如我们已经论证过的，既然唐纳兰援引的那个现象会在说任何一种罗素语言的假想社会中出现，那么，这类现象在英语中存在就不构成对英语是一种罗素语言这个假说的反驳了。如果唐纳兰已经拥有这样一个明确直觉，即言述"她的丈夫对她很好"可以指称那位对这个女人很好的情人，而非其冷酷无情的丈夫，同时还表达一个字面真理，那么他**本来就该**援引一个符合歧义性的 D-语言，但又不兼容任何罗素语言的现象。但唐纳兰没有作出这样的断言：他只是谨慎且正确地把自己局限在一个较弱的、宣称说话者关于他所指称的那个人说出了真实的东西这样一个立场上。我们已经看到，这个较弱的断言**将**对讲罗素语言的说话者成立。

所以，唐纳兰的例子本身根本就不能证明英语是一种歧义性的 D-语言，而不是罗素语言。就算是这样，我们也可以追问：是否有任何理由支持罗素语言假说而不是 D-语言假说？我认为有几个一般性的方法论方面的思考与此密切相关。

罗素语言理论，或者其他任何一种单义性说明（也就是指不预设任何语义歧义的说明），均可以通过一种普适于非常广泛语言领域的、一般性的言语行动的语用理论去说明唐纳兰的指称—归属区分的现象；D-语言假说则是通过设定一种语义歧义性去解释相同现象。单义性说明诉诸一

㉔ 这种对 D-语言的描述，丝毫没有把语义特征说得比真值条件更加具有"内涵性"。把"*ze F*"假定为一个指示我们所相信的那个唯一具有 *F* 性质的东西的**严格**指示词是合理的，但这并没有明确地被包含在外延性真值条件中。关于"*ze F*"在信念和间接引语语境中的行为，这种描述也没有提供任何说明。**如果**我们约定，即便是在信念语境和间接引语语境中，"*ze F*"也指称说话者所相信的那个唯一具有 *F* 性质的事物，那么，实际上，"琼斯说，那个(*ze man*)和她结婚的人对她很好"，就不是报道琼斯的"和她结婚的那个人(*ze man*)对她很好"这个言述的恰当方式。（即使琼斯和说话者都恰巧对那位女士的丈夫是谁具有相同的信念；如果不是，这个困难就更明显了。）无疑，正是这一事实促使唐纳兰认为，在指称性使用中，很难去谈论"陈述"，即使他对问题的阐述似乎是有缺陷的。这些在罗素语言中并不存在的意涵，只会让英语是一种歧义性的 D-语言这个假设变得更不合理。

重述一下注释㉑，除了认为某个东西唯一满足"*F*"这种方式之外，事实上有许多其他的方式可能包含在"the *F*"的指称性用法之内。详细说明"*ze F*"语义学的最佳捷径似乎是：在无歧义的 D-语言中，"*ze F*"指称在弱罗素语言中（在相同情境下）"the *F*"的说话者指称！但是，这个方案使得歧义性的 D-语言除了不是英语的一种空想(chimerical)模型之外，其他什么都可以是的观点变得很不合理。

种一般性手段,它适用于类似"史密斯—琼斯"的案例,其中语义歧义的存在是完全不合理的。依据那种单义性说明,与指称性用法构成一种特殊的限定摹状词的类专名(namelike)用法这样一种观点相去甚远,指称—归属区分只是一种既适用于专名又适用于限定摹状词,而且实际上可以通过(耙树叶的)史密斯—琼斯案例得到例证的一般区分的特殊情形。而任何把其中没人愿意设定一种特殊语义歧义的史密斯—琼斯案例与唐纳兰的限定摹状词案例进行比较研究的人,一定对这些现象之间的相似性印象深刻。㉕

　　在这些情况下,一般的方法论原则肯定有利于现有的说明。为了解释清楚史密斯—琼斯案例,指示词的语义指称与说话者指称以及简单用法与复杂用法这些手段,**无论如何都是需要的**;它们适用于所有的语言。㉖如果设定语义歧义对于那些准备解释的特定案例是不充分的,对于那些特殊案例又是多余的,那么,为什么还要设定这种东西呢?㉗而且,如果专名和限定

　　㉕　在专名与限定摹状词之间存在一个非常重要的不同。如果某人使用"琼斯"指称史密斯,那他就是把史密斯误认成了琼斯,把史密斯当成了别人。从某种程度上说,**我的确认为琼斯**是在耙树叶。(我假定在他的个人语言中,"琼斯"已经作为琼斯的名称而被引入。如果我被愚弄了,被介绍给一个冒名顶替者,并被人告知"这位不是别人,正是艾伯特·爱因斯坦",我会错误地以为他就是爱因斯坦。会有另外一个人,他之前从未听说过爱因斯坦,可能只是把冒名顶替者的名字搞错了。)另一方面,如果我认为某人是"她的丈夫",并因此去指称他,那么,我根本就不需要把两人混为一谈。我只是认为有个人具有一个——他实际上并没有的——与那位女士结了婚的性质。真正的丈夫的情况是无关的。

　　㉖　借助这个手段,我可以把第106—107页(指原著中的页码。——译者注)以及注释⑪中对卡茨的那个回应讲得更清楚一些。如果是施密特发现了算术的不完全性,而我一直以为是哥德尔,那么摹状词的一个复杂用法("指称性用法")的语义指称就是施密特,但说话者指称是哥德尔。一旦我获悉了事实真相,说话者指称就会与语义指称重合,而我就不再使用那个摹状词去指称哥德尔了。另一方面,"哥德尔"这个名称以哥德尔为**语义指称**:在把握了正确信息的情况下,这个名称总是适用于哥德尔。在正确信息面前,是否撤销一个词项(在不改变语言的前提下),就构成了检测语义指称是否异于说话者指称的直觉方法(暂不考虑注释㉑提到的那些案例)。

　　㉗　任何一种语义歧义理论都面临着另外一个问题。唐纳兰说,如果我仅仅根据史密斯的死状便说"杀害史密斯的凶手是疯了",那么我对"杀害史密斯的凶手"这个摹状词的使用就是归属性的(即便关于谁是凶手,我实际上已经有了一个信念)。但是,如果我是基于被告席上的那个假设的凶手的行为而说出那句话,那么,我的使用就是指称性的。当然,我的理由可以是混合性的:或许,每一个思考本身都不是充分的,但它们合在一起就是充分的。此时,我是什么用法呢? 一个无歧义D-语言的使用者,将不得不在"*the*"与"*ze*"之间做出选择。假设说话者糊涂了,而且也不确定他对摹状词赋予的是什么含义,这似乎是不合理的。但是,如果我们假设英语是一种歧义性D-语言,我们还能说什么呢?(即使被告席上的那个人有罪,这个难题也会出现,因此,实际上并不冲突。如果他无罪,这一点就更加明显了。)(转下页)

摹状词一个涉及语义歧义,另一个却不涉及,为什么有关专名的现象与有关限定摹状词的现象会如此相似呢?

一陷入麻烦就设定歧义,这在哲学上是一种不折不扣的懒汉行为。如果我们遇到一个针对自己所喜爱的哲学论题提出的反例,我们总是可以申辩:其中的关键词项是在一种特殊的、不同于论题中用法的意义上使用的。我们可能是正确的,但我们应该保持谨慎:除非迫不得已,除非确实存在着令人信服的理论或者直觉理由认为确实出现了语义歧义,否则就不要设定歧义。

让我再多说几句为这一点辩护的话吧。例如,许多哲学家都主张对知识提供一种"强化"解释。按照这种解释,我们很难知道任何事情,因为必须先要满足一些严苛的条件。当这些哲学家们遇到针对这种关于知识的强解释的直觉反例,他们要么指责这些反例属于流行和松散的用法,要么宣称"知道"是在一种"弱化"意义上使用的。后一种做法——区分"知道"的两种或更多种"强"和"弱"的含义——在我看来是不合理的。"知道"确实有不同的含义。在德语中分为"直接知道(kennen)"和"间接知道(wissen)",在法语中分为"通过经验知道(connaître)"和"通过学习知道(savoir)"。一个人通常是在一种意义上被知道,而一个事实却是在另一种意义上被知道。毫不奇怪,其他语言会为这些"知道"的不同含义使用不同的语词。没有理由在与我们无关的语言中保留这种歧义性。但是,关于那些典型的与 that 从句连用的知道,即 knowing that p 的用法,又是什么情况呢?这些"知道"有歧义吗?如果有人告诉我,爱斯基摩人有两个单独的词,一个表示(如)亨迪卡的"知道"的"强"含义,一个表示他的"弱"含义,那么,我会感到非常惊讶。这也许表明,我们认为知识是一个单义性概念,在任何语言中都不太可

(接上页)一种关于指称—归属区分的语用理论可以更容易地处理这些案例。显然,在简单用法与复杂用法之间可以有边界案例——其中,在某种程度上,说话者想要谈论语义指称,而在另一程度上,他想要谈论他所相信的作为语义指称的东西。他没有必要对其动机进行认真分类,因为在他看来,这些是同一种东西。

鉴于这种混合动机的存在,说话者指称就可能部分是这个事物,部分是另一个事物,即使语义指称没有歧义。尤其在专名情形中,这是很有可能的,因为说话者指称与语义指称之间的分歧就是典型的误认(misidentification)(参看注释㉕)。即使在"琼斯在耙树叶"中,"琼斯"的说话者指称是史密斯,但在某种程度上来说,我也是在说琼斯在耙树叶。这里有一个程度问题:依赖于说话者的兴趣与意向,在什么程度上说话者指称是琼斯,又在什么程度上是史密斯。在摹状词情形中,由于误认不必然出现,所以这个问题就不太常见。

能用两个单独的词去"消除歧义性"。（参看本书第二章。）

这样，我们就有两方面的方法论要素，可以用于检测所谓的歧义性。"Bank"是歧义性的。我们期望在其他某些语言中使用两个单独且没有关联的词以便消除歧义。为什么要在与英语无关的语言中再造两种单独的含义呢？首先，我们可以独立于任何经验调查而去参考我们的语言直觉。当发现有的语言使用两个单独的词去表示一个已知语词的两种所谓的含义时，我们会感到惊讶吗？如果会，那就说明我们的语言直觉实际上是一种单义概念的直觉，而不是一个语词表达两种不同且无关的含义的直觉。其次，我们追问在经验上是否可以找到某些语言包含着不同语词表达不同的含义。如果找不到这种语言，那就再一次证明我们应该寻找一种关于语词或短语的单义性说明。

在我看来，就我们的主要问题而言，两种检测中的第一种方法，也就是我们的直觉预期方法，很大程度上支持的是摹状词的单义性说明，而不是在歧义性 D-语言中设定一种歧义性解释。如果英语真的是歧义性 D-语言，我们就应该期待找到其他语言，其中就像**无歧义** D-语言那样，分别使用两个单独的语词去表达指称性用法与归属性用法。比如说，当我了解到爱斯基摩人用两个单独的词"*the*"和"*ze*"分别表示归属性用法和指称性用法时，至少我会觉得很惊讶。我在多大程度上拥有这种直觉，就在多大程度上认为"*the*"是一个单义概念。我倒是希望能够公布，我实际上已经对其他语言进行了经验性考察——也就是第二种检测方法——由此可以强化这个猜想，但到目前为止我还没有这么做。[28]

---

[28]　当然，必须慎用这些检测。有的语言会用它们自己的词把一个英语单词的外延划分为若干子类，而又没有一个语词与整个外延对应，但这并不能证明那个英语单词是歧义性的（想想爱斯基摩人使用不同语词表示不同种类的雪的故事）。如果许多不相关的语言只用一个词，这本身就可以证明这个词是单义的。另一方面，一个语词可能具有许多不同但明显相互联系的含义。一种含义可能是另一种含义的隐喻（不过在那种情形下，它可能真的不是一个单独的含义，而只是一个常见的比喻）。"统计"（Statistics）既可以指统计数据，又可以指评价这类数据的科学，如此等等。我们越是能解释不同含义间的联系，这些联系就越是"自然"和"不可避免"，我们也就越期望在各种各样的其他语言中保留住这些不同的含义。

因此，对这种检测需要进一步探索与完善。如果不对"含义"之间的某种联系进行解释，而设定一种歧义性去解释它们为什么会在各种不同的语言中出现，这种做法当然是错误的。在指称—归属的情形中，我感到，任何一种试图解释指称性用法与归属性用法之间联系的做法，都会如此接近我在这里提出的这种语用学解释，以至于这会让任何关于不同含义的假设变得不合理而且多余。

有几种一般方法论上的考虑,支持罗素语言(或其他某种单义性说明)而不是歧义性 D-语言作为英语的模型。首先,单义性说明符合经济上的考虑,因为这种解释没有"不必要地增加含义"。其次,单义性说明在说明指称—归属区分时所援引的元语言手段在其他案例,如专名当中,无论如何也是需要的。D-语言假说所单独设定的摹状词的指称性含义,是一只不起作用的空转车轮,没有它,我们照旧可以用相同方式表达我们想要表达的任何东西。此外,摹状词与专名的情况(对于专名,大概没人会乐意去设定一种歧义性)之间是如此类似,以至于任何一种以不同方式解释这些案例的尝试都自动让人生疑。最后,我们并不期望所谓歧义性在其他语言中能被消除,而这意味着我们很可能认为自己所拥有的是一个单义概念。

除了方法论层面的考虑,是否还有任何直接证据支持我们这两种相互竞争的解释中的其中一个呢?正如我上面所说的,倘若我们有一个直接直觉,即使她现实的丈夫对她残酷无情,"她的丈夫对她很好"也可以为真,那么,我们就会拥有支持 D-语言模型的决定性证据。但唐纳兰正确地否认了这种直觉的存在。另一方面,我本人也感觉到,即使"她的丈夫"是以指称性方式去指称一个温柔体贴的人,这类语句也表达一个假陈述。但唐纳兰的观点广受欢迎,这让我不确定这种直觉是否应该过于坚持。在没有可以彻底解决这一问题的直接直觉的情况下,说英语的人的实际活动似乎与这两种模型都是相容的,此时,只有一般方法论方面的思考支持一个假说而不支持另一个。这种境况让我感到很不安。如果真的没有直接证据去区分两种假说,又怎么能说它们是不同的假说呢?如果有两个语言共同体,其中一个说歧义性 D-语言,另一个说(弱)罗素语言,他们在没有发现任何语言差异的前提下却能够自由混用这两种语言,那么,他们真的是在说两种不同的语言吗?如果是的话,区别又在哪里呢?

两个假想的语言共同体,其中一个被明确教授歧义性 D-语言,而另一个(比如在学校里)被教授(弱)罗素语言,这两个语言共同体会对"她的丈夫对她很好"的真值拥有直接但不同的直觉。但英语说话者是否拥有任何这类直觉,这是不确定的。如果他(她)们没有这样的直觉,这难道就构成英语不同于罗素语言又不同于 D-语言,从而不同于两种语言的一个重要方面吗? 或者反过来说,是否存在一种可从相关的语言规则没有被明确教授这一事实导出的语用方面的思考,它可以在无需证明英语既不是 D-语言也不是罗素语言的前提下,解释我们为什么缺乏这类直觉(如果的确没有的话)?

有些人针对罗素、弗雷格和斯特劳森关于包含空限定摹状词的语句的争论给出了评论,他们坚持认为,没有直接的语言现象可以在两种观点之间做出决定性的判断。因此,我们应当选择那种最经济而且理论上最令人满意的模型。但如果这样的话,真的有两种观点吗? 如果有的话,难道我们不应该说它们都不正确吗? 一个假想的、在包含空限定摹状词语句方面,被明确传授罗素型或弗雷格—斯特劳森型真值条件的语言共同体,将毫无困难地在决断罗素—斯特劳森争论中产生直接的直觉。如果当前这些评论人是正确的,那么,说英语的人就没有任何这样的直觉。当然,这个事实也将是一个与英语相关的重要事实,语言理论应该对之给出说明。也许,语用思考对于这样一种说明是充分的;或者,那个任何这类直觉的所谓的缺乏都必须通过一个在英语本身的语义学中植入的特征加以说明。在后一情形中,罗素型和弗雷格—斯特劳森型真值条件对于英语都是不适用的。类似思考也可应用于唐纳兰与罗素之间的争论。[29]

我在这些问题上是不确定的。当然,如果有直接可观察的现象可以区分两种假说,那就最好不过了。实际上,我能想到一个十分特殊而且局部的现象,它有可能真的会支持罗素型假说,或者其他某种单义性假说。考虑如下两段对话:

对话一:A.“她的丈夫对她很好。”

B.“不,他对她并不好。你所指的那位男士并不是她的丈夫。”

---

[29]　也就是说,真值条件这个**概念**对于英语的语义学有点不合时宜。这些段落所表达的那种模糊的不安,表达了我自己偶尔会有的、相当混乱的疑惑。而相对于主要论题,这是辅助性的。摩尔的“分析悖论”(paradox of analysis)可能是一个相关的问题。

删因的语言哲学就典型地建立在一种对语言中植入一些现实语言实践中不可修复的“规则”或者“约定”的自然主义怀疑的基础之上,即使这些规则对于规定这种语言可能是必要的。在这种意义上,我所表达出的那种不安在精神上就是删因式的。我发觉删因对自然主义的强调在某种程度上是有益的。但我也感到,作为说话者的我们所具有的关于语义规则的直觉,也不应该被傲慢地忽视。

对话二:A."她的丈夫对她很好。"

B."他对她是很好,但他不是她的丈夫。"

在第一段对话中,应答者(B)使用"他"去指称第一位说话者(A)所使用的"她的丈夫"的语义指称。在第二段对话中,应答者使用"他"去指说话者指称。我倾向于认为两段对话都是恰当的。通过说代词短语**或者**可以挑选出语义指称,**或者**可以挑选出说话者指称,单义性说明可以解释清楚这个事实。[30][31]在这两个对比鲜明的对话中,这些是有分别的。

如果英语是歧义性 D-语言,那么第二段对话就很容易说明。"他"所指的对象既是"她的丈夫"的语义指称又是说话者指称。(谨记:说话者指称与语义指称的概念是可以适用于所有语言,包括 D-语言的一般性概念。[32])然而,第一段对话将变得更加难以理解,也许不可能解释清楚。当 A 说"她的丈夫"时,按照 D-语言假说,他是在指称性含义上使用"她的丈夫"的。说话者指称和语义指称都会是那个体贴的情人。只有当 B 把 A 的用法误解为归属性用法时,他才可以使用"他"指称那个丈夫,但是,这样一种误解可以被 B 言述的第二部分排除掉。如果第一段对话是恰当的,它就很难融入

---

[30] 吉奇(P. Geach)在他的《指称与普遍性》[*Reference and Generality*, Emended edition(Ithaca, 1970)]以及其他地方,已经有力地反驳了代词挑选在它之前的指称的观点。我不想论证他在多大程度上是正确的。我是出于方便才在正文中使用了这个术语。但假如吉奇的观点是正确的,那么,我认为我的例子经过重新表述,大概也能够符合吉奇的方案。我认为,本文所表达的观点在精神上与吉奇在其书中关于限定摹状词与说话者指称的观点实质相通。参看吉奇的讨论,比如他在第8页上的讨论。

[31] 唐纳兰在《说话者指称、摹状词与回指》一文中认为,代词可以挑选出它前面的那个语义指称这个事实,似乎对说话者指称是一个非语义概念的观点提出了质疑。我不明白为什么会是这样:在各种场合下,"他""她"和"那个"等都可以通过恰当的方式去指称任何一个显著的个体。在外形上明显区别于其背景,这就是一个可以让对象变得突出的特征。被前一位说话者指称,是另外一个让对象变得突出的特征。在《命名与必然性》的注释3中,我尝试性地表明,唐纳兰"关于指称的观点同语义学或真值条件没有什么关系"。如下是更精确地表述:唐纳兰的区分本身不是一种语义区分,不过,与其他非语义性质一样,它可以通过代词化与语义学相关。

代词化现象与另外一个观点相关。人们经常会听到,这种现象反驳罗素关于**不定摹状词**可以通过代词进行回指,从而保持其指称对象不变的存在性分析的观点。我不确定这些现象真的会与存在性分析构成冲突。(我也不完全确定有不与存在性分析构成冲突的现象。)无论如何,(已知罗素型理论)许多案例都可以通过如下两个事实进行解释:(i)存在性陈述可以承载说话者指称;(ii)代词能够指称说话者指称。

[32] 在无歧义 D-语言中,"*ze*"就是语义指称与说话者指称自动重合的用法,但这些概念还是可以应用的。指示词的简单用法与复杂用法也是如此。但那些无歧义 D-语言的说话者不大可能在复杂场合使用"*the*":因为有人可能会论证,如果这是他们的意向,那么,为什么不用"*ze*"呢?

D-语言模型。[33]

四、结论

我在文章开头就说过,本文主要关注的是方法论而非实质内容。我确实认为,本文这些思考让下面这种情况极有可能发生:要想对唐纳兰的区分背后的现象作出终极性解释,需要利用我在前文所定义的"简单"用法与"复杂"用法这一语用区分,而不需要设定 D-语言类型的那种歧义性。但是,在这个问题上的,任何终极的实质性结论都要求作出比我在这里所作的更加广泛而且深入的处理才行。首先,我在这里还没有考察那些把唐纳兰的区分或者解释成辖域的语法歧义,或者解释成深层结构中限定性与非限定性从句的**语法歧义**的尝试。[34]这两种观点和我在本文提出的研究路线相似,都与英语是一种罗素语言这样的单义性假说相容。虽然我不愿意接受

---

[33] 可以尝试各种各样的举措,但在我看来,没有一个是合理的。有人向我提议,有时候,一段对话中的应答者会故意假装误解第一个说话者所使用的歧义短语,这样的话,已知歧义性 D-语言中的"她的丈夫"所具有的歧义性,第一段对话就可以解释成这种情况。例如,下面这段对话:"琼斯把钱放在 bank 了。""他把钱放在了一个令人满意的地方,但那个地方并不是一家商业银行;他非常害怕钱会被发现,所以把钱藏在河边了。"在我看来,用这样一种诙谐的模型去解释正文第一段对话是不合理的。但要进一步注意,这个笑话是对第一个说话者的断言的嘲弄性的**确认**。如果有人这样应答:"他没把钱放到 bank 里,而且它也不是商业银行",这会令人感到相当奇怪。按照当前所讨论的假说,第一段对话将不得不遵循这种奇怪的模式。

或者,有人可能会提议,如果从假定的指称性用法的意义上理解,B 对"他"的使用是对 A 的"她的丈夫"的一种惰性用法。这个举措似乎要加以排除,因为在这种情况下,B 就无法指称性地使用"她的丈夫"了。他可能只是听说她嫁给了一个冷酷无情的男人。

[34] 我相信卡图南提倡过指称—属性之分源于一种辖域歧义的观点,我不知道这个观点是否已公开发表。既然指称—归属的"歧义"甚至在看似没有任何辖域歧义空间的、"杀害史密斯的凶手是疯子"这类简单句中出现,因而这一观点似乎不得不依赖于罗斯(Ross)所提出的、所有以"我说(I say that)……"起头的英语断言都被封锁于"表层结构",但可以在"深层结构"得以显现的观点。

关于指称—归属的"歧义"导源于"深层结构"中的限定性从句和非限定性从句之区分的观点,参看贝尔(J. M. Bell),《什么是指称晦暗性?》["What Is Referential Opacity", *The Journal of Philosophical logic* 2(1973):155—180],也可参看贝尔论文所基于的巴赫(E. Bach)的《名词与名词短语》("Nouns and Noun Phrases", in *Universals in Linguistic Theory*, ed. E. Bach and R. T. Harms, New York, 1968, pp.91—122)。篇幅所限,我在这里并没有讨论这些观点。但我关于唐纳兰的区分是一种语用区分的有些论证,也可以用于反驳他们两人的观点。

这两种观点中的任何一种,但其他一些人发觉这些观点是合理的。而且除非它们被驳倒,否则它们也能表明,如果没有进一步的讨论,就不能认定唐纳兰的观点提供了对罗素理论的决定性反驳。

其次,也是最重要的一点,没有任何一种对限定摹状词的处理是完整的,除非该理论审查了定冠词以及相关语言现象的完整用法。正如我在上文已经论证的,这种处理应该尝试弄清楚与定冠词相同的结构为什么可以用于非常广泛的情形。对我来说,不去提及那些最有利于唐纳兰直觉的现象是错误的。正如我在上文所提到的[35],在一种指代性用法中,认为"那张桌子"(that table)这类词项严格指示其指称对象似乎是合理的。说这样一类指代结构的指称可以是那些结构中的描述形容词所不适用的对象,似乎也是合理的(例如,"那个无赖"可以用于指称一个实际上并不是无赖的人)。而且,是否应该援引说话者指称与语义指称的区分去解释这一现象,也是不清楚的。正如我在前文中所说的,在我看来,像"那张桌子"这样的"不定的"限定摹状词[36]很可能会对罗素型分析造成困难。有一种方案是把这类摹状词比作相应的指代词(例如"that table")。这的确有些吸引力,但是,只有在这类案例中出现新的或者支持限定摹状词有严格和非严格歧义,或者支持唐纳兰关于指称性用法的直觉,或者两者都支持的论证,这种方案才可以被证明是合理的。[37]

由于我还没有想出一个令我自己满意的完整说明,而且也由于我认为在所考察的这些有限的现象上作出一个确定断言是错误的,所以,我把这篇论文的主要贡献看作是方法论层面的。我认为,它们说明了,某些一般性的方法论思考与手段应既适用于这里所讨论的问题,又适用于其他语言学问题。它们表明,在当前案例中,唐纳兰在他独创性论文中实际提出的论证,并没有对罗素型说明或者其他单义性说明提出任何异议,而且对我来说,它们使得唐纳兰通过设定语义歧义所处理的那些问题应该更可能借助一种一

---

[35] 参看前文相关论述;也可参看前面的注释⑨。

[36] 这个词是唐纳兰提出的。参看他的《把汉普蒂和达普蒂再次写到一起》,第 204 页,注释⑤。

[37] 我相信,唐纳兰在看到这篇论文的内容后,也会提到这类思考。这些案例在他的《把汉普蒂和达谱蒂再次写在一起》一文也曾简要提过,出处同上。唐纳兰的《说话者指称、摹状词与回指》一文也利用了这种不完全摹状词的存在,但我发觉他的论证不是结论性的。

般性的言语行动理论去处理。但此时,我没有更加确切的说法。我认为,区分语义指称与说话者指称之所以重要,不仅仅是因为(如本文所呈现的)它可以作为阻止人们设定不必要歧义的一种批判性工具,而且还对建构一种语言理论具有巨大的作用。特别是,我发觉一种关于语言演化的历时性解释很可能会表明,起初只是一个说话者指称的东西,在语言共同体中一旦变成惯常用法,就可以演化成语义指称。而这个思考可能是澄清指称理论中某些谜题所必需的其中一个因素。㊳㊴㊵

㊳　参看《命名与必然性》中圣诞老人和马达加斯加的案例。圣诞老人的案例见该书第 93 页和第 96—97 页,马达加斯加的案例见第 163 页。

㊴　看起来,本文中的一些思考也与许多语言学家所提倡的对于不定摹状词的所谓"±specific"区分的概念相关。

㊵　我想对吉尔伯特(M. Gilbert)和维特斯坦(H. Wettstein)在本文准备工作中提供的帮助表示感谢。

第六章 信念之谜

在这篇文章中,我想提出一个有关名称和信念的谜题。关于这个领域我偶尔会提出一些别的论证,从中我可以总结一两个教益出来。但我的主要论题实际上十分简单:这个谜题**的确是**一个难题。作为一种必然的结果,对信念的任何一种说明最终都要对它有所把握。任何有关其解决方案的推断,都有可能会被往后推迟。

本文第一部分给出了先前的讨论以及我早期作品的理论背景,正是这些背景促使我对这个谜题进行了思考。这些理论背景对于**陈述**这个谜题来说绝对不是必要的:作为一个哲学谜题,它是自成体系的。而我认为,它对于信念问题的基本价值已经超越了引发该问题的背景。就像我将在第三部分表明的那样,这个问题确实超出了使用名称加以表达的那些信念,它涉及范围更广的信念。不过,我认为这样一个背景阐明了信念之谜的根源,它让我能够在最后结尾部分总结一个教益出来。

第二部分陈述了几个一般性的原则,它们构成我们进行日常信念报道的基础。我们详细阐释了这些原则,其详细程度甚至超出了理解该谜题所需要的水平。而且,这些原则的不同表达同样能够起到相同的作用。对于从直觉上把握第三部分讨论的中心问题来说,第一部分和第二部分其实都不是必要的,不过它们可能会帮助我们厘清讨论的细节。有鉴于此,哪位读者如果想要快速掌握中心问题,他可以在粗读前两个部分之后,跳过即可。

从某种意义上说,这个问题在某些人看来好像根本就不能算是什么"谜题"。因为在我们所构造的情境当中,所有相关的事实都可以毫无困难地用**一套**术语来描述。但若采用**另一套**术语的话,对这种情境似乎就不可能融贯地进行描述。在后面,这一点会变得更加清楚。

一、预备知识：替换

我在其他作品中①发展了一种关于专名的观点，它在很多方面都更接近旧有的密尔型命名范例，而不是直到最近都占据统治地位的弗雷格型传统。按照密尔的看法，可以说，一个专名只不过就是一个名字而已。它的语言功能只不过就是指称它的载体，而没有别的。特别地，和限定摹状词不一样，专名并不把它们的载体描述为具有任何特定的识别性特征。

与此对立的弗雷格型观点则认为，语言使用者把某个属性（或某些属性）同每一个专名关联起来，而这个（些）属性的作用，就是用来决定（determine）它的指称对象就是满足该属性（或多个属性）的唯一事物。这个（些）属性便构成了该专名的"含义"（sense）。情况大概是这样的：如果"……"是一个专名，与之关联的属性，就是说话者被问到"谁是'……'？"时所提供出来的东西，如果他的回答是："'……'就是那个……的人"，那么这第二个省略处填写的属性就是那些这样的属性，说话者将通过它们判定这个专名的指称对象，而它们则构成这个专名的"含义"。当然，如果所给出的是一个著名历史人物的名字，对于"谁是'……'？"这个问题，不同的人可能会给出不同但同样正确的回答。有人会把亚里士多德看成是教过亚历山大大帝的那个哲学家，有人会把他看成是跟随柏拉图学习的那个斯塔吉拉哲学家。于是对于这样两个说话者来说，"亚里士多德"的含义会是不一样的：特别需要指出的是，第二个，而不是第一个说话者，会把"亚里士多德（如果他存在的话）出生在斯塔吉拉"这句话看成是分析性的。②弗雷格

---

① 《命名与必然性》（"Naming and Necessity"），in *The Semantics of Natural Language*，D. Davidson and G. Harman（eds.），Dordrecht，Reidel，1971，pp.253—355 and 763—769. 后来出了单行本 *Naming and Necessity*，Cambridge：Harvard University Press，1980；本文参考的是这个单行本的重印版。也可参见《同一性与必然性》（即本书第一章）。对于理解本文的核心疑难来说，熟知这些文献并不是必需的，但这样做将有助于理解相关的理论背景。

② 弗雷格在《论含义和指称》一文的第二个注释中实质性地给出了这个例子。要想让"谁是……"具有可应用性，我们就必须认真搞清楚我们认为可以定义该名称，以及决定其指称对象的那些信息属性，而不仅仅是关于该指称对象的那些众所周知的事实。（当然，这种区分看上去很可能是虚构的，但它对于弗雷格—罗素的原初理论是关键性的。）

（和罗素）③断定,严格地说,不同的英语（或德语）说话者通常在不同的含义上使用诸如"亚里士多德"这样的名称（尽管他们具有同样的指称对象）。严格地说,与此类名称相关联的属性上的差异造成了不同的个人语言。④

后来,有些隶属弗雷格—罗素传统的理论家发现这个结果并不那么吸引人。于是,他们便试图通过"归拢"名称的含义（例如,亚里士多德是具有如下一长串属性,或至少具有其中大多数的东西）,或者为了更有益于实现当前目的,通过将其进行社会化（决定"亚里士多德"的指称的,是**整个共同体**关于亚里士多德的那些信念的某个粗略规定的集合）来修正这种观点。

要想凸显严格的密尔型观点与弗雷格型观点之间的差别,一种方法是使用——如果我们允许自己使用这个专业术语的话——命题内容（proposi-

---

③　为方便起见,我们把罗素的术语与弗雷格进行了统一。实际上,如果考虑真正的或者"逻辑上的专有"名称,罗素是一个严格的密尔主义者:"逻辑专名"只是指称（直接的亲知对象）而已。但是,依照罗素的看法,通常称为"名称"的那些东西并不是真正的逻辑专名,而是伪装的限定摹状词。由于罗素继而又把限定摹状词看作是伪装的记号,他并没有把任何"含义"与摹状词进行关联,因为它们不是真正的单称词项。当把所有的伪装记号消掉之后,剩下的唯一的单称词项就只有逻辑专名了,对它们来说,根本就不需要任何"含义"的存在。当我们谈到,罗素为名称赋予"含义"时,我们指的是普通名称,而为了方便,我们忽略了他的下述观点:缩写了它们的摹状词最终也会通过分析而被消解掉。

另一方面,"名称是缩写的限定摹状词"这个明确的主张应归于罗素。达米特在其新近出版的《弗雷格》(*Frege*, Duckworth and Harper and Row, 1973, pp.110—111)一书中,否认弗雷格持有一种关于含义的摹状词理论。尽管就我所知,弗雷格的确没有明确提出过表达这个意思的陈述,但有一点达米特也是承认的:弗雷格给出的关于名称的例子与这个思想是相符的。特别是他关于"亚里士多德"的例子,那是再明显不过了。他像罗素那样定义了"亚里士多德"。有一点似乎很明显,即当谈论一个著名历史人物时,该"名称"事实上是通过一种具有唯一性的讲述方式,通过回答"谁是……"这一问题给出的。达米特本人把含义描述为一个"……标准,使得该名称的指称对象（如果有的话）就是任意满足该标准的对象"。由于假设条件的满足性必须是唯一的（因而确定了唯一的指称对象）,为什么这不意味着通过对属性的唯一满足,**也就是通过摹状词来定义名称**呢? 这个观点也许是指,所谈的这个属性不一定非要通过一个普通的英语谓词来表达,如果指称对象是说话者的亲知对象之一,而不是一个历史人物,这一点可能就是合理的。但是我怀疑,即便是罗素这位明确表述摹状词理论的首创者,也有意提出这样的要求:摹状词必须总是可以用（未经补充的）英语来表达。

无论如何,整个哲学共同体一般都是按照摹状词来理解弗雷格的含义概念的,我们也按照这种通常的理解来处理问题。就完成当下目标而言,这比详实的历史问题更加重要。达米特承认（第111页）,实质性的观点几乎没有受到他（所宣称的）对弗雷格的广义解释的影响,而且,它与本文所讨论的问题好像也并不相关。

④　参看注释②中提到的弗雷格在其《论含义和指称》中所加的注释,特别是他在《思想》("Der Gedanke")中对"古斯塔夫·劳本医生"(Dr. Gustav Lauben)的讨论。[载于最近由吉奇-斯托霍夫(Geach-Stoothoff)翻译的《思想》("Thoughts", *Logical Investigations*, Oxford, Blackwell, 1977, pp.11—12)。也可参看本书的第九章。]

tional content)这个概念。如果严格的密尔型观点是正确的,并且专名的语言功能由专名仅命名它的载体这一事实完全穷竭,那么有一点就会是显然的,即同一个体事物的专名无论在何处进行替换,都是既可以**保全真值**,又可以**保全意义**:一个语句所表达的命题会保持不变,无论它用的是该对象的哪个名称。当然,如果名称只是"被提及"而不是"被使用",那就另当别论:"'Cicero'有六个字母"和"'Tully'有六个字母"在真值上都是不同的,更不用说它们的内容了。"(这个例子当然是蒯因提供的。)现在,让我们只关注那些不包含任何联结词或其他内涵性来源的**简单语句**。如果密尔的看法是完全正确的,那么,"西塞罗是懒惰的"和"图利是懒惰的"不仅会具有相同的真值,而且这两个语句所表达的还是相同的**命题**,它们有着相同的内容。同样,"西塞罗崇拜图利""图利崇拜西塞罗""西塞罗崇拜西塞罗"和"图利崇拜图利",只不过就是述说同一件事的四种不同的方式而已。⑤

如果我们接受密尔观点的这样一个后果,似乎就会有关于"内涵"语境的更进一步的后果出现。一个语句所表达的是**必然真理**还是**偶然真理**,只取决于它所表达的命题,而与用来表达该命题的词句无关。因此,当在一个或更多场合用"图利"替换"西塞罗",任何一个简单句都会保持它的"模态值"(**必然,不可能,偶然真或偶然假**),因为这样的替换并没有改变语句的内容。当然,这就意味着具有相同指称的名称可以在模态语境当中进行保全真值的替换:"这是**必然**(**可能**)的,即西塞罗……"和"这是**必然**(**可能**)的,即图利……"必定具有相同的真值,无论我们用一个简单句对省略之处如何进行填充。

这种情况似乎和有关知识、信念和认知模态的语境是类似的。一个给定主体是否相信某事,大致就是一个信念对于这样一个主体是真还是假的

---

⑤ 就真正的名称来说,罗素实际上是一个密尔主义者。在"逻辑专名"问题上,他是接受这个论证的。例如暂且把"西塞罗"和"图利"看成是逻辑专名,罗素会认为,如果我判断西塞罗崇拜图利,而我通过某种特定的方式与西塞罗、图利以及这种崇拜关系相关:由于西塞罗就是图利,而我恰恰是通过同样的方式与图利、西塞罗以及崇拜关系相关的,由此我判断,图利崇拜西塞罗。重复一遍,如果西塞罗**真**的崇拜图利,按照罗素,就会有一个单个的事实对应于所有"西塞罗崇拜图利""西塞罗崇拜西塞罗"等的情况。它的构成成分(除了崇拜这一关系)可以说就是用了两次的西塞罗。

罗素认为,"西塞罗崇拜图利"和"图利崇拜西塞罗"实际上明显不是可以相互替换的。对他来说,这就是对下面这一点的一个论证:"西塞罗"和"图利"**不是**真正的名称,而那位古罗马演说家也不是与包含这个名称的句子相对应的命题(或"事实""判断")的构成部分。

问题,而不管这个信念是怎样表达的;因此,如果专名之间的替换并不改变表达信念的语句的内容,那么,共指称专名在信念语境中就是可以**保全真值**地进行互换的。类似的推理对于认知语境("琼斯知道……")和认知必然性语境("琼斯先验地知道……")以及诸如此类的其他语境也是成立的。

当然,所有这些都会同限定摹状词的情况形成鲜明的对比。众所周知,就关于"内容"的任一合理的理解而言,(没有算子的)简单句中的共指称摹状词的替换,都**可能**改变此类语句的内容。特别是,当改变共指称摹状词时,语句的模态值并非保持不变:"最小的素数是偶数"表达一个必然真理,但"琼斯最喜欢的数是偶数"却表达一个偶然真理,尽管琼斯最喜欢的数正是最小的素数。因此,可以说,共指称摹状词在模态语境中不是可以保全真值地进行互换的:"最小的素数是偶数是必然的"是真的,而"琼斯最喜欢的数是偶数是必然的"却是假的。

当然,这里还有一种"从物"或"宽辖域"的读法。按照此种读法,第二个句子也会是真的。更精确表达的话,这样一种读法会是这样:"琼斯最喜欢的数是这样一个,它必然是偶数",或者大致按照罗素的改编方式,要表达为:"有且只有一个数,和其他数相比,琼斯更喜欢这个数,并且任一这样的数都必然是偶数(具有必然为偶数这一属性)。"由于"必然是偶数"是这个**数**的一个属性,而这与它被指派的方式无关。所以,如果这种从物读法能行得通,那么根据定义,这种读法必定遵守保全真值的替换原则。从这个方面看,名称和摹状词之间可能不存在什么差异。根据密尔的观点,这种差异必定会在从言或"窄辖域"读法中出现,对于信念语境和模态语境来说,这种读法就是我们本文中所关心的**唯一一种**读法。如果我们乐意,我们可以强调:这就是我们所有的解读方式。比如,"这是必然的:西塞罗是秃头",更明确地说,"下面这个命题必然是真的:西塞罗是秃头",乃至使用卡尔纳普关于言语的"形式"模式⑥,"'西塞罗是秃头'表达一个必然真理"。密尔主义者会断言,如果用"图利"去替换"西塞罗",所有这些表述将会保持其真值不变。然而,"琼斯最喜欢的拉丁文作家"和"告发卡泰林的那个人"在这些语

---

⑥ 若考虑丘奇和其他人给出的论证,我并不相信这种关于言语的形式模式和别的表述是同义的。但它可以用来粗略地传达辖域的思想。

境中并**不能**以类似方式进行互换,尽管它们是共指称的。

　　信念语境中的情况与此类似。在这里,从物信念——比如"对于西塞罗(或者,他最喜欢的拉丁文作家),琼斯相信,他是秃头",也不是我们在本文中关心的东西。这种语境如果有意义,根据定义,在其中名称和摹状词都是遵守替换原则的。相反,我们所关注的是如下陈述中明确表达的从言用法,例如"琼斯相信:西塞罗是秃头"(或者,"琼斯相信:告发卡泰林的那个人是秃头")。冒号后面的东西表达的是琼斯信念的**内容**。更明确讲,其他此类陈述形式有:"琼斯相信这个命题,即西塞罗——是——秃头",或者按照"形式"模式:"'西塞罗是秃头'这个语句给出了琼斯的信念的内容。"在所有这些语境中,严格的密尔型观点似乎要表达这样的意思:共指称的名称,而不是共指称的摹状词,可以保全真值地进行互换。⑦

　　如今,密尔型观点这些显而易见的后果被普遍认为是错误的。首先,情况似乎是下面这样:通过一个共指称名称去替换另一个,语句可能会因此而改变自己的**模态值**。"长庚星是长庚星"(或者更谨慎地说:"如果长庚星存在,长庚星是长庚星")表达的是一个必然真理,而"长庚星是启明星"(或者"如果长庚星存在,长庚星是启明星"),由于其所表达的是一个经验发现,

---

　　⑦　完全可以论证这一观点,即密尔型观点意味着,专名**不受辖域限制**。对专名来说,从言和从物的区分是不存在的。这个观点具有相当大的合理性(我本人关于严格性的观点,针对**模态语境**来说,也意味着某种与此类似的情况),但在这里无需提出论证:本文根本就不处理从物用法。

　　为了描述严格指示的概念,匹考克(C. Peacocke)在《专名、指称和严格指示》("Proper Names, Reference, and Rigid Designation", in *Meaning*, *Reference*, *and Necessity*, S. Blackburn(ed.), Cambridge, 1975;参看第一部分)中描述了严格指示的概念。匹考克在所有语境中的用法,相当于将从言—从物的构造进行了等同(或者换句话说,在他那里根本就没有这两者的区分)。我赞成这个观点:对于**模态语境**来说,这和我自己的观点(大致)是相同的,同时,对于专名来说,匹考克把这两者等同起来的做法,对于时态语境也是成立的。(这大致就相当于名称的"时态严格性")。此外我还认为,把替换原则推广应用到所有的语境也是很有道理的。但正如匹考克所认识到的,这显然就意味着替换原则对于信念语境中的共指称专名也能成立,但这一点被普遍认为是错误的。匹考克提出,用戴维森的内涵语境理论阻止这一结论的得出("that"从句是一个单独的语句)。我本人并不接受戴维森的观点,即使他是对的。匹考克实际上也承认戴维森并没有真正解决这个问题[第127页(指的是原书的页码。——译者注),第一段]。(顺便指出,假如戴维森的理论确实阻止我们推出了信念语境对于名称具有透明性这一结论,匹考克为什么会不加论证地认定这一点对模态语境不成立呢?要知道,模态语境具有一种与之类似的语法结构。)因此,这些也是本文所要解决的问题。在成功解决这些问题之前,我目前还是更愿意坚持使用此前给出的更为严谨的表述。顺便说一句,匹考克暗中承认,这个公认的老生常谈——共指称名称在信念语境中不能互换——可能并不像通常人们认为的那样清楚明白。

因而被广泛认为表达了一个偶然真理。(由于最后本可能发现结果不是这样的,因此情况本可能就不是这样的。)

有一个情况好像已经变得更加明显:共指称专名在信念语境和认知语境中不是可以互换的。汤姆,一个普通的英语说话者,可能会真诚地赞同"图利告发了卡泰林",但却不赞同"西塞罗告发了卡泰林",他甚至可能还会直接否认后者。他的否认与其作为一个英语语言说话者的身份是相容的,这样一个说话者满足我们使用"西塞罗"和"图利"作为那个著名的罗马人的名字的日常标准(但却并不知道这两个名字所命名的是同一个人)。基于此,似乎很明显,汤姆相信:图利告发了卡泰林,但不相信(缺乏这个信念):西塞罗告发了卡泰林。[8]因此似乎很明显:共指称专名在信念语境中不是可以互换的。似乎同样清楚的一点是:"图利告发了卡泰林"和"西塞罗告发了卡泰林"所表达的是两个不同的命题,或两种不同的内容。否则,汤姆怎么会只相信一个而否认另外一个呢? 由此看来,所表达的命题的不同,仅仅来自"图利"和"西塞罗"在含义上的不同。这样的结论和弗雷格的理论是一致的,而似乎与纯密尔型观点无法相容。[9]

在前文提到的我以前的作品中,我拒绝接受这些反密尔型论证中的一个,也就是模态论证。我坚持认为,"长庚星是启明星"和"长庚星是长庚星"一样,所表达的也是一条必然真理;并不存在一个在其中长庚星不同于启明星这样的反事实情境。无可否认,"长庚星是启明星"的真并不是先验得知的,在适当的经验证据出现之前,它甚至可能都不被广泛地信以为真。

---

⑧ 这个例子来自蒯因《语词和对象》(*Word and Object*, M. I. T. Press, 1960, p.145)。蒯因的结论——从言理解的"相信……"(believes that)是晦暗的——已经被广泛认为是理所当然的。在本文的表述中,我用冒号来强调我所谈论的是从言的信念。既然我已经说过,我们在本文中只关心从言信念,以后我会少用此类冒号,除非相反的情况被明确提到,否则所有"相信……"的语境都应被理解为从言的。关于蒯因观点的讨论,可参看本书第十一章。

⑨ 在其很多著述当中,吉奇表达了对非密尔型观点(他会说"非洛克型"观点)的拥护,原因在于:根据定义,每一个名称都会有一种归类性谓词与之关联(例如根据定义,"吉奇"所命名的就是一个人)。另一方面,这种理论也并不完全是弗雷格型的,因为吉奇否认,对任一限定摹状词来说,如果它能够在同一类的众多事物中识别出这个名称的指称,它就会与这个名称分析地相关。(参看,《指称与普遍性》,Cornell, 1962, pp.43—45)就当前的争议问题而言,吉奇的观点可以公正地等同于密尔的理论,而不是弗雷格的理论。对于"西塞罗"和"图利"之类的普通名称,它们既有相同的指称,又有相同的(吉奇式)含义(也就是说,它们是一个人的名字)。于是情况似乎就是这样:它们应该处处可以互换。(在《指称和普遍性》中,吉奇似乎并没有接受这一结论,但对这一结论的显见论证与基于纯密尔型观点的论证是相同的。)

但是我已经论证过，我们需要把这些认识论层面的问题同"长庚星是启明星"的必然性这个形而上学层面的问题区分开。下面这一点是我关于名称是"严格指示词"这一看法的推论，即共指称专名在所有（形而上学）必然性和可能性语境中，都是可以保全真值地进行互换的；更进一步说，用共指称名称去替换一个专名，不会改变任一语句的模态值。

不过，尽管我的观点确证了模态语境中对于名称的密尔型说明是正确的，但是乍看起来，由此似乎同样可以推出对于认知和信念语境（以及其他命题态度语境）的一种非密尔型说明。因为我假定在认识论可能性和形而上学可能性之间存在明确差别：在作出适当的经验发现之前，人们本有可能不知道长庚星就是启明星，甚至都不会相信这一点，尽管他们当然知道，并且相信长庚星是长庚星。这种情况难道不支持弗雷格的这个观点："长庚星"和"启明星"具有不同的、用来决定它们的指称的"表征方式"（mode of presentation）吗？在天文学家认出这两个天体乃同一天体之前，还有哪些别的事实能够解释这个事实，即一个使用"长庚星"的语句能够表达一个普通信念，而涉及"启明星"的相同语境却不能如此？在"长庚星"和"启明星"的例子中，不同的"表征方式"是什么，是非常清楚的：一种方式通过一个天体在适当季节夜晚的典型位置和出现决定这一天体；而另一种方式则通过它在适当季节早上的典型位置和出现来决定同一个天体。由此在我看来，尽管专名似乎**在模态上看**是严格的——当我们使用它们去谈论反事实情境时，就像是用它们来描摹现实世界时一样，它们具有相同的指称——按照这种严格指称得以固定（fix）的方式，它们似乎会具有一种弗雷格型"含义"。"含义"（在"含义"的这种意义上）的分歧，将导致共指称名称的互换在命题态度语境中失效，尽管在模态语境中并不是这样。这样一种理论在涉及模态语境时与密尔一致，而当涉及信念语境时，则与弗雷格相一致。这种观点不完全是**纯粹密尔型**的。[10]

---

[10] 在一篇未发表的论文中，阿克曼（D. Ackerman）主张，替换失效问题是反对密尔型观点的，因此也与我的观点不一致。我相信其他人也完全会这样做。（我记得那篇论文修改了多次，但我没有看到最近的版本。）我认可下述观点：同一替换失效问题对于密尔型观点，以及对于我在《命名与必然性》中提出的观点所具有的密尔型精神来说，是个难以克服的问题。（见正文中有关于此的讨论。）另一方面我会强调，坚持认为名称在**模态上**是严格的，而且满足模态语境中的替换（转下页）

然而,经过深入的思考会发现,弗雷格型结论似乎并不是那么明显。就像有人会说,人们曾经一度没有意识到长庚星是启明星这个事实。一个普通的英语说话者显然有可能不知道西塞罗是图利,或者荷兰(Holland)是尼德兰(Netherlands)。因为他可能会真诚地赞同"西塞罗是一个懒人"而不赞同"图利是一个懒人",或者他可能会真诚地赞同"荷兰是一个美丽的国家"却不赞同"尼德兰是一个美丽的国家"。在"长庚星"和"启明星"的例子中,通过假定"长庚星"和"启明星"是通过两种不同的约定方式——一个作为"暮星",一个作为"晨星",把它们的(严格)指称固定到一个单独的对象之上,从而对这种类似的情境作出解释,这样做似乎是合理的。但就算把"含义"理解为"严格地固定指称的方式",又有什么样的相应的**约定性**"含义",可以被合理地认定为对于"西塞罗"和"图利"(或者"荷兰"和"尼德兰")存在呢?这些难道不就是同一个人的两个(英文)名字吗?是否存在什么特殊的、约定性的、共同体认可的"**涵义**"(connotation),使得其中一个名字具有,而另一个不具有?⑪我

(接上页)原则,与此同时否认信念语境中替换原则有效,这两者之间不必存在任何**矛盾对立**。我在《命名和必然性》中详尽阐发的一整套理论工具,包括对认识论必然性和形而上学必然性的区分,对于"提供意义"(giving a meaning)和"固定指称"(fixing a reference)之间的区分,旨在表明:除了别的东西之外,对于模态语境我们可以继续坚持密尔型替换原理,尽管对于认知语境我们拒绝接受它。《命名与必然性》从未断言存在着针对认知语境的替换原则。

即便是假设不同的(严格)固定指称的方式会导致替换的失败,从而按照本文正文提出的路径,采纳一种介于弗雷格和密尔之间的立场,这也没有不妥之处。对于在其中约定性摹状词严格固定指称("长庚星—启明星")的一些语境而言,《命名与必然性》或许甚至会被认为提出了这个观点,即固定指称的方式和认识论问题有关。我知道,由于本文中这些问题的存在,我写《命名与必然性》时,认识论语境中的替换问题真的很不好把握,但我认为还是别把情况弄得更复杂为好。(参看注释⑭—⑭)

这篇文章完成后,我看到了普兰丁格的论文《波伊提亚折中》["The Boethian Compromise", *The American Philosophical Quarterly* 15(April, 1978):129—138]。普兰丁格采纳了一种介于密尔和弗雷格之间的观点,并引用替换原则作为对其立场的主要论证。他也提到了阿克曼即将发表的论文。我没有看到过这篇论文,但它有可能是对前面提到的那篇文章的接续。

⑪ 我在这里之所以使用"涵义"这个词,是为了表明相关联的属性和名称具有一种先验的关系,至少将之作为名称严格指称的固定者时,就是这样的情况。因此,这些属性对于其指称对象(如果存在的话)必定也是成立的。"涵义"还有另外一层意思,比如对于"神圣罗马帝国",就不需要假定乃至都不必相信它的内涵对其指称对象能够成立。从某种与此近似的意义上说,古典主义者以及掌握某种古典学识的非古典主义者可能会把某种不同的"涵义"分别同"西塞罗"和"图利"联系起来。与此类似,对勤于思考的人来说,"尼德兰"可能会表示海拔较低。这样的"涵义"可能很难被认为是共同体所认可的:很多人会用到这些名称,却没有意识到这个意思。即便有说话者意识到了这个名称的这个意思,也可能并不认为所表达的这种属性对于该名称的指称对象能够成立;比较一下"神圣罗马帝国"的情况就可以知道。这种类型的"涵义"既没有提供意义,也没有固定指称。

没有看出来。⑫

　　这样的考虑会把我们推向下面这个极端的弗雷格—罗素型观点：严格地说，专名的含义会因为说话者不同而有变化，而且不存在共同体认可的含义，只存在共同体认可的指称。⑬根据这样一种观点，一个既定说话者赋予"西塞罗"这样一个名称怎样的含义，取决于他接受哪些以"西塞罗"开头的断定，以及他认为在这些断定当中哪一个对他来说是用来**定义**这个名称的（那些他仅仅将其看作"关于西塞罗"的事实性信念的断定正好相反）。"图利"的情况与此类似。例如，有人可能把"西塞罗"定义为"其演讲让卡西乌斯（Cassius）完全听不懂的那个古罗马演说家"，把"图利"定义为"那个告发了卡泰林的罗马演说家"。于是，如果这样的说话者没有意识到有单独一个演说家同时满足这两个摹状词（假设莎士比亚和历史都是要相信的），他就可能不会接受"西塞罗是图利"。这不就是当某人所表达的信念对于"图利"和"西塞罗"的相互替换构不成影响之时，实际发生的事情吗？难道这样一种失效的根源不是必定取决于有关这两个名称的两个截然不同的相关

──────────

　　⑫　鉴于"西塞罗被叫作'西塞罗'"是不言自明的，但"图利被叫作'西塞罗'"却可能并非如此，因而有人可能会试图找出"西塞罗"和"图利"在"含义"上的差别。尼尔，还有丘奇，在某个地方（至少可能是隐含地）作出过这样的论证（关于尼尔的情况，可以参看《命名与必然性》，第 68 页。）因此，有人可能会论证说，被叫作"西塞罗"是"西塞罗"这个名称的含义的一部分，但它不是"图利"这个名称的含义的一部分。

　　我曾在《命名与必然性》中讨论了与此相关的一些问题，参看该书第 68—70 页。（也可以参看我在《命名与必然性》别的地方对于循环性条件的讨论。）对于这种论证的谈论和质疑还可以说更多的话；或许我会在其他地方这样做。这里就让我简要提一下下面这种类似的情况吧（若参考《命名与必然性》当中的相关讨论，或许能让我们对这种情况有更好的理解和把握。）任何一个人，只要能够理解"被叫作"和英语中引号是什么意思（以及"精神病学家"是有意义的，并且在句法上合规），他就会知道，"精神病学家（alienists）被叫作'精神病学家'（alienists）"表达的是一个真理，尽管他并不知道"精神病学家"是什么意思。他并不需要知道"精神病学家（psychiatrists）被叫作'精神病学家'（alienists）"也表达一个真理。这两者中没有哪一个表明了"alienists"和"psychiatrists"不是同义词，或者"alienists"把**被叫作**"alienists"作为它的意义的一部分，而"psychiatrists"却并非如此。"西塞罗"和"图利"的情况也是类似的。对于其他任何一个词，没有更多理由认为被如此称呼是一个名称的意义的组成部分。

　　⑬　有一种观点与罗素和弗雷格对这个问题的看法是一致的，尽管这个观点容许每个说话者把一簇摹状词同每个名称联系起来，只要它坚持认为，这个摹状词簇在不同的说话者那里会有不同，而且这个摹状词簇中的变化属于个人语言的变化。因此，当塞尔写《专名》（"Proper Names"，*Mind*，67［1958］：166—173）最后一段话时，他的观点就是弗雷格—罗素型的。他写道："我认为对大多数人来说'图利＝西塞罗'会是分析性的；与这两个名称关联的是同样的描述性预设。但是，当然，如果这种描述性预设是不同的，它就可以用来给出一个综合性陈述。"

摹状词,或者是决定这两个名称的指称的不同方式吗?如果一个说话者运气足够好,的确恰好把相同的识别属性赋予了"西塞罗"和"图利",那么好像他就**将会**互换地使用"西塞罗"和"图利"了。由于"含义"取决于相关联的"识别性摹状词",因而所有这些乍看起来对于弗雷格和罗素的下述观点提供了强有力的支持:一般情况下,名称是个人语言所特有的。

请注意,按照我们现在所持有的观点,我们并**不能**说"有人没有意识到西塞罗是图利"(Some people are unaware that Cicero is Tully)。因为按照这种观点,不存在由这里的"that"从句所意指的一个单独的命题,也就是普通英语说话者共同体通过'西塞罗是图利'所表达的东西。有人——例如那些把"西塞罗"和"图利"都定义为"《论事实》(De Fato)的作者"的人——用它去表达一种不言自明的自我同一。其他人则用它来表达这个命题,即满足一个摹状词(比如他告发了卡泰林)的人和满足另一个摹状词(比如他发表的演说卡西乌斯完全听不懂)的人是同一个人。不存在任何一个单独的事实,即"西塞罗是图利",它只被这个共同体中的有些成员所知道,而不被所有成员都知道。

假如我断言的是"很多人没有意识到西塞罗是图利",那么**我**将使用"西塞罗是图利"去指**我**通过这些词句而理解的命题。例如,假如这是一种不言自明的自我同一,我就会断言在这个共同体内存在着对于某种自我同一的普遍无知,但这样断言是错误的和不相关的。[14]当然,我也**可以**说,"有些英语说话者使用'西塞罗'和'图利'表示其通常的指称(那个著名的罗马人),但并不赞同'西塞罗是图利'"。

和此前一样,弗雷格—罗素型观点的这个方面可以与对下述观点的认可结合起来:名称是严格指示词,因此用以固定名称指称的摹状词和名称并不是同义词。但是,这样做也存在着相当大的困难。下面这种观念在直觉上显然是无法接受的:我们在不同的"含义"上使用"西塞罗""威尼斯""金星"(那颗行星)这样的专名,而由于这个原因,"严格来说",我们所说的并不是单独一种语言。对于名称的摹状词理论或簇摹状词理论,存在着许多众所周知而且重要的反对意见。可以肯定,信念语境中可替换性的

---

⑭ 尽管在这里我用的是"命题"这个术语,但我的观点对于理论立场的差异相当不敏感。例如,按照戴维森的分析,我会(粗略地)断定,很多人没有意识到我的如下言述的内容:西塞罗是图利。这会面临同样的问题。

失效意味着含义上存在差别吗？毕竟，相当多的哲学文献都已经论证，即便是那些明显同义的语词对——举个例子，"医生"（doctor）和"医师"（physician）——在信念语境中也不能保全真值地进行互换，至少当信念算子叠置出现时，情况就会是这样的。[15]

这样表达弗雷格和罗素的论证，其中存在的一个小问题将在下一部分被谈到：如果弗雷格和罗素的立场是正确的，根据似乎支持他们的立场的信念语境去陈述这一论证，并不是一件容易做到的事。

但是，最明显的反对意见（它表明对其他反对意见也应给予应有的考虑）是：正在考虑的这种观点实际上并没有解释清楚它试图解释的现象。正像我在别处所说[16]，用"告发卡泰林的人""《论事实》的作者"这样的短语来"定义'西塞罗'"的人，相对是非常少的。它们在哲学作品中之所以盛行，只是由于对一些哲学家过多的学习造成的。明确把"西塞罗"用作西塞罗其人名字的普通人，在回答"谁是西塞罗？"时，所给出的最理想回答莫过于："一位著名的罗马演说家"。对于"图利"，他们可能也会这样说。（实际上，大多数人可能根本没有听说过"图利"这个名字。）类似地，很多听说过费曼（Feynman）和吉尔曼（Gell-Mann）的人，都会用"当代理论物理学的一位领军人物"进行识别。这些人并没有把通常那种"含义"指派给那些唯一地识别指称的名称（尽管他们使用的名称具有确定的指称）。但是，既然被赋予或者相关联的这个不定摹状词可以称为"含义"，指派给"西塞罗"和"图利"

---

⑮　梅茨（B. Mates）的《同义性》（"Synonymity"，*University of California Publications in Philosophy* 25，1950：201—226. Reprinted in *Semantics and the Philosophy of Language*，L. Linsky（ed.），University of Illinois Press，1952）一文中有大量后续发生的讨论。梅茨最初的论文中提出的观点几乎都是解释性的。实际上，在我看来，对于反对我们认为支持弗雷格立场的论证来说，梅茨的问题相对没有什么说服力。梅茨的难题根本没有办法推翻下面这样的原则：如果一个语词和另一个语词是同义的，对于一个经充分反省的说话者来说，假如他没有面临语言不充分或概念混淆的影响，那么，只要他真诚地赞同含有其中一个语词的简单句，他也就会（真诚地）赞同由这另一个语词替换该词而形成的相应语句。

下面这一点肯定是当前"弗雷格型"论证的关键部分：共指称名称可能会具有不同的"含义"，一个说话者可能会赞同含有其中一个名称的简单句，却否认相应的含有另一个名称的语句，尽管他根本就没有犯概念或语言混淆的错误，也没有在逻辑一致性上犯错。而对两个直截了当的同义词来说，情况就不是这样了。

在我本人看来，梅茨的论证具有相当大的价值，但这些问题混乱且复杂，而如果这个论证有效，它可能会导致一个悖论或谜题，而不是导致一个明确的结论。可参看注释㉓、㉘和㊻。

⑯　《命名与必然性》，第79—81页。

或者"费曼"和"吉尔曼"的"含义"就是相同的。[17]然而很显然,这些说话者可以提问,"西塞罗和图利是同一个罗马演说家,还是两个不同的演说家呢?"或者提问,"费曼和吉尔曼是两个不同的物理学家,还是同一个物理学家呢?"此时,他并不能通过单独考察"含义"便知道这些问题的答案。某些这样的说话者甚至可能会推测或者会有这样一个模糊的错误印象,即正如他会说的:"西塞罗是秃头,但图利不是。"我们所考虑的弗雷格和罗素型传统观点的论证的前提——只要两个共指称名称不能在表达说话者的信念时进行互换,那么这种失败便导源于这个说话者将其与这些名称相关联的"定义性"摹状词的差异——因此就是错误的。事实上,"西塞罗"和"图利"所例证的情况很常见,而且很普通。由此可见,共指称名称在信念语境进行互换的明显失败,并不能通过这些名称在"含义"上的差异进行解释。

既然弗雷格和罗素这个极端观点实际上并不能解释名称在信念语境中互换为何失效,为了实现当前的目的,似乎就没有更多理由不去充分考虑其他表面上具有压倒性优势的反弗雷格—罗素型观点了。著名城市、国家、人物和行星的名字,在我们的日常语言中经常会用到,它们在我们各自的个人语言中并不是同音异义的词项。[18]共指称名称在信念语境中互换的明显失

---

[17] 也可回想一下前面的注释[12]。

[18] 有些哲学家强调,名称并不属于一种语言的语词(word),或者,名称不能从一种语言翻译到另一种语言。("在我们的日常语言中经常用到"这个短语旨在中立于任何此类所谓的问题。)例如,在英语中有人虽然一个汉语词也不认识,但却可以使用"Mao Tse-Tung"(毛泽东)这个名称。然而,似乎很难否认的是,"*Deutschland*""*Allemagne*"和"*Germany*"分别是同一个国家的德语、法语和英语名称。我们可以通过使用"London"的一个英语句去翻译一个使用"*Londres*"的法语句。掌握这些事实正是学会德语、法语和英语的组成部分。

情况看起来会是这样的:有些名称,特别是国家、著名地点以及著名人物的名称,被认为是一种语言的组成部分(它们是否被称为"语词"这并不重要)。还有许多名称,并不被认为是一种语言的组成部分。特别是,如果这些名称的指称对象并不出名(因而所用到的符号就只局限在一个小圈子里),或者,如果相同的名称被所有语言的说话者都用到,情况也是如此。在我看来,一个特定的名称是否被看成一种语言的一部分,几乎没有,或者丝毫不会产生什么语义上的影响。像"<"之类的数学符号通常也不被认为是英语,或者任何其他语言的组成部分,尽管我们在用英语书写的数学专题论文的语句中常把它们和英语词结合起来使用。(一个法国的数学家也可能会使用这个符号,尽管他连一个英语词也不认识)另一方面,"Is less than"却是一个英语短语。这个区分在语义上有什么用呢?

在本文大多数地方,我所说的话给人的感觉就好像是:我处理的名称是英语、法语等的一部分。但它们是被看作这些语言的一部分,还是被看成是这些语言的附属物,这对我所的话几乎没有什么影响。而且我们也没必要说,像"*Londres*"这样一个名称是"翻译过来的"(如果这样的一个术语表明名称具有"含义",我也会发现它是会成问题的),只要他承认,包含"*Londres*"的语句被准确翻译成了使用"London"的英语句。

效仍是一个未解之谜,但是现在看来,这个谜似乎不再明显有利于弗雷格型观点,而不利于密尔型观点了。不同的公共含义和为每个说话者所特有的不同的私有含义,都不能解释清楚有待解释的现象。因此,此种现象的明显存在不会再为这种不同的含义提供显见的论证了。

结束这一部分讨论前,我想给出一个最终的评论。前面谈到了我早期在《命名与必然性》中提出的观点。我在前面说,鉴于这些观点使得专名在模态语境中成为严格的和透明的⑲,因而它们对密尔是有利的,但是,承认专名在信念语境中是不透明的观点,似乎又对弗雷格有利。然而经过进一步考察,这些不透明的现象在多大程度上有利于弗雷格而不有利于密尔,变得更加可疑了。存在着重要的理论,足以支持我们从密尔的观点看待《命名与必然性》中提出的方案。我在这本书中论证:一般情况下,真正用来确定已故历史人物名称的指称的,乃是一根传递链条,在这根链条上,名称的指称一环一环进行传递。这样一根链条的合理性更契合密尔的观点,而非其竞争观点。因为这种观点认为,通过决定使用一个名称去指称与一个共同体相同的指称对象,一个学习者就可以从该共同体获得这个名称。我们认为,这样的学习者使用"西塞罗是秃头"表达与共同体所表达的同样的东西,无论不同的学习者将其与"西塞罗"进行关联的属性有什么不一样,只要他决定将按照共同体内通用的指称来使用该名称即可。名称可以通过这种方式进行传播,这和密尔的描述完美吻合。根据密尔的观点,只有名称的指称,而不是与名称相关联的具体属性,才与包含名称的语句的语义相关。有人提出,按照这幅画面确定指称的那根传递链条,其本身也应该因此而被称为"含义"。也许会是这样——如果这是我们所希望的⑳——但我们不能因此而忘记,这种链条的合理性表明,它只是维持了指称不变。正如密尔所认为的,我们认为这对正确的语言学

----

⑲　我说名称在一个语境中是透明的,意思是,共指称名称在这一语境中是可以互换的。这是出于简洁而发生的与通常术语的偏离,通常用法说的是,这种**语境**是透明的。(我在本文中也遵照这种通常的用法。)

⑳　但是,在这里,我们必须在"固定名称的指称",而不是在"给出名称的意义"这种意义上使用"含义"这个词,否则我们就会和专名的严格性理论发生冲突。如果一个特定名称的因果链条的来源是一个既定的对象,我们就用这个名称来指示这个对象,即使我们是在谈论某个别的对象构成这根链条的来源这种反事实情境时,情况也是这样。

习是必要的。㉑这种情况与"renate"和"cordate"这样的词不同,对这样的词来说,所需要的不只是了解它们正确的外延。同样,正像上文所表明的,模态语境中的严格性学说与一种运用反密尔型考虑去解释命题态度语境的观点不能和谐共处,尽管它们不一定不相容。

由此来看,我早期观点的精神表明,只要密尔的方案行得通,那就应该坚持下去。

二、预备知识:两条一般性原则

我们现在到哪里了?好像碰上了一点麻烦。一方面,我们断定,"西塞罗"和"图利"在命题态度语境中不能保全真值地互换的原因,决不能被归结为这两个名称在"含义"上的不同。另一方面,我们不要忘了一开始给出的如下反密尔论证:如果指称对象就是命名的**全部内容**,"西塞罗"和"图利"还有什么语义上的分别呢?而如果在语义上没有分别,"西塞罗是秃头"和"图利是秃头"所表达的不正好就是同一个命题吗?这样的话,我们如何可能相信西塞罗是秃头,而怀疑或者不相信图利也是秃头呢?

就让我们一起来琢磨一下吧。为什么我们会认为有人可能会相信西塞罗是秃头,而不相信图利是秃头呢?或者,相信耶鲁是一所很好的大学同时又认为老艾利(Old Eli)*不够好,但这里却不存在逻辑上的不一致呢?你看,琼斯作为一个普通的英语说话者,会真诚地赞同"西塞罗是秃头",而不赞同"图利是秃头",尽管琼斯是以标准方式使用"西塞罗"和"图利"的——比如说在这个判断中,他把"西塞罗"用作那个罗马人的名字,而不是他的狗或是一个德国间谍的名字。

㉑ 这里的要点在于,根据《命名与必然性》中提出的观点,当专名一环一环进行传递时,即使与该名称关联的关于指称对象的信念发生了根本性变化,也不能认为这种变化是语言上的变化,只有像"villain"(反面人物)的意义从"rustic"(乡巴佬)变化到"wicked man"(坏人)那样的情况,才是语言上的变化。只要一个名称的指称对象保持不变,与这个对象相关联的信念就经得起大量的变化,而这些变化构不成语言上的变化。如果吉奇的看法是正确的,一种适当的归类也必定会被传递下去。但是请参看《命名与必然性》注释㊳。

* Old Eli 是耶鲁大学的英文别名之一。——译者注

下面我们就来详细解释一下预先假定的**去引号原则**吧,这个原则所联结的是真诚的赞同和信念,可陈述如下:"**如果一个普通英语说话者经深思熟虑,真诚地赞同 p,那么他相信 p**"。这里,引号内外的"p"要由适当的标准英语句来替换。替换"p"的语句不能包含索引或指代手段或是具有歧义性,因为这些将有损这个原则的直觉意义(例如,如果他赞同"你很棒",他不一定相信你——读者——很棒)。[22]当我们假定和我们打交道的是一个普通的英语说话者时,我们的意思是:他通过标准的方式使用语句中的所有语词,根据恰当的句法要求把它们组合在一起,等等。简言之,他用该语句去意指一个普通说话者会用它去意指的东西。组成语句的"语词"可以包括专名。在这里,专名是该共同体日常谈论的组成部分,以至于我们可以说是在通过标准的方式使用它们。例如,如果这样的语句是"伦敦是美丽的"("London is pretty"),说话者就应该满足这些通常的标准,也就是把"伦敦"用作伦敦的名称,并用"是美丽的"去归属一种适当的漂亮程度。之所以使用"经深思熟虑"这个限定语,是为了排除下面这种可能性:由于对语词意义不够谨慎的疏忽,以及其他瞬间产生的概念或语言上的混淆,说话者可能会断定某种他并非真正想要断定的东西,或者赞同了有语言错误的句子。所谓"真诚地",则是要排除说谎、演戏、反讽以及诸如此类的情况。不过,尽管有了这些限定,我仍然很担心会有某个敏锐的读者——毕竟,这就是哲学研究的方式——可能会发现我疏漏了某个限定条件,如果没有它,所断定的原则将会遭遇反例。然而,我怀疑任何这样的修订都会影响下面要考虑的对这一原则的使用。毕竟,若考虑到其显而易见的意图,这个原则明显就是一个自明真理。(若用肯定或断定去替换赞同,类似的原则也能够成立。)

还存在一种去引号原则的强化形式,一种"双条件"形式,其中的"p"仍

---

[22] 下面对于强去引号原则和翻译原则也需要施加类似的适当限定。如果已经默认该语句在其所有出现时都以同一种方式加以理解,那就不需要排除歧义了。(对于翻译原则,同样要假定翻译者与该语句*想要*的解释相匹配。)我没有详细制定出对于索引词有哪些限定条件,因为其中的意图是非常清楚的。

显然,去引号原则仅仅适用于信念的从言归属,而非从物归属。如果有人真诚地赞同"个子最高的外国间谍是一个间谍"这种几乎完全自明的东西,由此就能推出他相信这一点:个子最高的外国间谍是一个间谍。众所周知,我们根据去引号原则**得不出**:关于个子最高的间谍,他相信他是一个间谍。在后一种,而不是前一种情况下,与当局建立起联系反倒是能体现他的爱国责任心。(有人已经论证,这一点并不像我想象得那样显而易见。具体讨论参看本书第十一章。)

然要由任一恰当的英语语句逐处替换：**一个并非沉默寡言的普通英语说话者有意真诚且深思熟虑地赞同"p"，当且仅当，他相信 p。**[23] 这个双条件形式的原则补充了这样一点，即"不赞同就意味着缺乏信念"（正如赞同意味着拥有信念），从而强化了该原则的简单形式。增加"沉默寡言"这个限定旨在考虑下述事实：一个说话者出于害羞、想要保密、避免伤人等考虑，从而未能公开他的信念。（除了表示他的赞同的标记，在我们提出的断定中还有另外一种阐述方式，它也会给说话者提供一种标记，其所表明的也是信念的缺乏——并不一定是不相信。）也许这种阐述也需要进一步强化，但其意图是清楚明白的。

通常来说，简单形式的去引号原则对于实现我们的目的已经够用了，但有时我们同样也要用到强化的形式。简单形式经常被用来检验不相信，只要所涉主体是一个具有必要逻辑推理能力的说话者，以至于至少在经过适当深思之后，他就不会同时持有径直构成矛盾的信念——具有"p"且"$\sim p$"这种形式的矛盾。[24]（这样一个要求当中，没有任何东西能够阻止他同时持有共同推衍逻辑矛盾的信念。）在这个例子中（这里的"p"可以由任一恰当的英语句子来替换），仅仅使用简单的（非强化的）去引号原则便可知道，说

---

[23]　如果一个说话者赞同一个语句，却不赞同一个同义的断定，那会怎么样呢？比方说，他赞同"琼斯是一个 doctor"，却不赞同"琼斯是一个 physician"。这样一个说话者，或者是不能像通常那样理解其中的一个语句，或者，他能够通过"深思熟虑"来纠正自己的错误。只要他混淆地赞同"琼斯是个 doctor"但不赞同"琼斯是个 physician"，我们就不能径直运用去引号原则得出这个结论：他相信或者又不相信琼斯是个 doctor，因为他的赞同并不是"深思熟虑的"。

类似地，如果有人赞同"琼斯是一个 doctor，但不是一个 physician"，即使没有更多信息，他也应该能够意识到他的赞同中存在的不一致之处。我们已经阐明了去引号原则，因此，只要我们有充分理由去质疑存在着观念或者语言上的混乱，就像我们刚才提到的情况中那样，它们就无需引导我们对信念进行归属。

请注意，如果有人说，"西塞罗是秃头，但图利不是"，那就不需要任何理由去认定这个人正处于某种语言或观念的混乱状态之中。

[24]　不要把这一点和下面这个问题弄混了：对于一个给定的对象来说，这个说话者是否同时相信该对象具有一种特定的属性，并相信该对象不具有该属性。我们的讨论关注的是从言（概念性）信念，而不是从物信念。

有人曾经给我看过亚里士多德的一段话，其中他似乎提出：没有人真能够同时相信两个明确的矛盾命题。如果我们想把去引号原则的**简单版本**用作对于不相信的一个测试，这足以说明简单的去引号原则对**某**一个体是成立的。这个个体经深思熟虑，会同时意识到两个信念，他有足够的逻辑敏锐性并尊重逻辑。这样的个体，如果持有相互矛盾的信念的话，一旦注意到这对矛盾，会对其中的一个或者两个感到震惊。对这样的个体来说，对一个语句的否定的真诚的、深思熟虑的赞同，表示他不相信这个语句所表达的命题，可见文中提到的这个测试是管用的。

话者对"p"的否定的赞同,所表明的不仅仅是他对 p 的不相信,还表明他未能相信 p。

到目前为止,我们的原则仅仅适用于英语说话者。从彼得真诚、深思熟虑地赞同"上帝存在",我们可以推断,他相信上帝存在。但可以肯定,对于任一语言的说话者的信念,我们一般都会允许自己得出用英语加以陈述的结论:从皮埃尔真诚、深思熟虑地赞同"*Dieu existe*"("上帝存在"),我们也可以推断,他相信上帝存在。只要约定好从法语到英语的翻译,我们就可以通过多种方式做到这一点。我们选择下面这种途径。我们已经用英语陈述了英语语句的去引号原则;用法语(德语等)加以陈述的类似的原则也将被认定适用于法语(德语等)的句子。于是,我们提出这条翻译原则:**如果一种语言的一个语句在这种语言中表达一个真理,该语句在其他任何语言中的翻译(在那种语言中)也将表达一个真理。**我们的一些日常翻译实践有可能会违反这条原则:如果翻译者的目标不是为了保全语句的内容,而是为了——从某种别的意义上讲——在母语中实现与原初言述在外语中所实现的目标相同的目标,就会发生这种情况。[25]但是,如果对一个句子的翻译是为了表达和被译语句相同的意思,那么保全真值就是必须遵守的一个最低条件。

假定去引号原则可以在每一种语言中加以表达,从皮埃尔赞同"Dieu existe"("上帝存在")开始的推理可进行如下。首先,以他的言述和法语的去引号原则为基础,我们在法语中推出:

Pierre croit que Dieu existe。(皮埃尔相信上帝存在。)

运用翻译原则,我们由此推出[26]:

皮埃尔相信上帝存在。

---

⑤　例如,如果将一则历史报道翻译到另一种语言当中去,比如"亨利(P. Henry)说过,'不自由,毋宁死'",翻译者完全可以翻译归于亨利的这段加了引号的内容。他把一个推定的真理译成了谬误,因为亨利当时说的是英语。但他的读者有可能意识到了这一点,读者更感兴趣的是亨利的言述的内容,而不是它的确切用词是什么。尤其是在翻译小说的时候,其时和真理无关,这种时候,这样的程序也是恰当的。但是,有些反对丘奇的"翻译论证"(translation argument)的人,自己却被这种做法给误导了。

⑥　为了准确陈述这一论证,我们还需要关于真理的一种塔尔斯基型去引号原则:对于(法语或英语中)关于"p"的每一个替换,从"p"可以推出"'p'是真的",反之亦然。(注意:即使"p"由一个法语句来替换,"'p'是真的"也会变成一个英语句。)在本文中,我们默认塔尔斯基型去引号原则具有普遍适用性。

通过这种方式,我们可以把去引号原则应用到任何语言。

即使我只把去引号原则应用到英语,在某种意义上说,我仍然可能会被认为暗中应用了翻译原则。因为我有可能会把它应用到不同于我本人语言的说话者身上。正像蒯因所指出的,认为别人和我说的是同一种语言,从某种意义上等于是心照不宣地承认把他们的语言同音地翻译成了我的语言。因此,当我从皮埃尔真诚地赞同或者断定"上帝存在"推出他相信上帝存在时,严格说来有一点是有争议的:我综合应用到了(皮埃尔个人语言的)去引号原则和(皮埃尔个人语言到我的语言的)(同音)翻译原则。但是,对于完成大多数目标而言,我们可以针对单独一种语言(比如英语)去阐述去引号原则,因为英语被默认为普通英语说话者的公共语言。只有当个人语言的独特差异的可能性成为相关要素时,我们才需要更加精细地考虑这个问题。

接着让我们从这些抽象概念回到主题上来。既然一个普通的说话者——即使他把"西塞罗"和"图利"用作名称,他也是普通的说话者——可能会真诚、深思熟虑地赞同"西塞罗是秃头",同时也赞同"图利不是秃头",于是,根据去引号原则就可以推出,他既相信西塞罗是秃头,又相信图利不是秃头。既然他似乎不一定会拥有相互矛盾的信念(即使他是一位聪明的逻辑学家,他也不一定能够推断出自己的信念当中至少有一个必定会是假的),而且,如果在信念语境中共指称专名的替换原则失效,意味着他确实拥有相互矛盾的信念,那么,这样一种替换原则似乎必定是不正确的。实际上,这个论证似乎构成了对所讨论的替换原则的一种归谬。

这个反替换论证与罗素和弗雷格的经典立场之间具有一种奇特的关系。正如我们所看到的,这个论证可以用作对弗雷格和罗素观点的一种显见的支持,我认为很多哲学家已经把它视作这样一种支持了。但实际上,如果弗雷格和罗素的观点是正确的,这个用来支持弗雷格和罗素的论证是不可能通过某种直截了当的方式加以陈述的。这是因为,假设琼斯断言"西塞罗是秃头,但图利不是秃头",若弗雷格和罗素的观点正确,我不可能应用去引号原则推出:

(1)琼斯相信,西塞罗是秃头,但图利不是秃头。

因为一般情况下,琼斯和我严格来讲不会拥有共同的个人语言,除非我们赋予所有名称以相同的"含义"。我也不能结合去引号原则和翻译原则达成此效,这是因为,出于同样的原因,从琼斯的句子到我的句子的同音翻译,一般来说是不正确的。既然事实上我没有特别区分"西塞罗"和"图利"的含义——对于我(对于你可能也一样),这些是同一个人的可以互换的名称。而且,既然根据弗雷格和罗素,琼斯对(1)的这种肯定表明,对他而言,**存在**一些含义上的差别,因此按照弗雷格—罗素的观点,琼斯对其中一个名称的使用**必然**和我的不一样,而同音翻译则是不合法的。所以,如果弗雷格和罗素的看法是正确的,我们就**不可能**像通常那样,断定专名在信念语境中不是可以替换的——不过这个例子和相继出现的对于替换的否定性裁决,通常被认为是对格雷格和罗素观点的支持。

然而,即使按照弗雷格—罗素的观点,通过使用去引号原则,并使用自己的个人语言表达自己的结论,琼斯也完全可以断定:

(2)我相信,西塞罗是秃头,但图利不是。

由于我并不分享琼斯的个人语言,所以**我**不可能用琼斯自己的话来赞同这个结论。当然,我**可以**断定,"(2)表达了琼斯个人语言中的一个真理"。如果我搞清楚了琼斯赋予"西塞罗"和"图利"的两种"含义",我还可以把"X"和"Y"这两个名称引入我自己的语言当中,该语言具有这两种同样的含义("西塞罗"和"图利"已被替换),并断定:

(3)琼斯相信,X 是秃头,但 Y 不是。

所有这一切足以让我们断定,就弗雷格—罗素的观点看,共指称名称在信念语境中不是可以互换的。事实上,按照这种观点,对这一点可以更简捷地给出证明,因为共指称摹状词在这些语境中明显是不能互换的,而且对弗雷格和罗素来说,由于名称本质上就是缩写的摹状词,因而在这一方面不可能有什么不一样。不过,如果弗雷格和罗素的理论是正确的,这个简单的论证明显就没有这种特殊的弗雷格—罗素型宗旨性前提(并且经常用来支持这些前提),它实际上是行不通的。

然而,如果**遵**从罗素和弗雷格,广泛使用的名称成为我们的语言的通用之物,对于(2)这样的简单论证应用去引号原则就不会再有什么问题了。因此,我们似乎绝不能以琼斯持有不一致信念为代价——这肯定是一个不公平的论断,从而坚持名称在信念语境中的替换原则。如果我们使用**强化的**去引号原则,那我们就可以利用琼斯大概缺乏想要赞同"图利是秃头"的倾向,从而断定他不相信(缺少这个信念)——图利是秃头。于是,对替换原则的反驳会变得更加有力,因为当把它应用到"琼斯相信西塞罗是秃头但不相信图利是秃头"这个结论时,它将导致一个直接的矛盾。这个矛盾不再是琼斯信念中的矛盾,而是我们自己信念中的矛盾了。

我认为,上述推理已经被普遍接受作为"共指称专名在信念语境中不可互换"这一点的证明了。这个推理通常是不证自明的,有人也完全可能会觉得我在一个显然易见的结论上小题大做了。然而,我希望对这一推理提出质疑。我想要这样做,但不会挑战这一论证的任一特定步骤。准确地说,我将论证信念语境中存在关于名称的一个悖论,该论证根本**没有**用到替换原则——这将构成本文的核心内容。相反,它将以去引号原则和翻译原则作为基础——这看上去是如此明显,以至于在这些论证中使用它们往往是心照不宣的。

我们的论证通常会用到不止一种语言,因而**必定**要用到翻译原则和我们约定的翻译手册。不过,我们也会给出一个例子,以便证明这个悖论具有一种可能只会在英语中出现的形式,以至于只需要用到去引号原则(或许是去引号原则加上同音翻译)。在这些情况中,有一点在直觉上是相当清晰的:有关这个主题的情境和琼斯关于"西塞罗"和"图利"的情境在"本质上是相同的"。再有,关于这一主题的悖论性结论与基于替换原则得出的有关琼斯的结论相类似,而且在论证上也和有关琼斯的那些论证相类似。只有在这些例子中,才没有用到任何具体的替换原则。

我认为,通常把琼斯的例子用作替换原则之反例的做法,与下面这种操作多少有些类似。有人希望针对拓扑学中的假说给出一种归谬论证。他确实成功地反驳了这个假说,但他从这个假说得出荒谬结论的推导,本质地使用了集合论中未加限定的概括原则,而他认为这个模式是自明的。(特别是,所有不是自身元素的类形成的类,在他的论证中起到了关键性的作用。)一旦我们知道未加限定的概括原则和罗素的类本身就导致了矛盾,那就很明显,把之前得出的矛盾归咎于拓扑假说是错误的。

在从拓扑假说加上"明显"不加限定的概括模式推出逻辑矛盾后,假如我们用看起来"明显"的前提去替换拓扑的前提,发现仍会推出一种类似的矛盾,那么,情况也会是一样的。在这两个例子中,有一点很明显:尽管我们对反拓扑假说的论证中有什么缺陷仍然没有把握,但把得出的矛盾这件事归咎于该假说本身是不合法的。相反,我们正处在一个"悖论性"领域当中,我们并不清楚哪里出了问题。[27]

于是我提出这样一个看法:有关共指称名称可互换问题的情境是与此类似的。确实,当把这个原则与我们通常关于信念的去引号判断结合起来时,会导出显然的荒谬结果。但是,我们仍旧会发现,如果用我们的翻译原则和去引号原则取代替换原则,或只用去引号原则取代它,会得出"同样"荒谬的结果来。

这里陈述的这个特定的原则,只是针对我们通常根据对信念的明确断定或赞同所进行的推理,提供了一种特殊的"形式化"方法;其他针对此目标的方法也是有可能的。不可否认,从一个普通英国人对"上帝存在"或者"伦敦是美丽的"的真诚断定,我们**的确**可以分别推出他相信上帝存在或者他相信伦敦是美丽的;我们也会从一个法国人对"*Dieu existe*"或"*Londres est jolie*"的断定,进行同样的推理。在下一节我们将表明,能够证成此种推理的任何原则都会是充分的。我们将会清楚地看到,本节所陈述的这些特定的原则也是充分的,但在下一节,这个问题将根据我们从外语或母语对信念的断定所做的推理,通过一种非形式的方式提出来。

三、信念之谜

好了,终于(!)说到正题了。假设皮埃尔是一个住在法国的普通的说法语的人,除了法语,他不会说一个英语词或者任何别的语言。尽管他本人从没有离开过法国,但他听说过那个美丽的远方城市——伦敦(当然,他称之为"*Londres*")。基于他对伦敦的所闻,他倾向于认为那是个美丽的地方。因此,他用法语说出,"*Londres est jolie*"。

基于他上述真诚的法语言述,我们会得出下面这个结论:

---

[27] 我推测,布拉里-福蒂(Burali-Forti)最初认为他已经"证明"了序数不是线性排序的,他的推理和我们这里的拓扑学家情况类似。有人在听说本文已经发表之后告诉我,寇尼希(Konig)也犯了一个类似的错误。

（4）皮埃尔相信伦敦是美丽的。

我认为皮埃尔满足作为一个普通法语说话者的所有标准,特别是,他满足我们通常用于进行下述判断的所有标准:一个法国人(正确)使用"*est jolie*"去归属形态之美,并将"Londres"——合乎标准地——用作伦敦的名称。

后来,由于幸运或不幸的世事变迁,皮埃尔搬到了英国居住,实际就是搬到了伦敦,但碰巧搬到了这个城市一个不起眼的地方,这里的居民见识相当浅薄。他像大多数邻居一样,很少离开这个地方。他的邻居中没有一个人懂法语,于是他不得不通过"直接方法"来学习英语,也就是不能使用从英语到法语的任何翻译。通过和这里的居民交谈,通过各种交往,他最终学会了一点英语。特别是,每个人都用"London"谈起他们居住的这座城市。让我们假设——不过我们在下面会看到,这并不是关键——当地居民如此孤陋寡闻,以至于他们不知道皮埃尔在法国时就听说过 London 的事实。皮埃尔从他们那里了解到他们所知道的关于 London 的所有事情,但几乎没有一点和他以前听说过的一样。当然,他学会了——用英语说——称他所居住的这个城市为"London"。正像我说过的,皮埃尔的周边环境破败不堪,对于碰巧见到的其他大部分地方,他也没有什么好印象。由此,他倾向于赞同下面这个英语句:

（5）London is not pretty(伦敦不是美丽的)。

他毫无倾向去赞同:

（6）London is pretty(伦敦是美丽的)。

当然,此刻他没有收回此前他对法语句"*Londres est jolie*"的赞同。他只是想当然地认为,他受困其中的这个丑陋的城市和他在法国听说的那个迷人的城市是不一样的。但是此刻,他根本不想去改变对他仍然称之为"*Londres*"的那个城市的看法。

下面就是我要说的谜题了。如果我们考虑皮埃尔过去作为一个法语说话者的背景,那么,在此基础之上,他的整个语言表现支持我在上面给出的结论(4),也就是说,他相信伦敦是美丽的。而基于相同的基础,对于他的很多同胞也可下此结论。另一方面,皮埃尔在伦敦居住一段时间之后,他和他的邻居们在英语知识的掌握以及对当地地理相关事实的掌握方面,并没有什么不同——他的法国背景除外。他掌握的英语词汇和他的邻居基本上没有什么差别。和他们一样,他也很少会贸然离开他们所居住的这个不怎么样的社区。跟他们一样,他也知道他所居住的城市叫作"London",此外,他还知道一些别的事实。现在来看,皮埃尔的邻居当然会被认为是把"London"用作了伦敦这个城市的名称,而且说的是英语。因为作为一个英语说话者,他和他们根本没有什么不一样,所以,关于他,我们也会说出一样的话来。但是,以他对(5)的真诚赞同为基础,我们就应该断定:

(7)皮埃尔相信伦敦不是美丽的。

我们要怎样描述这样一个情境呢?有一点似乎无可否认,皮埃尔曾经相信伦敦是美丽的——至少在他学英语之前就是这样。因为那时候他和无数同胞根本没有什么不一样,关于他,就像谈论他们中的任何一个一样,我们也有完全相同的理由说到他,说他相信伦敦是美丽的:如果有一个既不懂英语也没去过伦敦的人相信伦敦是美丽的,皮埃尔也会这样做。像下面这样进行假设毫无合理之处,即由于他在学习英语**之后**发生的情况,皮埃尔会**通过追溯**而被判定为,从未相信过 London 是美丽的。只要将来是不确定的,这种允许追溯既往的规则就会危及我们将信念归于**所有**只说一种语言的法国人。于是我们将被迫这样来说:玛丽,一个单一语言的使用者,坚定而真诚地断言"*Londres est jolie*",她可能相信,也可能不相信 London 是美丽的,这取决于她后来的生涯变迁(如果后来她学了英语,并且……)。然而并非如此!皮埃尔和玛丽的情况一样,当他曾经是一个单一语言说话者的时候,他曾经相信 London 是美丽的。

难道我们应该说,既然现在皮埃尔住在伦敦并且说了英语,他就不再相信 London 是美丽的了?毫无疑问,皮埃尔**曾经**相信 London 是美丽的。于是,我们就不得不说皮埃尔已经**改了主意**,已经放弃了以前的信念。但是,真的是这样吗?他是一个很有主见、很执拗的人。他着力重申他曾用法语所做的每一个断定。他说他在任何一件事上都没有改变过主意,他也**没有**放弃过任何信念。我们能说他这样做就是错的吗?如果我们对他居住在伦敦而且说了英语这些事毫不知情,那么,基于他对法语通常的掌握,我们就将**不得不**断定,他**仍然**相信 London 是一个美丽的地方。看起来情况确实就是这样的。皮埃尔既没有改变主意,也没有放弃他在法国时就拥有的信念。

如果有谁试图否认他新得到的信念,就会遭遇到与此类似的困难。他在法国的过去已经过去,他和他在伦敦的朋友根本就没什么分别。对于其他任何人来说,只要他是在伦敦长大的,具有他在英国时表达的同样的知识和信念,我们就会毫无疑问地断定,他相信 London 不是美丽的。皮埃尔的法国经历会让这个判断变得无效吗? 我们可以说,皮埃尔由于其在法国的经历便不相信(5)了吗? 假设一次电击清除了他对法语的全部记忆,包括他在法国学到的东西以及他在法国的过去。这样,他和他伦敦的邻居就完全一样了。他会拥有同样的知识、信念和语言能力。于是,如果我们对他的邻居谈到 London 的话,我们大概就不得不说,皮埃尔相信 London 是丑的。但是可以肯定,任何能够清除皮埃尔记忆和知识的电击,都不会提供给他一个新的信念。如果皮埃尔在电击之后仍相信(5),那就说明他此前就相信它,尽管有他的法语和居于法国的背景。

在皮埃尔说两种语言的阶段,如果我们否认关于伦敦是美丽的信念以及他关于伦敦不是美丽的信念,我们就把此前这两种选择的困难结合到一起了。我们仍然会不得不作出这样的判断:皮埃尔曾经相信 London 是美丽的,但现在不再这样认为了,尽管他真诚地否认他丢掉了什么信念。我们必定也会担心,如果皮埃尔完全忘记了他在法国的经历,他是否还会获得 London 不是美丽的这个信念。这种选择看起来并不怎么令人满意。

由此看来,我们似乎必须认真考虑皮埃尔的法语言述及其相应的英语言述。我们必须要说,皮埃尔持有相互矛盾的信念,他既相信伦敦是美丽的,又相信伦敦不是美丽的。但这种选择似乎同样存在着不可逾越的困难。我们可以假设,尽管皮埃尔发现了自己目前所处的不走运的状况,但他是一个杰出的哲学家和逻辑学家。他从不放过相互矛盾的信念。可以肯定,任何人,不论是不是杰出的逻辑学家,只要遇到了矛盾信念,在原则上他都会注意到并加以纠正。正是由于这个原因,我们认为,自相矛盾的人应该要比那些只是持有错误信念的人受到更强烈的责备。但有一点很清楚:只要皮埃尔没有意识到他称之为"London"和"Londres"的是同一座城市,仅仅依靠逻辑,他根本就不可能看到他的信念中至少有一个是错的。他并不是在逻辑上不精明,而是缺乏信息。他不能被判定为不自洽:这样做是不对的。

换个例子,这个问题就更容易理解了。假设皮埃尔在法国时并没有断定"*Londres est jolie*",而是更谨慎地断定"*Si New York est jolie*，*Londres est jolie aussi*(如果纽约是美丽的,伦敦也就是美丽的)",以至于他相信,如果纽约是美丽的,伦敦也就会是美丽的。后来,皮埃尔搬到了伦敦,像以前一样学习英语,并(用英语)说"London is not pretty(伦敦不是美丽的)"。由此进一步讲,他现在相信伦敦不是美丽的。现在,从这两个前提——它们似乎都包含在他的信念中——(a)如果纽约是美丽的,伦敦也就是美丽的,和(b)伦敦不是美丽的——出发,皮埃尔通过否定后件就可以推出纽约不是美丽的。但是,不管皮埃尔在逻辑上何等精明,只要他假设**"Londres"**和**"London"可能命名两个不同的城市,他实际上就不能作出这样的推理。而如果他确实**得出了这样的结论,他就会犯逻辑谬误。

从直觉上看,他完全可以对纽约的美丽表示怀疑,而正是这一怀疑,可能会让他以为"*Londres*"和"London"是两个不同城市的名字。然而,如果我们像通常那样对法语和英语说话者的信念进行报道,那么,**皮埃尔(的信念之中)就有了两个前提,而由这两个前提进行否定后件式推理就会得出"纽约不是美丽的"这个结论。**

再有,我们可能会强调皮埃尔**缺失**了信念,而不是他具有了信念。正如我所说的,皮埃尔没有任何倾向去赞同(6)。让我们把注意力集中在这个问题上,先不要管他赞同(5)的倾向。事实上,如果愿意,我们可以把这个例子改一下:假设皮埃尔的邻居认为,既然他们很少冒险走到自己居住的这个丑陋的社区之外,他们也就没有权利对整个城市的形态美发表什么意见。假设皮埃尔也是这样一个态度。那么,由于他未能肯定地回应"London is pretty",依据皮埃尔作为一个**英语**说话者的行为表现,我们就会判断他缺乏"伦敦是美丽的"这个信念。像以前一样,不要在意他是否不相信它,或者像在这个修改过的故事中所讲的,不要在意他是否会坚持他在这件事上没有给出任何肯定性意见。

如此看来,(只要运用强去引号原则)我们就不仅可以从皮埃尔的断定中得到矛盾,而且从我们的判断中也会导出矛盾。这是因为,如果以他作为一个英语说话者的行为表现作为基础,我们就要断定他不相信伦敦是美丽的(也就是说,并没有发生他相信伦敦是美丽的这个情况)。但是,如果以他作为一个**法语**说话者的行为表现作基础,我们就必定要断定他**确实**相信伦

敦是美丽的。这是一个矛盾。㉘

至此,我们考察了描述皮埃尔在伦敦时的四种可能情况:(a)那个时候,我们不再考虑他的法语言述("*Londres est jolie*"),也就是说,我们不再把相应的信念归于他;(b)我们不再考虑他的英语言述(或者未做任何言述);(c)这两种情况我们都不考虑;(d)两种情况我们都考虑。每一种情况似乎都会让我们说出某种明显错误的话,乃至干脆就是相互矛盾的话。这些可能性在逻辑上看显然已经穷尽了。那么,这就是我所说的"悖论"。

关于怎样解决这个悖论,我还没有什么明确的想法。但是,我意识到了造成这种混乱的一个根源。下面这种做法本身绝不能算是什么解决方案,即坚持认为存在**另外**某个术语,它回避了皮埃尔是否相信伦敦是美丽的这个问题,却可能足以陈述所有相关的事实。我充分意识到,针对该情境进行完整而直接的描述是有可能的,而这样的话,也就根本不存在什么悖论了。皮埃尔倾向于真诚地赞同"*Londres est jolie*",但对"London is pretty"却没有这个倾向。他像往常一样使用法语,像往常一样使用英语。他将之与"*Londres*"和"London"进行关联的属性足以决定那个著名的城市,但他没有认识到它们所决定的乃是同一个城市。[尽管他没有意识到这一点,但他对"*Londres*"和"London"的使用与这同一个城市历史地(因果地)关联在了一起。]我们甚至可以对他的信念给出一种大致的陈述。他相信他称之为"*Londres*"的城市是美丽的,称之为"London"的城市不是美丽的。毫无疑问,其他直接的描述也是可能的。毫无疑问,从某种意义上说,其中有些就是对这个情境的**完整**描述。

但是,这些当中没有哪一个回答了最初提出的问题。皮埃尔究竟是相信还是不相信伦敦是美丽的呢?对**这个**问题,我不知道哪一种回答能让人满意。坚持认为我们可以使用**另外**某个术语陈述"所有相关的事实",这也算不上是什么回答。

㉘　这个情况就和赞同"琼斯是一个 doctor"但不赞同"琼斯是一个 physician"的情况一样。我们不可能以涉事主体必定缺乏对相关语言的掌握,或者该主体必然受到某种语言或观念的扰乱为理由,拒绝使用去引号原则。只要皮埃尔没有意识到"London"和"*Londres*"是共指称的,当他断定"*Londres est jolie*"同时却否认"London is pretty"时,他不一定是缺乏适当的语言知识,也不一定是遭受了任何语言或观念上的干扰。

再说一遍,这就是我所说的谜题:皮埃尔相信还是不相信伦敦是美丽的?有一点是很清楚的:当我们把通常的信念归属标准应用到这个问题时,会导致悖论和矛盾。在第二节中,我们已经陈述了一套对于许多日常的信念归属来说足够,但在当前情境中却导致悖论的原则;并且其他阐述方式也是可能的。和逻辑悖论的情况一样,当前的谜题让我们认识到,关于人们广为接受的一些原则存在一个问题,而且也给我们提出了一个挑战,那就是让我们去细致阐述一套可以接受、从中不会导致悖论的原则。它们在直觉上合理,而且还支持我们通常所做的那些逻辑推理。我们不可能只是简单地通过描述皮埃尔所处的情境,并说明该情境能够回避皮埃尔是否相信伦敦是美丽的这个问题,就可以应对这个挑战。

这种表述方式的一个方面,可能会误导性地表明弗雷格—罗素论题的可应用性,即每一个说话者都会把他自己的摹状或属性与每个名称关联起来。正像我上面提出的例证,皮埃尔在法国时发现了一组关于所谓"*Londres*"的事实,在英国时发现另一组关于"London"的事实。于是,"实际正在发生的情况"似乎是这样:皮埃尔相信满足**一组属性**的**城市是**美丽的,同时他还相信满足**另一组属性**的**城市不是**美丽的。

正像我们刚刚强调的,"实际正在发生的情况"这个短语在对当前这个悖论的讨论当中是一个危险的信号。所陈述的这些条件有可能——让我们暂且承认——描述了"实际正在发生的情况"。但是,它们没能解决我们开始提出的问题,也就是名称在信念语境中的表现问题:皮埃尔相信还是不相信伦敦(并不是满足如此这般摹状的那个城市,而是指**伦敦**)是美丽的呢?到目前为止,并没有对此提供任何答案。

不过,这些考虑可能已经表明了这样一点:摹状,或者是那些相关联的属性,无论如何都会与最终的解决方案具有高度的相关性。因为从这个层面看,整个谜题似乎产生于下面这个事实:皮埃尔最初把不同的识别属性分别与"London"和"*Londres*"进行了关联。即便是面对如今已众所周知的、反对将"识别性摹状"看作为名称提供"定义"或者为名称"固定指称"的论证,这样一种反应也是具有一定效力的。但事实上正如我指出的,这种情况的这些特殊的特征会对人们产生误导。即使皮埃尔把完全相同的识别属性与这两个名称进行了关联,这个谜题依然还是会出现。

首先,上面提到的有关"西塞罗"和"图利"的那些考虑会确认这一点乃是事实。例如,在法国时,皮埃尔很可能了解到"*Platon*"是一个重要的古希腊哲学家的名字,到了英国之后,他通过同样的识别属性了解到了"Plato"。于是同样的谜题就产生了:当皮埃尔在法国并且只说法语一种语言时,他可能会相信柏拉图是秃头(他本来会说:"*Platon était chauve*"),后来在英国时他会用英语推测"Plato was not bald",这表明,他相信或者怀疑柏拉图不是秃头。他只需要假设,他称之为"*Platon*"和"Plato"的人是两个完全不同的主要的希腊哲学家,尽管他们的名称看起来很相似。原则上,同样的事情也可能会发生在"London"和"*Londres*"身上。

当然,我们大多数人都了解关于伦敦的一个限定摹状词,比如"英国最大的城市"。那么,这个谜题还会产生吗?值得注意的是,即使皮埃尔把完全相同的唯一识别属性与"London"和"*Londres*"进行了关联,这个谜题还是会产生。怎么会这样呢?假设皮埃尔相信伦敦是英国最大的城市(和首都),那里有白金汉宫,英国女王就住在里面,而且他(正确地)相信这些属性合起来能够唯一地识别出那座城市。(在这种情况下,我们最好假设他还从来没有见过伦敦,乃至英国,以至于他只是使用了这些属性来识别这个城市。不过,他已经通过"直接方法"学会了英语。)在学习英语之后,他就开始把这些唯一的识别属性与"London"进行关联,并用英语表达关于"London"的适当的信念。一开始在他只说法语时,他曾经把完全相同的唯一识别属性与"*Londres*"进行了关联。他相信他所称谓的"*Londres*"能够被唯一地识别为英国的首都,其中有白金汉宫,英国女王也住在那里,等等。当然,他和大多数只说法语的人一样,要用法语去表达这些信念。特别是,他要用"*Angleterre*"表示英国,用"*le Palais de Buckingham*"表示白金汉宫(发音是"*Bookeengam*"),用"*la Reine d' Angleterre*"表示英国女王。但是,如果有哪个从来就没说过英语的法国人,我们说这个人恰好把"英国的首都"等性质与"*Londres*"这个名称进行了关联,那么,当皮埃尔只说一种语言时,他也就会这样做。

当皮埃尔变成一个双语说话者,由于他是用相同的唯一识别属性来定义"London"和"*Londres*"的,于是他就**必定**会断定这两个名字所命名的是同一个城市吗?

令人吃惊的是,答案是否定的!假设皮埃尔已经断言"*Londres est jolie*"。

如果皮埃尔有什么理由坚持认为"伦敦不是美丽的"——即便这只是"他内心深处的一种感觉",或者他也许只是忽然看到了一张让人不忍目视的地方的照片,有人(用英语)告诉他这地方是"伦敦"(London)的一部分,他也不一定是自我否定的。他只需要断定,"England"和"Angleterre"是两个不同国家的名字,"Buckingham Palaces"和"le Palais de Buckingham"(回忆一下前面是怎么发音的!)是两个不同宫殿的名字,等等。这样的话,他就可以同时坚持这两种观点却没有导致任何矛盾,并把这两个属性都看成是具有唯一识别性的。

事实上,从"唯一的识别属性"这个层面上看,这个悖论仍会重现。描述论者正是把这种属性看成对专名的"定义"(更不用说用来固定它们的指称对象)。最合理不过的做法是这样:假设有两个名称 A 和 B,以及一个属性集合 S,如果某个说话者相信 A 的指称唯一地满足 S 的所有元素,B 也同样满足 S 的全部元素,那么,这个说话者就会接受这一信念,即 A 和 B 具有相同的指称。实际上,A 和 B 具有同一指称,这是很容易从这个说话者的信念中得到的一个逻辑后承。

从这一事实,描述论者就能够断定,名称可以被看作是同义的,因而只要它们是通过相同的唯一识别属性来"定义"的,它们就可以在信念语境中进行保全真值的互换。

前文我们已经看到,这样的看法是存在困难的,因为这个属性集 S 实际上并不一定是具有唯一识别性的。但是,即使描述论者的假定(说话者相信 S 是被唯一满足的)实际上能够成立,当前这个悖论性情境中还是会出现令人意想不到的困难。因为正如我们在上面看到的,如果我们把他分别看作一个英语说话者和一个法语说话者,皮埃尔绝不可能从我们所说的他的信念的交集中得出普通的逻辑后承来。他不可能从他分别相信伦敦是美丽的和伦敦不是美丽的信念中推出逻辑矛盾来。在上面修正过的情境当中,皮埃尔也不可能从他的信念——伦敦不是美丽的,以及如果纽约是美丽的,伦敦也就是美丽的——当中作出一个通常意义上的否定后件式推理。这里的情况与此类似,如果我们只把注意力集中在皮埃尔作为一个法语说话者(至少当他作为一个单一语言说话者时,他和其他法国人没有什么不一样)的表现,皮埃尔满足相信"Londres"具有一个唯一满足如下属性的指称对象的所有通常标准:英国最大的城市、有白金汉宫,等等。(如果皮埃尔不持有这些信念,别的法国人也就**不会**。)类似地,以他(后来)用英语表达的信念为基础,皮埃尔同样相信"London"的指称对象唯一满足这些相同的属性。但是,皮埃尔不可能把这两个信念整合成单独一个信念集,并从这个集合中得出"*Londres*"和"London"具有同一个指称这个通常的结论。(这里的麻烦并不是来自"*Londres*"和"London",而是来自"England"和"*Angleterre*"以及其他。)只要皮埃尔的**确**从这种以及任何其他情况中得出了看似寻常的结论,实际上他就会陷入逻辑谬误。

当然,描述论者可能会期望通过使用合适的摹状词来"定义""*Angleterre*""England"等等,以此来消除这个问题。由于原则上这个问题在下一层次和随后每一层次反复出现,因而描述论者不得不相信,最终会到达一个"最终"的层次。在这个层次,用来下定义的属性是"纯粹"属性,其中绝不包含专名(或者自然种类词或相关词项,见下文)。我不知道会有什么令人信服的理由可以让人去设想:我们可以通过哪种合理的方式达到这样一个层次,或者让我们去设想,如果有人试图消除所有的名称和相关的工具,这些属性仍然会是具有唯一识别性的。㉙暂且把这样的揣测放在一边,

---

㉙　根据罗素的认识论,当我们的所有语言都被写成非缩略式符号时,它们所指称的就是我所"亲知"(罗素意义上的)的那些成分,如果我们相信这一点,这种"消除"将会是最合理的。这个时候也就没有人会说一种其他任何人都容易理解的语言了;确实,没有人会把同一种语言说两次。今天很少会有人会接受这一观点。

这里我想强调一个基本的想法。温和的弗雷格主义者试图把一种大体属于弗雷格型的观点与下述观点结合起来:名称是我们日常语言的组成部分,我们关于语言之间翻译和解释的习惯做法是正确的。本文提出的这些问题表明,要想获得一种能够让我们的程序得以进行下去而且是必不可少的社会化的"含义"概念,是一件很困难的事。极端的弗雷格主义者(比如弗雷格和罗素)相信,一般来说,名称是个人语言所特有的。因此,他们不会接受将"*Londres*"翻译为"London"的任何一般性规则,甚至不会接受把一个人对"London"的使用翻译成另一个人对这个名词的使用的一般规则。然而,如果他们遵循弗雷格,也把含义看成是"客观的",他们必定会认为,从原则上讲,说两个人在他们各自的个人语言中使用具有相同含义的两个名称,这是行得通的。而且他们也会相信,必定会存在(必要且)充分的条件,在此条件下这种情况真的会发生。如果让含义相同的这些条件得到满足,从一个名称到另一个名称的翻译就是合法的,否则就不是合法的。然而,当前的思考(以及由此向自然种类及相关词项的扩展)表明,含义相同的概念如果用识别属性相同进行解释,而这些属性本身又是在两种不同的个人语言中表达的,那么,含义相同的概念就和名称本身一样,提出了相同类型的解释问题。除非弗雷格主义者能给出一种方法,让我们能够识别出含义上是相同的,而且可以避免这种问题的出现,否则,对于含义的相同以及翻译的合法他就给不出充分性条件了。由此,他就会被迫坚持认为(这跟弗雷格的意图正好相反),不仅在实践当中很少有人会使用具有相同含义的专名,而且从原则上讲,对含义进行比较也是没有意义的。下述观点会是对这个问题的一种解决:用来定义含义的识别属性,应该总是可以使用"逻辑专名"的罗素型语言来表达,但这又涉及广受争议的语言哲学和认识论问题了。

若根据此种判断的**通常**标准进行判断,皮埃尔**确实**通过**完全**相同的识别属性集掌握了"*Londres*"和"London"。然而,即便是在这种情况下,这个谜题仍然还会存在。

那么,这个谜题究竟还有没有出路呢?除了去引号原则和翻译原则,用到的就只有把法语翻译成英语的通常做法了。既然去引号原则和翻译原则看起来是自明的,这可能会诱使我们把导致麻烦的罪责归咎为从"*Londres est jolie*"到"London is pretty"的翻译,并最终归咎为把"Londres"翻译成了"London"。㉚我们或许应该允许我们自己断定,"严格地说","*Londres*"不应该翻译成"London"吗?这样的应急之策当然只是权宜之计:我们所谈的这种翻译是一种标准译法,它连同从法语到英语的其他标准翻译,都是学生们要学习的东西。事实上,"*Londres*"确实是作为"London"的法语版而引入法语的。

然而,既然我们的退路撞了南墙,那就让我们回过头,再来考虑一下上面这个仅作权宜之计且不合情理的应急之策吧。如果"*Londres*"不是英语词"London"的正确的法语翻译版本,在什么情况下专名才可以从一种语言翻译到另一种语言呢?

传统描述论对此给出的答案是这样的:严格地说,翻译是在个人语言之间进行的;一种个人语言中的一个名称可以翻译到另一种个人语言当中去,当(且仅当)这两种个人语言的说话者把相同的唯一识别属性与这两个名称进行了关联。我们已经看到,提出这样的限定,不但完全不能符合我们进行翻译和间接话语报道的通常做法,甚至好像也不能阻止这个悖论的产生。㉛

因此,我们仍然需要给出一种适当的限定。就让我们去掉对个人语言的依赖,重新来看分别作为法语词和英语词(这是两个共同体的语言)的"*Londres*"和"London"。如果"*Londres*"不是"London"正确的法语翻译,还有

㉚ 如果有哪位读者发现"翻译"这个词就名称来说是不可接受的,可以这样提醒他:我的意思不过就是说,包含"*Londres*"的法语句被统一翻译成包含"London"的英语句。

㉛ 如果我们要求他们通过使用相同语词表达的相同属性来定义这些名称,这个悖论的出现就会被阻止。传统摹状词理论的动机当中,没有任何东西能够为这个附加的限定条件提供合理性证成。就当前的法语和英语来说,提出这样一个限定就等于规定:不但"*Londres*",任何别的法语名称,也都不能被翻译成"London"。接下来我很快就会处理这一观点。

更好一些的别的版本吗？假设我把另外一个词引入到法语中，并规定它将总被用于对"London"的翻译。对于这个新词，难道不会产生同样的问题吗？这个方向上唯一可行的解决方案是下面这个最彻底的方案，即规定：那些包含名称的语句，只能通过含有相同发音的名称的语句来翻译。于是，当皮埃尔断定"*Londres est jolie*"时，我们这些英语说话者能够断定的（如果可以的话）充其量是这样：Pierre believes that *Londres* is pretty.（皮埃尔相信 *Londres* 是美丽的。）当然，这样的结论不是用英语表达的，而是用英语和法语混搭着表达的。根据我现在所掌握的观点，我们根本就不可能用**英语**来陈述皮埃尔的信念。[32]同样，我们也将不得不说：皮埃尔相信 *Angleterre* 是一个君主政体国家，皮埃尔相信 *Platon* 写了《对话录》，如此等等。[33]

　　这种"解决方案"初看上去可以有效反驳这个悖论，但是，它过于极端了。关于含有名称的语句，是什么东西让它们——一个实质性的类——在本质上是不可翻译的？是什么东西让它们表达那些不可能在任何别的语言中进行报道的信念呢？要想在别的语言中对它们进行报道，我们所能做的充其量是被迫使用混搭的词，在其中，来自一种语言的名称被输入到另一种语言当中去。这样一个假设和我们通常的翻译实践正好相反，而且显然是很不合理的。

　　尽管这样做并不合理，但在这一点上，至少还存在着针对这种"解决方案"的这样一种解释。我们在著名人物，特别是地理位置上的通常做法是这样的：在不同的语言中，给它们不同的名称，以便我们在翻译句子的时候可以翻译这些名称。但对于大多数名称，特别是对于人的名字，情况就不是这样的了：人的名字要在所有语言的句子中使用。至少，上面说到的那种限定仅仅是促使我们去修正我们自己的方式，其方法是，**总是**去做那些我们当前只是在**有时候**去做的事情。

　　但是，上面提议的这种限定的真正极端的特征，在我们看出它有可能极

---

　　[32]　两种语言的语词混搭［就像单独一种语言中不合语法的"半截子语句"（semisentence）那样］不一定是不能理解的，尽管它们是没有固定语法的临时替代物。"如果上帝不存在"，伏尔泰说成"*il faudrait l'invener*"。它的意思是清楚的。

　　[33]　假如我们说的是"Pierre believes that the country he calls '*Angleterre*' is a monarchy"（皮埃尔相信他称之为'*Angleterre*'的国家是君主政体国家），这将会是一个英语句，因为这里面这个法语词只是被提及，而不是被使用。但正是出于这个原因，我们就没有把握好这个法语原词的含义。

端到了何种程度时就会出现。我在《命名与必然性》中提出，专名和自然种
类词项之间存在一些重要的类似。在我看来，当前这个谜题似乎也是一个
可以证明这种类似能够成立的实例。普特南就自然种类提出的观点和我的
观点在许多方面都有些类似，他在本次会议所作的评论中强调了这个谜题
的扩展适用问题。这并不是说，信念之谜会扩展覆盖从英语到法语的所有
翻译。至少在此刻，在我看来，如果皮埃尔分别学了英语和法语，但没有学
习并掌握它们之间的任何翻译手册，那么，只要他反思得足够充分，他必然
就会断定"doctor"和"*médecin*"以及"*heureux*"和"happy"是同义词，或者无论
怎样，它们都是共外延的。㉞于是，关于这些语词对可能会产生的当前这种
类型的悖论，就可能会被阻止。但是，"*lapin*"和"rabbit"或者"beech"和
"*hêtre*"的情况会怎么样呢？我们可以假设皮埃尔本人既不是动物学家也不
是植物学家。他在它们各自所属的国家学习了每种语言，教给他的那些例
子是为了说明"*les lapins*"和"rabbit"以及"beeches"和"*les hêtres*"是不一样
的。因此对他来说，似乎有可能去设想"*lapin*"和"rabbit"，或者"beech"和
"*hêtre*"表示实质不同但表面类似的种类（kind）或种群（species），不过，未经
训练的人可能发现不了这些区别。（正如普特南所设想，如果一个不是植物
学家的英语说话者，比如普特南本人，尽管他自己也区别不开这两种树，但
他可以按照其通常不同的意义去使用"山毛榉"和"榆树"，这一点就是尤其
合理的。㉟我们可以十分合理地认为，皮埃尔想知道他在法国时称为"*les he-
tres*"的树是山毛榉还是榆树，尽管作为一个法语说话者，他满足所有通常情
况下使用"*les hetres*"的一般标准。如果山毛榉和榆树都不是其所指，那就会

㉞　受蒯因《语词和对象》的影响，有人可能会论证这样的结论不是不可避免的：或许他会把
"*médecin*"翻译为"doctor stage"或者"undetached part of a doctor"。如果一个蒯因式的怀疑论者做出
了这样一个经验性预言：这种来自能说两种语言的人的反应事实上有可能发生，我怀疑他将会被证
明是正确的。（我不知道蒯因会怎么想。但是可以参看《语词和对象》第74页第一段。）另一方面，
如果在这个情境中把"*médecin*"翻译成"doctor"而不是"doctor part"的做法从经验上讲是不可避免
的，那么，即便是蒯因论题的拥戴者也将不得不承认，关于一个特定的翻译总会存在某种特殊的东
西。这个问题对于我们当前关注的问题来说，并不是关键之所在，因此我只是给出了这些粗略的评
论。但是，也请参看注释㊱。

㉟　普特南在他的《意义的"意义"》（"The Meaning of 'Meaning'", in *Language*, *Mind*, *and
Knowledge*, Minnesota Studies in the Philosophy of Science 7; also reprinted in Putnam's *Collected Papers*）
中举了山毛榉和榆树的例子。也可以参看普特南在此文第139—143页对其他例子的讨论，以及我
在《命名与必然性》第118—128页对"假金"、虎等等所做的评论。

有更加相像的东西出现,除了专家,没人能把它们区分开。)一旦皮埃尔身处
这样一种情境,对兔子和山毛榉而言,显然就会产生出与"伦敦悖论"相似的
悖论。皮埃尔会断定一个带有"*lapin*"的法语陈述,但否定对应于这个陈述、
含有"*rabbit*"的英语翻译。和上面一样,我们很难说皮埃尔相信什么。我们
正在考虑针对翻译程序展开一种"严格的和哲学的"变革,它将表明,外来专
名应该就是拿过来用即可,而不是被翻译出来。现在看来,我们似乎不得不
针对所有的自然种类词进行同样的处理。(例如,为了避免悖论的产生,我
们绝不能把"*lapin*"翻译成"*rabbit*"。)这种被扩展开的提法不可能再得到辩
护(哪怕是很弱的辩护),因为它把我们只是在有时候做的事情进行了普遍
化处理。可以肯定,这个变化如此极端,以至于根本就无法维持其可
信度。㊱

　　还有另外一种考虑,它会让如上这种限定变得更不合理:即便是这个限
定,也没有真正阻止悖论的产生。即使把我们自己只限定在一种语言,比如
英语当中,只是使用单独一个名称的发音相同的殊型(token),这个谜题仍
然可以构造出来。彼得(现在我们不妨就这样说)得知"Paderewski"(佩得
瑞斯基)这个名字时,可能将其识别成了一位著名钢琴家的名字。由于了解
到这一点,彼得会很自然地赞同"佩得瑞斯基拥有音乐天赋",而**我们就可以
推断**(就像我们通常做的那样),用"Paderewski"去命名波兰的那位音乐家

　　㊱　我不清楚这种做法能达到什么程度。假设皮埃尔只是在英国听过别人说英语,只在法国
听过人们说法语,并且是通过直接方法学习这两种语言的。(另外假设,在这两个国家,其他人中也
没有一个会说另一个国家的语言。)他一定能确定"hot"和"*chaud*"具有相同的外延吗? 在实践中他
当然可以。但是,假设他的经历不知怎的与下面这个荒诞的——当然,也是假的! ——假说相一
致:英国和法国在气候上不一样,以至于通过与周围空气的相互作用,人们的身体会受到不同的影
响。(假如法国位于另一个星球,这个说法会更加合理。)特别是,在合理的限度之内,在其中一个国
家让人感觉冷的东西,在另外一个国家会让人觉得热,而且反之亦然。事物在从英国搬到法国时并
没有改变它们的**温度**,人们只是对它们的感觉不同,因为它们对人的生理机能造成了不同的影响。
于是,法语中的"*chaud*"将适用于英语中那些被称为"cold"的东西。(当然,为了节省空间,当前的
讨论大大压缩了。大家可以去看一下《命名与必然性》中对"heat"的讨论。对于物理性质"heat",我
们只是创制了一个情境,它与正文中讨论自然种类的情境相类似。)

　　如果皮埃尔的经历得以安排的方式,就是要千方百计地让它与这个荒诞的假设保持一致,就是
为了让他从此开始相信它,他就可以同时赞同"*C'est chaud*"和"This is cold",尽管他在法国和英国会
分别像通常那样去说法语和英语。

　　要想弄明白这个案例是否可以细致地构建出来,需要对其进行更多的展开,但在这里我不能考
虑更多了。若是我在正文中假定这个困难对"*memecin*"和"doctor"不会出现,这样做是对的吗?

和政治家：

（8）彼得相信佩得瑞斯基拥有音乐天赋。

对我们的这个推理来说，只有去引号原则是**必要**的。这里并不需要翻译原则。后来在另一个不同的圈子里，彼得了解到某个叫"佩得瑞斯基"的人，他是波兰民族主义的领袖和总理。彼得对于政治家具有音乐才能心存疑虑。他断定：可能是两个人，无疑几乎是同时代的两个人，名字都叫"佩得瑞斯基"。由于把"佩得瑞斯基"用作了这个**政治家**的名字，于是彼得赞同"佩得瑞斯基没有音乐天赋"。根据去引号原则，我们能否推出下面的(9)呢？

（9）彼得相信佩得瑞斯基没有音乐天赋。

如果皮埃尔过去不曾通过别的方式掌握"佩得瑞斯基"这个名称，我们肯定就会判定他在以一种通常的方式使用这个名称，它具有其通常的指称，而我们会依据去引号原则推出(9)。这种情境和皮埃尔及伦敦问题是相类似的。然而，在这里施加任何限定都不能帮到我们，其中包括：名称不应该被翻译，而是应该在翻译过程中进行发音上的重复。这里所涉及的只有单独一种语言和单独一个名称。如果这个例子中还牵涉任何翻译概念，那就是同音翻译了。这里明确使用的，只有去引号原则。㊲（另一方面，最初"两种语言"的例子具有这样一个优点：即使在我们所说的语言当中，所有的名称都必须唯一地和没有歧义地进行表示，这个例子也是能够适用的。）这样，"名称绝不能被翻译"这个限定就是无效的，并且是不合理的和极端的。

在这一部分的最后，我想针对当前这个谜题与删因"翻译不确定性"学说的关系，以及由该学说引申出来的、对于诸如信念乃至间接引语之类的"命题态度"等内涵性用语的否定进行一番评论。对于这些学说的同情者们来说，当前这个谜题看起来完全可能提供更多帮助。该谜题的情境似乎导

㊲ 有人可能会论证说，彼得和我们确实说着不同的个人语言，因为在彼得的个人语言中，"佩得瑞斯基"被歧义地用作一个音乐家和一个政治家（尽管这些实际上是相同的）的名字，而在我们的语言中它被无歧义地用作一个音乐家—政治家的名字。于是问题就在于：彼得的个人语言能否同音地翻译到我们的个人语言之中？在彼得听说"政治家佩得瑞斯基"之前，对于他使用的（没有歧义的）"佩得瑞斯基"来说，这个问题的回答似乎是肯定的，因为他和任何一个恰巧听过佩得瑞斯基的音乐成就，但不曾听过他的政治身份的人并没有什么差别。如果我们忽略彼得先前对"佩得瑞斯基"的使用，对于他后来对这个名称的使用，情况也是类似的。无论我们是否根据彼得是否满足使得去引号原则得到应用的条件加以描述，或者无论他的个人语言到我们的个人语言的同音翻译是否合理，这个问题都和皮埃尔的问题相像，本质上就是同一个问题。

致了我们关于信念归属乃至间接引语的通常实践的崩解。如果我们根据皮埃尔对不同语句的真诚赞同,加上他据之去掌握所讨论名称的条件来描述同样的情境,那就不会有任何明显的悖论产生了。这样一种描述,尽管不满足蒯因那严苛的行为主义标准,却很好地符合了他的下述观点:从某种意义上说,和命题态度相比,直接引语是一种更加"客观的"用语。即便是那些并不认为蒯因对命题态度的否定态度具有完全吸引力的人(就像本文的作者这样),也必须承认这一点。

但是,尽管同情蒯因观点的人可以用当前这个例子为自己提供支持,但这些例子之间的差异,以及蒯因为了质疑信念和翻译而引入的考虑,并不能从我们这里避开。我们在这里没有使用那种与普通的系统有根本不同的假想的外来翻译系统,比如把"*lapin*"翻译为"*rabbit stage*"或者"*undetached part of a rabbit*"。这个问题完全就是我们从英语到法语通常的、习惯的翻译系统内部产生出来的。在某种情况下,信念之谜甚至可能只在英语中出现,而至多使用了"同音"翻译。问题也不在于符合我们通常标准的东西有许多不同的解释或者翻译,用戴维森的话说㊳,存在不止一种"搞对问题的方式"。这里的麻烦并不是说,关于皮埃尔信念的许多观点搞对了问题,而是说,它们都肯定把它弄错了。把翻译原则和去引号原则直接应用到皮埃尔的所有言述,无论英语的还是法语的,都会产生皮埃尔持有不一致的信念这个结果。而单靠逻辑学就可以教会他:他的两个信念当中有一个是假的。从直觉上看,这显然是不正确的。如果我们拒绝把这些原则应用到皮埃尔的法语言述,我们就会断定,皮埃尔从未相信过伦敦是美丽的,尽管在不曾预料的搬迁之前,他和其他任何一个只说法语的人的情况是一样的。这一点十分荒谬。如果我们拒绝只在皮埃尔搬到英国之后才对其关于伦敦的生态美的信念进行归属,我们就会得到皮埃尔改了主意这个反直觉的结果。但是,我们在上面已经谈到了所有的可能性:重要的不在于它们是"同样好的",而是说,它们都是**明显错误的**。如果我们采用这个谜题去论证蒯因的立场,它就是一个与以前所给出的那些根本不同的论证。即便是蒯因,如果

㊳　D. Davidson, "On Saying That", in *Words and Objections*, D. Davidson and J. Hintikka(eds.), Dordrecht, Reidel, 1969, p.166.

他希望把信念这个概念纳入一种"二阶"的典范符号系统⑨,他也必须把这个谜题看作是一个真正的问题。

对于这样一个关于信念的大致框架来说,所谓的翻译的不确定性和间接引语导致了相对较少的麻烦;它给此种框架造成的困窘毕竟也是一笔财富。但当前这个谜题表明,我们通常用来归属信念的那些原则,在特定情况下倾向于导致矛盾,或者至少会导致明显的错误。因此,它给任何一种想要处理任一层次信念的"逻辑"的方案提出了一个真问题,不论是删因型方案,还是其他类型的方案。⑩

四、结论

我们能从上面的论述中获得什么教益呢? 主要的教益完全独立于前两部分的任何讨论,它指的是,这个谜题的确是一个谜。正如任何真理论必须处理说谎者悖论一样,任何关于信念和名称的理论也必须处理好这个谜题。

但是,我们前两部分的理论出发点所关注的是专名和信念。现在让我们转回到琼斯,他赞同"西塞罗是秃头"和"图利不是秃头"。应用去引号原

---

⑨ 在《语词和对象》第221页,删因提出了一种二阶典范符号系统,以此"化解语言上的困惑,或者让逻辑演绎更加容易"。这个系统承认命题态度,不过,删因认为命题态度是"无基础的"(baseless)习语,应该从"描述真理以及实在的终极结构"的符号系统中排除出去。

⑩ 一方面,上边提到的关于自然种类的思考表明,删因的翻译工具是不充足的怀疑论。删因确认,土著人的句子"Gavagai!"应该翻译成"Lo, a rabbit!"(瞧,一只兔子!)。只要它对土著人的肯定和否定的刺激意义,可以和这个英语句对英国人的刺激意义形成匹配;只有当这位语言学家提出把普遍词项"gavagai"翻译成"rabbit",而不是"rabbit stage""rabbit part"等等之时,怀疑论才会产生。但是,还存在着独立于这种怀疑论选择的另外一种可能性,这种可能性没有怀疑论那么荒诞。在土著人所居住的地理领域中可能存在一个物种,非动物学家根本不能把这个物种和兔子区分开,但它组成了一个单独的物种。于是在删因的意义上,特别是,如果所讨论的眼见范围不包含这个地理位置的一种具体化,"Lo, a rabbit!"和"Gavagai!"的刺激意义(对非动物学家来说)就可能是完全相同的。("Gavagai"会产生和兔子相同的眼见范围模式。)然而,"Lo, a rabbit!"和"Gavagai!"几乎不会是同义的。在典型的场合,它们将会拥有对立的真值。

我相信,我在《命名与必然性》中所强调的关于名称(自然种类就更不用说了)的思考,与任何试图把解释仅仅奠基于将与归属于土著人的断定的共识加以最大化,并使之与刺激意义形成匹配等简单做法,是相背离的。作为这种方法论之基础的"宽容原则",最早是由威尔逊(N. Wilson)专门针对专名进行阐述的,他认为这是对簇摹状词理论的一种表达。因而《命名与必然性》的论证就是反对这种情况的这个简单的"宽容原则"的。

则,哲学家们已经断定,琼斯相信西塞罗是秃头,但图利不是秃头。由此他们断定,既然琼斯并不持有相互矛盾的信念,因而信念语境并非吉奇所谓"莎士比亚型"(Shakespearean)语境:共指称专名在这些语境中不是可以保全真值地进行互换的。[41]

我认为,关于皮埃尔的谜题表明,得出这个简单的结论是没有根据的。琼斯的情况和皮埃尔有着相当程度的类似。"西塞罗"和"图利"可以互换这个提法,大致相当于英语到其自身的同音"翻译",其中"西塞罗"和"图利"一一对应,其他东西保持固定不变。确实,这样一个"翻译"可以用来获得一个悖论。但问题的出现应该归咎于这一步吗?我们通常都会毫无疑义地假设,含有"*Londres*"的法语句应该翻译为含有"London"的英语句。然而当我们应用这个翻译原则时,会产生同样的悖论。我们已经看到,即便是在单一语言中,针对单独一个名称仍会出现这样的问题。而且,对于两种(或者一种:见下文)语言中的自然种类词,这个问题也会产生。

从直觉上看,琼斯既赞同"西塞罗是秃头",又赞同"图利不是秃头",其产生之根源与皮埃尔对"伦敦是美丽的"(*Londres est jolie*)和"伦敦不是美丽的"(London is not pretty)的赞同属于同一类。

把这些关于琼斯的令人不快的结论的得出归咎于替换,是不正确的。其原因并不在于这个论证当中有什么具体的错误,而在于问题所属领域的本性。琼斯的情况正像皮埃尔的情况:两者同处一处,在其中,我们通常基于去引号原则和翻译原则或类似原则进行信念归属的做法,是值得怀疑的。

从这个角度讲,有一点大家应当注意到:去引号原则和翻译原则可能导致对信念语境当中的替换的"证明"和"否证"。在希伯来语中,"德国"有两个名称,可大致音译为"*Ashkenaz*"和"*Germaniah*",第一个可能已经有些过时了。当把希伯来语句翻译为英语时,两者都变成了"Germany"。显然,一个类似于琼斯的普通希伯来语说话者,会赞同一个含有"*Ashkenaz*"的希伯来语句,而不赞同相应含有"*Germaniah*"的语句。到目前看,存在一个**反对替换**

---

[41] 吉奇在"a rose/By any other name, would smell as sweet"这一行后面引入了"莎士比亚型的"这个词项。

正是为了推出共指称的名称和限定摹状词可以保全真值地互换,删因好像才定义了"指称透明的"语境。吉奇强调,在这个意义上看,一个语境可能是"莎士比亚型的",而不是"指称透明的"。

的论证。但是也有一个**支持**替换的论证,它却以翻译原则为基础。把一个含有"*Ashkenaz*"的希伯来语句翻译成英语,"*Ashkenaz*"变为"Germany"。然后再把这个结果重新翻译为希伯来语,这一次把其中的"Germany"翻译为"*Germaniah*"。根据翻译原则,这两个翻译都保持了真值。因此,当"*Ashkenaz*"被替换为"*Germaniah*",任何一个含有"*Ashkenaz*"的希伯来语句都会保持同样的真值——这就是对替换的一个"证明"。只要有一种语言中的两个名称,以及把两个名称一般性地翻译成另一种语言的单个名称的日常实践,就会存在同样的"证明"。㊷如果我们把这一段对替换的"证明"和"否证"结合起来看,就会得到类似于皮埃尔悖论的另外一个悖论:我们的希伯来语说话者既相信又不相信德国是美丽的。然而,没有什么纯逻辑或语义的反省,足以使他发现自己所犯的错误。

另一个考虑涉及自然种类词:前面我们说过,一个双语说话者可以通过日常方式在每一个语言中单独学到的"*lapin*"和"rabbit"。但他怀疑的是:它们是同一个种类,还是两个不同的种类?而这个事实可以用来产生出类似皮埃尔的悖论。类似地,一个只说**英语**的人会以通常的方式(分别)学到"furze"(荆豆属植物)和"gorse"(荆豆),但不知道它们是不是一样的,或者只是相似的种类。("rabbit"和"hare"的情况又怎么样呢?)对于这样一个说话者来说,赞同用"furze"构造出来的断定,却拒绝赞同含有"gorse"的相应断定,本就是一件容易发生的事。这种情况和琼斯有关"西塞罗"和"图利"的情况十分类似。然而,"furze"和"gorse",以及其他用来表示相同自然种

㊷　总的来说,这样的例子可能不像"London"-"*Londres*"这个例子那样无懈可击。"*Londres*"只不过就是"London"的法语版本,而我们不可能有把握地说同样的关系在"*Ashkenaz*"和"*Germaniah*"之间照样成立。然而:

(a)我们在此种事例中的通常做法,是把第一种语言中的这两个名称翻译成第二种语言中的单独一个名称。

(b)通常情况下,不存在什么"意义"上的细微差别,能够可觉察地区分出诸如"*Ashkenaz*"和"*Germaniah*"之类的名称。这使得我们不会说,倘若希伯来语少了"*Ashkenaz*"和"*Germaniah*"当中的一个,这种语言就将是贫瘠的(或者说英语是贫瘠的,因为对于"德国",英语中只有一个名称)。正如我们不能说,任何一种语言是贫瘠的,假如这种语言中只有一个词语与"doctor"和"physician"相对应。基于此,似乎很难责备我们把这两个名称都翻译成"德国"的做法太过"松散"。事实上情况似乎是这样:对于这同一个国家的名称,希伯来语中有两个名称,而在英语中只用了一个名称。

(c)试图通过宣称,比如把"*Ashkenaz*"翻译成"*Germaniah*"这种做法是松散的,以此避免这些问题的任何倾向,通过本文所讨论的类似问题,应该可以被大大缓和。

类的语词对,通常都被认为是同义词。

当然,重要的并不在于共指称专名在信念语境中**可以**保全真值地进行互换,也不在于它们在简单语境中甚至是**可以**保全意义地进行互换。重要的是,去引号加上替换所造成的荒谬后果,恰恰类似于去引号加上翻译,或者"只有去引号"(或者是去引号加上同音翻译)所造成的荒谬后果。另外,正如我们在前面两段见到的,尽管我们的素朴实践可能会导致特定情况下对于替换的"否证",但它也会在一些同样的情况下导致对替换的"证明"。当我们进入琼斯和皮埃尔所例证的领域,我们也就进入了这样一个领域,在其中,我们通常对于信念的解释和归属的实践面临着可能是最大程度的压力,或许到了崩溃的边缘。某人所做断定的**内容**这一概念,也就是其所表达的**命题**,情况也是如此。就我们当前的知识状况来说,我认为得出关于替换的任何结论,无论是肯定的还是否定的,都将是不明智的。[43]

当然,这些考虑中没有哪一个能阻止我们坚持认为,琼斯可以真诚地赞同"西塞罗是秃头"和"图利不是秃头",尽管他是一个普通英语说话者,并

---

[43] 尽管这已经是正式看法,但在别处,我将会更加肯定。

在"长庚星"和"启明星"的例子(与"西塞罗"和"图利"的例子不同)中,存在着区分这两个名称的约定性的共同体认可的"含义"——至少两种明确"固定两个严格指示词的指称的"方式,更合理的假设是:这两个名称在信念语境中肯定是不能互换的。按照这个假设,相信长庚星是一颗行星就等于相信:一个能在合适季节的傍晚被严格挑选出来的特定天体,是一颗行星;启明星的情况与此类似。有人可能论证说,皮埃尔例子中这样的翻译问题在这种情况下将会被阻止,而"金星"(vesper)必须被译为"长庚星",而不是"启明星"。然而,下面这两条却与此正好相反:

(a)我们应该记得,用以固定指称对象的属性的相同,一般来说好像并**不能**担保悖论不会产生。因此对于这种情况,人们可能并不愿意采纳一种以固定指称的属性作为依据的解决方案,除非这样的方案触及到了这个一般性问题的核心。

(b)在我看来,这里的主要问题在于——对于正确把握一个名称来说,一种固定其指称的特殊方式究竟有多重要?如果有这样的家长,他们对人们所熟知的"长庚星"和"启明星"的同一也有认识,他们早上把孩子带到田野,(指着晨星)说"这个被叫作'长庚星',家长这样做就错误地教授了这种语言?"(如果家长说"有肾脏的动物叫作'有心脏的动物'",家长确定误教了这种语言,尽管这个陈述在外延上看是正确的。)正如用以固定名称指称的特定方式对于正确的语言理解**不是**关键性的,不存在任何一种"表征方式",能够把关于"长庚星"的信念的"内容"和关于"启明星"的信念"内容"区分开。一开始用来固定指称的方法**必定**会在名称的传播中得到保持,我对此表示怀疑。

如果固定指称的方式是关键性的,我们就能坚持认为,用"长庚星"和"启明星"表达的、在其他方面相同的信念,具有明确不同的"内容",至少在认识论意义上是这样的情况。因此,对于诸如"西塞罗"和"图利"之类的例子,可以毫无顾虑地坚持关于替换的习惯性规定,不过对于其他例子就没有这么明显了。"长庚星"和"启明星"是否确实具有这种习惯性的"表征方式",我也不是很清楚。我无需采纳明确的立场,对于特定的一对不同的名称,这种裁定可能是不一样的。一种简要的相关评论,可以参看《命名与必然性》第78页。

以通常的方式使用"西塞罗"和"图利",并且它们具有通常的指称。皮埃尔和其他悖论性情况可以得到类似的描述。(对于那些对我的某一种学说感兴趣的人而言,我们仍然可以说,曾经有这么一个时刻,那时候人们由于缺乏经验信息,不可能在认识论上赞同"长庚星是启明星",但它表达的是一个必然真理。)⑭但是,毫不奇怪:所引用的内容在引号之内无法满足替换原则。就我们**目前**对这个问题的清晰程度而言,我们不可能把去引号原则应用到这些情况中去,也不可能判断什么时候这两种语句是否表达相同的"命题"。

如果对于"指称晦暗"这样进行解释,以至于共指**限定摹状词**未能保全真值地互换这一点,对于指称的晦暗性来说已经构成充分条件,那么,我们的讨论完全没有冲击到信念语境是"指称晦暗的"这个习惯性判断。无疑,如果琼斯在天文学上存在错误认知,而对于数学事实没有误解的话,琼斯可能就会相信行星的数目是偶数,但不相信三的平方是偶数。当下的问题是:信念语境是不是"莎士比亚型的",而不是它们是不是"指称透明的"。(我认为,模态语境是"莎士比亚型的",但"在指称上是晦暗的"。)⑮

即便我们倾向于规定信念语境不是莎士比亚型的,使用这个现象去支持弗雷格和罗素的下述观点也是不合理的:名称具有由"唯一的识别属性"表达的描述性"含义"。存在着众所周知的反描述论论证,它们是独立于当前讨论的。名称的不同乃是个人语言的不同,这种观点令人难以接受。最终,当前这篇论文的论证的是,相关联的属性的不同在任何情况下都不能解

---

⑭ 然而从本文来看,有些早期通过去引号方式表达的诸如"以前人们并不知道长庚星就是启明星"之类的阐述,是有问题的(但是,请参看此前关于这个例子的注释)。我在写《命名与必然性》时就已经意识到了这个问题,但我那时并不希望毫无必要地让情况变得混乱。我认为,认识论和形而上学必然性的区分在任何情况下都是有效的,它们对于我想要做出的区分也是充分的。本文中的考虑与先前所讨论的"先验偶然"问题也是相关的;也许我还会在别的地方讨论这个问题。(关于这种讨论可以参看本书的第十章。)

⑮ 按照罗素的观点,限定摹状词不是真正的单称词项。于是他会认为,任何包含限定摹状词的"指称晦暗"的概念都会严重误导人。罗素还坚持"逻辑专名"在信念及其他态度语境中的替换原则有效,以至于对他而言,从任何哲学上体面的意义来看,信念语境和真值函数语境一样,也是"透明的"。

独立于罗素的观点,关于下面这种观点有太多要说的话:在哲学上,乃至对于删因运用自己的概念意图实现的目标来说,一个语境是不是"莎士比亚型的"这个问题,比该语境是不是"指称晦暗的"更加重要。

释清楚这些问题。鉴于这些考虑,以及我们的悖论给这个领域中的"内容"概念所带来的麻烦,替换与密尔型和弗雷格型结论之争的关系,就不是十分清楚了。

重复一下我们的结论:以琼斯及类似事例为基础,哲学家们通常会认定,如果我们不说信念语境不是"莎士比亚型的",那就不会有什么问题了。我认为,目前这样一个明确的结论是没有根据的。更准确地说,琼斯的情况和皮埃尔的情况一样,问题的出现在于,我们通常用来进行信念归属的工具面临着巨大压力,甚至可能面临着彻底失效。目前来看,如果对这篇文章中的悖论没有更好的理解,那么,利用所宣称的信念语境中替换的失效得出关于专名的任何重要的结论,也是缺乏理据的。棘手的案件造成法律上的例外。[46]

---

[46] 关于梅茨的问题(见注释⑮)和目前这个问题的关系,我想做一个简短的评论。梅茨论证说,诸如(＊)"有些人怀疑,所有相信 doctors 很幸福的人都相信 physicians 很幸福"之类的语句可能是真的,即使"doctors"和"physicians"是同义词,而且只要用"doctors"的两次出现替换其中的"physicians",这个语句就会成为假的。丘奇反驳说,(＊)不可能是真的,因为从这个句子到只有一个语词与 doctors(它既翻译"doctors"又翻译 physicians)对应的语言的翻译,将会是假的。如果梅茨和丘奇的直觉都是正确的,我们就会得到一个与皮埃尔悖论相类似的悖论。

然而,把翻译原则和去引号原则应用到梅茨谜题,所涉及的情况比当前所谈的这个谜题还要复杂。首先,如果一个人赞同"Doctors 很幸福",但拒绝赞同"Physicians 很幸福",那么表面上看,去引号原则就不适用于他,因为他处于一种语言或观念的混乱状态之中。(参看注释㉓)由此,仅仅因为发生了这件事,并没有任何理由去怀疑,所有相信 doctors 很幸福的人都相信 physicians 很幸福。

现在,假设一个人赞同"并非所有相信 doctors 很幸福的人都相信 physicians 很幸福"。他为什么会这样赞同呢? 如果是因为他没能意识到"doctors"和"physicians"是同义词(这是梅茨最初设想的情境),那他就处于一种语言或观念的混乱状态之中,因此去引号原则就不能明确适用。因此,我们没有任何理由从这个例子断定(＊)是真的。换句话说,他可能意识到了"doctors"和"physicians"是同义词,但忽视了前一段的提醒,把去引号原则应用到了那个赞同"doctors 很幸福"的人身上,而没有应用到赞同"physicians 很幸福"的人身上。在这里,他并不是处于一种简单的语言混乱之中(就像未能意识到"doctors"和"physicians"是同义词),而是似乎处于一种深度的观念混乱之中(去引号原则的不当应用)。或许可以论证他误解了"信念的逻辑"。他的观念的混乱是否意味着我们把去引号原则直接应用到他的言述上去,因此我们就不能从他的行为断定(＊)是真的呢? 我认为,尽管这些是棘手的问题,而我目前还不能完全确定能给出什么答案,然而存在着一种情况,可以对此给出肯定的回答。(和下面这个更极端的例子做一下比较:有人是如此混乱,以至于他认为某人不赞同"doctors 是幸福的"就意味着他相信 doctors 是幸福的。如果有人的言述"很多人相信 doctors 是幸福的",是以这样一种对去引号原则的误用作为基础的,就可以确定我们压根就不该对它应用去引号原则。至少在这个语境下,这样的言述者并不真正知道"信念"是什么意思。)

我不认为上面的讨论解决了这个问题。或许我可以在别处更详细地讨论梅茨的问题。梅茨的问题令人费解,但它同信念之谜的关系很有意思。但是,从前面所论有一点应该是显然的:梅茨的论证所涉及的问题,比那些在皮埃尔那里产生的问题更加棘手。首先,梅茨的问题涉及信念语境的重叠这些棘手的问题,而皮埃尔的难题只涉及去引号原则应用于对简单句的肯定(或者赞同)。更重要的是,梅茨的问题不会出现在这样的地方:本就没有人处在一种语言或者观念的混乱(转下页)

（接上页）之中，没有人认为别人会处在这种混乱之中，没有人认为有人认为有人处在这种混乱之中，如此等等。对于有关皮埃尔的难题和主张"西塞罗"和"图利"在"含义"上不同的弗雷格型论证而言，有一点很重要：它们仍然会在这样的地方产生出来。它们完全摆脱了这个棘手的问题：由于语言混乱的存在，直接或间接地将去引号原则应用到言述之上。参看注释⑮和㉘，以及文中对于皮埃尔的逻辑一致性的讨论。

文献中讨论的另外一个问题，是"自我意识"或"我"的奇特性问题，这些和当前的考虑是相关的。对这个问题的讨论强调了这一点："我"，即便是史密斯（M. Smith）使用它的时候，它和"史密斯"也是不能互换的，也不能与任何别的指谓史密斯的普通单称词项进行互换。如果她"没有意识到她就是史密斯"，她可能会赞同含有"我"的句子，却不赞同相应的含有"史密斯"的句子。这是很有可能的，即任何一种澄清所有这些问题的逻辑的尝试，都会把自己牵扯进本文讨论的问题当中。（为实现这一目的，当前的讨论可以扩展到指示词和索引词。）（相关讨论可参看第十章。）

本章写作的部分支持来自如下资助：National Science Foundation；a John Simon Guggenheim Foundation Fellowship；a Visiting Fellowship at All Souls College，Oxford，还有普林斯顿大学提供的公休假。在 the Jerusalem Encounter 及其他地方遇到了很多人，和他们的讨论让本文受益良多，对他们我就不逐一列举了。

第七章　诺齐克论知识[*]

一、对知识的一种反事实分析

　　和新近其他许多理论家一样,诺齐克(R. Nozick)提倡对知识进行所谓
"外在论"或者"可靠论"分析。[①]诺齐克在其著作中指出,自己受惠于其他一
些哲学家,比如戈德曼(A. Goldman)对知识的因果解释(Goldman,1967)。
他自己的贡献则在于放弃了因果分析,转而采用了反事实分析,他认为这样
做就能够统一处理数学知识、伦理知识以及那些似乎更容易接受因果分析
的直接经验事例。然而,正如诺齐克在注释(689,注释㊾)中所承认的,实际
上,他已经重新发现了一种方法,该方法至少在他的书面世十年前,就已经
出现在已出版的文献中了。在新近研究中,诺齐克提到了德雷斯克、凯瑞尔
(L. S. Carrier)、阿姆斯特朗(D. Armstrong)以及戈德曼以及其他一些人。[②]
凯瑞尔所阐述的反事实理论与诺齐克的理论非常相似。德雷斯克的理论在

---

　　[*]　这份手稿是 1986 年为了评论诺齐克的《哲学解释》(*Philosophical Explanation*)(Nozick,
1981;没有特别说明的参考页码指的都是这本书中的页码)而准备的。我决定集中讨论他对知识的
处理,这也许是本书最专业、最有影响的部分。然而很明显,对于一篇常规的书评来说,这篇论文写
得太长了。尽管目前的版本已经做了许多修正和改进,但除了我明确注明的之外,基本思想都是原
来就有的。批评的细节和数量可能在实际上会让这些观点变得更难掌握。我希望他们没有造成
"背景噪音"问题(689,注释㊾)。
　　论文通篇我用的都是普通的引号,尽管有时候按照蒯因的想法,在技术上我应该使用他的角
码。我并不觉得读者会因此而感到混乱。
　　在这第一条注释的最后,我要对诺齐克致敬,而且要对他的早逝在我们这些了解他的人看来对
哲学带来的损失说句话。要想认识到这种损失究竟有多大,我们必须亲身体会一下他作为一个对
谈者和辩论者那杰出而非凡的才能。
　　[①]　第二种描述在后面会被证明是合格的。
　　[②]　具体提到了谁,可参看 689,注释㊾。[下面引用到的沙茨(Shatz)说,与德雷斯克持有相似
观点的理论家们"增加了那么多,以至于不可能列出一个完整的名单来"(1981:406);除了(转下页)

细节上已经极为丰富,他的理论与诺齐克的理论更加相似。它的两个基本要素——对知识的反事实分析,以及否认知识在已知的逻辑蕴涵下闭合(作为对怀疑论的一种回答)③——与诺齐克理论的基本要素是相同的。另外,诺齐克的一些前辈(尤其是德雷斯克与戈德曼)注意到了被诺齐克忽视的一些重要问题。④

诺齐克为一个人 S 知道 p 这个推论,给出了四个分别来看是必要的,并且合在一起来看是充分的条件,具体如下:

(1) p 是真的;

(2) S 相信 p;

(3) 假如 p 不是真的,S 就不会相信 p;

(4) 假如 p 是真的,S 就会相信 p。

如果 S **本可能**相信 p,则(假使)p 是假的,条件 3 也应该被认为遭到了违反;并不是说非要违反条件 3,S 才肯定**会**相信 p。[这个观点与刘易斯(D. Lewis 1973)的观点一致,而与斯塔尔内克(Stalnaker 1968)的看法相反];⑤ 诺齐克没有提到,他已经在文献中一个有争议问题上摆明了自己的立场。在这里,我们将规定性地假定,对于反事实条件句,将按照所提出的方式进行解释。条件 4 涉及更多解释上的问题,我们将在后面再讨论。(实际上,为了排除关于 p 的矛盾信念,诺齐克修改了条件 4,使得后件读作:"S 将会相信 p,并且将不会相信非 p"。通常来看,这样进行修改与我们的讨论无

(接上页)已经列出来的那些人,他还提到了侯兰德(A. J. Holland)。]按照诺齐克的看法,戈德曼本人使用反事实分析的那篇论文(Goldman,1976)是在诺齐克的基础工作已经完成之后才面世的。

③　我第一次听到对这种怀疑论的回答,是在一篇论文当中,或者,也许是在克拉克(T. Clarke)给伯克利的一群助理教授所做的一次非正式的口头报告中。我最多只能猜测这次报告的时间是 1965 年的春天,但更确定的是在 1963 年到 1965 年这个时间段之间。据我所知,这篇论文从来没有发表过。正如我所听到的,这篇文章及其附带的讨论对如下思想提供了有说服力的支持:通过否认知识在逻辑蕴涵下闭合,就可以克服怀疑论。

然而,我本人当然不希望去赞同这一策略。诺齐克陷入的这场纷争,以及他的直觉与其前辈德雷斯克实际发生冲突的方式,其本身就可以表明这个方案陷入了困境。此外,我同情那些认为这种想法本质上就不合理,甚至很荒谬的哲学家。但在以下讨论中,我并不打算预先假设针对该策略的这样一种强烈的反对意见。

④　参看 Goldman(1976)和 Dretske(1970, 1971)。例如,关于戈德曼,可参看下文第八部分。

⑤　值得注意的是,斯塔尔内克后来对他的观点提出了一种超赋值型解释,这也许会让它在实际上跟刘易斯的观点更加接近一些。但即使从形式上,它仍然与文章中所提出的方式不一样。也可参看 Harper(1981)中的综述性文章。

关,我将遵照诺齐克的做法,将其忽略。除了我将很快就在下面进行解释的、涉及"保持方法固定"的主要修改,诺齐克还在本章后面的部分提到了其他可能的尝试性修改。只有当它们看起来相关的时候,我才会引用到它们。)当第 3 个和第 4 个条件都成立的时候,诺齐克说,S 的信念 p 就会追踪(track)事实 p。这个"追踪"概念是诺齐克关于知识的分析的关键概念,它与诺齐克在书中其他地方所应用的思想是密切相关的,尤其是与他对自由意志的分析是密切相关的。

有一个饶有兴味的事实诺齐克并没有注意到。若给定他的后面两个条件,那么,前两个条件当中的任何一个都可以去掉。因为,无论我们相信关于反事实条件句逻辑的其他什么东西,反事实条件句都肯定蕴涵相应的实质条件句;(3)和(4)尤其如此。但另一方面,很显然,(1)和(4)合在一起能推出(2),(2)和(3)合在一起能推出(1)。⑥因此,(1)(3)(4)和(2)(3)(4)这两组中的任意一组都与最初这个冗余的集合相等同。⑦不过,我们将像通常那样遵循诺齐克的做法,用这四个条件指称这种冗余性的阐述。

反例的出现使诺齐克修改了这些简单得让人迷惑的条件,并定义了一个技术性的惯用语——S 经由方法 M 而知道 p——当且仅当(1)成立⑧,并且:

(2′) S 经由方法 M 而相信 p。

(3′) 假如 p 不是真的,而 S 想要用 M 得出一个关于是否 p 的信念,那么 S 不会经由方法 M 而相信 p。

(4′) 假如 p 是真的,而 S 想要用 M……[就像(3′)中那样],那么 S 就会经由方法 M 而相信 p。

如果 S 只使用了一种方法 M 得出了他对 p 的信念,那么诺齐克就会说,S 知

---

⑥ 如果本文的读者中有一些"相干逻辑学家",则必须注意,这些反事实条件句可能蕴涵相应的相干条件句。

⑦ 莱文(M. Levin)让我留意到如下这个事实:卢泊尔的文章(Luper, 2004)也注意到(1)是冗余的。我所掌握的信息依赖于莱文。我承认到目前为止,我还没有读过这篇文章。

诺齐克的这种处理方式尽管有其冗余性问题,却是很自然的。它是对让一个真信念转变成为知识这个问题的回答。需要什么样的条件?于是他就通过反事实条件句的形式增加了这些条件。也许这就是为什么诺齐克没有注意到这种冗余性存在的原因。

⑧ 实际上,既然(1)可以从(2′)和(3′)推导出来,那就可以把它去掉。换句话说,给定(1)和(4′),(2′)可以弱化为:"S 使用 M 得出了一个关于是否 p 的信念"。

道 p 当且仅当 S 经由 M 而知道 p。存在一些更复杂的情况,在其中 S 的信念是通过不止一种方法"过度决定的",诺齐克对这些复杂情况的处理我们将在后面讨论;但一般来说,考虑只用一种方法这种简单情况就足够了。

这种修正性说明意在排除这样的反例:"孙子来看望的时候,祖母看到他很健康;但是如果他生病了或者已经与世长辞,那么,为了不让她感到伤悲,别人会告诉她,她的孙子很健康"(179)。这违反了初始条件 3,但可以肯定,祖母知道她的孙子是健在的。如果我们"保持方法固定",这个反例就会消失:既然祖母是因为她在孙子来看望时使用了观察他的方法(方法 M)而相信孙子是健在的,那么,只有当她的观察力变差,以至于即使他生病了她仍然会通过这种方法相信他是健康的,才可以认为修正版本 3′ 遭到了违反。

这里的问题指的是,尽管祖母实际上使用了观察自己的孙子这种方法 M 去把握他是否健康(p),但假如 p 本就不是真的,M 也就不会被用到,而另一种方法 M′ 将被用到,以替代 M。条件 3′ 这样来规避这个问题,即规定,在其前件当中,我们所关心的是 p 在其中为假、但用的方法是 M 的反事实情境。(凯瑞尔好像给出了诺齐克在这里放弃的那种实质上更简单的阐述形式;德雷斯克似乎是通过一种与之不同但相关的手段,避免了这种反例的出现。)我将追随诺齐克(185),只有不这样做会引发混淆时,才提到这种修正的阐述形式。一般情况下,读者完全可以亲自证实,这个讨论确实能够"保持方法固定"。⑨

作为下一步的参考,我在这里补充诺齐克针对方法给出的两个评论。首先,诺齐克写道:

> 经验上("从内部看")相同的任何方法,都将被算作相同的方法。如果把我们的信念建基于经验之上,你、我以及漂浮在水箱里的人,为了实现这些目标,都在使用着相同的方法。(184—185)

---

⑨ 我这样写的话,就好像"保持方法固定"的思想是显而易见的,但事实上,正如我在下面要说到的,我并不那么确信总会是这样。

尽管诺齐克的知识概念从根本上是"外在论"的,但他的方法概念是"内在论"的。

其次,受维特根斯坦(Wittgenstein, 1969)的影响,诺齐克认为,一些不考虑对任何特定方法的应用以及其"中心性确保其不会避开被注意到"的陈述,最好被看作是独立于任意具体方法而被相信的。(他给出的例子是"我有两只手"和"这个世界已经存在了许多年"。)关于这些信念,诺齐克建议我们回到简单条件 3 和 4。[⑩] 只有对那些不能推出的结论,假如我没有使用某个或某些特定的方法(即使这种方法与仅仅在我面前进行观察一样简单),我才需要使用更复杂的条件 3′ 和 4′。(正如我刚刚所说,即使在这样的情况下,具体实践中通常也不会引发用 3 和 4 去替换 3′ 和 4′ 的混淆。)

二、相关替代者和诺齐克的第三个条件

条件 3 或 3′(在德雷斯克和凯瑞尔那里有其类似物)是诺齐克最重要的条件。在他很早的讨论中,诺齐克就曾宣称,条件 3 处理的是这样一些情况,对于这些情况,其他人已经提到了需要排除"相关替代者"。他引用了斯蒂恩(G. C. Stine)的讨论,主要评论了戈德曼和德雷斯克的见解。但也有其他人讨论的一个例子,斯蒂恩则将其归于基耐特(C. Ginet):[⑪]

是什么让一个替代者在一个语境中是相关的,而在另外的语境中是不相关的呢? ……当乘车穿过郊外,基于最佳条件下获得的视觉印象,亨利(Henry)把一个物体认成了谷仓,通常情况下我们会说,亨利知

---

⑩ 然而,维特根斯坦(Wittgenstein, 1969)可能不情愿称这些基本的框架性命题为"知识"。如果这样的话,诺齐克可能并没有遵循他。关于维特根斯坦与诺齐克这种可能的分别,我本人更同情诺齐克。

诺齐克本应该提到,他给出的这两个例子来自摩尔(Moore, 1925; 1939)。这些论文是维特根斯坦(Wittgenstein, 1969)的重要来源。

⑪ 斯蒂恩听到过 1973 年宣读的戈德曼论文的版本(参看 Stine, 1976:252,以及她的注释①),她说这是基耐特提供的例子。戈德曼的论文在 1976 年正式发表。戈德曼称其中的主体为"亨利"(Henry),斯蒂恩遵循了戈德曼,我也这样做。

道它是一个谷仓。然而让我们假设亨利不知道这个地方布满了很多精心制作的纸质仿真谷仓。[12]在这种情况下，我们就不会说亨利知道，他看到的那个东西是谷仓，除非他有证据反驳那是一个纸质仿真品，这个东西现在就是一个相关的替代者。这些都是显而易见的。但是，如果在亨利的周围并不存在这样的仿真品，尽管它们[在瑞典存在？假使它们现在并不存在于瑞典，但它们]曾经存在于那里，情况又会怎么样呢？这些情形中的任意一个都足以让该假设（它是一个纸质的东西）成为相关的吗？也许不是，但是该情境并不是那么明显。（Stine，1976：252）[13]

诺齐克论证说，条件3给出了处理这一系列情况的一种精确表述。例如，如果亨利不知道这个区域到处都是纸质仿真谷仓，那么，即使该区域内从没有过（真正的）谷仓，亨利本来也可能相信过去是有的（由于仿制谷仓的出现）。由此就违反了条件3，而亨利并不知道在这个区域存在真正的谷仓。另一方面，如果这个地方是一个没有纸质仿真谷仓的普通区域，条件3就得到了满足。如果这个区域根本就没有过什么谷仓，也就不会有什么仿制品在其位置上出现，由此，亨利不会判断该区域里曾经存在谷仓。诺齐克

---

　⑫　实际上，戈德曼（Goldman，1976：773）强调说："这些仿真品从路上看过去确实很像真谷仓，但实际上只是一些外立面，并没有后墙或者内里，确实也不能真当谷仓来用。"它们也许刚好是用实木做的，而且可能同样具有欺骗性。它们由以做成的材料实际上并不是关键所在。然而，戈德曼（斯蒂恩追随戈德曼，同样）使用了"纸质仿真品"这个词，因此我也使用这个术语。

　⑬　诺齐克引用了这段话（174—175）。诺齐克的引用不经意地漏掉了方括号中的文字，导致这段文字有了一种明显不同的意义，从而在某种程度上会引起误解。"这些情形中的任意一个"指的是什么？正如诺齐克所引用的，只存在一个情形，就是假谷仓过去就在亨利周围，但如今不在那里了。斯蒂恩最初想要说的是另外两个情况：尽管在亨利周围（或许在美国）没有，但在瑞典存在着假谷仓，或者，在瑞典曾经有假谷仓，但后来它们在那里消失不见了。毫无疑问，在亨利的周围过去曾经有过假谷仓，但它们后来不在那里了。这是一种有趣的情况。但诺齐克后来的讨论明确指的是"其他国家"，这些纸质谷仓现在或过去散布在那里。

　　我们应该补充一点：关于在瑞典的那些谷仓，而不仅仅是这个基本例子存在的问题，已经出现在戈德曼的著作（Goldman，1976：775）当中了。要注意的是，和诺齐克一样，戈德曼也假定了，仿真谷仓在该区域的存在意味着一个关于亨利正在观看的特定区域的反事实条件句："但是，如果处在那个位置上的物体是一个仿真品，亨利会误把它当成谷仓"（773）。我们立刻就会看到，伪造谷仓在该区域的出现并不意味着这个谷仓本可以在这个特定区域存在。然而，戈德曼接着强调说，仿真谷仓与这种情况的关联在于，它们创制了一个相关替代者，而并非试图把这个概念归约为反事实条件句（775）。关于瑞典的案例，他提出了完全不同的观点，而不是试图用反事实条件句去定义相关的替代者。

认为,假谷仓现在或过去是否存在于其他国家(瑞典),明显是与此不相关的。⑭在斯蒂恩认为"相关替代者"说明给出了不清晰结果的那些情况中,我们理应具有关于条件 3 的清晰直觉。诺齐克认为,条件 3 自始至终都能够替换"相关替代者"。他写道:

> 因此,条件 3 处理的是那些混淆了"相关替代者"说明的情况;尽管这种说明可以采用上述虚拟条件句标准,以便判断什么时候一个替代者是相关的,但这样它就纯粹变成了一个替代者,以及变成了陈述条件 3 的一种更冗长的方式。(175)⑮

在我看来,诺齐克这个观点是完全错误的;他的第三个条件并不符合"相关替代者"的想法,即使是在谷仓事例中,情况也是这样。采用沙茨(D. Shatz, 1981),乃至德雷斯克(Dretske, 1971)⑯(他的关于知识的反事实说明理论的原创论文)已经注意到的反例去表明这一点,并不困难。让我们假

---

⑭ 按照诺齐克的反事实阐述(条件 3),关于什么东西是相关的会是如此明显吗? 假设这个区域不存在任何伪造的谷仓,但附近一个区域有伪造的谷仓,只是出于偶然,亨利(驾车闲游)才到了这个地区而不是那个邻近地区。于是还是那个问题:如果亨利在最后一刻碰巧取消了去瑞典的旅行,情况会怎么样? 如果该地区的农民当时正在考虑效仿瑞典的做法,却在最后一刻决定不这样做了,情况又如何? 我不是非要在所有这些问题上都明确表态,但当诺齐克声称他的反事实型表述说明仿制品在另一个国家的存在是不相关,他肯定是草率了。诺齐克必须表明,在这些情况下,他的反事实阐述能够符合我们的直觉(当然,我认为这无论如何都做不到)。

⑮ 如果我们在这一点上同意诺齐克,这难道没有决定性地表明,相关替代者说明应该由使用条件 3 的说明所替换吗? 这难道不会"强制"相关替代者理论家放弃自己的理论转而支持反事实说明吗? 参看诺齐克写的导言(4—8)当中对"强制哲学"(coercive philosophy)的批评。当然,这只是诺齐克本人的论证的众多例子之一。而他本人的这个论证让人们怀疑他是否遵守了自己的规范。

还有一个小问题。如正文所引,诺齐克说,条件 3 处理的是那些"混淆了'相关替代者'说明"的情况,接着又说,"这种说明可以采用上述虚拟条件句标准",以便判断什么时候一个替换者是相关的,等等。在这里他似乎把虚拟条件看成了对相关替代者说明的一种新颖替代物,但在其他地方(689,注释㊿),他恰恰又把一个替代者何时相关的反事实定义归给了德雷斯克。由于有可能是德雷斯克的论文把相关替代者的思想引入了该文献,因此这将意味着,这种反事实阐述形式始终就是"相关替代者"的意思。我不打算深究这个问题,但是在沙茨之后,下面的那些论证在我看来想要确证的是,这种反事实阐述形式并不符合消除相关替代者的直观想法。

⑯ 尽管沙茨的论文是在诺齐克的书出版前发表的,但诺齐克考虑它时已经太迟了。

对于这里所讨论的这类反例来说,这两篇论文都非常值得一读。沙茨论文中包含许多有趣的资料,我没有对其进行详细的重述。

设该地区实际上到处都是纸质仿真谷仓,但它们不能在一些土壤条件不利的特殊地面上建造。假设亨利对纸质仿真谷仓一无所知,对土壤条件也什么都不知道,同时也不知道它们与建造假谷仓的可行性有关系。他天真地看着上面有一个真谷仓的一块地(实际上它的土壤条件根本就无法支持纸质仿真谷仓的建造),并判定这块地上有一个谷仓。这里,条件3得到了满足,因为假如那里根本就没有真正谷仓,在那个地方也就不会有仿制品,于是亨利也就不会相信那里有谷仓了。(注意"这种方法保持固定"。)然而,同样的直觉(它们会导致人们在原始情况中否认亨利知道那块地上有一个谷仓)在这个修正过的情况中也能适用。亨利从未听说过的土壤条件几乎不可能有用。正如诺齐克所认为的,不仅条件3没有解决这种情况,条件4也得到了满足。我将在下面讨论条件4的解释,但现在为止,有一点应该已经很清楚了,那就是,如果它在普通乡村(没有纸质仿真谷仓)能够成立,它在这里就能够成立。于是,诺齐克的条件就得到了满足;而根据他的分析,亨利就知道这块地里有一个谷仓。

拉姆斯登(D. Lumsden)和约翰斯顿(M. Johnston)指出,不利的土壤条件对于该示例并非至关重要。⑰即使该区域内有许许多多仿制谷仓,我们是否还会对一个有真谷仓的特定地面说,假如这个谷仓没在这里,这个位置上还会(甚至本可能会)有一个仿制谷仓? 我认为通常情况下不会,除非这块地的主人(或其他负责人)暗中计划有可能去建一个仿制谷仓。比如说,如果主人在建一个(真)谷仓还是一个筒仓之间犹豫不决,并没有考虑建什么纸质仿真谷仓,那么,通常情况下,相邻的田地里有纸质仿真谷仓根本就没用;如果没有建一个真正的谷仓,那么,处在那个位置上的是一个筒仓,而不是一个假谷仓(而亨利不会被骗到)。一般来说,没有什么特别的理由让人认为,如果那里没有真正的谷仓,处在那里的将是或可能是一个假谷仓。也许那块地上可能是空的,也许上面会建别的东西。

上一段中的这些规定,使得在这块地上建一个纸质仿真谷仓这件事变得在物理上不可能实现,这些规定实际上只是锦上添花,可以让这一点变得更加严谨。另一方面,如果上述主人(最终选择去建一个真实谷仓)在建一

---

⑰ 在这里,我修改和补充了他们的评论,他们不必对此负责。

个真实谷仓还是建一个纸制仿真谷仓之间作出决定（两者都是可行的），那么，如果没有建真正的谷仓，那个位置上就会有一个仿制品，即使实际上在整个区域里从来没有过任何纸质仿真谷仓。⑱的确，诺齐克错误地试图将两个截然不同且基本相互独立的问题等同起来，这两个问题中的任意一个都可以被认为让纸制仿真谷仓成为一个相关替代者⑲：事实上，在该区域**其他**地方是否有纸制仿真谷仓，以及在**这个特定**地面上是否将会或者本来可以建起一个纸制仿真谷仓。

有人可能试图通过某种方式"捍卫"诺齐克的立场，这种方式实际指向了针对其理论的最严厉的反对意见之一。假设亨利的信念被表述成这样一个信念，即相信**在他面前这块地上有一个真正的谷仓**，跟前段末尾用的那个指示词不同，这里这个限定摹状词被认为是非严格的，（有人甚至可以给出一种明确属于罗素型的分析，比如，一个真正的谷仓位于任何一块他面前唯一存在的地面上。）这样的话，这个地区其他地面上是否包含假谷仓（外立面），就不再与诺齐克的条件3的满足不相关了。这是因为，亨利可能纯粹出于偶然，正好站在这个特定地面的前面，也可能已经停在了另一块地面上。于是，这另外一块地面本可能包含着一个谷仓的外立面，而这样的话，亨利的信念确实就是错的。因此，对于新陈述的信念，诺齐克的第三个条件毕竟还是遭到了违反。

但是，这真的是对诺齐克的一种"捍卫"吗？从直觉上看，可以肯定，亨利知道**在他前面这块地**上有一个真正的谷仓，当且仅当，他知道在**这个特定地面**上有一个真正的谷仓。因为亨利知道这个特定的地面就是他面前的那块地，因此对于亨利来说，这两个条件在认识论上是等价的。〔亨利甚至可能熟知所说的那块地，它有一个专有名称叫"吸血鬼之地"（Dracula Field），因此，知道他面前那块地上有一个真正的谷仓，当且仅当在吸血鬼之地上有一个真正的谷仓。但是，由于这个专名是严格的，如果他本可能处在另一块不同的地面上，那么，关于一个假谷仓是否有可能处在吸血鬼之地这一点的

---

⑱　瑞典是否有或曾经有过这样的谷仓，可能（间接地）与反事实条件句有关。也许这块地的主人就是瑞典人，而且想知道是不是要玩一下他们曾经在这个古老国家玩过的相同的游戏！

⑲　我直观地使用了"相关替代者"这个词。如果德雷斯克按照注释⑮提出的方式对其进行定义，我所遵循的就不是他的定义。

反事实条件句,其所得出的结论,与关于一个假谷仓是否可能处在他面前那块地上这一点的反事实条件句,是不相同的。]由此可见,诺齐克的条件 3,由于涉及一个反事实条件句,关于那些在认识论上对亨利来说(给定其所知道的内容)明显等价的表述,会给出不同的结论。这种反事实的表述与明显的直觉显然是相互冲突的。

读者将会认识到这个观点和我的《命名和必然性》之间的关系,以及它与先验性及形而上学必然性之间的区别。然而在这里,它只是一个同普通知识(完全可能是经验性的和后验性的)以及各种普通反事实条件句的真之间关系高度类似的观点。当然,关于反事实情境的严格指示词与非严格指示词之间的区别,是明确用到了。如果考虑我早期的研究,针对诺齐克理论的主要反对意见应该是显而易见的,并且它很可能威胁到了其他许多试图根据反事实条件句(以及类似手段)定义知识的相关理论,不过,对其中每一个特定理论都必须进行检验。[20]

前面这个示例中这个情境的人为性——纸质仿真谷仓及其类似物只是在对知识的哲学讨论中才比比皆是——[21]掩盖了它的完整说服力。(沙茨

---

[20]　直到现在(2009 年),我才意识到针对诺齐克理论的这个反对意见有多么基本,以及它与我早期的研究是如何相关的。尽管对我的原始版本进行了许多别的更改,或者对原始版本进行了与此同样的改进,但任何补充都不比这一个更重要,所以我明确地指明了这一点。

实际上,我发现我在第九部分的一个特殊案例中预见到了这个反对意见(特别参看我对蓝色谷仓的讨论和注释[32],尽管这个讨论中还有一些内容也是相关的)。但是,我应该早点强调这个问题,并将其与形而上学和认识论概念之间的区别联系起来。

此外,在后面的注释[23]中,我明确区分了涉及"这个对象"(它本质上是一个谷仓,而不可能是一个谷仓的外立面)的信念,和关于在我面前的一个非严格指示的对象的信念,但我注意到,我对那块地的指示始终保持了严格。难道我不该想到那种对那块地的指示没有保持严格的情况吗?

[21]　实际上,这些例子可以不必像我最初撰写本文时所认为的那样具有人为性。在我 2009 年春季知识论的研讨班上,就有许多人提出了真实的示例。泰希曼提到了好莱坞剧照;帕里克(R. Parikh)提到了那些涉及军事伪装或其他诱饵的例子;毕希纳也提出了这样的示例。不过,对于戈德曼(1976)的例子的讨论来说有一点是很重要的:在他所谈论的情境下,纸质仿真谷仓外立面对任何人都不太可能发生(因为它们是一种疯狂的、连做梦都不会想到的猜测,不带任何特殊目的),以至于即使面对最弱理解的相关替代者概念,亨利的结论也是完全合理的。后来,我将这个例子改编为亨利已被警告并且显然是非理性的情况。

其他实际产生的仿制品可以替代纸制仿真谷仓,但这要看我们的目的和给出的例子,假如他的原始示例有意依赖于纸质仿真谷仓的出乎意料而且少见的性质,我们就将不得不检验清楚,戈德曼论文中的原始示例的特征有多少得到了保留。

伪钞可能会在某个地区到处都是,或者在反事实的情况下本来会是这样。(二战中,德国人曾密谋让伪造的英镑充斥英国。这种伪钞实际上已经印出来了,但这个阴谋没有得逞。伪(转下页)

用的是另一个标准的人造情境———一对双胞胎,其中一个被发现在偷一本书。)㉒实际上,诺齐克的分析称赞"知识"是许多草率的实验和研究的成果。这对恰当的实验控制这个想法是有害的。我们可以考虑一个医学实验人员,他正在测试针对一种特定疾病的新药的功效。假设他忽略了使用恰当的实验控制。拿一种极端情况来说,假设他忽略了给控制组服用了安慰剂的情况。如果他的病患实际上倾向于具有明显高于平均水平的康复率,而他得出结论,说他测试出了一种(在化学上)有效治疗这种病的药㉓,科学界将判断他的研究是没有价值的(或者至少具有高度不确定性)。他没有排除他得到的有利结果是由于安慰剂的作用这种可能性。如果说有什么事情未能排除相关替代者,那么这个就肯定是了。

然而,假设实际上安慰剂对这种特定疾病完全无效(或几乎完全无效),那么,无论是实验者还是医学界其他人,就都没有理由认为情况就是这样

(接上页)造的政府身份——假护照、绿卡、社保卡,等等——情况又怎么样呢?)我刚刚读过(2009年)报纸上的一个报道,说的是通过制造治疗疟疾的假药而获利的真正恶毒之人,这些人把这些假药卖给非洲的患者[回忆一下电影《第三人》(*The Third Man*)中的哈瑞·莱姆(Harry Lime)]。还有那些伪造的艺术品[例如在维梅尔-范·米格伦(Vermeer-Van Meegeren)一例中]、假的古代文物、假宝石、皮尔当人(Piltdown Man)、假的名牌服装,以及其他许多示例。参看注释㊸。

㉒ 沙茨这个双胞胎的例子是从莱勒尔和派克森的文章中(Lehrer and Paxson 1969)得来的,这对双胞胎中的一个叫"汤姆·格拉贝特"(Tom Grabit),他是一个小偷。莱勒尔和派克森原本是用这个例子去讨论著名的盖提尔问题(参看 Gettier, 1963),而沙茨则将其特地用于讨论可靠性和相关替代者问题,这与诺齐克的理论是直接相关的。出于这个原因,我现在和以前都引用了沙茨。[感谢阿德勒(J. Adler)敦促我为此添加一个脚注。]

同样,戈德曼(Goldman, 1976:778)也提到了双胞胎的例子[朱迪(Judy)和楚迪(Trudy)]。主人公山姆(Sam)看到了朱迪,但不知道站在他面前的就是朱迪,因为他无法把他和楚迪区分开来。(他甚至可能都没听说过他。)戈德曼陈述了一个条件(受到阿姆斯特朗的影响),在这里可以直观地给出恰当的结果,但接着又提出了针对它的反对意见。然而,戈德曼在评论诺齐克时所陈述的要点是,诺齐克的条件 3 对于这个例子显然是不充分的(Goldman, 1983:84)。要求假如朱迪不在那里楚迪就(乃至可能)在那里,这是不够的。也许,如果朱迪不在那里,也就没有谁会在那里。但这并不能说明山姆为何没有能力区分这两个双胞胎。这个案例确实与我在正文中所讲的诺齐克的条件 3 存在的某些问题相类似。(感谢莱文提醒我注意到了戈德曼在其他方面所做的评论。)

㉓ 在这里,我说的是"他测试了一种(在化学上)有效治疗这种病的药",而不是说"这种药(在化学上)可以有效治疗这种病"。因此,如果实验者测试了另一种不同的(无效)药物,则所说的命题 *p* 就会是假的了。同样,我所考虑的亨利的信念是,这块地上包含一个真正的谷仓,而不是说这块地上这个物体是真实的而不是伪造的。这容许我们在考虑第三个条件的反事实条件句时,可以假设这块地上包含一个不同的(伪造)"谷仓"。我采用的这些表述可能看起来有些麻烦,以至于我不必讨论有关这种药和那个谷仓的"本质属性"的问题。对后一种例子,关于这个谷仓等等,参看下文。(但是注意,即使我们考虑条件 3,这块地和这种病也应该保持固定。)

的。于是,如果实验者得出结论,说他已经测试了在化学上能够有效应对这种病的药物,那么,他的信念就满足了诺齐克关于知识的条件。尤其是,尽管事实上任何医学科学家都会说实验者并没有排除相关替代者㉔,但诺齐克的条件 3 或更好的条件 3′仍然得到了满足。这是因为,如果实验者测试了一种对这种疾病没有化学作用的药,由于该疾病不能接受安慰剂的作用,对患者的改善就会很小。因此,使用与他实际使用的相同的方法 M,他不会得出这个结论:他已经测试了对这种疾病有效的药物,可见条件 3′得到了满足。同理,条件 4′得到了满足好像也是显而易见的。但是,如果这是在谈论知识的情况,那么知识就名不副实了。㉕

　　这个例子甚至人为到了夸张的程度——实验者是如此草率。但是在许多类似情况下,诺齐克的条件都认可了忽略相关控制的实验者。假如应用了这些控制(即使没有人知道或有任何理由相信如此),那么,只要实验仍然能够成功进行,本应设计为防止此类失效的条件 3 通常也就会得到满足。这些控制实际**得到**应用,是不必要的。

　　我对这位实验者的讨论可以应用到亨利和谷仓身上,这给这个案例带来了更加直接的问题。在上面的描述中,从未听说过假谷仓(也不知道它们与土壤条件的关系)的亨利,得出自己的结论是完全基于理性的。因此,按照盖提尔(Gettier, 1963)的精神,他的例子是对经典的"被证成的真信念"分析的反例。沙茨(Shatz, 1981)和德雷斯克(Dretske, 1971)在相关文章中最初提出的案例同样如此。㉖与此不同,我刚刚描述的医学实验员绝不会是完全理性的——我们大多数人,只要了解适当的实验控制,都会认为他的结论既没有得到证成,也是不合理的。这种不合理性没能妨碍诺齐克的条件

　　㉔　实际上,[相关替代者]从直觉意义上说,是一个已知的相关替代者。即使亨利从未听说过假谷仓,它们也应该是一个相关替代者。参看下面马上要说的有关差异的讨论。另外,尽管"相关替代者"是一个技术性哲学词项,但在这里,它或类似词项,恰好表示了适当的科学共同体的态度,他们会在完全不知道该哲学文献的情况下使用某个这样的短语。

　　㉕　参看下面我对"gnowledge"的讨论,其中,这个词项被规定性地定义为满足诺齐克的条件。

　　㉖　实际上,正如我在注释㉒中提到的,沙茨确实是从莱勒尔和派克森(Lehrer and Paxson, 1969)得到他的例子的,而后者就是在讨论盖提尔(Gettier, 1963)时明确提出这个例子的。沙茨明确给出了自己的例子,以其作为针对诺齐克第三个条件的反例,这被视为对相关替代者说明的替代或分析。参看他的第 394 页条件 ＊(这就是诺齐克的第三个条件,不过沙茨写作的时候忽略了诺齐克,并受到了戈德曼和德雷斯克的影响)。沙茨的反例强化了德雷斯克较早时候对这个反例的表述(参看 Shatz, 1981:408,注释⑭)。

得到满足。也许有人会争辩说,诺齐克所遵循的许多新近的传统都满足于这样一个结果——它的许多倡导者并不认为,证成应该是知识的一个必要条件。但是在我看来,很明显,即使是顺应这一趋势的哲学家也应该承认,目前这种类型的案例——其中的相信者真的是非理性的——偏离太远了。

让我进一步修改一下亨利的例子吧。假设亨利非常熟悉这个区域的纸制仿真谷仓——每个人都知道它们,而且他本人也近距离地考察过一些仿制品。另一方面,他并不知道在某些地块中,土壤条件会让伪谷仓无法架设起来;也许他甚至会错误地认定,大致可以在附近的任一地块上建起一个纸制仿真谷仓。假设亨利看着一个有着真实谷仓的地块(在那里,他根本就不知道,土壤条件会阻止仿制品的建立),他非常愚蠢且不合理地忽略了谷仓可能是仿制品这一可能性,并得出结论说:在这个地块上存在一个真正的谷仓。即使在这种情况下,亨利的不合理也是如此明显,以至于很难想象它在实践中何以能够出现。但是诺齐克的条件仍然得到了满足。尤其是,形式3′和4′的条件也得到了满足:亨利的"方法 M"不合理地遵从了他的眼睛的原始证据,而忽略了他正在观看纸制仿真谷仓这个可能性。类似地,亨利并不知道,假使这块地的主人没有建造谷仓,他可能会倾向于建造一个筒仓,或者让这块地闲着,或是其他更多的任意情况。正如我们上面所说,不利的土壤条件不是必不可少的。这个主人可能都没有听说过纸质仿真谷仓。然而,诺齐克的条件仍然得到了满足。

同样,我们可以修改上面那个有关医学的案例,以致那个实验员会更加不理性。假设人们已经多次对其告知,使用控制组去排除安慰剂的作用的必要性,假设他已经充分理解了这个论证,而且他也承认这个论证有其说服力。如果该实验员无视他此前学到的东西,却仍然不合理地展开其草率的程序,那么这些补充性的规定没有一个能阻止诺齐克的条件得到满足。

在诺齐克所引用的一篇论文中,邦约尔(L. Bonjour)㉗给出了其他案例,其中主体的信念是非理性的。邦约尔提出了大量例子,但几乎所有例子都涉及一个主体,该主体非理性地认为自己是千里眼,根据其假想的能力,相

___

㉗ Bonjour(1980), Cited by Nozick(686, note 41). 对于那些熟悉2009年6月事件的人来说,南卡罗来纳州州长的下落可能是一个更恰当的例子。

信总统是在纽约。

　　综合考虑邦约尔那些案例的各种特征,让我们假设,已经向上述主体提供了压倒性的证据,表明总统实际上就是在华盛顿,并证明,他知道过去他凭借自己所假想的千里眼得出的结论通常都是错的,而且科研人员已经得出结论:千里眼是不可能的。然而让我们假设,这个主体确实就是一个千里眼,并且总统实际上就是在纽约。(总统在华盛顿的证据来自白宫所散布的"虚假信息",这样做是为了让公众意识不到总统的秘密使命。在过去,有时候该主体并不知道,特殊的干扰条件妨碍了他的千里眼发挥作用;但这些干扰在当前所谈的这个情况下并不存在。)有一点应该很清楚,诺齐克关于知识的所有条件都得到了满足,而且方法"保持固定"。然而,按照一般的理性标准,该主体的信念就是非理性的,而邦约尔论证说,他显然并不知道总统在纽约。[邦约尔的论证一开始是针对阿姆斯特朗(1973)的分析提出来的。]

　　诺齐克提议(196),给他的条件补充一个附加条款可能是合适的,这个条款要求 S 不相信 3 和 4 的否定。他认为,正面要求该主体相信 3 和 4 成立,这很难做到。他对邦约尔论文的唯一的评论(在他引用该文的那条脚注中)是说:"我们正是应该沿着这些思路来处理邦约尔提出的那些例子……"这条评论令人费解,因为很显然,这个附加条件与邦约尔的例子并不相关,无论邦约尔的直觉是否正确,以及另外某个论证是否会将他驳倒。㉘由于邦约尔案例中的那个主体充分相信自己的千里眼,他甚至满足这个更强的条件,即他相信 3 和 4 是成立的,更不用说他并非不相信它们这个更弱的条件了。关键在于,他的信念是非理性的。我们难道可以用诸如"对 S 来说相信 3 和 4 成立不是非理性的"之类东西来补充这些条件吗? 确实,这样一个补充条款会把邦约尔的例子排除掉,但会重新引发哲学怀疑论问题,而且它不再是"外在论的"。怀疑论者可能会论证说,我们通常的信念并不能真正满足这个补充条款。像诺齐克这样关于知识的外在论观点的主要目标一直就是要排除掉这样的问题,其方法是让知识单单成为一个关于相关的反事实条件句实际上是否成立的问题。

　　㉘　感谢匹考克让我注意到了邦约尔的论文,以及诺齐克的附加条款跟它并不相关。

　　我说过,许多"外在论者"已经明确认为知识并不一定蕴涵证成。其他人,例如戈德曼以及追随他的诺齐克,对知识及证成提供了一种外在论的分析。然而:(1)我坚信,这样的哲学家并非真正认为像上面这种最坏情况给出的这种高度不合理的信念就是知识,更不用说它们是被证成了的。(2)即使它们就是知识——毕竟我们可以约定将一个词"gnowledge"定义成满足了诺齐克的条件——这也只不过说明了知识(或"gnowledge")并没有多大的优势。同样,我们可以发明一个具有相同结果的词项"gustified"。怀疑论者可以假定性地承认,我们可能会"知道"(或"gnow")我们通常的信念(并且在拥有这些信念上得到了"gustified"),但声称,在拥有这些信念上,我们并不比上面提到的一些主体拥有更多的权限。我们已经看到:(1)诺齐克的外在化条件并不排除那些主体高度非理性的情况,(2)即使在直觉意义上主体是理性的和得到证成的(以及主体并非如此时),第三个条件也没有准确表达相关替代者这个思想。我应该补充的是(3):他的条件也没有准确表达"可靠的方法"这个思想——而不是,他说这些条件做到了。忽略适当的实验控制,并且,忽略在一个伪造谷仓大量存在的地方伪造谷仓的存在,这些就是非常不可靠的方法。的确,从某种意义上说,诺齐克的条件保证了对于手边的特定判断 p 来说,所用的方法是可靠的。麻烦在于,可靠性的直觉概念似乎要求在一系列相似的实际和假设情况下都是可靠的。有一段话表明诺齐克认识到,如果他认可了一种方法,而该方法对于与手头案例足够相似的案例是无效的,他的第三个条件的效用可能就要"打折扣了"(187)。但是,他很快就放弃了对这个问题的讨论,显然并没有领会到它的全部作用。他明确认识到(抽象地,见267),在他的"追踪"概念和可靠的方法这个概念的关系上,是存在问题的;但是,他还是没有认识到自己理论上存在的问题,因此很快就抛开了这个问题("我更愿意让这个问题放在一边不予解决")。在我看来,本段中提到的所有三个问题都是相互关联的,而且它们也说明了,为什么诺齐克的第三个条件似乎没有达到预期的效果。

　　在(暂时)离开亨利和他的谷仓之前,我想提到另一类问题。假设情境正像诺齐克所想象的那样——因为这个地方到处都是伪造谷仓,因此,假如亨利那块地的主人没有决定建造一个真正的谷仓,他就可能(或本来可能)

在那里建造一个假扮的谷仓。(亨利对此毫不知情。)但是,因为这种情境实际上并未出现,因此现在假设发生了另一件奇怪的事,亨利或其他任何人对此也是不知情的。假如这块地上建起了一个纸制仿真谷仓,这个仿制品中的化学物质与亨利视神经之间发生的微妙的交互作用,可能会短时扰乱他的感知装置。他不会看到一个谷仓,而是会看到清澈水池的一个幻景。几乎其他所有人都会对伪造谷仓做出正常反应——只有亨利因为视神经的这种独特缺陷才产生了这样的幻景。包括亨利在内,没有谁会对这种缺陷有丝毫的了解。引发这种幻境的情境从未出现过。像往常一样,该地区到处都是纸质仿真谷仓。但是现在看,亨利显然满足了第三个条件——假如那里没有真正的谷仓,他将不会相信那块地上有一个真的谷仓。

我们是否真的可以相信,由于他的感知装置所存在的这个奇怪**缺陷**,在某些情况下给了他一种非同寻常的**幻觉**,而这种幻觉实际上是永远无法成为现实的,因而亨利就会知道正常的知觉者所无法知道的事情呢?亨利并不是一个拥有良好"辨别性"感知装置的人,从而不能使他把仿造谷仓和真正谷仓区分清楚。这样一个人显然是可以设想的,他拥有良好的视觉敏锐度——对仿造谷仓和真实谷仓之间的差异具有敏感性——而这是普通人所缺乏的。但亨利并不是这样的人。在有纸质仿真谷仓的情况下,他受到的欺骗甚至会比普通人更加严重。纸制仿真谷仓确实很像真实的谷仓,跟亨利不一样,一个普通的知情者看到了这一点。可以说,出于偶然,亨利在这种情况下的贫乏感知会让他做不出这个错误的判断,即在他面前的是一个真正的谷仓。请记住,他本人(像其他所有人一样)没有意识到存在这个缺陷,而且,它实际上也绝不会成为现实。把他的感知装备描述成一种能够使他区分出伪造谷仓和真实谷仓的东西,这是非常奇怪的。因此,当他观看一个真实谷仓时,他就会知道某种假如他没有这种缺陷也就不会知道的东西!如果亨利的眼睛在他面对伪造谷仓时完全变暗,从而使他看不清楚任何东西(而不是产生幻觉),就会出现同样的问题。在我看来,不仅诺齐克,还有其他人,甚至许多将其理论限定为感觉知识的人,都容易受到这一点的影响。㉙

㉙ 参看例如 Goldman(1976)。

如果亨利很了解这个缺陷,而且还能够论证"这个谷仓必定是真的,因为我没有看到池塘",情境就不一样了。但是,我们正在假设的是,亨利和其他任何人都不知道他所具有的那种特异之处。(我们甚至可以假设,亨利从未遇到过纸制仿真谷仓,从未经历过这种幻觉。)于是诺齐克的理论(与其他相关理论的共同之处)会说,亨利知道那里有一个谷仓,即使普通人没有一个会知道这一点,这只是因为亨利在视觉上有一个在实际上绝不会成为现实的奇怪缺陷!

在我看来,这一点对于当前许多感觉知识理论是非常重要的。感知装置获取知识的能力常常被人们与反事实条件等同起来,而这些反事实条件容许知识成为感知系统的缺陷而不是其优点的产品。这是一件事:如果我们知道一支温度计或电子眼(甚至人眼)存在正常的缺陷,那么在特定情况下,这支温度计(或其他装置)就可用于实现某些一个更好的设备无法实现的目的。这是另一件事:当包括亨利在内的每一个人都完全没有意识到这个缺陷的存在时,我们就说亨利本人拥有了知识。

如果适当修改一下这个例子,我们就可以把它和先前的主题区分开来,或者与其进行随意结合。如果我们假设,亨利只要看到纸制仿真谷仓就能产生幻觉,那么在某种意义上他就掌握了一种"可靠的方法",用来分辨什么时候是真正的谷仓——与其他人不同,他从来不会错误地认为自己正在观看一个真正的谷仓。即便如此,在我看来,这也几乎不能给他提供别人所缺乏的"知识"。[30]此外,如果我们愿意,我们可能会假设,亨利只有在结合了手头这块地特有的土壤条件,才能从纸质仿真谷仓中得到幻觉——其他相邻地块上的纸质仿真谷仓在亨利看起来和其他人看起来是相同的。

换句话说,这个特定纸质仿真谷仓(假如它的主人没有去决定建造一个真正的谷仓,他就会去建造这个纸质仿真谷仓)中的某种特定的化学物质,

---

[30] 这个意义上的"可靠的方法"的存在,也不能提供证成。戈德曼(Goldman, 1979)将得到证成的信念等同于拥有了可靠的方法。诺齐克接受了戈德曼的这个想法。当前这个案例不是这种等同的反例,因为从直觉上看,亨利在这里是得到证成的。(但是,参看下文亨利并不理性的案例。)对于没有亨利的缺陷的普通人来说,情况也是如此;戈德曼很可能会把视觉通常意义上的可靠性(不考虑对仿真谷仓的反应所具有的微妙之处)看作一种足够可靠的方法。但是,如果不弄清那些细节,似乎就很明显,这里所涉及的这种类型的问题也显示了戈德曼关于证成的"外在论"解释所遭遇的麻烦。(不过,我认为还有更为根本的麻烦。)

会让亨利产生那种幻觉,但这些化学物质在这个区域的任何实际的仿造谷仓中并未出现。(过去他经常会被这些假谷仓骗到,但他并不知道。)这样,即使在以前成立的匹克威克式＊的意义上,亨利也不再具有"可靠的"方法来分辨真正的谷仓。尽管如此,按照诺齐克的条件,亨利仍然"知道"存在一个真正的谷仓。

回到我们之前提到的案例,亨利曾多次被警告,该地区存在伪造谷仓,但他不理性地忽略了这些警告。这个情况可以被加到目前这个在其中他有知觉缺陷(他对此从没有意识到,而且任何人,包括他本人从来都不知道)的案例中去,因为亨利的不理性会让这个案例更加糟糕。实际上,在以这种方式警告亨利的情况下,即使亨利确实具有某种特殊的(通常意义上的)视觉敏锐度,让他能够把仿真谷仓与真正谷仓区分开,我也倾向于担心关于知识的那个主张。假设亨利面前从没有过仿真谷仓;但如果有的话,他会出其不意地说,那个谷仓的一些微妙特征使他确信它不是真品。然而,他和其他任何人都没有意识到他的这种能力。在这样的情况下,假如他被警告有仿品的危险,他就会不理性地得出结论说,一个真正的谷仓就在他面前。(请记住,在这种情况下,谷仓实际上是真实的,并且,即使他已被准确地警告说该地区到处都是仿真谷仓,他也从未看到过仿真谷仓。)但是,除非公然的不理性与知识能够相容,否则他将不会知道。(而且,如果它们是相容的,那么正如我在上面所论证的,"知识"没有任何大的长处,因为那个主体可能"知道"某些他根本没有权限去加以相信的东西。)

考虑到仿真谷仓在这个区域的确比比皆是(而且,他正在基于它们不存在这个预设进行判断),即使没有受到警告,他也应该被说成是知道的吗?警告的**缺失**给了他知识吗? 这里我不准备进一步探讨这个问题。这些考虑表明,在某些情况下,通过正常使用普通的人类感觉所获得的知识,不同于以反事实为基础的"知识",这些反事实涉及一个主体所特有的异常能力,这种能力他从未使用过,而且他也没有意识到它的存在。

＊ 匹克威克(Pickwick)是狄更斯成名作《匹克威克外传》的主人公,这部长篇小说讲述了天真善良、不谙世事的有产者匹克威克带领信徒们在英国各地漫游历程中的各种奇趣经历和所见所感。"匹克威克式"(Pickwickian)代表了"天真善良质朴"。——译者注

三、第四个条件

假定前两个条件得到了满足,第四个条件就是一个反事实条件句,它的前件和后件都是真的。我们很少故意断言这种"事实上的反事实条件句";我自己的关于它们的真值条件的直觉是不稳定的。斯塔尔内克(Stalnaker,1968)和刘易斯(Lewis,1973)各自独立地把它们看作自动为真。诺齐克明确加以拒斥的这一规定,会认定第四个条件完全就是多余的。

有一点我似乎比诺齐克更没信心,那就是,我们对这种类型的反事实条件句拥有一种清晰的直觉理解,而我希望,他已经就这个问题对他的观点给出了他所能做到的最多、最详尽的讨论和辩护。我很难同意诺齐克(176)的这个观点,即认为读者可以依靠自己对这些条件句所拥有的"直觉理解";而且,正如诺齐克似乎认识到的那样,他的试探性的技术性评论并未真正填补这个空白。㉛不过,关于他心里是怎么想的,他确实给出了一些提示。为了让具有真前件的反事实条件句为真,不仅是在现实世界,在前件为真的"非常接近"的一系列可能世界,后件都必须是真的。[刘易斯提到了一个类似的变体(1973:1.7 部分)。]诺齐克似乎认为,具有真前件的反事实条件句,在给定该前件的情况下,仅当后件在某种意义上是不可避免的,才可能是真的。在陈述条件 4 之后,诺齐克提到了一个案例。

> 比较:光子不但放射了出来,而且的确发生了向左的移动,但是(于是这就是真的):如果光子放射了出来,它就会发生向左的移动。单独

㉛ 在第 680—681 页的注释⑧中,诺齐克勾勒出了一个修改后的可能世界语义学。但他并不希望实质性的哲学观点依赖于这种试探性的和粗略的讨论。

我可以想到其他可能的方式去说明诺齐克关于"事实上的反事实条件句"的直觉。如果它可以被一个说话者在对前件的真无知的情况下合理地加以断言,或者,也许如果它在事件发生之前就可以在没有任何超自然感受力的情况下得到断言,我们就可以认为它是真实的。在这里我不想详细说明这一点。

诺齐克对于我们对这些反事实条件句拥有"直觉的理解"的信心,让我觉得非常不走运,因为我本人对此主张表示怀疑,而他经常援引此类反事实条件句。(请注意,他曾暗示说,该领域的旗帜性人物——刘易斯和斯塔尔内克都必定缺乏这样一种直觉理解。)因此,我们的处理方式的一个方面是幸运的。我们将要说明,从任何一种理解来看,第四个条件都是不起作用的,因此我们不必担心它的解释。看看下面的 4(a)部分。

前件为真和后件为真都不足以使一个虚拟条件句为真;4 所说的内容要多于 1 和 2。(176)

诺齐克在一个注释中对此作了详细的解释:

> 如果光子穿过哪条缝隙真是一个随机问题,那么它穿过(比如)右侧缝隙就不能确证这个虚拟条件句:如果那个时刻从那个源头发射出光子,那么它将穿过右边的缝隙。因为当 p 等于那个时刻从那个源头发射一个光子,而 q 等于光子经过右边的那个缝隙之时,q 并不是在现实世界的 p 邻域中的每个地方都是真的。(680—681,注释⑧)

注释⑧对光子的讨论只是暂定性的,这是因为它参照了在那里暂定性提出的可能世界语义学。诺齐克坚决相信光子的例子,并在文中详细谈了为什么要提到它。

我们无需讨论诺齐克在日常语言方面是否正确。相反,我们可以认为他的言论,部分表明了他如何打算让"事实上的反事实"成为可以被人理解的,尤其是他是如何理解第四个条件的。[32]

给定这些观点,我发现很难理解条件 4 或条件 4′ 如何能够成为知识的必要条件。考虑光子的例子。假设玛丽是一位物理学家,她放置了一个探测板,以便能够探测到碰巧向右移动的任何光子。如果这个光子发生了向左的移动,她将不能知道是否已经发射出了光子。假设发射出了一个光子,而且它确实撞到了检测板(它在右侧),玛丽由此断定一个光子已经发射了出来。从直觉上看,她的这个结论确实构成了知识,这好像是显而易见的。但是,诺齐克的第四个条件得到了满足吗? 没有,因为根据诺齐克关于这种反事实条件句的理解,这一点并不是真的:假如发射出了光子,玛丽就会相信光子发射了出来。这个光子完全可能移向了左边,在这种情况下,玛丽对这件事就不会具有任何信念了。(在这里,方法是保持固定的。)

---

[32] 注意,诺齐克在两个示例中都将光子的实际路径从第一段引文的左侧更改成了第二段引文中的右侧。在我自己的讨论中,我假定的是第二种情况。

把玛丽的信念(她肯定会有这个信念)改成这样:光子已经发射了出来,并且发生了向右的移动。在这种情况下,按照诺齐克的观点,条件4没有一点错。的确,如果光子已经发射并且移向了右边,即使按照诺齐克对这个条件的理解,玛丽也会相信它。但是,演绎闭合[33]的失效难道没有误入歧途吗?我们真的可以假设玛丽知道光子已经被发射出来并向右发生了移动[34],而不是说光子只是已经被发射出来了吗?我已经说过,这是我发现的第二个其自身就反直觉的部分,但演绎闭合的失效也是反直觉的。这个案例预示了将在下一部分进行展开的一个主题。(现在来看,在条件4的背景下,它也有点类似于下面要讨论的红色谷仓一例。)

正如我刚刚对这个案例的阐述,玛丽准确意识到,如果这个光子向左移动了,它就可能没有被检测到。然而,假设玛丽错误地计算出,她的探测器将探测到从光源发出的任何一个光子。因此她得出结论说,如果检测器记录到了发射,则说明已经发射了光子;如果检测器没有记录到发射,那就说明没有发生任何光子的发射。从直觉上看,如果一个光子确实撞击到了检测器,那么,她的错误不会影响到她的结论(光子已经发射出来)的可靠性,或者它作为知识的身份。根据这个光子未能撞击到探测器,导致她错误地得出关于发射一事的否定性结论,这在直觉上与她在肯定事例中的知识是不相关的。不过,诺齐克的条件4和他的条件4′仍然是失效的,因此,我们并未拥有诺齐克意义上的知识。

诺齐克提到了这样一个例子,某人在看到有个人的面罩意外滑落后,知

---

[33] 关于诸如诺齐克的知识未能成为"演绎闭合的"或"演绎闭合"的失效等问题的理论,我经常把它们说成是诺齐克(更恰当)称谓的"知识未能在已知的逻辑蕴涵下闭合"的简写(这里的这个"已知"产生了一个问题,因为诺齐克的意思必定是说,他对知识的分析也适用于这种例子,但是我在这里就不多讲了,而是让诺齐克将"已知"看作是,对这个案例来说,只在直觉上得到了理解)。没有谁会认为,知识在字面上就是演绎闭合的;数学家确实通过他们的巧妙演绎推导增加了我们的知识。也许有时候连哲学家也会这样做。

[34] 当然,我们必须核实清楚,诺齐克的前三个条件对下面这个信念是成立的,即光子已经发射出来并向右发生了移动。由于所说的这个陈述是一个真信念,前两个条件明显得到了证实。对于第三个条件,如果发射出了光子并向右发生了移动不是实际情况,那要怎么办呢?好吧,无论这种失效的根源是什么,或者光子没有发射出来,或者它没有向右移动,由于检测板没有被撞击到(这就是那个要保持固定的方法),所以玛丽不会相信这个合取,并且实际上她不会相信第一个合取支。因此,这个合取陈述就会是诺齐克意义上的知识,因为按照他的解释,第四个条件也是成立的。也可参看后文第4(a)部分,其中就通过这种方式在更普遍的意义上核实清楚了这些条件。

道银行抢劫犯是杰西·詹姆斯(Jesse James)。诺齐克断言,这种例子"若正确理解的话,对第 4 条件没有造成任何困难"[193,案例(h)]。他谈到了一种可以在某些情境中得出想要的结论的方法,但这个方法是这样的:"其他某些情境可能不允许使用该方法——这些情境不会产生出任何信念。"我发现,"条件 4 在这里没有任何困难"这个陈述,"若正确理解的话"(?),即使是在抢劫银行一例中,也是可疑的。但我发现,很难看到这个观点如何能够适用于光子一例。诺齐克的意思也许是,这里的方法 M 是观看抢劫者没戴面罩的脸,如果面罩没有滑落,也就不可能应用 M 了。但是,观看检测板的方法却总是可用的。我们不能说,如果光子发生了向左移动,它就不可用了,因为除了使用她的检测板,玛丽没有进行任何独立的测试,以便检查是否有光子发射出来或者发射到了哪里。(回想一下,诺齐克的方法概念要求主体甚至能够"从内部"分辨出他是否正在使用给定的方法。)此外,正如我们刚刚看到的,这与下述情况无关,即在检测器上没有记录到光子时玛丽是否没有形成有关是否已经发射了光子的信念。如果诺齐克希望把杰西·詹姆斯一例的策略推广到足够宽广的范围,并用一种临时方式把所用的方法规定好,也许他仍然可以避开这个反例。他可以规定玛丽采用了两种方法:一种是肯定方法,说的是,只要有光子出现在检测板上,就说明这个光子已经发射出来了;另一种是"单独"的否定方法,它(错误地)说,只要它没有这样出现,则说明没有任何光子被发出,或者在这种情况下没有产生任何信念。于是,如果用的是肯定方法,玛丽就必定会得出结论:已经发射了光子。同样显而易见的是,如果我们把所用的这种方法的规定延伸到这么宽广的范围,我们就可以断言第四个条件在每种情况下(甚至是那些诺齐克想让它失效的场合)都得到了满足。从这种类型的肢体语言中什么也得不到。(参看下文第七部分。)

因此就我所见,诺齐克自己关于光子发射的范例表明,他的第四个条件不是必要的。另一方面,诺齐克本人使用第四个条件去排除满足其他三个条件的各种案例的有些做法,让我觉得可疑。例如:

> 由于大脑受损,导致一个人(不理性地)相信自己大脑受损,而假如他没有大脑受损,他就不会相信这一点了。然而,条件 4 并未得到满

足：如果大脑损伤的情况略有不同，那么，即便相信的途径相同，他也将不再相信自己的大脑受损了。（190）[35]

这真的是对这个案例的一种令人满意的处理方案吗？假设这个案例与诺齐克所描述的刚好一样，除了下面这一点：如果大脑损伤的情况略有不同，这仍然会导致他拥有一种非理性信念，即他的大脑受到了损伤。这样的修改真的改变了我们对这个案例的直觉吗？我发现，很难看到是这样。至关重要的难道不正是信念的非理性这一点吗？在我看来，即便是诺齐克用来促使人们引入第四个条件的第一个例子（两段话），同样是可疑的。

诺齐克的第三个条件具有明显的直觉基础。"即使 p 是假的，你仍然还是相信它！"这听上去像是对一个拥有了知识的断言的反驳。（不过，我最终还是要论证，第三个条件远远不是知识的必要条件。参看下文第五部分。）[36]但是，我发现很难理解为什么从根本上看，应该认为第四个条件是必要的。为什么人们由以变得相信 p 的方法会让下面这一点变得不可避免，或者让它仅仅是高度可能的？即，如果 p 为真，我们就本应该相信 p，只要这个方法永远不会导致一个错误的结论 p。光子的例子就是为了把这一点讲清楚，而在这方面可以给出许多的例子。由于诺齐克条件 4 的确切直觉意义让人难以理解，因此我坚持用了相当特殊的光子一例，正是通过这个例子所对应的具体情况，我们掌握了诺齐克明确的武断言论。但对于任一具体情况来说，只要其中主体掌握了一种方法，它就绝不会导致错误的结论 p；但在给定 p 的情况下，却不必然会产生出肯定性结果。这种情况确实违反了第四个条件。诺齐克说（682，注释⑫），他的第四个条件是在对前三个条件进行补充的大量候选者中进行验证之后才选出来的，但在我看来，这样做缺乏明确的直觉动机。

到目前为止，我们似乎是在论证第四个条件不是知识的必要条件。实际上，我认为它的确不是必要条件，但正如我们即将看到的，这并不是这个条件最重要的缺陷。它真正的问题并不是排除过多，而是没有把明

㉟　他是从索萨的论文（Sosa, 1969:39）得出这个案例的。

㊱　另外，在另一个方向上我将在第 4（b）部分论证，通过加强知识的断言，第三个条件可能很容易变得无效。

显要排除在外的情况有效地排除出去。在下一部分,这个观点将会变得清楚明白。

四、诺齐克理论的逻辑性质:强化信念与合取

4(a)　第四个条件:对信念进行强化

第四个条件还存在一个更为根本的问题,而这最终也影响了第三个条件。我们可以用诺齐克(177)取自哈曼的例子来说明第四个条件所存在的这个问题。一位独裁者死掉了;他的死在官方报纸头版进行了报道;但后来,官方对此的否认到处传播并印制出版。本国几乎每个人都被这种否认骗了,但有一个人 S 也不知怎么的,就错过了对官方否认的所有报道。S 关于独裁者已经死去的信念满足前三个条件,但诺齐克同意哈曼的直觉,即认为他并不知道。诺齐克认为第四个条件在这里是失效的。并不是说,假如独裁者去世了,S 就会相信他去世了,因为 S 的这个信念只是他没能听到官方否认的一个偶然得到的结果(否则,他也会被欺骗)。

然而,S 也相信这个合取句:那个独裁者死去了,并且他(S)听到了与此结果并不矛盾的新闻报道。[37]他由以相信这个合取的方法是把这两个合取支结合起来,第一个合取支是阅读未被否认的新闻报道,第二个合取支是记得他他已经读过报纸并听过这件事。于是,根据诺齐克对第四个条件的理解,似乎确实存在这样的情况:假如这个合取句为真,那么,使用他实际使用的方法,S 就会相信它。(请注意,第二个合取支保证,我们的注意力限定到那些 S 没有听到任何官方否认的反事实情境。)前三个条件看上去没有任何问题。因而在这里,根据诺齐克,S **确实知道**这个合取句!

我们将在下面讨论,诺齐克否认知识在已知的逻辑蕴涵下闭合,甚至

---

[37]　在这里以及讨论这个问题的其他地方,我用了卡斯塔内达(Castañeda)众所周知的"他(S)"或干脆就是"他"[参看卡斯塔内达(Castañeda,1968)和许多其他文献]这一说法。S 会说:"我听到了一则并不矛盾的新闻报道……"然而在大多数情况下,把"我"替换成"S"没有什么影响,因为我们可以假定 S 知道他是 S。

坚持认为人们可以在不知道其中一个合取支的情况下知道整个合取式。然而，从诺齐克那里我们可以得到的印象是，这些现象通常仅限于与哲学怀疑论有关的特殊情况；人们不会想到它们在他的理论中具有普遍性。当前这个案例真的可信吗？说 S 虽然不知道那个独裁者已死，但他知道一个以他的死作为第一个合取支的简单合取式，这真的满足了哈曼的直觉吗？[38]

哈曼在这里的直觉是，S 并不知道。而反常的是，诺齐克的理论通过简单地强化这个信念而修复了知识。但是正如我在上一部分所提到的，这个问题也适用于前述案例中的物理学家玛丽。对于知道光子被发射出来，她并不满足诺齐克的第四个条件，这与我们所具有的她确实知道的直觉是反着的。但请注意，即使按照诺齐克的理论，她当然也知道光子发射了出来并发生了向右的移动。从前面的讨论看，这个问题的确是显而易见的。在这里，强化这个信念修复了这个直觉，而不是破坏了它。假定哈曼关于独裁者事例的直觉是正确的，那么，目前这个例子可能会更加糟糕。但真正的问题在于，我们很容易就可以用这种不言自明的方法修复第四个条件。[39]

第四个条件存在的关键实际上是关于最高普遍性的问题。假设 S 经由方法 M 得出了信念 p。现在考虑 S 的合取信念 (q)，p 并且他（他本人）经由 M 而相信 p，或换句话说（用一种非合取的形式），他经由 M 正确地相信 p。无论 S 的初始信念 p 是否满足第四个条件，q 几乎总是满足这个条件。（如果我们考虑的是这些简单条件，而没有提到所用的方法，我们就只是在处理 S 的信念，即 S 正确地相信 p。）关键在于，正常情况下（所谓的特殊例外情况除外），信念是自我提示的（self-intimating）：一个相信 p 的主体，会意识到他本人相信 p（并且会意识到他是通过使用什么方法 M 才相

---

[38] 这个问题不必用合取来讲述，它关涉适当地对这个信念进行强化。在哈曼的独裁者一例中，它可以表述为："我听到了一则正确的、没有矛盾的新闻报道……"

[39] 关于第四个条件无效的一般寓意，并不取决于与哈曼对这个特殊的说明性案例的直觉相一致。正如我们将会看到的，只要我们运用第四个条件去排除一个特定的真信念作为知识，它实际上就是适用的。

实际上，在我 2009 年春季的认识论研讨班上，有几位参加人，特别是纳森（M. Nathanson）和佩德罗就提出了严肃的理由，怀疑哈曼（和诺齐克）所具有的对这一特殊案例的直觉。

信 p 的）。在并不因此而预设任何特定哲学学说的前提下，就让我们用"自我意识"作为这种方法的名称，通过这种方法，S 才意识到了自己对 p 的信念（以及所采用的方法 M）。⑩S 由以变得相信合取式 q 的方法 M′ 是 M 加上自我意识的组合：第一个合取支是 M，第二个合取支为自我意识。q 的第二个合取支——S 确实通过 M 而相信 p——保证 M′ 的应用将会导致相信 q。（第二个合取支说的是，S 通过 M 而相信第一个合取支，而且，鉴于信念的自我提示的特点，它将保证 S 将相信这第二个合取支本身。）因此，对于 q，除了在非常例外的情况下，第四个条件得到满足将是一件不言自明的事。

如果其他三个条件对 S 的信念 p 成立，那么通常来说，它们就将对他的信念 q 成立。q 表示的是前两个条件对 p 成立（即通过 M，p 确实被相信了），因此旧的（1）和（2）蕴涵着 q 为真，即新的第一条件。如前所述，第一和第四个条件（对于 q）合在一起衍推出第二条件。因此，我们只需考虑第三个条件。假设它对 p 成立。现在，如果 q 为假，则或者 p 可能为假，或者 S 不会通过 M 相信 p。但是，如果 p 为假，则根据假设（因为我们假设第三个条件对 p 成立），S 不会通过 M 相信 p，因此不会通过 M′ 相信 q。另一方面，如果 S 不通过 M 相信 p，则在通常关于自我意识的合理假设之下，他也不会（通过 M）相信自己也相信它，因此（通常）不会相信 q。这表明，通常情况下⑪，如果第三个条件对 p 成立，那么它就对 q 成立。

我们已经表明，将"我正确地（通过 M）相信……"作为前缀，或者如果并不涉及方法 M，就简单地将"我正确地相信……"作为前缀，如果前三个条件已经得到满足，通常就会保留前三个条件有效，并会产生一个满足第四个条件的新信念，而无论这个条件是否得到了满足。下面我们将论证，还

---

⑩　换句话说，我们可以假设最初信念 p 是在没有方法而且没有相应修改这个讨论的情况下形成的。然后，我们将遇到合取的情况，其中一个合取支通过一种特定方式而被相信，另一个合取支则没有被相信。诺齐克的讨论的一个缺陷在于，他没有考虑这样的情况。〔回想一下，在维特根斯坦（Wittgenstein, 1969）的影响下，诺齐克认为关于知识的某些基本情况是如此重要，以至于它们不是通过任何特定方法形成的。参看注释⑩。〕

⑪　各种例外都是可能的。自我意识那些通常的性质可能不成立。或者，也许他会以某种方式不相容地相信了 q，但不相信它的合取支 p。或者，也许 p 为假并且 S 运用了 M′ 这个假设，与 p 为假并且 S 运用了 M 这个假设，具有不同的反事实蕴涵，如此等等。对于以下所有情况，都可能会出现类似的可能性，但在具体实际中，它们非常少见。

有一类有趣的特殊情况,对于这些情况来说,这个前缀生成的新信念不仅满足第四个条件,而且还满足第三个条件,无论这两个条件是否已经成立。但是,这类情况和上面所描述的那类很普通的情况相比,显得相对更加特殊。

诺齐克最初之所以提出第四个条件,是因为他发现了各种不同的例子,其中前三个条件均能成立但(他认为)S 并不知道。前面的讨论表明,在所有这些例子中,S 的信念 p 将会满足诺齐克的所有四个条件,只要我们把它改成"我(通过 M)正确地相信 p"。这样的考虑难道没有表明第四个条件几乎毫无用处、不可靠吗? 如果一个条件的严格性几乎总是可以通过结合"我(通过 M)相信 p",或与此等价,通过加上前缀"我(通过 M)正确地相信……"而消除,那么,这样的条件又有什么用呢?(只要一个主体想要确定自己将会满足第四个条件,他就可以让自己的言述从"我正确地相信……"开始。)无论一般情况下我们怎样看待演绎闭合,以下想法肯定是反直觉的,甚至几乎是荒唐可笑的:尽管该主体并不知道某个命题,但他确实知道自己正确地相信它!

哈曼所举的前面那个独裁者的例子,说明了另外一个相关的观点。通常来看,那个有些人为性的合取支——"并且我(通过 M)相信 p",可以用另一个子句代替。这个子句必须陈明那些实际具备的条件,并且反事实地蕴涵 S 会相信 p;此外,从某种意义上说,它们必须是自我提示的,也就是说,假如它们要想产生出来,S 通常就会无法避免地意识到它们的存在。(这些反事实条件句要被理解为诺齐克所理解的那种具有真前件的反事实条件句。)在哈曼的例子中,所补充的那个合取支——S 从新闻报道中了解到他的信息,并且没有听到任何对它的否认——是成功的,因为它满足了这些要求。这样一个条件通常会是存在的。通常来说,S 的信念 p 之所以产生出来,是因为有一个可以独立说明的来源,S 本人意识到了它的存在,而且,因为有了前期的倾向,这个来源会让他的信念变得几乎不可避免。正如我们在上面看到的,即使对于 S 最初的信念 p,这些条件通常也可以成为所用方法 M 的更狭义的规定的一部分。从直觉上来讲,除非 S 的信念是由多种方法共同决定的,否则,诺齐克的理论就会允许我们在这里争论一下"这种"方法 M 的"恰当"描述是什么,从而争论一下条件 4′ 是否"真的"得到了满足。当我

们考虑 S 是否相信这个强化命题 q 时,绝不允许有这样的退路(leeway)。哈曼的例子又一次阐明了这些一般性观点。㊷

一旦把第四个条件存在的问题指出来,它看上去几乎就是显而易见的。毕竟,第四个条件的后件是说,S 相信 p;要想确保一个条件句的后件被其前件所蕴涵,一种显见的方式是,将该后件本身或者因果地蕴涵它的条件,添加给这个前件。需要核实的是,把这个子句添加到前件上,实际上可以保证整个合取的第四个条件成立,而且,只要其他三个条件在此前是有效的,它们就会继续保持有效。

4(b) 第三个条件:对信念进行强化

诺齐克称赞他的第三个条件"强有力而且合乎直觉,不是那么容易满足"(173)。这个条件的确好像名实相副。正如我已经指出的,"即使 p 并非实际,你仍然会相信它"听起来确实像是对知识断言的反对。此外,诺齐克似乎正确地主张,该条件施加了一种强限定。相比之下,在我看来,第四个条件人为性更强,更不容易理解,之所以增加进来,是为了消除一些残存的反例。第三个条件肯定是诺齐克理论的基础所在。

因此,让人感到有些奇怪的是,很多情况下,即便是直觉上更合理的第三个条件,也容易像第四个条件那样,受到强化策略的影响。在这里,我们不能只是简单地添加一个蕴涵原后件的合取支。问题在于,主体的信念 p 在第三个条件的前件中被否定掉了。因此,在前件中,任何添加的合取支 q 都会变成 p & q,而这样就弱化了该前件,而不是强化了它。因此,我们不能像以前那样,把这简单地作为一个工具来用。不过,我们经常可以添加一个合取支,以确保第三个条件对该合取信念能够成立,即使它对原初信念 p 不能成立。这样进行建构会让所添加的合取支也成为一个真信念,从而使得前两个条件只要对 p 成立,就将继续成立。通常来看,我们可以进行这种建构,从而使得第四个条件如果已经成立就将继续成立。但是,第四个条件保

㊷ 除了产生出那些比"我正确地相信 p"这种形式的信念看起来更加自然的强化信念之外,补充那些因果地蕴涵或者反事实地蕴涵我相信 p 的合取支这种可能性表明,试图通过添加一个特设性条款(它以某种方式从这种一般性理论免除关于该主体自己信念的信念,并试图分别处理这些信念)去补救这个情境,是毫无用处的——这并不是说,这样一种特设性行动在任何情况下都会有很大的合理性(或者有很大的成功机会)。

持有效相对没有那么重要。我们几乎总是可以通过将"我正确地相信……"作为新的信念的前缀,从而进到下一个阶段并满足第四个条件。其他三个条件已经成立,而我在前文已经论证,只要添加了这个前缀,通常来说它们就会继续成立。我们想要表明的是,在大多数情况下,只要 p 是一个真信念,只需两个步骤就足以获得一个满足诺齐克所有四个条件的更强的信念。通常来说,如果全部四个条件都已满足,甚至在第一个步骤,这种建构也可能会停止,但这个事实的重要性相对较小。

这些情况主要可以分为两大类。我们举个例子来说明第一大类吧。回到亨利和谷仓的例子。假设这个例子确实符合诺齐克的描述:也就是说,在亨利所观看的区域内存在一个真正的谷仓,而亨利不知道仿制品在这里到处都是,但是对于建造这个真谷仓来说,当然可以在它的位置上建一个仿制品。亨利天真地判定,在这块地上有一个真正谷仓,但第三个条件没有满足(尽管其他条件都得到了满足);假如那里并没有真实的谷仓,处在其位置上的仿制品会让亨利上当。因此,按照诺齐克的理论,亨利不知道这块地上有一个谷仓。

到目前为止,情况都好,但是现在,让我们假设这个谷仓是红色的。再进一步假设,在其位置上建起来的任何仿制品都是绿色的。(如果我们愿意,我们可以假设,由于某种化学上的原因,伪造谷仓中的纸板不能被涂成红色。换句话说,那些建起假谷仓的人肯定更喜欢绿色,甚至肯定更喜欢在这个特定位置上有一个绿色谷仓。)现在我们考虑亨利的真信念(因而满足前两个条件),即这块地上有一个(真正的)红色谷仓。现在来看,第三个条件得到了满足。如果这块地上没有红色的谷仓,就会有一个绿色的仿制品,而亨利不会相信这块地上有红色的谷仓。第四个条件没有任何问题。因此,按照诺齐克的标准,尽管亨利可能不知道这块地上有真正的**谷仓**,但他确实知道那里有真正的**红色谷仓**!

可以肯定,即使是那些追随诺齐克(以及之前提到的其他人),从而一般性地拒斥演绎闭合的人,也不可能会对这个特定结果感到很满意。请注意,在没有真正谷仓的情况下,肯定会建起一个仿制品,这一点并不是必须的——必不可少的只有这一点:假如建起了任何仿制品,它就不会是红色。(如果在这块地上没有任何物体与一个谷仓相似,亨利显然就不会相信那里有一个红色谷仓。）还应注意，如果亨利已经意识到红色是真实（而非仿造）谷仓的区别性标记，这个结果就不会存在任何问题（而且演绎闭合不会失效）。问题在于，诺齐克的理论说的是，即使亨利完全没有意识到谷仓的真实性与其颜色之间的联系，甚至没有意识到谷仓可能被伪造的危险，他也知道那里有一个红色谷仓。[43]

人们可能会认为，我所描述的这个情境过于特殊了。毕竟在实践中，我们极不可能假定在颜色和真实性之间存在这种强关联！实际上，该情境绝非特殊。对于亨利可以感知到其存在或缺乏的特征来说，如果实际的真实谷仓与所假定的伪造谷仓（会在它的位置上建起来的那个谷仓）可以区分开，这个论证就会继续下去（其中的红色要用适当的特征来代替）。我们再一次假设亨利完全没有意识到真实性与这个特征之间的联系，甚至没有意识到出现伪造谷仓的危险。比方说，这样的特征可能是谷仓屋顶有些不同的形状，或者是某个烟囱的确切位置。另外，假设前一晚下了雨，在**真正**谷仓上留下了明显污迹。除非伪造品上也有完全相同的污迹（只要亨利能够看出来），否则这种污迹的存在将作为恰当的可感知特征。

在这里，我们谈到了在没有真正谷仓的情况下可以建立的"这个"假谷仓，以及将两者区别开来的"这个"特征。但是，这些并不必然是唯一的。假定那个真正谷仓具有各种可感知特征 F_i，使得至少有一个特征在可能已在其位置上建起来的仿制品中不存在。换句话说，真正的谷仓满足 $F_1 \wedge \cdots \wedge F_n$；任意仿制谷仓则满足 $\sim F_1 \vee \cdots \vee \sim F_n$。（一个可感知特征，就是指其存

---

[43] 以下是涉及假币的真实事例。（参看注释㉑。）1998 年，美国联邦铸币局发行了特殊的、新 20 美元钞票，比以前的钞票更难伪造。尽管普通使用者无法感知许多用于防范伪造的改动，但新钞票与其之前版本之间存在明显的且可以感知的差异。假设这些改动非常成功，以致假钞再也没有出现过新的外观，有的只有旧的样子。于是，如果亨利拿着一张新的 20 美元钞票，但没有意识到新的而不是旧的钞票永远不会被伪造，那么，类似于红色谷仓，诺齐克的理论（基于第三个条件）表明，尽管他（只是通过观察这张钞票）并不知道他正拿着一张真的 20 美元钞票，但他确实知道自己拿着一张真的**新的** 20 美元钞票。在这里，"新的"，或更好一点，对新钞票外观的实际描述，所起的作用类似于红色对于谷仓的作用。大多数人意识到了仿制品的存在，但在实际中，当他们持有小额钞票时，这种情况并不会发生，由此，这个案例有点像戈德曼（Goldman，1976）用纸质仿真谷仓表达的意图（就像注释㉑中所说明的），尽管假谷仓的奇异之处没有保留下来。更极端一些，我们可以假设该主体完全忽略了伪造的可能，从而让这个案例变得更像亨利的例子，不过，这样就会是反事实的了，或者至少是非常罕见的。（感谢佩德罗提出了这个例子。）

在或缺乏可以被亨利觉察到的特征。)于是,陈述 p "那里有一个满足所有 F_i 的真正谷仓"满足诺齐克的条件。特别是,对于第三个条件来说,假如 p 是 假的,这块地上将:或者什么也不包含,或者包含一个或一些不像谷仓的物 体,或者包含明显缺少 F_i 之一的仿制谷仓(或类谷仓物体)。无论在哪种情 况下,亨利都不会相信那里有一个满足所有 F_i 的真正谷仓,而这就证实了 第三个条件。只有在如下情况下这种争论才可避免:仿制谷仓在每个可感 知的方面都与实际存在的真正谷仓无法区分,假如缺乏真正谷仓,仿制谷仓 就很可能建造起来了。㊹但是,仿制者不太可能具有如此高超的技术水平, 以至于无法制造出在每个可感知标记上都无法与真品区分开的物体,他们 也不可能想要这样去做。[即便是一个会欺骗专家(更不用说亨利了)的仿 制谷仓,也不必非要满足这样强的条件才行。]但是在这里,即使是这种技能 也是不充分的——他们必须能够在每个可感知的方面复制这个特定的谷 仓。而且,即使他们有能力这样做,他们为什么应该去尝试呢? 请记住,在 所说的那些情形之中,他们将不得不去复制一个永远不会建造出来的谷仓。 也许甚至连建造真正谷仓的计划也永远不会存在。而最初的完美复制品是 不够的。因此,必须要通过与真正谷仓完全相同的方式去影响仿制谷仓那 些可感知的特征(例如,受到上文所假定的大雨的影响)! 这个情况极不可 能发生。

让我们以更具普适性的视角来考虑这个问题。令 p 是主体 S 的任意真 信念。假设第三个条件不成立。然而进一步假设,假如 p 不是真的,S 的经 验中就会缺乏某个特征。假设 S 通常能够辨别所说的经验特征的存在或缺 乏,但没有意识到其与 p 的联系。令 q 是 S 的真信念,即所说的这种经验特 征是存在的。于是通常来说,合取式 $p \& q$ 满足诺齐克的前三个条件。对前 两个条件这是显然的。对于第三个条件,需要注意,根据假设,如果 $p \& q$ 为 假,无论是哪个合取支导致了整个合取为假,所说的这种经验特征都会是缺 乏的。既然 S 被认为能够检测出这个特征的缺失,这也就意味着他不会相

㊹ 假设亨利未能注意到他所看到的真正谷仓中存在某个特定的 F_i,或者,也可能没有注意到 在将会建立的仿制谷仓中不存在这个 F_i。这样的话,文本中的论证就不会进行下去了。但是,我们 是否真的可以坚持认为,亨利没能注意到某个真实物体或假想存在物,给了他"那里有一个真正的 谷仓"这个知识,否则他就会缺乏这个知识? 参看前文关于亨利视神经缺损的类似讨论。

信 q，因此也就不会相信 p & q。⑤

因此，除非 p 是一个其假不会对 S 的经验造成任何可觉察差异的命题，否则我们通常就可以找到一个合取支 q，使得 p & q 满足全部前三个条件。不难论证，通常来说，如果 S 的信念 p 满足第四个条件，这个合取也就能满足。红色谷仓就说明了这种情况。如果 p，因此 p & q，不满足第四个条件，通常也没有什么损失。只需要在新的合取前面加上"我正确地（通过 M'）相信……"即可；通常情况下，这样的结果满足所有四个条件。（通常可行的另一种技巧，是颠倒这两个过程的顺序。将 p 替换为"我正确地相信 p"，然后添加跟以前一样的 q。）

实际上，要想让该论证起作用，p 为假不一定必然会影响 S 的经验。假如由于某种因果联系 p 是假的，那么 S 的信念将会受到影响，而他的经验在狭窄的意义上将会保持不变。尤其是，假如 p 不能为真，那么，即使 S 实际上确实相信 q，S 也不会相信 q。于是，和此前一样，合取式"p 并且我相信 q"满足所有前三个条件。（具有第四个条件的情境与以前相同。）

另一种看待这个问题的方式是这样的：⑥假设有一种方法 M_1，它可以用作相信满足诺齐克第三个条件的 p 的方法（如果 S 应用了这种方法）。（也就是说，实际上，M_1 产生了一个信念 p，但如果 p 是假的，他就不会这样做了。）⑦进一步假设，S 对 M_1 在这种意义上的可靠性一无所知，但实际上他是通过不满足第三个条件的方法 M_2 变得相信 p。不过，通常会有一个合取支 q 使得 S 通过满足诺齐克前三个条件的方法而相信 p & q。（如前所述，如果第四个条件对 p 成立，则通常对其与 q 的合取也能成立；否则的话，就

---

⑤ 这里我们没有提到由以相信 p 的方法 M。通常来说，补充上对方法的提及并不会对这个论证造成实质性的改变。合取表示方法 M'，它的第一个合取支 p 表示 M，第二个合取支 q 表示对一个人的经验的内省意识，它是这两者的结合。于是，至关重要的是，如果 p 为假，则在那些将方法 M' 应用于 p & q 的临近情境中，q 就会是假的。正常情况，M' 得到应用这一假定，不会干扰到这个反事实条件句，只要不这样它还能成立。不过一般而言，如果这个反事实条件句的前件因为提到了 M 而得到了强化，这个条件句就可能变成假的。同样，该论证的其他默认步骤通常不会造成任何问题，尽管可能会有例外。

⑥ 我相信，本段及后续段落中有关方法的想法可能与柯林斯（J. Collins）的提议有关。

⑦ 在我们关于红色谷仓的范例中，其方法会是去注意谷仓的颜色，并由其颜色推断它必定是真的。也可参看下文对归于约翰斯顿观点的讨论。

在前面加上"我正确地相信……")一般而言，M_1成功的原因一定是因为某个事实q，它的存在对S来说是可辨别的，但如果p为假，它就不会出现了；将此q作为第二个合取支。因此，从刚刚解释的意义上说，诺齐克的理论实际上不能有效区分主体S通过条件3意义上的"可靠"方法**实际**获得的信念p，以及S仅仅是**本可能**用这种方式获得的信念。这种情况很难令人满意，而且不能通过否认演绎闭合得以缓解。

请注意，红色谷仓一例说明，S由以相信p & q的方法M实际上是"可靠的"（在诺齐克第三个条件的意义上），但却是出于同S所假设的完全不同的原因。（亨利并不知道红色保证了他的谷仓的真实性，并天真地完全忽略了出现仿造谷仓的危险。）从这个意义上讲，这里考虑的这些情况，类似于下文要讨论的诺齐克的"全息图"*的例子[案例(c),190]。目前的讨论表明，这样的例子在这个理论中是无处不在的。

更糟糕的是，请注意，从一个方面看，上述红色谷仓一例不一定是典型事例。亨利关于那里存在一个谷仓的结论至少是合理的，即使这还不是知识。然而，S实际上由以相信p的方法M_2的合理性问题，与上面给出的构造是完全不相干的。S可以使用任意"方法"M_2，无论它多么不合理——观阅茶叶（以预测未来）、求教上师、屈服于妄想。以下这一点并不重要：只要S可资利用的方法M_1**将会**满足诺齐克的第三个条件，该构造就会容许我们找到一个S所"知道"（就诺齐克的前三个条件而言）的合取式p & q。（如果有必要，可以另外添加一个合取支，作为诺齐克的第四个条件。）就诺齐克的第三个条件而言，S实际上由以相信p的方法M_2的性质，与他相信p & q的这种认知状态完全不相干。

尽管我无法在这里进行概述（我也没有亲自考察所有相关的想法）[48]，但我认为，红色谷仓一例对于许多使用反事实条件句或类似思想来分析知识的现有理论来说，是一个主要的问题。尽管这种说明仅限于知觉（"非推论性的"或"基本的"）知识——而我认为，如果这样限定的话，这样的理论

---

* 全息图（hologram）是指以激光为光源，用全景照相机将被摄体记录在高分辨率全息胶片上构成的图，用同种激光照射，胶片前后可以出现原景物的虚实两个三维立体影像，视角不同，所见影像也不同。——译者注

[48] 这还是在一开始写这篇论文的时候，更不用说现在（2009年）了。

似乎更加合理——红色谷仓问题仍然可能会出现。㊾这个问题似乎也影响到了那些不仅将知识，而且将证成㊿与可靠性问题联系起来的理论。我们已经看到，诺齐克的第三个条件本身并不能真正等同于所用方法的可靠性。然而，在所描述的情境当中明显可能的是，亨利本该运用一种完全可靠的方法去判断那里是否有一个红色谷仓，即使对于判断那里是否绝对有一个谷仓来说，其中一个组成部分是完全不可靠的（或者在上述一个事例中，甚至是不合理的）方法。几乎没有人会坚持认为，亨利有理由认为他看到的东西是一个红色的谷仓，而不认为那是一个谷仓。(51)

在停止讨论以红色谷仓为代表的这种事例之前，该事例的另一个特征也值得一提。约翰斯顿指出，在这个例子中，诺齐克通过演绎推导来保留知识的那些条件得到了满足。到目前为止我们已经假定，亨利只是通过简单的观察就得出了那块地上有一个谷仓的结论。但反过来假设，他是从“那块地上有一个红色谷仓”这个信念中推断得出这个结论的。诺齐克（231）说的是，演绎推导可以保留知识，但前提条件是，假如结论是假的，主体就不会相信推导的前提。但这个条件并没有得到满足。(52)这是因为，如果这个结论是错的，也就是说，如果那里没有一个谷仓，那么，或者那里没有长得像谷仓

㊾　例如参看阿姆斯特朗（Armstrong，1973）、戈德曼（Goldman，1976）以及其他文献。戈德曼的文章进行了谨慎的表述，为的是避免某些确实影响诺齐克（后来）的理论的问题；但是，尽管存在一些歧义，它似乎仍然受到了红色谷仓问题的影响。

㊿　参看前面的注释㉚。

(51)　并且还要注意，从直觉上讲，在亨利处于非理性的情况下，关于那是谷仓的信念没有得到证成。因此，我们不可能通过接受演绎闭合并宣称通过可靠方法获得的信念的逻辑后承是得到证成的，来挽救这种情境。（可以说，这是从将合理性和可靠性进行等同推导出来的，因为从以可靠方式获得的信念所进行的演绎推论，本身就是可靠的。但是，由此真正得到的却是一个悖论——如果亨利从观察中直接得出结论说那里有一个谷仓，他的结论就没有得到证成；但是，如果他从那里有一个**红色谷仓**的信念中推断出这同一个结论，他就得到了证成！可参看正文即将对约翰斯顿观点所做的讨论。）

戈德曼并不是简单地将证成和可靠性等同起来，而是提出了一些修改（并没有完全讲清楚），以便该理论免遭反例的困扰。在某种程度上，这些修改在这里是相关的，而且必须进行全面的讨论。由于证成的主题并不是这里我们所关心的，因而我不打算这样做了。（然而，我怀疑这些修改实际上是否可以消除掉这个问题。）

(52)　但是，参看我在第5（a）部分对诺齐克关于通过演绎来保留知识的条件的讨论。我在那里论证，诺齐克对该条件的一些主要应用是错误的。此外我论证说，尽管诺齐克似乎用他自己的理论制定了一个适当的条件，但实际上这并没有任何直觉意义。我在本文原始版本中还没有意识到这些要点。

一样的东西,或者相反,那里有一个不是红色的仿品。无论哪种情况,亨利都不会相信(前提),即那里有一个红色的谷仓——本质上看,这只是重复了我们之前说过的话。

就任何类似于红色谷仓这一情境的真实信念 p 来说,这个观点有可能会给主体提供一种方法,通过这种方法,不仅可以"知道"某个适当的合取 $p\&q$,而且**完全**可以由此通过演绎推导而"知道"p。不过,还存在一些可能的出路以及一些需要谨慎对待的想法。[53]

现在我将转向讨论另一种类型的案例,它们又一次通过给初始信念添加一个合取支,从而给诺齐克的第三个条件制造了逻辑上的麻烦。考虑 S 的一个可能不满足条件 3 的真信念 p。之前我们做的是寻找一个真的合取支 q,假如 p 为假,它也就会为假。由此可以得出,假如 $p\&q$ 为假,则 q 将会为假。现在反过来,我们去寻找一个真的合取支 q,使得 p 在这样的可能世界中为假,和 q 在其中为假的任何一个世界相比,这些世界比现实世界(更)"远"或者"不太类似于"现实世界。因此,假如 $p\&q$ 为假,q 就将为假,这仅仅是因为与那些 q 在其中为假的世界相比,p 在其中为假的世界太过遥远了,以至于不能与该反事实条件句的前件相关。用刘易斯的术语来说,非-q 比非-p"更可能"。这种现象是关于反事实逻辑的一个被人们熟知的观点[54],它已被刘易斯和斯塔尔内克的那些逻辑系统所证实;正如我们将要看到的,最终诺齐克本人明确接受了它并加以运用。有鉴于此,我们可以像以前一样论证,只要 S 对 q 的信念满足了诺齐克的前三个条件,S 对 $p\&q$ 的信念也就如此。我们再一次看到,即使 S 由以获得对 p 的信念的方法未能满足诺齐克的第三个条件,即使它是完全不合理的,这也是真的。而且我们再一次看到,如果 p 和 q 由以被相信的方法满足第四个条件,对 $p\&q$ 的信念也将满足第四个条件;否则就去考虑"我正确地相信 $p\&q$",并且第四个条件将会成立。

---

[53] 在本文的最初版本中,我讨论了关于可能影响到这个例子的那些方法的个体化问题(通过演绎保留知识)的需认真处理的考虑。参看后面第七部分对退路的讨论。由于我现在认为诺齐克关于知识保留的条件似乎遭到了更加根本性的反对,我在当前版本中省略了详尽的讨论。

[54] 参看 Lewis(1973:52—56)。注意,该关系不必根据可能世界的语义来定义,而可以根据反事实本身来定义。在 p 和 q 中至少一个为真的前提下,假如 q 而不是 p 为真,则 q 比 p"更有可能"。因此,我们可以让我们的讨论不依赖反事实条件句的任何可能世界的语义学技术。

让我们给出一些例子吧。假设琼斯是一个女演员。如果我们评估一个反事实条件句，例如"假如琼斯不是一名女演员，琼斯本来会是一名律师"，通常来说，我们只考虑那些琼斯（仍然是一个女人）不在演艺界的反事实情境。而实际上，这个前件在那些琼斯不是女人（比如进行了变性手术）的反事实情境（在相关的时间点）也会成为现实。⑤显然，我们在这里的直觉是，当我们评估那些以"假如琼斯不是一个女演员"为前件的反事实条件句时，与那些琼斯在其中是女人但不在演艺界的情境相比，这样的情境距离现实情境更加遥远，因而是不相关的。也就是说，如果琼斯不是一个女演员，那可能是因为她没有进入演艺圈，而不是因为她不是一个女人。

假设 S 真的相信琼斯是一名女演员，或者等价地相信，琼斯是一个女人（p）并且从事表演职业（q）。第三个条件问的是，如果琼斯不是一个女演员，也就是说并非既是女性又从事表演职业，S 是否还会相信这个合取句？前一段中的观点表明，前件相当于假设琼斯没有从事表演职业。由此得出的结论（通常）是，如果第三个条件单独适用于 $p\&q$ 的第二个合取支，它就适用于整个合取句。这是因为，如果第三个条件对 q 成立，那么，如果 $p\&q$ 是假的，q 也会是假的，S 就不会相信 q，因而（通常）不会相信 $p\&q$。请注意，无论 S 用以得出信念 p 的方法 M 可能会多么不合理，也无论 S 经由 M 而相信 p 在多大程度上违反了诺齐克的第三个条件，第三个条件都将适用于 $p\&q$。（换句话说，S 可能出于很不合理的原因而相信琼斯是女人，即使琼斯不是一个女人，她也会相信这一点。）不过，在我们讨论的情境当中，S 关于琼斯是一个女演员（整个合取句）会满足诺齐克的第三个条件，其原因就在于我们在上面陈述的关于该情境之逻辑性质提出的观点。⑤⑥

这种逻辑情境与红色谷仓案例的类似，但出于不同的原因。在之前的

---

⑤　我所假设的是，如果进行了这样的手术，一个女人就会变成男人。也许从另一种意义上说，从染色体层面看，是一个女人，这是琼斯的一个不可能变得不同的本质属性。在这种情况下，一个人使用这个反事实条件句时在假设什么，就很难评价了。

⑤⑥　然而请注意，如果我们将信念"琼斯是一名女演员"中的"琼斯"替换为一个用作非严格指示词的限定摹状词，例如"某某电影中的明星是一名女演员"，那么，关于这个反事实条件句的情境就会变得很不一样了。现在，如果这位明星不是一个女演员，那么毫无疑问，这位明星仍会从事演艺职业，但不会是一个女人（也就是说，会有另外一个不同的明星，一个男人）。然而，琼斯是一个女演员这个信念，和那位明星是一个女演员这个信念，在直觉上看也许是认识论上等价的。这是我在前文第二部分所强调的情境的另一个解释。

案例中(尽管亨利不知道它),红色被认为与谷仓的真实性相关联,但在这里,表演绝不会与性别相关。如果 S 有一个真信念,即某人是一个女人,那么似乎很有可能——也许几乎是不可避免的——如果增加一个适当的合取支,这个信念就可以升格为"知识"了。我们所需要的只是另外一个满足第三个条件的真信念,它为假对世界造成的改变(在与反事实条件句相关的意义上)会比失去该对象的性别(或人性)更少。所添加的这个合取支甚至不必非要与所说的那个女人有关,不过,如果有关她的生活的某个事实是可资利用的——例如她刚刚当选为参议员——它就几乎肯定是相关的。如果该合取满足第四个条件,那么它将构成诺齐克意义上的"知识";否则,借用通常加前缀的技巧将会得到第四个条件,并使之成为诺齐克意义上的知识。

另外一种例子,假设 p 是一条(真的)科学定律。就像任何其他陈述一样,S 可能会基于严重违反诺齐克第三个条件的不合理根据而相信 p。不过,无论这些根据的品质如何,通常我们都可以找到一个陈述 q,以使 S 满足诺齐克关于 $p\&q$ 的前三个条件。因为关于反事实条件句有一个我们熟知的观点,即通常我们在评估科学定律时,会尽可能地保持它们固定;如果要设想该反事实条件句的前件为真,我们就不必设想该定律遭到了违反,我们不会这样做。[57]在这个意义上令 q 是使得并非 q 的任一陈述并不需要放弃定律 p。于是通常我们应该假设非 p 比非 q"更不可能";换句话说,如果 $p\&q$ 为假,那么将会为假的是 q 而不是 p。进一步假设,关于 q,S 满足诺齐克的前三个条件。于是,根据我们所熟悉的论证,p 和 q 也满足所有三个条件,不管 S 在多大程度上未能满足关于 p 的第三个条件。

请注意,q 不必与 p 有任何关系,只要 p 是一条这样的定律:在考虑以非 q 作为前件的反事实条件句时,我们将会让它保持固定。然而,如果 p 是我们实际上会用于支持以非 q 作为前件的反事实条件句的定律,这个案例可能会在直觉上更为自然。通常来说也不难找到一个具有这种特征的 q。

---

[57]　这种表述有些粗糙和不精确。前件可以衍推出的并不是一条特定的定律是假的,而是几条定律当中至少有一条必定是假的。同样,在反事实条件句中"保持过去固定"的愿望,可能与定律保持有效发生冲突,因此我们被迫在全面"回溯"(backtracking)过去的变化和对规律的轻微局部违反之间作出选择。在这种情况下,我们完全可以选择后者。(参看 Lewis, 1973:72—77 对这一点的讨论。)这些复杂情况并没有真正影响实质性观点,要想简化这种表述,可以将其忽略。

像往常一样,如果 S 满足关于 p 和 q 的第四个条件,对合取,这种满足通常还会保留;否则我们只需添加一个补充性合取支"并且我相信 $p\&q$"。然而有趣的是,有时候可能会有一个更简单的手段。假设 p 是这样一条科学定律:S 通过一种既不满足第三个条件也不满足第四个条件的方法 M 而相信它。令 q 是"我经由 M 而相信 p"。于是经常就会有 $p\&q$,或者与之等价,"我经由 M 而正确地相信 p"满足所有四个条件。第四个条件成立这一点到现在为止对我们来说已经很熟悉了。关于第三个条件,要注意,情况可能是这样的:定律 p 无法成立这一点,相比于 S 在应用 M 时不知怎么地未能得出结论 p(尽管 p 成立)这一点,更是"不太可能"。第四个条件对 p **绝对不能**成立。这意味着以下这一点没有任何定律性必然性,即应用 M 会得出一个结论 p。因此,如果或者 p 必定为假,或者应用 M 不能得出结论 p,那么,对保持定律性必然性的偏好表明,应该坚持的是第二个选择,而不是第一个。一般来说,无论 p 是不是一条科学定律,在同时违反最后两个条件的真信念 p 前面加上"我正确地(通过 M)相信……",就可一举修复这两个条件,只要满足这第一点:p 在其中成立,但在那里 S 运用 M 并没有得出结论 p 的那些世界,与 p 在其中完全不能成立的世界相比,更加接近现实世界。

第二类案例的普适性程度如何呢? 与红色谷仓一例所例示的技术不同,这种技术甚至不要求存在一种满足 S **可用**的条件 3 的方法(如果只有他知道的话),而这种方法会导致他得出结论 p。即使 p 为假不会对 S 的经验造成任何影响,而且,即使原则上 S 没有可用的方法让他自己(在诺齐克的意义上)"知道"p,如果第二个技术是可以应用的,我们就能找到一个合取支 q,从而使得 S"知道"$p\&q$。我们已经看到,只要 S 真的相信科学定律,这个技术就可以适用。"琼斯是一个女人"的例子表明,这种现象并不限于定律。一般来说,要将该技术应用于 p,我们需要找到一个可以通过诺齐克前三个测试的 q,并且能让非 q 比非 p"更可能"。但是,在某些情况下这项技术是不能用的:显然,当出现以下情况时,该技术就是不能用了,即 p 尽管(非常偶然)为真,但经历了这样一个稍显奇怪的偶然事件,以至于世界上没有任何变化会比使 p 为假所需要的变化更小。p 的这样的技术是否存在,以及它们的普适性程度如何,取决于人们在评估反事实条件句时所使用的相似性关系的看法。此外,即使满足必要的比较可能性条件的 q 存在,也要记住,它必须满足与 S 有关的前三个条件,而这样的 q 可能不是可资利用的。

尽管有这些警告,但这项技术似乎仍然可以被广泛应用。再来考虑亨利和他的信念 p,即那里存在一个真正的谷仓。假设亨利也注意到了这块地上一颗卵石的确切位置,这是 q。凭直觉来看,卵石位置的微小变化比起没有建起谷仓,其对世界造成的差异要小得多。这是否意味着非 q 比非 p 恰好"更有可能",这取决于我们对情境相似性的直觉概念与评估反事实时所用的世界之间的"相似关系"有多接近。似乎很可能会有某个适当的 q 可资利用。

注意,修复第三个条件的两项技术都依赖于同一个现象。给定 p,我们就可以找到一个合取支 q,使得只要 $p\&q$ 为假,q 就会为假。于是关键在于,$p\&q$ 的第三个条件仅仅依赖于 q 这个将会为假的合取支;p 完全是无关的。我们可以说,p 被 q"吸收"了。唯一的区别在于这种吸收发生的原因。一种情况以红色谷仓为例,p 被吸收了是因为如果 q 为假,p 也会为假。而在以女演员为例的另外一种情况下,则不必然如此。(举例来说,这不一定是真的,即如果她不是一个女人,她就不会从事表演。)更准确地说,p 被吸收是因为非 p 比非 q"更不可能"。在刘易斯—斯塔尔内克的反事实条件句逻辑中,可以表明,所有的吸收都涵盖在这两种情况当中了。

正如我已经提到的,诺齐克称赞他的第三个条件是"强有力而且合乎直觉,但不是那么容易满足"(173)。但是在相当多的情况下,由于发生了吸收,它并不能阻止这些陈述成为"已知"的合取 $p\&q$ 的组成部分。给定这种人为方式,当我们考虑 $p\&q$ 是否通过测试时,这种吸收现象就容许第一个合取支被忽略,第三个条件的合乎直觉性远不及其乍看起来的样子。此外,在以红色谷仓例示的这个大量案例的子类中(不过不是在女演员所例示的子类中),如果有人继续从 $p\&q$ 演绎推导出 p,那么,按照诺齐克的分析,即使对于 p 本身,第三个条件也是满足的(尽管使用原初方法,它得不到满足)。鉴于这些事实,我不清楚第三个条件真正达成了哪些目标。

具有讽刺意味的是,诺齐克似乎并不是没能注意到产生吸收的这种可能性。相反,在讨论带有两个特殊信念 p 和 q 的例子时,他这样写道:

> S 的信念 $p\&q$ 追踪事实 $p\&q$;如果它为真,他就会相信它,如果它

为假,他就不会相信它。情况可能是这样:如果合取式 $p\&q$ 为假,为假的正是[第二个合取支 q],而在这种情境中,这个人不会相信 q,因而也就不会相信 $p\&q$。然而,由此并不能推出,他对 p 的信念追踪事实 p;这是因为,如果 p 为假(这并不是如果合取式为假将会或者可能会发生的情况——那样的话,q 就是元凶了),他也许仍然相信 p。通过让一个合取式中最脆弱的合取支(也就是只要合取为假它就为假的那个合取支)满足条件 3,就可以让整个合取满足条件 3;由此并不能推出,另一个合取支也满足条件 3。(228)(58)

这是对吸收现象非常清楚的陈述。事实上,诺齐克认为吸收现象是有好处的,因为它让我们对人们如何能够在不知道一个合取支的情况下知道一个合取式,有了"直觉理解"(227)。(59)我要申辩的是,这种"解释"只是表明了诺齐克的条件所定义的概念为什么没有在简化之下闭合。除非我们坚信诺齐克已经做出了正确的分析,否则它绝不会对为什么知识没有通过这种方式闭合,给人们提供一种"直觉理解"。否则,该现象完全可能被认为是对诺齐克**不可能**正确理解这一概念的论证。我们已经看到了一种人为性很强的方式,通过这种方式,诺齐克的分析导致通过添加一个合取支而将真信念提升为知识这种情况的激增。任何人,一旦意识到了这些情况,都很难相信诺齐克的分析本身对知识在简化之下不能闭合这一点给出了一种"直觉理解"。但是,除了这些情况,许多人(包括我在内)会发现在直觉上很难接受这样的提法,即一个人可以知道合取式,但不知道,或因而不能知道它的合取支。甚至连德雷斯克[我们(以及诺齐克本人)都已看到,他提出了一种关于知识的反事实理论,而且早在诺齐克之前他就否认了演绎闭合]也这样陈述:"在我看来相当明显的是,如果有人知道 P 并且 Q,……他也就因此知

(58) 我略微改动了引文,以便与我们以前的用法保持一致,其中 p 是被吸收的合取支。在原文中,被吸收的是 q。

(59) 实际上,这个短语的出现与他的如下观点有关,即知识在全称例示(universal instantiation)下不是闭合的。从语境可以明显看出,诺齐克认为所引的段落对简化(从合取式到合取支的推理)的失效,给出了类似的理解。(莱文评论说,当全称例示被认为是简化的无穷概括时,诺齐克所描绘的联系就是自然的。)

道了 Q”(1970:1009)。(60)

在刚刚引用的诺齐克的那段话中,p 指的是“我没有漂浮在半人马座阿尔法星的一个水箱中,由于受到刺激而拥有我的经验”,q 是“我现在正在爱默生楼*(Emerson Hall)里”。所说的合取(按诺齐克原先的顺序)就是:“我现在正在爱默生楼里,并且,没有漂浮在半人马座阿尔法星的一个水箱

(60) 然而正如诺齐克所指出的(692, n.63),如果我们否认知识的演绎闭合,我们也就必须,或者否认简化之下的闭合,或者否认在已知的逻辑等值下的闭合。这是因为,如果 S 知道 p 衍推 q,我们就可以假定,S 知道 p 在逻辑上等值于 $p\&q$,并因此而假定在简化和已知的逻辑等值下闭合,如果 S 知道 p,他就知道 $p\&q$(等值),并因此而知道 q(简化)。然而,为什么我们应该坚持在已知的逻辑等值下的闭合,尤其是,如果我们已经拒斥了演绎闭合,并因此而被迫拒斥简化之下的闭合呢?对此诺齐克似乎没有给出任何论证。

然而,有两种论证都支持在已知的逻辑等值下闭合,一个是关于知识的直觉概念的,另一个是由诺齐克的条件在形式上定义的“gnowledge”。对于知识,有一个直觉论证,即对于 S 来说,已知的两个逻辑上等价的陈述(尤其是当这种等值很简单时)就“等于是同一个东西”,因此在认识论上应该可以互换(参看正文即将讨论的内容;对诺齐克所考虑的案例来说,这显得尤为自然)。

可以对“gnowledge”给出另外一种论证,并且当 S 真的相信(并注意到)这种逻辑等值时(下文提示了限定性说明),确实为闭合提供了论证。假设 S 真的相信 p。因为 q 逻辑上等值于 p,而 S 注意到了这一点,于是 S 真的相信 q。对于第三个反事实条件,要注意,如果 S 不相信 p,而 S 确实相信 p 逻辑上等值于 q,于是 S 也不相信 q,可见第三个条件得到了保留。对第四个条件,也是一样的情况。

的确,关于反事实条件的论证存在一个间隙,而我们需要一个更合格的陈述。来看第三个条件。如果 p 不是事实,S 就不会相信 p。由于 p 和 q 被认为在逻辑上等价,反事实条件句前件中的假设实际上就是相同的。然而,要断定在该条件下 S 不会相信 q,因而第三个条件得以对 q 保留,我们就必须假定,即使 S 不相信 p, S 仍会相信 p 和 q 是逻辑上等价的(即使 p 并非实际)。通常情况就是这样。但无疑,可以给出特殊的反例。由于第四个条件的前提被假设为真,因此它不存在相应的问题。

当我们不得不提及所使用的方法时,该论证也必须做得更精确一些,尽管这确实好像会导致提出可能的限定条件。如果 p 不是事实,则 S 将不会通过方法 M 而相信 p。但那样的话,即使 p 和 q 被正确地认为逻辑上等价,我们也必须假设 S 不会相信 q。但是,方法 M′可能会稍有不同(假定前一段中所说的复杂情况并没有出现)。也就是说,方法 M′是这样构成的,首先注意是否通过方法 M 而得到 p,然后注意 p 和 q 的逻辑等价性。看起来这会令人感到满意,对于第四个条件,情况也是一样。把对 p 和 q 的逻辑等价的真实信念改成已知的逻辑等价,这似乎没有改变上一段中提到的那种无足轻重的复杂性。

导致我们可能会忽略所有复杂论证的一个原因,是以上所提到的那个想法,即至少那些明显在逻辑上等价的陈述就“等于是同一个东西”,因而在反事实条件句,以及信念和知识的直觉案例中,可以通过相同的方式来对待。

既然德雷斯克如此断言,他必定也坚持认为,应该放弃的是在已知的逻辑等价下闭合,而不是在简化下的闭合。我并不相信德雷斯克在已知的逻辑等价问题上采纳了某个立场(至少在我写本文的初稿时)。我没有核实过类似我刚刚为诺齐克提出的论证是否表明了,德雷斯克的反事实理论通常也将接受在已知(或真正相信)的逻辑等价下闭合(具有所讨论的限定条件)。

* 哈佛大学哲学系所在大楼。——译者注

中。”这个例子有两个特殊的特征，它们可能会促使诺齐克认为他已经对吸收现象和简化下的失效提供了直觉上的证成。第一，该合取分析地等价于（或几乎等价于）这个合取支——“我现在在爱默生楼里”。从直觉上我们都会认为，当诺齐克身在爱默生楼里时，他知道自己在那里，因此我们可能会认为，知道这个合取也就等于知道同一件事。(61)情况会是这样，特别是在我们相信那些已知（明显）在逻辑上等价的断言“等于是同一个东西”的时候。诺齐克强调说，有鉴于此，简化的失效与演绎闭合的失效并存（有关讨论可参看我的注释(60)）。第二，也是更重要的一点，在这种情况下，p，也就是被吸收的合取支，是对怀疑论假设的否定。尽管根据诺齐克的说法，我们不**知道** p，但很可能我们正确地没有对 p 产生**怀疑**。这就是让非 p 成为一个怀疑论假设的原因。这个事实可能让我们知道那些衍推 p 乃至包含 p 作为其合取支的陈述看上去不太尴尬。诺齐克之前所产生的整个同时期的反演绎闭合的倾向，乃是基于这样的思想，即，只有知识不是演绎闭合的，我们才能知道那些衍推出否认怀疑论假设的普通信念。

因此，我注意到，诺齐克的例子的这些特殊性质与吸收现象本身完全无关。正如我们所看到的，实际上很难找到**任何**真信念 p，它们确定不可能通过添加恰当的合取支而被吸收。从他给的例子看，诺齐克似乎意识到了第二个（女演员）类型的吸收现象。在这样的案例中，p 的假比 p 在第三个条件下被吸收的 q 的假，距离现实世界远得多。然而，在红色谷仓那类案例中，p 的假不一定比 q 的假距离现实世界更远。甚至在以女演员为例的第二类案例中，我们的例子也表明，非 p 可能会比非 q 离现实世界更远这个事实，与 p 的不可置信性全然无关。实际上，p 可能是一个从直觉上我们根本无权相信的陈述；也许几乎所有的真信念 p 都可以被适当的合取支 q 吸收。在这两类事例当中，合取都不需要哪怕是大约“等同于”其第二个合取支；实

(61)　因为——至少在理论上（因为所有读者可能会先验地知道）——爱默生楼可能就在半人马座阿尔法星上，所以如上所述的合取式可能不会完全分析地等价于关于爱默生楼的陈述。但是像我们一样，诺齐克明显打算忽略这种可能性。一种更精确的讨论将重新表述这种情况。

诺齐克的文字表明了所涉及的表达如何实际上既不是分析的又不是先验的。因为读者可能会对诺齐克的游方各处感到困惑。同一示例的早期讨论（207）使用的是“我在耶路撒冷”，而不是“我在爱默生楼”。大概是页码写在了不同的地方。一个无知的读者可能倾向于得出结论，认为爱默生楼就在耶路撒冷。

际上,只要具备适当的形式属性,在原始命题与合取支彼此之间,可能就几乎没有什么直觉或认知上的关系。诺齐克完全没有意识到吸收现象的普遍存在(因为他没有意识到以下事实:在第一类案例中,如果我们演绎推出了 p,他关于在演绎之下让知识得以保留的标准就得到了满足)。(62)

在我看来,这些结果是对诺齐克理论的主要反驳,而若经必要修改,也是对各种相关理论的主要反驳。从某种意义上说,在我看来,如果一个把未能知道归罪于诺齐克的反事实条件的人几乎总是能够通过说"尽管我不知道 p,但我知道我正确地相信 p(或者对于一个简单的 q,相信 $p\&q$)"从而为自己辩护。那么,在我看来,诺齐克的那些反事实条件就可以被化归为不言自明之物。(更糟糕的是,在某些情况下,如果他继而从合取当中演绎推出 p,他将满足知识 p 的那些条件。)若给定这些结果,我发现很难理解为什么"知识"和真信念之间的区别会有什么实质性的价值,或者实际上为什么我们还会拥有前一个概念。尽管诺齐克的理论并不完全就是"知识即为真信念"的理论,尽管比起我所知道的任何其他新近的提法,它在表面看来更接近于成为一种知识。

总结一下这一部分的主要技术成果:(1)如果 p 只是由于不满足第四个条件而没能成为知识,那么,合取式"p,并且我(通过 M)相信 p"[或与此等价,"我正确地(通过 M)相信 p"]满足所有四个条件。通常,如果我们愿意,子句"并且我(通过 M)相信 p"可以用另一子句代替,该子句为信念 p 的产生提供了因果上的充分条件。(2)如果 p 不满足第三个条件(甚至不满足第四个条件),但它却是一个真信念,那么,只要适当选择了 q,在非常广泛的情况下,"p 并且 q,并且我(经由 M)"相信($p\&q$)[或等价地,"我正确地相信(经由 M)是 $p\&q$"]满足所有四个条件。在这里,最后一个子句通常也可以用一个不提到信念的子句来代替。(有时候,尤其是在 p 满足第四个条件的情况下,可以将这种构造简化为 $p\&q$。)特别是在以下情况下,会发生这种

(62) 在第三个条件中,琼斯不是一个女演员这个反事实假设,等价于琼斯或者没有从事演艺职业或者不是一个女人这样一个析取句。一些人,特别是著名的努特(D. Nute)曾一度(例如 Nute, 1975)认为,与其他条件句相类似,具有析取前件的反事实条件句,应该等价于分别以各个析取支作为前件的独立的反事实条件句的合取。也许有人本来可能会听到这样一些反事实条件句。如果将前件简单地表述为"琼斯不是一个演员",这不会影响我们的直觉——这会是反事实条件句中应该放弃的逻辑等价物的替换——因此不会真的影响到我们的观点。然而,这样的替换失效实在令人难以置信,而努特并没有坚持自己的立场。

情况:(2a)满足第三个条件的方法(不是他实际使用的方法)在某种意义上对 S 是"可资利用的";或者(2b)S 有一个满足第三个条件的真信念 q,使得非 q 比非 p"更有可能"。在(2b)的一个有趣的特殊案例中,由对科学定律的信念所例示,在 p 之前加上"我正确地(经由 M)相信……",即可修复诺齐克的两个反事实的条件(假如它们单独看对 p 都不成立的话)。在情况(2a)中,从 p&q 演绎出 p,实际上满足诺齐克关于演绎之下保留知识的那些条件。

　　(两个页边注:首先,必然真理的知识案例提供了针对刚才讨论过的现象的一个特别简单且明显的实例。其次,关于不幸运的亨利,我们的话还没说完。下面我们将回到这两个问题上来。)

五、诺齐克理论的逻辑性质:添加析取支、弱化的结论以及诺齐克的第三个条件

5(a)　诺齐克对添加析取支必然保留知识的论证

　　出乎意料的是,诺齐克似乎认为,添加一个析取支与简化有很大的不同,并且,在这种推理之下知识没能闭合,会是违反直觉的(230 和 692,注释㉔)。我很难看出这种直觉上的差异。无论如何,显而易见,与简化情况恰好类似的论证(参看我的注释㉖)表明,知识在已知的逻辑等值以及添加析取支之下的闭合,蕴涵着演绎闭合。这是因为,如果 p 衍推 q(而且我们知道这一点),于是假定 p,我们就可以推出(p 或者 q),我们知道它在逻辑上等价于 q,并且所有步骤都是保留知识的。此外,考虑到诺齐克刚才引到的观点,他何以能够拒斥简化之下的闭合呢? 假设我们知道 p&q。添加一个析取支,我们(几乎总是)知道(p&q 或者 p),但是,运用已知的逻辑等值下的闭合,由此就可以推出我们知道 p。诺齐克的假设是,全称例示下的闭合与存在概括下的闭合(230)之间存在实质性的直觉差异,若基于相似的理由我们会发现,这个假设让人惊讶而且令人怀疑。

　　因此,我把这个问题写在了本文的初稿里面,并在那里一直保留了下来,不过不久之后,我针对如下假设提出了实际的反例,即诺齐克关于知识的条件在添加析取支之后是闭合的(见下文)。然而,沙龙(A. Sharon)和斯

佩克特(L. Specter)给我发送了一篇没有发表的论文,其中讨论的问题恰好就是在诺齐克的理论中添加一个析取支,这让我产生了更多的想法。首先,沙龙和斯佩克特指出,诺齐克本人在所说的问题上的说法前后不一致。正如我们在上一节中所看到的,诺齐克强调,知识并不在简化之下闭合。他举出的主要例子是"我现在身在爱默生楼里,没有漂浮在半人马座阿尔法星的一个水箱中,因受到刺激而拥有我的经验。"根据诺齐克的说法,他知道这个合取句,但不知道第二个合取支,这是对怀疑论假设的否定。诺齐克紧接着说:

> 同样,对我来说,我可能知道 p 却不知道一个合取式的否定,其合取支之一是非 p。我可以知道 p 却不知道(因为我可能没有去追踪)并非(非 p & SK)["SK"代表 p 在其中为假的一个怀疑论场景]。我知道我现在身在爱默生楼,而我并不知道:事实并非如此(我现在处在半人马座阿尔法星的水箱里,而不是在爱默生楼里)。(228)

但是很显然,一个合取的否定在逻辑上等价于合取支的否定的析取。考虑到这一点,以及诺齐克在已知的逻辑等值下闭合的断言,他显然与自己所承诺的、在添加析取支下闭合的观点构成了矛盾。然而,诺齐克在以下观点上很可能是对的:导致他拒斥简化的关于怀疑论的那些相同"直觉",也会对所说的这段中的情况提供证成。

更重要的是,正如我们之前指出的,以及沙龙和斯佩克特在其论文中强调的,诺齐克针对有效演绎推导什么时候保留知识提供了条件,并论证,添加析取支(几乎总是)满足这些条件。对于那些拒斥知识的演绎闭合的作者来说,去陈明这样的条件是义不容辞的责任,因此我们应该为诺齐克的所作所为表示赞赏。如果没有它们,仅仅是拒绝接受知识的演绎闭合,任何人,只要想从已知前提去证明什么,就都可能会因为针对一个结论提出有效论证的那个众所周知的谬误而受到批评![63]

在诺齐克的理论中,一个演绎论证本身就可以算作获取知识的方法

---

[63] 此外,在我看来,这种考虑似乎表明,那些知识没能在已知的逻辑蕴涵下闭合的情况,应该是极少数的例外。我们已经看到,诺齐克的理论在这一点上遇到了麻烦。

M。诺齐克运用他的分析考虑了,这种方法何时可以满足他本人的条件
3′和4′。⑥④在这里,我们省略了对第四个条件的考虑。对于最重要的第三个
条件,当 S 从已知前提 p 有效地推出 q 时,诺齐克得出了以下结论(231)。
这个推理可以得出知识 q,只要:

I:如果 q 为假,S 就不会相信 p(或者,S 不会从 p 推出 q)。

该条件句的括号部分是一种罕见的情况,通常无需考虑。在其著作第232
页的注释,诺齐克提到了一些其他罕见的例外。

最后,诺齐克继续声称,他的条件将几乎总是满足那些通过存在概括或
添加析取支而进行的证明。不幸的是,对我们目前的讨论来说,诺齐克仅就
存在概括提出了他对该主张的论证,他只是陈述说,"类似的说法适用于从
一个析取支推出析取式"(236)。⑥⑤因此,我们必须亲自重构他的论证。看起
来(类似于他关于存在概括的论证)是这样的:假设 S 从 p 推出(p 或者 r),
其中前提 p 根据假设满足诺齐克的第三和第四个条件。然后,以(p 或者 r)
作为上述条件 I 的结论 q(省略不常见的括号部分),我们所需要的是,假如
(p 或者 r)不为真,S 就不会相信 p。但是,(i)假如(p 或者 r)并不为真,p 也
就不会为真。但是,由于根据假设,诺齐克的第三个条件对 S 的信念 p 是满
足的,(ii)假如 p 并不为真,S 就不会相信 p。因此,(iii)假如(p 或者 r)不为
真,S 就不会相信 p,这表明,想要的条件得到了满足。

这个论证是一个谬误。(为存在概括陈述的类似论证也犯了类似的谬
误。)它认定反事实条件句具有传递性,而这是反事实条件句逻辑的一个众
所周知的谬误,尽管实质条件句具有传递性,严格条件句,甚至相干条件句
和衍推(如果你关心这些的话)也具有传递性。(可能还有人认为日常语言

---

⑥④　参看他论述"知识的证明和传播"的部分(230—240)。

⑥⑤　可以指出,换种说法的话,诺齐克实际上可能已经从所谓的知识在存在概括下闭合的证
明,演绎推导出了添加析取支之下知识的闭合。遵循后一条规则,以下步骤就可以保留知识。p,因此,
$(p \wedge 0=0) \vee (q \wedge 0=1)$(已知的逻辑等价,这是诺齐克所接受的),因此,$(\exists x)((p \wedge x=0) \vee$
$(q \wedge x=1))$(**存在概括**),所以,$p \vee q$(**已知的逻辑等价**)。

　　但是,正如我在正文中提到的,诺齐克明确陈述的关于知识在存在概括下闭合的证明,在反事
实逻辑中,与在我们对他的直接(类似)证明(关于知识在添加析取支之下闭合的证明)的重构当中
一样,也会产生相同的谬误。

中的直陈条件句也应该是可传递的。)

刘易斯列举了一套反事实逻辑的谬误,这些谬误却是其他类型条件句的有效原则。⑥⑥其中一个是**强化前件**谬误。假如出现这一情况:即使 p 和非 q 同时成立是**可能**的,一个反事实条件句"如果 p 成立,q 就会成立"也能为真,径直就可以推出这是一个谬误[说这不是一个谬误,就相当于说,为真的反事实条件句总是严格(**必然**)的条件句]。因此,即使"如果 p 成立,q 就会成立"为真,也不能由此推出"如果 p 和非 q 都成立,q 就会成立"为真。**传递性**也是一个谬误,这是一个直接推论。因为否则的话,我们就可以论证,如果 p 和非 q 都成立,p 就会成立。同理(根据假设),如果 p 成立,q 就会成立。因此,根据传递性,如果 p 和非 q 都成立,q 也就会成立,我们已经看到,这是荒谬的。⑥⑦

诺齐克对于添加析取支的假想论证(就像他实际陈述的对于存在概括的论证一样)恰恰导致了反事实逻辑中传递性的谬误。只是因为我们拥有"如果(p 或者 r)不为真,那么 p 就不会为真",以及"如果 p 不为真,S 就不会相信 p",由此并不能推出"如果(p 或者 r)不为真,S 就不会相信 p。"

实际上,既然并非(p 或者 r)逻辑上等值于(非 p 并且非 r),所以,所涉及的谬误可以简单地看作是强化前件的一种。仅由"如果 p 不为真,S 就不会相信 p",并不能推出"如果 p 和 r 都不为真,S 就不会相信 p。"

幸运的是,诺齐克关于通过添加析取支来保留知识的论证是谬误的。我相信,对于知识的直觉概念来说,添加析取支应该能够保留知识。但是,对于由诺齐克的条件所定义的"gnowledge",就是另外一种情况了。我们已经在本部分开篇那一段看到,如果添加析取支确实能够保留他的条件,诺齐克的理论将会出现哪些纠结、问题乃至矛盾。下面我们很快就将给出具体的反例,以此表明,添加析取支可能会导致诺齐克的第三个条件并不成立,尽管它对单个前提能够成立。

另外,据我所知,诺齐克的条件 I 存在一个根本性问题,也就是关于这

---

⑥⑥ Lewis,1973:第 1.8 部分("反事实谬误")。刘易斯提到其他一些也认识到了这些谬误的学者。参看他在该书第 30 页的第二个脚注。

⑥⑦ 刘易斯(在 1.8 部分)进一步讨论了,这些论证按照他本人关于反事条件句的可能世界语义学为什么也属于谬误。他也针对这些谬误模式提供了一些具体的直觉反例,但对于主要观点来说,这些讨论并不是真的必要。下面这一点正是一个反事实条件句的性质的一部分,即如果反事实条件句要想同严格蕴涵条件句区分开,强化前件和传递性就都不能成立。

一问题的表述中存在的问题:当从前提 p 推出结论 q 时,如何获得条件 3′?这个条件似乎与前提 p 是不是已知的乃至是否为真无关。(类似的说法也适用于诺齐克关于条件 4′的版本。)所涉及的方法 M 及其追踪条件,似乎只是从一个被相信的前提推出一个真的被相信的结论。盖梯尔问题使得导出自一个得到证成但为假的前提的结论问题,变成了一个著名的问题。但是,诺齐克的条件 I 甚至都不要求前提得到证成(而且允许其为假)。如果这个方法指的是从一个前提推出一个结论,那么诺齐克的条件 I 似乎确实就是适合于其理论的、关于 3′的表述。但在我看来,这似乎是对该理论本身的毁灭性反驳。它与从已知前提乃至真前提(无论这种相信是否可以证成)中获取知识无关。重要的是,在他对条件 I 的表述之前,诺齐克似乎讨论了当方法 M 即为做出演绎推导时关于 3 的表述的情境,而这实际上就是 3′(188—189),而且他得出结论说,尽管存在明显的困难,但结论是令人满意的。我无法看到他是如何表明这一点的。(尤其是,与他在那里的提法相反,他的表述似乎并不满足哈曼对于"引理必须为真"的要求。)

5(b)　第三个条件的所谓必然性在逻辑上的困难

尽管诺齐克关于必须通过添加析取支来保留他的第三个条件的论证是谬误的,我们仍然可以考虑第三个条件本身,以及在这样一种弱化条件下会发生什么。

正如我说过的,第三个条件具有明显的直觉味道。"即使 p 为假,你仍然还是会相信它",这听上去确实是对某人声称自己知道的反驳。因此,即使前面的论证表明(除其他事项之外)诺齐克不可能给出知识的**充分**条件,但第三个条件是**必要**条件(不过,这几乎不是有用的必要条件,因为它几乎总是要通过强化信念而得到满足),这一点看上去仍然是合理的。但事实上,这远不是真的。一个与该论证完全对称的论证表明,通过合取"并且我(通过 M)相信 p",我们会多么不言自明地修复第四个条件,这容许我们可以同样不言自明地证伪第三个条件——只不过,在这里我们是通过添加析取支来弱化这个陈述。

精确一点说,令 p 是 S 所知道的任何事情,既是直觉上的知道,也是诺齐克第四个条件(通过方法 M)意义上的知道。令 q 是较弱的陈述——"p 或者我不(通过 M)相信 p",或与此等价,"我并不错误地(通过 M)相信 p"。

在这里,S 通过方法 M′而相信 q,而方法 M′就是使用 M 得出 p,然后(通过弱化)推导出 q。但是现在第三个条件就不再得到满足了。因为假如 q 为假,则 S 会通过 M 而相信 p(不过,是错误的)。因此,如果 S 应用了 M′,则 S 将推导出 q,从而违反了对信念 q 的第三个条件。[68]

对于根本不提及任何方法 M 的情况,该论证同样能够成立。q 在这里就是"p 或者我不相信 p",或者等价地,"我并不错误地相信 p"。第三个条件(通常)对 q 不成立。因为如果 q 是假的,S 就会相信 p,因此(通常情况下),就更不必说会相信这个简单的逻辑后承 q 了。

这与前面对第四个条件的讨论的相似是显而易见的。这个讨论分为两部分。在较早的情况中,我们通过添加一个关于真信念的合取支来不言自明地满足第四个条件。现在,我们通过添加一个关于未能相信的析取支来迫使第三个条件为假。该论证以十分类似的方式,对于第三个条件是知识的必要条件这个想法构成毁灭性影响。从这个想法将衍推出,几乎每当 S 知道 p,他就都不知道他没有错误地(通过 M)相信 p。因此,对于确信第三个条件之必要性的人来说,"就你所知,你可能会错误地相信 p"这句话实际上总会是正确的。(怀疑论又来了吗?)与此等价,即使他知道 p,他也绝不会知道析取式——"p 或我并不(通过 M)相信 p"。[69]

诺齐克关于通过添加析取支来保留他的第三个条件的论证中所存在的谬误,现在应该更加清楚了。那些我们拥有"如果 p 成立,q 就会成立"的地方,恰好就是那些我们不能通过将 p 和非 q 合取起来以便强化一个含有 p 的反事实条件句的前件的地方。据说在这里我们拥有"假如 p 不成立,S 就不会(通过 M)相信 p",这是诺齐克的第三个条件。然而,我们不能通过在前件中添加"S 确实(通过 M)相信 p"来强化在前件当中包含非 p 的反事实条件句。但是,如此进行强化的前件在逻辑上等价于"并非[p 或者 S 不(通过 M)相信 p]"。难怪当添加了析取支——S 不(通过 M)相信 p 之后,第三个条件就无法保留了。

---

[68] 莱文向我指出,沃格尔(Vogel, 2000)也给出了类似的论证。目前我还没有亲自读过沃格尔的论述。

[69] 莱文注意到,这个例子等价于人们所熟知的(关于非 p 的)摩尔悖论性语句的否定,即"非 p,但我不相信非 p"。因此,我所指出的是,摩尔悖论性语句的否定永远不会满足条件3。

在具体事例中,人们可以通过给出信念的来源以及/或者阐明所用的方法,用适合于所涉及事例的公式,去代替这个机械性公式——"p 或者我并不(通过 M)相信 p"。例如,假设 S 看见了一棵树,因而知道了(p):在他的面前有一棵树。现在考虑下面这个较弱的析取句(q):S 面前有一棵树,或者 S 没有对一棵树的视觉印象。(与此等价,考虑这个实质条件句:如果 S 具有对一棵树的视觉印象,则在他面前有一棵树。)S 相信 q 是因为他从 p 推出了 q,而他相信 p 则是因为他的视觉印象。假如 q 为假,则 S 就会拥有对一棵树的视觉印象。如果他用的方法与他实际使用的方法相同,他就会基于自己的视觉印象得出这个结论:他面前有一棵树。由此他就可以推出,使用这种方法,他就会演绎推导出析取句 q。因此,第三个条件对 q 不成立。

在前面的讨论中,我们通过添加明显为假的析取支而削弱了该陈述。在一种情况下,我们添加的析取支是"S 不相信 p",在另一种情况下,所添加的析取支是"S 没有关于一棵树的视觉印象"。但是,关于弱化一个陈述以破坏第三个条件的方法,也就是对一个陈述添加析取支的方法,存在着不同的表述,以至于这个析取式违反第三个条件,而其中两个析取支却都是真的。例如,"或者那里有一棵树,或者我没有产生对树的幻觉",或者,"或者那里有一棵树,或者我没有对一棵树的虚假视觉印象。"

六、方法

下面我来讨论诺齐克的"方法必须保持固定"这个条件。[70]我想考察他的基本概念,但我首先来看他对"多种方法"的处理。诺齐克说,如果使用两种方法 M_1 和 M_2,则其中一种可能会"胜过"另一种。诺齐克详细地讨论了几个案例(180—184)。我不想讨论全部,而是讨论其中一个案例,以便说清楚,我通常并不赞同诺齐克对两种方法的直觉。

诺齐克引用了一个例子,阿姆斯特朗曾以格雷戈里·奥海尔(Gregory O'Hair)的名义报道过它:

---

[70] 也可参看我的第一部分。

> 关于一个特定的案件,父亲相信儿子无罪,这既是因为他对儿子的信任,(现在)又是因为他在法庭上看到了儿子无罪的确凿证明。我们假设,他通过法庭展示的方法而获得的信念满足1—4,但他基于对儿子的信任而获得的信念却并非如此。如果儿子有罪,基于对儿子的信任,他仍然会相信他是无辜的。(180)

诺齐克的直觉至少与阿姆斯特朗(1973:208—210)的猜测是一致的[71],那就是:父亲不知道自己的儿子是无辜的。他认为,通过法庭证明所获得的信念,显然不如通过对儿子的信任这种方法所获得的信念来得重要。如果他的儿子有罪,那么这将占据上风(而诺齐克的意思大概是,即使法庭上明确证明儿子有罪)。M_1 是法庭证明的方法,这是满足诺齐克的条件的方法;而 M_2 是信任的"方法",它并不满足诺齐克的条件。可见,在这个有明确规定的案例中,M_2 胜过 M_1,以至于父亲并不知道自己的儿子是无辜的。[72]

我发现诺齐克的直觉高度可疑,当然,不是那种不经论证就可以像诺齐克那样预先假定的直觉。如果其他每一个对这个儿子缺乏事先信任的人,都能基于决定性的法庭证明而知道他是无辜的,难道这个父亲就真的完全不知道这一点吗?基于上帝存在这种信仰而有所相信的那些宗教哲学家,试图通过寻找一个证明而将信仰转化为知识,即使他们的信仰将会推翻一个明显的反向证明。(他们会认为某个地方一定出了错,例如在来自恶的问题上的论证当中。)对知识的正确分析真的表明他们已经注定要提前失败吗?假设他们之中有一人提出了一个有效的证明。即使一位先前的怀疑论

---

[71]　实际上,阿姆斯特朗的直觉远不及诺齐克坚定。最初,奥海尔的例子(没有说明当 M_1 和 M_2 发生冲突时会发生什么情况)被认为是在其中父亲明确知道儿子无罪的一个例子。阿姆斯特朗希望(见第210页),如果父亲不能通过额外的测试,那么他就不会知道,并且这一结果使他的分析免于异议。与诺齐克不同,他没有使用直觉去推进自己的分析,似乎也没有认为其为真是显而易见的。

[72]　诺齐克实际上给出了"胜过"的一个技术性定义(182),我们把它省略掉了,只是简单地按照直觉看待这个概念。按照诺齐克的定义,在一个信念 p 上,一种方法可能会胜过另一种方法,但就另一个信念而言,这种情况原则上可以倒过来。

诺齐克还强调,那位父亲不满足最初没有提及任何方法的简单条件3。为诺齐克说句公道话,他陈述道:"某些人也许坚持认为,父亲会更坚定他通过法庭证明而获得的信念;并坚持认为父亲知道,因为他的确信程度(尽管不是他的信念)随其真假而有所不同"(683,注释⑰)。这种观点与诺齐克在其正文当中似乎无条件加以思考的内容有所不同。

者可以从他的证明中知道上帝存在,他真的注定要失败吗?

我在这里的怀疑得到了如下事实的强化:就像前面几部分论述过的,演绎闭合的失效在这里又一次涌现出来。假设儿子的辩护律师在法庭上有力地证明了另外某个人(史密斯)是(唯一的)凶手。父亲对真凶没有任何预判;法庭证明是他由以得出这个信念的唯一方法。于是根据诺齐克的观点,父亲确实知道史密斯是唯一的凶手。(大概他也知道史密斯不是他的儿子。)即使我们否认知识的演绎闭合,难道这一点就真的可信:父亲知道史密斯是唯一的凶手,但他不知道他的儿子无罪——即使其他所有人都基于此而知道儿子是无罪的? 如果父亲真的**确实**知道是史密斯干的,那么,否认他知道自己的儿子是无辜的可能出于什么目的呢? 这里的这种情境几乎是不可避免的。这种辩护几乎肯定地证明了某个更加具体的事实,这个洗清儿子罪名的事实,此前并没有基于信任而被父亲相信过。

同样,一个宗教哲学家可能提出了一个有效的本体论论证,证明上帝存在是分析性的。他以前并没有将其作为一个信仰问题而坚持这个技术性原则。于是,按照诺齐克的观点,这位宗教哲学家就知道上帝存在是分析性的,但不知道上帝存在! 要想接受这个特殊的事例,我们就必然会极端地反对演绎闭合。这里的这个问题具有很大的普遍性。常见的情况是,当一种方法被"胜过"时,仅凭被胜过的那种方法就能得出某个更强的结论来。我怀疑诺齐克对"胜过"的直觉能否对付得了这个问题。

请注意诺齐克对父亲一例的说明的另一个方面。按照他的标准,似乎会否认父亲拥有这个知识,即基于法庭证明,他的儿子是无辜的,即使他没有认识到,假如法庭上出现相反的情况他会作何反应。只要他对儿子的信任占主导地位,那么,他不需要为了让人们基于他在法庭上看到自己儿子的清白而否认他的知识,从而意识到这个假想情境的存在。

让我们重新考虑一下诺齐克关于祖母的例子(179,我在第一部分引用过)。无疑,只要祖母清楚地看到她的孙子还活得好好的并与之交谈等等情况,祖母就会知道他还活着并且很好。但是,如果他生病或死掉了,朋友们会向她保证他还活着而且活得很好,而祖母会相信他们。正是这个例子导致诺齐克提出了方法(观看孙子并与他交谈)必须保持固定的要求。但是,这真的有用吗?让我们根据诺齐克对阿姆斯特朗父亲一例的看法考察一下这个案例吧。假设即使祖母已经见过了孙子,她还是会相信她的朋友们的保证,说他只是假装死掉了[73](或是生病了),实际上还活着而且很好。于是,根据诺齐克的观点,她观看自己孙子这个方法等等,似乎比不过相信她的朋友这个方法。

这个结论真的可信吗?诺齐克和我的直觉是,可以肯定,通过观看并与之交谈而相信自己的孙子还活着的祖母,确实知道他还活着。但是,他要求保持方法固定是否真的可以让这个情境避免陷入第三个条件,对我来说已经不是那么清楚明白了。

诺齐克提到,在他采用多种方法的事例当中(尤其是阿姆斯特朗的父亲一例),人们可能反而会认为主体使用了单独一种复杂的方法(684,注释[20])。例如,阿姆斯特朗的父亲可能就使用了这种复杂的方法:"无论信任的方法告诉他什么,都相信自己的儿子,而且,只有当信任的方法给不出任何答案,他才相信法庭证明的结果。"这样看的话,父亲遵循了单独一种违反第三个条件的方法。同样考虑,即使祖母已经见过并跟她的孙子说了话,但遵循一种复杂方法——"优先考虑来自朋友们对自己孙子的有利保证,只有当这样产生不出任何结果时,才会遵照自己的眼睛和耳朵提供的依据"——的祖母,仍然并不知道。我们再一次看到,诺齐克想要通过提出方法必须保持固定这个要求而加以保留的那个直觉,实际上明显被违反了。

再来考虑一下诺齐克对哈曼独裁者事例的处理[参见本章4(a)部分]。诺齐克在考虑由祖母一例说明而提出保持方法固定这一要求之前,先引入了这个案例(177),并简单陈述说,即使其他三个条件不能处理,第四个条件也可以处理这个案例。暂且假定诺齐克—哈曼的如下直觉,即主体不知道独裁者已死,并放弃了我们以前针对诺齐克关于此例的处理方案的所有反对意见。和祖母的例子一样,诺齐克肯定认为这个例子也涉及了方法问题。这不是一个核心且显然的案例,无法运用任何特定的方法。我在4(a)部分也是这样假定的。

所用的方法是什么呢?如果这个案例类似于诺齐克对祖母一例的处

---

[73] 换句话说,她会相信自己把别人误认成了自己的孙子。与阿姆斯特朗父亲一例类似,主要观点是,她非常积极地接受孙子没有死掉(或生病)的保证。

理,其中的方法只不过是相信人们在报纸上读到的东西。但是,这样丝毫不违反第四个条件。相反,令其中的方法是,只要不与官方的否认构成矛盾,就相信人们在报纸上已经读到的内容。于是,按照诺齐克的看法,提及该方法的条件 4′ 可能会被违反,即使主体没有听到任何官方的否认。但那样的话,与此类似的是,祖母的方法应该是相信自己眼睛和耳朵的证据,除非这与来自朋友们的保证构成矛盾。她没有听到任何这样的保证,因为不需要这些保证。但是,新的复杂方法违反了第三个条件。因此,诺齐克终究没能成功挽救他的直觉。

换句话说,有人可能会认为哈曼的独裁者一例涉及两种方法,即相信报纸(M_1)和接受官方公告(否认)(M_2)。即使实际上没有使用 M_2,M_2 也应该胜过 M_1,而这个事实应该会破坏主体的知识。但那样的话,祖母也应该有两种方法。M_1 是接受自己的感官见证,M_2 则是相信来自朋友们的保证。即使实际上并未使用 M_2(因为在这种情况下不需要它),也可以再次假设 M_2 胜过 M_1。但 M_2 是一种违反诺齐克的条件 3′ 的方法,因此,祖母的知识再一次丢掉了。

因此,诺齐克对阿姆斯特朗父亲一例和哈曼独裁者一例的处理方案,似乎都与他在祖母一例上想要的东西,存在某种紧张关系。祖母一例是引入"保持方法固定"的首要动因。我并没有绝对地说这些是不可解问题。进行澄清也许会挽救这个情境。但是,人们不应诉诸"退路"(leeway)来回避这些问题。应该会有某种我们可以使用肯定的、精确的语言加以陈述的解决方案。请参看下面的内容。

七、退路

上面所说的多种方法和复杂方法存在的问题,揭示了诺齐克在使用反事实条件句和方法概念上所诉诸的"退路"(193)。诺齐克似乎认为,他可以"松散且合乎直觉地"使用方法的概念,而无需精确的规则,就可以在对于方法的不同描述之间——甚至在解释之间进行选择,以便让他的条件与直觉相符合,前提是他没有"不一致地利用退路或摇摆,先是倾向于一个方向,然后又向另一个方向倾斜"。不幸的是,正如我们上一节的讨论似乎表明的那样,他好像并没有得偿所愿。在我看来,他对这种方法的描述总是"合乎直觉"的这一点也不怎么明显。

我认为,应该客观看待诺齐克的四个条件(或任何其他理论),而不要带着成见去考虑它们是否符合我们对知识的直觉概念。如果这些条件是模糊的、不确定的或是存在别的问题,那么在某个事例中一个人是否知道这个问题本身就是清楚的,而这本身就足以表明这些条件并未把知识的概念定义清楚。毫无疑问,该情境并不像他们明确不同意这个直觉概念时那样糟糕,但是仍然很糟糕,足以表明这些概念并不相同。我同意诺齐克的观点:如果这个答案对有些案例来说不够确定,那么,他的理论(如果在别处未遭反驳的话)仍然可能会是第一步,并与某种更加精确的观点兼容。然而,如果该理论在某种情况下高度混乱或很成问题,而在这种情况下我们对知识的直觉概念却是清楚明白的,那么在我看来,这就是对它的一个强有力反驳。我心里面想到的例子将在下面的第 12 部分变得清晰明白。此外,强加上这些条件以使其产生想要的结果,这是一件危险的事。

八、并不总是产生明显结果的方法

假设在一次全都是成年人参加的聚会上,我被介绍给某个人认识。如果这是一个正常的情境,那么我当然知道我没有被介绍给一个 4 岁的孩子。但是,假设我不太擅长估算小孩子的确切年龄;通常来说,如果我被介绍给一个 4 岁的孩子,我完全可能猜测他的年龄是 3 岁或者 5 岁。因此,诺齐克的第三个条件并未得到满足:即使我被介绍给了一个 4 岁的孩子,我本可能会相信我没有被介绍给一个 4 岁的孩子。

这样使用条件 3 时,我是否"保持方法固定"了呢? 直觉上看,我会说我所使用的方法 M 是"根据她的外貌估算我所遇到的人的年龄",这种方法保持了固定。但是,也许诺齐克可能会争辩,这个方法更准确地说是"确定这个人是否是成年人,而如果回答是肯定的,则推导出她不是 4 岁"(退路),以图这样来挽救条件 3。如果这就是所使用的方法,那么在上一段中,它并没有保持固定。但是，这样做让我觉得人为性太强了；在我看来，如果我这里压根儿就没有任何关于成年的概念，情况就不会发生什么改变。我也不应该说我使用了如下方法：从她明显不是 4 岁这个命题推导出她不是 4 岁。在这个情境中，不存在任何独立的命题“**她明显不是 4 岁**”，从中我们可以推导出她不是 4 岁这个命题。“显然”（clearly）一词改变了估算这个人的年龄以产生其结果这种方法所具有的作用力或决定性。它并没有改变结论本身。（请注意，在这个例子中，所讨论的根本就不是“4 岁”这个词项的任何模糊性问题；我们可以假设这个词的边界是精确固定好的。但麻烦在于，我可能很难判断一个给定的孩子是否符合这些边界。）

这个例子说明的问题似乎是这样的：在某些情况下，一种方法 M 可能明显而直接地导致 S 相信 p，并准确地做到了。但是，如果 p 不成立，而 S 试图去应用 M，那么 M 的应用就会变得困难或复杂，以至于 S 可能仍会判断为相信 p。这样的话，也就违反了诺齐克的第三个条件，但从直觉上我们不会否认 S 知道 p，因为应用 M 时那些困难实际上并没有出现。

在诺齐克引用的一篇论文(74)中，戈德曼给出了另一个说明该问题的例子。我看着一个地方，正确判断那里有一条狗。我们令这就是所说的信念 p。我可以很容易地区分看到的那条狗（一只腊肠犬）和一只狼。另一方面，假如那块地上根本就没有狗，完全有可能会有一只狼在那个地方。我无法轻易把其他犬种和狼区分开（戈德曼提到了阿拉斯加雪橇犬和德国牧羊犬）。因此，如果待在那里的是狼而不是狗，我完全可能还以为那里的就是狗（是另外一个品种的狗，例如阿拉斯加雪橇犬）。可见，这里违反了条件 3，因为即使那里没有狗，我也可能以为那里有狗。从直觉上看，这似乎并没有影响我关于知识的主张，因为那块地上那只特定的犬种我从未将其与狼相混淆。请注意（也许戈德曼没有强调这一点），在本例中诺齐克的条件 3 与直觉之间的冲突(75)，并不要求我必须对所说的动物品种拥有任何明确

(74) Goldman（1976：779）。

(75) 显然，戈德曼是在诺齐克的书出版之前写的，其论证并没有直接针对诺齐克的条件 3。但这显然是适用的，而且戈德曼心里面也有类似的想法。莱文提醒我注意戈德曼后来对诺齐克的书所作的评论（Goldman，1983），他指出，戈德曼在其中明确指出了针对（如此表述的）诺齐克条件 3 的实质上相同的反例。莱文似乎还认为，戈德曼针对他论文和书评中的难题如何解决的方案之间存在某种冲突，但是我不想考虑这个问题。

认知。

然而,我想提一种可能的出路,这是我在本部分的原始表述中还没有考虑过的。这是对上述"明显"这一表述的简单修改。诺齐克可能会认为,那里有一条狗这个判断,是从这样的前提演绎推导得出的:那里有一条和狼绝不会不同(或与之混淆)的狗。从这个前提出发,主体推出那里有一条狗。于是诺齐克就可以声称,他的论证满足了他通过演绎来保留知识的条件。在我看来,这样做有两个困难。首先,我们已经看到,诺齐克关于演绎推导什么时候保留知识的理论存在相当多的问题。但是其次,为了回避这些困难,假设主体顺利完成了这样的演绎推导却是极不合理的。主体只是看到了一只狗,并判断:那里有一条狗。

这样的情况对于诺齐克的条件 3′ 来说是很棘手的。我认为,与其煞费苦心地把对所用方法的描述强加到一种在其中条件 3′ 能够被看作得到满足的固定模式中去,倒不如去修改一下条件 3′ 的陈述,以便充分考虑一种方法产生其结果的途径的作用力或决定性,这样做可能是更可取的。不过,我不打算去考查这项工作是否可以如愿完成。[76]

九、关于必然真理的知识

诺齐克强调说[77],他的分析为知识提供了一种统一的说明,从而可以像对待经验真理那样对待诸如数学真理和伦理真理之类的必然性。的确,对寻求统一说明的渴望是诺齐克采用反事实型表述(参看第 70 页)取代戈德曼因果分析(Goldman,1967)的主要原因。他的主要观点是,尽管因果概念不适用于数学和伦理真理,但若将反事实条件句应用于此类真理却是有意义的。认为一种统一的说明值得追寻,这很合理;乍看起来,"S 知道 p"似乎表达了 S 和 p 之间是同一种关系,不用考虑 p 是什么命题,或者,同样也不用考虑 S 是谁。

---

[76] 在这方面,应该考虑戈德曼的分析,尽管他本人在(Goldman,1983)中指出,诺齐克的条件 3 不可能合理地维持其原状。

[77] 参看第 186 页第一段。这是他标题为"关于必然性的知识"的部分开头的一段。

诺齐克注意到,如果 p 是一个数学真理,他的第三个条件就有一个不可能的前件,因为它要求我们考虑如果 p 为假情况会怎么样。他写道:

> 也许可以构建一个虚拟的理论来涵盖这样的情况——尚未有人提出过让人还算满意的方案——但我们应该设法避免这种孤注一掷的权宜之计。(186)

他径直得出结论说:"条件 3 对于**必然真理**没有什么作用",因此,一个给定的对于必然真理的信念是否是知识的问题,可以归约为第四个条件。

在这里,我发现诺齐克的方法论十分令人困惑。首先,如果其中一个条件对于数学真理而言是无法理解的,或者至少是一个没有给出令人还算满意的解释的条件,那么,反事实解释相比于因果解释所具有的更大的普遍性和统一性的地方又在哪里呢?更重要的是,如果在一个给定案例中,合取句的一个子句是难以理解的,这难道不会让整个合取句在这个案例中变得晦涩难懂吗?显然,这样一种情境不允许我们简单地去掉这个合取支就算了事。[78]如果诺齐克,连同刘易斯和斯塔尔内克都相信,具有不可能前件的反事实条件句空洞为真,那么事实上,第三个条件也会因为空洞的满足而去掉;但诺齐克引用的话清楚地表明,这并不是他的看法。他可能会通过析取的方式重构自己的理论,其中一个析取支适用于包含第三个条件的偶然真理,而另一个析取支则适用于缺少该条件的必然真理。但这样的话,关于必然真理的知识就会被特殊处理,并不是将其处理为一种以同样的方式对待必然真理和偶然真理的统一理论的结果。

更重要的是,很难看出第三个条件何以能够在没有进行替换的情况下,就径直在这里给去掉。(如果我们遵循反事实条件句的刘易斯—斯塔尔内克型条件,我们将会这么做。)第三个条件旨在排除那些轻易就得出结论 p

---

[78] 假设我们有一个关于实数的数学条件,它把实数定义为几个合取支的合取。可能只有一个变量,也可能有不止一个。假设对这个(些)变量的具体值,其中一个条件定义不当;比方说,它有一个分母为零的有理表达式。于是很明显,在这个例子中,整个合取句就是定义不当的;我们不能简单地去掉这个定义不当的合取支就算了事。

如果我们用析取方式定义这个条件,在它没有意义时就去掉这个定义不当的合取支,我们也就不会拥有一种"统一的说明"了。

的方法——即便 p 为假,第三个条件反对的是那些将会得出或者完全可能得出结论 p 的方法。即使 p 是必然的,我们难道不需要某种条件去排除这样的方法吗?正相反,第四个条件是要排除那些并不充分可能得出结论 p 的方法,这个条件几乎不可能完成相同的工作。(即使我们暂时忘记了前文我们在讨论强化结论的部分中已经表明的观点,第四个条件没有什么用、不可靠,这一点也是显然的。)

就让我们举个例子吧。假设 S 没有意识到 $\sqrt{2}$ 是无理数,也没有意识到毕达哥拉斯定理,他假定所有实数都是有理数。于是他推出了 C 是有理数,其中的"C"是一个限定摹状词的缩写,而该限定摹状词或者通过偶然的物理手段,或者通过数学定义,描述了一个特定的实数。即使 C 真的是一个有理数,我们也不应该凭直觉认为 S 知道它是一个有理数——但是为什么不呢?我们本想让第四个条件去排除那些在断定 C 是有理数问题上过于保守的方法,它似乎是无关的——麻烦在于,通过这种方法得出这一结论过于草率了。实际上,第四个条件似乎是可以得到满足的——使用这种方法,S 会不可避免地断定 C 是有理数,无论它实际上是不是有理数。假设"C"是一个具体的限定摹状词(例如一堆某物体或者一个基本物理常数)的缩写,这里"C"的值取决于这个世界的偶然特征。[79]这样,"C 是有理数"只是偶然为真。于是可以肯定,诺齐克会发现第三个条件的麻烦——即使 C 是无理数,S 也会通过使用这种方法而相信 C 是有理数。

如果 C 是在数学上定义好的,因此"C"是一个严格指示词的缩写,那么第三个条件就是一个有着不可能前件的反事实条件句了。诺齐克告诉我们应该去掉这个条件,但是如果我们想要否定 S 知道 C 是有理数,难道它不需要一个替代者吗?我们毕竟还是可以尝试着去分析那些具有不可能前件的反事实条件句,或者可以指出,该方法在一系列"相似"案例上是不可靠的,或者我们也可以尝试其他某种方法,但是我们不能只是去掉第三个条件而不寻找替代者。诺齐克对为什么当 p 是必然时我们"不必担心"第三个条件这个问题的解释(188,前两段),在我看来完全是错误的。

---

[79] 有人可能会论证说,这样的例子不是那么容易找到。但为了论证的进行,我们将假设它们是可以找到的。

进一步讲，诺齐克似乎并没有意识到含有不可能前件的反事实条件句存在的问题，在其理论当中的普遍性。他似乎假定了这仅限于数学和伦理真理的情况，就好像这些已经穷尽了所有的必然真理。既然我已经在其他地方详尽地提出并论证了相反的意见（Kripke，1980；或可参看本书第一章），那么，如果我在这里提出了这样的假定，我是否就是情有可原的呢？如果我什么都知道，我当然就会知道罗纳德·里根不是泰姬·玛哈，而且吉米·卡特不是埃及艳后。这些陈述不是数学真理，并且在任何直接意义上似乎都不是"分析的"。但是，如果我考虑我是否知道这些事情，那么我是否必须问一下，假如罗纳德·里根就是泰姬·玛哈，或者吉米·卡特就是埃及艳后，那么我会相信什么呢？这些问题是什么意思呢？在其他地方，诺齐克运用他所支持的关于个人同一性的"最接近的连续者"（closest continuer）理论，针对我关于"真同一即为必然"这一观点（656—669）提出了质疑。他大概还会怀疑同一性的否定只要是真的也就会是必然的。在这一点上我并不同意诺齐克的观点，但即使关于他心中所想的案例他的观点是正确的，也很难凭空设想出什么案例，以此表明罗纳德·里根本可以是泰姬·玛哈或者吉米·卡特本可能就是埃及艳后。并不是说第三个条件是无关的：我们又一次看到，如果把第三个条件去掉，它就需要一个替代者，以保证通过所使用的方法在得出其结论时不会太过草率。

类似地，至少按照我的观点，像如此这般的一张桌子是由如此这般的一块木头制成的这样直截了当的经验真理，是必然的。在我看来，关于自然种类和物理现象的各种真理，例如黄金是原子序数为 79 的元素、热是分子的运动，以及热不是热流、鲸鱼是哺乳动物等等，也都是必然的；在这一点上，我得到了普特南（H. Putnam）的大力支持。[80]如果这些真理中的任何一个都是必然的，并且我们知道其中任何一个，那么不论在什么时候，只要我们试

---

[80]　参看 Kripke（1980），第三篇讲演；或参看本书第一章。也可参看普特南的（Putnam，1975），尤其是第 12 章（"意义的意义"）。然而，尽管普特南（Putnam，1983）仍然赞同较弱的版本，但他批评了我关于自然种类同一性（"水是 H_2O"）的观点，说这些观点"太强了"。（这些版本足以说清楚这里所讨论的问题。）

与某些作者所说的相反，我确实在我的文章（Kripke，1980）中讨论了自然种类同一性的必然性，而不仅仅是专名的同一性问题。实际上，普特南（Putnam，1983）把这里所说的观点归给了我，如今他只接受经过相当大修改后的版本。

图验证诺齐克的条件 3 成立,我们就无法避免那些含有不可能前件的反事实条件句;不存在任何可能世界或者反事实情境,使得它们在其中为假。由于我们对这些真理的知识是直接经验性的,因此在诺齐克看来,显然就需要第三个条件之类的东西来确保我们已经排除了相关的替代者,以确保我们没有太草率地得出我们的结论,如此等等。(当然,诺齐克可能会拒绝其中一些关于必然性的论断。但实际上他根本没有考虑过这个问题。)

在以前的讨论中,思路敏锐的读者可能已经注意到我在措辞上有些为难。为什么我说亨利相信那块地上有一个真正的谷仓,或者把那个粗心大意的实验者说成相信他自己已经测试过一种对该病症有效的药物呢?我之所以这样做,是为了确保所说的信念是偶然的。反过来考虑亨利的这个信念:**这个物体**(在这块地上)是一个真正的谷仓。"这个物体"是一个严格指示词。我可以设想,一个实际就在那里、不同于这个物体的纸质仿真谷仓,可能已经在那块地上建了起来。然而对我来说,不可能设想恰恰就是这个物体(实际上是真正的谷仓)本可能是一个纸制仿真谷仓。如果诺齐克打算把他的明确方法应用到这个案例上,简单地去掉第三个条件,那么剩下的第四个条件也就不会有任何麻烦了。亨利尽管不知道这块地上有一个真正的谷仓,但他会知道这个物体就在这块地上而且是一个真正的谷仓,因为,是一个真正的谷仓是这个物体的本质属性。我们应该怎样看待这种演绎闭合的失效?在很多情况下,严格指示词也存在类似的问题。[81]

请注意,即使所说的信念径直就是偶然的,严格指示的问题仍旧可能会出现。假设亨利在这块地上看到了一个(真的)蓝色谷仓。进一步假设,如果那里没有真正的谷仓,完全可能会在那个位置建起任何颜色(包括蓝色)的一个仿制品。像往常一样,亨利不知道这个区域中存在仿真谷仓,假如他看到了仿制品,他就会被欺骗。每一样东西都各就各位,这可以让我们断定,亨利关于那块地上有一个蓝色谷仓的信念违反了诺齐克的第三个条件,

---

[81] 尽管我认为指示词(demonstrative)和专名都是严格的,但问题不取决于任何此类特殊的手段,只要:(a)原则上可以在语言中引入严格指示词,(b)物体可以具有已知对它们为真的本质属性。确实,正如下一段所表明的,即使归于该物体的属性不是本质属性,这个问题还是会出现。

因此,根据诺齐克的理论,这并不就是知识。但是,他的信念——**这个物体**是一个蓝色谷仓的情况又怎么样呢？他所说的这个真理是偶然的:这个物体本可以涂成绿色。但是,现在请考虑第三个条件。如果这个物体不是一个蓝色谷仓,那会是因为它会被涂成了另外某种颜色,而不是因为它是纸制仿真品。(这个物体本就不可能是一个仿制品。)但是,如果这个物体有一种不同的颜色,亨利也就不会错误地相信这个物体是一个蓝色的谷仓了。可见,现在第三个条件得到了满足,而第四个条件没有任何问题。因此,尽管亨利不知道在那块地上有一个蓝色的谷仓,但他确实知道**这个物体**在那块地上,而且是一个蓝色谷仓![82][83]

我没有排除这样一种理论,它考虑到了具有不可能前件的反事实条件句的并非不言自明的真值条件。我们有强烈的倾向认为,具有否认特定"经验性"必然真理的前件的并非不言自明的反事实条件句是可能的。即使面对数学真理,反事实条件句——"假如集合论的相容性在集合论的一个有限论子系统中得到了证明,那么希尔伯特就会得到辩护"看上去是真的,但若以相同方式看待,相应的含有"希尔伯特不会得到辩护"的反事实条件句却不是真的。另一方面,很难就产生这种并非不言自明的真值条件给出一种相容的理论说明,这一点确实是真的。进一步讲,在许多情况下,当一个反事实条件句含有一个不可能的前件时,我们的直觉似乎就会变得非常模糊。我当真可以说,对于条件3,假如里根就是泰姬·玛哈,如果2×3就是7,我会相信什么？或者(举个道德上的例子)假如只是为了取乐而折磨孩子是一件善事,我会相信什么？在这里我们拥有这样的直觉吗？

无论我们是试图修改反事实条件句理论以考虑不可能的前件,还是要在处理必然真理的知识的时候对第三个条件采取不同的替换,如果这种修

---

[82]　当前这段话预见到了我现在视之为针对诺齐克理论最基本的反对意见之一,并且也可能是针对使用反事实条件句的类似理论的最基本的反对意见。参看我在第二部分和注释⑳中的讨论。

[83]　在第219页,诺齐克表明了一些接受关于某些案例的这些区别的迹象。例如,参看他对根据他的条件我是否知道自己在做梦与我是否知道自己在做这个梦之间的区别的讨论。但是,就像谈论吸收现象时那样[参看第4(b)部分],他并没有认识到这种问题对他的反事实方案所带来的重大危险。

改对偶然陈述的整个理论保持不变,那么它将毫无用处。考虑"p,并且我(通过 M)相信 p"或者"我正确地(通过 M)相信 p"的技巧,称之为"q",在面对一个必然真理 p 时,它运作得尤为顺畅。注意,即使 p 是必然的,更强的陈述 q 也是偶然的,因此通常的理论能够适用。如果 p 真的(通过 M)被相信了,那么合取句 q 显然就满足前两个条件。现在来看,由于上述原因,第四个条件显然就变得不言自明了。对于第三个条件,现在我们应该把它应用到关于偶然陈述的通常理论之上,注意:在考虑这个合取为假的情境时,我们不必担心那些在其中 p 为假的情境——根据假设,不存在任何这样的情境。因此,如果 q 为假,我就一定不会(通过 M)相信 p,更不必说,一定不会正确地相信 p,从而验证对 q 的第三个条件。所以,仅对偶然真理而言,该理论就会导致这样的结果:几乎每当一个必然真理 p 真的被相信时,"我正确地相信 p"都会被知道。这很难令人满意。

十、未来

假如明天太阳不再升起,或者假如我打算放下手里的书而它将会高悬在半空,那么我会感到非常惊讶。对于一个已经过去的日子,我将通过回顾,来维持同一个反事实条件句:如果昨天发生了诸如此类的怪事,我会感到非常惊讶。当然,我之所以会感到惊讶,是因为在这些情形之下,我会期待发生相反的事。

假定我们知道明天太阳不会升起,或者我们只是在昨天之前才知道这一点,那么这些观点就给诺齐克的理论提出了问题。前一段所考虑的情况与诺齐克关于所提到的那些知识的第三个条件正好相反。对我来说,要想事先知道太阳会在给定的日子升起,第三个条件要求,如果太阳没有升起,我就不会事先期待它会升起,因此当它没有升起时,我不会感到惊讶。但在我看来,有一点在直觉上很明显:如果太阳没有升起,我就会感到十分惊讶。

诺齐克提出了相反的直觉,即如果"明天太阳不打算升起来",那么我们"会看到它的发生",因为该事件在之前的事件中"已经得到了预示"

（222）。[84]我认为，很明显，事情并没有那么显而易见。我怀疑大多数读者会对本部分第一段中的条件句提出异议。然而，是什么想法激发了他，这是很明显的事。在一个确定的世界中，假如太阳没有升起来，这样的事怎么会发生呢？仅仅是由于在前的起因中发生的某些变化。在有关反事实条件句的文献中，这种考虑有时被称为"回溯"，确实有人提出过，某些反事实条件句确实运用到了回溯。第三个条件至少具有一种与诺齐克的回溯思想相符合的解释，以至于前面说的"退路"在这里可以用于挽救诺齐克的第三个条件？如果所涉及的反事实条件句要像诺齐克所说的那样，"松散而且合乎直觉地"加以理解，那在我看来就是不对的。对我来说，以下这一点为真是毫无疑义的：假如昨天太阳没有升起，那么我会感到惊讶；如果明天太阳不再升起了，我将会感到惊讶。即使我错了，而且这不是唯一正确的解释，诺齐克也肯定应该把对这个反事实条件句的这种解释考虑在内，并把它（通过使用"退路"？）与另一种解释区分开。[85]

假如承认这种回溯解释，诺齐克的结论就能推出来吗？我认为仍然是不能成立的。首先，可能存在着量子力学上的不确定性，原则上不可预测（或许是经典统计力学上的不确定性，从实践角度看，这是不可预测的），例如它们引起了太阳当中的一次爆炸。其次，即使在一个具有完全确定性的世界中，如果今天早晨太阳没有升起来，我们显然就会看到这件事的发生吗？例如，假如太阳没有升起，也许会是因为地球内部的某个未被发现的问题最终停止了它的自转，但对此我们并没有意识到。这也许就像今天的地震一样，让我们感到惊讶。

也许从科学上讲，这些事情并非实际，而且事实上，如果太阳已经停止升起，那么我们本来就可能看到这件事的发生。但是对我来说，这里没有什么是显而易见的，这是一个需要认真对待的复杂问题，并且属于猜测性很强的科学上的考虑。从直觉上看，这些问题与我们是否知道明天太阳会升起

[84] 实际上，诺齐克使用本书中频繁使用的一种风格化手段，把它表述成了一个反问。相关语境表明，他明显是想得到一个肯定答案；他几乎不经任何阐释就提出，他的理论在这一点上失败了。

[85] 说句公道话，诺齐克在第 223 页注释中表明了对一些与回溯有关的问题的认识，他甚至指出，刘易斯对这个问题的讨论与他本人脚注的要点并不一致。但是，基于我在正文中陈明的那些理由，我认为诺齐克在这个问题上明显是错的。

无关。

　　然而,实际上我不应该让对"回溯"问题的讨论偏离本部分第一段中明显合乎直觉的出发点。我认为,忽视了这些讨论的读者会径直同意,如果今天早晨的太阳还没有升起来,她会感到非常惊讶。此外,这并不是对下面这个关于知识的断言的**反对**,即(在升起之前)如果它没有出现,那位读者会感到惊讶。正是由于某人有充分且合理的理由期待太阳的升起,所以,如果升起没有发生,她就会感到惊讶。诺齐克的第三个条件,因为要求与知识的断言完全相反,似乎把事情给弄颠倒了。

　　就像关于必然性的知识那样,关于未来的知识也对戈德曼旧有的因果理论(Goldman 1967)提出了问题——所要求的因果关系似乎往反方向走了。不幸的是,诺齐克的反事实理论从形式上似乎也面临类似的困难。即使这些困难可以克服,他本人简短而粗略的讨论也几乎没有表明该如何解决这些问题,或者,他对这些问题的认识是充分的。

十一、怀疑论假设

　　与最近许多别的理论家一致,诺齐克也认为,怀疑论者成功地论证了,我们不知道他的怀疑论假设是假的。即使我们**确实**知道与怀疑论假设不相容的各种普通事实,由于知识不是演绎闭合的,所以我们就可以在不知道怀疑论假设为假的情况下知道这些普通事实。

　　稍后我们可以讨论这种观点在直觉和认识论上的合理性。在这里我要问的是,反事实条件是否像诺齐克所认为的那样,确实产生出了这样一个结果? 一个中意的例子是,我们谁都不知道他没有漂浮在半人马座阿尔法星的一个水箱中(受到刺激是为了获得他实际拥有的那些经验)。这里所描述的这个反事实情境"对 S 来说,置信地(doxically)等同于实际情境",并且"如果 S 处在那个情境之中,他就恰好会拥有他实际拥有的那些信念(**doxa**)"(202)。特别是,他仍然会相信他**没有**漂浮在半人马座阿尔法星的水箱中,因此第三个条件不能成立。

　　然而,实际上,所描述的这个情境与实际情境"置信地等同",这一点绝不是显而易见的。普特南发表的关于怀疑论的论文和参考文献指出了一个根本性的问题,我和多兰(J. Dolan)讨论过这个问题。[86]恰恰是受到我的经验的刺激,半人马座阿尔法星上的一个水箱漂浮者在其词汇表中将会有一个词项"半人马座阿尔法星"和一个词项"爱默生楼",但是这些词项命名了半人马座阿尔法星和爱默生楼这些物体吗? 它们与我的词项所指称的天体以及那座建筑之间,没有任何因果或历史的关联。与该漂泊物相关联的最典型的限定摹状词——"半人马座阿尔法星"对半人马座阿尔法星将并不为真,因为它们将蕴涵,"半人马座阿尔法星"命名一颗离他很远的天体。假如该漂浮物是在地球上,当真过着一种与他的经验相对应的生活,那么,"半人马座阿尔法星"将指称半人马座阿尔法星。但在这里,没有任何理由认为它指称的就是这颗天体,而不是另外一颗天体。因此,没有理由把如下信念归于他:他身在爱默生楼里,而且没有漂浮在人马座阿尔法星的一个大水箱中。这与诺齐克所说的完全相反。

这个问题并不限于包含专名的怀疑论假设。正如普特南和我所强调的,如果我生活在一个在其中我所拥有的经验在定性方面与我实际具有的完全相同的世界,那么我的"黄金"和"水"这些词项就不一定指称黄金和水。他们本可能会指称不同于黄金和水的物质,尽管它们与黄金和水在外观的定性效应上是相似的。更有甚者,假如我是一个如上描述的缸中之脑,我所用的词项"黄金"和"水"难道不是没有能够指称金和水吗? 我们有什么根据,假定它们指称的是这些物质,而不是其他各种假设的、只是在现象上相似的物质呢? 对于那些声称指称各种物理现象的术语,同样也会出现这类问题。

因此,诺齐克声称他的第三个条件表明我们不知道各种怀疑论假设的否定,经常会失去效用,尤其是对如下假设:我在半人马座阿尔法星上,受到了刺激,从而认为我身在爱默生楼里。如果我们追随着诺齐克,将所说的这个假设称为 SK(这不是有意与我的名字双关!),并称所说的信念为并非

---

[86]　参看 Putnam(1981:1—25),还有 Putnam(1983)。然而,我不必然同意普特南的所有结论。出乎意料的是,诺齐克提到了(168—169)普特南的论证,并简短批评了它,但没有注意到它在他自己理论中的应用。就适用于诺齐克的理论而言,普特南的论证无疑是正确的,无论它是否反驳了怀疑论。诺齐克自己的讨论中的任何内容都没有触及这一点。

SK,于是诺齐克论证说,由于我们没有"如果 SK 成立,那么我就不相信SK",对于并非 SK 来说,他的第三个条件就被违反了,因此,SK 不是已经知道的。实际上,普特南的论证表明,正如诺齐克所说的那样,我绝不可能会去思考或者表述 SK 中所陈述的那些信念,因此,第三个条件确实至少会以某种空洞的方式成立。

将怀疑论假设在指称上表述得如此"纯正"以致没有此类问题出现,这一点并不是不言自明的。但是,我倾向于认为这是可以做到的(因为我对诺齐克对于普特南的论证确实摆脱了怀疑论这一点的怀疑表示赞同)。对于主体相信避免了这些问题的东西,可能存在一种"狭窄内容"(narrow content)的描述。[也许一个"拉姆齐语句"(Ramsey sentence)版本也会如此。]

我们只能说,诺齐克应该已经考虑过这个问题,特别是因为他清楚普特南的论证,而且他的理论看起来并不像所说的那样好。但是,也许可以在修正版本中化解这种反对意见。但那样就会产生另外一个问题。

十二、核心且显然的知识以及超级轻信问题

12(a) 核心且显然的陈述

我在前面讨论过我是否可以知道我遇见的某个人不是 4 岁。我(索尔·克里普克)知道我不是 4 岁吗?乍看起来,这个命题完全就像诺齐克明确给出的"我有两只手"的例子(185)一样,出于同样的原因,它似乎是一个如此核心且显然的命题,以至于不可能逃脱我的注意,但不会借助任何一种或多种特定方法而被相信。对于这样的命题,诺齐克认为我们应该接受他给出的条件的简单形式。但那样的话,条件 3 似乎就不会得到满足了。大概一个 4 岁的孩子完全可能会弄错他的年龄:也许他认为自己是 3 岁或 5 岁,而不是 4 岁。假如我是 4 岁,大概我也本来可能会犯错,从而相信我不是 4 岁。至少,在这里条件 3 是不是行得通似乎取决于这样一个假设:如果我是 4 岁,那么至少在自己的年龄上很有把握。(好吧,小孩子们喜欢讲述自己年龄的事。但是,关于我并不是正好 4 年零 2 个月零 16 天这个命题,情况会怎么样呢?如果我正好是那个年龄,对此我会有把握吗?)在这里,我

忽略了这样一种复杂情况,即条件3也许会具有不可能的或接近于此的前件。也许我现在真的已经4岁(在1983年)大了吗?这样的事究竟是怎样发生的?

如果我们认定我的信念"我不是4岁"毕竟是通过一种方法推导出来的,比如通过从"我是一个成年人"这样一个更基本的信念进行推导,那么对于问题的解决可能会有所帮助。于是,后一种信念就可能属于"核心"信念,也就是说,之所以相信它,乃是由于没有借助任何特定的方法。我不知道这是不是一个正确的模型,但即使它是正确的,似乎也并没有明显的帮助。而条件3′将要求我去考虑:即使我就是4岁,我是否仍会通过这种方法相信自己不是4岁。好吧,难道就不能是一个4岁的孩子幻想自己是个成年人,继而推导出自己不是4岁吗?(诚然,和弄错自己的确切年龄相比,这是一个更加糟糕的错误。)我认为这是有可能的,但是在我看来,这并没有为一种新形式的哲学怀疑论——我只是一个幻想着自己早日成年的孩子,提供充分的根据。即使认定第三个条件不成立,我也看不出这种特殊的怀疑论的怀疑有什么吸引人的地方(只要我不对某种更加基本的怀疑论有所担忧)。

对于那些被自笛卡尔以来的认识论家们认为表达了那种最牢靠的知识的陈述(比如"我存在""我是有意识的",等等)来说,条件3存在极大的问题。假如我不存在,我怎么可能问我会相信什么呢?在这种情况下,也许我们可以通过将条件3视为空洞地得到满足来保留它:如果我不存在,那么我将不会相信任何东西,包括我的存在,因而第三个条件是成立的。尽管这种解释在这种情况下会保留第三个条件,但我不确定它是否真正符合第三个条件的直觉动机。对于"我是有意识的",我不太确定——它是否满足第三个条件,这取决于在无意识的情况下我的信念会是什么,而这是一个有问题的概念,诺齐克几乎没怎么讨论,尽管他确实提到了弗洛伊德(221)。[87]我们又一次看到,你可能会反对说,我不具有任何信念空洞地满足第三个条件。

我的如下信念是什么情况呢:地球已经存在了很多年?诺齐克引用了

---

[87] 然而,弗洛伊德实际上谈的是无意识信念,而不是某人自己在无意识状态下会拥有的信念。

它(185),把它作为核心信念的一个例子。那么,我的信念"它已经存在至少3年"又是什么情况呢?在这里,理解第三个条件也是很难的。假如这两个信念都是假的,我肯定也就不会存在了!至少可以说,如果地球仅仅存在了几年,人类也就不可能发生进化了。当然,我们可以用有些人为的方式保留第三个条件,就像我们对"我存在"保留第三个条件那样——也就是,假如我不存在,那就把它看作是不言自明地为真。

但是,如果当条件3反事实地蕴涵我的不存在或我没有意识时我们认为条件3为真,那么,我们可能不会总是能够避免在其他地方遇到麻烦。例如,与其对于怀疑论假设的总体态度相一致,诺齐克认为(219),我不知道还有其他人具有真正的心灵,而不是作为自动机;而且他认为第三个条件是不能成立的。但是,如果除了我之外,所有其他人都是自动机,情况又会怎样呢?是否有可能我仍然还是这个宇宙中唯一的真正的人类心灵?相反,在我看来,我也不会有意识,以至于我们的规则会认定条件3不言自明地得到了满足。通过把它归入条件3′(尽管这个信念属于核心信念),或者通过大量运用退路以便认定条件3毕竟还是失效的——也许我将会成为,或者本来就是这个宇宙中仅有的人类心灵,这样做也许能挽救这种局面。[88]

诺齐克本人实际上确是在讨论"我还活着"和"我有知觉"这类陈述,与我刚才讨论的很接近(215,注释)。令我惊讶的是,他通过使用一种特定的(不过非常基本的)方法,把它们看作是已知的,从而与之前那些如此基本且显然以至于使用任何特殊方法都不会知道的陈述(185)形成对照。对我来说,很难看出如下两个例子之间的分别:一个是《哲学解释》第215页(同一个注释当中)上的"存在着眼睛",它被认为可以通过一种特定的方法(显然这种方法似乎要求一个人使用他的眼睛)而被知道;另一个是"我有两只手",它并不被认为可以通过任何特定的方法而被知道(185)。他似乎还认为,我们发觉自己知道"观看",或者某种使用我们的眼睛的方法,正是我们

---

[88] 当然,这种情境对如下信念是不同的:并非在这个宇宙当中只有我一个人拥有心灵,而其他所有人都是自动机。于是对于第三个条件,我是一个例外,这一点明确包含在这个反事实条件句的前件当中。(回忆一下强化前件的谬误。)但是,这两个信念(具有或者不具有关于我的明确条件)应该通过这种方式区分为已知的或者未知的,这在直觉上真的是正确的吗?

由以相信存在着眼睛的方法。对于"眼睛"一例(以及"我还活着"和"我有知觉")来说,他的基本问题是,这些陈述是通过一种如果为假它们就不会存在的方法而获得的,从而导致了对条件 3′进行解释的问题。用来得出"我还活着"和"我有知觉"的方法,大概就是笛卡尔的自省或与此类似的东西。同样,在这些案例中,他并不认为陈述是如此核心且显然,以至于没有使用任何特定的方法。

尽管我并不真正理解这种未加解释的转变发生的原因是什么,但是,考虑到诺齐克在随后段落中所说的话,我们应该简要考虑一下:如果我们把它们视为通过一种特定方法 M 得出的信念,在我们的一些例子身上会发生什么情况? 条件 3′问的是:假如我并不存在但仍然继续使用 M,那么我会相信什么? 显然,这变成了一个具有自相矛盾的前件的反事实条件句。在他的讨论中(这也适用于其他案例,例如我的如下信念:我不是非理性的或疯了),他似乎对这些例子感到了困惑,他陈述道:"我并不认为这只是不自洽的,它也不是清晰易懂的"(216)。在同一页的脚注中他提出,也许他应该采用与他在研讨必然真理时所使用的相同的方法论,并去掉第三个条件,因为它已经变得难以理解。然而,这种策略在方法论上明显是不可接受的(参看我在前面第九部分的讨论)。正文中他对这个问题产生的困惑,在方法论上看远没有那么合适。但这样的话,就会有一个问题。例如,考虑"我正在思考"或者"我是有知觉的"。自笛卡尔以来的认识论家们,都把这些视为关于知识的最明显和明确无疑的例证,而对其他事情则可以有疑问。也许这让摩尔(无论如何,在哲学当中)添加了"存在着眼睛",正如他明确添加了"存在着手",但对普通人来说,这两者都是非常基本的知识案例。在我看来,如果诺齐克的条件让此类基本案例变得很成问题,那么,它本身就是对于这种条件的一种相当严峻的异议了。

在"地球已经存在很多年"(来自摩尔的另一个例子)一例中,如果我们应用的是条件 3′,那么它的前件将规定:即使地球只是存在了几年,我仍然会以某种方式存在并且能够应用方法 M。正如我在上文所说,我并不确定这个前件真的是可能的。然而,假设这就是可能的,并且我也有能力应用相同的方法 M,从而导致我相信地球已经存在了很多年(无论 M 会是什么),那么,我会得出什么结论呢? 在如此玄幻的情形下,以及很难对

M 进行说明的情况下,这很难说;也许条件 3′ 得到了满足,也许没有得到满足。

我说过,诺齐克把"我神志清醒并且保持理性"(216—227)说成了如下这样一种情况:在其中我并不确定我正在应用我认为我正在应用的方法 M。诺齐克得出结论说,按照他的标准,或许我们可能并不知道我们是神志清醒的;这个问题很难处理。如果我们打算以类似的方式看待"我不是 4 岁"的这个例子,我们可能就会遇到类似的困难——一个 4 岁的孩子可能认为他正在应用所有成年人才会应用的方法。因此,按照诺齐克的标准,很可能我并不知道我不是 4 岁大(即使我们应用了事先准备好的条件)。

回忆一下我在第七部分关于退路所说的话。在我看来,按照我们的直觉概念,明显的知识案例,根据诺齐克的理论,不应该是困难或不清楚的。因此,这种案例的存在——根据他的理论,就是那些困难的或不清楚的知识案例——是对其理论一种基本的反驳。

来自摩尔的一个重要案例则朝向了另一个方向。诺齐克的基本思想之一是,尽管普通信念可以是已知的,但对怀疑论假设的否定,即使它们可以从这些普通信念中逻辑地推出,也不是已知的。但是,摩尔关于外部世界的著名证明又怎么样呢?(1932)诺齐克接受摩尔的前提,即我知道我有一只手(实际上是两只)。这些都是基本知识的例证。他也断言存在概括对知识有效,以至于我也知道有一只手(实际上不止一只)。因此,看起来摩尔对外部世界的证明是有效的,并为我们提供了知识。[89]

12(b)　超级轻信问题

就让我用下面这个例子来结束本文的讨论吧,对任何一个倾心诺齐克第三个条件的人来说,它是一个简单而显然的反驳。如果某人相信每一个命题 p,我们就称此人为**超级轻信**的人。超级轻信的概念当然是荒谬的:我和其他任何人都从来不是超级轻信之人。那么,我知道我不是超级轻信的吗?这似乎像是我的确知道的那种类型的核心命题,但我并不是通过任何特定方法知道它们的。

---

[89] 我们应该怀疑手是一个外部物体吗?当然,我们已经看到,诺齐克关于存在概括对知识有效(按照他的定义)的论证是谬误的。

然而,条件3并不成立。由于所说的信念是,我不是超级轻信的,因此第三个条件陈述的是:即使我就是超级轻信的,我也不会相信我不是超级轻信的。但是,毫无疑问,既然一个超级轻信的人相信任何事情,那么我就会相信,除此之外,我不是超级轻信的人。因此,根据诺齐克的理论,我似乎不知道自己不是超级轻信的,因为第三个条件被违反了。这并没有让我觉得是一种非常合理的怀疑论形式。反对第三个条件的论证很简单,近乎荒诞可笑⑨,但它清楚地表明了我们何以不能认为诺齐克的第三个条件对于验证我是否知道来说,是"强有力而且合乎直觉的"⑨。

参考文献

Armstrong, D. M. (1973). *Belief, Truth and Knowledge*. London: Cambridge University Press.

Bonjour, L. (1980). "Externalist Theories of Empirical Knowledge." *Midwest Studies in Philosophy* 5:53—73.

Castañeda, H. N. (1968). "On the Logic of Attributions of Self-Knowledge to Others." *Journal of Philosophy* 65:439—456.

Dretske, F. (1970). "Epistemic Operators." *Journal of Philosophy* 67:1007—1023. Reprinted in Dretske(2000).

——. (1971). "Conclusive Reasons." *Australasian Journal of Philosophy* 49:1—22. Reprinted in Dretske(2000).

——.(2000). *Perception, Knowledge, and Belief: Selected Essays*. Cambridge: Cambridge University Press.

Gettier, E.(1963). "Is Justified True Belief Knowledge?"*Analysis* 23:121—123.

Goldman, A.(1967). "A Causal Theory of Knowing." *Journal of Philosophy* 64:357—372.

——.(1976). "Discrimination and Perceptual Knowledge." *Journal of Philosophy* 73:771—

---

⑨　事实上,罗素就会反驳这个论证,因为它违反了他的分支类型论。按照我所定义的超级轻信的概念,在某个人相信每一个命题 p 这个陈述中,p 必须被限定到具体的类型。于是,关于他是超级轻信的陈述也要限定到类型,而且是更高的类型,它不在所说的变项 p 的辖域之内。因此,所给出的那个论证将会失效。某人可能是某个给定类型的超级轻信的人,却不相信他不是(那个类型的)超级轻信的人。

无论我们如何看待罗素的观点,我们难道真的认为这种技术性细节触及了问题的核心吗?

⑨　感谢阿德勒、毕希纳、泰希曼和奥斯塔格提出的有用评论。特别感谢莱文给出的非常详细的评论,以及佩德罗在制作当前版本时提供的帮助、对这些问题的交流和有价值的提议。本文是在纽约城市大学研究生中心索尔·克里普克中心的支持下完成的。

791. Reprinted in Pappas and Swain(1978).

——.(1979). "What is Justified Belief?" In Pappas(1979).

——.(1983). Review of *Philosophical Explanations*. *Philosophical Review* 92:81—88.

Harper, W.(1981). "A Sketch of Some Recent Developments in the Theory of Conditionals." In Harper, Stalnaker, and Pearce(1981).

Harper, W., R. Stalnaker, and G. Pearce, eds.(1981). *Ifs*. Dordrecht, Netherlands: D. Reidel.

Kripke, S.(1971). "Identity and Necessity." In *Identity and Individuation*, ed M. Munitz. New York: New York University Press, 135—164. Reprinted in this volume, ch.1.

——.(1980). *Naming and Necessity*. Cambridge, MA: Harvard University Press.

Lehrer, K., and T. Paxson.(1969). "Knowledge: Undefeated Justified True Belief." *Journal of Philosophy* 66:225—237.

Lewis, D.(1973). *Counterfactuals*. Cambridge, MA: Harvard University Press.

Luper, S.(2004). "Indiscernibility Skepticism." In *Essential Knowledge*, ed. S. Luper. New York: Pearson.

Moore, G. E.(1925). "A Defense of Common Sense." In *Contemporary British Philosophy*, *2nd Series*, ed. J. H. Muirhead. London: George Allen and Unwin. Reprinted in Moore (1959).

——.(1939). "Proof of an External World." *Proceedings of the British Academy* 25:273—300. Reprinted in Moore(1959).

——.(1959). *Philosophical Papers*. London: George Allen and Unwin.

Nozick, R.(1981). *Philosophical Explanations*. Cambridge, MA: Harvard University Press.

Nute, D.(1975). "Counterfactuals and the Similarity of Worlds." *Journal of Philosophy* 72: 773—778.

Pappas, G., ed.(1979). *Justification and Knowledge*. Dordrecht, Netherlands: D. Reidel.

Pappas G., and M. Swain, eds.(1978). *Essays on Knowledge and Justification*. Ithaca, NY: Cornell University Press.

Putnam, H.(1975). *Mind, Language and Reality: Philosophical Papers, Volume 2*. Cambridge: Cambridge University Press.

——.(1981). *Reason, Truth and History*. Cambridge: Cambridge University Press.

——.(1983). "Possibility and Necessity." In *Realism and Reason: Philosophical Papers*, *Volume 3*. Cambridge: Cambridge University Press, 46—68.

Shatz, D. (1981). "Reliability and Relevant Alternatives." *Philosophical Studies* 39: 393—408.

Sosa, E.(1969). "Propositional Knowledge." *Philosophical Studies* 20:33—43.

Stalnaker, R.(1968). "A Theory of Conditionals." In *Studies in Logical Theory*, ed. N. Rescher. Oxford: Basil Blackwell. Reprinted in *Causation and Conditionals*, ed. E. Sosa.

Oxford: Oxford University Press, 1975; and in Harper, Stalnaker, and Pearce(1981).

Stine, G. C. (1976). "Skepticism, Relevant Alternatives and Deductive Closure." *Philosophical Studies* 29:249—261.

Vogel, J.(2000). "Reliabilism Leveled." *Journal of Philosophy* 97:602—623.

Wittgenstein, L.(1969). *On Certainty*. Ed. G. E. M. Anscombe and G. H. von Wright. Trans. G. E. M. Anscombe and D. Paul. Oxford: Blackwell.

第八章　罗素的辖域概念[①]

在分析哲学,也就是现当代盎格鲁—撒克逊哲学中,罗素的《论表示》("On Denoting")[②]想必是 20 世纪前半叶最著名的论文了。后半叶最著名的论文,无疑是蒯因的《经验论的两个教条》。(整个 20 世纪可能都深受罗素这篇论文的影响。)当然,我这样说仅限于分析哲学。事实上,我并不知道(不过也许有人能告诉我)——这也表明了我无知的一面——是否真的有著名的论文,而不是著作,在现当代欧陆哲学中被写出来过。我听说过这本或那本名著,但从未听说过任何一篇著名的论文。[③]我也不知道欧陆传统中真正意义上的哲学刊物与论文是从什么时候开始有的。之前有人写过一些在今天可以被称为"论文"的东西,但在过去,它们也只是著作的章节罢了。[④]

现在来看,尽管《论表示》是 20 世纪前半叶最著名的论文,但它似乎

---

① 熟悉我以前的一些作品,尤其是我第一本书的人会发现,这篇论文是基于录音的抄写版。在尼尔(S. Neale)的大力帮助下,我在罗格斯大学宣讲了这篇文章,他当时是《心灵》杂志的编辑,该杂志也是本篇论文最初发表的地方。我在文中提到的"这次讨论""这次录音"等等,指的都是罗格斯大学的这次讲演。

② 我对这篇文章所有的参考,其页码指的都是这篇论文在 Marsh(1956)重印版中的页码,具体范围是第 41—56 页。

③ 在讨论环节,我相信有人说过,也还是有一些著名论文的。

④ 既然我说了这些,我已经做过了一些最基本的研究,不过这些研究还不足以发现这些哲学期刊的起源。

例如,作为一本书的一章,我想到的是休谟(Hume)的名篇《论神迹》("Of Miracles"),(据我所知)它收在《人类理解研究》(Enquiry Concerning Human Understanding)的开篇,但要是放在今天,它本来也可以成为一篇独立的期刊文章。(或许以后它可以收录在休谟的论文集当中。)艾迪生(Addison)和斯蒂尔(Steele)在他们著名的《旁观者》(Spectator)中就介绍了这种普通意义上的知识杂志或者期刊;但休谟并没有利用这类出版物发表这篇文章,或者(据我所知)发表任何哲学论文。另一方面,康德的名篇《论出于利他理由而撒谎的所谓权力》("On a Supposed Right to Lie for Altruistic Reasons")曾出现在一本知识期刊上,而这只是为了回应康斯坦(B. Constant)发表在类似出版物上的一篇论文。至于专业的哲学刊是什么时候开始有的,我并不知情。

没被认真读过,或者基本被误读了——人们可能以为他们可以满足于阅读教材中的,甚至是满足于《数理哲学导论》(*Introduction to Mathematical Philosophy*)中的二手解释。当然,摹状词理论本身可做简单陈述[参见下面的公式(4)]。

在《论表示》中,罗素把表示性短语定义为:

> 任何如下形式的短语:一个人、某个人、任何人、每个人、所有人、当今的英国国王、当今的法国国王⑤、20 世纪初太阳系的质心、地球围绕太阳的公转、太阳围绕地球的旋转。因此,一个短语是否表示什么,仅仅取决于其**形式**。(Russell,1905:41)

(请注意:这些表示性短语中,有些又以另一个表示性短语作为其组成部分:"20 世纪"就是"20 世纪初"的一个部分,而后者本身又是"20 世纪初太阳系的质心"的组成部分。指明这一点对后文的讨论有一定的帮助。)

罗素的表示性短语的想法相当符合现代语言学中限定词后接谓词的看法。我认为这可能已在尼尔的著作《摹状词》(*Descriptions*)⑥中提过了。无论如何,我们可以在这里找到尼尔书中所强调的那个隐含的语法论证,尽管乍一看,一个限定摹状词可能是一个指示单个对象的复杂词项,但它在形式上与其他表示性短语是类似的。如果其他"表示性短语",如"每个人""某个人""一个人"等,都可以自然地分析为量词和量化短语,那么,相应以"the"开头的短语也可自然地进行相同的分析。尽管限定摹状词是《论表

---

⑤　我本人倾向于认为,罗素本该写成"king"而不是"King"。"*x*(现在)是 *y* 的国王(king)"表达的是人与国家之间的一种关系,而"*x* 在 *t* 时刻是 *y* 的国王"表达的是人、国家与时间之间的一种关系。如果英国曾经有一个国王(king),他的头衔就是"英国国王(King of England)",或者,在这个特定的情况下就是"国王(King)爱德华七世"或"英国国王(King)爱德华七世"。"英国最高的在世骑士"这个摹状词倒是有可能会让我感到有些担忧。也许美国或者法国没有什么骑士,但如果有的话,那会是什么意思呢? 它是一个人与一个国家之间的一种有意义的关系,还是说专属英国的一个头衔? 这个区别很微妙,而我必须精准地引用罗素。

⑥　Neale(1990).尽管尼尔在《摹状词》之后给出了这种语法论证,但他似乎认为罗素那里并没有这种论证。我认为在罗素那里是有的,并且发现这是他的动机的一个重要组成部分。我在 1991 年由尼尔在奥斯陆举办的一次研讨会上提出过这个观点。在后来的著作中尼尔明确接受了我的观点:"正如克里普克向我指出的,罗素本人似乎在《论表示》的第一段就意识到了这一点"(Neale,1993:130,n.17)。

示》中最著名且最详尽的部分,但认识到这篇论文不仅仅是关于限定摹状词的理论,而且是关于所有"表示性短语"的理论,是非常重要的。因此,语法相似论是《论表示》的一个重要组成部分。在罗素之前的《数学原则》的讨论中,对所有这些同一类型的短语,他给出了一个复杂且晦涩的分析,试图为它们提供复杂的指称对象。⑦

罗素关于**所有这类短语**的理论都是一样的:就其表面形式而言,尽管它们看起来跟词项很像,但一种真正的逻辑分析(一种揭示深层结构的分析方法)将揭示,它们实际上是可以被量化的。而在大多数情况下,这种分析十分简单。例如,"每一个"被分析为全称量词,因此,"每个人都是如此这般的"就可以分析为一个带全称量词的条件句:

(1) ∀x(如果 x 是人,那么 x 就是如此这般的)。

[请注意:罗素对谓词"是人"(is human)的使用,表明他是在不区分性

---

⑦ 这个理论的幽灵在《论表示》的第一段依然存活,其中说,"一个人(a man)"表示"一个不确定的人"。然而,使用《论表示》的术语,一个限定摹状词确实有一个所表示的对象,也就是那个唯一满足它的对象。不过,它并不是一个指称其对象的复杂词项。[卡普兰在他的《什么是罗素的摹状词理论?》("What is Russell's Theory of Descriptions?")(1972)中并没有正确地遵循罗素的术语,并且说,依据罗素,限定摹状词并不"表示"。卡普兰真正的意思是正确的,刚才已经做了陈明。]

请注意,与阿尔莫格(J. Almog)所声称的(1986:210—242)相反,罗素从未在他的命名概念中规定,名称必须是语义简单的(也就是说,不能含有为整体的意义或指称做出语义贡献的组成部分)。相反,罗素要求为限定摹状词不是名称给出具体且复杂的论证。就像弗雷格在他的"所有者(Eigenamen)"概念中,罗素允许名字可以是复杂的,但在哲学上不赞同弗雷格关于限定摹状词的观点。对于罗素来说,在他思想的这个阶段,一个诸如"英格兰是一个君主制国家"(that England is a monarchy)这样的从句真的命名一个命题。后来,当他抛弃命题而支持事实与(伪)命题态度的多重关系理论时,他否认这类从句是名称,由此,名称在语义上的确是简单的[最后只剩日常语言中的"这个(this)"和"那个(that)"]。

另外,与阿尔莫格的假设相反,在克里普克(1980)中,我同情阿尔莫格归于罗素的观点,尽管我没有把它作为一个专名的标准(见下文)。请看我对"联合国"、伏尔泰的"神圣罗马帝国"和密尔(Mill)的"达特茅斯"的讨论,它们看起来可能含有对整体作出语义贡献的组成部分,但实际上是没有的。也许这个问题在一定程度上是个术语问题,但在我的书中,我实际上规定,我只把一个名称的概念当作正常情况下日常语言中直觉上使用的东西,而并没有提出任何进一步的标准。为成为一个专名提供一个技术性的标准显然不是我的目的(见 Kripke, 1980:24)。排除形如罗素"日常名称不是'真正的'名称"这样一个终极观点,是题中应有之义,而且,如果这种观点**在某种意义上包含真理**的话,那就必须进行重述(参看 Kripke, 1980, p.27, n.4)。我也不认为严格性是可以替代罗素所谓对立标准的一个标准。相反,我说的是,限定摹状词也可以是严格的,尽管通常不是。在我对数学所使用的"π"的讨论中,我进一步陈述了我的信念:它是一个其指称可以通过摹状词给出的名称,而不是一个缩写的摹状词,不过该词项可以在两种情况下都是"强严格的"(见第60页)。

别的意义上使用"人"(man)这个词项的。]不定冠词"*a*"可以分析成存在量词——这是罗素分析的一个非常重要的情况——由此,"一个人做了如此这般的事"就可以分析成一个带有存在量词的合取语句:

(2) $\exists x$(x 是人,并且 x 做了如此这般的事)。

正如他所指出的,"C(一个人)"的意思是:并非"C(x)并且 x 是人"总为假(罗素,1905,第 44 页)。对罗素来说,存在量词"$\exists x$"实际上写作"$\neg \forall x \neg$"。因此,当用日常文字写作时,最后得到的表述会导致复杂且生硬的英文。这可能只是一种把全称量词看成初始符号的偏好所致。然而,它也可能隐含了对如下异议的一个回应:这里,难道你不是在预设某种存在的概念,因而预设了你试图解决的那个哲学问题吗?当然,如果你用这种方式书写,这个异议也就不太可能产生了。但无论如何,在《数学原理》中,被当作初始符号的是全称量词,而不是存在量词。

现在来看,一个限定摹状词将被分析为一个复杂二元量词。"*The ϕ φ's*"(其中的 ϕ 是一个谓词)将被分析为:

(3) $[the\ x](\phi x, \psi x)$

其中"*the x*"是一个二元量词。然而对罗素来说,所有他引入的量词都可以用全称量词、真值函数和等词进行定义,这一点也很重要。让我们用一种紧致的形式书写,允许我们自己使用存在量词,就像罗素有时做的那样。他对这种二元量化的分析(实际上)是这样的:

(4) $(\exists x)((\forall y)(\phi y \equiv y = x) \wedge \psi x)$

这里就是用量词、真值函数和等词分析了所有事物。

罗素还把"一些"与"一个"当作同义词,都处理成了存在量词。他在《论表示》中有一个脚注,说的是,"从心理学上讲,'C(一个人)'暗含着只有一个,而'C(一些人)'暗含了一个以上;但在一种初步梗概中,我们可以忽略这些暗示"(Russell, 1905:43)。但(据我所知,甚至是在其后期发表的论文中),罗素也从未超越这种初步梗概,而且对它们作了相同的分析。事实上,在我之前引用的《论表示》第一页的那段话中,罗素是以"有个人"(some man)为例,而在脚注中,却转换成了"一些人"(some men)。一个是单数,另一个则是复数形式。当然,单数不意味着不止一个。琢磨一下,"昨晚有个窃贼抢劫了我们"。这是否意味着窃贼不止一个呢?不,任何暗含之意都会是其反面。然而,如果继续说,"嘿,听着,我想也许有两个窃贼",这是**相容**的,并不与第一个陈述相矛盾,前者或多或少就相当于"昨晚一个窃贼抢劫了我们"。另一方面,"昨晚一些强盗抢劫了我们"的确暗含着不止一个人,而是暗指了一个类——"有些希腊人是卓越的哲学家",等等——这些是"some"的复数用法。罗素没有注意到这一区分,尽管它在论文中出现了。如果要深入研究这个问题的话,可以参看埃文斯和布鲁斯(G. Boolos)后期的相关论文。[8]现在我的意思不是在说,如果只有一个,复数形式就必然是假的,而是说,单数和复数**的确**是不同的。在传统三段论中,有时我们看到的是"有些 As 是 Bs",有时是"某个 A 是一个 B",但这两种方法确实是不同的,考虑到传统三段论的意思,第二种可能更合适。

很明显,当把一个表示性短语作为量词来分析时,量词会有某种确定的辖域:它将管辖某个短语。另一方面,如果把它看作一个词项,对它进行剖析,并嵌入一个复杂的结构中,其中最简单的部分可能是一个否定,"¬有 ϕ 做了 ψ",它有两种解读,取决于否定还是量词谁的辖域更大。这是一个纯粹逻辑上的观点:它直接来源于摹状词理论。这就是罗素的辖域概念。这是限定摹状词与不定摹状词研究中最有趣的话题,罗素非常看重。在**内涵**语境中,辖域一般会改变所说的内容,并且通常会对真值产生影响。在一个真值函项语境中,辖域仍然**可以**发挥作用。但是,如果满足适当条件,如果有唯一一个 x 使得 ϕx——那么,我就把它缩写为 $\exists ! x \phi x$——辖域的差异也就无关紧要了。"无关紧要"的意思只是说,不同的辖域解释导致实质等价的陈述。关键是,对于所有可容许的辖域(我们稍后会给出更进一步的细节),如下条件句是真的:

(5) 如果 $\exists ! x \phi x$,那么 $A \equiv A^*$

其中,除具有不同辖域的摹状词是不同的出现之外,A 与 A^* 是等同的。(事实上,如此解释(5)的话,就既假定了摹状词在其谓词中没有自由变项,而且假定了其中的摹状词没有嵌入其他摹状词。对于一般情形,参阅下文适当的讨论。)

---

⑧　参看 Evans(1977),Boolos(1984)。

现在我要说的是,这些学说在**今天**应该已经是众所周知的了⑨,但它们被众人所知的时间肯定不长,尽管《论表示》被认为是一篇著名论文。蒯因(W.V.O. Quine)写过一篇非常有名的论文《量词与命题态度》("Quantifiers and Propositional Attitudes")(Quine,1956)——事实上,是他最有名的论文之一——处理了许多相同的主题,这些处理甚至与对"我想要一只单桅帆船(a sloop)"的歧义处理有着惊人的巧合。一个是**单桅帆船**的案例,而另一个是**游艇**(参阅下文要讨论的罗素著名的类似案例,本书第284页*)。"**单桅帆船**"容许蒯因的语句在想要一只特定的单桅帆船,与仅仅为了"解除无船之困"之间制造一种双关,这是典型的蒯因型表达方式会起到的作用,罗素最初提出的关于**游艇**的类似例子则不可能达到这样的效果。两种理论的不同之处很可能在于:蒯因从语法上区分了**概念性**(notional)信念和**关系性**(relational)信念,前者指的是 p 这个信念,后者指的是**关于某物的信念**,即它是 $\psi's$。后来,丹尼特在《超越信念》("Beyond Belief")⑩中,甚至语带贬损地抱怨道,由此人们似乎就会认为可能存在着两种信念。尽管从蒯因的说明看,**的确**是这样⑪,但这并不是罗素的观点。在罗素那里只有一种信念,

---

⑨ 就更晚近的情况来看,这些说法真的足够知名吗?如果人们已经认识到,对罗素来说,至少当有关事实的陈述被嵌入时,弹弓(slingshot)问题就会是一个辖域的问题,那么,戴维森的"弹弓"论证——特别是这个论证:如果我们相信"事实",那可能就只有一个事实——还可能会有这么大的影响吗?对于罗素来说,如果把他的辖域区分应用于处理戴维森(1980)形如"ϕ 是 ψ 这个事实导致 ζ 是 η 的情况发生"这样的例子,就会非常自然。尼尔在他的讨论中(2001:218—223)可能认识到了这些区分,但戴维森并没有认识到,他既没有提到罗素,也没有提及针对弹弓论证的罗素型反驳。在我看来,通过这种形式的论证就可以将"事实"**否决**,这在直觉上是荒谬的——任何一种有关摹状词的理论,不管是罗素型还是其他样式的,都需要一种适当的、可以将弹弓论证予以排除的辖域区分。(也可能会存在关于弹弓论证的其他表述,其并不依赖于嵌入,而在这种情况下,来自罗素的反对意见也会不同。)

哥德尔(Gödel,1944)提出过一种罗素型反驳,但他说"……我不禁感到,提出的这个问题……已经被罗素的摹状词理论规避掉了,这一理论背后还存在着某些东西,我们对它们完全没有理解。"(1944:130)当然,罗素变成了强烈相信事实的人。(参看《逻辑原子主义哲学》)蒯因对模态逻辑的长期敌视引发了"弹弓"论证,不过后来他承认,在斯穆里安和辖域的看法上他是错的——参看我在正文中的评论——他承认,斯穆里安关于替换与辖域的观点消除了"我的'弹弓'论证提出的对模态逻辑不一致性的任何怀疑(Quine,1999:426)"

* 原文为"第240页",指英文版原书页码。——译者注

⑩ Dennett(1982).

⑪ 严格来说,蒯因的理论可能是把信念看成了长度为 n 的有穷序列和包含 n 个自由变项的语句之间的关系。从言信念(或概念性信念)可能就是 $n=0$ 的退化情况(也就是序列为空且没有自由变项)。可以看看真与满足之间的类似关系。但是,的确存在两种信念($n>0$ 和 $n=0$)的印象依然还在,把两者统一起来是一种人为的做法。蒯因本人所用的术语也直接反映出了这一点。参看本书第十一章。

总是是 p 这个信念。我们称之为从物信念的东西可以通过从外部进行量化,即对一个复合命题进行量化的方式进行解释。如果我们处在所有算子内部,这就是我们通常所说的从言信念。在《论表示》第 54 页,罗素用自己的术语对所有这些进行了阐述。当摹状算子管辖整个语境时,它就有一个**主要出现**。一个次要出现则指摹状算子在一个语境的内部出现。在我看来,这属于用词不当。首先,我宁愿把这两个术语颠倒过来用。(如果我们有一个应用于 p 的算子,把算子之后的 p 展开的解读难道不是"主要"概念吗?)其次,也是更重要的一点,这样做会让这种区分看起来像是一种二重区分,蒯因的类似讨论也是如此。⑫无论如何,这都不是一种二重区分,因为可能有一堆算子。于是就会出现这样的问题:"the"或者"a"放在哪里,是在外部,是在内部,还是在中间? 这样的问题就产生了,而罗素的理论考虑到了这一点,这是非常重要的。蒯因的理论也考虑到了这一点,尽管他并没有这样说。我本人在其他地方已经给出了这样的例子。⑬下面就是一个包含不定摹状词的例子:

(6) 胡佛指控贝里根兄弟(the Berrigans)⑭密谋绑架一位高官。

其实很长一段时间以前,我就从收音机里面听到过这件事,当时我想的是,这句话到底是什么意思呢? 从理论上看,它可能有如下几个意思:

(6a) $\exists x$(x 是一位高官,而且胡佛指控贝里根兄弟密谋绑架 x)

(6b) 胡佛指控,($\exists x$)(x 是一位高官,而且贝里根兄弟密谋计划绑架 x)

(6c) 胡佛指控,贝里根兄弟密谋,($\exists x$)(x 是一位高官,而且他们要绑架 x)⑮

如果意思是(6b),那么,胡佛的指控就是,有一位特定的高官,贝里根兄弟密谋要去绑架,而至于胡佛本人是否说出这位高官是谁,则保持**中立态度**。

---

⑫ 蒯因的理论也容许多于二重区分,不过他在讨论中没有阐明这一点。

⑬ Kripke(1977).

⑭ 这里我们有一个复数形式的摹状词,或者这也许是一对兄弟的不常用的名字。如果这让人担心的话,可以把例子中的贝里根兄弟(the Berrigans)替换成贝里根(Berrigan)。

⑮ 伯杰(A. Berger)认为还有另一种解读,(6a)的一个变体:$\exists x$(x 是一个人,并且胡佛指控 x 是一位高官,而贝里根兄弟计划要绑架 x)。(也许,胡佛不知道的是,基辛格事实上已经辞职了。)如果这种理解正确的话,我们就必须把"一位高官"理解成"一位是高官的人",并且容许限定摹状词可以拆开,以使得"高官"依然在算子的辖域内。这种做法是否符合直觉? 或者这种理解是否被罗素的理论所容许? 我不打算讨论这些问题。

如果意思是(6a),那么,胡佛识别出了这位高官是谁。按照胡佛,(6c)容许贝里根兄弟尚未决定要绑架哪位高官。我真的是从收音机里听到这个消息的,但当时不知道它是什么意思。(事实上,胡佛心里想的那个高官正是基辛格。)

下面这个语句也有三种解读(也是从我之前的论文摘过来的):

(7) 行星的个数本可能必然是偶数。

我们认为有 9 个 * 行星,并且认为每一个偶数(或奇数)都必然是偶数(或奇数)。从外部辖域解读来看,它就意味着,对于行星的个数来说,它本可能必然是偶数,因为不但事实上有 9 个行星,而且,其个数甚至(even)本来可能是偶数(even)是假的(双关?),更不用说必然是偶数,所以,这个解读是假的。内部辖域解读也不是真的,因为内域解读的意思是,本该必然恰好有 x 个行星而且 x 是偶数,这是可能的。但这是假的。这不可能是必然的,因为它甚至都不是真的。⑯⑰所以,我们拒绝接受这种解读,正确的解读应是中间辖域的理解,它的意思是,存在一个 x,使得恰好有 x 个行星,而且 x 必然是偶数,这是可能的。罗素并没有提到中间辖域的理解。[蒯因也没提过。蒯因花了很长时间才意识到,你在(这里)做的事可能与他在《量词与命题态度》中针对必然做的事是一样的,而且关于这一点他还写过一篇论文。他说道,并不是他相信必然性,而是"我正处于一个在为非犹太人顾客准备火腿的犹太厨师这样一个位置"(Quine, 1977:270)。蒯因何以花那么长时间才意识到这一点,让人有些费解]。蒯因的处理一度被认为是一种全新的方案。蒯因 20 世纪 50 年代中期的论文并没有参引到罗素。语言学家们在 60 年代中期似乎又重新发现了相同的区分。我不知道在哪里看到过,但我记得特别是在阅读

---

　　*　现在太阳系有 8 个行星,当然,这并不影响论证的有效性,读者可做有效转化。——译者注

　　⑯　长期以来,(太阳系中)行星的个数是 9,这个例子作为一个标准的哲学案例,是由蒯因推广开来的。我们在这里假定,这一命题实际的真值是不相关的。尽管可以有意义地宣称,"关于行星的个数,天文学家们已经改了主意",但是,说"关于数字 9 是几,数学家已经改了主意"似乎就很难让人理解,更不用说有可能为真了。对我来说,这似乎又让我有理由在这两种指称 9 的方式问题上采取"平等主义的态度"。请看我在《两个关于知识的悖论》一文中对马尔科姆天文学例子的讨论(见本书第二章),尤其是注释⑮。在这里,我推测,我们确实需要关注一个天文学委员会更改前期信念时所说的话。(这个注释是 2010 年新加的。)

　　⑰　模态逻辑专家将会认识到,这个论证预设了"B"公理——从真可以推出不可能必然假。从直觉上看,它在这里看起来当然是有效的。

巴赫(E. Bach)的一篇文章时,把这称为一种"最近才被注意到的区分"。这些区分以及它们的理论,尽管可能与后来一些语言学家和蒯因提出的理论不同,但早已全部出现于罗素的论文中了。此外,蒯因批评了斯穆里安(A. Smullyan),他声称,从同一的普遍替换规律以及关于行星个数的陈述,不必然得出一个悖论,但斯穆里安只是把罗素的辖域区分应用于必然性而已。这段故事在尼尔的一篇文章中得到了精彩讲述。[18]现在来看,宽辖域解释对模态语境进行了"量化"。因此,蒯因依然可以基于把这种解释看作是"本质主义的"的理由而拒绝接受它。但他反而把斯穆里安的想法称为罗素理论的一种"改进",他错误地以为,只有在存在性与唯一性条件不成立的情况下,才容许辖域区分[而且,他说,这(种情形)对于理解罗素型摹状词可以用来替代把这些摹状词理解为真正词项的理论这一想法,是不可或缺的]。正如《论表示》所强调的,这一点对内涵语境并不成立,不过,《论表示》没有处理涉及必然算子的情形(罗素的其他论著表明,他认为这种算子是不合法的),在《数学原理》中也是如此。正是在《原理》*14 的结尾处*14.3 以及之后的*14.31 这些具体例子中,罗素断言,在真值函项性语境中,如果满足了存在性和唯一性条件,那么,真值函项性语境所包含的单独一个摹状词的辖域就是无关紧要的:

$$^*14.3 \quad \{\forall p\,\forall q((p\equiv q)\supset f(p)\equiv f(q))\wedge E!(\iota x)(\phi x)\}\supset f\{[(\iota x)(\phi x)]\chi(\iota x)(\phi x)\equiv[(\iota x)(\phi x)]f(\chi(\iota x)(\phi x))\}$$

$$^*14.31 \quad E!(\iota x)(\phi x)\supset\{([(\iota x)(\phi x)]p\vee\chi(\iota x)(\phi x))\equiv(p\vee[(\iota x)(\phi x)]\chi(\iota x)(\phi x))\}$$

以上就是*14.31 和后面一直到*14 末尾的定理的内容。罗素在第 186 页说道:

> 上述类型的命题可以无限继续下去,但由于是以统一计划的方式被证明的,所以就没必要讨论 $p\vee q$、$\neg p$、$p\supset q$ 以及 $p\cdot q$ 这些基本情形之外的情况了。(《数学原理》,第 186 页)

---

[18] Quine(1953a), Smullyan(1948), Neale(1999).

因此他明确断言,对于更加复杂的情况也可以继续这样处理。[19]

目前已经出现了一个完整的学派,他们声称《数学原理》并不包含元定理。这个学派包括德雷本(B. Dreben)、范·海杰诺特(J. van Heijenoort)以及戈德法布(W. Goldfarb)[20]。*14.3 之前和之后的那些断言[21]是他们的主张的一个明确反例,不过还有许多其他的反例,而这甚至都不是最重要的反例。这就是一个明确的**元定理**:在真值函项性语境中,单独一个摹状词的辖域是无关紧要的。

罗素可能会认为这个定理与一个更强的元定理等价,即只要我们假定了一个适当的前提,即存在和唯一性条件得到了满足,那么,即便是面对多个摹状词等情况,在外延语境下,辖域也从来都是无关紧要的。实际上,正如我所说,他的结论只适用于真值函项性语境中一个摹状词的一次(出现),其中没有自由变项,没有嵌入其他摹状词或者被量化的情况。稍后我们将讨论更一般情形的陈述。无论如何,蒯因最初说的是,斯穆里安是在改进罗素的摹状词理论,因为与斯穆里安的处理相反,按照罗素,当存在性和唯一性条件满足时,甚至在内涵语境中,辖域也是无关紧要的。事实上,罗素所强调的恰恰相反。

我曾经向蒯因指出过《原理》中的相关段落。在蒯因捐赠给贝拉吉奥图书馆的《从逻辑的观点看》的一个副本中,他在页边空白处这样写道:"克里普克让我相信罗素与斯穆里安的立场是相同的。"而在 1980 年的那一版中,

---

⑲　*14.31 并不是《数学原理》的"官方"定理,因为对命题的量化尚未引入。因此,*14.31 等等是独立证明的,而不是从*14.3 推导出来的。

⑳　参看德雷本和范·海杰诺特(1986)的论文,收录在费弗曼等人所编的文集(第 44—45 页)。Goldfarb(1979)。也可参看 Hylton(1990)。还可以提到其他作者。我希望在别的地方讨论《数学原理》的元定理以及元理论思想等更一般的话题。

㉑　之后的断言上文已经引用过了。至于之前的断言,参看第 184 页。"这个命题[也就是说,当存在性和唯一性条件得到满足时,辖域就是不相关的——S.K.]不可能被一般地加以证明[也就是说,对于任意语境来说,包括内涵语境——S.K.],但它可以在每个特殊情形中得到证明[也就是说,在《数学原理》所使用的每一个语境中,可以假设它们都是真值函项性语境——S.K.]。当(ιx)(φx)在χ(ιx)(φx)形式中出现时,而且χ(ιx)(φx)在我们所谓的'真值函项',也就是其真或假取决于其一个主目或多个主目之真或假的语境中出现时,这个命题就可以被一般性地加以证明。"(《数学原理》,第 184 页)最后那个语句表达的就是*14.3 的内容。中间那个从句("但它可以在每个特殊情形中得到证明")所表达的元定理与上述正文所引用的(《数学原理》)186 页的断言所表达的元定理是相同的。

对斯穆里安的批评最终被删除了,并明确表示,之所以删除是因为它是错的。(这个故事在尼尔的《论经验主义的里程碑》中得到了精彩讲述。)但删因在这里依然漏掉了某些东西;因为这里没有一个要采取的**立场**,有的只是对摹状词的一种**分析**,**由此可见**,在内涵语境中,辖域或者是重要的或者不是。没有什么东西需要去设定。斯穆里安可能提出了一种不同的分析,但如果他遵循的是罗素的分析,那么,他所说的要么符合罗素的分析,要么不符合。而实际上是**符合**的。

最终,删因把他自己的以及(至少在当时)更著名的分析应用到了同一件事上。现在来看,罗素是否处理了所有这些与歧义有关的问题,尤其是与不定冠词"*a*"与定冠词"the"有关的歧义问题,即便在现当代语言学文献中也依然是一个有争议的焦点问题,而我们无需讨论这些,但令人惊奇的是,罗素的讨论完全被忽视了。

还必须指出的是,在人们基本上都忽视了罗素的辖域歧义分析的同时,丘奇却没有忽视它,实际上他陈明了,辖域歧义是罗素方案的一个**缺陷**。[22]

我希望,这种忽视或误解不要再有了,而且希望每个人都知道罗素对辖域区分的处理方案好在哪里。拉姆齐(F.P. Ramsey)称这篇文章是"哲学的典范"。它的确是哲学的典范,著名的文章!看起来,除了罗素及其最密切的学术圈,这篇论文鲜有人真正理解,或者被人们严肃对待。他们也没有读过《数学原理》中的相关章节。[23]

罗素在他的论文中有两个目标(与之对立的哲学家):弗雷格和梅农。我还想谈谈斯特劳森后来提出的那个著名的批评(他的观点在某些方面与弗雷格的类似,尽管是出于非常不一样的动机)。除了罗素的报道,我对梅农了解得很少。根据罗素的说法,他(梅农)认为非存在实体,如,是法国国王的事物(the king of France)(甚至不是国王的那个是法国国王的事物),除

---

[22] Church(1950:63).

[23] 斯穆里安(Smullyan, 1948)、普赖尔(Prior, 1963)、菲奇(Fitch, 1949),还有和菲奇立场一致的学生露丝·马库斯(Ruth Marcus)[后来是露丝·巴坎(Ruth Barcan);参看 Barcan(1948)],在对内涵语境中罗素型辖域区分的理解与把握方面属于光辉的例外。(在这一方面,菲奇和马库斯并不是完全没有不受批评的地方。)

了所有被赋予的性质之外,还具有某种弱存在性(所以正如罗素所说,不矛盾律可能会被违反)。有时候我想知道梅农(至少是《论表示》中说到的梅农)是不是罗素假想出来的人物,他因为自己并不真正存在而感到心烦意乱,于是发明了一种学说:甚至像他那样的事物也具有某种弱化形式的存在!㉔

现在我可以提到"法国国王(the King of France)是秃头"中的一个问题,《论表示》有类似的讨论,但直到《数学原理》第 186 页它才变得比较清楚。这句话有两种解释,或者是窄辖域或者是宽辖域,这句话的意思可能是:并非有唯一一个是法国国王的事物,而且无论那个是法国国王的事物是谁,他是秃头(窄辖域);或者,有唯一一个是法国国王的事物,而实际上,他不是秃头(宽辖域)。但《数学原理》说,把第二种解释,也就是为假的解释看成这句话的意思,会是更加自然的做法。而在这里,我们就找到了罗素回应斯特劳森后来提出的批评的来源了。如果有人问你:"那么,瞧,那个是法国国王的事物,是秃头还是不是秃头呢?"你并不情愿回答是或者不是。这种不情愿可以通过对第二种回应所自然缩写的一个简单评论予以解释:"不,那个是当今法国国王的事物不是秃头。"既然《数学原理》认为宽辖域解释是更自然的解释,于是我们就可以获得一个对这种不情愿的纯粹罗素型解释。㉕

实际上,我认为斯特劳森的《论指称》是一篇很棒的论文,但如果就此宣称它驳倒了罗素的理论,那就言过其实了,这一点是肯定的。㉖

㉔　事实上,在前期论著中,罗素认真对待了实际的梅农,并以尊重的态度讨论了梅农的思想。我对梅农依然一无所知。

㉕　罗素本人在后来对斯特劳森的回应性论文《斯特劳森先生论指称》(Russell, 1957)中强调指出,斯特劳森的讨论所依赖的语境问题(例如"当今的法国国王"中的"当今")与(罗素讨论的)问题并不是高度相关的。从斯特劳森提出的问题看,我认为罗素在这一点上基本上是正确的,但深入分析,斯特劳森的问题仍然可以得到支持,而且他对语句和陈述的区分肯定是重要的。除此之外,如何处理空摹状词的问题仍然存在,但这不是问题的全部。再者,在一个段落中,他有点过于强调日常语言的语法歧义了,这或许就会给人造成一种误导性的印象:他赞同下面要讨论的蒯因的观点,即他不是在试图分析日常语言。但如果那样的话,他对斯特劳森的答复以及整个论争就都是多余的。我希望在其他地方讨论所有这些问题。

㉖　尼尔曾告诉我,格赖斯曾打趣地说《论指称》是一篇精彩的论文,只是因为讨论了罗素的摹状词理论而导致形象受损了!

为什么罗素的例子使用了"是秃头"这样略显不礼貌的短语呢？（斯特劳森甚至在没有说他已经改动了罗素的例子的情况下，有礼貌地改成了"是贤明的"。）如下是罗素说的：

> 如果我们说"英国国王（the King of England）是秃头"，也就是说，它似乎不是一个关于"英国国王"这一复合**意义**的陈述，而是一个关于该意义所表示的现实的人的陈述。（1905：46）

有人告诉我，当时是英国国王的人（the king of England）是爱德华七世，而且，他是秃头。罗素继续说道：

> 但是，现在我们来思考"法国国王是秃头"。从形式上看，这也应该是关于"法国国王"这个短语所表示的对象的。但尽管只要"英国国王"有一个**意义**，这个短语就有一个**意义**，但它肯定没有所表示的对象，至少在任意一种明显的意义上都是没有的。（1905：46）

很可能，这就是罗素的所有意思，也就是一个类比。（说他心里想的是因为唐纳兰论文而搞得很著名的关于说话者指称的不当刻画或错误描述，也是有可能的："嘿，不是的，蠢货，你想的是**英国国王**，而不是**法国国王**。"[27]但这里没有这方面的任何迹象。）罗素继续说道：

> 因此，有人会认为"法国国王是秃头"应该是无意义的；但它并不是无意义，因为它显然是假的。（1905：46）

弗雷格和斯特劳森都有充分理由抱怨，这里犯了丐题的谬误。也就是说，真假二分是不正确的，应该是真或假，除外还有无意义；它可能有意义，但

㉗　Donnellan（1966）.

缺乏真值。㉘㉙然而,斯特劳森(当时正在批判罗素的文章)忽略了罗素为反驳只要你有空限定摹状词就没有对应的真值这一观点而已经提出的其他例子:

> 或者,再思考如下这样的命题:"如果 u 是一个只有一个元素的类,那么,这个唯一元素就是 u 的一个元素,"或者,我们可以这样说:"如果 u 是一个单元类,那么,**这个** u(the u)就是一个 u(a u)。"(1905:46)

这肯定是正确的。我们可以假定这个量词 u 涵盖了所有的类。斯特劳森在这里忽略了两个要点。首先,摹状词也可以被量化,它们不一定是像"当今的法国国王"那样没有变项的短语,而有可能包含被外部量词所约束的变项。其次,尽管依据弗雷格和斯特劳森,有些量化示例缺乏真值,但这类条

㉘ 事实上,斯特劳森对于这里是否存在真值间隙是有歧义的;或者说,没有做出任何"陈述"(尽管**语句**是有意义的),"陈述"必须真或假,也就是说,这里没有真值间隙。我曾经问过斯特劳森这个问题。如果我没理解错的话,他承认这种歧义,但他说**第二种立场**实际上是他想要表达的。尼尔也曾经问过斯特劳森,得到的回答是一样的,参看 Neale(1990)。

㉙ 也许我们应该在这里讨论一下蒯因在其名著《语词与对象》(Quine, 1960,特别参看第259页)权威发布的观点:对于自然语言,斯特劳森关于真值间隙的看法是正确的,但对符号语言来说,真值间隙属于工程师眼中的"无关"(don't care)情况,可以出于技术上的方便而任意进行填充:

(1)在《论表示》第47页,罗素**正是**因这种人工的间隙填充做法(关于空摹状词)批评了弗雷格:"但是,这个程序,尽管有可能不会导致实际的逻辑错误,但它显然是人为的,并没有对问题本身给出精确的分析"。《论表示》旨在对自然语言的哲学以及关于思想的哲学作出贡献。

(2)罗素的其他"盟友"——有时候也包括后期罗素本人——已经为他只是提出了一种人工的符号约定这一立场进行了"辩护"。但就《论表示》而言,他们肯定是错了,而且没有对罗素的真正贡献给出公正的评价。

(3)如果把它理解为这样一种约定,那它就是一种贫乏的约定。为什么不用" $\exists x(Ax \wedge Fx)$ "或者" $\forall x(Ax \supset Fx)$ "表示"the A F's"呢?这些更加简洁,对"无关"情况进行了任意填充,而且不会用到等词。当我和其他逻辑学家讲授形式化初等数论课程时,我们正好使用了第一种约定。(正常情况下,适当的唯一性条件是满足的。)我甚至听说有人把一个观点归给了某个语言学家,即对于**自然语言**来说,这是一种正确的分析!

(4)从直觉上看,斯特劳森和弗雷格关于间隙的看法并不总是正确的。罗素已经给出过**真正的**案例(例如下文要讨论的:"我唯一的儿子")。此外,如果一个骗子在不拥有任何公司的前提下说,"在堪萨斯众多的玉米农场中,我的公司拥有最大的那个",而(尽管《南太平洋》("South Pacific")这张专辑中有这样的歌词:"我感觉自己就像8月的堪萨斯那样老土")堪萨斯种的是小麦(就美语来说,很少或者根本没有"玉米"的意思),而且他也没有这样的农场,那么在正常情况下,他就会被认为是一个**说谎者**,说了一句假话。[感谢库茨(S. B. Coots)提供了关于堪萨斯农作物的信息。]

(5)斯特劳森最终承认了这些例子[参看 Strawson(1964)]。早在1960年,蒯因就认定斯特劳森关于真值间隙的看法总是正确的,他"比教皇更信奉天主教",并且忽视了罗素本人的反例!

件句也可以为真。因此,这就既对弗雷格又对斯特劳森构成了反驳。[30]在我看来,它也是对希尔伯特(D. Hilbert)和贝尔纳斯(P. Bernays)后来所阐述的如下观点的一个反驳:无论在日常语言还是在数学中,每当我们使用一个包含变项的摹状词时,我们都要求对它处处给出定义。[31]结合罗素的条件句以及类似的例子可以看出,希尔伯特和贝尔纳斯关于日常语言和数学的观点是错误的。[32]

甚至对于单称的、摹状词中不含变项的情况,罗素也给出了一个包含空摹状词的真条件句的例子:

> 在《暴风雨》中,国王可能会说,"如果费迪南德没有溺水身亡,费迪南德就是我唯一的儿子"。其中,"我唯一的儿子"就是一个表示性短语,表面上看,它具有一个所表示的对象,当且仅当,我恰好有一个儿子。但如果费迪南德事实上已经溺水身亡,上述陈述仍然还是真的。(1905:47)[33]

也许一个更好的例子是,假设国王有两个孩子——费迪南德和苏,而国王说,"如果费迪南德溺水身亡了,那么,苏就是我唯一剩下的孩子"。即使"我唯一剩下的孩子"可能为空,这依然是一个真陈述。至少在一个摹状词不得不空的情形下,也是如此。考虑如下析取形式(忽略这里的不完整摹状词的情况,也许这是另一个问题,但它们可以补充成完整的):你可以想象,和平会议在最后一刻召开,最后期限已过,但说话者尚未听到关于会议结果

---

[30] 实际上,弗雷格不会允许这样做,因为除非它处处被定义,否则它不是一个真正的函数,但是直觉上,弗雷格的观点是错误的,他必须为空词项提供人工的对象。

当然,还有其他的,没有被这个例子驳倒的预设理论。我很清楚各种理论,而且已经讨论过所谓的投射难题(参看本书第十二章)。我的观点是,那些实际上由弗雷格和斯特劳森提出的理论已经得到了反驳。至于投射难题的现代讨论,它们又反映出了兰登(D.T. Langendoen)和萨文(H.B. Savin)所谓的累积假说,参看 Langendoen and Savin(1971)。

[31] Hilbert and Bernays(1934).

[32] 梅茨(Mates, 1973)后期在反驳斯特劳森时提出了类似的例子,但罗素已经提出过这类例子。梅茨好像没有注意到。除了罗素给出的那些自然的例子之外,梅茨的确给出数学上的例子,用于反驳希尔伯特和贝尔纳斯。

[33] 梅茨的确注意到了《论表示》中的这个例子。

的任何消息。

（8）要么和平条约已经起草并签署，要么战争已经爆发。㉞

两个摹状词中有一个是空的，但我们并不知道是哪一个，尽管如此，我们仍然可以断言这个析取句是真的。

可见，在这里罗素有一系列有趣的例子可以反驳弗雷格和斯特劳森。我不讨论罗素在《论表示》中用于反驳弗雷格的那个论证，那个著名且晦涩的"格雷的挽歌"（Gray's Elegy）论证。㉟但无论如何，正如我们已经看到的，罗素的论文中有更加简单的反驳弗雷格的论证。

在罗素与弗雷格早期的一封通信中［这封通信因出现在阿尔莫格和萨蒙论文中而变得非常著名］，弗雷格说，勃朗峰及其全部雪地肯定不是下述命题，也即"勃朗峰有 1 000 多米高"这个思想的组成部分。罗素（粗略地）回复道，"是的，那就是我的想法，勃朗峰及其全部雪地正是这个命题的组成部分"。这封通信在《论表示》的一个脚注中提到过：

> 在命题"勃朗峰有 1 000 多米高"中，按照他的看法，正是"勃朗峰"的**意义**，而非现实的那座山，构成了这个命题**意义**的一部分。（Russell，1905：46）

我猜，罗素在这里会感到吃惊，并且表示不赞同。最近我有幸去了一趟瑞士，在那里我从自己酒店的窗口看到了勃朗峰及其"全部雪地"。我很努力地去看，但看不出它本身还是只有它的**含义**，是相关命题的一个构成部分。但至少，我知道他们两人在讨论什么。弗雷格似乎认为那些雪地会让罗素的观点变得不可信。如果是这样的话，也许全球变暖最终会帮到罗素。

现在，让我们从其他方面考察一下罗素对他的理论的论证。

㉞ 那些参与研讨投射问题的语言学家们无疑认识到了这样一些例子（以及罗素的"费迪南德"的例子）。然而我记得早在 1962 年，大概在上述文献或者大多数文献之前，我本人就向冯·赖特（G. H. von Wright）提过例（8）。更重要的是，同样的观点对于罗素和他最初给出的例子也是成立的！感谢尼尔对这个例子的更正。

㉟ 萨蒙（2005）讨论过这个论证。

因此,我将陈述一个关于表示的理论应该能够解决的三个谜题,并在后文证明我的理论如何解决它们。

（Ⅰ）如果 a 与 b 同一,那么,对其中一个为真的东西,对另一个也会为真……。现在,乔治四世想要知道司各特是否是《威弗利》的作者;而事实上,司各特**正是**《威弗利》的作者。由此,我们可以用**司各特**替换**《威弗利》的作者**,从而证明乔治四世想要知道司各特是否是司各特。但很难说欧洲第一绅士会对同一律感兴趣(1905:47)。

首先,在这个例子中,我将用"想要知道……"(wished to know)代替"想要他可以知道……"(wished that he should know)——这不仅仅是因为它涉及了更新颖的著名的从我($de\ se$)态度问题,而且还因为它是一个双嵌入(涉及中间辖域),而罗素把它理解为只有一个嵌入的情形。因此,我把它改成"乔治四世想弄明白,司各特是否是《威弗利》的作者",或者"乔治四世问道,司各特是否是《威弗利》的作者",事实上,这正是当时那次著名的宴会上发生的事。㊱

最后一句有点侮辱性意味。尽管有些哲学家已对同一律提出了质疑,但大多数人都认为它明显为真。看起来,乔治四世几乎在所有方面都是一个相当糟糕的人,尽管不是全部方面㊲,但他是英国君主制历史上最聪明、受教育程度最高的国王之一。如果我正确理解了相关历史,那么在同一律方面,他就很可能要比我所想到的其他任何一位英国国王更感兴趣。因此,他很可能知道"同一律"这个短语是什么意思。(实际上,他是一个有趣的

㊱　据说在一次著名的晚宴上,乔治四世询问司各特是否写过《威弗利》,而司各特错误地否认了写过这本小说。(实际上,当时只有"摄政王"乔治四世,而不是"国王"乔治四世,他准备敬《威弗利》的作者"一杯酒,并含蓄地请司各特承认自己就是《威弗利》的作者。)司各特曾匿名写过一系列小说,其中的第一部就是《威弗利》。近日,一个"司各特黑"在《纽约时报》上撰文写道,他的所有小说,尽管在他那个时代非常有名,但远远算不上经典,而且,除了《艾凡赫》(Ivanhoe)是美国高中必读书目之外,其他作品都已经不再出版了。(后来,就在我在此次报告中说了这些话之后,一位职业作家告诉我,现在他的这些小说正在印刷。)

㊲　当时英国法律明令禁止皇室成员与天主教徒通婚,他的秘密婚姻和对天主教妻子的忠诚,在我看来具有示范价值。他还与当时的英国改革主义领导人查尔斯·福克斯(Charles Fox)结过盟,尽管这可能是出于机会主义的原因。要不然,他就是一个纨绔子弟、腐败者和阴谋家。而他与后来妻子的关系令人不敢恭维。

人物。如果你看过《乔治国王的疯狂》这部戏剧或电影——"疯狂"指的是他的前任乔治三世——其中对他的刻画还是非常清楚的。）

> 我暂时跳过下面两个谜题，它们更简单一些。这个谜题涉及内涵语境。罗素说，"关于乔治四世好奇心的谜题现在看来有一个简单的解决方案"。（Russell，1905:51）

当我们说乔治四世想要知道是否如此这般时——我用乔治四世想弄明白是否如此这般，或者询问是否如此这般，进行替换——或者，当我们说如此这般是令人惊讶的时，如此这般必须是一个命题。

这里就是首次区分并使用主要出现与次要出现的那段话：

> 当我们说……"如此这般是令人惊讶的"或者"如此这般是真的"等时，其中的"如此这般"必须是一个命题。现在假设"如此这般"中包含了一个表示性短语"。我们或者可以从"如此这般"这个从属命题中消去这个表示性短语，或者可以从整个命题消去，"如此这般"仅是其中的一个构成部分。我们的消去方式不一样，所产生的命题也就不相同。我听说过一位敏感的游艇主人，他的乘客第一次见到他的游艇时说"我原以为你的游艇要比它更大一些"，对这个评价游艇主人回答："不是的，我的游艇不比它更大"。（1905:52）

我一直很喜欢这个诙谐的小玩笑，而且还在自己的实践中使用了一个更简单的版本。

A：你好。哦，对不起，我以为你是别人呢。

B：不，我可不是别人。

这是一种涉及一个不定摹状词的歧义性的案例。A 这个人说的是"有一个 x，使得 x 不是你，并且我以为是你"吗？如果是的话，存在量词就有一个外部辖域。但如果从内部辖域理解，A 所说的就是："我以为，有一个 x 使得：x **不是你而且 x 是你。**"这个笑话其实还是管点用的。

罗素那个老旧的例子可能也是一个有趣的玩笑。为了搞清楚它是什么意思,我还对游艇做了一些专门的研究。[38]令人极为惊讶的是,尽管一般以为游艇的尺寸是以立方计量——因为游艇毕竟是一种三维对象——但实际上,它是用长度单位来测量的。这并不意味着游艇的长度,或者底部龙骨的长度,如此等等,是由一个使用了各种涉及该游艇的因素的复杂公式给出的,得出的结果是一个长度单位,所以,游艇可以是 30 米或者 30 码,但这并不是指它的长度,而是指它的**尺寸**(size)。罗素说的不是长度,而是尺寸:他有 30 米**大**。我说过,罗素关于这些事物的分析被严重忽视了;现在来看,也许它的另一面也被严重忽视了:这个玩笑是错误的。游艇主人归于乘客的意思是:

(9)我原本以为,你的游艇要比你的游艇更大一些。

这是不可能的,这正是主人所抱怨的内容。但乘客真正的意思是:

(10)我原本以为的你的游艇的尺寸,比你游艇现在的尺寸要大。

这就暗含了这个意思:存在唯一一个尺寸,它就是客人所以为的那个游艇的尺寸。比如,如果游艇的尺寸是 30 米,而他本以为是 35 米。但显然,这不必然为真:谁说他在之前就知道游艇的精确尺寸呢? 他并不必然知道,他仍然可以感到惊讶,并说“我原本以为你的游艇要比现在这个大”。当我们意识到当前讨论的是游艇的尺寸,而非长度,这个观点就更有理了,不过这个观点对于更弱的概念也成立。[39]因此,如前所述,罗素根据他的摹状词理论所做的分析是不正确的。我相信自己的例子是正确的。这是我的一个成就。

(然而,因为我在之前的段落说过,萨蒙在早些时候与我讨论过这个问题——可能是一年或更长时间以前——他最近提出一个纯罗素型分析。他最初的反应本来是运用他在《弗雷格之谜》(*Frege's Puzzle*)一书中给出的手段。如今萨蒙指出,语句“我本以为:你的游艇比现在大”,必须分析为“我本以为:你游艇的尺寸要比你游艇的尺寸大”,其中根本不包含“我所以为的你游艇的尺寸”这个摹状词,而只是包含“你游艇的尺寸”。假如摹状词的

---

[38]　参看我为大英百科全书(1953)编写的关于“游艇”(Yachting)的词条。1905 年,不同的国家有不同的计算游艇尺寸的公式。而到了第二年(1906),整个欧洲都曾采用一个统一的新公式。

[39]　由于计算公式非常复杂,很难一眼看过去就能确定游艇的确切尺寸,或者获得一个近似的估值。游艇的尺寸问题不应与游艇的长度问题相混淆。

所有出现都是内部辖域,你就会得到游艇主人诙谐的(或者"敏感的")的回复了。而假如摹状词第二次出现是外部辖域,并且第一次是内部辖域,你就会得到一个对乘客之评论的可信的分析了。)

关于如何修正罗素的例子,有点复杂,而且也不够明晰。⑩据我所知,没人注意到他那著名的例子实际上是错的。这里并不需要客人所以为的游艇所具有的尺寸这样的尺寸。⑪

现在回到乔治四世的例子,按照我提议的方式进行修改,不允许中间辖域:"乔治四世询问,《威弗利》的作者是否是司各特"。内部辖域(或者次要出现)的分析是:

(11)乔治四世询问,是否有一个 x,使得 x 并且只有 x 写了《威弗利》,而且 x=司各特。

从直觉上看,这种分析有一个麻烦,而这个麻烦基本上被相关文献忽略了,就是说,从罗素的分析来看,好像的确有一件事是乔治四世想要知道的,即,是否只有一个人写了《威弗利》。⑫或许它是与人合著的(罗素在其他地方提到过这种可能性,与另一本合著的书有关)。但事实上,乔治四世很可能**预设**了它不是合作的产品。另一方面,我们也许会允许司各特做出这样的回应:"事实上,这本书是合著。"尽管乔治四世会为此感到惊讶,但并不能排除这种可能性。尽管如此,正统的罗素型分析还存在一些疑问。

但现在我们来思考更糟的情形,也就是大辖域分析。(在本报告的第一部分,看起来我像是赞美罗素;也许现在看来,我像是要批评他了。但我认为《论表示》是一篇非凡的佳作。)因此,另一种分析是:

(12)存在一个 x,使得 x 而且只有 x 写了《威弗利》,而乔治四世问,是否 x=司各特。

---

⑩ 谨记:我是在萨蒙与我谈论他的新想法之前说出这个观点的。我并不信服他早期的想法。

⑪ 如果我们把罗素的例子看成是已知的,对于"我所以为的你游艇的尺寸",一个显而易见的想法是,用尺寸间隔替换其中的尺寸,这是我自己的一个想法。这个想法并没有问题,要想使其可信,这些间隔必须在边界上是模糊的。[在讨论环节,斯坦利提到过一篇 1976 年发表的研究语言学中比较级形式(comparative)的论文,这篇文章已经注意到了这个问题,也已提出了前述想法,但在我写这篇论文的时候,我还没有看到这篇文章。]

⑫ 感谢匹考克向我指出,罗素理论可能存在的这个问题事实上已被吉奇讨论过[不过例子不再是乔治四世和《威弗利》,但事实上非常相似;参看 Geach(1967:631)]。还有一个类似的涉及不定摹状词以及"想要……(wishes that)"的问题,也被归于了吉奇,见 Prior(1968:105—106)。

罗素评论道,"这句话可以是真的,例如,如果乔治四世从远处看到了司各特,然后问'那是司各特吗?'"(Russell,1905:52)。常识表明,这会是一个合理的解释。然而我们在这里不只是在处理常识,而是在处理罗素的理论。罗素的刻画是对大辖域分析的一个常识性解释。但是,这是一个存在量词,变项的取值只有一个。这个取值能是什么呢?司各特本人!但这就意味着欧洲第一绅士终究还是对同一律的一个代入例感兴趣!因为这里的命题函项的取值就是司各特=司各特,(乔治四世的)问题将被表达对同一律的兴趣。罗素在他的文章中引入了他关于亲知知识与描述知识的著名区分,并说,我们通常用限定摹状词去表示只能通过描述而不是亲知而知道的对象。特别是,我们并不亲知太阳的质心。我们也不亲知**他人的心灵**,他在论文的结尾这样说道。但是,这里没有迹象表明司各特与他的**心灵**是同一个体,也没有表明"司各特"是一个与真正的专名不同的东西。如果这样的话,那我重申一遍,对同一律的兴趣已被归于欧洲第一绅士!尽管事实上他对大辖域分析的解释非常得浅显易懂(也就是说,直觉上,这种解释似乎是相当合理的),但是最终情况还是一样的。[43]

随着时间的推移,罗素的亲知学说的适用范围变得越来越窄。到他发表逻辑原子主义学说的时候,我们就已经不能亲知到司各特本人了,甚至连司各特的一个时间片段都不能亲知到了。我本来乐意认为我们只能亲知我们心智当中的事物,但罗素的观点似乎从未如此。也许,我们只能亲知我们**大脑**中的事物。(我真的不懂这是什么意思。)当我谈论我们自己的**心智**时,一位罗素研究专家(吉迪恩·马金)提到了相关的文献。不管怎样,我们都不再亲知司各特,而"司各特"会成为一个伪装的限定摹状词,这个殊相(particular)问题也就解决了。

后来有些作者——萨蒙是最精细的一位——从这类例子中得出一个结论:人们可以怀疑是否 $a=a$,但不能怀疑 a 是否自我同一,他还创建了容许这

---

[43] 类似的讨论,参看 Soames(2003)Ch.5。(感谢尼尔为我提供了这个文献。)索姆斯正确地注意到,罗素会被他后期关于亲知的观点所拯救,这种观点只容许亲知很少一部分事物;这些事物肯定不是司各特("司各特"由此变成了一个伪装的摹状词)。但如他所说,这样的话,罗素的例子和分析将会遭到否决。因此,要想表明罗素已经否认乔治四世"亲知"司各特,似乎是不可能的。在1905 年,他甚至依然认为,正如我们在上文已经看到的,勃朗峰是一个命题的真正的组成部分,如此,我们必定真正地亲知到了那座山(至少,如果我们已经看见它的话)。

一区分的理论工具。㊹我不认为罗素的工具能够刻画这种区分,无论是《原理》中的,还是《论表示》中的工具。所以,我不认为这一点适用于罗素㊺,而亲知学说的适用范围最好尽可能狭窄,以便排除这些例子,尽管它们看起来像是常识。

所以,有两件事情被忽略了。第一,在某种程度上,罗素关于摹状词在内涵语境,甚至在外延语境中辖域区分的重要处理方案被不适当地忽视了。第二,从罗素自己的哲学,或者从事实来看,罗素为内涵语境所提供的每一个单独的例子,或者是有问题的,或者确定是错误的。第一个最终还是被发现了;㊻但据我所知,第二个基本上没有被注意到,或者基本不为人所知。㊼尽管如此,罗素是正确的。辖域在内涵语境中的确很重要。可惜的是,他自己的例子就存在着这些问题。斯穆里安给出的涉及模态的例子,要比罗素给出的、涉及命题态度的例子更加简单直观。

㊹ 参看萨蒙(1986)以及萨蒙和索姆斯(1988),尤其参看他们对文集所做的导言以及萨蒙(1986a)。萨蒙和索姆斯是所提及方案的主要倡导者。

㊺ 在一次私下交流中,萨蒙向我保证,至少他(我不确定索姆斯如何)从未认为,在这一方面他和罗素的观点一致,不过我可以证明,那些理解力强的、同情萨蒙立场的读者会这样看待他,而且我也这样理解。然而就我所知,萨蒙在哪一方面都未做明确断言,而那些读者只是读到了这一点罢了。在这里,明确否认他的观点属于纯粹罗素型的,会是高度可取的。

萨蒙-索姆斯的理论手段依赖于 $\lambda x\phi x(a)$ 与 $\phi(a)$ 的区分,它们被认为是不同的命题。于是"a 自我同一"由"$\lambda x(x=x)(a)$"表达,与此同时,$a=a$ 表达一个不同的命题。一个人可以怀疑乃至不相信后者,但不能这样对待前者(除非你是一个异常而且拙劣的哲学家)。对于 $\lambda x\phi x$,罗素在《数学原理》中有他自己更冗长的记法。尽管萨蒙-索姆斯的理论手段似乎可以为"自返性"问题提供一个可信的解决方案,但在我看来,罗素很明显不会拥有这种手段,理由如下:

(a)"命题函项"这个概念清楚地表明,罗素并不打算在 $\lambda x\phi x(a)$ 与 $\phi(a)$ 之间作出区分。一个数学家也不会类似地在 $\lambda x(x!)(3)$ 和数字 6 之间作出区分。连 λ 符号的发明人丘奇都不想做这样的区分。

(b)罗素显然是想把内涵语境,甚至外延语境中辖域区分的存在作为一个重要的论证,从而证明限定摹状词不是真正的名称或者词项,而是需要进行他那样的量化分析。但已知萨蒙关于 λ 记法的观点,这个论证也就没有了。例如,我们可以在 λx 乔治四世相信 ϕx(《威弗利》的作者)与乔治四世相信 ϕ(《威弗利》的作者)之间作出区分。这种解决与删因相似,而我相信,斯塔尔内克和汤姆逊(R. Thomason 1986)(使用 λ 记法)也明确提出了与此相近的观点。

此外,我本人不愿意接受萨蒙的想法,原因如下:

(a′)从真的角度看,上述思考(a)不仅仅只是对于罗素是正确的,在我看来也是正确的。

(b′)如果萨蒙的观点正确,就会存在 ϕa、$\lambda x\phi x(a)$、$\lambda y\lambda x\phi x(y)(a)$,等等,以至于无穷多个不同的命题,所有这些都是密切相关但又是彼此不同的。如果涉及 n 元关系,就会涉及复杂的无穷多的想法。这些真的可信吗?

(c′)有人或许会通过宣称只有 x 的自我同一是必然的,而 x 与 x 的同一是偶然的,以反驳同一性的必然性。同样,他或者她也许会借助相似的论证去"驳斥"萨蒙本人反驳模糊同一性的论证。萨蒙应该警惕这一点。我就是这样。

㊻ 但是,参看上文关于戴维森的注释⑨。

㊼ 正如上文所述,这里除了索姆斯关于罗素的乔治四世-司各特例子的大辖域解读之外。

关于外延语境中的限定摹状词,可以肯定,罗素那个漂亮的玩笑预示了他后来针对那种使用尽可能宽的辖域去解释"当今的法国国王不是秃头"的倾向提出的观点。

> 依据排中律,"A 是 B"和"A 不是 B"之中必有一个是真的。所以,"当今的法国国王是秃头"和"当今的法国国王不是秃头"必有一个是真的。然而,如果我们列举那些是秃头的事物,以及那些不是秃头的事物,无论在哪个清单,我们都不应找到当今的法国国王。那些崇尚综合的黑格尔主义者会得出他戴着假发的结论。(Russell, 1905:48)

已故的埃文斯曾在谈话中向我提到,罗素的理论所预见的歧义比实际发生的要多,这句话的意思是要对罗素提出反驳。首先,罗素的理论预见到了那些事实上的确发生的辖域歧义,而且是从理论的本性上进行预见,而不是作为解决一个问题的某种**特设**方案提出,这是罗素理论的一项成就。但是,其次,我认为任何一个罗素的辩护者都必须承认,在日常语言中,所预见的那些辖域歧义并非都会出现,而且还会受到某些条件的限制。存在着多种多样的限制,例如,"某一个(a certain)"这样的表达式,通常就需要更宽的辖域,或者是"辖域岛"(scope islands)。罗素在《数学原理》中就已经提到,对于"法国国王不是秃头"来说,宽辖域解释更为可取。另外,正如我们所看到的,罗素本人认为,即使费迪南德已经溺水身亡,而且国王根本没有儿子,阿隆索国王在《暴风雨》中所说的"如果费迪南德没有溺水身亡,那么费迪南德就是我唯一的儿子"这句话也是真的。他并**没有**说这个陈述是有歧义的,而按照宽辖域解释,如果费迪南德溺水身亡了,这个陈述就是假的。也许罗素的说法本身就是不一致的。如果我们想要同情的理解,我们就必须让他承认,并非所有辖域在英语中都是容许的。

法拉(D. G. Fara)[48]——甚至威尔逊(G. Wilson)[49]在他早期的一篇论文

---

[48] Graff Fara(2001).法拉开列了与限定摹状词的谓述性对比对象性解释这一主要论题相关的一个很长的参考文献清单,其中也包括下面提到的威尔逊的论文,但正如我们将会看到,她似乎忽略了最早的而且最基本的文献。

[49] Wilson(1978).

中——评论道,我们不能理解"亚里士多德不是一位哲学家"何以会有一个为真的解释,即:

(13) 存在一个 x,使得 x 是一位哲学家,并且 $x \neq$ 亚里士多德。

(13)是真的,但没人会用这种方式去理解"亚里士多德不是一位哲学家"。与限定摹状词相应的情况更加微妙,需要更小心地应对,但对不定摹状词来说,法拉和威尔逊的观点无疑是正确的。法拉使用这个例子旨在部分论证:有时候,当我们在"是(is)"后面的谓语中使用"the"时,那是在对那个对象进行谓述,而不是在识别那个对象,也就是说,这是一个表达谓述而非同一的"是",尽管斯特劳森和吉奇[50]都提过这个观点,但法拉的论证无疑有其独立的直觉吸引力。在"哥德尔是 20 世纪最伟大的逻辑学家"中,我们似乎是把哥德尔谓述,而不是识别为 20 世纪最伟大的逻辑学家。[51]罗素在《数理哲学导论》中说,在"苏格拉底是一个人(is a man)"中,"是(is)"表示的是同一性:

(14) 存在一个 x,使得 x 是人,而且苏格拉底 $= x$。

另一方面,在"苏格拉底是人(is human)"中,"是"仅仅把苏格拉底谓述为"人"。蒙塔古显然对罗素所知甚少(至少据我所知,他没有引用罗素),他试图把"苏格拉底是人"处理为"苏格拉底是一个人"的缩写形式,并接受罗素对后者的解释,由此彻底消除了谓述性的"是"。[52](相比之下,罗素认为在谓述与同一两种意义上使用"是",这是不可接受的。)但在直觉上,我们的感觉恰好相反,也就是说,其中的"是一个人"是谓语,而这里的"是"是谓述。法拉提到的那个否定性例子(威尔逊可能已经提出过某种类似的观点)可以支持这个观点:"苏格拉底不是一个人"也没有真解释,然而,

[50] 参看 Graff Fara(2001)中开列的参考文献。

[51] 在做出如下限制之后,如果例子为假,它就可能是一个更好的例子。(我认为关于哥德尔的陈述是真的。)但(恕我直言),"删因是 20 世纪最伟大的逻辑学家"是一个关于删因的假陈述(我想他不会反驳我的断言),它没有错误地把删因等同于哥德尔。(法拉已经提到了假例子的重要性。)

如果把哲学家们所钟爱的、有些人为的无时态的"is"替换成更常见的带时态的"was",也就是把例子改成"哥德尔曾经是 20 世纪最伟大的逻辑学家",那么,这个例子就可以得到进一步改进。这里的"was"当然不是说哥德尔后来也许会变成另外某个人。"克林顿曾是美国总统,但现在不是了"中的"曾是"也没有这样的意思。[格赖斯和迈罗(Myro)相信这种同一性的变化是可能的——我不这么认为——这些例子并不支持他们的观点。]

[52] Thomason(1974).

如果容许所有类型的辖域解释,它就会有一个真解释。当然,我们可以通过限制允许有什么样的辖域,而不是放弃使用同一符号的解释,从而消除这种现象。

事实上,在林斯基的一个非常古老的例子中,就已经有了谓述形式的"the"具有谓述功能的基本论证。[53]如果有人说"戴高乐不是法国国王"(De Gaulle is not the King of France),那么,对于一个戴高乐的反对者来说,因为他认为戴高乐太过自以为是而且过于专横,于是这句话就是一个很自然的表达。(林斯基本人想象了一个父母教育孩子的场景。)这句话看起来并不会预设任何法国国王的存在,更遑论断言它,而且,宽辖域解释是不可信的。这个陈述似乎否认了对戴高乐谓述某些事。然而,"法国国王不是戴高乐"(The King of France is not de Gaulle)听起来就有点奇怪了,它似乎更可能是一位君主制拥护者的断言,这个人把戴高乐视为一个篡位者,而王位应由一个正统的波旁皇族成员继承(或者更简单的情境是,某人错误地以为法国现在依然还是君主制国家)。早在法拉(甚至威尔逊)之前,林斯基的例子就已经包含了法拉所给出的全部论证的萌芽。林斯基论证道,在第一个以"戴高乐"为主语的形式中,"是"表达的是谓述性,而非同一性。林斯基指出,$a \neq b$ 毕竟不应该等价于 $b \neq a$!(正如克林顿总统此前所说,这完全取决于这里的"是"指的是什么!)尽管法拉详细列出了她之前的先驱,但她似乎对林斯基的论文一无所知。事实上,林斯基的论文预示了后来所发生的论证。以法拉带有不定摹状词的核心案例为例,可以看到,"亚里士多德不是一位哲学家"并没有使其为真的解读。但现在,如果把"一位哲学家"放到主语位置。(我发明了一段扩展性对话,以便使之更加可信。)"一位(或者某位)哲学家不是亚里士多德本人,但大家都认为他忠实地遵从了亚里士多德的所有观点。""你心中想到的是谁?""阿维洛伊(Averroes)。"正如林斯基所预见的,由于主语位置上是不定冠词,所以宽辖域解读就是更可取的解释。[54]

---

[53] Linsky(1960).

[54] 但我必须承认,"最伟大的在世逻辑学家是内格尔(E. Nagel)"是一个关于内格尔,而不是哥德尔(我认为当时他还在世)的假的断言,我曾在内格尔自己的哥伦比亚的姐妹研究所听人严肃地做过这样的断言。相同观点对于其他的,例如"关于"x 的,在 x 中,那个 ϕ 是 ψ 的断言也是成立的,所以,我认为主语对比谓语的区分并不能刻画全部的内容。

但这里有个麻烦。"伊冯·戴高乐不曾与法国国王结婚""多拉·布莱克从未嫁给一位哲学家"等陈述,看起来也没有宽辖域解读,但"法国国王""一位哲学家"等的确是其中动词的实质**对象**。(而林斯基关于 $a \neq b$ 与 $b \neq a$ 的论证也适用于"结婚"这个动词,因为"结婚"是一种对称关系。)也许,有人**之所以**做出关于伊冯的上述陈述,是要讽刺性地否认戴高乐是法国国王,但这个陈述看起来就是关于两个对象之间关系的断言。[55](法拉提出了一个理论,即限定摹状词事实上**总是**谓述性的,但就我对她论文的研究来看,还不足以提出任何看法,我也没有研究过威尔逊的论文。我所依赖的是素朴的直觉,与这里所说的系词的谓述性用法的直觉同样令人信服。)

许多时候,复杂情形中的辖域可以通过词句形式表示,由此不太可能做别的解释:

(15)我错误地以为,哈佛大学校长是一位普通教员。

对它最自然的解读**可**以是内部辖域,这种解读对哈佛校长赋予了双重角色。法拉的谓述性解释,至少是对不定摹状词的谓述性解释,似乎也可以是自然而然的。好吧,也许就是这样。事实上,在普林斯顿,校长至少要讲授一门课的一些章节,但这不是上面列出的哈佛方案最有可能的解释。情况更有可能是这样:有人碰见了校长,他看起来非常年轻,以致被误以为是一名普通教员,而不是校长。现在,如果你说"我误把哈佛校长当成了一位普通教员",那么,它就很可能要解释为"校长就是那个我误以为是普通教员的人",其中"校长"是宽辖域,"一位教员"是窄辖域。尽管其中涉及了关系的对称性,但如果你说"我错把一名教员当成了哈佛校长","一名教员"就很有可能具有较宽辖域,而"哈佛校长"则具有内部辖域(也就是说,某人所遇到的某位教员,看上去是那么老成且仪表不凡,以致让我以

---

[55] 在这一方面还应该注意到,当罗素说"司各特是《威弗利》的作者"可以解释为等价于"司各特而且只有司各特写了《威弗利》"时,罗素是以一种阐明《论表示》(第55页)中的谓述方式陈述他的分析,尽管这个谓述本身依然涉及同一性。(如尼尔已经提醒过我,罗素在《亲知的知识与描述的知识》第217页又一次做了这样的分析。)"司各特和《威弗利》的作者是一个人"与"司各特和《威弗利》的作者是同一个人",这两个语句看上去都是关于对象同一性的陈述,而且在历史情境方面高度相关,因为很多书都是署名"《威弗利》的作者"出版的。

为是哈佛校长)。(56)在这里可以看到,语言本身可能包含着自己的辖域提示词。

正如我已经说过,罗素在《数学原理》中证明了一个元定理,大意是说:如果存在和唯一性条件得到满足,那么,单独一个摹状词(或严格地说,摹状词的单独一次出现)可以在内外辖域解读之间自由转换。他可能以为,他已经解决了外延性形式语言的辖域问题,但事实并非如此。首先,可能不止有一个摹状词,或者同一个摹状词也可能会多次出现。其次,正如他本人在《论表示》中提过的——参看前文引用的第一段——一个摹状词可以在另一个摹状词之中出现,这就为辖域歧义提供了更多可能性,而这种情况还没有被处理好。第三,正如他自己在《数学原理》中强调的,当一个摹状词代表一个函数时,它是可以被量化的。现在,我们需要一套固定的规则,以便规定所有这些情形中哪些是可以容许的,这里并不是说,这些处理在实质上与罗素不同,而是说罗素本人忽略了这些情形。(事实上,* 14.242 及其两个从属定理构成了这种特殊情形的基础。)一个摹状算子可以在其辖域内约束另一个摹状词,一个普通量词也会如此。一条一般性定理将会断言:在一般条件下,一个摹状词可以无差别地移至任一适当辖域内,而你会得到某种等价的结果。但是,如果它被一个量词或者另一个摹状词所约束,就不能把它移出所约束的辖域。再有,假设一个摹状词在另外一个摹状词中出现,但不被后一个摹状词中的变项所约束,那么,你就可以按照如下顺序之一进行移动:把内部的摹状词移至外部;或者整个进行移动。但是,来回移动的顺序具有非常复杂的结构,而《数学原理》只做了部分处理,尽管两位作者心里肯定已经有了基本的想法。

移动摹状词的各种方式可以通过一棵树的形式表示出来。在底层结构中,所有摹状词都已经是量词,没有移动的问题。如果你从下往上看,也就是说,首先考虑"真正的逻辑形式",然后把摹状词用作缩略语,那么,所有就都已在底部决定好。而一旦把摹状词看成词项,不存在辖域算子,此时上述问题就会出现。一个一般性元定理将具有一种消除歧义的树状图,具体形

(56) 另一个与定冠词和不定冠词的谓述性对比对象性用法相关的问题是,我是否在事实上把这两个人混淆了:一个是正在说的那位教员(如果他是我遇到的人),一个是哈佛校长。参看我在这个问题上的评论(Kripke, 1977)和 Ludlow and Neale(1991)。

状依赖于我们如何为这个或那个摹状词提供辖域。当我们确实想要消除歧义的时候，结果仍然可能是有歧义的，于是我们进一步为它消除歧义，直到我们最终可以获得无歧义的结果。现在我们需要为"辖域无差别"定理提供充分条件，它断定的是：从特定假说可以推出，一旦我们获得了罗素理论所设定的那种终极逻辑形式，不管选择什么样的辖域，最后的形式都是实质等价的。这个定理将在外延性的一阶逻辑中成立。公式（5）是一个特例，它所包含的弱假说在一般情况下不起作用。上文提到的希尔伯特—贝尔奈斯条件，尽管对英语和数学不正确（参看上文），但对一个辖域无差别定理是**充分**的。这里并不需要给出这一定理的精确阐述，上文讨论的案例就可以进行说明。摹状词可以自由移动，而且无需给出明确的辖域标志。当然，很显然，那些包含着由一个量词的摹状算子所约束的变项的摹状词，必须位于算子或者量词的辖域之内。主流文献一直没有关注过寻找一个比希尔伯特—贝尔纳斯更弱的充分条件的问题——或许自由逻辑的文献关注过这类问题，但我对此一无所知。（而且，"没有真正关注过"本身就是一种"学术上的借口"！）

尽管在《数学原理》第一版中，罗素把否定和析取作为初始联结词，但在第二版他提议使用舍弗竖（Sheffer stroke）替代，或者说，它可以是一个二元概念（"双否"）。舍弗竖 $p \mid q$ 的意思是"非 p 或非 q"。（事实上，皮尔士知道，但被后人遗忘了。想必皮尔士是知道这个二元概念的，删因在他的《数理逻辑》中就用到了它。[57] 罗素认为，如果要改写《数学原理》的话，这一点会是"最显著的改进"——也就是说，是一个无可争议的、最应该作出的修改（参看下面的精确引文）。

如果我们承认每一个真值函数都可以借助否定和析取来定义，那么，就如第二版导言第 16 页那样，这些词项就可以由舍弗竖来定义：

$$\neg\, p =_{df} p \mid p$$

$$p \vee q =_{df} \neg\, p \mid \neg\, q$$

现在来看，这里还有一个问题。消除摹状词的意思是，在"辖域无差别定理"

---

[57]　参看 Quine（1940）。

的假说下,不论辖域如何,把摹状词处理为词项,继而依据我已经提到的限定条件把它们翻译为量词。那么,罗素关于

$$\psi(\iota x)(\phi x)$$

的定义是什么呢?我们写成:

$$(\exists x)((\forall y)(y=x\equiv\Phi y)\wedge\psi x)$$

现在,暂且假设实质等值词和合取词都是初始联结词,而且承认上文所概述的"辖域无差别定理",于是很显然,程序的重复将会终止。但把等值词看成初始联结词是很少见的,这个词通常情况下都要被定义出来。假设把舍弗竖看成初始联结词。否定就可以定义为:

$$\neg A=_{df}A|A$$

$$A\vee B=_{df}\neg A|\neg B=_{df}(A|A)|(B|B)$$

$$A\wedge B=_{df}\neg(A|B)=_{df}(A|B)|(A|B)$$

$$A\equiv B=_{df}(A\wedge B)\vee(\neg A\wedge\neg B)$$

这里,我把最后一个扩展为初始符号的工作,留给读者去完成。或者,也可尝试把实质等值词定义为$(\neg A\vee B)\wedge(\neg B\vee A)$。

无论如何,在对$\psi(\iota x\phi(x))$的传统罗素型分析中,看上去只出现一次的ϕ和ψ,在当前这种分析中显然就变成了许多次出现。现在,假设或者ϕ或者ψ包含一个摹状词,或者更糟一些,假设两者都包含一个摹状词,或者,其中之一或二者都包含多次(出现的)摹状词。如果对辖域做出不利选择,那么,当前分析中所出现的摹状词会比被分析者原本所包含的摹状词还要多!我把这一情境中涉及的危险问题称为**九头蛇**(hydra)危险,亦即,当你试图剖析和解决问题时,你所拥有的摹状词的出现次数总是要比你之前的多。这就我所说的"九头蛇问题"。(58)

罗素在《数学原理》第二版"导言"中说道:

(58) 萨蒙曾经给我发过邮件。他看不出有这个问题,因为他学习逻辑用的教材是卡利什(D. Kalish)和蒙塔古编写的(1964),该教材把所有联结词,包括实质双条件蕴涵,都处理成了初始联结词。这不是常见做法。后来萨蒙写信说,他怀疑当时他们就是为了避免出现九头蛇问题。

> 在过去十四年里，数理逻辑研究工作中所获得的最显著的改进是第Ⅰ部分A节中，用一个不可定义项“p 和 q 不相容”代换两个不可定义项“$\neg p$”和“p 或 q”。这一点可以归功于舍弗（H. M. Sheffer）博士。（Whitehead and Russell，1927：13）

现在，与戈德法布(59)对罗素的评价相反，罗素并不是说，这是自《数学原理》第一版面世以来，数理逻辑所完成的最重要的工作。“最显著的改进”：罗素说的是，假如他有时间重写那本书，他就应该这样做，事实上，这就是他的全部意思了。“最显著的改进”的意思是指最不容易引起争议或怀疑的改进。这表明，命题逻辑只需单独一个初始联结词，而且尼科德（Nicod）早已证明，人们可以像这样只使用一个公理便可把握整个命题逻辑。出于对戈德法布的敬意，我要补充一点，尽管他输了这场战斗，但他本可能赢得整个战争。(60)

现在来阐述一个定理：在第二版中，罗素赞同把舍弗竖看作命题逻辑唯一的初始联结词。记得我曾证明过一个定理：如果对辖域作了不当选择，使用舍弗竖及其对偶形式就会导致九头蛇问题。这棵树的有些分支将无限延伸，并且不会终结。有一点尽管在语法上更难证明，但在直观上是显而易见的：所有可以终结的分支都是等价的。但是，那些没有终结的分支并不与任何东西等价，因为它们并不导致任何分析。为了获得一个不终结的分支，一般做法是选择辖域，以便让嵌入其中的摹状词尽可能多次出现。这将提高摹状词出现次数增长的几率。而相反的策略是让辖域尽可能变得狭窄，从

(59)　参看注释⑳引用到的戈德法布的论文。

(60)　Nicod（1917）．尽管戈德法布已经输了这场战斗，但在某种意义上说，他的基本观点是正确的。罗素可能没有真正遵循后来的逻辑研究。罗素可能知道，也可能不知道形如洛文海姆（Lowenheim）或司寇仑（Skolem）的研究所取得的进展，但无论如何，他会认为这些进展与《数学原理》的规划无关。然而，他非常关心纯粹谓述性地发展数学的问题，他放弃了还原公理，增加了外延公理。他相信自己已经在不假定数学归纳法的前提下成功地证明了数学归纳法，今天，我们知道这是错误的。但在第二版的导言中，他依然在连续统的戴德金（Dedekind）排序中看到了一个问题，由此也在实数分析中看到了一个问题。但他在论文结尾引用的其中一本作为数理逻辑进一步发展的著作——这些关于进一步发展的参考文献也证实了戈德法布如下断言之不实，即他认为舍弗竖是数理逻辑后来最重要的发展——是韦尔（H. Weyl）的《连续统理论》。这本书假定了数学归纳法，精确地处理了假定归纳之后谓述性地展开分析的问题，由此精确地处理了他所关心的连续统的问题，尽管精通德语，但这本书他很可能还没有读过。恰当的结论是：尽管他的确意识到了（可能同戈德法布心中的印象正相反）逻辑学中已经发生了其他重要的进展，但他很可能没有及时跟进，尽管这些进展与《数学原理》的规划高度相关。

而最终会导致分支终结。现在来看,即使让析取和否定,或其对偶形式——合取与否定作为初始联结词,这个问题依然会存在。暂时来看,如果把所有东西都转换成初始符号,消除摹状词可能会导致一种分析,其中摹状词的出现次数要比之前更多。然而在这些情形中,我记得证明过——尽管确实需要证明——这里不存在真正的九头蛇问题。每一条分支最终都会终结,而且所有都是等价的。

希尔伯特和贝尔奈斯在他们的著作中提出了一种分析,其中没有以舍弗竖为初始联结词,但有一个特定的程序可以终结,而且还消除了所有的摹状词。对这个问题的其他处理方案已由肖恩菲尔德(J. Shoenfield)[61]和尼尔森(E. Nelson)[62]提出来了。这个问题的模型论方案(该方案更简单一些),已由门德尔松(E. Mendelson)提出。[63]所有这些处理方案都表明,可以给出特殊的程序,以便消除摹状词。

正如删因起初在批评斯穆里安时写到的,对于一个形式语言(没有内涵语境,并且不在自然语言中——换句话说,我们消除了删因起初的错误)来说,在合理假说之下(事实上,删因忽视了包含变项的摹状词的情形,其中我们所用的希尔伯特—贝尔奈斯假说是相当强的),如果摹状词被理解为词项,那么,在这种语言中进行辖域区分是非常不自然的。因此,对于罗素的理论来说,"辖域无差别定理"就是一个非常重要的替代方案,其中限定摹状词是确定的词项。在所有终结分支中,这样一种定理的确存在,而这一点在前述段落所引用的特殊消除程序中并没有被阐明清楚。但是,正如我已经说过的,在舍弗竖及其对偶形式中,并非所有分支都能终结,但在析取和否定(或其对偶——合取与否定)情形下,所有分支都能终结,但这个结果并不是不言自明的。

总之,应该把舍弗竖看作初始联结词,这一点并非像罗素所认为的那样无可争议。如果我们想要辖域在非空摹状词以及完全定义函数情形中不造成任何差别,那么,也许我们就是想要所有分支都能最后终结,并且相互等价——但这种情况并不会发生(没有九头蛇问题)。如果像第一版那样,∨

61　Shoenfield(1967).
62　Nelson(1986).
63　Mendelson(1960).

和¬是初始联结词,如第一版那样,我们就会得到想要的结果,但证明过程并非不言自明。据我所知,只有选择了多个(并非全部独立的)的联结词,才可以不言自明地避免九头蛇问题。

你猜怎么着? 我想,我说完了!⑭⑮

参考文献

Almog, J. (1986). "Naming without Necessity." *Journal of Philosophy* 83:210—242.

Barcan, R. (1948). Review of Smullyan, "Modality and Description." *Journal of Symbolic Logic* 13:149—150.

Boolos, G. (1984). "To be is to be the Value of a Variable(or to be Some Value of Some Variables)." *Journal of Philosophy* 81:430—449.

Caton, C. (ed.)(1963). *Philosophy and Ordinary Language*. Urbana: University of Illinois Press.

Church, A. (1950). Review of Fitch "The Problem of the Morning Star and the Evening Star." *Journal of Symbolic Logic* 15:63.

Davidson, D. (1980). *Essays on Actions and Events*. Oxford: Clarendon Press.

Dennett, D. (1982). "Beyond Belief." In Woodfield(1982), pp.1—96.

Donnellan, K. (1966). "Reference and Definite Descriptions." *Philosophical Review* 75:281—304.

Dreben, B., and J. van Heijenoort. (1986). "Introductory Note to 1929, 1930, and 1930a." In Feferman et al. (1986), pp.44—59.

Evans, G. (1977). "Pronouns, Quantifiers and Relative Clauses(I)." *Canadian Journal of Philosophy* 7:467—536.

Fara, D. Graff(2001). "Descriptions as Predicates." *Philosophical Studies* 102:1—42.

Feferman, S. et al. (1986). *Kurt Gödel: Collected Works*, Vol.I. Oxford: Oxford University Press.

Fitch, F. (1949). "The Problem of the Morning Star and the Evening Star." *Philosophy of*

---

⑭　感谢不知身份的记录员。特别感谢尼尔和佩德罗,他们在编辑本文的过程中提供了无法估量的帮助。既然他们如此积极地参与了文本编辑,显然,如果还有任何哲学或技术性的错误,就应该归咎于他们了!

⑮　本文所提出的九头蛇问题的技术研究,已经由维瑟尔(Visser)、格兰梅耶尔(Gramayer)、里奥(Leo)和奥斯特罗姆(Oostrom)完成(2009)。我没有详细研究过他们的文章,只是注意到了他们的一些基本主张,但为了表示对这几位学者的尊敬,我假定他们得到的结论是正确的。

Science 16:137—141.

Frege, G. (1892). "Uber Sinn und Bedeutung." *Zeitschrift fur Philosophie und philosophische Kritik* 100:25—50.

French, P. A., T. E. Uehling, Jr., and H. K. Wettstein. (1989). *Contemporary Perspectives in the Philosophy of Language.* Minneapolis: University of Minnesota Press.

Geach, P. (1967). "Intentional Identity." *Journal of Philosophy* 74:626—632.

Gödel, K. (1944). "Russell's Mathematical Logic." In Schilpp(1944), pp.125—153.

Goldfarb, W. (1979). "Logic in the Twenties: The Nature of the Quantifier." *Journal of Symbolic Logic* 44:351—368.

Hilbert, D. and Bernays, P. (1934). *Grundlagen der Mathematik*, Vol.I. Berlin: Springer. 2nd ed., 1968.

Hylton, P. (1990). *Russell, Idealism and the Emergence of Analytic Philosophy.* New York: Oxford University Press.

Irvine, A. D. and G. A. Wedeking(eds.)(1993). *Russell and Analytic Philosophy.* Toronto: University of Toronto Press.

Kalish, D. and R. Montague. (1964). *Logic: Techniques of Formal Reasoning.* New York: Harcourt Brace Jovanovich.

Kaplan, D. (1972). "What is Russell's Theory of Descriptions?" In Pears (1972), pp.227—244.

Kripke, S. (1977). "Speaker's Reference and Semantic Reference." In French, Uehling and Wettstein(1977), pp.6—27. Reprinted in this volume as Chapter 5.

——(1980). *Naming and Necessity.* Cambridge: Harvard University Press.

——(2009). "Presupposition and Anaphora." *Linguistic Inquiry* 40:367—386. Reprinted in this volume as Chapter 12.

Linsky, L. (1960). "Reference and Referents." In Caton(1963), pp.74—89.

Ludlow, P. and Neale, S. (1991). "Indefinite Descriptions: In Defense of Russell." *Linguistics and Philosophy* 14:171—202.

Mates, B. (1973). "Reference and Description." *Foundations of Language* 10:409—418.

Mendelson, E. (1960). "A Semantic Proof of the Eliminability of Descriptions." *Mathematical Logic Quarterly* 6:199—200.

Neale, S. (1990). *Descriptions.* Cambridge: MIT Press.

——(1993). "Grammatical Form, Logical Form, and Incomplete Symbols." In Irvine and Wedeking(1993), pp.97—139. Reprinted in Ostertag(1998), pp.79—121.

——(1999). "On a Milestone of Empiricism." In Orenstein and Kotatko (1999), pp.237—346.

——(2001). *Facing Facts.* Oxford: Oxford University Press.

Nelson, E. (1986). *Predicative Arithmetic.* Princeton: Princeton University Press.

Nicod, J. G. (1917). "A Reduction in the Number of Primitive Propositions of Logic." *Proceedings of the Cambridge Philosophical Society* 19:32—41.

Orenstein, A. and P. Kotatko (eds.) (1999). *Knowledge, Language and Logic*. Dordrecht: Kluwer.

Ostertag, G. (ed.) (1998). *Definite Descriptions: A Reader*. Cambridge: MIT Press.

Pears, D. F. (ed.) (1972). *Bertrand Russell: A Collection of Critical Essays*. Garden City, New York: Doubleday Anchor.

Prior, A. N. (1963). "Is the Concept of Referential Opacity Really Necessary?" *Acta Philosophica Fennica* 16:189—200.

——(1968). "Intentionality and Intensionality." *Proceedings of the Aristotelian Society*, Supplementary Volume 42:91—106.

Quine, W. V. O. (1940). *Mathematical Logic*. Cambridge: Harvard University Press.

——(1953). *From a Logical Point of View*. Cambridge: Harvard University Press. Reprinted 1961, 1980.

——(1953a). "Reference and Modality." In Quine(1953), pp.139—159(revised in 1961 and 1980 editions).

——(1956). "Quantifiers and Propositional Attitudes." *Journal of Philosophy* 53:177—187. Reprinted in Quine(1966), pp.183—194.

第九章 弗雷格的含义和指称理论

——一些解释性评注①

在翻译弗雷格的"*Sinn*"和"*Bedeutung*"这个两个词时,我遵循了布莱克(M. Black)的做法,分别译为含义(sense)和指称(reference)(或"referent")。虽然也有人提出了其他译法,但在很长一段时间内,这种属于标准译法。后来有些人想到,在翻译"*Bedeutung*"时,也应该遵循标准的德语用法。不管弗雷格的用法有多么不同寻常,有一点是无疑的,那就是:对弗雷格来说,"*Bedeutung*"就是一个词项所代表的东西。②

---

① 这一章是根据 2001 年 10 月 24 日我在瑞典斯德哥尔摩举行的逻辑与哲学肖克奖(Schock Prize)颁奖礼上所做的讲演录音的基础上修订完成的。其中偶尔会提到最初讲演之后的一些作品,很明显会看到它们是被后加到当前这个版本中去的。我对原始讲稿进行了大量重写和编辑,但讲座的精髓没变,涉及实质变动的几个地方都明确标明了。

② 在标准的德语当中,"*Bedeutung*"应该译为"意义"(meaning),最近的翻译家们倡议人们应该这样去做。关于这个问题的一些争论,参看比尼(M. Beaney, 1997:36—46),他本人干脆就放着"*Bedeutung*"没译。

之所以主张把"*Bedeutung*"译为"meaning",依据的是"解释中立"原则,意思是:我们不应该出于解释的原因而偏离标准的德语。然而我认为,假若弗雷格使用的是"*das Bezeichnete*"和"*bezeichnen*",也就不会有这样的问题产生了,而他确实解释说,"*bedeuten*"的意思是"*bezeichnen*"(被称作),"*das Bezeichnete*"指的是其所指(designatum)(参看 Künne, 2010, n.15,他更正了我原来的陈述)。早在"*Über Sinn and Bedeutung*"当中弗雷格就已经指出:"*Ein Eigenname…drückt aus seinen Sinn, bedeutet oder bezeichnet seine Bedeutung. Wir drücken mit einem Zeichen dessen Sinn aus und bezeichnen mit ihm dessen Bedeutung*"(Frege, 1892:31;Beaney, 1997:156)。比尼版本将"*bedeutet*"翻译成了"代表"(stand for),将"*bezeichnet*"翻译成了"designates"(指示)。不管第一个动词有什么歧义,我假定第二个动词没有任何这种歧义。[提出这一点,我要归功于弗莱斯达尔(D. Føllesdal)]。我也见过在其他段落中"*bedeuten*"和"*bezeichnen*"互换使用的情况。

我应该提到,丘奇(Church, 1995:69)反对使用"指称"(reference)一词,因为它违反了正确的英语用法。(他的观点似乎是说,正是说话者指称了什么东西,但说话者即便不使用任何指示该对象的词项,也能指称这个东西。)情况也许真是这样,但自从布莱克引入"指称"一词后,它就变得太过标准,以致不能弃之不用。也许"referent"(指称对象)更好一些。丘奇本人支持使用罗素的"denotation"(所指),福奇(M. Furch)和卡普兰也是这样用的,无疑还有其他人也是这样用的。[然(转下页)

300

　　弗雷格引入含义概念,是为了解释何以可能存在并非不言自明但为真的同一性陈述。这种情况中有两个词项,它们具有相同的指称,却具有不同的含义。例如,短语"我在做演讲时在任的美国总统"和"2001 年的美国总统"③指示相同的对象,而后者与"乔治·布什"这个专名也具有相同的**指称**。由此,同一个指称对象可能会具有多个不同的含义。这就引出了罗素那个著名口号——"不存在从所指到意义的反向路径",④或者我们可以说:不存在从指称对象到含义的反向路径。可能会存在决定同一个指称的多个含义。

　　然而,"不存在反向路径"这个短语不应该产生如下误导:在使用一个表达式或引入一个表达式时,没有必要明确它的指称和含义。一旦明确了它的指称,我们也就明确了它的含义。这是为什么呢? 因为含义就是指称(reference)或指称(*Bedeutung*)得以明确的方式。因此,例如在《算术基础》(Frege,1893,第 31 和 32 节,第 87—90 页)中,弗雷格给出了⑤他的语言中所有语句的真值条件。然后他得出结论说,他的语言的每一个语句都表达一种思想,也就是说,这些给定的真值条件是成立的。这样,在对一个给定短语进行解释的每一个特定场合,都**存在**一条反向路径。⑥

————————————

(接上页)而罗素本人也通过另一种为其独有的方式使用了"denoting"(表示)。]可能有人支持使用"指示"(designation),费格尔(H. Feigl)所支持的卡尔纳普的"nominatum"(指谓)显然没有获得广泛认可,因为它们用起来太过尴尬。

　　后面,除非另有说明,我对"*Über Sinn and Bedeutung*"的参考均来自比尼(1997),相应都标记上了页码。比尼本人给出了原始页码。尽管我在本章使用了"reference"(指称)和"referent"(指称对象),但当对弗雷格的引文来自比尼的译本时,它们必须遵从他不把"*Bedeutung*"翻译出来的做法。

　　③ 或者说,2001 年大部分时间。他是 1 月 20 日就职的。在这样一篇文章中,我们并不需要讨论他是不是"真的"当选了总统。

　　④ 罗素写道:

　　　　而 C 绝不能是这个复杂语句的一个组成部分(因为它是"C 的意义"的一个组成部分):这是因为,如果 C 出现在这个复杂句中,所出现的将是它的所指,而不是它的意义,不存在从所指到意义的反向路径,因为每一个对象都可以用无穷多个不同的表示性短语来表示。(1905:487)

　　⑤ 弗雷格对此的尝试构成一个错误的循环,因此是失败的。不过这对实现当前目标并没有什么影响。

　　⑥ 达米特说:

　　　　……当弗雷格声称要给出一个词或符号的含义时,他实际上是在**陈述**它的指称是什么……在说明指称对象是什么的时候,我们必须选择一种特定的言说方式,选择一种特定的言说方式来确定某物即为其指称对象……我们**说**一个语词的指称对象是什么,并由此**表明**它的含义是什么。(这是对罗素关于不存在从指称到含义的"反向路径"的反对意见的正确回答。)(1973:227;此中强调原文就有。)(转下页)

　　或许到目前为止,一切都还算很简单。但在弗雷格所谓"间接"或奇数(*ungerade*)指称学说中,复杂情况却接踵而至。如果有人说(这是弗雷格本人给的例子;Frege,1892:160):

　　哥白尼相信行星轨道是圆的。

这是一个间接话语的例句。弗雷格的学说是,在这样一个例句中,"行星轨道"的指称并不是轨道本身,而是"行星轨道"这个短语的含义或意义。[7]关于弗雷格为什么这样说,做出一些评论还是有必要的,但对他的论证,当前读者们是熟悉的。

　　弗雷格相信语句的指称对象是其真值,是真或假。所表达的思想(*Gedanke*)或思想(thought)是它的含义。"行星轨道是圆的"的指称对象是其思想,这是被相信的东西。但是,既然思想是语句的含义(*Sinn*),它的组成部分本身也就是含义,因此它必须是"that"后面所跟随语句的组成部分的指称对象。[8]

　　可见,间接语境当中存在着一种指称的转移。既然指称必须以某种方式得以确定,下述情况就是必然的:不仅存在着间接指称,而且明显存在着间接含义。据我所知,弗雷格并没有明确考虑"that"从句的叠置问题,例如,"我们应该记得,(that)哥白尼相信(that)行星轨道是圆的",以及诸如此类任意叠置的情况。[9]如果我们确实考虑这种叠置的话,由此得到的熟知结果就会是,弗雷格承诺了双重间接指称对象和含义、三重间接指称对象和含义等等组成的一个层级。

　　此外还应该提到生成层级的另一种方式。如果一个表达式具有一个

　　(接上页)达米特文本中有一些限制条件和别的观点,我不一定会赞同。达米特的意思似乎是说,他提出的观点可以在弗雷格文献的多个地方找到,但我意识到的主要事例是上面那个引自《算术基础》(1893)的事例。很多研究弗雷格的人对这一点认识还不够充分,甚至在某种程度上也包括达米特本人。存在所说的那种意义上的一条"反向路径",这已经提前陈明了本文的主要寓意。

　　[7]　伯奇(T. Burge,1979b)关于含义(*Sinn*)和意义被错误等同的断言,将在下文讨论(他的论证将会遭到反驳)。这个问题现在可能还不是最关键的,但可能会影响到我本人在下面的一些论证。

　　[8]　下文将对所涉及的一般性组合原则进行讨论。

　　[9]　库恩(Künne,2010)和伯奇(在私下交流中)指出,弗雷格在1902年12月28日写给罗素的一封信(Frege,1980)中考虑了一种特殊的双重叠置,我将在下文引用到。

含义,大概会有另一个表达式可以指示这个含义。但这样的话,这第二个表达式大概也会具有一个含义,而它可以被另外一个表达式所指示,如此等等。既然弗雷格坚持认为一个表达式在间接语境中指示其含义,以上两种生成层级的方式自然就是与其思想相关的了。

帕森斯(1981)和伯奇(1979b)曾发表过关于这种层级问题的论文。[10]在帕森斯和伯奇之前,戴维森曾在一篇知名文章(1965)中对弗雷格提出了一个著名的反对意见。戴维森论证说,如果真有这样一个无穷层级,那么,比如说,一个瑞典人要把英语作为一门外语来学习,他将不得不学习无穷多的东西。也就是说,要学的不仅仅是含义——如果那就是英语短语的意义——而且还包括它的间接含义,它的双重间接含义,等等。他还用类似的方法,针对丘奇(1951)在《关于含义和所指的逻辑的一个表述》("A Formulation of the Logic of Sense and Denotation")中对弗雷格理论进行的著名的形式化处理提出了反对意见,在丘奇的这篇文章中,初始符号的无穷性是非常明显的。[11]

怎么会有这种情况发生呢?我们如何学习弗雷格型层级视角下的自然语言,或丘奇给出的相应的形式语言呢?情况绝不能是这样的:我们必须要去学习无穷多个独立的东西。实际上,我认为这个反对意见是成立的,但我也认为,它并不像人们似乎认为的那样,是必须要做的。受戴维森观点的启发,可以用一个更简单的版本可以取代它。

让我们忽略诸如"相信 that"算子或者指称一种含义这二者的任何叠置的情况。我们只是单纯来考虑一开始提到的那个简单例子:

哥伦布相信行星轨道是圆的。

这里有两个问题。通常我们会觉得,教外国人学习英语只不过就是教给她一些语法、词汇,以及所有这些词的意思,这样就算完成了任务。但要

---

⑩　我同意伯奇[特别参看伯奇(Burge, 2004)的后记]的下述观点:这种层级是弗雷格理论的一个实际结果。(本章还会涉及这一问题的详细讨论。)

很多学者都试图避免这种结果。卡尔纳普(1947)用他的"外延和内涵方法"取代了弗雷格的"命名关系方法"(method of the name relation),从而避免了这种结果。达米特(1973;267—268)建议对弗雷格的理论进行修正,以避免这种后果。因为没有深究这件事,我没有发现他的建议是成功的,但我发现他的讨论对我自己的解释会有所帮助且会带来影响。

⑪　这篇论文,以及它是否忠实于弗雷格意图的问题,将在下面进行更详细的讨论。

是按照这种理解,情况可就不是这样的了:如果这些词的间接含义是独立于日常含义的实体,那么,由于她没学会这些词的间接含义,她也就不会理解这个语句了。

知道一个语句的含义是什么,也就是去理解这个语句,也就是知道它所表达的思想是什么。通常而言,我们会觉得这就足够了,这个外国人这样做就已经学会了英语。但按照弗雷格的间接含义理论,情况显然就并非如此。按照这个理论,这个外国人似乎无法理解信念以及其他间接话语语句,例如上述关于哥白尼的句子。这个外国人会对她的英文老师说:"很不走运,您没有教会我怎样理解这些'信念—语句'(belief-sentences)或者'说 that—语句'(said that-sentences)或是其他间接话语语句。对于这些,我不但需要知道您所教过的那些英语单词的含义,还需要知道它们的间接含义。"而老师则可能会这样回答:"哦,是的! 明年我们会把第二卷弄出来,那是一本间接含义词典。那时你就会学到间接英语,而且能够理解这些信念语句。但我不能在第一年就讲这么快。"很明显,老师的话和学生的困惑都是荒诞的,要想弄明白这一点,并不需要任何无穷层级。[12]如果问题到此为止,在戴维森的意义上,英语就可能是一种可以学会的语言,但要学它,需要做的工作多到令人难以置信。

针对弗雷格提出的一个相关异议是:这些间接含义是什么? 关于它们是什么,弗雷格没有给我们提供任何想法。[13]罗素的口号是"不存在从所指

---

[12] 参看 Davidson(1968:214)。他认为,按照我们的"语义质朴性"(semantic innocence),我们永远不能想象,在间接话语中,表达式的意思会与其在日常话语中的意思不一样。这实际表达了对弗雷格理论的反对,而我刚才也通过一种更有力和更简单的方式给出了这种反对意见。参看 Kaplan(1968),其中强调,弗雷格的理论是一种歧义性理论。值得注意的是,在戴维森意义上,罗素的摹状词理论也是语义质朴的,他本可以断言这是他的观点的一个长处。我不确定是否真的能把弗雷格从"质朴性异议"当中解救出来,但我会尽力。参看下文的注释㊻。

[13] 我想到的是卡尔纳普(Carnap, 1947),他这样写道:

　　由于他(弗雷格)假定指称与含义必定总是不相同的,因此他必须引入第三种实体,即迂回含义(oblique sense)。顺便说一句,弗雷格好像没有在任何一个地方,用更常见的术语解释过这第三种实体究竟是什么东西。(Carnap, 1947:129)

由于卡尔纳普实际上正是跟随弗雷格学习的(他的整个职业生涯的方向也因为这段经历发生了改变),所以很糟糕,他发现弗雷格是个令人生畏的老师。他可能只是简单地问了他一下。

到意义的反向路径"⑭,假定这句话适用于每个层面,那就有可能存在着含义相同但间接含义不同的语词了。从具有相同的含义,却具有不同的间接含义这个意义来说,表达式实际上可能是同义的。于是对语言学习来说,我们面临一个非常奇怪的情境。

下面的话的确是弗雷格说的:

> 要想谈论一个表达式"A"的含义,人们可以简单地使用"表达式'A'的含义"这个短语。(Frege,1892:154)

无疑,它和这种间接含义具有相同的指称——也就是通常的含义,无论这种实体可能会是什么。这有可能就是弗雷格所认为的间接含义吗? 认为这就是间接含义的观点,在达米特的《弗雷格:语言哲学》(1973:267—268)中因为其不合理而遭到拒斥;但在他后来的著作《对弗雷格哲学的解释》(1981:89)⑮中,达米特却说,他不知道为什么自己会认为这种观点[他把这归功于海德博格(Heidelberger)]如此明显不合理,并进行了更详细的讨论。

无论间接含义是什么东西,我都不认为它这样的东西会是合理的。要想理解任何一个英语语句,理解其所有组成部分的含义就是(必要且)充分的了。特别是,要想理解一个间接话语语境,只要理解其组成部分的间接含义就够了。对一个几乎不懂英语的人来说,假如他只知道英语词"……的含义",却不知道"行星轨道是圆的"是什么意思,他也完全能够理解"'行星轨道是圆的'的含义"这个短语。这样来看,如果这里的分析是对的,那么,只要他理解"哥白尼相信 that……"和短语"'行星轨道是圆的'的含义",哪怕他不知道"行星轨道是圆的"是什么意思,他也能理解"哥白尼相信行星轨

---

⑭　有人认为,在这一点上,罗素的观点早于戴维森的可学性(learnability)论证,或者也许其中已经包含了戴维森论证的发端。参看萨蒙(Salmon,2005)(他发现有人同时预见到了戴维森的可学性论证和卡尔纳普的问题)和他引用的一些更早时候的作者。达米特(1973:267—268)认为,罗素预见到了卡尔纳普如下形式的问题:既然没有"反向路径",那么,在无穷多个间接含义的候选者中,哪一个才是正确的?

⑮　我没有核对过海德博格的原稿,正如达米特所评论的那样,它显然是不一致的,因为他接受了丘奇的翻译论证。

道是圆的"是什么意思。但是,这个结果显然是荒谬的。⑯⑰

关于间接含义的这个观点将会使间接含义成为一种元语言概念。另一方面,莱维(C. Lewy)在他对卡尔纳普的书的书评("Critical Notice",1949)——确实是**非常挑剔的书评**——中,否认了这样一点:弗雷格根本没有用"人们更习用的术语"解释间接含义可能会是什么。他指出,弗雷格明确说明的是,在间接语境中,一个语句的含义就是语词"……这一思想"的含义,此处省略的地方应该用所说的句子来填充(Frege,1892:160)。没错,这当然是弗雷格的观点;但这一观点完全没有说到这个句子的那些重要组成部分的间接含义是什么,也没有说到它们是如何结合起来以便给出整个语句含义的。莱维的观点确实避免了像上一段所讨论的理论那样,在间接语境中上升到元语言概念这样糟糕的做法,但它们也确实把事情弄得像卡纳普所说的那样神秘莫测了。

对间接含义的元语言解释的讨论,为间接含义提出了新的要求。间接含义必须具有**启发性**(revelatory)。首先,让我说一下含义具有启发性是什么意思:如果一个人仅仅从词句的含义就能知道其指称对象是什么,这种含义对其指称对象就是启发性的。例如,我们可以很好地理解摹状词"1970年1月1日的英国首相",但并不了解相关的历史事实:不知道当时的英国首相是谁,我们虽然知道它的含义,但未能知道它的指称对象。⑱对于删因

---

⑯ 繁琐的细节:按照这种说明,我们实际所需要的,只不过就是英语短语"'行星轨道是圆的'的含义"(因此,包含引号)所表达的概念(弗雷格型含义),而这就是"行星轨道是圆的"在英语间接话语中的意思。我们甚至都不需要通过学习**英语**短语"……的含义",就能学会这一点。关于英语,我们确实需要知道如何识别间接引语语境("that从句"),以及其中的语词具有间接含义。

另一个复杂的观点:我们真的应该像大多数作者在这个问题上可能假定的那样,在英语中写下"'行星轨道是圆的'的含义"? 或者,是否应该通过这样一种方式来理解引用的规定:所提到的表达式同其所在的语言紧密相关,即使发音相同的表达式也可能出现在另一种语言中? 参看 Geach(1957:86—87)(on "ja") and 97—98("jam dies")。卡普兰(1990)在批评表达式的传统的普型/殊型分析("拼写概念")时,完全可能会赞同吉奇的观点。

⑰ 在他第二次讨论这个问题时,达米特说,他希望自己没有被丘奇的翻译论证(或某种类似的东西)所误导,这是他拒绝接受的。(Dummett,1981:89ff.)我本人则是这一论证的信徒,但正如丘奇所认为的[Church,1950:98,针对(6)和后来的翻译论证的反对意见,以及 Church,1956:62,n.136],我也认为,他的翻译论证只是阐明了给定语音或文字序列同它所代表或意指的东西之间的联系具有任意性。通常来看,这可以通过另一种方式加以阐明。

⑱ 在其他语境(并非这一个)中,我曾听到一些人以"这取决于分析—综合的区分"(实际上是先验—后验的区分)为由,对一个例子提出了批评,据说这正是删因所要反驳的。如果有人真的担心这个问题,那就用"某人甚至在原则上(比如在1000年)可能已经知道的东西"这个概念(转下页)

著名的"行星的数目"一例,情况也是类似的。[19]在每个事例中,我们都能理解其含义,但并不知道其指称对象。对于后者,我们需要掌握更多的信息。因此,这些短语的含义就**不是**启发性的。另一方面,"9"乃至"3 的平方"的确都具备启发性的含义。只要我们能够理解它们,我们也就可以搞清楚其指称对象是什么。这一点同样适用于"乔治·W.布什",几乎也适用于"乔治·W.布什(生物学意义上的)孩子的父亲"(不过严格地说,在后一事例,我们还必须知道,乔治·W.布什是男性而且有孩子)。

"知道是什么"(knowing what)或"知道是谁"(knowing who)这些短语,在新近哲学中已经有了一段不寻常的历史。有些人宣称它们完全是不科学的,是依赖语境的,甚至是利益相关的。[20]在蒯因及其他人的影响下,这一观点已经广泛传播开。[21]有时候有人会采纳这样一种极端的观点:只要给定了适当的关切,任何一个决定相关对象的限定摹状词都能告诉我们这个对象是什么,但我并没有看出所给出的与利益相关的那些例子会对这样一种极端观点提供什么支持。[22]有人对指示相同对象的不同方式持有"绝对不平等

(接上页)对之进行替换。日期可能随事例而有变化,其他情况也可能会有变化。如若有谁说蒯因或其他人表明了这种区别毫无意义,那完全是令人难以置信的。

　　当然,蒯因对于分析—综合的区分以及对于意义概念的反驳,并不在弗雷格型含义(Sinne)的讨论范围内。这些反对意见肯定会对弗雷格的整套理论手段不利,除非对弗雷格给出一种非常规的解释,而这种解释我只能靠猜测。

　　[19]　太阳系行星的数目是 9,长期以来就是一个标准的哲学示例,它因为蒯因而变得流行。在这里它是被预先假设的,其实际的真假是无关的。尽管声称"天文学家已经改变了他们对太阳系行星数目是什么的看法"是有意义的,但声称"数学家已经改变了他们对数字 9 是什么的看法"似乎令人难以理解,更不用说可能为真了。在我看来,这似乎是对数字 9 的两种指谓方式采取"绝对不平等主义态度"的更深层次原因。参看我在《两个关于知识的悖论》(本书第二章)中对马尔科姆天文学例子的讨论,尤其是注释[15]。在这里,我猜想,我们确实需要注意一下博学的天文学家们在纠正以前的信念时都说过哪些话。(注释添加于 2010 年。)

　　[20]　在我看来,应该对后面两个概念进行细致的区分,但在这里我不想对此进行深入讨论。

　　[21]　参看 Quine(1979:273);也可参看 Sosa(1970)(严格来说,其所涉及的是从物的命题态度,而不是"知道是谁",据我所知,它仍然是对这种观点的经典阐述),也可参看 Boër and Lycan(1986)(我只熟悉其部分内容)。在《知识与信念》(Knowledge and Belief, 1962)中,亨迪卡(J. Hintikka)强调,"知道是谁"是知识由"从言"向"从物"转变的条件。并不是每个作者都会接受这种联系,但有些人是接受的。许多人认为,"知道是谁"及相关概念完全就是利益相关的,甚至采纳我在正文中提到的那种极端观点。我认为,这些概念的利益相关性被夸大了,尽管它们并不是完全不存在。

　　[22]　重申一下我的观点:这些例子中的大多数或多数根本不起作用,尽管在某些特殊情况下,它们可能会有用。对涉及人的事例的过分强调,导致人们对语境或利益相关性产生了过分深刻的印象。而且,即便是在涉及人的情况下,哲学家们也没有充分注意到普通语言中可以把握到的"知道何一"(knowing wh-)概念的各种不同形式。

主义"态度,蒯因长期以来对此都持有反对的言论,而这种言论在这里产生了很大的影响。㉓

关于这个问题,我有很多的话要说,我已经在关于自然数的讲座中(Kripke,未发表)论述过了。㉔我曾听人说过,下面这一点不是真的:无论普通语言和日常思想的情况怎么样,没有一门严肃的科学是建立在这些观念基础之上的。我假定了,递归理论或可计算性理论就是一门严肃的科学。一个可计算函数是这样一个函数,对于每个给定的 n,只要你输入一个特定的数字,你就可以计算出 $f(n)$ 的值。这是什么意思呢?已知函数的定义和自变元 n,通过计算你可以知道 $f(n)$ 的值。假如指示一个数字的所有方法乃至所有数学方法都是相同的,这几乎就没有什么意义了。因为那样的话,每个函数㉕就都是可计算的了,因为对于一给定的 n,f 的值可以简单地"计算"为 $f(n)$!而如果不这样说,那就等于对指示一个数字的不同方式采取了一种"不平等"的态度,这恐怕是一种罪过。类似地,复杂性理论也是一门这样的不平等的科学。㉖

根据这种讨论,我们可以说,如果根本不需要计算就能找出其指称对象,一种含义就是**直接启发性的**(immediately revelatory)。如果 f 是一个不可计算的数学函数,那么 $f(n)$ 的含义就可能在下面这种弱意义上是启发性的,也就是说,并不需要任何经验信息就能找到其指称对象,不过,可能必须要有一个数学自变元,才能做到这一点。更重要的是,即使是一个可计算的函数,也可能不会产生出直接启发性的含义。例如,即使是"3 的平方",也没有一种直接启发性的含义,因为需要通过一个计算(在本例中它是非常简单的运算)才能获得它的值。而在通常情况下,这种计算可能会复杂得多。

㉓ 参看先前提到的他著名的"行星的数目"和"9"的例子。

㉔ 这里给出的论证就是从那些讲座中摘录来的,而在讲座中我更加详细地讨论了这个问题。这个讲稿的其他版本也在别处讲座中讲过,有时标题的最后一部分会有改动("数字的识别",或与此类似的东西)。

㉕ 或者,如果有人将这一观点限定为数学上定义的函数,那就要限定为每一个数学上定义的函数。(不过,鉴于理查德悖论的存在,我们应该对这种限定保持警惕。)

㉖ 严格地说,即便基于"平等主义"的观点,这些理论的形式定理仍然会存在,但是它们的动机(比如在图灵的分析当中)却不会存在。

然而"9"是具有直接启发性的。㉗我们现在可以强化对于间接含义的要求，以确保它们必定是直接启发性的：任何理解间接含义的人，必须能够直接知道它的指称对象（直接含义）。

弗雷格认为一个句子的指称是它的真值，T 或 F。人们可以理解一个句子的含义，但不知道它的真值是什么。乔治·W.布什会在 2004 年参选并获胜吗？或者，谁将在本世纪末成为总统（或此类东西）？我们并不知道。㉘假设你用的是"乔治·W.布什将参加 2004 年的大选并当选"这个语句，尽管我们理解这个句子且因此掌握其含义，但由于我们不知道 2004 年大选结果，因此我们并不知道这个语句的真值（指称）。但是，如果指示一个对象的所有方式都是同样好的，我们就**会**知道这个关于乔治·W.布什的语句的真值了，也就是布什将参加竞选并在 2004 年当选这句话的真值了。任何其他语句的情况也与**此**类似。但事实上，只有全知的存在物才能知道每个语句的弗雷格型指称对象。这可能适用于上帝，但对其他任何人都不适用。主张以平等主义的方式来指示真值，就意味着要抹去上帝与其所造之物之间的这种重要区别。㉙

下面我们来谈一谈弗雷格理论的另一个方面。在其著名论文《论量化》中，卡普兰说，人们不应该让弗雷格理论的复杂性遮蔽其基本思想。按照卡普兰，弗雷格关于间接引语和直接引语的理论，只不过是下面这个人们所熟悉的一个事实的例证：有些词具有通常的所指（指称），但在一些次要语境中具有一些不太常见的所指（指称）。他举例如下："F.D.R."是一位美国总统的名字（而这是它通常的指称）。显然它也是某个电视节目的名字，这属于它不常见的指称（事实上，我从来没听说过这个节目，而且这里还有某个笑话，但我不确定那究竟指的是什么）（Kaplan，1968：183）。㉚当然，虽然伦敦

㉗ 在自然数的例子中，我在前面提到的关于自然数的讲座中讨论了一些虽小但重要的问题，其中具有直接启发性含义的数字词项被称为"止动者"（buck stoppers）。

㉘ 对于某些例子，请牢记：这些讲座的时间是 2001 年。

㉙ 这个观点归功于萨蒙，他本来会在出版物中从利益相关的视角提出"知道是哪一个"（knowing which）的问题，但他把这个例子给了我。

㉚ 卡普兰例举了这样一个包含混用的句子：

尽管 F.D.R.多次连任总统（ran），但 F.D.R.只在电视上播出过（ran）一次。

他的例子实际上（没有明确承认）不仅利用了"F.D.R."的歧义性（实际是同音异义词），（转下页）

主要指英国的一个大城市,但它也是(加拿大)安大略省一个城市的名字,据我所知,它还是其他一些城市的名字。毫无疑问,还可以举出许多其他的例子。

在卡普兰看来,弗雷格的直接引语和间接引语理论(他认为,还有关于其他未指明的语境的理论)是指,这些语境中的歧义是相似的。在直接引语和间接引语语境中,短语没有其通常的所指。到目前为止,一切顺利,毫无疑问这就是弗雷格的理论。[31]

然而弗雷格肯定相信,纵然自然语言中允许存在歧义,形式逻辑语言也应该避免歧义的产生。弗雷格在给罗素的信中的确证实了这一点,他在信中说道:

> 尽管间接话语与直接话语中相应符号之间的联系应该很容易识别,但为了避免歧义,我们也确实应该在间接话语中使用特殊的符号。(Frege,1980:153)[32]

但是,关于这个论断中所说的——这种联系应该"很容易识别",存在一些含糊不清的地方。它们是不是独立的符号表达式呢?

弗雷格这么说是很重要的,因为在丘奇的著名论文《关于含义和所指的逻辑的一个表述》(1951)中,他的确在间接话语中使用了不同的符号去表示每一个表达式及其对应物。由于间接语境是可以叠置的,因而就存在着

(接上页)而且利用了"ran"的歧义性。(著名哲学家们已经否认"F.D.R."事例属于任何类型的同音异义词,因为这些名称根本就不在这种语言当中。我不想在这里讨论这个问题;但是,"F.D.R.",尤其是它的第二次使用,对他们来说无疑是有利的。我本人不同意这些哲学家的观点,我也曾被他们批评过;但没有人会质疑"ran"的情况。)参看后面注释[79]。

[31] 但值得注意的是,与卡普兰所引用的"F.D.R."或"伦敦"例证不同,这些并不是普通的歧义或者不常见的指称。因为在弗雷格的间接引语以及类似东西的理论中,这些不常见的指称完全是由语境所决定的。在其他例子中,不常见的指称通常可以从其所处语境猜出来,但它不是由任何语义规则决定的。卡普兰的讨论并没有明确指明这个区分。

[32] 感谢皮卡蒂(E. Picardi)帮我重新校准了弗雷格与罗素通信中这段话所在的位置。
也许在这一点上,弗雷格在《论含义与指称》中所做的评论本身也可以被引证:"对于每一个属于符号完全整体的表达式来说,必定有一种确定的含义与之对应;但自然语言往往不满足这一条件,如果同一个词在同一个语境具有同一一种含义,我们就必定会感到满足了"(Frege,1892:153)。正如我在前面注释中所说,间接话语所造成的歧义完全是由语境决定的。但弗雷格似乎明确表示,这种歧义性是自然语言的一种缺陷,因而应该在科学的《算术基础》中加以避免。

无穷多单独而独立的符号,从而导致了戴维森关于不可学性的前述反对意见。达米特批评了丘奇的做法,指出他已经抛弃了弗雷格的间接指称和含义的学说,也就是语境确定的歧义性学说。("或许最惊人的是这个事实:间接指称学说被抛弃了。")[33]事实上,在这方面忠实于弗雷格明确的武断言论的人,是丘奇,而不是达米特。正如我们所看到的,认为一种恰当的形式语言就是应避免这样的歧义存在,这是弗雷格的总体态度,由此态度不仅明显地导致了上述问题,还明显地导致了弗雷格的明确宣告。[34]

尽管在忠于弗雷格的问题上,我对达米特持批评态度,但达米特的思路(把语境歧义性看成该理论的本质组成部分)对我有很大的启发,推崇它有足够的理由,但这要在后面再去讨论了。[35]

丘奇首先提出了一个范畴 o_0,它是真值 T 和 F 的范畴,这两个真值就是语句的指称对象。然后有一个范畴 o_1,它是语句的含义的范畴,而语句的含义也就是弗雷格所说的思想。然后就有一个范畴 o_2,它就是丘奇所谓"命题概念"(propositional concepts)的范畴,也就是"that—从句"或者弗雷格型思想的名称等等的含义。每个范畴都由这样的含义所构成:这些含义将前一范畴的元素确定为其指称对象。还存在一个从个体(或对象)

---

[33] 参看 Dummett(1973:292—293, top),所引的这句话是在第 292 页。相反,卡普兰认识到,丘奇的系统是尝试避免歧义所产生的一个自然结论。参看 Kaplan(1968:184)。卡普兰没有引用弗雷格的明确断言(当时他有可能找不到它)。

[34] 达米特对丘奇的论文提出了一些可疑的批评,但奇怪的是,他没有意识到其中存在的主要问题,也就是,所提出的所有三个系统都坍塌了,这是出于纯形式的原因,甚至是因为在至少一个事例中存在的形式上的不一致。

丘奇后来发表了他原初形式系统的修订版,这通常会导致更为复杂的层级。他的修订版本中至少有一个是内在不一致的,还有一个版本是由安德森(C. A. Anderson)提出的。我们不需要在这里讨论这些复杂性问题,我们将坚持原来的表述。

[35] 当达米特说间接指称的学说已经被抛弃时,他的动机源自下面这个事实:一个人如果单从丘奇的系统入手,他就不会再把间接或"迂回"语境看成"内涵"语境特殊的有问题的事例,由此将导致一个特殊的替换问题,而这是需要弗雷格去解决的。这样一个人会认为,信念语境等等和其他语境一样,同样都是明显外延性的。对达米特来说,间接语境中词项的两次(和叠置)使用,是该理论固有的组成部分。正如我们所看到的,在这个有争议的方面,丘奇的论文是忠于弗雷格的。然而,达米特的相反观点在精神上接近于我的最终结论。

我在前面(注释⑩)提到了,达米特本人对弗雷格的含义(及间接含义)的概念进行了修正,导致了一个与卡尔纳普相似的双层次理论,但这需要另外提供证成。我本人并不倾向于接受达米特的修正方案。本文将说明,为什么我认为这样的修改是不必要的。在不深入讨论细节的情况下,我还认为,达米特对"含义"的修正定义,也可能存在循环定义的问题。

开始的类似序列。丘奇不同于弗雷格的一个地方在于,他认为这些真值不被认为隶属于这些个体之列,而是被指派为关于其自身的一种单独的逻辑类型。[36]

于是,各种不同的特定概念也有层级之分。这里我对丘奇本人的记法进行了简化,例如我们来考虑(实质)条件句。$\supset_0$ 是真值 $\{T, F\}$ 上的函数,它由我们所熟知的真值表给出。$\supset_1$ 被认为是一个含义,它把 $\supset_0$ 确定为指称对象,等等。然而,这不仅会自动导致戴维森关于不可学性的前述反对意见,还引发了其他问题。$\supset_1$ 被认为是将 $\supset_0$ 确定为一个指称对象的含义,但到底是哪一个呢?很明显,许多这样的含义都会确定相同的指称对象("不存在反向路径")。对此,丘奇没有给出任何解释。可见,这不仅仅是一个无穷序列的问题:早在第二个层次,我们就没有被告知一个符号应该是什么意思。

如果丘奇的学说是关于"有特权"(priviledged)的含义的,他的系统或许就容易理解了。但这并不是丘奇的观点。在其后期著作中,他在这个问题上的态度与删因接近。事实上,在这类问题上,他在这篇论文中得出了一个极端的结论,即指示同一事物的不同方式的问题甚至给模态命题逻辑制造了麻烦,而删因从未得出过这样的结论。[37]

不谈丘奇了,我们回到卡普兰。他相信,弗雷格对间接引语的处理只是

---

[36] 达米特(1973:182—184)恰恰赞成对弗雷格的这种修正,但在对丘奇系统进行批判性讨论时,他没有注意到丘奇其实也作了完全相同的修正。在刚刚引用的那几页,达米特也没有注意到,他是在呼应丘奇的观点(毫无疑问,他对这种修正的好处进行了更多的哲学讨论,丘奇对此没有提出异议,甚至都没有注意到这是一种修正)。

[37] 在讨论 S4 的特征公理——必然蕴涵双重必然($\Box p \rightarrow \Box\Box p$)时,丘奇说:

> 按照目前这个理论,这个问题的答案取决于所用的是什么样的"命题"概念。例如,**任何事物必然会具有某种属性或其他属性**,这一点本身无疑是必然的;但**在刘易斯和朗福德(Langford)《符号逻辑》(Symbolic Logic)第 272 页第 27—28 行提到的命题是必然的**,这一点是真的,却不是必然的。(Church, 1951, n.23;这里的强调原文就有。)

我们中的其他一些人会认为,决定所讨论命题的第一种方式会比第二种方式更有特权。用我本人在上文用过的术语,第一种决定命题的方式是直接启发性的,而第二种则完全没有启发性。所以,如果丘奇认为这个例子是一个典型案例,他应该就是 S4 的一个相信者。但很明显,丘奇并不接受这种区分。甚至从丘奇系统的观点看,在这里我还有更多不得不说的话,但这个问题需要讲大量题外话。关于其后期著作,参看 Church(1973:27, n.2)或 Church(1988)。但是也可参看后面的注释[90]。

一个更普遍原则的特例,这个普遍原则支配着所有的"迂回"语境,而此类语境中的语词不可能具有其通常的指称对象。㊳他还认为,在《论含义和指称》中弗雷格将这一理论应用于直接引语,从而使他倡导了这样一种理论,即在直接引语中,一个表达式的整体及其各组成部分都指称自身。换句话说,正如"相信……""说……"之类的前缀创造了词项在其中指称它们的含义的语境,直接引语(书面语言中,后面有引号)中的"说"创造了这样一种语境,在其中语词是被自名地(autonymously)使用的,也就是说指称它们自身。

弗雷格实际上是这样说的:

> 如果以通常方式使用语词,我们意欲谈及的是它们的 Bedeutung。然而,也可能会出于碰巧,我们希望谈论的是语词本身或者它们的含义。例如,当引用他人说过的话时就会发生这种情况。一个人自己的话首先要指示这另一个说话者说过的话,只有后者才具有它们通常的 Bedeutung。于是我们就拥有了符号的符号。在进行书写时,这一事例中的语词要用引号引起来。相应地,位于引号之间的语词绝不能被认为具有其通常的 Bedeutung。(Frege,1892:153—154)。

㊳　卡普兰说:

弗雷格对迂回语境的处理,通常被描述为这样一种处理,按照它,这些语境中的表达式表示它们通常的含义、意义或内涵(我在这里互换着使用这些术语)。但作为表述这件事的方式,它是糟糕的,其原因有三:(1)我相信,从历史上讲,它是不准确的,它忽略了弗雷格对于引号(见下文)和其他特殊语境所做的评论;(2)它把下列两个独立的原则合并成了一个,(a)迂回语境中的表达式不具有它们通常的所指(这是正确的),(b)迂回语境中的表达式表示它们通常的含义(一般情况下这是不正确的);(3)由于仓促地将注意力集中在内涵逻辑的特殊且孤立的问题之上,我们没有看到弗雷格处理迂回语境的一般方法的美感和力量……我个人的观点是,借助于歧义性,弗雷格对于词项在中间语境(intermediate context)中的逻辑反常行为的解释如此令人满意,以至于如果我们没有发现或是令人满意地理解他所说的这种奇特的中间对象,那么,我们应该做的事情,不过就是继续去寻找。

……寻找迂回语境中由复合句表示的某种东西。(在通常语境中,语句被认为表示它们自己的真值,以此为基础,它们可以相互替换。)然后运用这个基本原则——复合句的所指就是一个其组成部分的所指构成的函数,去寻找其组成部分所表示的东西。我相信,正是这个原则的使用导致卡尔纳普发现了个体概念(individual concept),也让弗雷格认为,是引号导致了迂回语境,而在这种语境中,每个作为组成部分的表达式都表示自身(在引语语境中整个复合句表示什么是十分清楚的)。(1968:185)

在接下来的一段,他紧接着就提出了著名的间接引语和间接指称(通常含义)的理论,这是本文的主要议题,在刚刚引用的段落中已有所提及。

到目前为止,人们可能会认为一切都有利于卡普兰的解释,但也有一个奇怪的地方。如果所讨论的是普型(type)而不是殊型(token),那么,卡普兰所说的也就是这个理论本身了;但如果是这样,为什么不像卡普兰那样进行陈述,也就是说,词句指示它们自身,而不指示这另一个说话者的词句呢?

在做这次演讲时,我把这个问题搁置在了那里,尽管有上面这个奇怪的东西,但我假定卡普兰是正确的。然而,弗雷格在几页之后却这样说道:

> 在直接引语中,一个语句指示**另一个**语句,在间接话语中则指示一个思想。(Frege, 1892:159;这里的强调是我加上的)

由此看来,有两种可能。一是"语句"在这里指的是一个殊型,因为如若不然,我们就不能谈论"另一个"语句了。对我来说,在英语中使用"语句"就意味着语句殊型,以至于如果有两个人说出不同的语句时却说了完全相同的事情,那会是很奇怪的。同样的情况似乎也适用于德语"*Satz*"*;我想知道在弗雷格的其他作品中"*Satz*"是否也是指殊型。此外,即使明确规定所指的就是殊型,在我看来,根据殊型提出的弗雷格型理论,似乎也有相当大的困难。㊴如果这样一个理论得不到辩护,人们似乎就不得不得出这样的结论——上述段落中弗雷格的观点是混乱的。

众所周知,弗雷格在自己的著述中确实使用引语来指示符号,而它们并

---

* 德语词"语句"。——译者注

㊴ 不过,可以参看 Picardi, 1992:284—290。她为殊型解释进行了辩护,甚至认为,如果我正确理解了她给我写的信,殊型解释对所讨论的案例就是必不可少的。这本书是用意大利语写的,在意大利出版,由于这些原因,到现在我还不知道这本书的存在。显然,她值得给予特别赞誉,因为她注意到,正如卡普兰所说,对弗雷格型引号的自名解释似乎与文本不符。请注意,使用殊型的公认弗雷格型理论不应该与戴维森(1979)发生混淆。

皮卡蒂的观点还唤起了我对门德尔松(Mendelsohn, 2005)第10章第1节的注意。他认为,弗雷格只是误把另一个说话者的引语当成了指称的案例;与哲学中探讨的引号的通常用法不同,它们实际上是由弗雷格本人引入的。

然而,库恩(2010)把"另一个语句"的使用归功于布莱克,并将原句翻译成"又是一个语句"(again a sentence)(参看第537页和他的注释⑮)。但对我来说,仍有一个迷惑:为什么不是"同一个语句"(the same sentence)呢?

不必然会被另一个特定的说话者或作者这样使用。㊵我一直迫切想要看到有关他的约定用法的一种明确的说明。这样的陈述可能会为他的直接引语提供一般性理论。也许下面的内容会有所帮助：

> **我把这些语句用作对象语言中语句的专名，但要放到引号里面去。**
> （Frege，1979:261;这里的强调原文就有）

如果仔细品味一下，这似乎确实是在说，引语只是创造了一个语境，其中的那些句子是被自名地使用的。（人们可以假定它们是由其组成部分组成的，而这些组成部分也是自名地使用的，这与卡普兰所做的归结是一致的。）但我必须要说，这里面还有很多深意，需要我们认真考察这个句子。

我们应该补充（或重复）这样一点：如上文所引，弗雷格在《论含义和指称》中所述的关于直接引语和间接引语的类比，当然最符合卡普兰的解释，尽管文本的其余部分似乎没有这层意思。就像一开始所做的那样，我将继续假定弗雷格确实持有被卡普兰归于弗雷格的直接引语理论。㊶

据我所知，没有谁曾就直接引语理论提出过层级问题。这件事让人感到非常奇怪。毕竟，直接引语任意叠置多少次都可以。就像人们在间接引语中看到的问题一样，弗雷格的理论也会导致层级问题吗？

类似于弗雷格的"间接指称"，我们现在可以很自然地使用"直接指称"这个术语来表示直接引语中词项的自我指称。但在近来的哲学中，"直接指称"已经有了别的意思，所以我们就用"直接引语指称"（the direct quotation reference）这个累赘短语来代替吧。我把它简称为"引语—指称"（quote-reference）。这样就会有引语—含义（quote-sense），那么，这样做难道就不会同

㊵ 这就是门德尔松的"哲学家的引语"，它在文献中广受讨论，尤其是在戴维森（1965）强调了早期说明中涉及的那些理论问题之后。

㊶ 华盛顿（C. Washington, 1992）支持所说的这个理论，并将其归于弗雷格与塞尔（1989:76）（大概这是他独立提出的看法；我没有读到过塞尔关于这个问题的论述）。吉奇是弗雷格的超级崇拜者，他也倡导同样的理论，但没有把它归于其他任何人。参看吉奇（1963；1972，第5.8节），在序言中（1972），他对这种引语理论是否正确表达了一些犹豫。门德尔松（2005:173）引用了赖辛巴赫（Reichenbach, 1947）的观点以支持类似的理论。丘奇（1956:61）对弗雷格的解释，与卡普兰后来的做法是一样的。

样存在由引语—引语指称、引语—引语含义等构成的一个完整的层级了吗？然而,根据弗雷格的直接引语理论,没有谁会认为这里存在这样的神秘事物,或者至少没有人论证过存在这样一种神秘事物。也没有谁针对直接引语提出过我针对间接引语(第二门德语课等等)提出的问题。如此,就让我们再来考察一下这件事吧。

让我先谈一些与我想说的话相类似的情形吧。假定我们作出了这样一个非常一般性的陈述:

(1) 当某人使用"这里"这个词时,这个说话者(或写作者)指称的是其言述(或写作)的地方。

卡普兰在他关于指示词的理论中给出了很多像(1)这样的句子。陈述(1)并不是完全准确的,我想卡普兰(1989)认识到了这个事实,但为了简化问题,我们还是用了它。㊷关于"这里"的含义,你还需要知道别的什么东西吗？难道单凭(1)还不能决定在所有情况下的指称吗？其他索引词的情况也与此类似。例如,"现在"指称的是言述的时间,"我"(这是后面将要谈到的案例)指称的是说话者或言述的来源。这些是对语言中指称对象的一般性说明,无论它们是在何时由谁言述。人们似乎并不需要更多的东西。但是,在任何特定情况下,要想确定指称对象,我们都需要关于说话者、时间,或者同时关于这两者(或换句话说,特定的言述殊型,它可能会决定这两者)的详情。㊸

然而,在其他事例中可以给出类似(1)的一种一般性说明,它将决定任何句子或话语的指称,而不需要补充所说句子或话语之外的任何东西。我想到了回指(anaphora)、代词化(pronominalization)以及诸如此类的东西。在"后者""前者""前面提到的人"这类事例,以及涉及各种代词(如"他")的事例中,其指称由句子本身所决定。指示性代词(demonstrative pronoun)的情况则相反,一般性规则就可决定每个句子或话语的指称,不需要补充其他东西,比如说话者、时间等等。所给出的一般性规则在句法上可能会很复

㊷ 戴维森和蒙塔古那样的理论中也有类似的句子。

㊸ 这种情况,以及针对明显偏离这段话的情况所进行的限定,下文将重新讨论。

杂,但它应该可以决定在任何特殊情况下的指称。因此,正如它适用于任何特殊情况一样,按照弗雷格的理论,它必须是一种弗雷格型含义,因为决定指称的东西就是含义。

让我们把这些思想应用到弗雷格明确提出的直接引语理论,以及他的间接引语理论。

这里有两个相关的原则。对于直接引语指的是:

（α）当词句出现在直接引语中,它们自名地进行指称,也就是指称它们自身。

而正如卡普兰所强调,关于间接引语的相应原则与此完全类似:

（β）当词句出现在间接语境,即出现在"says that""believes that"等结构中时,在"that"后面的从句中,它们指称自己的含义。

（α）和（β）都需要以叠置方式进行理解,所以,当存在叠置的直接引语或"that 从句"时,指称是根据引号内或"that"之后的从句,通过递归方式决定的。㊹

当然,在（α）中,既然表达式自名地进行指称这个原则非常清楚,我们就不太可能会觉得叠置有什么神秘之处。但像"后者"这样的回指用法的情况,仍让人感到神秘,而其所涉及的语法规则实际上更加直接。（β）的情况怎样呢？首先考虑简单的非叠置的情况。词句在间接语境中指称它们的通常含义。但是,什么是间接语境中的含义？在这里我们当然应该说,当把规则（β）本身应用到每一间接事例时,就给出了这种间接的含义。因为我们已经承认,它决定每一特殊情况下的指称,而凡是决定指称的就是弗雷格型含义。于是,这种想法可以叠置地加以应用,于是,我们似乎就拥有了一种关于整个层级的理论。

㊹ 实际上,应该将（α）和（β）一并来理解,因为直接引语可能就出现在间接引语之中,反之亦然,这样会产生一种更为复杂的叠置模式。

　　这里出现了一些非常奇怪的情况，因为这些是完全一般性的说明，因而应该可以决定每一种情况下的指称。那么，这里为什么会有什么神秘的东西存在呢？就（β）来看，这种神秘性的一个方面来自这样的感觉，即包含在间接含义之中的歧义是一种普通的歧义，就像卡普兰论述中所说的一样，它没有强调这种歧义是由语境决定的。这导致了这样一种感觉，也就是像之前引用的弗雷格给罗素信中所说（有些含糊其词），在真正的《概念文字》中，这种歧义性应该被消除，因此在丘奇的系统中也应如此。我曾经说过，在丘奇的体系中实际也存在着一种类似的含糊，因为这个无穷序列中的这些不同的符号彼此之间在这个下标体系中确实存在全方位的相似，但实际上它们又是完全独立的。戴维森就准确地强调了这一点。我怀疑，假如像卡普兰所指明的那样，（α）是需要首先考虑的情况，这种神秘性的这个方面就会浮现出来。

　　然而，对于情况（β）中的神秘感来说，更加关键的是下面这个感觉，即对于什么是间接含义、双重间接含义等等，我们几乎没有什么真正的想法。当这与前一段提到的那个方面结合起来考虑时，你就会觉得，你不仅要面对一个不可学的无限层级，而且，关于这个层级可能会是什么，你也几乎一无所知。我在这里对此的回答是：每当它（递归地）明确进行指称，也就会隐含地给出含义，因为弗雷格的理论说的就是，决定了一个指称也就是给出了一个含义。因此，（β）本身即给出了间接含义，而当以递归的方式应用时，它就提供了双重间接含义，依此类推。（我在这里说的话，后面将进行扩充，并在某种程度上为之提供理据。）在这里，我赞同达米特的下述看法（正如我在上文预期的）：尽管是弗雷格本人亲口所述，但短语在间接语境中的语境歧义性（同时涉及指称和含义），是这个理论的本质而非偶然的组成部分。⑤

　　对有关弗雷格的这种描述来说，有一点十分重要：他为词项在所有语境中的指称提供了一般性说明，而且这不可能是不完的。事实上，无穷层级的产生是由（α）和（β）导致的，但这些是根据递归法则给出的。

　　人们通常认为弗雷格提出了两条组合原则，我认为这样想是正确的，不过弗雷格本人只是使用了他们，并没有把它们明确陈述出来。第一条原则

---

　　⑤　明显是为了避免层级问题，他曾试图对含义—指称理论进行修改，类似于卡尔纳普早先的尝试，对此我并不赞同。参看注释㉟。

是:一个整体的指称对象是其各个组成部分的指称对象的函数(或由其组成部分的指称对象所决定)。第二条原则与此类似,只不过用"含义"替换了"指称对象"。这些原则的意思是说,在任何一种语言中,如果我们用具有相同指称(含义)的组成部分替换某个重要的组成部分,整体的指称(含义)是不会变的。[46]

有关含义的一条相反的原则似乎没有得到充分的阐释:整体的含义与其重要组成部分的含义之间的关系,不仅仅是一种函数关系,而且是一种一对一函数关系。这是因为,要理解整体,就必须理解它的组成部分,因此,整体的含义就要分解为它的组成部分的含义。正如达米特所说:

> **一个复合体的含义是由其组成部分的含义构成的。**(Dummett,1973:152;这里的强调原来就有)[47]

但是,这就意味着:我们不仅有一个从部分到整体的函数关系,而且还有一个相反的函数关系,实际上是一对一的关系。[48](显然,任何这样的原则

---

[46] 对含义(如果将它们等同于整个句子的组成部分的意义,并因此将它们等同于其所表达的思想的组成部分)来说,这个原则应该是显而易见的。但这个原则对于指称也是显而易见的吗?为什么不允许整体的指称依赖于其组成部分的其他特性呢?事实上,为什么不干脆就说这个原则明显存在例外,比如在间接语境中,也可能在引语当中存在例外呢?[事实上,这好像正是蒯因的立场。参看 Quine, 1960:151],他说弗雷格通过创立迂回指称学说"在名义上纠正了"这个原则的例外,而蒯因本人说,此类语境不是纯粹指称性的。]于是,已经成为我的主要论题的关于迂回语境,特别是间接语境的完整的复杂学说,也就不存在了。(也可参看注释⑫中我所引用的戴维森的评论)

翻阅一下我的讲演稿,我发现我曾顺便提出了这个问题,但没有给出我先前在课堂上讲弗雷格时提出的答案。可以认为,对弗雷格来说,该原则是分析性的。语境表明了我们正在谈论的是什么,而这就是指称对象是什么的答案。举例可以参看 Frege(1892:153):

> 如果以日常方式使用词句,那么人们想要谈论的就是它们的 *Bedeutung*。然而,也可能会碰巧,有人希望谈论的是词句本身或它们的含义。(上面给出了完整的引文。)

我认为我在这里所说的话,与卡普兰(Kaplan, 1968)的阐述是一致的。

[47] 达米特实际上已经陈述了相关的原则,不过可能不是通过一对一方式陈述的,这个情况对本讲座的当前版本来说是全新的。

[48] 众所周知,后面有几段话说明弗雷格似乎又回到了这一点。参看他在 1906 年 12 月 9 日写给胡塞尔的信(Beaney, 1997:305—306),信中几乎确定了由逻辑等价的句子所表达的这些思想,尽管信中增加了一个只会增添困惑(至少对当前的写作者来说)的限定条件。(转下页)

对于指称都是不成立的。)弗雷格对这一原则的阐述,可以从他 1904 年 11 月 13 日写给罗素的信中看到:

> ……勃朗峰及其雪地本身并不是"勃朗峰有 4 000 多米高"这个 思想的组成部分。……"月球"这个词的含义是"月球比地球小"这 个思想的组成部分。月球本身……不是"月球"这个词的含义的组成 部分;因为那样的话,它也将会是这个思想的组成部分。(Frege, 1980:163)

在《论表示》中,罗素本人这样说道:

> 在"勃朗峰的高度超过 1 000 米"这个命题中,根据他(弗雷格)的说 法,作为这个命题的**意义**的组成部分的,正是"勃朗峰"的**意义**,而不是实 际的这座山峰。(Russell, 1905:483, n.2;这里的强调原文就有)[49]

弗雷格在后期《逻辑导论》关于"含义和指称"的章节中阐述了这样一个一 般性原则:

> 由于思想是整个语句的含义,因而思想的一部分也就是语句某一 部分的含义。(Frege, 1979:192)

同一段话又一次提到了"勃朗峰"的例子。

不把握部分的含义,我们也就把握不了整体的含义。而理解了某个东 西,也就是把握到了它的含义。

(接上页)既然根据弗雷格的看法,通过恰当的定义,算术可以还原为逻辑,因而,用"643+95" 替换一个语句中包含的"738",该语句的含义将保持不变。这是对弗雷格先前关于含义和指称的观 点的一个根本性改变。也可参看 Frege, 1918—1919:331,其中谈到了主动—被动的转换,或相应的 "给予"(give)和"接收"(receive)的互换,他认为这些不会影响相关的思想;但是,允许这些转换与 这条原则或许是相容的。

[49] 注意罗素所用的术语:他用"意义"(meaning)代替了弗雷格的含义(Sinn)。他本人认为 (在与弗雷格进行相关通信时)这座山峰本身就是该命题的组成部分或者构成成分,在通信中他采 纳了这个立场。

如我所说,弗雷格已经针对(α)的引语语境以及(β)的间接语境当中词句的指称理论,给出了一般性的说明,而且从来没有谁认为(α)中的理论有什么神秘之处。[50]

为什么(α)没有什么神秘之处呢? 因为(α)说得已经足够清晰了。但要使它发挥作用,说话者或写作者必须能够在特定事例中对其加以运用。例如:

亚伯拉罕·林肯说:"87 年前……"

(α)说的是,用引号引起来的词句自名地指称自身。我们如何能够知道这些词句是什么呢? 好吧,在某个特定的写作或言述事例中,我们看到或听到的是整个句子,更不用说听到或看到其任意组成部分,包括自名指称的部分。在这里,我们听到或看到的都是殊型,由此能够意识到相应的普型。因此,如何把这个理论应用到特殊的事例,应该没有什么神秘的东西。即使我们只是在头脑里面思索语句的普型,完整地理解它,也就是把这个普型理解成一个组成部分。这就类似于罗素的亲知。

情况(β)与此类似。一旦我们看到,每当有一个指称对象给出,它就必定是通过一个含义给出的,此时我们就能看到(β)和(α)一样,的确为含义和间接含义的整个层级提供了一般性的(递归)说明。然而这里有这个问题:个体说话者怎样去应用(β)呢? 我的看法是,弗雷格和罗素一样,也主张一种直接亲知的学说。每当我们确定一个指称对象,我们也就内省地亲知到了这个指称对象是如何确定的,而这就是相应的含义。我们对这个含义的内省性亲知,为我们提供了一种确定它以及指称它的方式,而这就是所谓的间接含义。因此,弗雷格型间接含义、双重间接含义以及诸如此类的东西所构成的层级,都是这样给出的。这个层级的每一个层次都是对前一层次的亲知—含义(acquaintance-sense)。所以,弗雷格依赖于一种和罗素的理论非常相像的亲知理论,只不过他的这个学说可

---

[50]　不过我必须承认,过分强调这一事实是不公平的。也许没有人觉得(α)有什么神秘之处,那是因为几乎所有对弗雷格以及神秘层级的讨论都集中在了(β),而(α)很少被关注。

能不那么明确。[51]

我已经谈到了启发性含义,更强一些的说法是,谈到了直接启发性含义。现在我们可以使用**亲知—启发性**这个术语了。由于间接含义是通过亲知来确定其指称对象,所以人们不需要任何信息,甚至不需要进行任何计算,就可以知道其指称对象是什么。根据这种解释,弗雷格不仅至少隐含地提出了一种关于亲知的学说,而且,他所能接受的亲知对象的清单与罗素的最终立场也没有太大的差别。众所周知,和弗雷格相反,罗素在《论表示》中说,“不存在任何**意义**(也就是说,不存在任何**含义**),只是有时候存在着**所指**”(Russell, 1905:483, n.3;强调在原文就有)。他还把他众所周知的结论作为该文的结尾,“在我们能够理解的每一个命题中……其所有组成部分实际上都是我们能够直接亲知的实体”(Russell, 1905:492)。面对他的语义理论要求所造成的压力,这种实体的清单变得越来越窄。一个人自己的感觉—材料,也许是这个人的自我,以及像共相这样的抽象实体,都是亲知的对象,同时也是命题的组成部分。[52]人们永远也不可能亲知勃朗峰及其全部雪地,勃朗峰也不会成为一个命题的组成部分。在这个问题上,要无条件地接受弗雷格的观点。

罗素关于命题组成部分的最终清单是弗雷格可以接受的,或者与弗雷格的相近,这一点基本上很清楚了。如果我们考虑弗雷格相对较晚的论文《思想》(“*Der Gedanke*”, 1918—1919),[53]其他一些事项可能就会变得更加清楚。据我所知,弗雷格在这篇论文中首次广泛而明确地讨论了索引词、指示词、第一人称、个人的私有内部状态等问题。[54]

---

[51] 我在这里的表述次序和我思考这些问题的次序是不一样的。在本次讲座之前的好几年里,为了搞清楚由间接含义等东西形成的弗雷格型层级,我得出了这样的结论:弗雷格一定隐含地提出了一种关于直接亲知含义的学说。我曾在各种研讨会上阐述过这个观点。在(β)的情况下,这个问题应该根据个体说话者应用一般性说明的方式来阐述,(β)和(α)的类似是最近提出的观点。以往我没有考虑过(α)和(β)之间的类似以及回指照应的一般性语言规则。也没有考虑过与带有索引词的事例的关系(其中一些问题将在本次讲演后面,使用弗雷格的术语进行讨论)。这可能是今天讲座中第一次用这种方式提出来。

[52] 这样说时,我们就彻底忽略了他后来对命题的拒斥。

[53] 这篇论文的标题被比尼翻译成了“Thought”,被吉奇和斯托霍夫翻译成了“Thoughts”,被奎因顿(A. M. Quinton)和M.奎因顿翻译成了“The Thought”。(不过在正文中,比尼还是遵循了吉奇和斯托霍夫的译法。)我将像往常一样,遵照使用比尼译本的页码。

[54] 至少在我看来是这样的。正如下面将要讨论的,伯奇认为《论含义和指称》已经涉及索引词的理论。(不过,请参看下面的注释[60],先行了解一下《思想》的某个方面,这个方面在1884年的《算术基础》中就已经出现了。)

三位杰出而著名的学者基于本文的一个关键段落提出了自己对弗雷格思想的阐释。伯奇在其题为《背离弗雷格的含义》("Sinning against Frege"，Burge，1979a)[55]的著名文章中论证说，"最基本的误解是把弗雷格的含义概念等同于语言上的意义这一概念"(Burge，2004:213)。伯奇的论证很简单。带时态的含义，或者含索引词的语句的情况怎么样呢？以"今天斯德哥尔摩正在下雨"为例。[56]这个语句的意义并不是每天都发生变化，但它的真值显然是不断变化的，而真值的这种变化是由于"今天"的指称发生了变化。含义决定指称，而且整个语句的指称就是它的真值。因此，"今天"在不同的日子必定具有不同的含义(否则含义就不会决定指称了)。同样，整个句子在不同的日子里必有不同的含义，因为它具有不同的真值(指称，而且，这里的含义决定其真值)。

佩里在其颇具影响力的文章《弗雷格论指示词》("Frege on Demonstratives"，1977)中首先(准确)陈明，令 S 和 S′ 代表两个语句，**"如果 S 为真，而 S′ 不真，那么 S 和 S′ 就表达不同的思想"**(Perry，1977:476)。[57]佩里接着论证说，弗雷格在这里遇到一个问题："今天俄罗斯和加拿大发生了争吵"在 8 月 1 日是真的，但在 8 月 2 日是假的(Perry，1977:478—479)：

> 因此，如果"今天"一词为这两天提供了完整的含义，那么它的含义必定会在午夜时分发生改变。但是当我们知道如何使用"今天"一词时，我们所知道的东西似乎并没有因为是哪一天而发生改变。(Perry，1977:479)

佩里的论证(伯奇引用过)和伯奇论证的主要区别在于，佩里仅仅把这个论证表述成弗雷格遇到的一个问题；而伯奇得出的结论却是，弗雷格的含

---

[55]　所有参考文献都来自 2004 年重印版。由于标题语带双关，伯奇对贝纳塞拉夫(P. Benacerraf)赞誉有加。

[56]　这个例子是我自己举的，这显然是因为受到了本次讲演地点的影响。我对伯奇的论证进行了客观的陈述，任何读过他那一章前几页的读者都应该清楚这一点。弗雷格本人也讨论了"今天"，而包含这个讨论的段落是伯奇所做解释的基础。

[57]　佩里引用了《思想》开篇的一些段落来支持他的观点。实际上，弗雷格在这几段中这样说道："当我们称一个句子为真时，我们实际的意思是说，它的含义是真的"(Frege，1918—1919:327)。但是，如果不去深究那些繁琐的术语问题(佩里本人将这一段引述为：正是这些思想才引发了真值问题)，若经认真措辞很容易看到，佩里的说法显然是正确的。

义和意义是两个不同的东西。伯奇没有注意到，如果含义不是意义，在弗雷格那里就会产生一件怪事，那就是，他没有给出任何技术性术语用于表示"意义"的日常概念。[58]这种情况就像卡普兰在他《指示词》（1987）中所作出的著名区分，他只是引入了"内容"（content）这个术语，而没有给出任何术语用于表示"特征"（character）。（如果伯奇的看法是对的，弗雷格对含义的用法就与卡普兰的"内容"非常相似，而在日常意义上，"意义"的用法则与卡普兰的"特征"非常相似。）顺便说一下，在讨论关于弗雷格的相关问题时，卡普兰深受佩里文章的影响，他就是我上面提到的第三位杰出的学者。[59]

但是，对于弗雷格在下述段落中所做的明确断言来说，所有这一切都与我对该段的理解相反，伯奇引用并强调了这段话：

> 如果语句中的时间提示是用现在时态表达的，要想准确理解这个思想，我们就必须知道这个语句是什么时候说出来的。因此，说话的时间就是对这个思想的表达的一部分。（Frege，1918—1919：332）

这段话是什么意思呢？"今天斯德哥尔摩正在下雨"，或者换个更好的例子，"现在斯德哥尔摩正下着雨"，或者更简单一点，"斯德哥尔摩正下着雨"，这不是对一个完整的思想的表达。对思想的表达以及语句（命题）之中所包括的不仅仅有措辞，还包括时间。因此，真正的命题或对思想的表达是一个有序对：

$$\langle L, t \rangle$$

这里的 t 是言述的时间，L 就是那句话，比如"斯德哥尔摩现在正在下雨"。但实际上，由于言述的时间恰是思想表达的一部分，所以对弗雷格来说，它是一种未被识别到的语言成分。

t 指称的是什么？也就是说，它的指称对象是什么？要想搞懂这段话的意思，t 必须是自名的，也就是指称它自身。由此看来，"斯德哥尔摩在下

---

[58] 当然，不管译者决定去做什么，弗雷格已抢先将 *Bedeutung* 解释成了所指或指称。因此，按照伯奇的说明，弗雷格仍然欠我们一个用来表示普通所讲的意义的技术性术语。

[59] 参看 Kaplan（1989）。在这个问题上，没有任何迹象表明卡普兰赞同伯奇的看法，而我也不打算给人造成相反的印象。佩里对他的影响下面就会说到。

雨"就是不完整的——必须把它所表达的东西补充完整。[60]把它补充为"在某时,斯德哥尔摩正在下雨"("It is raining in Stockholm at—"),假如我们解读成不带时态的"is"(在日常语言中找不到多少与时间和日期有关的词;它实际上是哲学家们的专业术语)[61],那就可以用各种各样的完成时态对它进行填充,比如"中午""2005 年 4 月 15 日"或者"肯尼迪遇刺的同一时刻",等等。但是,如果用普通的现在时态"is"说出来,所填充的词就是自名使用的言述时间了。于是它就替换了具体的日期和时间,或如上例所示,替换那些作为语言常规成分的限定摹状词。

因此,在相应的思想中,言述的时间的含义通过亲知指称对象而获得自名的指示,就像引语当中的情况那样。[62]说话者(或写作者或思考者)亲知言

---

[60]　参看《算术基础》,在文中弗雷格早就说过:

"德国居民"这个概念实际上包含一个时间—指称,它是这个概念中一个可变的元素,或用数学术语讲,它是时间的一个函数。我们可以不说"a 是一个德国居民",我们可以说"a 居住在德国",而这指称的是当时那个日期。(Frege,1884:59—60)

也许上面最后一句说得有点含糊,但整个这段话是对后来《思想》一文中提出的学说的一种预见——现在时态的语言表达式是不完全的。

[61]　在讨论这个问题时,弗雷格明确意识到,数学规律当中使用的"is"是不带时态的。我们可以接受这种说法,而且可能还会有其他情况,但我并不认为日常语言中无时态的"is"会经常与日常事物联系在一起。特别是,如果有一个事件发生了(正在发生或将要发生),提供这个发生时间的日常语言的时态是不变的。如果一个说话者不知某个日期是过去时、现在时还是将来时,他就会使用时态从句的析取,而不是无时态的"is"了。

[62]　因此,伯奇否认指称对象是思想的一部分,或者在这种情况下含义等同于指称对象。这种否认是正确的。参看 Burge,2004:216。更确切地说,这种含义是自名的指示的含义。尽管如此,伯奇的确承认弗雷格所说,言述的时间是对思想的表达的一部分。毕竟,一个东西如果不具有作为思想之组成部分的含义,它怎么可能会成为对思想的表达的一部分呢? 不管时间的含义可能会是什么,伯奇在对"含义等同于意义"的观点进行反驳时似乎忽略了这个问题,而且他并没有意识到这会威胁到他的论证。因为一旦人们意识到时间的含义也是思想的一部分,那么在意义保持不变时,也就不存在变化的含义了。

如果我的解释是正确的,这种情境就非常接近伯奇想要否认的情况了,尽管含义和指称对象不可能真的等同起来。

弗莱斯达尔让我注意到了库恩的著作,库恩(1992)就是一个典型例子。和我们当前的说明一样,库恩强调,对弗雷格而言,时间、人物等都可以是对思想的表达的一部分。然而,他的理解在很大程度上与我的看法肯定是不同的。例如他赞同伯奇的观点,认为弗雷格的含义并不就是意义,并得出结论说,弗雷格没有为语言上的意义提供任何术语(Künne,1992:723)。至少在这里,他也没有谈论过我所阐述的那种亲知自名指示的含义的学说。我应该补充一点,在涉及指示(demonstration)(比如用手去指)时,很明显,我认为这种指示的行动,而不是被指的对象(就像库恩所认为的那样)是对思想的表达的一部分。该对象本身是指称对象,而含义则是联结这种指示(例如用手去指它的对象)的规则。

述(或写作或思考)的时间,也一定亲知含义,即自名指示的含义。所有东西都可以用类似于前述(α)的一般性真值条件进行表述,但要想实际应用这些一般性条件,主体必须亲知言述的时间,就像在引语当中以及对(α)的应用的情况那样。既然是一般性条件,因而当一个思想的现在时态表达为真时,我们也就具备了相应的真值条件,尽管这种情况下并不需要说出、写出或者想到任何殊型。用来表达这种思想的,是句子和时间构成的有序对。[63]但是,在具体应用当中会存在殊型,而且说话者(写作者、思考者)会亲知言述的时间。说话者还亲知所涉及的自名含义。[64][65]

弗雷格在文章的结尾重申了他的观点:

> 我们用毕达哥拉斯定理表达的思想确实是与时间无涉的、永恒的、没有变化的。但是,难道不是也有今天为真而 6 个月之后为假的思想

---

[63] 这种有序对表示法当然是我本人对弗雷格下述非形式化思想的数学刻画,即时间是对思想的表达的一部分。如果有人更喜欢用别的方式,尽可以去做。弗雷格本人无疑会认为这可以简单表达为 F(t),其中 F 是不饱和的语言部分,t 是言述的时间。

[64] 佩里写道:

> 通过打破含义和思想之间的联系,我们没有理由不采纳与弗雷格的想法相近的观点。我们可以把一个包含指示词的句子的含义看作一个角色,而不是弗雷格那样的完整含义;把思想看作经由对象和不完整含义的个体化而形成的新的种类,而不是弗雷格型思想。(Perry, 1977:493)

实际上,佩里提出的理论(我还完全没有尝试去理解它)似乎是与弗雷格的实际理论相关联的。弗雷格真正坚持的观点是,包含指示词和索引词的陈述句的含义是不完整的。通过由自名地指示自身的对象所赋予的含义,这些陈述句就会变得完整,或者,有时候这些陈述句的完整性是由手去指来完成的。它的含义是:被指向的对象就是它们所指的东西。

[65] 在其重要论文《理解指示词》中("Understanding Demonstrative", 1981;所有参考都来自1985 年的重印版),埃文斯还讨论了佩里的立场是否"只是弗雷格真实理论的一个符号变体"这一问题(1985:314、317)。也可以看看他在回应佩里时,通过有序三元组对各种弗雷格型思想的表达。很明显,埃文斯的观点与我的观点有很强的关联,不过我并未试图进行细致的比较。

遗憾的是,在做这次讲演时,我没有注意到埃文斯对时间、第一人称、指示词以及他对佩里的回应等相关问题的讨论。也许当时我还不知道这篇论文(不过,在后来对这些问题进行阐述时,我讨论了埃文斯的观点)。换句话说,我之所以还记得它,这主要是因为下面这个备受争议的主张[受到麦克道威尔(J. McDowell)的一些影响],而且如前所述,在我看来,该主张太强了,以致我无法接受:"据我所知,弗雷格文章中没有任何一段话可以被理解为坚持了如下观点:单称词项**必定**具有独立于存在的含义",哪怕是在自然语言中。我可能错误地以为这篇论文**完全依赖**于这个主张了。(埃文斯后来似乎弱化了自己在这个问题上的立场,他呼吁大家注意弗雷格在某些章节中对虚构以及陷入虚构的强调,这样做是正确的。)

吗？例如，那边那棵树绿叶繁茂，这个思想在6个月之后一定是假的。并非如此，因为它们根本就不是同一个思想。"那棵树绿叶繁茂"这些词句本身并不足以构成对一种思想的表达，因为言述的时间也含在其中了。如果不给出明确的时间规定，我们也就没有完整的思想，也就是说，根本没有任何思想。把确切的时间补全，让所有方面都能完整，只有这样的句子才能表达一种思想。但是，这个思想只要是真的，它就不仅在今天或明天是真的，而且永远会是真的。（Frege，1918—1919：343）⑥

按照这一理论，时态句在弗雷格看来就是不完整的。它们的指称是什么？很显然是概念（concept），也就是应用于时间点的那些概念，或者是从时间点到真值的函数。按照这个理论，"现在"所指的就是将每个时间点映射到其自身的等同函数。"今天"表示的是将每个时间点映射到包含该时间点的那一天的函数（它可以明确定义为"现在所在的那一天"）。⑥

　　然而，弗雷格虽然在早期文章中断言时间是对思想的表达的一部分，但他后续的观点和论证却着实给我们制造了一些困惑：

　　　　如果有人想用"今天"这个词表达他昨天所说的今天，那么，他就要把"今天"这个词替换成"昨天"。尽管思想是相同的，但其语言表达必定有所不同，只有这样，由言述时间的不同所造成的含义的改变才有可能被抵消掉。（Frege，1918—1919：332）

不过，伯奇却这样翻译了这段话的最后一句：

　　　　……为了弥补由于言述时间的不同而导致的含义上的改变，语言表达必定是不同的。（Burge，2004：214）

---

　⑥　我很感谢埃文斯的文章《理解指示词》对这段话所做的强调。
　⑥　弗雷格认为，在一种概念文字中，函数应该针对所有自变元进行定义，并且要人为地扩展具有受限论域的函数的定义。但在这里我们关心的是日常语言。

如果弗雷格真正的意思是我们确实又一次表达了相同的思想,我就很难看到如何才能让他的这个断言和他的其他学说保持一致。按照我自己的解释,存在两个不同的言述时间,分别为 t_0 和 t_1,这两个言述是两个有序对:$<S_0, t_0>$ 和 $<S_1, t_1>$,其中 S_0 是更早的言述("今天"),S_1 是后来的言述("昨天")。"今天"表示这样一个函数:当把它应用到 t_0(自名地使用)时,它就会给出包含 t_0 的那一天,"昨天"的情况类似,所表示的函数会把前一天指派给包含 t_1 的那一天。尽管它们实际上是同一天,但它们显然是用不同的方式挑出了这一天,这是关于含义之差异的典型案例。再有,很难看到任何与弗雷格的一般性原则相容的解释,能够产生出一种与弗雷格不同的结果。如果言述时间确实是对思想的表达的一部分,并且自名地进行指示,那就很清楚,不同的时间(理解为语言的成分)就具有不同的含义。另外,"所包含的那一天的前一天"是第二个句子的含义的组成部分。

人们如何论证上面所说的这两个句子具有相同的含义呢?必然要被违背的一个基本原则是,一个句子的含义(思想)是由其组成部分的含义构成的。在这个例子中,这个原则必然要替换为弗雷格关于"抵消"或"弥补"的言论。但是,这样做会是对弗雷格本人一般性原则的极有针对性的违背了。

我个人的观点是:如果弗雷格对于如何表达这些思想所提供的说明是正确的,一个在时间 t_0(或许使用"现在"或"今天"等字眼)用现在时表达的思想,在其后的任何时间都不可能被重新理解把握了。[68]原因很简单:更早的时间永远不会重新跟我们在一起,它被认为是对该思想的表达的一部分。实际上,我们有可能记得曾经有过这样一种思想,并描述了它,包括它发生时的时间,但它绝不可能以完全相同的方式重新来过。[69]

如果我们考虑更长的时间段,这些想法会得到强化。在英语中,我们必须把"前天"说成"the day before yesterday"。但在弗雷格自己的语言中,即

---

[68]　因此,我不赞同埃文斯在这一观点上对弗雷格进行的辩护,即便他的论文肯定应该参考,其试图论证的是相反的观点。我不想深入考察他针对我的观念的"原子论"性质所进行的反驳。

[69]　现代"四维论者"的观点怎么样呢?或许在某种意义上说,这个更早的时间仍旧和我们同在。首先,几乎没有什么证据表明弗雷格与这些过于现代化的观点有何关联。其次,在任何情况下,时间 t_0 是(过去式)言述发生的时间;而这的确只能发生一次。

德语中，我们却可以说成"vorgestern"。⑦原则上，我们可以想象表达任意长时间段的表达式。或者，我们可以考虑直接包含数字的表达式，例如"n 天前""524 天前"。人们怎样才能设想这些表达式保留了自己原初的含义呢？人们可能会怀疑它们，或者记错弄错了它们，但这并不是因为改了主意或是忘了原本的情境，而是因为算错了天数。只要所含的天数足够短，思想就是相同的，这样说会十分的反—弗雷格。"足够短"的界限何在呢？㉑

然而，还有一些重要的问题需要我们考虑。我们可以拿起一张旧报纸，发现上面写着"俄国和法国现在正在交战"。如果这句话表达的思想在此后任何时间都绝不可能再有（正如我断言的，这必定会是弗雷格的观点），我们要怎样理解这句话呢？我们之所以理解这句话，是因为我们理解有关如何理解包含"现在"这个词的句子的一般性规则，这点我们在上面已经讨论过了。正如我们所看到的，这些句子是不完整的，需要将言述时间（它被认为是对该思想的表达的一部分）等等补充完全。一般性规则已经给定，而我们知道这个原则是如何被一个写作者、说话者或读者在任何时间加以应用的。这涉及这个事实：这个写作者亲知他写下这个句子的时间，就像我们亲知我们正在读那张旧报纸的时间，如此等等。

如果我们想要报道报纸上所说的内容，情况会怎样呢？我们大概会这样进行表达："在这件事发生之时，报纸上说俄国和法国那时正在交战。"这并不意味着，"俄国和法国那时在交战"在当下这个时候所表达的思想，和"俄国和法国现在正在交战"在这张报纸发行的时候所表达的思想，是同一个思想。准确地说，从"现在"到"那时"的变化在当前这个时候表达的是一种惯用的描述方式，所描述的是在更早时候用"现在"一词所表达的思想。

㉗　我在讲演中提到了希伯来语，但正如人们所指出的，为什么不强调弗雷格自己的语言呢？

㉑　参看弗雷格（Frege，1884:6，最后一段）对康德的评论。即使所涉及的，看似只有短短一天的时间，人们也会对这个时间周期感到困惑。参看 Kaplan，1989:538，他提到了瑞普·凡·温克（Rip van Winkle）*（不过，他钦佩弗雷格对于"昨天"和"今天"的评述，认为这预见到了现代指示词理论）。

*　小说《瑞普·凡·温克》的主人公。这部小说的故事情节主要讲述主人公瑞普·凡·温克喝醉之后在梦中的奇遇，瑞普因为偷喝了酒致醉，不知不觉睡着了，然而一睡就是 20 年，醒后回到自己的家乡，发现已经没有一个熟人，连自己所惧怕的太太也已离开人间。故事主要感叹岁月流逝，人事变迁。——译者注

这正是当时那个时候写作这篇报道的记者所遵循的惯例。⑫

对后一天进行报道的情况与此类似。如果有人说,"今天斯德哥尔摩正在下雨",那么在后一天我们就可以这样报道:"昨天约翰说斯德哥尔摩正在下雨"。或许更贴切一些,有人今天可能会告诉我"昨天斯德哥尔摩正在下雨",我可以将其报道成"约翰告诉我昨天斯德哥尔摩正在下雨"。如果有人回想起个人过去的信念,情况同样会成立。这些报道的惯例不应该(按照弗雷格型分析)引发下面这样的幻觉⑬:"昨天斯德哥尔摩正在下雨"在某一天表达的思想,和"今天斯德哥尔摩正在下雨"在这一天的前一天所表达的思想,是相同的思想。关键在于,我们之所以知道应该怎样表达包含"现在"这个词的信念,这既是因为已经阐明的那些包含这些信念的内容的一般性原则,也是因为我们知道如何让相信者去亲知某一给定的时刻。即使这些报道描述了严格来说我们不再能够把握到的思想,在用间接话语对它们进行报道时,我们也采用了作为惯例的转换方法。⑭即使其所表达的思想不再

---

⑫　埃文斯提到了旧报纸问题(他的例子用的是"昨天"),用它来论证这一点,即我们当然能够理解昨天的报纸,我们会用"昨天"这个词报道这件事,而这些事实一定会支持弗雷格的陈述,即我们仍然理解旧的思想,并且能用"昨天"来报道它。他引用了其他几位哲学家的观点,这些人认为弗雷格所坚持的是下面这个观点,即只要主词的指称保持不变(即便含义发生了改变),我们就(几乎完全)能够再现一个思想。

埃文斯反对这些哲学家把弗雷格解读为完全"反对……含义与指称的理论"(Evans, 1985:307)。他问道,弗雷格是否恰好用的是"我的生日"而不是"昨天"? 考虑到《命名与必然性》和本章所引的弗雷格那条关于"亚里士多德"的知名注释,他所反对的这些哲学家,也有可能是对的。[也请参看卡普兰论假冒的从物(the pseudo de re, 1989:555)]。然而,我认为埃文斯的下述看法是正确的:弗雷格认为"昨天"和"今天"两种陈述之间具有一种更加密切的关系,而这导致他认为它们表达了同一个思想。在"亚里士多德"的例子中,他显然并不认为不同的说话者能够真正表达同一个思想,这也是我论证过的观点。

⑬　我不是在用一种非弗雷格式分析谈论一个人应该思考的东西。参看本章的注释⑳和㉑。

⑭　在我的讲座结束之后的讨论环节,布扬松(G. Björnsson)问我:如何处理"你(昨天)承诺你今天会来"? 当时我认真思考了这个问题。在佩里(1993)的《弗雷格论指示词》重印版"后记"中,佩里认为,间接话语报道,无论是对时态方面还是人际方面事例的报道,都构成埃文斯对弗雷格所做辩护的关键性反对意见。在上面的探讨中,我已经设法回答了这些反对意见。间接话语报道以及其他我们无法表达,甚至无法想象的思想报道,给出了我们自己针对这些思想的本性的惯例性描述。

我想补充的一点是,尽管佩里不确定自己在这个问题上准确解读了埃文斯(我也没有详细考察过这个问题),他还是认为埃文斯提出日期(时间、主体)实际上是思想的组成部分,是在为弗雷格进行辩护。他反对像下面这样看待思想:"如果出现在埃文斯思想当中的是对象,而不是对它们的表达方式,正如……我所认为的……它们同样也背离了弗雷格的理论。这是一种背离,因为弗雷格并不反对这种结合'"(Perry, 1993:23)。我说过,我并不试图去搞清楚我与埃文斯的想法的关系,但我认为,按照我的解释,作为含义出现在"现在"思想当中的,并不是言述的时间本身,而是由说话者对说话时间的亲知所给出的时间的那种类型的自名所指。"今天"被分析为"包含现在的那一天",等等。

能够把握得到,我们也能读旧报纸并理解它。⑦

弗雷格对第一人称陈述的类似处理,我将在下文进行描述。我之所以要修改弗雷格关于"今天"和"昨天"的评论,是为了让弗雷格对时态事例的处理与对人际事例的处理保持一致。后面针对该事例的讨论会让我对时态事例的评论变得更加清楚。

让我回过头来继续看伯奇关于含义之本质的观点。伯奇论证说,弗雷格对(时间或其他)索引词的处理表明,含义不能被等同于意义。我的分析是这样:如果正确理解弗雷格对这个现象的处理,也就不会对含义和意义的等同提出任何异议了。伯奇运用他的分析来批评我在《命名与必然性》(Kripke,1980)中针对弗雷格关于普通专名观点提出的看法。既然我反对伯奇的观点,我也就没有理由收回我的那些看法了。然而,为了自我辩护,我会利用这个机会在这个问题上多说几句。⑦

考虑下面这条出现在《论含义和指称》中的著名注释,这是我从伯奇自己的译文中引用来的:

> 就"亚里士多德"这样的实际专名来看,关于它的含义,可能会有不同的看法。例如它会被这样看:柏拉图的那个学生和亚历山大大帝的那位老师。有人会把这个名称的含义看成是"亚历山大大帝出生于斯塔吉拉的那位老师",与这些人不同的是,持前面那种看法的人将赋予"亚里士多德生于斯塔吉拉"这个句子另外一种含义。只要指称保持不变,含义上的这些差异就是可以容忍的,不过,在实证科学(demonstrative science)的理论结构当中,应该避免这些情况的出现,它们不应当出现在一种完善的语言之中。(Burge,2004:217)

由于伯奇在引用弗雷格时总要特意给出自己的翻译,这似乎表明之前的翻译都是不可靠的,所以我必须补充一点:他的译法和布莱克的译法实际上是一样的,只要把二者的翻译进行对比就会发现这一点。我本人认为,弗

---

⑦ 这里我要感谢与佩德罗的交谈。

⑦ 伯奇对严格指示及诸如此类的东西也有话要说。我把我在这里的评论限定在他在一个问题上所说的话,这个问题是由弗雷格在《论含义和指称》一文中关于"亚里士多德"的那条注释引起的。

雷格表达的意思是这样的:按照第一种定义＊,"亚里士多德生于斯塔吉拉"将会是并非不言自明的,但使用第二种定义的人则会认为这句话是不言自明的。我还认为弗雷格作出了如下假设:用限定摹状词给专名下定义属于典型做法,而且,我还针对在弗雷格和罗素那里发现的观点——关于普通专名的摹状词理论,提出了批评。

我把专名的摹状词理论归于弗雷格(这肯定与他的例子相符),这样做是否正确并不是这里要讨论的主要问题。埃文斯曾在一篇文献中谈到:可以肯定,弗雷格与罗素一样,被普遍认为提出了这种理论。但据我所知,这篇文章并没有发表出来。这使得我对这种观点的反驳变得十分重要,无论历史上弗雷格是否真的提出过这种理论。

下面这一点对当前目的来说更加重要:我确实把弗雷格的观点理解为,许多专名,对一个说话者意味着一样东西,对于另一说话者则意味着另一样东西;个人语言当中存在着差异,而这个结果是反直觉的。伯奇认为,关于"含义"和"意义"的区别及其与弗雷格指示词理论的关系这些问题,他本人对弗雷格的理解将会引发对这段话的一种完全不同的解读。

伯奇指出,虽然费格尔的翻译中通常把"*Sinn*"变为"*sense*",但他却把刚刚引用过的那个注释里的一句话翻译成了:"有人把'亚里士多德'的含义解释为亚历山大大帝的那位斯塔吉拉老师,和这些人不同,任何接受这种含义的人会用不同的方式对下面这个陈述句的**意义进行解释**[黑体是我加的]:'亚里士多德生于斯塔吉拉'"。⑦按照伯奇的看法,这个"纰漏"让人们觉得"含义"和"意义"的等同就包含在这段话当中,而且"我们将会看到,它可能影响深远"(Burge,2004:220)。

结果,这真就影响到了我。我确实在《命名与必然性》(Kripke,1980:30)中引用了费格尔的翻译。伯奇似乎提到(Burge,2004:203),要是我注意到了布莱克的翻译,我就不会被误导,从而产生下面这个想法了:严格来说,不同的说话者具有不同的个人语言,在其中"亚里士多德"及其他名称意指不同的东西。我猜我的读者们一定也没注意到布莱克的翻译,起码没去查阅它。

＊ 柏拉图的那个学生和亚历山大大帝的那位老师。——译者注

⑦ "On Sense and nominatum", trans. H. Feigl and W. Sellars(eds.), *Readings in Philosophical Analysis*(New York:Appleton-Century-Crofts, 1949).

和所有这些相反,我要说的是下面这些话:我不记得为什么会引用这个翻译。或许我只是在讲座前看到了它,然后就口头讲了出来,或者,**也许我认为这个翻译能让自己的观点更加明确**。然而,我怀疑,假使我引用的真是布莱克的翻译(我说过,他的翻译和伯奇的翻译本质上是相同的),这个观点看起来会有什么不一样吗?我承认,如果我读的那个译法是"将会赋予一种不同的含义",就像布莱克和伯奇翻译的那样,那么,一个把这理解为普通英语且对伯奇的特定解释毫不知情的读者,就会完全像我所想要的那样来理解这段话了。也就是说,尽管指称保持不变,但不同的说话者会用不同的方式使用"亚里士多德"。我本人在课堂上讲授过吉奇-布莱克所编的文集(Frege,1952)中关于弗雷格的内容,包括其他论文,特别是他的《函数和概念》("Function and Concept", 1891)。如果有谁严肃地提出,我当时没有意识到布莱克的译本,我会对此表示反对,请注意:我在书中遵照的正是布莱克的译法,用的是"reference",而不是费格尔的"nominatum"或者罗素的"denotation"(这和卡尔纳普、罗素、丘奇的做法正好相反。参看注释②)。

为了把握真正重要的问题,伯奇提出,"与专名及其他索引性构造相关联的含义,随语境而变化……在这方面,弗雷格以相同的方式看待名称和索引词"(Burge,2004:217)。然而我们已经看到,弗雷格并不认为时态句的含义(以及与指示词和索引词相关的含义)会随时间(语境)而发生变换。相反,它们的含义是恒定的,但不完整,必须要由言述时间(或其他相关的语境因素)来补充。无论如何,有一件事令人感到奇怪,《思想》写成的时间要比《论含义和指称》晚 25 年以上,但我们必须借助《思想》这篇后来的文章才能理解前面那篇。读者们一定被严重误导了很长一段时间![78]

---

[78] 真的,甚至可能是更长时间。在《论含义和指称》被哲学家熟知后的很长一段时间里,《思想》的重要价值还没有被认识到。它没有被收到吉奇-布莱克所编的文集中(Frege,1952)。这篇论文的第一个英文译本是奎因顿做的,1956 年才面世。吉奇-斯托霍夫的翻译可追溯到 1977 年。在我的印象中,现当代哲学界从那时才逐渐认识到这篇文章根本上的重要性。

伯奇确实从《论含义和指称》中引了一个句子:"对于每一个属于符号的完全整体的表达式来说,必定有一种确定的含义与之对应;但自然语言往往不满足这一条件,如果同一个词在同一个语境具有同一种含义,我们就必须感到满足了"(Burge,2004:217)。如果没有伯奇的特殊解释手段,我可能就会这样来理解这段话了:它说的是,和精确的概念文字不同,自然语言中会出现模糊性,如果一个模糊词项在一个给定语境中具有一种固定的含义,人们就必须感到满足了。(参看我在本章注释㉜中提到的这个评论。)

玩笑开完后,我本人希望从《思想》中引用一段话,这段话令人信服地表明,弗雷格认为,不同的说话者将不同的摹状词赋予了同一名称,因而具有不同的个人语言。

> 现在,如果彼得(L. Peter)和林更斯(R. Lingens)两人都把"劳本(G. Lauben)医生"理解成住在两人都知道的那个房子里的唯一的医生,那么,他们就会用相同的方式理解"劳本医生受了伤"。他们会把相同的思想与这句话关联起来。
>
> 进一步假设,加纳(H. Garner)知道劳本医生 1875 年 9 月 13 日生于 N.N.,而这一点其他任何人都不知道。然而,假设他既不知道劳本医生现在住在哪儿,也不知道关于他的其他任何事情。另一方面,假设彼得并不知道劳本医生 1875 年 9 月 13 日出生于 N.N.,那么,就"劳本医生"这个专名而言,尽管加纳和彼得事实上的确是用这个名字指谓同一个人,但他们说的不是同样的话。因为他们不知道他们正在用这个名字指谓同一个人。(Frege,1918—1919:332—333)

相关的德文原文是:"*sprechen … nicht dieselbe Sprache*"(Frege,1918—1919,德文原著中是在第 65 页)。我之所以引这句话,是因为有人提出读者们依据了错误的翻译。我不能设想——就在伯奇所依据的那篇文章中——关于伯奇所说的、人们误以为是弗雷格所持有的观点,有更加清楚的陈述。也就是说,普通的自然语言实际上是个人语言或方言的结合,它们会因人而异,这取决于人们将何种含义与一个给定名称进行了关联,即使该名称的指称是相同的。

这一点与《论含义和指称》当中讨论"亚里士多德"不同含义的那条注释通常而且居于主流的解释是完全一致的。[79]没有理由基于对糟糕的翻译

---

[79] 弗雷格不太可能把他关于"劳本医生"的观点建立在下面这种被有些哲学家所持有的看法上,即专名不是自然语言(德语、英语等等)的组成部分。在"罗本医生"的问题上,不管这种观点如何貌似合理,很显然,有些专名就是自然语言的组成部分。我不知道亚里士多德在希伯来语或希腊语中该如何称呼。一个德国人也许想知道,我们这些说英语的人会用什么词来称呼他的国家,而一个说英语的人也可能会反过来问"Germany"(德国)在德语里用哪个词说。比如,就第二(转下页)

的怀疑,或者因为不熟悉弗雷格的索引词理论,或者其他什么原因,就去怀疑这种解释。⑧

回到我们眼下的主题"索引词"上来吧。弗雷格关于第一人称单数词,也就是关于"我"的理论是什么样的呢? 当然,当前和过去涌现了很多关于第一人称观点的讨论——笛卡尔、维特根斯坦、卡斯塔内达,以及其他很多人都谈过这个问题。

弗雷格说,"现在每个人都会通过一种特殊而原始的方式对自己呈现,但不会用这种方式向任何其他人呈现"(Frege,1918—1919:333)。佩里及追随他的卡普兰(他在某个地方称以这个句子开头的那段话为"让人感到煎熬",但称赞了上面批评的弗雷格关于"昨天"和"今天"提

(接上页)个问题来看,如果我不知道它的答案,那就说明我对德语的知识存在空白。但是,不同的摹状词可能会与同一个名称进行关联,这个观点仍保持不变。如果弗雷格认为"劳本医生"是一个特殊的例子,他本就可以这样说的。

上一段中提出的问题,是对有些哲学家所表达的专名观点的一个简要而且只是部分的处理,这个问题值得我们在其他地方更加详细地进行讨论。

我们也必须承认,关于"劳本医生"所假想的这个情境是相当特殊的。当弗雷格假设,有人将"柏拉图的那个学生及亚历山大大帝的那位老师"这个含义与"亚里士多德"这个名字进行关联(他可能知道也可能完全不知道亚里士多德的出生地是在哪里),而另外有些人则将"亚历山大大帝的那位生于斯塔吉拉的老师"与"亚里士多德"这个名字进行关联,这种情境与"劳本医生"的情境是完全类似的。但是,弗雷格是否真的写过:这两个不同的说话者"不知道"他们所指的是同一个人呢? 这肯定会让人感到为难。他说这种含义上的变化在自然语言中是可以容忍的,这似乎走向了一个不同的方向。或许态度上的不同的确与下述事实有关,即"亚里士多德"是一个著名人物的名字,是日常语言的组成部分。但从理论上讲,这些属于相同的情况。

如果弗雷格关于自然语言中"亚里士多德"这样的名称的观点,让他的观点令人生疑(我就是这样认为的),那就要修改戴维特和斯蒂尔尼(Devitt and Sterelny,1999)当中的一个提法,我将其称为"不受欢迎的个人语言问题"。

⑧ 伯奇宣称(2004:217)《思想》证实了他的理论,即对弗雷格来说,名称与索引词及诸如此类的语言表达式的情况是类似的。但我没看出是怎么证实的。

或许可以提到,伯奇(Burge,1973)认为,名称是后面跟着特定谓词的指示词。但他好像没有从弗雷格那里为自己这个观点寻找过文本证据。

我必须承认,伯奇文章中的某些段落让我怀疑他是否在相容地质疑我在这里重申的观点。例如,他承认(2004:232),那条谈论亚里士多德的注释意味着,在一个说话者嘴里近乎逻辑真理的东西,在另一个说话者嘴里将是一个事实性断言。在第218页第一段,伯奇或许毕竟会被理解为赞同这一点,即按照弗雷格,不同的说话者说着和名称相联系的不同的个人语言。这些段落以及其他段落让我有时候禁不住好奇:伯奇在这些问题上是否真的反对我的解释,或者更准确地说,他是否反对我的这个断言,即弗雷格的观点若如此阐释,就是不合理的。但这样的话,对索引词的强调与有关含义本性的争论,几乎就没什么关联了。

出的看法)⑧,在他们看来,弗雷格的意思是,每个人都必须通过一种可以在普通语言中进行陈述的、具体而独特的定性方式呈现自己。要想怀疑或者实际上拒绝这一观点,是很容易做到的事。正如佩里所说,这样类比就是要用这样的方式来解释"现在",以致每一个瞬间都必定具有自身定性的特征。我们已经看到,弗雷格对"现在"的处理当中根本就不涉及这种东西。让我们略过某些讨论(例如对于"昨天"和"今天"的讨论),从下面这段弗雷格讨论时态的话继续进行研讨:

> 在所有这样的情况中,纯粹的措辞尽管可以在文字中保留下来,但并不是对思想的完整表达。为了准确把握思想,我们还需要知道与言述相伴发生的某些条件,它们被用作表达思想的手段。用手指去指、做出手势、眼神,可能也属于这样的手段。包含"我"这个词的同一句话,在不同的人口中会表达出不同的思想,其中有些可能是真的,有些则可能是假的。(Frege, 1918—1919:332)

我们记得弗雷格的理论说的是:现在时态和"现在"涉及作为语言构件的时间的自名使用。一般来说,弗雷格认为这种措辞造成了一种不完整的含义。例如,指(pointing)就是对思想的表达的一部分。它的含义决定了被指之物作为指称对象。

如果有人单独看关于"我"的这最后一句话,它似乎表明,第一人称语句表达完整的思想,在不同的人的口中会作出不同的解释。但是,就像自名使用的时间使思想的表达变得完整,如果与时态的这种类比要想成为严格的

---

⑧　Kaplan(1989:501).卡普兰有可能将"昨天"和"今天"认定为直接指称指示词,只是用两种不同的方式挑选出同一个日期,产生出相同的"内容"(这里用的是卡普兰自己的术语)(也可参考我对"固定指称"和"给出意义"的区分)。然而,我并不是从后来的另一种择代观点讨论这段话,而是从弗雷格的观点讨论这段话的。我的有些观点和弗雷格的观点相左,而我的这些观点也有可能与后来的观点相左,但在这里我们不必讨论这个问题。

受佩里的影响,卡普兰完全反对以我所引的那句话开头的段落,这在我看来根本就是错误的。(为了公平对待卡普兰,我应该补充一点,那就是:后来他和我讨论这个问题时,他能够正视我的观点,并认为他早期的文字受到了"不理智的热烈情绪"的影响。也可参看卡普兰对弗雷格第533—535页那段话的讨论,尽管它和之前的描述有着更细微的差别,但在我看来仍难免遭遇严肃的反驳。)

类比,那么,被看作自身的自名指示词的主语,也会让第一人称思想的表达变得完整。于是,通过与此前已经说过的话进行类比,第一人称语句(有"我"这个词)可以被表示成措辞和主体构成的有序对。主体(不是主体的名字,而是主体他或者她自身)是这个句子的一部分。措辞是一个不完整的谓词,代表的是应用到人的一个概念。"我"必定表示一个函数,把每个人映射到她(他)自己身上,这就好比"现在"是时间的函数。就像有时态的情况中那样,完整的思想中的含义是由自名的指示给出的含义。只有在这里,主体才是自名的指示词。⑧②

这些对于下面这个观点有什么作用应该是清楚的了:"每个人都会通过一种特殊而原始的方式对自己呈现,但不会用这种方式向任何其他人呈现。"就像在其他自名指示的情况中一样,在这里,这种用法要求说话者或思考者亲知该对象。正如说话者会亲知当下的时间,遵循我们所熟悉的笛卡尔观点,每个说话者或思考者也都亲知他或她自身。这种亲知起到的作用和它在涉及时间的情形中所起的作用是极为类似的。请注意,在这里弗雷格并不认为同一个思想可以被其他任何人表达。既然这些案例都是相似的,因而相应的学说也就应该是相似的。⑧③⑧④

在进一步探讨这个问题之前,让我来评价一下佩里的讨论,它影响到了卡普兰。佩里(卡普兰或多或少遵循了佩里)论证说,"所需要的是我最原始的方面,它不仅仅是我意识到自己所拥有的一个东西,而且还是我独自拥

---

⑧② 由于大多数第一人称陈述都是有时态的,所以有一点是明显的,即它们实际上应该是三元的:语言措辞、说话者和时间。如果这些陈述中包含指示词(伴有示意、手势等),表示起来会更复杂。在我没有引用的那一段话当中,弗雷格也提到了"这里"和"那里"。

我想要补充一点,正文中刚说到的关于第一人称陈述的那个重要观点,并不在我讲演的原始手稿当中。对现在这个版本来说,这属于新内容。有关这个问题更多的探讨,也请参看第十章第一部分。

⑧③ 当代有很多人从人—时段(person-stages)的角度思考,他们可能会认为这里真的只有一种亲知,也就是亲知"我—现在"。不会有类似的情形,但或许会有单独一个例子。但是,几乎没有理由把这个学说归于弗雷格。

当然,笛卡尔或许会同意,人们可能会怀疑人是否存在于过去或者将会存在于未来。但是,说持存的自我不过就是时段的组合,跟这不是同一件事。

我应该补充一下:我们不应该把下面这个学说归给弗雷格,即亲知的对象是某种特别的、转瞬即逝的实体,是一个"笛卡尔式的自我"。弗雷格说的是:每个人都通过特别的方式亲知自己,而不是说,人们通过这种方式所亲知的实体和这个普通的人不一样。

⑧④ 这里我要感谢和佩德罗的交谈,使我从中受益。

有的东西"(Perry，1977:490)。⑧如果我们确实假定,在普通语言中"我"必须要用一个限定摹状词来定义,佩里的结论就的确能够推出来。但它根本就不在弗雷格的文本中,而且可以证明它也不是必要的。当然,在关于第一人称的哲学传统中,这几乎没有什么作用,佩里本人暗示过这一点。⑧

第二,佩里在论文开头写道,"在弗雷格对含义和思想的说明中,不能交流的、私人的思想是最没有生气的东西"(Perry，1977:474)。在他看来,弗雷格的语言学理论迫使他提出了思想是私人的、不可交流的这个学说。吉奇则进一步指出:

> ……他(弗雷格)在(《思想》)一文中自我欣赏的某些观点——具有不可交流性质的私人感觉,通过无法交流的方式给出的笛卡尔式的**我**——确是伪造的思想……因为弗雷格断定:(1)任何思想本质上都是可以交流的;(2)关于私人感觉和感觉性质(sense-qualities)的思想,还有关于笛卡尔式的**我**的思想,本质上都是不可交流的。由此直接导致不存在任何这样的思想这个结论。当然,弗雷格从未下过这样的结论……但是……维特根斯坦会下这个结论。(Geach，Preface to Frege，1977:viii)

后期维特根斯坦那个出了名的困难而且有争议的"私人语言论证",竟会这么简单? 弗雷格真应该为没能发现自己理论中存在如此明显的矛盾而受到责备。实际上,尽管弗雷格区分了思想这种抽象实体,和观念(ideas)这种个别心智中的事件,以至于不同的人可以具有相同的思想,而思想是(而且通常都是)可以交流的,这绝没有排除存在这样的思想的存在,由于某些特殊的原因,只有一个人能够理解它。⑧

事实上,弗雷格一直坚持认为某些思想是不可交流的。请看他在《算术

---

⑧　他还论证说(第491页),类似的考虑将会对"现在"提出同样的要求,从而使得每一个时间都可以通过与这个词相关联的独特方式单独说清楚。

⑧　我说的是"几乎没有什么作用",但要说"完全没有作用",那就太过了。或许有人已经论证,"我"表示的是"形而上学的主体",甚至认为这两个短语的含义是相同的。但如果有人真的这样认为,他的结论就一定是某种形而上学的唯我论。

⑧　埃文斯对这个问题进行了详细阐述(1981:313)。我发现在这里我完全赞同他的观点。

基础》中给出的关于两个人的例子。这两个人的内在知觉空间是三维投射空间，其中一个人用"点"意指的东西，恰恰是另一个人用"面"意指的东西，反之亦然。他下结论说，这两个人无法发现这种差异："纯直觉的东西是不可交流的"。（Frege，1884:35）[88]一个更为简单的几何学案例则涉及这样两个人，他们的内在空间互为对方的三维欧式镜像。在下一页上，弗雷格说道，"'白色'这个词通常会让我们想到某种特定的感觉，这种感觉无疑是完全主观的；但在我看来，在日常言谈中，它常常承载着一种客观的含义。当我们说雪是白的时，我们打算指称一种客观的性质……"（Frege，1884:36）。很容易由此得出结论：这种主观的用法是不可交流的。实际上，这正是弗雷格在《思想》一文中所要表达的观点：

> 我的同伴和我都相信我们看到了同一块绿地；但我们各自都有关于绿色的特殊的感官印象。……因为如果"红色"这个词并不是要陈述事物的一种性质，而是为了描绘属于我的意识的感觉印象时，它就只在我的意识范围内才可以适用。因为将我的感觉印象和另外一个人的感觉印象进行比较是不可能的。（Frege，1918—1919:334）[89]

在这里采纳这个观点，并不是因为什么语义上的压力，而仅仅因为这就是弗雷格看待事情的方式。任何人大概都怀有关于颜色的印象的思想。

这些问题一旦解释清楚，"我"的特殊第一人称用法会起到什么作用呢？只不过就像以前我们在直接引用、间接引用、现在时等情况中那样，一个有能力的语言使用者必定会亲知这种恰当的含义。[90]人们并不是非要亦步亦

---

[88] 感谢皮卡蒂让我注意到了这一段话。关键在于，在三维投射几何中，如果"点"和"面"这两个词可以互换，那么，任何关于这两个词的陈述的真值都将保持不变。

[89] 如果涉及色盲的省略材料也能被解读出来，那么，从"绿色"到"红色"的转变就会变得显而易见。

[90] 这里我将借机谈一谈丘奇系统应该如何进行重塑。我在上文批评过这个系统，因为它有一个未加解释的层级（比如关于实质条件句的层级），其中每一个都表示此前一个层级的含义。我们发现，丘奇并不掌握任何关于"特权"含义的学说。但是，按照我们对弗雷格的解读，这种"特权"含义是存在的。条件句等的无穷序列中的每一个词项，都应当根据我们对前一词项决定其指称对象的方式的自省意识给出（"反向路径"）。

每一个层次都可以被称作其前一层次的亲知而给出的含义，并通过一个明确的算子来表示。我们甚至可以假设，这就是丘奇心里面真正想到的东西，尽管这不属于他正式提出的学（转下页）

趋地追随笛卡尔才能看到，我们每个人都通过一种特殊的第一人称方式亲知她或他自己。关于这一点并不存在任何神秘之处。我处理这件事的用时已经超过了必要的程度，而这样做只是因为我要应对其他作者提出的观点。

弗雷格写道：

> 所以，当劳本医生（之前提到过的那个人）有了自己受伤了这个思想时，他可能会把这个思想建立在那种他通过它而把自己呈现给自己的原始方式的基础之上。只有劳本医生本人，才能把握用这种方式加以说明的那些思想。（Ibid., p.333）

这里，（古斯塔夫）劳本医生可以对他自己说"我受伤了"，或者他可能只是在思考这件事。无论如何，他都用到了由第一人称视角给出的亲知—含义。

然而，弗雷格继续说道：

> ……他（劳本医生）或许想和别人进行交流。他不能和别人交流只有他自己才能把握到的思想。因此，如果他现在说"我受伤了"，那他一定要在别人也能够把握的意义上使用"我"这个词，或许就是指"此刻正在跟你说话的那个人"……（Ibid.）

很容易看到，这个说法为什么会促使别人认为弗雷格弄错了对"我"的分析。下面这种看法真的有道理吗：每个人都在两个意义上使用"我"这个词，一个是当他对自己说话时，另一个是在和别人说话时？弗雷格提出的这个尝试性想法面临重重困境。也许此刻不止一个人在和另一个人说话，因此这种描述并不是唯一的一种说明。或许劳本医生遭遇了临时性声音嘶哑或者失声，以致所说的这个描述是空的；或者，假如同一时刻恰好另一个人在和劳

（接上页）说。参看本章的注释⑰，我在那里引用了丘奇的观点，即他的翻译论证只是阐明一个给定语言片段与其所说的意思之间联系的任意性的一种方式而已。关键必定在于，"that—从句"指示所指命题的方式，要比任何元语言的释义都更加直接。（丘奇也试图利用这个论证表明，命题对于句子来说并不是可有可无的。）也可以看我在文中给出的例子。安德森告诉我，他有一份丘奇讲演的副本，其中丘奇确实说到，词项具有优先的含义。可见，丘奇在这个问题上似乎存在某种歧义和矛盾。

本医生预期的听者说话,于是这个描述表示的就是别人了。但是,即使劳本医生不能说话,在他使用"我"这个词时,也会有一个预期的指称对象,虽然他未能发出这个声音,而这个指称对象必定是劳本医生本人。在《指示词》(1989)和《什么是意义? **意义的使用理论探索**》("What is Meaning? Explorations in the Theory of *Meaning as Use*",未公开出版)这两篇文章中,卡普兰机智地嘲讽了各种关于"我"这个词的这种类型的分析。如果我们请一个志愿者去做什么事,人群当中有人举起手说"我愿意",试想把"我"替换为"正在说愿意的那个人",也许这个观点人们仍能听明白,但讲起来会让人觉得很奇怪。

弗雷格那些没有道理的举动是很不必要的。使用"我"这个词的说话者是对该思想的表达的一部分,说话者自名地指其自身。这个指示的含义由亲知给出。每个人都是通过与自身情况进行类比而知道这种亲知是什么的。所以,听到劳本医生说话的听者会知道所表达的是哪种类型的思想,尽管严格说来他不可能具有这个思想。这个情况与旧报纸的读者那个例子是相似的。⑨

在间接话语中,我们使用了卡斯塔内达以及其他人强调过的那种表达。劳本医生说(认为)他自己受伤了[Dr Lauben said (thought) that he himself was wounded.],在这里,that 从句后面的内容明显不是对劳本医生思想的字面重复,而是我们自己对它的描述。⑫

最后,让我来重述一下我的主要观点吧。首先,在含义中存在一条从指称到含义的"反向路径"。因为每一个对指称进行说明的人,必定会通过某种方式这样来做。这样,根据她自己说明该指称的方法的意识,她也就意识到了该指称是怎样固定下来的,由此她也就意识到了这个含义的存在。据我所知,弗雷格对这一点最明确的使用是在《思想》(1893)一文的开头,在那里他先是断言每一个词项都有唯一的指称对象,每一个句子都有唯一的

⑨　后期维特根斯坦可能会反对这一观点,即听者能够通过与自身情况进行类比而把握到"我"的主观第一人称用法,但没有任何理由认为弗雷格也会这样反对。

⑫　我对弗雷格的阐述作了几处纠正,以便让他的观点与他自己的标准保持一致。很自然,像下面这样做对解释是有利的:这种纠正要让被研究的作者按照他自己的系统能够保持正确,但即使仅从自己的观点出发,人们也的确会犯错。我并没有被迫像佩里那样断言,各种各样的压力迫使弗雷格放弃了自己的某些基本信念。

真值,然后断定说,该系统中的每一个句子都表达一个思想,而这个思想正是由真值条件被指明的方式给出的。[93]语言学规则以及相关的弗雷格型思想,通常可以由(α)和(β)所例示的一般性方法给出。[由于反向路径的存在,作为对间接含义的递归说明,(β)是有道理的,而关于要具有启发性的那些要求也得到了满足。]

但是,要想应用这些规则,并真正理解它们,语言的使用者或思考者必须要对直接或间接引用的材料、含义、时间、主体以及内在精神状态,具有某种类似于罗素所说的那样的亲知。尽管他们对摹状词的分析存在差异,但从根本上说,弗雷格和罗素比通常所认为的更为相似。[94]较之罗素,弗雷格观点中的亲知学说没有那么清晰,但我一直相信,要想正确理解弗雷格,这个学说是必要的。我希望自己想的是对的。*

参考文献

Beaney, M. (1997) *The Frege Reader*. Oxford：Blackwell.

Boër, S. E. and Lycan, W. G. (1986) *Knowing Who*. Cambridge, MA：MIT Press.

Burge, I. (1973) "Reference and Proper Names." *Journal of Philosophy*, 70：425—439.

——(1979a) "Sinning Against Frege." *Philosophical Review*, 88：398—492. Reprinted with a postscript in Burge(2004), pp.213—242.

——(1979b) "Frege and the Hierarchy." *Synthese*, 40：265—281. Reprinted with a postscript in Burge(2004), pp.153—210.

——(2004) *Truth, Thought, Reason：Essays on Frege*. Oxford：Oxford University Press.

Carnap, R. (1947) *Meaning and Necessity. A Study in Semantics and Modal Logic*. Chicago：University of Chicago Press.

---

[93] Frege, 1893：S.31—32, pp.87—90.

[94] 人们可能会认为,我的亲知学说暗含了这样一点,即具有相同含义的短语将自动具有相同的间接含义。在后来的一次弗雷格研讨会上,我忽然想到并不一定会推出这个结论,但对其进行探讨已经超出本文范围了。

* 感谢安佳怡(S. Agahi)和佩吉恩(P. Pagin)抄录原初讲演的工作。感谢泰希曼,特别还有佩德罗,他们帮我完成了现在这个版本。我还要感谢弗莱斯达尔和皮卡蒂,上文提到了我对他们观点的参考。在相对晚近的通信中,安德森、弗莱斯达尔和萨蒙在看过这篇论文的草稿后,补充了有价值的评论,我对这些评论的考虑还不够到位。本文的完成得到了纽约城市大学研究生中心索尔·克里普克中心的支持。

Castañeda, H. N. (1967) "The Logic of Self-Knowledge." *Noûs*, 1:9—22.

——(1968) "On the Logic of Attributions of Self-Knowledge to Others." *Journal of Philosophy*, 65:439—456.

Church, A. "(1950) On Carnap's Analysis of Statements of Assertion and Belief." *Analysis*, 10(5):97—99.

——(1951) "A Formulation of the Logic of Sense and Denotation." In P. Henle, H. M. Kallen and S. K. Langer(eds.), *Structure*, *Method*, *and Meaning*, *Essays in Honor* of *H. M. Scheffer*, pp.3—24. New York: The Liberal Arts Press.

——(1956) *Introduction to Mathematical Logic*. Princeton: Princeton University Press.

——(1973) "Outline of a Revised Formulation of the Logic of Sense and Denotation(Part I)." *Noûs*, 7(1):24—33.

——(1988) "A Remark Concerning Quine's Paradox about Modality." Reprinted in Salmon and Soames(1988), pp.58—65. Originally published in Spanish in *Análisis Filosofico*, 2 (1982):25—32.

——(1995) "A Theory of the Meaning of Names." In V. F. Sinisi and J. Woleski(eds.), *The Heritage of Kazimierz Ajdukiewicz*, pp.69—74. Amsterdam and Atlanta: Rodopi.

Davidson, D. (1965) "Theories of Meaning and Learnable Languages." In Y. Bar-Hillel (ed.), *Proceedings of the 1964 International Congress for Logic*, *Methodology*, *and Philosophy of Science*, pp.383—393. Amsterdam: North Holland. Reprinted in Davidson (1984).

——(1968) "On Saying That." *Synthese*, 19(1/2):178—214. Reprinted in Davidson (1984).

——(1979) "Quotation." *Theory and Decision*, 11:27—40. Reprinted in Davidson(1984).

——(1984) *Inquiries into Truth and Interpretation*. Oxford: Oxford University Press. Devitt, M. and Sterelny, K. (1999) *Language and Reality: an Introduction to the Philosophy of Language*. Oxford: Blackwell.

Dummett, M. (1973)*Frege*: Philosophy of Language. London: Duckworth.

——(1981) *The Interpretation of Frege's Philosophy*. Cambridge, MA: Harvard University Press.

Evans. G. (1981) "Understanding Demonstratives." In H. Parret and J. Bouveresse(eds.), *Meaning and Understanding*. Berlin: W. de Gruyter. Reprinted in Evans (1985), pp.291—321.

——(1985) *Collected Papers*. Oxford: Oxford University Press.

Frege, G. (1884) *Die Grundlagen der Arithmetik*. Breslau: Verlag von Wilhelm Koebner. Trans. by J. L. Austin as *The Foundations of Arithmetic*. Oxford: Blackwell, 1950.

——(1891) "Function and Concept." In Beaney(1997), pp.130—149.

——(1892) "Über Sinn und Bedeutung." *Zeitschrift für* Philosophie und philosophische Kritik, 100:25—50. Trans. by Max Black, in Beaney(1997), pp.151—171.

——(1893) *Grundgesetze der Arithmetik*, begriffsschriftlich abgeleitet, Vol. I. Jena: Pohle. Trans. in part by M. Furth as *The Basic Laws of Arithmetic*. University of California, Berkeley and Los Angeles, 1967.

——(1918—1919) "Der Gedanke." In *Beiträge zur Philosophie des deutschen Idealismus* I, pp.58—77. Trans. as "Thought" by P. Geach and R. H. Stoothoff, in Beaney(1997), pp.325—345. Also translated by A. M. and M. Quinton(1956), "The Thought: A Logical Inquiry", *Mind*, 65(259):289—311.

——(1952) *Translations from the Philosophical Writings of Gottlob Frege*, edited by P. T. Geach and M. Black. New York: Philosophical Library.

——(1977) *Logical Investigations*, ed. with a preface by P.T. Geach, trans. by P. T. Geach and R. H. Stoothoff. New Haven: Yale University Press.

——(1979) *Posthumous Writings*, ed. by H. Hermes, F. Kambartel and F. Kaulbach. Chicago: University of Chicago Press.

——(1980) *Gottlob Frege*: Philosophical and Mathematical Correspondence, ed. by G. Gabriel, H. Hermes, F. Kambartel, C. Thiel, A. Veraart, B. McGuinness and H. Kaal, trans. by Hans Kaal. Chicago: University of Chicago Press.

Geach, P. T. (1957) *Mental Acts. Their Content and Their Objects*. London: Routledge and Kegan Paul.

——(1963) "Quantification Theory and the Problems of Identifying Objects of Reference." *Acta Philosophica Fennica*, 16:41—52. Also included in Geach(1972), section 4.3 and 5.8.

——(1972) *Logic Matters*. Oxford: Blackwell.

Hintikka, J. (1962) *Knowledge and Belief: An Introduction to the Logic of the Two Notions*. Ithaca, NY: Cornell University Press.

Kaplan, D. (1968) "Quantifying in." Synthese, 19(1/2):178—214.

——(1989) "Demonstratives." In J. Almog, J. Perry and H. Wettstein(eds.), *Themes from Kaplan*, pp.481—563. New York, Oxford University Press.

——(1990) "Words." *Proceedings of the Aristotelian Society*, *Supplementary Volumes*, 64: 93—119.

——(unpublished) "What is Meaning? Explorations in the Theory of *Meaning as Use*.

Kripke, S. (1980) *Naming and Necessity*. Cambridge, MA: Harvard University Press.

——(unpublished) *Whitehead Lectures: Logicism, Wittgenstein, and De Re Beliefs about Numbers*.

Künne, W. (1992) "Hybrid Proper Names." *Mind* 101(404):721—731.

Künne, W. (2010) "Sense, Reference and Hybridity: Reflections on Kripke's Recent Reading of Frege." *Dialectica*, 64:529—551.

Lewy, C(1949) "Review of Carnap's *Meaning and Necessity.*" *Mind*, 58:228—238.

Mendelsohn, R. (2005) *The Philosophy of Gottlob Frege.* Cambridge: Cambridge University Press.

Parsons, T. (1981) "Frege's Hierarchies of Indirect Sense and the Paradox of Analysis." *Midwest Studies in Philosopby*, 6:37—57.

Perry, J. (1977) "Frege on Demonstratives." Philosophical Review, 86(4):474—497. Reprinted with a postscript in Perry(1993).

——(1993) *The Problem of the Essential Indexical and Other Essays.* Oxford: Oxford University Press.

Picardi, E. (1992) *Elementi di Filosofia del Linguaggio.* Bologna: Patron.

Ouine, W. V.O. (1960) *Word and Object.* Cambridge, MA: MIT Press.

——(1979) "Intensions Revisited." In P. French, T. Uehling, Jr. and H. K. Wettstein (eds.), *Contemporary Perspectives in the Philosophy of Language*, pp.268—274. Minneapolis: University of Minnesota Press.

Reichenbach, H. (1947)*Elements of Symbolic Logic.* New York: Macmillan.

Russell, B. (1905) "On Denoting." *Mind*, 14(56):479—493.

Salmon, N. (2005)"On Designating." *Mind*, 114(456):1069—1133.

——and Soames, S. (1988) *Propositions and Attitudes.* Oxford: Oxford University Press.

Searle, J. (1989) *Speech Acts.* New York: Cambridge University Press.

Sosa, E. (1970) "Propositional Attitudes *De Dicto* and *De Re.*" *Journal of Philosophy*, 67 (21):883—896.

Washington, C. (1992) "The Identity Theory of Quotation." *Journal of Philosophy*, 89(11): 582—605.

第十章　第一人称*

一

一些哲学家对简单的第一人称代词"我"感到困惑,这里我就来谈一谈这个代词。这些反思来自最近一次受邀去巴塞罗那①,讨论我对卡普兰的手稿《什么是意义? **意义的使用理论探索**》(未出版)②以及对他的经典论文《指示词》(1989)的一些看法。

倘若要我对卡普兰最近的著述给出一个总体评论的话,我会强调自己对他的一般方法的喜爱。③他的方法中有一个方面我大体上赞成,但是我也

---

* 本文曾在"索尔·克里普克:哲学、语言和逻辑"学术会议上提交和宣读,这次会议是 2006 年 1 月 25 日在纽约城市大学研究生中心召开的。最初宣读时并没有文字稿,这里的版本针对最初版本做了实质性修改,但我并没有完全消除其会话性语气。我要特别感谢哈曼和斯塔尔内克,他们向我指出:在我原来的讲演中,我对刘易斯提出的一个批评显得过重了。

在我做本次讲演时,我的论文《弗雷格的含义和指称理论:一些解释性评注》(本书第九章)尚未公开发表,观众也不知道这篇论文。由于它和本章的主题高度相关,所以我的陈述中包括了很多重合的内容。在目前这个版本中,我已经消减了重叠的部分,但这并不意味着对其未加考虑。有一些重要的考虑指出了弗雷格所面临的问题,它们本来已经出现在我 2008 年文章(Kripke, 2008)中(作为第九章收入本书),不过在我写这个最终版本时,我并没有意识到这个问题;在我最初做这个讲演时我也没有意识到这一点。

① 2005 年 12 月,我受逻各斯小组(Logos Group)之邀在西班牙巴塞罗那大学做了三场报告。马西亚(J. Macià)建议把卡普兰的文章作为其中一场报告的备选主题。对语言哲学中这个主题背景的进一步的评论(尤其是受到卡斯塔内达的影响),请参考下面的注释⑫。

② 从现在起,我想把这篇手稿称为"作为使用的意义"。我所拥有的该文版本有一个副标题:"简要的版本——草稿#1"(Brief Version——Draft#1)。当然,"意义在于使用"这个口号源自维特根斯坦,卡普兰这篇手稿的确在某种程度上受到了维特根斯坦后期作品,甚至他的一些最著名的例子的影响,但是,不应该认为(作者也不认为)这篇手稿继承了"维特根斯坦的"方法。

③ 特别地,就像我所理解的那样,我赞同(并且一直赞同)他关于什么应该被包括于语义学(而不是转嫁给语用学)的宽泛概念。语言老师应该把一门特殊语言的意义作为其教学的一部分的任何东西包括到语义学当中去,这些东西与该语言的说话者在某个特殊时间的习俗和社(转下页)

会提醒：当把它应用到本次讲演的主题时，它会产生误导。他论证说，一个人不应该把语言学家或语义学家的任务看作类似于把一些言述翻译到他自己的语言中，比如，就像蒯因在他的一些作品中所做的那样。这预设了这个人自己语言的语义学，而且不会让我们走得很远。相反，语言学家或语义学家是"从上面"描述共同体中的语言使用的。

　　卡普兰借用了某些哲学家所谓的"科学的语言"④，并认为"从上面"

（接上页）会学事实是不一样的。我不理解为什么会有人希望去限制语义学，以便只让它包括由真值条件给出的东西，而排除索引表达式。也许人们会认为这个问题只是纯粹的术语问题，但我有一个很强烈的感觉：并非完全如此，相反的概念会让人们误入歧途。比如路德娄和西格尔（Ludlow & Segal，2004）就认为，按照格赖斯原则，"但是"和"而且"尽管在规约隐含（conventional implicature）上不同，但"在字面上意义相同"（p.424）。同样地，他们认为，"a"和"the"在英语（p.424）中是同义词，尽管他们说了它们在英语中是如何被不同使用的（由于这个观点，他们让很多曾经追随他们的哲学家感到很惊讶）。就我理解，按照卡普兰，"tu"和"vous"（作为礼貌的第二人称单数）在法语中不是相似的。相反，关于什么时候使用"tu"更为恰当，法语态度方面的变化是关于法语的变化着的社会学的事情，跟语言中的变化无关。（可能人们会想象一些在其中这个区分并不明显的情形。）格赖斯的"会话隐含"（conversational implicature）的区分不是语言中的区分，这就像我自己在1977年文章（Kripke，1977）中所提出的对限定摹状词的指称—归属区分的那种处理一样。在我1977年的文章（Kripke，1977）的结尾，我提出，相同的策略可以应用到不定摹状词上，就像路德娄和尼尔（Ludlow & Neale，1991）所做的那样。路德娄和西格尔（2004）本不应该把他们自己的策略看成刚提到的两篇文章中使用的同一一种策略的一种案例。注意：这个问题与路德娄和西格尔关于"a"和"the"的观点是否正确无关。但是，他们无权说：按照他们的观点，"a"和"the"是拼写不一样的两个表达式，却具有相同的意义——同义性，就像"灰色"（gray）和"灰色的"（grizzled）或"厉害的"（grisly）和"可怕的"（gruesome）一样（p.424）。相反，依我的观点，不过不是他们的观点："而且"和"但是"并不是拼写不同而意义相同的表达式。

我希望，当我表达我和卡普兰在此问题上观点相同时，我是正确地理解了卡普兰的。他有很多非常有启发性的著述，尤其是关于一个新颖的逻辑有效性概念与这个语义学概念相一致的著述。从意义使用理论的观点看，他关于"哎呦"（oops）和"再见"（goodbye）的评论以及关于贬损语的评论，也是很有启发性的。

④　卡普兰认为，蒯因最早提出了下面这个观点：科学语言不应该包括索引词、时态等，尽管卡普兰自己不同意这个观点（他说，斯特劳森是从蒯因那里得到这个观点的）：这些手段不易受到逻辑研究的影响。我相信，在交谈中，关于"科学的语言"这个概念，他也提到了罗素。尽管他也（见下文）清晰地认识到这个概念与实际的科学论文中所允许的东西关系不大，然而它影响到了他如何"从上面"描述语言的观念。

蒯因是一位可能被（这个方向的一个仰慕者）描述为"亲科学的"（pro-scientific）的哲学家，或者（被其贬低者）描述为"科学的"哲学家。另一方面，后期维特根斯坦可能是"反科学的"。但是，他有一个相似的"科学的语言"的概念。在《哲学研究》中，他这样写道："'我'不是一个人的名字，'这里'也不是一个地方的名字，'这个'也不是一个名字。但是它们与名字有关。名字依靠它们来解释。这种说法也是真的：物理学靠下面这个事实来刻画，即它不使用这些词语"（Wittgenstein，1953：410）（我改变了最后一句的翻译，它在印刷版中更弱且更少迷惑，那里写道："……物理学的特征是不使用这些词语"。）他在这里是什么意思？正如我所说，当然不是说这些索引词从未在物理学论文当中出现过。有可能是，这种词语从未在物理学规律中出现过，但我们曾经承认过很多术（转下页）

(from above)的描述正是用这种科学的语言进行表述的。所谓的科学语言本身,既不包括索引词,也没有时态上的分别,可以适用于任意说话者、地点、时间等等;如果涉及模态的话,它也能应用于任一可能世界。而且,所有这些事情都必须以冷静的方式来做。比如,像卡普兰所说,人们在描述表达愤怒的词语时,自己并不会愤怒。这与人们关于历史编纂的观点相关。我们有两种极端的观点:一种观点就像亨普尔(C. G. Hempel, 1942)中提到的,认为历史的写作和物理学的写作原则上并没有什么差别,其中都包含着普遍规律、确证和反驳等等;另一种观点则认为,历史使用了特别的**解释**(Verstehen)方法。我认为第二种观点确实抓住了要害:历史学家努力把自己放到历史当事人的位置上,去思考这些当事人当时是怎么想的。有人给出了这样一个很强的表述:如果你要写一个历史人物,你就应该尽力真正变成这个人。⑤无论人们如何看待历史,卡普兰所说的"冷静"的要求,也适用于对一门语言"从上面"的描述。⑥

"从上面"的描述是什么意思呢?(我的说法可能在卡普兰的表述中加了一点自己的东西。)首先并且最重要的是,它是关于该门语言如何被使用的描述,但是它也有指导性的一面。如果语言可以使用一种中立的、无索引词的语言"从上面"完全而正确地进行描述,那么,这一描述(假设是用英语)应该可用作**指导**手册,其中给外国人列出了一整套关于如何使用英语的指令。出于这个目的,这些指令本身应该是用外语写成的。它们会告诉一个外国人,"goodbye"习惯上是用在离开的时候。即使是在讨论真值条件语义学(或者涉及诸如说话者、时间、被描述的可能世界等因素的真值条件)时,从上

(接上页)语由它们来解释,这让我感到很困惑。此外,物理学可能说如此这般一个物理量现在有某种价值,但是它正在减少。(如果我的翻译是正确的)更让我感到迷惑的是下面这个主张:这个限制(没有索引词和指示词)告诉我们物理学是什么样子。

⑤ 我上大学的时候写过一篇论文,主题是《历史与唯心论:柯林伍德的理论》("History and Idealism: The Theory of R. G. Collingwood"),这篇论文我从未发表,尽管这个领域的一位专家曾推荐我将其发表。在这篇论文中,我评论说,如果你写希特勒,你不应该试图成为希特勒,这可能是一个很危险的想法。你们中有些人可能听说过大卫·欧文(David Irving)——他最初是从一名让人非常尊敬的出版商起家,无论如何他在某种意义上就是这个方法的一个化身(参看,比如欧文1977年的作品,在那里他明确说,他试图通过希特勒的眼睛来描述这场战争)。不幸的是,从这本书起,他越来越成功地实现了我年轻时担忧的事:这是一个危险的想法。

⑥ 但是,即使在这种情况下,对于**理解**方法也是有些话可以说的。人们可能需要经历愤怒才能理解包含愤怒的词语的描述。

面的描述应该既可以用于描述,也可以用作该门语言学习者的指导手册。

在"作为使用的意义"(在"意义与使用"一节)中,卡普兰这样写道:

> 考虑索引词"我"。"我"是什么意思? 最直接的回答可能是:它是第一人称代词。但这只是一种功能性描述。问题是:第一人称代词又是什么意思呢?

我在前面说过,我是受邀去讲卡普兰的,在这种场合下,人们一般会强调自己不同意的那些地方。(因为被邀请提交一篇关于卡普兰著述的论文,如果我只是评论说"是的,我同意,这就说明了一切",听众们恐怕也不会买账。)所以,我在这里要评论一个观点,对这个观点我有几分赞同,但总的来说,我和卡普兰在下面这一点上存在重大分歧——也就是他关于如何处理第一人称代词才适当的看法。此外,我也会谈论其他一些哲学家的看法。

卡普兰用下面这个例子来说明:对于"我",恰当的语义处理不是通过下定义,而是说明这个词是如何被使用的:

> 比如,为了说明"我"的意义,《韦伯斯特词典》(第三版)给出了解释:"正在说或写的人",并援引了圣歌"我必不至缺乏"。(这促使我想象正在一个彩票颁奖仪式上坐在礼堂后面,低声问圣歌作者:'这里的哪个人赢得了千万大奖?'他低声回我说:'正在说话的那个人。'或者,同样地,根据《韦伯斯特词典》(第三版),'我过去不至缺乏;我将来也不至缺乏。')(出处同上)

这里我有两到三点评论。关于如何解释"我"这个词,我当然同意卡普兰所要阐述的语义学观点。[7]但是,"圣歌作者"说了"我必不至缺乏"吗? 很

---

⑦　但是,卡普兰的看法也并不是完全正确。如果我在写一篇文章,我会说"当前作者认为这里有个错误"。"当前作者"与"我"可能同义,也可能不同义,但是,在某些学术作品中用它来替代"我"乃是标准做法,也许更形式或者非人称一些。在同样的意义上,"当前说话者"更是少见,确实不像"当前作者"一样属于常规表达式,但是,或许在某些情况下,它可以被这样使用。

或者假设某人已经写道"所有美国人都支持如此这般"。有人可以反驳说:"不是**这个**美国人",即**不是我**。还可以想象很多其他这样的例子。

多受过教育的美国人会认为圣歌作者（像其他圣经作者一样）在 1611 年撰写或完成了他的作品。⑧事实上，"写了"第 23 篇圣歌的"圣歌作者"一定参考了已经出版的标准的希伯来原始文本。因为希伯来语里面根本就没有一个单独的词跟"我"相对应：就像在很多种语言中一样，"我"只用作强调，并且在大多数情况下只是动词的前缀或后缀。⑨

　　这一点在某些方面可以支持卡普兰的观点，因为他认为，我们不应该去寻找"我"的意义。卡普兰最基本的思想是这样的：像弗雷格那样去探究"我"这个词的意义或含义这件事本身就是错误的。对"我"的正确的语义学说明，应该完全在"科学的语言"中给出。在这种"科学的语言"中，真值条件被"从上面"中立地表达出来：一个说话者 S 所说的"我……"为真（或者对于他正在考虑的可能世界是真的，如果那个世界是相关的）当且仅当 S……这是一个一般性的陈述，它完全地决定了"我"的语义。⑩只有当我们考虑存在这样一种第一人称完全由前缀或后缀来表达（或者"我"及其等价的表达式一般只起强调作用）的语言时⑪，这个观点（将"我"定义为指称说话者的指示词并不合适）才会得到加强。

　　卡普兰注意到，《韦伯斯特词典》本身也意识到了：试图给"我"下一个定义，这件事是"行不通的"，它继续说道，"被某个正在说话或者写作的人……用来指称他自身"。他评论道，"此时此处，他们最终给了我们需

---

　　⑧　如果我的记忆是正确的，我相信我在《纽约时报》上读到过这样的文字："圣经说……［或者'旧约全书说'］，而不是最新版本的圣经。"我父亲听到一个基督教原教旨主义牧师在收音机上说："迄今为止，或者更精确地说，至此为止，正如圣经所说，……"

　　⑨　分别在完成时和未完成过去时中（在圣经希伯来语中）。

　　⑩　这个观点独立于卡普兰所强调的作为使用的意义，就像后期维特根斯坦所主张的那样。它与真值条件［或与各种索引词（比如说话者、时间、被描述的可能世界等索引词）相关的真值条件］的语义学概念相一致。

　　后面我会比较详细地讨论安斯康姆这篇文章（Anscombe, 1975），在该文结尾处，作者把下面这个评论归给了奥尔瑟姆（J. Altham），即从真值条件上看，关于"我"的规则有一个充分性问题：一个人如何从"我认为约翰爱我"中为这个规则提炼出谓词？对这个规则需要补充：当"我"（I）或"我"（me）出现在晦暗语境当中时，这个谓词通过用间接反身代词代替"我"（I）或"我"（me）来说明（65）。安斯康姆的论文中解释了"间接反身"这个语法概念。

　　卡普兰认为（Kaplan, 1989：505），两个主要的规则是："'我'指称说话者或作者"，并且"我"直接指称。也许卡普兰会认为，对"我"（I）或"我"（me）的一个直接指称解释给出了对一些例子（比如奥尔瑟姆的例子）的充分处理。我自己很同情这样一个观点。假如把它讲清楚，那会很好。

　　⑪　我和卡普兰谈起过这个例子，他说他很熟悉这个拉丁文例子。

要知道的东西,也就是这个词是如何**被使用**的"。

考虑一下卡普兰对特征和内容的区分。特征给出了使用"我"的一般规则,而内容则要视个人观点而定。如果人们采纳简单的命题观点,它就是关于该说话者的;如果像卡普兰所说的那样,它不必是一个说话者,那么也可以是一个写作者或一个思考自身的思考者。我们稍后再回来讨论这个话题。

在《指示词》(Kaplan,1989)一文中,卡普兰对第一人称的处理明显受到佩里对弗雷格关于第一人称陈述(和其他指示词)的批评(Perry,1977)的影响。⑫我自己也曾经考察过弗雷格对这些问题的看法,以及佩里对弗雷格提出的问题,及其与弗雷格的观点之间有何联系。弗雷格曾大量讨论过间接引语,也较少地讨论过直接引语(见本书第九章)。但是,我在这里不仅要讨论**弗雷格的看法**如何,更要讨论事实上如何,或者换句话说,使用一个我认为属于同外延的谓词,**在我看来事实上如何**。

卡普兰曾经在交谈中承认,实验室里的科学家所使用的语言,并不能算作他所说的那种"科学的语言",因为他们总是使用时态和索引词。科学论文也一样。没有哪个科学期刊会因为一篇论文没能完全使用"科学的语言"(尤其是时态)而拒绝该文章。我认为,在自然语言中,似乎很难举出无时态句子的真正的例证,它们是关于某个特定的日常事物的(不过并非数学对象之类)。我在文献中看到过的一些例子并不是真正无时态的。⑬这里讨论的科学的语言其实是哲学家发明出来的,没有谁会说这种语

---

⑫　只要人们谈到作为当代哲学特殊主题的第一人称,他就应该提到卡斯塔内达(Castañeda,1966;Castañeda,1968)及其他的文章,他比其他任何人都更多地使第一人称成为语言哲学的特殊话题(第一人称句子及其与间接引语方式的关系,这些话语方式由"贝蒂相信她自己……"所例示)。也可以参看吉奇(Geach,1957a)和普赖尔(Prior,1967)的著作,它们被刘易斯(Lewis,1983:139)所引用。正如下面提到的,我也考虑到了维特根斯坦的观点(Wittgenstein,1953)。

卡普兰和佩里之间互有影响。佩里本人(Perry,1977)已经提到了卡普兰(Kaplan,1989)所表述的观点的一个早期版本。

当然,当代心灵哲学和语言哲学强调第一人称和第三人称观点之间的区别,而且这也是相关的。

⑬　例如,塞德尔(Sider,2001)给出了令人印象深刻的例子:"第一次世界大战发生在美国内战之后""在这本书出现之前存在着恐龙"。如果在不同的时代陈述这些句子,它们中没有一个能够改变真值,但是对我来说,很明显它们都是过去式。我并不能精确地知道,那些设想它们在一战之前或"这本书"出现之前被表述的人心里是怎么想的。

塞德尔给出了另一个例子:"2000 年 6 月 28 日正在下雨"。这个句子是一个可疑的（转下页）

言。尽管卡普兰也承认这些事实,但关于"科学的语言"能够述说什么的看法,对他自己的说明是很重要的。

卡普兰曾经说,弗雷格关于第一人称的陈述是"扭曲的"(Frege,1989:501)。尽管稍后(Frege,1989:533)他根据他自己的理论重新解释了那段论述,弗雷格可以被理解为在谈论"我"的特征(Character)。在这样的解释之下,那段文字(曾让卡普兰"怀疑多过赞同")经过辩护后,发现本质上还是正确的。卡普兰还说,"一个粗心的思考者"如何会误解这种情况。鉴于此前他对这段文字的描述,并考虑佩里(Perry,1977)对他的影响,我认为卡普兰心里想的粗心的思考者其实就是弗雷格本人。[14]

弗雷格写道:

> 现在每个人都以一种特殊和原初的方式向自己呈现,在这种方式中,他不会被呈现给其他任何人。所以,当劳本医生产生自己受了伤的想法时,他可能就是基于这种最原始的方式向自己呈现的。并且,只有劳本医生自己能够把握以这种方式描述的思想。但是,现在他可能想与其他人进行交流。他无法跟别人交流只有他自己能把握的思想。因此,如果他现在说"我受伤了",他就必须在能被他人理解的意义上使用"我"(也许是在"此刻正在与你说话的那个人"的意义上);这样做,他才会让伴随其言述的那些条件促使思想得到表达。(Frege,1918—

(接上页)英语句,除非在 2000 年 6 月 28 日说,在这种情况下,"今天,2000 年 6 月 28 日,正在下雨"更好。2000 年 6 月 28 日之后,就必须说"2000 年 6 月 28 日曾下雨",而在那之前就得说"……将……"(显然,下雨发生的特定地点是预设好的)当然,某人可能确定在当前讨论的日期会有雨,但对现在的日期不确定,或者不希望是自己承担这样的责任,但是在这种情况下,她就应该说"2000 年 6 月 28 日曾经或正在或将要下雨。"这不是无时态的陈述,而是时态陈述的析取(换句话说,是使用时态化的谓词的析取)。与这个析取等同的某种东西很可能就是塞德尔心里面想到的"无时态"陈述的解释,但他用英语表达它的企图似乎是失败的。他的例子被认为是与"现在正在下雨"相矛盾的,这个例子是他在更早时候作为时态化陈述的例子给出的,但它似乎不是一个恰当的英语句子。虽然这种无时态陈述的真正例子可能在英语中存在,但它们并不通过近似于所建议的形式出现。

尽管有这些评论,我并**没有**暗示说:在无时态地假定整个世界的历史的情况下,我们没有一个语言的概念。我认为,我们可以想象这样一个语言。但是,它的大部分都将是哲学的创造。它是可理解的语言,但却与自然语言没有任何有意义的重叠。

[14] 参看本书第九章。

1919:333,此处省略了注释)⑮

这段文字不仅被佩里和(在佩里影响下的)卡普兰批判性地讨论过,埃文斯(Evans,1981)也曾针对佩里的批评为这段话辩护。弗雷格所说的那种每个人向自己呈现的方式对我来说并不算陌生。我以一种特殊的第一人称的方式意识到自己,这个人们所熟知的观点至少可以追溯到笛卡尔。但是,佩里以及追随他的卡普兰都认为,弗雷格关于第一人称的观点要想说得通,"所需要的是我有一个原初的方面,这并不仅仅是只有我意识到我自己具有,而且只有我一个人具有"(Perry,1977:490)。

为什么佩里会认为这一点是必要的呢?这种特殊的第一人称的笛卡尔式意义是类似**主体**或思考者的东西。但是,那是谁呢?难道只有一个思考者,只有一个主体?如果一个人把它说成是**我的主体,也就是通过意识到我自己在思考而被我所意识的主体**,这个表述就明显陷入了循环。怎么才能避免这个循环呢?只有通过我所独有的一个特质,即我的原初的方面。这是佩里对他的结论的论证,而卡普兰也赞同。

和佩里一样,卡普兰对弗雷格提出了两个反驳。首先,他说道:

> 我真诚地怀疑,对我们中每一个人来说,每当我们使用"我"的时候,我们都想自己默默地表达一个特殊的、原初的、不可交流的弗雷格式的自我概念。(Kaplan,1989:534)

到此为止,卡普兰或许只是在怀疑新笛卡尔主义关于特殊的第一人称视角的学说(卡普兰关于"我"的"特征"的理论所给出的意义除外)。但是他马上又假设说,这个理论必须包含佩里那个更强的结论:这里讨论的自我概念必须通过中立的语言唯一地描述其主体。此外,他还反驳说:

---

⑮　所有参考《思想》("Der Gedanke",Frege,1918—1919)的引文都来自吉奇和斯托霍夫的翻译,题为"思想"(Thoughts,复数),重印于比尼(Beaney,1997),题为"思想"(Thought,单数)。注意,卡普兰自己使用的那段文字的翻译是更早时候奎因顿的翻译。就我所知,这种差别不影响讨论。

即使卡斯特(Castor)自恋地把这样的自我概念⑯和他对"我"的每一次使用都关联起来,但其心智生活和卡斯特一样的双胞胎波拉克斯(Pollux)仍然会把**相同的**自我概念与**他**对"我"的(相匹配的)每一个使用联系起来(Kaplan,1989:534,黑体原文就有)。

在《指示词》一文中,卡普兰提出的一个基本观点是区分指示词和索引词。指示词(比如"这个")要求有一些手势或其他东西(比如指向)来确定其指称,而索引词(比如"我"和"现在")则只需要一般的语言规则来确定其指称。⑰比如,当某个说话者使用"我"时,"我"总是指称这个说话者(或思考者或写作者等);在某时刻说到"现在",它指称的也就正好是说话的那个时间,如此等等。⑱

卡普兰指责"粗心的思考者"(素朴解释下的弗雷格)坚持一种"关于索引词的指示理论"。这就好像是在"我"的语义规则之外,另外还需要一个以内在的方式指向自己的主体来决定"我"的指称;"现在"和"这里"也一样(Kaplan,1989:534—535)。笛卡尔及其追随者可能会被指责犯了这种错误,除了下面这一指责:难以看清楚笛卡尔的观点特别接近语义方案。⑲

回到前面提到的一点,弗雷格要求对主体有一种独特的定性描述。这种描述只有主体自身才能通过某种独特的方式意识到,并且在事实上唯一地描述"这个主体"。所以,这很容易让人得出只存在一个主体的结论。确

---

⑯ 很明显,卡普兰想写"这样的一个自我概念"。

⑰ 佩里后来把它们称作"自动的索引词"(Perry,1997)。在言述的场合,说话者不需要指出特定的指示意图。

⑱ 卡普兰(Kaplan,1989:491)把"这里"通常是索引词,但有时却是指示词的观点归于本奈特,就比如一个人说"她住在这里"并且指向地图上的一个地点等等。与此相似,在同一页的注释中,卡普兰承认,对"现在"所假定的规则太过简单了。如果某人在录音电话上留了一条信息——"我此时不在家",则"此时"就指称这个信息被听到的时间,而不是录音的时间。相反的情况可以是真的:"我此时正在意大利,但当你收到这封信时我就在比利时了"。这个例子很有意义。(这是我自己的例子,我也略微改变了录音电话的例子。)

就我所知,对于"我"不会有这样的问题,事实上就像在这个句子的第一个子句中一样。

⑲ 事实上,佩里承认,有一些哲学家"对自我、信念和'我'持有相似的观点"而不会被任何语义问题所影响(Perry,1977:498)。他认为,弗雷格有可能完全是在这些观点的影响下写作的,但是他认为更有可能是企图找到一个与他的整个语义框架相适应的指示词理论的压力,促成了弗雷格的观点。

实,有一些哲学家得出了这样的结论——这是一种特殊的唯我论,不过我不确定到底是谁。[20][21]

所以,或者每一个主体必须是心理学上唯一的,或者,对主体的任何确定描述必须自己使用一个以自我为中心的词汇,并因此陷入循环。这个论证有什么问题呢？这样做论证的人心里想的,其实是没有人说的语言,即所谓的科学的语言。既然劳本医生就是说这种语言的人,那么他的"主体"当然是指他自己。如果林更斯[22]说"主体",则他就是指他自己。如果摆脱了没有人说的"科学的语言",那么,以这种方式确定指称对于弗雷格来说并不会造成什么困难(对笛卡尔也一样)。我们也不必担忧卡斯特和波拉克斯的问题。因为没有人会去使用那种会造成问题的、非个人的"科学的语言",故而他们中每一个人都可以用笛卡尔—弗雷格方式,根据他对自己的亲知来决定指称。

但是,这样的回答或许并不完整。难道不是所有这些人都说德语吗？在德语中,"我"(实际上是"ich")对**任何人**不是都意指都同一个东西吗？并且卡普兰说,可以通过一种中立的方式来充分描述"我"这个词的使用:说一个包含"我"的句子为真,当且仅当该句子的其他部分适用于主体(思考

---

[20]　在这次讲演中,尽管我不确定,我认为早期维特根斯坦(Wittgenstein, 1961)可能是一个例子。从那时起,有人提出布劳威尔可能是一个例子,这也是不确定的[参看布劳威尔 1948 年的作品(Brouwer, 1948)]。

[21]　这里我先跑一下题,谈一下"其他的心灵"。人们认为一定存在其他的心灵,毕竟每一个人都与我的行为相似,既然我有心灵,他们也一定有心灵。但是,其他一些人说不能只从一个例子就进行归纳概括。对这个异议的回应可能是,心灵构成了一个自然种类,因此,对一个例子的检验足以确定整个自然种类的基本特征。但是,这里真正的麻烦是这样的:有很多证据表明我们不是同一个种类的成员,因为很多心灵哲学家或者所谓的哲学家表达了一些理论,这些理论对我来说似乎蕴涵着他们自己没有内在状态(或者,如果他们确实使用了一些表达式来说他们具有内在状态,那么,我很清楚地知道他们给出了一些与真正的内在状态不相符的分析)。所以,对他们的行为的解释可能是什么呢？另外,他们似乎满足诚挚、诚实以及(如果假设他们有心灵)理智的标准。所以很明显,他们是他们自己所声称的东西,即和一个真正的人类主体(比如我)相似的、被非常聪明地程序化的机器人。至少在哲学系,他们比真正的人类主体要多。因此,当我看一个不是哲学家的随机的人的时候,这个人是一个被聪明地程序化了的机器人的机会就更大了,因为从我所有的这个例子,我只能确定一个真正的(有心灵的)人类主体。所以,当机器人说大多数像人的人是机器人时,它是正确的——并且我一定是一个有真正内在状态的稀有例子！

[22]　在弗雷格的论文《思想》中讨论了一些带有各种相互关系的特征。除劳本医生之外,另一个被讨论的人就是林更斯。弗雷格考虑了另外一个例子,在这个例子中,林更斯与劳本医生有个人接触或者只是听说过他。

者或者说话者），这种说法难道不对吗？或者，如果一个人不希望把自己限定于有真值条件的言述，即使涉及索引词㉓，至少"我"在任何句子中指称说话者（书写者，思考者）？所以，难道卡普兰的描述（即在他的技术意义上对"特征"的描述）还不够充分吗？难道它不是在每一个特殊情况下都能给出"内容"（即使会因"我"而异）吗？

首先，这可能是非常确定的。难道卡普兰的规则没有对"我"给出一个完全的描述？还需要补充什么别的吗？回顾一下我前面说过的，"从上面描述"可以给想学习这种语言的人充当指导手册。尽管卡普兰的解释对于某些事实上可能具有"我"的概念的描述人类学家是很好的，但对弗雷格（或任何假定缺少这个概念的人）来说却很难理解。所以，比如，假设卡普兰对弗雷格或任何其他人（但是，如果是对弗雷格说，就必须使用德语）说："如果某个说德语的人 S 因为使用'ich'这个词而拥有了一种属性，那么，S 所说的或所想的东西为真当且仅当 S 具有这种属性。"但是，弗雷格应该如何根据手册上的指令来使用"ich"这个词呢？他或许会这样想："嗯，那么，**我**如何根据这个一般的陈述使用'ich'这个词呢？好吧，正如卡普兰所说，任何德国人都应该把，比如说，正在经受痛苦或者是一个逻辑学家这样的属性归于**他自己**，当且仅当这个德国人正在经受痛苦或者是一个逻辑学家。因此**我**也应该这样做。"但是，弗雷格可能也会说"所以，通过'ich'，弗雷格（或劳本医生）应该把一种属性分别归为弗雷格（或劳本医生），当且仅当弗雷格（或劳本医生）具有这种属性。但是，**我**是弗雷格，所以我假设我应该使用'ich'这个词，当且仅当弗雷格具有这种属性。"这两种说法都预设了弗雷格已经有了**他自己**这个概念，即他用"ich"这个词表达的概念，所以我们在这里实际上已经陷入了循环。

这里的关键点在于，我们每一个人说的都是自己学过的语言。我们每一个人都可以通过对自己的亲知（自我认识）来确定"我"的指称。这样的亲知根本就不需要通过使用没有人说的"科学的语言"给出的定性描述给予我们。即使我们所有人都使用同样的语言——英语或德语之类的，情况也

㉓　像戴维斯和刘易斯这样的哲学家曾试图把非索引言述（或句子）的语义学归结为可以使用真值条件语义学的情况。与其完全相反的情况，请参看维特根斯坦（1953：§23）。在之后的论文《作为使用的意义》中，卡普兰并没有尝试进行任何特殊的归结。

还是一样。除非通过自己进行自我认识,否则没人能掌握共同语言中的
"我"的使用规则,因为除此之外,没有别的途径可以学会这个指称规则。这
就是当弗雷格说劳本医生使用"我"这个词来思考他自己时所意味的东西。
"他很可能要依赖于自己向自己呈现的那种原初方式"(Frege,1918—1919:
33)。在那之前,弗雷格还说:"在不同的人的嘴里,包含'我'这个词的同一
个言述表达了不同的思想,其中有些可能是真的,其他的则是假的"(Frege,
1918—1919:332)。用卡普兰的话说,一句话㉔在不同说话者嘴里具有相同
的特征,但有不同的内容。在关于弗雷格的论文中,我详细地解释了用弗雷
格的话来说这会是怎么样的(第九章)。无论用哪一种方式表述,这都是可
能的,因为当一个人说话时,他总会有自我意识。

但是,正如上面(Frege,1918—1918:289—299)所引证的,弗雷格关于
劳本医生如何用"我"与其他人交流的讨论确实是混淆了这个问题。弗雷格
说,当劳本想跟别人进行交流的时候,他无法在只有他自己能理解的意义上
使用"我"。但是,假如情况果真如此,那么很明显,人们马上就会回应说,所
谓的那种特殊的、无法交流的"我"一定是虚幻的。为什么要求"我"的基本
含义是人际交流中从不使用的东西?有人可能会怀疑日常语言根本就不能
用在思想中。确实,日常语言的首要用途是交流。

当弗雷格讨论劳本医生希望和其他人交流时他所使用的"我"是什么意
思,情况会变得更为复杂。弗雷格猜想,这是在"现在正与你谈话的那个他"
的意义上使用的(Frege,1918—1919:333)。听者此时所理解的"我",肯定
与"我"的基本含义不一样。正如我引述的那样,卡普兰机智地嘲讽那些希
望通过这种方式分析"我"的日常使用的人[如《韦伯斯特词典》(第三版)中
那个定义的作者]。另外,就像我在第九章中所写到的那样,那个给出的
"我"的定义("正在与你谈话的那个他")可能行不通。比如,可能正在听我
说话的那个人,同时也在听其他人说话。这样一来,这个摹状词将不能唯一
地确定其所指称的对象。在同一章,我还给出了同一类型的其他反驳。我
增加了早期的文章(以及这个演讲的最初版本)中未曾考虑过的一些反对

㉔ 注意,弗雷格用"言述"意味的是一个普型(type),而不是一个殊型(token)。他没有使用当
前流行的专门哲学术语。

意见。

假设这个定义的确可以正确地确定"我"的指称,而且我们暂不考虑卡普兰对它的人为性的担心,这里还是有问题。给出的那个定义中"你"的弗雷格型含义究竟是什么呢?难道它不应该是"我此刻正在对他说话的那个人"吗?但是这样一来,很明显就陷入了循环。

另外,劳本医生可能心里暗想:"利奥·彼得(Leo Peter)发现我受伤了",或者换句话说:"彼得知道我受伤了吗?"㉕既然这是劳本医生自己的心理活动,那么(按照弗雷格的观点),他此时使用的"我"确实只有他自己才能理解。但是,劳本怎么会问利奥·彼得是否有一个彼得自己都不能理解的思想呢?这里肯定有什么问题。㉖

确实,我们必须对"我"在其中不产生歧义的第一人称语句进行分析,不论是用它自言自语(在我们的社会里这让人感到泄气),还是写日记(不是那么让人泄气),还是用它与别人进行交流。如果这就是由其主体对自己的第一人称亲知所决定的意义,那么,如何用它与他人交流呢?这里有一种可能性。一个听众意识到,每一个人(包括他自己在内)使用"我"时是通过直接的自我认知指称到自己。因此,通过推己及人,这位听众就能理解说话者的第一

㉕ 记住,对于弗雷格来说,提出一个问题是持有一个思想而不断定它的典型方式。

㉖ 参看接下来我对弗雷格关于"昨天"和"今天"的评论的讨论,以及我在第九章中更加精细的讨论,以及在涉及间接引语问题上我在注释㉔中反驳布扬松的评论和佩里的相关异议。布扬松用时态表达了他的异议,但他可能同时根据人称表达了他的异议,就像卡斯塔内达(和下面会看到的其他人)所强调的那样。(佩里确实提到了人际间的情况。)

目前的问题是这同一个问题的相反形式。某人可以在一个间接引语的属性中把"我"用于某个其他正在考虑自己的人身上,尽管其他人不使用"我"或一个等价的表达式,他也不会像这里的主体——在本例中指的是劳本医生——所使用的那样来理解这个表达式。本文接下来的段落只是对这个问题的部分回答。假定其他人对这个主体拥有恰当的信念,把那一段的原则应用到这里的版本,就一定会认识到把一个使用"我"的思想归于其他某个人(比如利奥·彼得)对于主体(比如劳本医生)来说是合法的。

但是,弗雷格有专门的理由使我断言,在他看来,这些原则只是给出了这个问题的部分答案。弗雷格的那些理论,不论它们有,还是没有"我"的问题形式,具有遭遇这样一个问题的危险,该问题与我自己关于输出的问题(本书第十一章)有关。这个问题伴随着弗雷格的一个明确的观点,即一个名称(或代词)足以指称一个假定的人(它的使用者足以具有关于这个人的思想),这个人被他的使用者用一个指称这个人的限定摹状词来定义(对于不是人的实体也一样)。在关于亚里士多德的一个著名注释中,以及随后对人们考虑劳本医生(1918—1919)的各种方式的讨论中,弗雷格(1892:153)似乎都表达了这个观点。为了确定这件事,必须做一些事情,而如果可以这样做,这里提出的异议也就可以消解掉了。

人称陈述是什么了,尽管严格来说,它有一个无法与听众分享的意义。[27]

类似地,根据我自己对弗雷格的理解,我在以后不可能再有我现在用"现在"所表达的思想,我在将来的日子里也不可能再有我今天用"今天"所表达的思想了。然而,我能理解过去用"现在"或"今天"写下的一些文字,这就类似于我能理解其他人对"我"的陈述。[28]因此按照我的观点,当弗雷格说一个人可以用"昨天"表达先前用"今天"表达的相同的思想时,他的说法其实是错的。讽刺的是,虽然卡普兰对弗雷格关于"我"的讨论持批评态度,却称赞其对"昨天"和"今天"的说法。我自己的观点是:从弗雷格的观点看,弗雷格对"昨天"和"今天"的说法不能得到辩护;而从某种弗雷格的观点看,他关于第一人称和现在的评论却是正确的(除了我在上面批评过的他对"我"的歧义性的讨论)。

但事实上,当我和卡普兰讨论这些问题时,他说他逐渐开始接受我的这个观点了:某人必须先有自我的概念,然后才能遵从使用"我"的一般的指导,还把他的更强的原始陈述归属于"非理性的热情"。并且,当卡普兰赞赏弗雷格对"昨天"和"今天"的处理时,他或许并不真的认为这个处理按照弗雷格的方式是正确的。[29]

---

[27] 应该提醒读者,我还没有充分表达我对弗雷格观点的评注,尤其是他关于动词表达式并不表达完整的思想的观点。关于一个更完整的说明,参看我在第九章中的说明。当前的讨论中没有提到的一个来自弗雷格观点的重要结论是:按照弗雷格,"我""现在""今天"之类应该被看作未饱和的表达式,严格地说它们代表着函数。在目前的版本中,这一点被忽视了,甚至被扭曲了。就像卡普兰所说的,人们可能会认为"我"是指称其使用者的一个单称词项。其原因正如我所说:在本文中这个意义上,我只是偶尔涉及弗雷格和弗雷格的解释。

正如我在第九章中提到的,后期维特根斯坦及其追随者可能会反对下述观念:一个人通过相似于自己的情况而理解他人嘴中的"我"。但是,我这里正在考察这种观点(实际上,在更早的文章中,我有借口说为弗雷格不太可能会为这种异议而担心,而在这里我没有这样的借口)。

[28] 事实上,佩里(Perry, 1977:491)反驳说,根据他关于"我"所说的类似理由,弗雷格不得不承认这样一种观点:一个包含"现在"的思想是不可能在随后的时间被表达的。我认为,这确实是弗雷格理论的正确结论,并在第九章中也这样说了。但是,在对弗雷格的更完备的解释中,我把(英语中)语词上可表达的部分在所有时刻都看作一样的。但是,这并没有表达一个完备的思想。在"现在"的情形中,起这种作用的是语词上被表达的部分及其补充,这个补充的意义由自名的指称以及对言述时间的亲知所给出。正是这一点,是不可重复的,因为这种亲知在随后的任何时间都未被保留。至于细节,参看第九章。

[29] 参看第九章(注释[81])。卡普兰提出了一种反对用弗雷格的观点来看待"昨天"和"今天"的例子的观点,如我所言,他很可能把它们当作直接指称的指示词,产生了单一的"内容"(卡普兰的术语)。也可参看我自己对固定一个指称和给出一个意义的区分,这个区分我会在下面讲到。为公平对待卡普兰起见,我应该补充如下:卡普兰(Kaplan, 1989)的原始思想并不只是简单地说(转下页)

二

关于弗雷格,我说得已经够多了——我自己的观点是什么呢?我的观点是,"我"的第一人称使用当然**没有**弗雷格型含义,至少如果这意味着它有一个定义的话。但是,这可能是一个通过摹状词来固定(fix)指称的范例,我在《命名与必然性》(Kripke,1980)中没有提到:日常语言中的规则是我们每个人都通过"主体"(the subject)这个摹状词来固定指称。但是,既然我们每一个人说的都是自然语言,而不是虚构的"科学的语言",那么,对我们每个人来说指称都是不同的。这才是我要强调的。

很久以前,在谈话中,法兰克福对我建议说,笛卡尔的"我思"可能是先验偶然真理的一个例子。㉚当时我认为,不论"我思"到底如何,它和《命名与必然性》中的例子有很不相同的味道。首先,它确实是偶然的,因为我(或任何包含在相关的我思中的主体)可能从未出生,而另一方面,至少在其不要求任何特殊的经验来证实的意义上,它是先验的。但是现在,我不但觉得这个例子和我的例子相似,而且它还没有我原来的例子中潜在的问题。因为,从我固定指称的方式(我自己的思想的主体)可以推出我必然存在。(我将在后面讨论休谟对这个结论的著名反驳,但在这里我假设笛卡尔是正确的。)在米尺("标准米尺S")的例子和海王星的例子中,我必须同意,对象可能不存在。在米尺例子中,我认为我正在看着的尺子可能是错觉(在《命名与必然性》中隐含地假设了指称对象被一个在米尺跟前的人所固定),而在

(接上页)"我"是一个词项,当它被任何说话者使用时,都直接指称该说话者,但也说了它是直接指称的。

我本应该提到,布伯(Buberd)的 *Ich und Du*(1923)[被翻译为《吾与汝》(*I and Thou*),或《我和你》(*I and You*)]可能被认为,在许多其他事情之外,还给出了关于"你"的语义学的另一种说明,不同于我在上面讨论中所主张的弗雷格必须给出的说明。我只是熟悉该项工作的部分内容。

㉚ 我不记得我是什么时候和法兰克福进行的这次谈话。我现在不确定我自己在这件事上的思想历史。这种先验偶然的例子曾被广泛接受,甚至被那些怀疑我的海王星的例子和米尺的例子的人所接受。卡普兰的例子"我正在这里"是先验偶然的一个著名例子(Kaplan,1989:508—509),"我存在"很明显是它的一个推论。甚至"我存在"(或严格地说,它的否定)是卡普兰在第495页明确提到的。普兰丁格也曾提到"我存在"是先验偶然的(Plantinga,1974:8)。

海王星的例子中,天文学的推演可能是错误的,这个行星可能并不存在,就像祝融星的情况那样。因此,如果我希望表达先验真理,我就必须说"如果在我之前真的存在如我所见的尺子,那么……"(在海王星的例子中,我必须说"如果存在某个行星以适当的方式扰动了天王星,那么……")。[31]"我思"的例子的关键之处在于,类似的存在性问题(认识论上的)并不存在。但是,与米尺和海王星例子的另一个不同是:在这两个例子中,给出固定指称的方式之后,所谓先验偶然真理都有一个与之密切相关的不言自明的陈述,例如"导致扰动的这个行星,如果存在,确实导致了扰动",以及"尺子S,如果存在的话,有尺子S的长度那么长"。因此,有人也许会主张(参看我这里相关的注释),这些先验偶然真理的例子实际是这样的:我们仅有一些已经给定的、相关的不言自明的分析的必然真理,而不再有别的信息。[32]但"我思"却没有这样的问题。

我记得在我还很小的时候,大概十二三岁,读笛卡尔,并发现"我思"很有说服力。后来在读休谟的时候,我发现了下面这段文字:

> 有一些哲学家,他们想象我们在每一时刻都可以直接意识到被我们称作**自我的**东西,我们感到它的存在以及它的连续存在,并且,不需要证据就能确定它的完美的同一性和简单性。他们说,更强烈的感觉、最热烈的激情,不但不会削弱这个观点,反而更有力地证明了它,而且使我们考虑它们通过快乐或痛苦对自我产生的影响。企图进一步证明这一点会弱化其证据,因为没有任何证明可以用来证明我们如此直接意识到的事实;如果我们怀疑它,我们就没有什么可以确定的事情了。
>
> 不幸的是,所有这些积极的断定都与为这些断定作辩护的经验相

㉛　我在一篇未发表的手稿《严格指示词和先验偶然真理:重新考虑米尺》(Kripke, 1986)中讨论了《命名与必然性》中的这些例子。关于这里讨论的例子,参看我1980年的作品(Kripke, 1980:54—57; p.79, n.33; p.96, n.42)。

㉜　参看我(Kripke, 1980:63, n.26)关于这个问题所作的注释。关于这个问题目前我有更多的话想说,并且认为某些这样的规定可能会严重影响一个人思考世界的方式,尤其是米尺的例子。我已经在两篇未发表的手稿中讨论了这些问题,其中之一在前面的注释中已经提到,另一篇是《逻辑主义、维特根斯坦和从物模态:关于自然数的信念》(Kripke, 1992)。

冲突。除了这里所解释的自我观念,我们关于**自我**一无所知……

就我而言,当我密切考察被我称作**我自己**的东西时,我总是会徘徊在一些特殊的印象上,比如热或冷、光或影、爱或恨、痛苦或高兴。没有感觉,我根本就抓不住**我自己**……如果有人经过严肃而无偏见的反思,仍然认为他有一个不同的**他自己**的观念,那么,我就只好承认自己无法和他讲道理。㉝我所能承认的是,他可能像我一样一切正常,而在这个特殊问题上我们具有重大分歧。他可能感受到某些简单的连续的东西,他称之为**他自己**,但是,我可以确定,在我这里没有这种原则。(Hume,2000:164—165,第一册、第四部分、第六节)

当然,上面这最后几句属于挖苦的话。当我带着震惊读完这一段之后,我认为哲学是一个令人非常困惑的主题。你先看到的是一个哲学家很有说服力,但后来可能就会遇到第二个哲学家对前者提出的非常确定的反驳。谁又知道如果我读到第三个哲学家之后,会发生什么呢?

几年之后,在我20岁的时候,我和当时一个不是哲学家的朋友谈起这个问题(我第一次读的时候也试图与同学讨论,但完全不成功)。她说:"好吧,休谟肯定从来就没有照过镜子。"当时我可能认为她的话只能说明非哲学家的理解力有多差。因为很显然,休谟是在反驳笛卡尔的自我观念,也就是作为思想和印象的主体的纯粹心灵。但是,现在我明白,她的话还是有些道理的,因为主体的观念是我通过自我意识才能认识到的,就像上面所描述的那样,这个观念本身并不蕴涵下面这个意思:借助或者不借助镜子,借助或者不借助视觉经验,指称有时候是不一样的,是与人们所意识到的那同一个人不同的对象。㉞

此外,引文最后几句尽管可能是幽默的和有效的,却奇怪得近似于自相矛盾:"如果有人经过严肃而无偏见的反思,仍然认为他有一个不同的他自

㉝　这就是我对机器人哲学家的感受。参看注释㉑。

㉞　当然,在镜子里认识你自己,已经预设了某种自我意识的概念。而且,我已警告过:我在我所报道的那次谈话中,提到镜子可能暗示了某些东西。这些东西涉及心理学家对镜子的自我认知测试的使用,通过这些测试来看一个主体是否有她/他自己的观念。在我的对话者心灵中没有这样的东西(我的心灵中也没有),而且无需镜子也可以给出这个例子(尽管休谟将会看到更少的他自己)。我相信,当这个对话发生时,这个测试还没有开发出来。

己的观念,那么,我就只好承认自己无法和他讲道理。我所能承认的是,他可能像我一样一切正常,而在这个特殊问题上我们具有重大分歧。他可能感受到某些简单的连续的东西,他称之为**他自己**,尽管我可以确定在我这里没有这种原则。"我(me)? 他? 我(I)? 这一段的开头同样是令人迷惑的。它似乎完全预设了它试图否定的那些观念。

众所周知,休谟把自我看成由各种印象通过相似、相邻、因果等关系建构而成的复杂观念。㉟我们实际拥有的是一束知觉,它们被这些关系统一起来。很多问题缠绕着这个观念。为什么我自己的印象不能同别人的印象一样具有相似或相邻关系呢?㊱类似地,我的印象怎么就不能和别人的印象产生因果关系呢? 事实上,所有这些都发生了。㊲说只有**我意识到**的印象才算数,那是不公平的。并且,就像我已经强调过的,休谟说,我们由于自己的各种印象之间具有极其密切的关系,从而错误地形成了单一的持续的心灵实体的观念。但是,做这件事的那个"我们"究竟是谁呢?㊳这里以及接下来的讨论可能被用来与我在自己关于维特根斯坦的书(Kripke, 1982)的最后一章里对这个问题的讨论进行比较。

对于休谟来说,一个更基本的问题在于:他似乎认为可能存在着一些没有承担者(主体)的印象、心理行为之类的东西。㊴它们可能只是"漂着"——即每个印象可能都是独立存在的,它们之间产生他提到的那些关系,也只不过是出于偶然。我无法理解印象或观念如何可以没有主体而独立存在。我必须承认,即便是最近,也有人似乎赞成休谟主义这一套说法。在克里普克(Kripke, 1982:123)中,我引用了摩尔对维特根斯坦在1930—1933年剑桥演讲的评论:

㉟ 既然他在这一节中把自我的观念和纯粹笛卡尔的完全独立于身体的自我关联起来,那么,关于身体同一性的问题并未被讨论到。但是,休谟在其他地方关于物理实体不得不说的东西表明:出于相似的理由,他认为它们是没有用的。

㊱ 休谟的"相邻关系"指的是印象在时间中的连续性,它们彼此紧密连接。

㊲ 给定了休谟关于因果关系的著名的怀疑论,他如何在这里和其他地方引用它是很有意思的事。但是,这很可能没有任何不一致之处,相反,是对一个可疑观念如何依赖于另一个可疑观念的陈述。

㊳ 我发现齐硕姆(Chisholm, 1976:39—41)关于休谟的讨论与此紧密相关。他本人提到了一些与普赖斯相似的评论。

㊴ 我在我的作品(Kripke, 1982:130—131, n.12)中强调了这个问题。

（维特根斯坦说，）"肉眼不会进入对所见事物的描述中……"。[40]并且他同样说，类似地，"一个人的观念"不会进入对"牙痛"的描述中……而且，他带着明显赞同的语气引用里奇滕伯格（Lichtenberg）的说法："不应该用'我思'（I think），我们应该说'它思'（It thinks）"（他说，'它'的用法就像'Es blizet'中的'Es'一样）。[41]

就像我指出过的，即便是近来，还有很多人似乎同意这样的说法。比如，吉奇就争辩说，如果笛卡尔只是暗自思考，那他可能会说"那是一个困境"，而不必说"我陷入了困境"。[42]但是，没有人陷入其中的困境会是什么呢?[43]

不管维特根斯坦（反正是这里所讨论的那个时期）、里奇滕伯格等人怎么说，根据我给出的理由，休谟的观点在我看来是无法理解的。他一定是在什么地方搞错了。（尽管笛卡尔可能也在某个地方出了错。）我的意思是，一个不属于任何人的、漂着的印象能否存在? 根据休谟的说法，那个假设的自我观念完全就是由这样的一些印象建构而成的，它们每一个都能独立于任何其他的印象而"漂着"，更不要说有载体了。

所以，我大体上认为，我朋友的说法还是有点道理的。就像我在前面辩

---

[40] 摩尔这里的引文很可能是不精确的。眼睛当然包含在看的行为当中。但维特根斯坦指出，它不是视域的一部分，我们并没有看到眼睛。参看《逻辑哲学论》5.633，它也陈述了与主体非存在相似的说法。也可参看《逻辑哲学论》5.631："没有像主体这样的东西在思考或处理观念。"他接着说，如果我写一个关于"我所发现的世界"的报告的话，不会有这样的主体能在其中被发现。这一段的剩余部分详细说明了这一点。摩尔的引文表明，维特根斯坦在30年代的讲演中依旧主张这个观点。

关于我的朋友对休谟的评论:如果维特根斯坦往镜子里看，难道他看不到自己的眼睛吗? 或者一个人会主张他看到的都是镜像吗? 如果是这样，同样的东西也适用于镜子里的休谟，即使这里讨论的自己不是某些纯粹的笛卡尔的我思，而是一个有身体的人。然而，休谟不需要一面镜子也能看到他自己的某些东西。他不借助他物就不能看到的一个东西就是他自己的眼睛，因此，眼睛的问题可能是直接相关的。

[41] 见摩尔（Moore, 1954/1955）。这个引文在1959年再版中的第309页。对于里奇滕伯格来说，德语"Es regner"意味着英语"It is raining"（正在下雨）。相应地，在与"正在闪光"相似的意义上，"Es blizet"意味着"It is lightening"（正在发光）。但是，对于发光，在英语中没有相似的用法。关键一点是主语中的"它"（或"Es"）不指称任何实体。

[42] 见"'我思故我在'的谬误"，（Geach, 1957b:117—121，§26）。

[43] 为了对吉奇公平起见，应该说他的论证是:我思并不直接地给我们一个非物质主体的理念。也许并非如此，但这不是因为可能根本没有主体存在。在这里所讨论的段落中，也有一些关于"我"如何在日常交流中使用的讨论，推测这可能不同于笛卡尔的情形。

护而弗雷格所预设的那样,到目前为止,在主体的观念中,没有什么东西本身就可以排除第一人称代词去指称一个在日常意义上完整的人。⑭

内格尔(T. Nagel)曾经提交过一篇论文,据我所知没能发表⑮,在其中他主张一个人与其大脑同一。奥尔布里顿是当时的评论人,他说:如果真是这样,他就不必担心体重了——它比他原来想的轻多了。⑯

当内格尔建议把我们每个人和她或他的大脑相等同的时候,他心里到底是怎么想的? 他的意思是,如果我不幸丢了胳膊,但是我依然存在。作为实际的医学问题,如果我想继续存活,就不能去掉太多;假设医学解决了这个问题,即使去掉更多东西,我仍然能够活下去。但是,从一个在这方面不是非唯物主义者的观点看,我的大脑作为我的思想存在之场所,是不可或缺的。只要它还能正常运转,我就没有消失;但如果它不在了,我也就不存在了。虽然如此,阿尔布里顿的评论表明:只要我的胳膊还在原位,它就依然是我的一部分;如果我失去它,我就失去了我的一个组成部分。

笛卡尔主张我的本质是思考。唯一真正不容置疑并因此构成我的,就是那个思考者——每当我思考和感觉的时候我所意识到的东西。由此很容易得出结论说,他主张我其实就是笛卡尔式的自我,而休谟(和其他追随他的人)则认为那是难以理解或者在自我意识中根本找不到的。或许人们通常都这样解读笛卡尔。但是,有一个著名的段落却好像正相反。笛卡尔在证明(他最初怀疑的)他的身体是实在的(他自己对该证明感到很满意)之后,说道:

> 我有一个身体,是再明确不过的自然的启示了,当我感到痛的时候,身体正好受伤了,当我忍受饥饿、口渴时,它正好需要食物或水等

---

⑭　在讨论这一点的时候,我不知道为什么佩里要强调某个错误地认为他是休谟的人,而不是更加标准的例子,比如拿破仑或者基督。刚才我在吃晚餐的时候,某个想批评哲学家的人说:"哲学家认为一个人对任何东西都不确定,故你不确定你是不是拿破仑"。我回答道:"拿破仑一定是有史以来最伟大的哲学家,因为他认为他是拿破仑时,只有他才是正确的"。

⑮　有人查找过它,报道说它不在他的文献目录中,所以,可能它还未见天日,尽管我非常确定它曾在听众面前宣读过。

⑯　内格尔和阿尔布里顿交谈时,我不在现场,但是当我做这次报告时,某个听过这次交谈的人后来告诉我,他很清楚地记得这次谈话。

当然,内格尔写过有关自我本质的重要材料,我在这里没有讨论它。

等。所以,我毫不怀疑这里有一些真理。自然也通过这些痛苦、饥饿、口渴等的感觉教导我,我不是像一个领航员在船里一样在我的身体里,我被非常紧地束缚于它,并且由于和它混合在一起,使得我和它构成了一个统一体。(Descates,1971:117,安斯康姆、吉奇译)[47]

基于同样的理由,笛卡尔进而认为,我获得感觉的方式表明我是一个包含身体在内的统一体。内格尔与阿尔布里顿谈到的例子也与此类似,尽管听起来更像是唯物主义的说法。我只是像船里的领航员一样控制着我的身体的大脑吗?或者,我是一个包含我的整个肉体在内的统一体,就算只剩下大脑,只要它还在正常工作,我就没有消失?在笛卡尔看来,就算去掉我的整个身体,只要我仍然在思考,我就还存在着;但是,只要那种情况没有发生,我就是一个包含我的整个肉体在内的统一体。

尽管我提醒大家注意一下笛卡尔上述富有启发意义的著名段落,但从哲学史研究的角度对笛卡尔做文本解释,远远超出了我的能力范围,也不是我的本意。其中的哲学意义在于:尽管我认为可以怀疑我的左手存在(而且我有这只左手只是一个偶然事实),这并不意味着事实上左手不是我的一部分。常识的观点(没有理由认为弗雷格会反对它)是说,当劳本说"我"的时候,他是想指称他自己这个人,所有身体部分都是他自己的真实部分。但是,他也能够认为这个主体会受到笛卡尔式的怀疑,即它们只是被他感知为主体,等等。人们当然可以赞成弗雷格的说法,我们每一个人都以一种特殊的方式意识到自身。并且,我们也看到笛卡尔甚至最终也会得出结论说,他是一个包含自己身体的实体,尽管他相信就算没有身体而只要有一个我思的主体,他仍然可以存活。

在拒绝把笛卡尔和"我"的指称相等同的那些人当中,一个著名人物是安斯康姆。在接下来的段落中,我是她直接反驳的对象:

　　　　克里普克曾试图修复笛卡尔对二元论的论证。但是,他忽略了笛

---

[47] 尽管科廷汉姆(Cottingham)的翻译可能已经成为标准翻译(Descartes,1996),但安斯康姆和吉奇的翻译更适合我的目的——讨论安斯康姆对笛卡尔的解释(参看下文)。

卡尔论证中关键的第一人称特征,使这个论证变成**笛卡尔**与其身体不同一的论证。别的暂且不论,很清楚的一点是,笛卡尔的论证依赖于应用怀疑方法的结果。(Anscombe 1975:45;这里的强调原文就有)

我当然不认为笛卡尔与他的身体完全等同。但是,我并不认为这个观点本身有什么特别深刻之处,也不认为它与广义的唯物主义观点相冲突。因为,当他的身体变成一具尸体时,笛卡尔当然不等同于他的身体。"倘若笛卡尔遭遇严重事故,他还存在吗?""当然——棺材里那个不就是吗?"这个回答是荒谬的。相反,我们会说:"恐怕笛卡尔不再和我们在一起了。"[48]但就其本身而言,这可能只是意味着单纯的非同一性并没有那么重要。即使严格说来一个人和她的身体不是同一的,这也不意味着她也许是"超出"她的身体的。[49]

然而,这还远未触及安斯康姆的主要观点。她想说的是,我在《命名与必然性》中给出的那个版本的笛卡尔论证,忽视了笛卡尔的表述中体现的第一人称特征。她提到了卡斯塔内达的著名讨论(Castañeda,1967,1966,1968)。这个讨论强调了英语中间接反身代词的存在,间接反身代词在语法上是希腊语中一种特殊形式(例如"贝蒂相信她自己……",参看本章的注释[12])。但是,她认为卡斯塔内达的讨论过于复杂了,这一点卡斯塔内达自己也承认。据我所知,卡斯塔内达并没有提到来自希腊语的那个专门的语法术语,但吉奇简单而清晰的表述(Geach,1957b)[刘易斯曾加以引述(Lewis,1983:139)]确实是这样做的。人们或许会认为,她本应知道有这样一位特别的作者。

尽管卡斯塔内达的文章确实很复杂,但安斯康姆的文章也不见得有多简单。(我希望我有过机会和她讨论这篇文章。)她提出了很多论证,其中之

---

[48] 但是,当被问到"那是谁?"时,难道我们不是(指着一个坟墓)说"那是拿破仑"吗?如果尸体是防腐的岂不是更好?比如"那是列宁"。但是,我们可以在杜莎夫人蜡像馆指着一个蜡像说同样的事情。我对相关的例子(参看我在本书第十一章对玩具鸭谬论的讨论)有些话要说,但是这里无需给出更多的细节。

我意识到,有些人会以各种理由拒绝关于非同一性的论证。我不希望去处理它们,但是,当我写安斯康姆的东西的时候,我感到有必要提到这些事情,因为毕竟有吉奇和相对同一性的观念。

[49] 参看我(Kripke,1980:145,n.74)对这个问题的讨论。

一是,按照笛卡尔论证的逻辑可以推出"我不是笛卡尔"。她甚至还论证说,从历史的观点看,笛卡尔可能已经接受了这个结论(Anscombe,1975:55—56)。在这个论证当中,她认为笛卡尔的"我"指称的是纯粹的笛卡尔的自我,对这个自我的本质,休谟和其他人都表示无法理解。就其本质来说,这个想法应该是这样的:笛卡尔是一个人,是一种动物物种的一员,拥有一个身体等等,但是《沉思录》(*Meditations*)中的"我"绝不是指称这样的实体。[50]

我们已经看到,笛卡尔最终的结论——"我"和我的身体构成了一个统一体——并不是那么简单。安斯康姆所讨论的"笛卡尔"和"我"是没有什么区别的。(在对笛卡尔的很多译本中,我使用了她最有可能赞同的一个;但是,大家都同意笛卡尔提出了这样的观点。)然而,或许笛卡尔相信有这样一种灵魂实体,它的本质是思考,而且它是构成这个统一体的最确切的部分,就算这个统一体的其他部分都消失了,它也依然存在。但是,即使承认笛卡尔确实认为有灵魂实体,我也不认为他会说这样一个实体就不是笛卡尔——我想不到有什么理据能够支持这样一个极端悖谬的结论。[51]就算笛卡尔确实接受它,我也还是希望看到明确断言这一点的文字。

但是,安斯康姆相信,"如果'我'是'指称表达式',那么笛卡尔关于'我'的指称对象是什么的看法就是正确的"(Anscombe,1975:59)。而且,这就是她所理解的笛卡尔,在这里"我"用来指称的是笛卡尔的自我,它绝不同于**笛卡尔这个人**本身。她做了一些思想实验(其中有一个是关于被麻醉了的人的实验)来支持她的结论。尽管我不太确定通过这些思想实验得到了什么样的论证,但至少它的结论是清楚的:"我"既不是一个名字,也不是另一类其逻辑功能是用来指称对象(**如果有指称对象的话**)的表达式(Ans-

---

[50]　她很有可能也受到了下述观点的影响:一个专名,比如"笛卡尔",有这样的语义要求,即它是一个人的名字。这个观点是由吉奇和乔姆斯基(N. Chomsky)提出来的。这是否意味着拥有一个身体,这取决于其他一些观点。参看我对吉奇观点(Geach,1957a:§16)的讨论(Kripke,1980:115,n.58)。

[51]　安斯康姆的部分论证是:间接反身代词允许某个人误解他是谁,因此,这个结论不是自相矛盾的,这个论证也可在其他作者(参看下文)那里看到。但是,笛卡尔并不是在这个意义上误解了他是谁。

combe，1975：60）⑤。她还说："'我是 E.A.' 并不是一个同一性命题。"（Ans-
combe，1975：63）。

　　安斯康姆在写这一段时，很可能受到了《哲学研究》⑤某些段落的影响。
维特根斯坦在《哲学研究》中说"我"不是某个人的名字，并且区分了"我"和
"L.W."。这种影响体现在用首字母做对比——安斯康姆用的是"E.A."，维
特根斯坦用的是"L.W."。⑤

　　毫无疑问，当维特根斯坦在《哲学研究》中做出相关的区分时，他的想法
与他之前对那个形而上学主体的担忧是相关的，就像之前引述的一样（参看
注释⑩和相关的讨论）。《哲学研究》中的段落牵涉很广，其中大多数都不
能在这里讨论，比如，感觉的第一人称属性和第三人称属性之间的区别，感
觉的第一人称"声明"和更初始的表达式（比如呻吟或哭泣）之间的联系，等
等。很明显，这里我们不能讨论所有这些东西（在安斯康姆的论文中情况也
是一样）。⑤

　　在这个问题上，我并不试图针对维特根斯坦给出解释。但是，应该注意
以下几个方面。我记得，他在§410中说，"'我'不是人名，'这里'也不是地
名，'这里'也不是名字"（参看注释④）。在某种意义上这是很显然的，因为
"我"根本就不是一个名字，但是可能有某些更加深刻的意味。参看§405，
在那里他说：

----

　　⑤　她的讨论详细对比了一个虚拟社会中每一个人对他自己/她自己（"A"-使用者）的某一名
字的使用与我们对第一人称代词的使用。我完全不清楚这个讨论的细节。她还指出，称它是人称
代词之类的说法，是对第一人称用法的不言自明的重述，其自身并没有给出任何信息。

　　但是，她的一般结论在我刚刚引述的材料中已经清晰地陈述出来了。

　　我承认，在我写注释的句子和本注释中，我将会用"克里普克"代替"我"——只有由此导致的尴
尬和自大才会阻止我这样去做。我已经注意到上面对"当下的 d 作者"的使用（参看注释⑦）。确
实，"当下作者"做出了一个指称，或者它至少是一个限定摹状词。

　　⑤　Wittgenstein, 1953：§§405—406.

　　⑤　在上面提到的反笛卡尔的段落中，或许是由于同样的影响，吉奇（Geach，1957a：§26）类似
地对比了笛卡尔的"我"和"P.T.G"。至少我推测是这样的。在我自己的讨论中，我可能不会倾向于
使用首字母缩写。参看注释⑤。

　　⑤　这些段落随处可见（Wittgenstein, 1953，§398）。在§406中（同上），有维特根斯坦著名的
从更初始的表达式到"声明"（avowals）的推导。他说："'但是，你用'我是……'这样的语词想做的
事情是区分你自己和其他人'——每一种情况下都能这样说吗？即使当我仅仅是在呻吟的时候？"
当然，呻吟的人根本不使用"我"这个词或任何等价的词，即使人们以某种方式把"我现在很痛苦"当
作从呻吟中推演出来的，这也很难是对所有第一人称用法的一般情况的明确阐释。但是，我并没有
说，维特根斯坦认为情况就是这样。

  "但无论如何,当你说'我现在很痛苦'时,你总是想把别人的注意
 力吸引到某个特定的人身上"——答案可能是:不,我想把他们的注意
 力吸引到**我自己**身上——(§405;这里的强调原文就有)

很不幸,§405 和接下来的段落集中关注了"我现在很痛苦"这个例子。可
能有人希望能想到描述一个人内心状态的"笛卡尔式"例子。但是很明显,
这并不是第一人称用法的通常用法(参看我在注释⑤中所说的话)。

  对安斯康姆观点的一个常见批评是:如果"我"不是指称表达式,为什么
我们还会相信这样的推理模式? 比如说,从"我住在北卡罗来纳"推出"某
人住在北卡罗来纳"(存在概括),或者相信这个事实,即所有那些"我"在其
中被处理成指称表达式的推理模式都是有效的。确实,这样一种异议只是
人们的下述自然反应的技术性表达:安斯康姆的论断本身是令人难以置信
的,甚至是无法理解的。⑤

  如前所述,我一直未能跟安斯康姆讨论过这些问题,但是我记得在其他
人的一个报告中提到,有人问她为什么"我"在推理中被看成是指称表达式
时,她的回答是"我不知道"。

  这里有人可能会说,安斯康姆是非常特殊的例子,源自于她有一个特殊
的背景,也就是维特根斯坦的影响。很显然,尽管对她的论断的一些论证和
表述是她自己的,而且卡斯塔内达的著名讨论也对她有明显影响,但是,维
特根斯坦的影响还是最主要的。

<h1 style="text-align:center">三</h1>

  下面让我转到另一位背景和地位都非常不同的哲学家身上。刘易斯所
担忧的是关于自身的从我(*de se*)信念的问题(Lewis, 1979)。他认为,尽管

---

  ⑤ 匹考克(Peacocke, 2008:80)称安斯康姆的结论"很不可信",并批评了她的推理模式。他
也使用关于推理模式的论证来表明"我"不能与"正在下雨"(it is raining)中的"it"相比,后者的语法
模式表面上暗示了有一个指称主体,但实际上没有这样的主体。(有很多这样的例子;"nobody"就
是一个著名的例子)。匹考克的评论是对安斯康姆观点的一个回应。

关于命题是什么,大家的意见不一致,但人们普遍同意所有的所谓命题态度的对象都是命题。对他来说,命题是可能世界的集合。但是,尽管有时候我听刘易斯自己说过,在这里他只是给出了一个约定性定义——此外,别忘了刘易斯的"可能世界"有特殊意义——在一种意义上,这个定义是用来表达一种与"命题"的传统使用有关联的论点或发现。我自己是这一(与模态逻辑有关的)方案的发起人之一,尽管我没有在刘易斯的意义上理解可能世界,而且现在我的理解可能已经有所改变。现在,我甚至感到对下面这样一个想法还有些保留,即所有传统上称作命题态度的结构都由同一类实体充当其对象,尽管这不是本文要讨论的问题。⑤⑦刘易斯也曾说:人们普遍同意对象是命题,这种说法"在某种意义上是假的"(Lewis,1983:134),因为有人把命题看作是高度结构化的实体,更像是语句的一种抽象的、非语言的近似物。

无论如何,刘易斯提出的理论,齐硕姆(Chisholm,1981)曾经独立地表述过⑤⑧,而且实际上蒯因(Quine,1968)早就预料到了。⑤⑨此外,刘易斯也承

---

⑤⑦ 在第一节中(Lewis,1979),刘易斯对于期望统一形式的对象给出了一些理由。就这一节的论证而言,我同意它们。

⑤⑧ 我对齐硕姆的版本了解得很肤浅。像刘易斯一样,他提出,自我归属应该被看作是初始的。然而他并没有根据刘易斯对可能世界的特殊设置来做事情。事实上,在他的书的结尾,他表达了他自己关于可能世界的性质的观点,他认为这属于传统的观点。

⑤⑨ 谢谢哈曼,他强调说,蒯因的论文预测到了刘易斯的理论。然而,如刘易斯所说,蒯因使用了一个不同的可能世界概念。此外,尽管在我这里这些理论具有不同的动机,但可以把它们解释成相同的。鉴于蒯因在其他地方关于可能世界所说的话,或许我应该补充说,他的论文有点让本作者感到吃惊。甚至有一篇题目为《让多世界滚开》("Worlds away",Quine,1976)的论文表明他拒绝这个概念,不必提他先前写过他自己版本的某种类型的可能世界语义学。可能有人还会补充说,蒯因(Quine,1976)原来的期刊版本和蒯因(1981)中的印刷版本很不一样,这表明了一个未公开承认的论证改变。

刘易斯本人(Lewis,1983:147—148)讨论了一些他看到的他自己和蒯因之间在动机上的差别。他指出,(Lewis,1983:147)在考虑一个分裂的理论时,蒯因和他是不同的:某些初始态度的对象可能是刺激模式而不是世界的集合,这使得他的理论非常不统一,这是刘易斯希望避免的。另外,蒯因也关心动物的态度和欲望,这个争议问题是刘易斯没有考虑过(我也不会考虑)。刘易斯提到动机上的其他区别,而蒯因并不认同刘易斯的模态实在论(这是刘易斯对它的称呼)。

即使给定蒯因的方案,我自己也用不同的方式处理可能世界。特别地,我并不同意这一说法即,经典物理学或相对论物理学已经表明了一个(物理的)几何点的观念是荒谬的。蒯因就是这么认为的,尽管他非正式地使用这个观念以便引出他的定义。就现在的目的来说,重要的事情是:为了解释从我态度,蒯因引入了"中心的可能世界"的概念,这里的中心是主体(或者它的物理位置)。就其自身而言,可能世界不是中心的,所以,中心的可能世界可以看作一个世界与一个中心的有序对。

认,洛尔(B. Loar)也提出过相同的观点(Lewis, 1983:519, n.4)。⑩他还把自己的方案与佩里(Perry, 1977)的方案进行了比较(Lewis, 1983:150)⑪,而且,很显然,就像刘易斯自己说的(Lewis, 1983:139),他受佩里的文章影响很大。

刘易斯和齐硕姆都没有分析包含"我"的陈述。就像齐硕姆(Chisholm, 1979)明确说的,被解释的是间接反身代词。比如,有人把"A 将一个如此这般的性质归属于自己"看作初始的,其中的自我归属(self-ascription)是初始观念,它与"A 相信他自己有如此这般的性质"相对应。由于自我归属就像任何自反性质 $\lambda x(xRx)$ 一样,是从一个关系 R 得来的,刘易斯的论文(XIII和 XIV 节)以一段关于从物信念的简短讨论结束。他认为,从物信念产生于亲知,而从我信念是最典型的从物信念,它产生于亲知的最高形式,即对自己的了解。⑫

值得一提的是,刘易斯也希望说明"现在"和一般现在时,为此把它当作一个人具有从我态度的阶段。但是,这是该观点的相对独立的部分,它来自刘易斯哲学的其他部分。就目前讨论的问题而言,他可以说,一个人(不是一个阶段,而是一个持续存在的对象)自我归属的不是一个属性(对应到一个可能世界的集合),而是一个人(他自己)和一个时间(归因的时间,对应到同一个集合)之间的二元关系。

还应注意到,与别人不同,刘易斯把所有态度都当作从我的,甚至那些看起来并不涉及主体的态度(比如"闪电是放电",或者"澳大利亚是一个大岛",等等)也是如此。对此刘易斯援引了统一性的优点,这样一来就可以使信念的对象归为一类,而不是两类,有时候是命题,有时候是性质。但实际上,在刘易斯自己的框架中可以给出其他理由。首先,在旧理论中,对于逻辑上等价的句子,命题态度的对象是一样的;因此,对于任意 p,"p"和"p 并且刘易斯是自我同一的"表达了相同的态度对象(可能世界的集合),就算 p

---

⑩ 刘易斯说,洛尔明确表达了他关于"某些例外的信念"的观点。

⑪ 我已经在上面和第九章中讨论了佩里的论文。

⑫ 在其他地方,齐硕姆提倡这样一种理论:只要一个人拥有指称一个对象的描述,对于该对象他有恰当的信念[在本书第十一章,我称之为"全称输出"(universal exportation)],他就有关于该对象的从物信念。(在我看来)这个理论被刘易斯在其论文中正确地拒绝了。因此,齐硕姆不能把从我信念当作从物信念的特例。我并没有研究过齐硕姆对这个问题是否说过什么。

不涉及刘易斯时也是一样。用"我"代替"刘易斯"之后,保留这一特点是很自然的。㊳其次,最重要的是,对刘易斯来说,现实世界是主体居住于其中的那个特殊世界,因此任何日常信念实际上都是我居住在具有某些特殊性质的世界之中的信念。鉴于刘易斯将可能世界的本质视为广阔的具体世界以及他的现实性(actuality)的理论,这种统一性是很自然的,根本不是人为的。例如,我相信澳大利亚**实际上**有袋鼠,这个信念实际上等价于:我相信自己居住在一个澳大利亚有袋鼠的世界之中。

　　然而,在我看来,这一切似乎都是奇怪的颠倒。㊵就像我在《命名与**必然性**》中所说的,"可能世界是由**我们与之关联的一组描述性条件给定的**"(Kripke,1980:44;强调原本就有)。我的意思并不是用一组描述性条件来识别可能世界,例如,就像卡尔纳普的状态描述那样(虽然在一个可数语言中似乎是不可能的)。但是我希望强调的是,通过我们所理解的任何描述去构造可能世界是合法的,特别是,这种描述不一定是纯粹定性的。我强调,例如,针对那些担忧"跨界同一性"问题的人,可以通过使用"尼克松"这个名字来设想关于尼克松的一个反事实可能性,而不必担心这会变成一种定性的描述。

　　描述反事实可能性时,人们使用的是什么语言? 显然不是(没有人说的)"科学的"、没有索引词的语言。我们每个人都有一个自我的观念,并且有一个与之相随的词来指称它("我")。为什么我们不能使用这样一种"科学的语言"来描述反事实情境,进而描述可能世界(即使我们通常只是部分地进行描述)? 因为我用"我"这个词来指称我自己,并且(正如前面讨论过的)是以一种特殊的方式来指称我自己。蒯因谈论的是"中心的可能世界"

㊳　请原谅这里对引号的滥用。我想,我本应该使用蒯因的拐角符号。每个人都知道我的意思是什么,我希望我能得到大家的谅解。

㊵　埃文斯(Evans,1977)建议说,有可能间接反身代词可以被当作从带第一人称代词的直接引语建构中推导出来的(Evans,1977:98)。比如,他把"约翰认为他正被怀疑"当作"以某种方式"从直接引语"约翰认为'我正在被怀疑'""推出来的",并且还提到了安斯康姆的论文。我对埃文斯试图说出的某些东西表示同情,即带第一人称的形式是初始的。但是,人们不能通过从直接引语建构中推出间接反身代词而得出这个观点。在间接反身代词中,没有什么东西蕴涵约翰说英语或用英语思考。麻烦在于:如果我们希望使用"that-从句"把"我"-思考归于约翰,那么,我们使用了间接反身代词自身,并因此进入表达该推导的一团乱麻之中,我认为,这是在沿着埃文斯所指出的方向前进。

我承认,我并没有考虑埃文斯关于从我态度的其他著述。

（centered possible worlds）⑥，我却更喜欢谈论"**简单的可能世界**（possible worlds **simpliciter**）"，因为当一个特定的人描述一个反事实情境时，"中心"也就出现了。

刘易斯自己正确地（如我所说）把从我信念描述为从物信念的一种特殊情况，并且把后者建立在亲知的概念之上。自我亲知是最高程度的亲知。那么，为什么就不能用这种亲知来表述"我"这个词，并以一种特殊的方式用它去指称对象呢？从这种特殊指称方式可以得出，"我"是严格指示词，或者更强一些，像卡普兰所说的"直接指称的"（如果按照我们的说法，那就是"以一种特殊的方式直接指称"）。

任何情况下，不论是现实的还是反事实的，人们都不应该认为，应该用"科学的"语言加以描述（参看注释④），而这种语言独立于人称和时态等的描述，进而把"我""现在"等等和对应的人或时间找出来。刘易斯充分利用了他所设想的两个神的情境（1983：139），并且这两个神各行其是。就命题知识而言，这两个神都是全知的，但他们都不知道自己到底是哪一个神。斯塔尔内克认为，这样一种情境是难以理解的。怎么可能某人做了某事而不知道自己到底做了什么呢？（Stalnaker，2008：56ff）⑥

我的观点是，描述一个可能世界，就是给出一个"世界的可能的历史"（Kripke，1980：48，n.15）。这样一个历史或其中的一部分，也许可以用没有索引词的（或者"科学的"）语言进行描述，但也并不是非要用这种语言描述不可。特别地，当我说这种语言的时候，我有权使用第一人称单数来描述这个历史。因此，不论是在非形式的、直观的意义上，还是在技术的意义上确定一个可能世界的集合，关于我自己的陈述都是表达命题的，只不过它们是以一种特殊的方式确定其所表达的命题。

让我按照《命名与必然性》中谈论"形而上学的可能性"的方式说一下可能性。我能想象什么事情将会发生在我的身上，我也能想象，假使我做了如此

---

⑥　参看上面注释㊾。斯塔尔内克（Stalnaker，2008：49）把"中心的可能世界"的观念归属于刘易斯。事实上，这个术语以及相关的讲法源自删奇因，不过，可以把刘易斯的观点看作是与之等价的。

⑥　两个人进行争论，但每一个当事者都不知道自己站在哪一边，这有可能吗？我不会进一步讨论斯塔尔内克的分析以及他对刘易斯版本的其他反驳。这似乎是该论文的原始版本的后续。我也不会讨论重述刘易斯的例子的可能性。

这般的事,即使是过去发生过的事情,本来也可能以不同的样式发生。这里的画面不应该是这样的:就好像我是先构想了一堆可能世界,然后再从中"挑出"哪一个是我。情况恰恰相反,我是通过指称自己来确定可能情况的。⑰⑱

可能有人会拿刘易斯 1979 年的论文(Lewis,1979)与刘易斯更早的一篇论文《安瑟伦和现实性》("Anselm and Actuality",1970)进行比较。在刘易斯和我都承认的一种意义上,每个世界都是唯一的,而且就其自身而言,每一个世界都是现实的。但是,我们只把一个世界当作真实的世界。对于我来说,正是这个唯一的世界 w 使得对于所有命题 p 来说,p 相对于 w 是真的当且仅当 p。⑲对于刘易斯来说,这是我居住于其中的那个唯一的世界。本体论论证的支持者论证说,上帝为了拥有全部完满的性质,也一定会具有

---

⑰ 除了可能世界概念中其他的区别,刘易斯(Lewis,1983:135)并不关心我所说的形而上学的必然性和可能性,而是关心命题态度,特别是信念态度。他讨论的问题是:态度是否可以成为关于可能世界的集合的态度,因为一个人可以对同一集合中成立的命题具有明显不同的态度。他说"相信 2+2=4 明显不同于相信 123+456=579",因为后面的计算并不像前者那样不言自明。他继续说,"我完全知道有对非偶然事情的无知这样的东西"。因为想把这个问题放在一旁,他说,如果一个人希望,他就能想象我们在谈论"虚构的超级理性生物的态度"。所以,很显然,形而上学的必然性,而不是我所提出的认识论的必然性,比如"水是 H_2O",未得到周密的考虑。人们可以假设,这里牵涉到另一个认识论上的可能世界概念,或者我所谓的形而上学上的可能世界的"认识论对应物"。然而,从我自己的观点看,就像这一段所陈述的,当考虑"我"—句子的时候,真正的形而上学的可能性是一个重要的观念,确实,正因如此,"我"—句子应该就其自身,而不是仅仅根据间接反身代词建构而被考虑。我所谓的形而上学的可能性与刘易斯和斯塔尔内克所分析的反事实条件句有关联(Lewis,1973)。

⑱ 公平来说,刘易斯确实考虑到了那个情况(通过提到健忘症患者林更斯在斯坦福图书馆走失,佩里讨论过这个例子)。(关于林更斯,参看注释㉒。很明显,佩里曾把弗雷格的角色从德国转到了斯坦福图书馆。难怪他困惑了。假设他正在图书馆读东西,但是不论他读多少,他也不知道他在哪。我期望他的英语不错。否则,图书馆对他就不是那么有帮助了,这不足为奇。)

不过,问题的关键点在于:第一,我的可能性的概念不同于刘易斯的。第二,我不明白为什么林更斯不用"ich"这个词表达确定的命题知识,或者未能用它来思考真正的可能性。在特殊的健忘症例子中,主体在某种意义上不知道他是谁。即使这样,也会出现另一种意义,其中甚至能够说他知道他是谁,而且不可能不知道。

假设某人想知道现在是什么时间(刘易斯考虑的一个例子[1983:143—144])。所以,在某种意义上,他想知道是什么时间,答案由钟表给出。或者,他可能想知道什么时候是中午,答案可能是"现在"或者"两分钟以后"。"她是什么时候死的?""刚才"。两种问题形式都是合法的,并且是同样合法的。在第一种情况下,这同一种情况通过两种方式被考虑。按照我的观点,像这样的"wh-问题"的相对性和不确定性在哲学文献中被夸大了,但它是存在的,而且这里的例子就是一个很强的例子。

⑲ p 相对于 w 是真的可以定义为:假如 w 发生,那么 p(这里尽管有其语言学形式,我们也可以把这个条件句解释为严格条件句)。(对那些不相信 S5 或者甚至不相信 S4 的人,我不会说的太复杂。)

这种意义上的现实性。这种说法在刘易斯看来毫无道理。为什么处于我所居住的这个世界就是一种完满呢？⑦当然，这里非常依赖于我们对世界是什么的理解。我并不认为我自己居住在刘易斯意义上的世界里。我也不认为他的回答能解决下面这个"问题"：我们何以知道我们自己居住在现实世界而不是某个可能世界。但是要注意，根据刘易斯后来的观点，说世界是现实的并不是要陈述跟它有关的任何命题，而是要赋予说话者一种特殊的性质。

那么，我和刘易斯之间的区别是什么呢？首先，我们的可能世界概念存在着众所周知的重大区别。对刘易斯来说，如果我想知道我在什么可能世界中，这就好像说我想知道我是在宾夕法尼亚还是西弗吉尼亚，好像我在乘车旅行一样（当然，至少按照刘易斯的终极观点来看，这种穿梭于不同可能世界之间的旅行是不可能发生的）。其次，我不认为真正的命题必须用某种中立的、科学的语言来描述。任何人都可以用他自己说的任何一种语言去描述命题。在某种意义上，可以认为这仅仅是术语上的不同，因为刘易斯（尽管佩里的论文对他有很大影响）和我都同意，每个人都对他自己有特殊的从我亲知。而且，他也不否认，使用第一人称且包含时态的特殊内容会被断定、被想到，等等。但是，在某种直观的意义上，他确实认为这些不是真正的命题。一个命题怎么会依赖于谁是它的表达者呢？我周围的空间（即使对于刘易斯所理解的世界，这也仍然有效）并不依赖谁在看它，但是，每一个人都可以用人称和时态来描述它。⑦⑦

---

⑦　这不依赖我如何看待自己吗？对于安瑟伦来说，这个论证可以有一个合理的前提，但对我来说却并非如此。

⑦　在这次讲演的最初版本中，我担心，关于包含"我"这个词的逻辑推理，刘易斯可能会遇到安斯康姆所遇到的同样的困难。在经典逻辑推理的意义上，我依旧认为这可能是真的，因为在经典的意义上，这样一个推理的有效性仅仅因为其形式。（删因的逻辑真理的概念有相似的动机。）下述说法确实是真的：对于刘易斯来说，前提中包含"我"的一个推理甚至不表达一个真正的前提（命题），更别说包含作为单称词的"我"的前提了。但是，哈曼和斯塔尔内克曾对我指出，刘易斯可以很容易地用他的工具来解释为什么我们能够有效地从一个自我归属的 p 推出它所衍推的自我归属：这只不过是这样一件事情，一个人把存在于一个可能世界的集合中的属性归属于他自己，他因此而承诺了把存在于任何更大的可能世界的集合中的属性归属于他自己。我从未真正想过这样的问题是否会在齐硕姆的版本中出现。注意，在最粗糙的意义上，刘易斯-齐硕姆理论可以被视为这样的理论，它仅仅通过把自我归属当作一个特殊的初始项，就解决了假定的自我归属问题。随后，关于这个谓词的逻辑问题就很明显地出现了。

⑦　从这个观点看，"我是克里普克"和"长庚星是启明星"或"西塞罗是图利"之类没（转下页）

那么,刚才我都说了些什么呢? 就一个文献颇丰的话题来说,我实际上也没说什么特别的东西。但是,就像从笛卡尔直到弗雷格的哲学家所主张的那样,我们每个人都对自己有一种特殊的亲知。这种自我亲知比任何纯粹语言学的东西都更加基本,而且它是我们使用第一人称表达的基础。而且,我们每个人都能用它们去做真正的论断,去表达真正的命题。[73]

参考文献

Almog, J., J. Perry, and H. Wettstein, eds. (1989). *Themes from Kaplan*. New York: Oxford University Press.

Anscombe, G. E. M. (1975). "The First Person". In *Mind and Language*, ed. S. Guttenplan. Oxford: Clarendon, 45—65.

Brouwer, I. E. J. (1948). "Consciousness, Philosophy and Mathematics". In Brouwer (1975), 480—494.

——. (1975) *L. E. J. Brouwer, Collected Works. Volume 1*. Ed. A. Heyting. Amsterdam: North-Holland.

Buber, M. (1923). *Ich und Du*. Leipzig, Germany: Insel-Verlag.

Castañeda, H. N. (1966). "'He': A Study in the Logic of Self-Consciousness". *Ratio* 8: 130—157.

——. (1967). "The Logic of Self-Knowledge". *Noûs* 1:9—22.

——. (1968). "On the Logic of Attributions of Self-Knowledge to Others". *Journal of Philosophy* 65:439—456.

Chisholm, R. M. (1976). *Person and Object*. London: George Allen & Unwin.

―――――――――――

(接上页)有什么不同,尽管"我"以一种特殊的方式决定其指称。同样,错误地说出"我是耶稣基督"错误地描述了一个实际的或可能的情境,就像"长庚星是火星"一样。更好的近似或许是"那个人是耶稣基督",这可以被相信者言述,或被不信者否认(而且可能被"那个人"的一个专名所表达),但是它已经不是第一人称了。按照我的观点,这个陈述也可能错误地描述每一个可能世界。

一个人在描述反事实情境以及现实情境时可以使用时态。不过,在使用"现在"描述一个假设的完整的世界历史时,可能会有特殊的问题。一方面,这个描述必然是转瞬即逝的。另一方面,可能存在相对的历史,对它们来说,"现在"的指称是有问题的。还有,一个人可能被指责偷偷地带入了一些关于"A -序列/B -序列"问题的观点,如果他们是问题的话。这样一个总体世界的描述的一个无时态版本,可能被视为在这些问题上不采取立场。

[73] 我要感谢佩德罗,她逐字逐句记录了原来的讲演,并给我提出了很多有益的建议和讨论。我还要感谢毕希纳,奥斯塔格和泰希曼,他们给了我编辑上的帮助。这篇论文的完成得到了纽约城市大学研究生中心的索尔·克里普克中心的帮助。

——. (1979). "The Indirect Reflexive". In Diamond and Teichman(1979).

——. (1981). *The First Person: An Essay on Reference and Intentionality*. Minneapolis: University of Minnesota Press.

Descartes, R. (1971). *Descartes: Philosophical Writings*. 2nd ed. Ed. and trans. G. E. M. Anscombe and P. T. Geach. Indianapolis: Bobbs-Merrill.

——. (1996). *Meditations on First Philosophy*, *with Selections from the Objections and Replies*. Ed. and trans. J. Cottingham. Cambridge: Cambridge University Press.

Diamond, C., and J. Teichman, eds. (1979). *Intention and Intentionality*. Sussex, UK: Harvester.

Evans, G. (1985). "Pronouns, Quantifiers, and Relative Clauses(I)". In Evans(1985), pp.76—152.

——. (1981). "Understanding Demonstratives". In *Meaning and Understanding*, ed. H. Parret and J. Bouveresse. Berlin: W. de Gruyter. Reprinted in Evans(1985), pp.291—321.

——. (1985). *Collected Papers*. Oxford: Oxford University Press.

Frege, G. (1892). "Über Sinn und Bedeutung". *Zeitschrift für Philosophie und philosophische Kritik*. 100:25—50. Translated by Max Black, in Beaney(1997), pp.151—171.

——. (1918—1919). "Der Gedanke". *Beiträge zur Philosophie des deutschen Idealismus* I: 58—77. Translated as "Thoughts" by Peter Geach and R. H. Stoothoff, in Gottlob Frege, *Logical Investigations*(New Haven, CT: Yale University Press, 1977), and included in Beaney(1997), pp.325—345, under the title "Thought". Also translated by A. M. and M. Quinton, as "The Thought: A Logical Inquiry," in *Mind* 65 (1956): 289—311.

Geach, P. (1957a). *Mental Acts: Their Content and Their Objects*. London: Routledge & Kegan Paul.

——. (1957b). "On Beliefs about Oneself". *Analysis* 18:23—24.

Hempel, C. G. (1942). "The Function of General Laws in History". *Journal of Philosophy* 39:35—48.

Hume, D. (2000). *A Treatise of Human Nature*. Eds. David Fate Norton and Mary Norton. Oxford: Oxford University Press.

Irving, D. J. C. (1977). *Hitler's War*. New York: Viking.

Kaplan, D. (1968). "Quantifying In". *Synthese* 19:178—214.

——. (1989). "Demonstratives". In *Themes from Kaplan*, ed. Joseph Almog, John Perry, and Howard Wettstein. New York: Oxford University Press.

——. (n.d.). "What Is Meaning? Explorations in the Theory of *Meaning as Use*". Unpublished manuscript.

Kripke, S. (1961). "History and Idealism: The Theory of R. G. Collingwood". Unpublished manuscript.

——. (1977). "Speaker's Reference and Semantic Reference". *Midwest Studies in Philosophy* 2:255—276. Reprinted in this volume as Chapter 5.

——. (1979). "A Puzzle about Belief". In *Meaning and Use*, ed. A. Margalit. Dordrecht, Netherlands: D. Reidel. Reprinted in this volume as Chapter 6.

——. (1980). *Naming and Necessity*. Cambridge, MA: Harvard University Press. First published in *Semantics of Natural Language*, ed. D. Davidson and G. Harman. Dordrecht, Netherlands: D. Reidel, 1972, 253—355, 763—769.

——. (1982). *Wittgenstein on Rules and Private Language*. Cambridge, MA: Harvard University Press.

——. (1986). "Rigid Designation and the Contingent A Priori: The Meter Stick Revisited." Unpublished manuscript.

——. (1992). "Logicism, Wittgenstein, and De Re Beliefs about Natural Numbers". Unpublished manuscript.

——. (2008). "Frege's Theory of Sense and Reference: Some Exegetical Notes". *Theoria* 74: 181—218. Reprinted in this volume as Chapter 9.

——. (2010). "Unrestricted Exportation and Some Morals for the Philosophy of Language". Reprinted in this volume as Chapter 11.

Lewis, D. (1970). "Anselm and Actuality". *Noûs* 4:175—188. Reprinted in Lewis(1983).

——. (1973). *Counterfactuals*. Cambridge, MA: Harvard University Press.

——. (1979). "Attitudes *De Dicto* and *De Se*". *Philosophical Review* 88: 513—543. Reprinted in Lewis(1983); page references are to the reprint.

——. (1983). *Philosophical Papers, Volume I*. Oxford: Oxford University Press.

Loar, B. (1976). "The Semantics of Singular Terms". *Philosophical Studies* 30:353—377.

Ludlow, P., and S. Neale(1991). "Indefinite Descriptions: In Defense of Russell", *Linguistics and Philosophy* 14:171—202.

Ludlow, P., and G. Segal(2004). "On a Unitary Semantical Analysis for Definite and Indefinite Descriptions". In *Descriptions and Beyond*, ed. M. Reimer and A. Bezuidenhout. Oxford: Oxford University Press.

Moore, G. E. (1954/1955). "Wittgenstein's Lectures in 1930—1933". *Mind* 63(1954), and 64(1955). Reprinted in Moore(1959), 252—324.

——. (1959). *Philosophical Papers*. London: George Allen & Unwin. Peacocke, C. (2008). *Truly Understood*. Oxford: Oxford University Press.

Perry, J. (1977). "Frege on Demonstratives", *Philosophical Review* 86:474—497. Reprinted with a postscript in Perry(1993).

——. (1993). *The Problem of the Essential Indexical and Other Essays*. Oxford: Oxford University Press.

——. (1997). "Indexicals and Demonstratives". In *A Companion to the Philosophy of Lan-*

guage, ed. Bob Hale and Crispin Wright. Oxford: Blackwell.

Plantinga, A. (1974). *The Nature of Necessity*, Oxford: Oxford University Press.

Prior, A. N. (1967). "On Spurious Egocentricity". *Philosophy* 42:326—335.

Quine, W. V. O. (1968). "Propositional Objects". *Crítica: Revista Latinoamericana de Filosofía* 2:3—29. Reprinted in Quine(1969).

——. (1969). *Ontological Relativity and Other Essays*. New York: Columbia University Press.

——. (1976). "Worlds Away". *Journal of Philosophy* 73:859—863. Reprinted in Quine (1981).

——. (1981). *Theories and Things*. Cambridge, MA: Harvard University Press.

Sider, T. (2001). *Four Dimensionalism*. Oxford: Oxford University Press.

Stalnaker, R. (2008). *Our Knowledge of the Internal World*. Oxford: Oxford University Press.

Wittgenstein, L. (1953). *Philosophical Investigations*. Ed. and trans. G. E. M. Anscombe. Oxford: Blackwell.

——. (1961). *Tractatus Logico-Philosophicus*. Trans. David Pears and Brian McGuinness. London: Routledge & Kegan Paul.

第十一章　无限定输出及其对于语言哲学的若干教益*

本文打算讨论一种区分,它在哲学上拥有一段悠久的历史。①在现当代关于内涵话语的讨论中,它实际上应该归功于罗素的论文《论表示》("On Denoting", 1905),但因为蒯因的论文《量词和命题态度》("Quantifiers and Propositional Attitudes", 1956)以及他的名著《语词和对象》(*Word and Object*, 1960),它得到了更多的关注。罗素和蒯因对这个问题给出了不同的说明。不过,问题是一样的。②正如蒯因指出的,下面的(1)和较弱的(2)之间好像存在重要的区分:

（1）存在某个我相信是间谍的人。

（2）我相信存在着间谍。

（2）表达的是一种不言自明之物,而(1)所表达的重要信息是可以透露出去的,比如透露给美国中央情报局(CIA)。我们可以看到,(1)当然是一个量化语句。通过对(3)前缀一个存在量词,可以得到一个半人工半自然的版本:

（3）对于 y,我相信他是一个间谍。

或者,和(1)保持一致,对(3a)前缀一个存在量词:

（3a）我相信 y 是一个间谍。

使用标准术语讲,(1)和(3)是从物信念的例子,(2)是从言信念的例子。按照罗素的理论,并不是真的存在着两种类型的信念;但若按照蒯因讲

＊　这篇论文是 2008 年 5 月 21—23 日在纽约城市大学研究生中心举办的克里普克中心开幕大会上发表宣读的。

①　关于这段历史,大家可以参看索萨(1970)给出的简要评论及其参考文献。

②　要想了解我对罗素说明的看法,以及有关他的观点和蒯因观点之间的关系,可参看本书第八章。

述这个问题的方式,则表明的确存在着两种信念("概念性"信念和"关系性"信念),而他的这个版本似乎延伸到了其他人的相关讨论当中。(然而在这些人中,大多数都千方百计地想把从物含义归结到从言含义上去,或者至少想把它们关联起来。我们接下来会讨论这个问题。)丹尼特(D. Dennett)之所以对这个理论有所怀疑,就是因为它的这个特征(Dennett, 1987)。那么,真的存在两种信念吗?

什么时候从言表述会蕴涵从物表述呢? 假设 α 是一个词项(尽管这里可以把专名包括进来,但主要还是以限定摹状词为例)。③于是,假设我们有:

(4) E(α)

读作"α 存在",如果是限定摹状词的话,它的意思不过就是说,相关的存在和唯一性条件得到了满足。假设我们有:

(5) S 相信,α 是 F

[这里我们假定(5)报道的是 S 的从言信念。]

什么时候我们才能由此推导出下面这个存在陈述:"存在一个 y,使得 S 相信 y 具有 F"? 或者使用刚才讨论过的例子,什么时候——把 F 看成是谓词"是一个间谍"——我们才能推导出"存在某个 S 相信他是一个间谍的人"? 这最终还是要看什么时候我们可以从(4)和(5)推出(6):

(6) 对于 α,S 相信,它是 F。

无限定输出指的是这个学说:这种蕴涵总是有效的。实际上,如果事情真这么简单,我们也就可以用从言信念直接去分析从物信念了。④

这个学说有一段很奇怪的历史。从题目上就能看出,蒯因一开始在他的论文《量词和命题态度》(1956)中讨论这个区分时,把这个区分一般性地应用到命题态度问题上了。他所给出的一个尤其有趣的例子表明,如果把

---

③ 当然,对罗素来说,限定摹状词和其他"表示性短语"一样,实际上根本就不是词项,而是量词。参看第八章给出的讨论。(但是,为了输出问题表述的需要,我们总要想办法假装限定摹状词就是词项。)

④ 为了得到这样一种分析,我们必须假定,情况正相反,只要我们拥有一个从物信念,我们就必须要有一个从言信念,它指称该从物信念的对象。这样的话,这个分析指的就是:(6)有效当且仅当存在某些真陈述(4′)和(5′),当用某个与 α 共指称的词项 β 替换 α 时,它们依然成立。也可参看下文索萨对这个问题的讨论。

概念性或关系性态度与存在量词结合起来,就会难以避免地导致系统的歧义。例如,"我想要一只帆船"就是有歧义的:它的意思可能是存在一只特定的帆船,那是我想要的;或者也可能只不过就是,我所追求的"只是解除无船之困"(Quine,1956:177)⑤;更可能的意义是概念性的,也就是说,并不存在任何一只特殊的帆船是我想要的。这个意义可以表达如下:

(7)我想要下面这个情况发生,即($\exists x$)(x是一只帆船,我拥有x)

而关系性含义指的是,存在一只特定的帆船,那是我想要的,表达如下:

(8)($\exists x$)(x是一只帆船,我想要,我拥有x)

类似地,他提到"追踪"(hunts)也有一种相应的歧义。对信念来说,这两种形式分别用符号表达为(9)和(10):

(9)($\exists x$)(我相信,x是一个间谍)

(10)我相信,($\exists x$)(x是一个间谍)

蒯因强调,对我们多数人来说,(2)和它的符号表达式(10)是真的,而(1)及其等值表达式(9)是假的。⑥

在最初的表述中,蒯因的确假定了无限定输出原则是成立的(1956:182,第一个句子)。⑦很多人⑧指出,这样做会造成(1)和(2),以及相应的符号表达(9)和(10)之间的差别变得不言自明,这是因为,如果有人相信

---

⑤ 我曾(从一个第三方那里)听到过一个故事,讲的是这么一个人,这个人报道说,自己整个夏天都待在德国,因为他想要娶走一个德国女人。这个故事所讲的这个人假定了,存在一个特定的德国女人是他想娶走的(蒯因的关系性含义)。实际上,给我讲这个故事的人突然意识到,他的故事讲到的那个人想要表达的意思是,他是那么迷恋德国和德国人,以至于他那时候就是要找一个合适的德国女人娶走就行(蒯因的概念性含义)。这个是真实的故事。

⑥ 在我看来,就蒯因那个时期的观点看,蒯因(1956)要远远高于他在其著名的哲学论著《语词和对象》(1960:145—151)中所作的类似讨论。后面这个讨论所主张的处理方案,似乎与蒯因(1956,S.1)曾简要阐述的方案类似,且拒不赞成一种"更具建设性的处理方案"(Quine,1956:180)。这种差别导致我推测,尽管出版日期不一样,但在蒯因(1956)写完之前,蒯因就已经完成了《语词和对象》的处理方案,而且后来没有进行修改。《语词和对象》最后两页上的讨论更接近1956前后的蒯因。

顺便说一下,有一个情况总让我觉得显而易见:如果蒯因(1956)和"概念性信念"的想法在形式上是正确的,就会存在类似的处理量化模态逻辑的方式,它在形式上没有任何异议,也不考虑后者在哲学上是不是会遭到反对。蒯因好像没能在《语词和对象》中看出这一点,这让我感到有些奇怪。卡普兰(1968)在一条注释中提出了这个观点,蒯因本人也认识到了这一点,见 Quine(1981:116)。

⑦ 参看 Quine(1956:182,第一段)。罗素绝不会想到对限定摹状词去设定无限定输出,因为那样做就等于说窄辖域表述总会蕴涵相应的宽辖域表述,而后者他明显是不相信的。

⑧ 具体都有谁,可以参看 Sosa(1970:887,n.11)。

（2）——存在着间谍——那么,这个人大概就会相信(11)：

（11）那个个子最高的间谍是一个间谍。

（在这里,我们假定了没有哪两个间谍身高正好一样,而且他们在数量上也是有限的,因而这个摹状词非空。）⑨由输出原则和存在概括原则推出,存在某个人,S 相信这个人是一个间谍。这样的话,这里的区分实际上就消失了。

假如用知识替换信念,上述论证明显也是适用的。如果有人知道存在着间谍,而且还知道其他一些明显的事,那么对这个人来说,就会存在某个人,前一个人知道这后一个人是一个间谍。对很多别的命题态度,这一点肯定也能成立。⑩然而,这种不言自明对于"想要"(want)并不是明显适用的,引自蒯因的那个有趣的论证所表明的就是这一点。⑪尽管无限定输出原则对于"想要那个(wants that)"成立,但由此并不能那么明显地推论出,任何一个人如果想要一只帆船,就要说明想要哪只特定的帆船,也不能由此推出,任何一个人,如果想要娶走一个德国女人,就说明他已经挑选好了一个,如此等等。⑫

我们可能会认为,这个反对意见在它行之有效的场合将会被直接接受下来,不然的话,人们就只得从头再来了。蒯因本人一开始是接受这个反对意见的(Quine, 1968)。索萨是对蒯因提出批评意见的人当中的一个(Sosa, 1969)。不过,后来他围绕这个主题写了一篇相当经典且影响很大的文章(Sosa, 1970)。⑬在这篇文章中,初看起来索萨好像接受了这个反对意见,但实际不然,他提出了将从物归结到从言的另一种不同的表述,所用的方法就是对可输出性进行限定。然而他认为——在所引的例子当中,对输出原则

---

⑨ 也可参看下面的注释㉔。

⑩ 我想要补充的一点是,在本次讨论中我处理所有命题态度的方式,就好像它们与自己的对象同属一类,不过,实际上我不确定事情就是这样。我之所以这样做,是因为这里没有什么依赖于这样一个假定。

⑪ 尽管这个例子的表达是"想要那个",或者"想要下面这个情况发生,即……",而且蒯因还用"力求发现"表达了另一个"想要",但他主要关心的还是信念。

⑫ 参看注释⑤。尽管相信帆船存在的任何一个人可能都会相信存在着一只最大的帆船,一只比其他任何其他帆船都贵的帆船,等等,但由此不能推出,这个人想要那只最大的帆船,或者那只最贵的帆船,等等,因此并没有输出任何事情。我们可以尝试提出这样一个提法,比如"他的预算所能允许的最好的帆船"。然而这样一种描述有可能挑不出一只独特的帆船,即便能挑出来,也不一定就是他实际想要的那个。

⑬ 由于我在讨论中对索萨论文的大部分内容必定会持一种高度批判性的态度,所以我想强调我对这篇文章的见解是经典性的。据我所知,过了这么多年,它仍然是对这篇文章观点最好的表述,而且产生了持久的影响。

显见的限定依赖于语境或者讨论参与者的利益诉求——那些使用了格赖斯型区分(区分字面上为真的东西和说出来恰当的东西)的论证可用于表明,蒯因最初提出的无限定的输出原则,是对字面英语的正确说明,而且可以用来针对从物信念给出一种简要的说明。[14]

　蒯因本人的论文写作显然独立于索萨,他在后期的论文(Quine,1981)中提出了一种更加辩证的方案。但是,尽管论文一开头他写道,"显然我们必定会发现情况对于输出是不利的"(Quine,1981:120),他用的就是上文给出的"个子最高的间谍"论证[15],但他和索萨一样,后来的立场却发生了转变,只不过这次转变发生在另一篇论文中,在其中他收回了方才引用的直言陈述。和索萨相比,蒯因转变得更快,给的例子却更少[16],他断定,对可输出性进行限定必须完全依赖语境特征。从这一点他断定(不过我发现,即便给出这些前提,这个结论也远不是那么显然),唯一一个成立的可输出性规则必定是他最初未加限定的那个,它会把(1)和(2)之间的区分抹除,而他本人重点强调的正是这个区分。他说,"初看起来这好像无法容忍,但人们会逐渐接受它"(Quine,1981:121)。[17]

---

⑭　在某种意义上说,我并没有谨慎地报道索萨的观点。索萨的整个讨论基于一种特殊的演说方式,其中使用了蒯因的拐角符号,"S相信「a是F」"被定义为:"S有一个这样的信念(存在于一个命题之中),通常情形下,只要他通过断定这个具有'a'后面跟着'是'、'是'后面跟着'F'的结构的句子,他就能够在我们的语言中准确地表达这个信念"(Sosa,1970:885)。在这篇论文的结尾索萨说道,"请注意:我从没有假设过,'S相信「a是F」'等价于'S相信,a是F'。这是一个独立的问题,在这里是没法解决好的。"(Sosa,1976:896,n.20)。他还在同一个注释中补充说,如果不考虑这个问题,他在形式I或III(关于其解释,参看下文)中所给出的阐述,给出了从物到从言信念的一个归结。

我希望我自己已经更好地理解了,为什么索萨要用他自己的特殊概念,而不用"相信……"(他没有否认这个概念是有意义的)来阐述这些问题。蒯因和丹尼特,以及索萨例证中的一些说话者,只是简单使用了"相信……"及相关的习惯性用语,而我只是遵从了他们的做法。然而,如果我在这里对待索萨有所轻慢,而且本该使用他所强调的概念,那么据我所见,我对他的论文的讨论将不会受到实质性影响。

⑮　实际上,蒯因那里用的是"个子最矮的间谍"。这好像有两个不同的来源。如果哪位哲学家发现有哪个微妙的差异取决于用的是哪一个羣状词,这位哲学家就值得大加奖赏了。

⑯　蒯因用卡普兰的词项"生动指示词"(vivid designator)对可输出性进行了限定,他假定,可输出性条件是由亨迪卡(Hintikka,1962)中的"知道那个F是谁"的限定给出的。于是,他陈述说,这明显是相对于语境的,并断定对输出的限定必要性要去掉。

⑰　科瓦特(I. Kvart)写道,这种归结他"并不接受"(Kvart,1982:298)。我也不接受。

实际上,科瓦特表明,亨迪卡的输出条件(Hintikka,1962)在直觉上是不正确的。对信念来说,亨迪卡好像认为,在他的系统中"具有一个关于a是谁的信念"或者关于它假想的符号表(转下页)

尽管蒯因(正如我们看到的,他的写作明显独立于索萨)和丹尼特(1987)(后期作品中赞同这两个人)实际都赞同索萨,但他们表达各自观点的方式是很不一样的。为无限定输出辩护的索萨说,"由从物态度到从言态度更简单的归结是难以设想的"(1970:896),蒯因(简要地)和丹尼特(十分坚决地)陈明,他们拒绝接受从物信念的概念。蒯因写道,"我们最终会一般地拒绝接受从物态度或者量化命题态度,或者拒绝接受从物或者量化模态逻辑"(1981:122)。然而正是蒯因本人,在其早期的论文(1956)中,激发了当代人对这个概念的兴趣。

丹尼特也在自己论文的多处地方说到,不存在像从物信念这样的东西。[18]然而,他真正的立场并不是拒斥从物信念,而是捍卫无限定输出。从某种意义上看,这充其量是要使得从物信念变得自明化而并不真的就是拒斥这个概念。[19]实际上,丹尼特和索萨绝对没有什么分歧,如果我接受他们的观点,我自己就会去使用索萨的表述(他拥有一种简单的从物理论)。丹尼特甚至暗中承认,自然语言中有些词项就包含了关于一个对象的信念这

(接上页)达式,对于信念语境中的输出是充分的。然而斯蒂恩已经表明,这个条件不是充分的,因为该主体关于 a 是谁的信念可能是假的(Stine, 1969, 1972)。科瓦特(1982)重新发现了这个反对意见。我自己在本文中给出的例子(12)可用于实现同样的目标。

对于知识,科瓦特准确评论说,对于一个限定摹状词 a 来说,"知道 a 是谁"既有从言的读法(这是最可能的一个),又有从物的读法(罗素认为这属于辖域上的歧义)。他还表明,"知道她/他是谁"并不总是能被满足,即便主体具有一种关于她/他的从物信念。例如,等待辨认的一列嫌犯中的某个人,我们可能知道他作了案,或者我们实际上就看到他作了案,但当有人问我们"他是谁"时,我们可以正确地回答说:"我不知道他是谁。"(下面要引到的丹尼特的例子也表明了这一点,尽管那不是他主要的意图。)然而我想补充一点,即使在这样一种情况下,我也知道抢劫我的是谁(从言的读法),也就是说,那边那个人。我也知道这列嫌犯中哪个人抢了我,而且我能认出抢劫我的人。

科瓦特早就告诉过我,蒯因在和他的通信中承认,即便考虑语境,"知道他是谁"也并不总是相关的前提。然而据我所知,他从来没有在公开出版物中收回这个观点。

[18] 当丹尼特说他拒绝接受这个概念时,他脑子里好像装着很多东西。有时他拒斥的是与信念所涉及的对象的因果关联有关的那些理论,或者是对该对象的"直接"而不是"间接"(也就是纯描述性)的指称。但是,这些是关于从物信念的理论,而如果一个人希望把他对这些理论的拒斥说成是对从物信念的拒斥,他就可以这样做。但在我看来,出于我在正文中给出的理由,这会是一种表达自己的误导性方式。

[19] 和丹尼特不同,也许蒯因真打算拒斥从物信念这个概念。显然,就在允许信念和认知概念的典范符号系统这个层面上,他也希望把这个概念排除出去。关于典范符号系统的两个层次,参看Quine(1960:221)。但在论文最后他谈到,即便是在从言信念概念那里也存在一些问题。然而,他大概并没有否认日常语言具有那些引发他一开始(Quine, 1956)所发表的讨论的惯用语。但是,这些和他具有相对更少的关联。蒯因陈述道,在语境当中,像这样的概念可能会有用,但任何事情都要看我们希望知道的是什么。

个概念。当他说他拒不接受从物信念时，他的意思好像是说，他拒绝接受各种让这个概念成为一个不那么不言自明的概念的观点。

他的立场可以陈述如下["胡佛"指的是埃德加·胡佛（J. Edgar Hoover），他正在调查杀害史密斯的人是谁]：

> 如果有谁满足胡佛用来挑选出杀害史密斯的凶手的**任一**限定摹状词，这个人就是一个（极小）嫌疑人。由此自明地推出，杀害史密斯的人是一个极小嫌疑人（因为他满足"杀害史密斯的人"这个摹状词），即便是在这个情境中：胡佛完全弄糊涂了，他只是相信这件谋杀案是一个凶手干的。若想反驳这个结论，必须满足一个条件，即只有存在某种原则性方法，可以用来区分极小嫌疑人和真正嫌疑人，也就是确实的或者从物的嫌疑人，但是，并不存在这样一种方法。于是蒯因提出，如下两者之间截然分明的心理区分就消失不见了（当然，说话者本体论承诺上的逻辑差异还是存在的）：
>
> （48）胡佛相信某个人（某**一个人**）杀害了史密斯。
>
> （49）对某个人来说，胡佛相信是他杀害了史密斯。
>
> 这一点仍然是成立的：在胡佛被完全弄糊涂的情况下，他自然会向媒体否认有任何人，他相信这个人就是凶手。他实际否认的是，他比任何一个仅仅知道有人作了案的人知道得更多。（Dennett, 1987：197—198）

我为什么要说丹尼特实际上承认从物概念会在自然语言中出现呢？这一点可以从他使用了"嫌疑人"这个词项，以及他陈述凶手是一个极小嫌疑人这一点推出来。"嫌疑人"这个词当然是一个从物概念，它与这位警察所具有的信念与各色人物之间的关系有关。"从物"这个词的意思只不过就是说，它是一个关涉或者关于一个特定的人或对象的信念（或者其他这类态度）。丹尼特没有拒斥这样一个概念；他只是断定，就"嫌疑人"来说，这个词项实际上总会适用于真正的凶手。⑳

---

⑳　我不确定他对"嫌犯"的语言直观是不是正确。我本可以想到，如果警察有理由认为有人作了案（或者认为他们有这样的理由）但又不能确定，那他就是一个嫌犯。然而，如果这（转下页）

下面让我简要陈述一下我个人的立场吧。首先,对于信念乃至对于知识来说,无限定输出原则所造成的后果,要比它的倡导者们所提示的更加重要。这些后果就是本次讲演的主要内容。

其次,沿着这条思路,该原则的有些支持者预先假定乃至明确陈述了各种假想的格赖斯型原则,声称它乃是基于区分字面真理和什么时候说出它来(由于会话隐含)可能会产生误导。这些原则从来就没有得到过格赖斯本人或其他任何人的辩护,实际上是缺乏合理性依据的。它们和格赖斯本人给出的更合理的例证并不类似。此外,有些例子据说支持什么时候一个词项是可输出的这一点的语境相对性,在我看来这也是错误的。

最后一点,对于语言哲学也是最重要的,无限定输出原则的支持者们承诺了我所谓的"语用废纸篓谬误"(the pragmatic wastebasket fallacy),它所假定的是,我们可能只是通过称它们是"语用的"并给它们提供一种格赖斯型解释,因而便忽略了它们的区别。这个谬误忽略了关于该语言所有语句中谓词可投射性的重要语义考虑。此外,它还以为"纯心理的"或"纯语用的"的区分并不重要,而这些对于数学和刑律是很重要的。

我想提到的另一个谬误是"玩具鸭谬误"(toy duck fallacy)。据说它是自然语言的引用特征的一个重要事例,对于这些特征来说,只要仔细甄别,就会发现它们可能不是真实的。

一、无限定输出未被注意到的后果

我们来看第一个,也是我的主要观点。就信念来看,无限定输出观点具有一个相当重要的后果。每个人,也许上帝除外,都会有假信念。对 S 来

(接上页)位警察确定,存在一个凶杀案,它是由一个人干的,他们当然就能确定就是这个杀人犯做的这件事。但这样的话,这个杀人犯就不会是一个嫌犯了!

另一个语言标准是这样:如果警察有理由(也许这些理由在他们看来是决定性的)相信某人干了这件事,等等,那么这个人就是一个嫌犯。没有任何事情实际上会与这个问题有关,因此我也就不想多费笔墨了。实际上,我将接受"嫌犯"这个词项更广义的用法。但是,这个术语在相关辖区有法律上的定义。我的印象是,他们倾向于接受更狭窄的用法。

说,令所说的假信念是 p。考虑下面这个句子:

(12)S 相信,如果 p 则那个 y 是菲尔比(Philby),如果非 p 则那个 y 是埃菲尔铁塔,而 y 是一个间谍。

(12)可以符号化表达如下:

(13)S 相信:$(\iota y[((y=$菲尔比 $\wedge\ p)\vee((y=$埃菲尔铁塔$)\wedge\neg p))])$ 是一个间谍。

(注意:在自然语言形式中,我发现使用两个条件句的合取是很自然的,而在符号语言形式中我使用的是两个合取的析取形式。)[21]

我们知道,(12)和(13)是真的,是因为 S 相信 p,而且相信菲尔比是一个间谍。于是,依据无限定输出原则我们就可以得到:

(14)**就埃菲尔铁塔**来说,S 相信,它是一个间谍,因为这就是所提到的限定摹状词所表示的东西!

按照我们正在讨论的观点,我们没有能力说出我们会在直觉上说出的东西。从直觉上看,因为 S 错误地以为 p 是真的,(12)中归于 S 的信念实际上是关于菲尔比的信念,而不是关于埃菲尔铁塔的信念。因为 S 认为满足(12)中摹状词的正是菲尔比。然而,这恰恰就是我们不可能按照我们正在考虑的观点说出来的内容。我们不可能说,一个主体使用摹状词 a 所表达的信念,就是关于他认为满足该摹状词的那个对象的信念,因为这样一个标准所使用的恰恰就是我们正试图对之进行界定(并加以削弱)的概念。相反,**实际满足这个摹状词的**,应当就是这个对象。[22]

再有,我们不需要假设 S 认识任何一个像菲尔比这样的特定的间谍。只要 S 相信存在着间谍,"菲尔比"这个词项就可以用"那个个子最高的间

---

[21] 实际上,我本来可以使用条件句形式,这是因为:$\iota y[(p\supset(y=$菲尔比$))\vee(\neg p\supset(y=$埃菲尔铁塔$))]=\iota y[((y=$菲尔比$)\wedge\ p)\vee((y=$埃菲尔铁塔$)\wedge\neg p)]$。

[22] 索萨在他论文的结尾处陈述了他的理论:"事实上,一般来说,关于 x,相信它是 F,也就是具有一个信念,该信念是关于 x 的,它的大意是,它是 F;这就等于相信一个命题,这个命题是关于 x 的,按照这个命题,x 是 F。从物态度到从言态度更简单的化归是难以想象的"(Sosa, 1970:896)。但是,这让索萨的说明比其实际更加接近直觉(尽管仍然不是足够接近直觉)。当前这个案例中所说的这个信念是关于菲尔比的,还是关于埃菲尔铁塔的? 从直觉上看,我会说"是关于菲尔比的"。(这样,索萨的一般性断言在这个案例中就不会与直觉产生任何冲突。)然而按照索萨的说明,大概这个信念是关于埃菲尔铁塔的。对索萨观点更详细的讨论,参看下文。

谍"来替换。㉓

埃菲尔铁塔的情况怎么样呢？显然,这个对象可以用 S 所能识别的任一对象进行替换,使得存在某个词项、名字或者限定摹状词,它们在 S 的语言中正是用于表示这个对象的。最终,这可以是任何一个占据时间和空间的对象。普通类型的物质对象都包括在内,人就是这样(就人来说,要想这样说,我们不必非要是唯物主义者,只要人有身体就行)。因为我们可以列出所有有理的时空点。对于任何普通对象来说,这样列举的清单中将存在第一个有理的时空点,它正是由这个对象所占据的。然后,假定我们可以(使用 S 的词汇表)规定出一个种类 K,以至于只存在该种类的唯一一个对象,而该种类包含了由该对象所占据的那个区域,于是我们就可以规定,该对象就是占据了包含上述列举中第一个有理时空点区域的种类 K 中的一个对象。㉔

提到有理坐标,会导致无限定输出产生另一个惊人的后果。对于使用 S 词汇表可以明确规定的每个自然数、每个有理数以及每个实数来说,主体 S 相信,它是一个间谍。

这样,对于一个普通的主体 S、一个普通谓词 F 以及一个普通对象 y 来说:

(15) 对于 y, S 相信它是 F,可以化归为:

(16) S 相信有的 s 是 $F(F's)$。

注意:在这里对象 y 根本就不在这幅画面中存在了。(15)的外在逻辑形式具有极大的误导性。即便没有有理时空点的论证,(15)也可以化归为:

㉓ 在我看来,如果不存在任何一个人,S 相信此人就是个子最高的间谍,那么,最后得到的新信念就明显不是涉及或者关于一个特定人的信念了。这并不是我所批评的那些作者们的观点,但在这个案例中任何东西都不依赖于它。

㉔ 我并不担忧基本粒子或者其他这类奇异的东西,我们通常并不会被认为会对它们具有从物的信念。同时我也不打算担忧是否应该对这种列举施加限定,以便明确实体能否任意地置入未来、过去,等等。

曾经有人对个子最高的间谍这个例子提出反对意见,因为它预先假定了任何两个间谍都没有完全相同的身高。也许这两个最高的间谍恰好是联系在一起的(例如,同卵双胞胎)。如果有谁真的担忧这个问题,他可以用相同的手段(占据第一个有理时空点),以便挑出一个唯一的间谍。无论如何,我怀疑会有什么严肃的问题可能会依赖于这样一个反对意见。倘若"个子最高的间谍"实际上是一个空摹状词,那么,坚持无限定输出的人就会十分幸运了。

卡普兰(1968)在某个地方提出了一个相似的手段,并称其为"最年轻的间谍"。

(17) S 相信有的 s 是 $F(F's)$，而 y 是 S 可以识别到的。

即使是在版本(17)中，这个陈述看似也只是表达了 S、F 和 y 之间的一种关系，更不用说(16)。在版本(17)中实际存在两个相互独立的合取支，F 和 y 根本就没有什么关系。正如我提到的，在版本(16)中，对象 y 已经从这幅画面中完全消失了。让人感到奇怪的是，我们的语言中包含了这种误导性的表面形式和这样一种具有不言自明特征的表达方式。

我不知道无限定输出的辩护者们是否会接受这个惊人的后果。[25]我希望他们不接受。通过阅读他们的文章我们可以想到，只有少数一些额外的情况，比如个子最高的间谍或个子最矮的间谍，需要被接受，不过，即使关于这些案例的一点小的想法也将对这个清单提供相当大的补充。但是，当前这个情况说明清单还是太长了。即使只是有关埃菲尔铁塔这么一个案例，也足以让人感到相当怪异了。

其他人也提出了这个观点。我在参加研讨会时也讨论了这个观点的上述后果，而且曾一度想要把它公之于众。就知识来说，我们不可能得出这么一个如此惊人的后果，因为该论证依赖于对这个限定摹状词的假信念。当然，如果它是知识，我们也不可能这样做，因为和假信念的情况不一样，假知识是不可能的。[26]因此，这个后果不会这么可怕。科瓦特以前听我讨论过这件事，他评论说——在我看来他是正确的："好吧，即使你的论证对知识不能成立，但是因为有关信念存在这么一个结果，因而即便对于知识来说，一个人对无限定输出的信心也将会大大削弱。"

---

[25]　有一位我所推崇的哲学家，他曾经是我所批评的这种观点的(部分)支持者，据说他的反应是这样的：只有一些人足够聪明，因而有能力考虑到(12)和(13)中那种难以处理的限定摹状词。因此对大多数人来说，从无限定输出并不能推出它们具有我所提到的那种奇怪的从物信念，尽管少数极端聪明的人会具有这样的从物信念。假若我们认真看待这样一种回答，它甚至可以用来反驳"个子最小的间谍"案例(丹尼特就这一案例表达了多少类似的保留意见；参看 Dennett, 1987:202。我不确定其中涉及的聪明的标准是什么样的，尤其是因为一个信念不一定会明确表达为或者被认为要正确归于一个人。例如，难道我的大多数读者不相信巴黎现在不在中国，即使他们此前可能从没有想到这个问题？类似地，S 可能不一定会如此聪明，以便如果把(12)和(13)摆到她或他面前时，他就能够准确地回应它们，因而这个信念可以始终准确地归于 S。(所说的这种区分在文献中已经得到了讨论。)

无论如何，下面哪一个会让读者听起来更真实一些呢？

(a) 对这片林子的每棵树来说，任何一个足够聪明的人都会相信，它是一个间谍。

(b) 对这片林子的任何一棵树来说，只有一个精神病患者才会相信，它是一个间谍。

[26]　大概差不多所有哲学家都会赞同这一点，不过也许并非无一不如此。

然而,如果我们假定无限定输出对于知识能够成立,看一下由此会得出什么结论也会是有趣的。在这个案例中,下面这样的结论会是恰当的:

(18)关于y,CIA知道,y是一个间谍当且仅当y是一个间谍。

我们假定CIA知道间谍是存在的。否则,我们就不需要对CIA作出任何假定,因此当"CIA"被指称我们之一的任何词项替换时,均能得出这个论证。CIA当然会知道,个子最高的间谍是一个间谍,因而按照无限定输出原则,对个子最高的间谍来说,CIA也就会知道,他是一个间谍。然而,对身高排第二的间谍来说,CIA也知道他或她是一个间谍,对这个排列,可依次类推。为了避免遭遇空摹状词,我们应该补充一个条件:"或者,如果没有一个是矮的,那就重新回到了个子最高的那个间谍。"这样的话,我们就总是会得到一个表示间谍的限定摹状词,而且每个间谍都会由某个恰当的摹状词来表示。[27]因此,恰恰对于所有且仅有的间谍来说,CIA将会知道他们是间谍。我不知道为什么他们会有那么多工作要做。实际上,我们所有人都处在同样的位置。任何主体S,只要知道存在着间谍,他就会知道这一点。

再者,"是一个间谍"这个谓词可以用种类多样的谓词"是F"替换。需要假定的是,主体S知道存在一个F,对S来说,每一个F都会有一个恰当的摹状词去表示它。我们也已经看到会有哪些关于F的假定可能会为此提供保证。我们不需要重复它们。它们适用于种类多样的谓词。[28]

然而,好像的确存在着这样一些谓词,其中信念的无限定输出不会导致任何类型的惊人的坍塌,甚至也不会导致我们所有作者都意识到的那种类型的问题(个子最高/个子最矮的间谍)。上面我们已经看到,无限定输出这个假定并没有明显破坏蒯因对"我想要一只帆船"的两种读法的区分(参看注释⑫)。这里的命题态度("想要……")并不是信念。然而存在一个相关的(但并非等价的)涉及信念的态度,也就是说,"我相信,我

---

⑳ 我们将对此提出此前提到的那些通常的假定,即没有任何两个间谍是同样高的,而且,只有有限多个间谍。上文我们已经看到,如果你希望的话,这些假定如何才能够避免。(参看注释㉔)

㉘ (18)及类似案例再一次表明,从物知识的可见逻辑形式和从物信念一样,是高度误导性的。典型地,知识和知识的主体都从逻辑形式的右手边消失不见了。

应该拥有一只帆船"。㉙㉚跟以前一样，就"想要……"来说，推不出任何大意如下的结果："我相信我应该拥有我应该拥有的那只最长的帆船"。注释⑫中提到的其他想法在这里也没有什么用。因此，即便是无限定输出，也不会把这个案例中的相关区分给抹掉。

二、一些方法论或其他方面的评论

我说过，我打算在语言哲学中提取出一些教益。就让我概要性地提到一些吧，不过，除了手头这个问题之外，所有这些教益还有其他应用，值得在别的地方进一步研讨。㉛这些教益当中，首先是对格赖斯方法论以及相关的"语用废纸篓谬误"，其次是对我所谓"玩具鸭谬误"的过度使用（**不当使用**）。

但是，在得出这些方法论教益之前，我必须先回到我一直在讨论的那些作者那里。特别是索萨和丹尼特，他们提出了多种多样的案例和论证。如果没有讨论到它们的全部，我希望得到他们的谅解。我首先要提到索萨，因为他阐述和考虑了从物到从言信念（大概也适用于类似的命题态度）进行化归的各种理论。他先是陈述了无限定输出的思想，并有针对性地提出了"个子最高的间谍"的反对意见，之后他考虑了不同的择代理论。一个是卡普兰的理论（Kaplan, 1968），他认为对可输出性来说，该理论要求，α 作为要输出的词项，必须是其所指称对象的名称（或者"生动的"名称）。在索萨对该原则进行陈述时，别的基本什么也没说，但在补充说明中他陈述到，卡普兰要求 α 必须处在追溯到它的一根因果链条的尽头。然后他基于直觉上的理据拒斥了卡普兰的观点，因为它不容许我们具有关于只存在于未来的任何事物的从物信念，而在索萨看来，这与直觉上的数据正好相反。㉜

㉙　在我给出这次讲演的最初版本时，这段文字中讨论的这个特殊案例我还没有注意到。

㉚　我可能想要有一根香烟，尽管我不相信我应该有一根。相反，我可能会相信，我应该拥有某件东西但并不想要拥有它。如果我们考虑同一家族中的其他形式，这种差异会变得更加明显。

㉛　实际上，即使有人想要怀疑所说的这些教益可以特别应用到我在下面给出的论证中的一个，它们也应该被看作对语言哲学具有一般性的意义。

㉜　卡普兰的写作看起来是受到了他和我的讨论的影响——在《命名与必然性》之前——受到我的专名观点、同查斯坦（C. Chastain）的讨论，当然还有他本人思想的影响。参看 Kaplan, 1968: 211, n.1; 213, n.24。

　　索萨本人给出恰当说明的第一个方案(陈述为"我本人的观点")是这样的：

> III. 关于 x, S 相信它是 F(相信 x 是 F) 当且仅当存在一个单独词
> 项 α，使得 S 相信「α 是 F」，其中的 α 既表示 x，又是一个可区分的词
> 项。(Sosa, 1970：890)

　　这个说明是一个理论，之所以这样说，只是因为索萨是按照从物到从言信念的可能化归来陈述这个问题的。可以设想，这些可能并不是可输出性的条件。然而当我提出这个问题时，假定我们正在提问一个词项什么时候是可输出的(以及什么时候索萨讨论的所有择代选项符合这个模式)，III 就不再成为一种可输出性理论，而只是重新陈述了这个问题。从索萨的讨论可以明显看到，既然 III 里面没有任何东西能阻止一个词项对一个句子是可区分的，对另一个并非如此，或者对于一种语境中一给定语句可以区分，而对另一语境中的该语句不可区分，于是就很难看出 III 如何可能算作关于可输出性的一个"理论"或"观点"。"可区分"几乎就是"可输出"的同义词，因而我当然相信 III，至少该条件的充分性方向是成立的，那不过是一个同语反复。也许另一个方向并不是同语反复，但它是研究这一主题的许多人所假定的，这个方向实质上是指：从物信念需要使用可输出词项的从言信念。[33]索萨的"观点" III 实际上并不是对卡普兰观点的择代，而是要归为它的一种特殊情况。这里的要点不过就是指：只要一个词项是可输出的，索萨就会拒绝接受卡普兰的观点。

　　为了公平对待索萨，我应该补充一点：他的确提出了直觉上合理的特殊案例，在他看来这些案例总是可区分的(可输出的)。一个重要的例子是第一人称(在关于卡斯塔内达自我知识问题的有趣的讨论中，他还引入了他的主体)。此外，他还利用同样的原则否认了这一点，即其他某些若非如此就可输出的词项，只要主体没有意识到该词项正在描述他自己，实际上就是可

---

[33]　索萨之所以推崇卡普兰(1968)，是因为它给出了"支持这样一种化归的优秀案例"(Sosa, 1970：884, n.6)。

输出的。索萨的大部分讨论，如果不考虑他提到的那些宣称用来说明输出完全是一个语用学问题的案例，实际上就是对我们关于可输出性直觉的富有启发的处理方式。㉞在陈述一个可输出性的标准这个问题上（至少是在这里），我并不预期会比索萨做得更好。但从直觉上看，如果一个说话者对一个词项的使用让他对该词项的所指对象充分心领神会，它就是可输出的；然而这并没有说到那么多。㉟

索萨接着论证说，一个词项是不是可区分的，完全取决于任意性很强的语境因素："我觉得这完完全全就是一个语用问题，它可能会因为场合的变换而发生根本性改变。"（Sosa，1970:890）为了说服我们接受这一点，索萨还举了例子。在我看来，有些例子好像要比别的例子更有说服力。蒯因尽管不像索萨那样详细考虑了举例，但也得出了与其相似的结论，他的观点是以亨迪卡关于可输出性的"知道谁"标准作为基础的，他认为这具有高度的语境性和语用性。

我认为，语境因素的价值在这里被过分夸大了。但是，我们暂且假定索萨用来支持这一点的例子全都是正确的。为了做出他的论证（我感到我不得不填补那些空缺），我们必须论证，像这样的案例（输出在其中是一个"语用"问题）是十分典型的，而索萨实际上的确好像认为情况就是这样（Sosa, 1970:894）。

在论文的结尾，索萨让他所称谓的"说明 I"（我称之为"无限定输出"）修复了原貌，此前我好像已经基于"个子最高的间谍"的反对意见拒斥了它。㊱他写道：

㉞　例如，索萨认真地讨论了"主体之幕"（subjective curtain）（Sosa, 1970:893）（也就是：什么时候我也许是在毫不知情的情况下讨论了我自己）什么时候构成以及什么时候不构成输出的障碍。不考虑一个人是否完全赞同他的直觉，对我来说，这里还是难以接受他那谨慎的直觉讨论，包括那些输出遭到阻碍的案例，以及他最终赞成全称输出属于字面真理。

㉟　科瓦特（1982）所依赖的是一个词项"想要的指称"（intended reference）这个概念，就此来看，它参考到了本人的论文（Kripke, 1977）（参看本书第五章）。于是在我自己给出例子（12）中，想要的指称是菲尔比，而不是埃菲尔铁塔。如我所说，这个结论当然与直觉是相符的。不过我在上面也评论过［参看（14）后面紧接着的讨论］，反对我的人将会认为，这个直觉描述诉诸他们正在质疑的那些思想。但在我看来，这样做把事情完全给弄反了。然而，科瓦特提出了一种精心设计的反事实因果分析，旨在让想要的指称这个概念免遭任何这样的反对。要想对他的理论作出评价，要做的工作远远多于我已经做的。

㊱　蒯因（1981）用的不仅仅是"好像"。正如我在前面提到的，回忆一下，他曾直言"显然，我们必定会发现对输出的反对"（1981:20），不料后来又重新修复了输出。

从物信念到从言信念的一个吸引人的化归是下面这样的：

I. 关于 x，S 相信它是 F（或者，相信 x 是 F），当且仅当，存在一个单称词项 α，使得 S 相信「α 是 F」，其中的 α 表示 x。

他对说明 III 的分析导致他认为，这个更简单的说明 I 也能够成立，只要在那些说明 III 在其中禁止输出的事例中，说明 I 宣称这种输出在逻辑上是正确的，尽管这在修辞上会产生误导（Sosa，1970:896，n.20）。正如我们所看到的，索萨说，"从物态度向从言态度的一种更简单的化归是难以设想的"（Sosa，1970:896）。但是，为什么这一步会有特殊的合理性呢？

首先，如果在某个适当语境中每一个词项都是可输出的，那么，索萨的结论，即"输出总是被允许"（尽管有时候在修辞上会产生误导）会更加合理。对其而言不存在任何许可这种输出的适当语境的词项越多，索萨对无限定输出的辩护（下面马上就要陈述的）的合理性也就越小。[（正如蒯因表明的）从"知道谁"的所谓语境相对性推出的，也就更少了。]㊲

㊲ 在这篇论文更靠前的部分，我试图指出存在大量这样的词项，而相关的从物概念被意外地处理成了不言自明之物。

在一个相当令人意外的注释中，索萨写道，输出语境的敏感性不比指示性指称或谓述歧义性的敏感性更强（1970:895，n.9）。但可以肯定，不同的作者针对这些东西已经提出了形式化程度很高的分析。索萨所宣称的在我看来很糟糕（没有谁曾提出过与索萨的说明 I 相类似的任何观点，也就是关于这些东西的无限定输出）。

蒯因反对针对输出进行限定，也是一个谜，他假定这些限定是以"知道他是谁"的限定为基础的（但是请参看我的注释⑰）。他说，这个概念"完全依赖语境"，并补充说"有时候，当我们提问某人是谁时，我们看到这个人的脸并想要得到这个人的名字；有时则反过来。有时，我们想要知道他在这个共同体中承担的角色。就其本身来说，这个概念是空的"（Quine，1981:121）。严格地说，蒯因所陈述的这个论证，即便假定了它的前提，也可能会被认为会与关于"知道谁"的完全确定的语境豁免条件相容（也许我们需要知道全部三个条件，尽管这并不是实际情况）。但蒯因的意思大概是说，一个人可以说他知道某人是谁，但之后被要求评价那个人在共同体中的角色或就其进行提问时，这个人又说，实际上他并不知道那个人是谁。

我不确定这种语境性有多么普遍，但我假定它就是十分普遍的。为什么语境性意味着一个概念是空的呢？也许这个概念假装不是语境性的，而实际上就是语境性的。或者，语境性让它无法接受形式化处理？（关于后面这个想法，可以参看卡普兰关于"什么是意义？"的导言，他在那里报道说，斯特劳森告诉他，他根据蒯因的观点假定，即便是像指示词这样的语境敏感现象，也不接受基于现代逻辑的处理。卡普兰引用了他本人的研究，而他本可以引用别人的研究，以此对这个主张提出异议。）对一种给定的处理来说，语境参数可以被设想为保持固定不变，亨迪卡（1962）好像就是这样设想的。

其次，即使每一个词项，或者至少相当数量的词项，在某个语境中都是可输出的，为什么要背离说明 III 中所陈明的一般性策略，从而把说明 I 包括进来呢？索萨承认，他本人关于"逻辑上正确但修辞上不正确（产生误导）"的语用学解释的范例——也就是说，所作出的陈述太弱了（以至于给人这样一个印象，即更强的陈述可能不是真的）——在这里是不可应用的。我们必须从他对特定案例［例如下面要讨论的"首都纵火狂"（Metropolis Pyromaniac）案例］的讨论中多方搜集一个解释，这些案例被认为可以把该原则讲清楚，同时，这种解释也要从他对一般性原则的陈述中加以搜集。

索萨说道：

> 如果我的思想训练是正确的，那么，"关于 x，S 相信它是 F"与比如"木星太过遥远了"或者"这个世界末日在足够遥远的未来"有很多共同之处。木星是否遥远取决于语境，这不仅仅是因为它要看说话者或思想者所处的物理位置，而且也要看它正在讨论的是什么问题。（Sosa，1970:894）

我不是那么确定，索萨给从物信念提供的例子能否支持这种比较。但是，让我们假定这种比较是有效的，而且，关于引用到的表达式的语境敏感性的结论是正确的。我假定这并不是关于木星特有的问题（在大多数普通语境中，它碰巧是遥远的，甚至可能过于遥远）㊳，而是关于"过于遥远"这个谓词的问题，实际上，这个谓词不仅与说话者的资源和位置高度相关，而且与所设想的目标也是高度相关的。（伦敦过于遥远吗？格林威治村呢？设想：说话者的位置处在曼哈顿中部高地。）但是，由此应该推出我们可以把这个结论简化成"每个实体都过于遥远"并删除所指的语境吗？这个想法的意思是说，只要我们应用了"过于遥远"这个表达式，我们在逻辑上就是正确的，尽管在修辞上可能会产生误导。我甚至不确定这会是什么意思。这样

㊳　索萨的确设想了一些特有的语境，在其中，对于所提到的目标来说，木星可能过于遥远，也可能并非过于遥远。

做的确好像与索萨回归说明 I 具有一种自然的类似。㊴

在我看来,这个论证铺展得太快了,以至于所得出的结论难以证成或难说合理,即便给出的前提是真实的。但我怀疑,一旦索萨或丹尼特知道他们的立场实际上会推出什么样的后果,他们是否还会坚持自己的论证呢? 严格地说,尽管在修辞上可能会产生误导,但关于埃菲尔铁塔我们所有人都相信它是一个间谍,这是合理的吗? 或者采纳索萨设想能够简化为无限定输出理论的语境性说明 III:真的会存在这样的语境,在其中,关于埃菲尔铁塔,我们任何人都相信它是一个间谍? 这些语境是什么? 请记住:这些例子,即便是以更弱的语境理论为基础,也必须表明,对于任何可以被一个说话者识别出来的对象来说(指的几乎就是每一个普通对象),关于该对象,她相信在某个语境当中,它是一个间谍。

但是眼下,我们先把这类例子放到一边。我还有另一个观点需要提出来。如我们所见到的,索萨区分了真的东西与说出来在修辞上恰当的东西,他认为这样做就会把针对无限定输出的直觉上的反对意见给消除掉。他说,"严格说来,这就相当于说,那些知道的人也就会相信"(Sosa, 1970: 896)。

实际上可能真会有这样的情况,尽管我们做出的陈述是真的,但在修辞上做出这个陈述却会产生误导。在所引用的例子中,索萨想到的是那些所断定内容太弱的事例。也许我们可以找到一个自然的例证,以便表明,说某人相信某事是误导的,而这个人实际上是知道这件事的。另一个稍有不同的例子是"看上去是红的"这个例子,我们之所以知道这个例子,是因为格赖斯在一篇论文中用到了它,在这篇论文中他第一次确立了他那著名的规约意义(包括规约隐含)对比会话隐含的方法论(Grice, 1961)。尽管在适当情形下(不过并不真的是全部情形),一个说话者可能会有这样的意思,即当

㊴ 刘易斯提出,一个人是否知道某件事,可能取决于他在其中考虑问题的语境,而其他人则追随了他支持类似的理论(Lewis, 1983:247,第二段,以及 Lewis, 1996)。假如一个人处在一个普通语境之中,那么,如果提出一个怀疑论假说,他就会知道大量他并不知道的东西。在后面这个语境中,一个人既不知道这个怀疑论假说的否定,也不知道由之推出该假说的那些常见的关于知识的事例。暂且让我们假设刘易斯是对的。即使在修辞上会误导人,我们还会得出这个推论或提出这个理论:实际上我们知道得很少(或者没有什么会面临怀疑论质疑)? 推导出这样一个结论很不像刘易斯做的事,但在我看来,这一步倒是类似于索萨从他的理论 III 到理论 I(无限定输出)的过渡。

她说它看上去是红色时,她怀疑或否认一个对象真的是红色的,不过这是一个纯粹的"会话隐含"问题,(可以肯定)一个真正是红色的对象实际上通常看上去也是红色的。[40]

然而正如丹尼特准确指明的(见上面引文),当前这个事例并不仅仅是这样一个事例,我们说出某件的确为真的事,却在修辞上产生了误导。当胡佛知道一场谋杀已经被刚好一个人实施之后,按照丹尼特(以及其他无限定输出原则的拥护者)的观点,他实际上也就掌握了一个嫌疑犯,也就是那个谋杀者。[41]不过,丹尼特正确地接着谈到,如下看法是不恰当的,即,要是胡佛打算断定掌握了一个嫌疑人,那他就会是**误导的**;在这些情形下,"他自然会对媒体**否认**有谁会是他所相信的那个谋杀者"(Grice,1961:198,这里的强调是我加上的。)

这种情境与索萨提到的那种类型的情境很不一样。也许在某一点上,对于某个知道某件事的人来说,如果只是说他相信这件事,那就可能会在修辞上产生误导,哪怕严格来说那件事确是真的;对于其他案例,也是类似的情况。[42]如果我们实际上**否认**这个陈述是恰当的,那就是一件很不一样的事情了。[43]例如,使用格赖斯的原始案例,存在着这样的倾向:否认一个红色对

---

[40] 从格赖斯的论文似乎可以看到,有些"自然语言"哲学家坚持认为"看上去是红色的"不可能被用到,除非我们面临适当的怀疑或否定条件。但是,我并不知道这些哲学家都有谁。从正式出版物中我没有了解到任何这方面的事情。有可能我漏掉了什么。这种类型的论证在"自然语言"哲学时代,当然是很常见的。

[41] 参看上面对丹尼特的引文,以及关于"嫌疑人"这个词项的注释[20]。实际上,这篇论文的主要论证(只要我们保留了"嫌疑人"这个词项)说明,只要丹尼特的无限定输出是正确的,就会有数不清的实体是嫌疑人(或"极小嫌疑人")。但是,即使我们把这放在一边,这个观点仍然成立。(不过,假如丹尼特意识到他的观点会有这个推论,我不知道他会有什么样的反应。)

[42] 实际上,我有些担忧,索萨选了一个相当困难的案例。无疑,如其所言,严格说来,知道的人也就会相信。不过,"我相信"的使用提出了特殊的问题。例如,我有某种这样的倾向,即认为,如果有人说"我相信她已经去看电影了",这个说话者有时候并不只是在报道一种心智状态,而是在明确表达某种程度的谨慎或犹豫,这和不带这个前缀的直言陈述正好相反。再者,正如删因所注意到的,"*x* 不相信 *p*"通常意味着"*x* 相信非 *p*",而不是"这不是实际情况,即 *x* 相信 *p*"(Quine,1960:145—146)。这种复杂状况使得这个案例与其他案例的比较变得很困难。

然而,这肯定不会影响到如下一般性观点,即一个陈述尽管在逻辑上是正确的,但在修辞上可能具有误导性,因为它太弱了,尽管在语义上是真的,这一点我在正文中已经明确讲过了。索萨坚持认为,这种解释对于他所考虑的从物情况并不适用。

[43] 实际上,关于这个假想的案例,索萨引用了实际为真但修辞上误导人的概念(就像索萨论文中所描述的,关于一个秘密纵火狂的例子;也参看下文),它是这样一个案例,在其中索萨也认识到,这个纵火狂会**否认**他是嫌疑人。索萨后来对这个案例更弱的描述是产生了很大的误导。

象看上去是红色的(当然,除非真的存在支持这样一种否认的某种特殊理由)?因此,尽管有时候可能会在修辞上产生误导(尽管是正确的),但是要说某物"看上去是红色的"表明了对那里并不存在的其真实颜色的一种态度上的保留,那并不意味着在这些情形下否认它的确看上去是红色的会是恰当的。实际上,格赖斯此例的完整观点是,实际情况并非如此。[44]

关于丹尼特对胡佛否认"有谁是他所相信的那个谋杀者"这一点所做的描绘,让我来补充几点评论吧。首先,丹尼特说,"他实际否认的是,和任何一个只知道这个谋杀案已经有人做了的人相比,他会知道更多"(Dennett,1987:198)。[45]实际上,胡佛知道的可能远不只这一点,他掌握了很多线索,但关于那位谋杀者他仍没有任何信念。我们来修正一下丹尼特的陈述:胡佛否认的是,他拥有并非不言自明的理由,从而使他相信有什么人,这件谋杀案就是他干的。这样一种表述更接近于丹尼特所设想的情况,但它几乎没有表达一个真正的语用原则。有人完全可以说,她的血液不循环了,因为她认为她的血液正在循环的唯一理由,就是通常那些不言自明的理由,而不是某种特殊的心脏起搏器,或诸如此类的东西。显然,不存在任何这样的原则。[46]

丹尼特进而说道:

---

[44] 众所周知,看上去像一个否定的东西有时会被用来拒斥一个太弱的陈述(这种现象第一次是刘易斯提醒我注意到的)。例如有人说,"和布什宣布战争结束时间相比,伊拉克战争持续的时间**至少长了一点**"(这是他 2003 年提出的"完成的任务"的陈述)。然后另外有人说,"算了吧,这张战争并没有持续得**至少时间长一点**,它已经持续了好多年"。(有时这被称作元语言否定。)

一个与此相似的例子源于格赖斯关于"全称会话隐含"的例子。他写道,"如果有谁使用了一个'X 今晚约会了一个女人'这样形式的句子,通常来说这隐含着,与之约会的那个人不是 X 的妻子、母亲、姐妹,也许甚至不会是柏拉图恋爱式的密友"(Grice,1989:37)。那个旧式的玩笑话——"昨晚被我看见和你在一起的那位女士是谁?""那不是什么女士,那是我家夫人"——利用的就是这个歧义:是真正的否定,还是单纯否定格赖斯式会话隐含(还有,就是"女士"这个词在这里所具有的旧式有歧义内涵)。

但是有一点是很清楚的,当前这些案例跟前述那些中的任何一个都不相似;胡佛实际上**否认**存在任何一个他相信是谋杀者的人。索萨所说的那个纵火狂**否认**他是嫌疑人。

[45] 大概丹尼特实际想要的是另外一个从句——"这个案子是**单独一个罪犯**干的",这一点他本人此前已经说过。

[46] 情况就是这样的,尽管如果有谁"突然之间"而且在没有任何特殊语境的情况下说她的血液正在循环,在修辞上会是一件奇怪的事。她为什么要这样说呢?是不是出了什么问题?还是说正在发生什么特殊的事呢?对某个人来说,说出某件事并不意味着我们有权限去否认它,这在修辞上会让人觉得奇怪或是对人产生误导。

他当然不是要否认他具有一个直接相关于某个体、其大意是他就是谋杀者的从物信念,他是通过与该个体产生密切的认知友好从而获得这个信念的,设想胡佛在光天化日之下,正在犯罪现场与谋杀者奋力搏斗,但关于正跟他较量的这个人是谁,他并没有任何了解;可以肯定,按照任何人关于从物信念的因果理论来说,这个人就是被他相信作为谋杀者的人,但是,如果胡佛由此宣称掌握了一个嫌疑人,这会是最不诚实的事。(Dennett,1987:198)

对此我有两个相关的看法。首先,按照丹尼特,如果他的确掌握了一个嫌疑人的话,"如果胡佛由此宣称掌握了一个嫌疑人,这会是最不诚实的事"如何可能呢?我想丹尼特的意思是,因为上文讨论过的那些不可靠的原因,这在修辞上会产生误导。对当前这个案例来说,更重要的涉及下面这个问题:那些如此关心隐藏在一堆陈述背后的语境因素的作者们,为什么会忽略那些最明显不过的语境参数呢?关于具有或不具有一个信念(无论从物还是从言信念)的主体的陈述,显然是随时间而变的。要想处理好丹尼特的案例,所有需要做的事就是假设:关于他的搏斗对手,**在进行搏斗时**,他的**确**相信他就是杀人犯,但是后来他没有坚持这个从物信念。(也许某人的"因果"理论会被丹尼特的例子驳倒,但我不知道那是谁的理论。)[47]

索萨所强调的另一个案例我们也要提到。他这样写道:

一名间谍和他的同伙,透过一扇窗户看到一个调查员是怎样在这名间谍的储物柜中找到某种涉案证据的。同伙可以很自然地说,"他现在

---

[47]　科瓦特(Kvart,1982:300)提供了一个相关的例证,说的是有个人 S 的钱包被抢了,小偷立刻就消失在人群中。科瓦特认为,关于谁是抢他钱包的人,他没有任何想法(无论是在从言还是在从物的意义上),但可以肯定,他仍然有关于这个贼的一个从物信念。也许科瓦特认为,这个从物信念之所以被保留下来,是因为时间很短,这段记忆很鲜活。但这样的话,就没有任何理由认为这个从言的知识——"谁抢了钱包?""那边那个高个子男人。"——也会丢失。然而,无论在哪种情况下,一个人都会规定,没有任何理由认为,这个从物信念和这个从言的"知道是谁"的用语,不能同时成立。

对于丹尼特及科瓦特案例更加精细的处理,可能不只涉及记忆的鲜活、时间的流逝等等。即使当这个警察识别出了普通意义上的罪犯,这个罪犯也完全可以把自己伪装起来,而警察可能根本就不知道怎样才能找到他。在这里,我们不需要深入探究所有这些细节问题。

知道你是一个间谍了。㊽你必须逃走"。实际上，据这个同伙所知，那个调查员并不认识这个间谍，关于这个间谍，他几乎什么也不知道：搜查储物柜只是针对基地的一般性调查的一部分而已。这个调查员所知道的是「这个储物柜的主人是一个间谍」。既然同伙的输出是正确的，那么，"这个储物柜的主人"在这个情形中就是一个可区分词项。（Sosa，1970：891）

丹尼特回应了索萨的例子，也进行了引用（Dennett，1987：197）。假设胡佛知道许多条证据，这些证据让他接近追踪到谋杀者（乔治）。这些都是具有唯一识别性的证据，按照丹尼特：

> 既然乔治是胡佛的摹状词的唯一满足者，于是对乔治来说，胡佛相信就是他干的。"不，格雷西"，乔治说道，"胡佛只是知道**任一**满足这个摹状词的人是谋杀史密斯的人。他并不知道**我**满足这个摹状词，因此他并不知道我就是谋杀史密斯的人。如果你得知**我**被怀疑了，要记得提醒我啊。"（Dennett，1987：197）

丹尼特明显会认为乔治的说法是荒唐的。他提出了他所认为的与此类似的案例，其中，大侦探波洛（Poirot）把很多人集中在一个房间里，然后说，他并没有发现嫌疑人是谁，但只要他找到把储物柜钥匙带在身边的人，他就会知道罪犯是谁了（Dennett，197）。

索萨和丹尼特的上述直觉让我感觉有些奇怪，因为这里很明显有两个不同的问题。一个是，一个罪犯是不是已经被识别出来；另一个是，这个罪犯是否面临很快就会被识别出来的危险。对我来说，索萨的同伙显然不会说"他现在知道你是一个间谍"，不过他可能会说"当心啊，他们很快就会发

㊽ 索萨在这里假定的是"知道你是一个间谍"，其中用到了一个代词，这个假定意味着知识主体具有这个从物的知识，即被指称的那个人是一个间谍。我不打算反对这个假定，实际上，我倾向于认为它是正确的。在某种意义上，这个假定具有罗素型特征。索萨在其论文（1970：884）中的确提到了罗素的观点，但没有对之进行强调。[在当前这个例子中，这个假定和罗素后期对于亲知的很狭义的描述（这个索萨也提到了）是不相符的。]

现你是一个间谍，只要他们找到了谁是储物柜的主人”。类似地，也许乔治应该清醒过来。这取决于在胡佛认出乔治之前，他有多长时间去仔细研究这个证据。倘若这可能需要一段时间，而乔治即便在被认出来之后，仍有一些时间逃走，他的评论将会是正确的。波洛的嫌疑人实际上随时会陷入危险，但没有任何理由认为波洛的如下评论在字面上是不正确的，即他还没有发现一个嫌疑人。丹尼特基于他有关“极小嫌疑人”的素材，直接得出了他对波洛的看法，似乎把它当成了从刚刚讨论的那些例子中得到的教益。㊾回忆一下他说过的话：

> 下面这种情况不是真的，即只要胡佛的信念具有**任何满足摹状词 D 的就是史密斯的谋杀者**这种形式，乔治就是安全的。这是因为，如果摹状词 D 是某种类似于“克兰西的酒吧中唯一一个鞋子上有黄泥的人”这样的形式，那么事情可能很快就会败露。如果一个人满足胡佛用来挑出史密斯的谋杀者的**任何**摹状词，那么这个人就是一个（极小）嫌疑人。由此自明地推出，史密斯的谋杀者是一个极小嫌疑人（因为它满足“史密斯的谋杀者”这个摹状词），即使是在这样一个情境之中：胡佛完全被难倒了，但他相信这个案子是单独一个罪犯做的。这会是一个可以反驳的推论，仅当存在某种原则性方式，凭借它我们就可以把极小嫌疑人和真正的或者真实的或者从物嫌疑人区分开，但是，并不存在这样一种东西。（Dennett，1987：198）

格赖斯引领了一种一般性态度，即只要有可能，我们应该尽力让一种语言的语义学保持简单，从而对各种语义现象提供语用上的解释。(50)在索萨那

㊾ 由于并不清楚这些东西在蒯因、索萨或丹尼特那里是否是可区分的，因此我想补充一点：一个罪犯是否被认了出来和他是否被抓住了，这是两件不同的事。即使是已被知道的罪犯，逃跑显然也是会发生的。但这不是关键所在。

此外，索萨对波洛的看法，尤其是丹尼特有关波洛的看法给人这样一个印象，即他们认识到，在他们考虑的那些情形下，一个人可能倾向于否认他们各自的罪犯已经被识别了出来。恰恰是这个倾向，似乎促成了这个想法，即这些相关的术语是“利益相关”或者“语境依赖的”。

(50) 例如，这一点得到我本人（Kripke，1977）的响应。［然而，我（1977）和唐纳兰（1966）都没有接受无限定输出，因为它们都承认摹状词容许这样一种用法，按照此种用法，通过摹状词的方式谈到的对象可能并不满足这个摹状词。］

里,应该在这个案例中遵循这个策略的看法是相当明确的,尽管其中没有提到格赖斯的名字。但在丹尼特那里,这一点并不是同样明显。然而,这两位作者都错误地采用了一个表示罪犯的摹状词,并让他即将被抓获成为可输出的摹状词。丹尼特则更进一步,他断言该条件的第二部分——相关词项是"可区分的"——可以去掉,不过他没有对此提供任何论证。他断言,在胡佛可能用于表示嫌疑人(包括极小嫌疑人)的各种摹状词中,不存在任何"原则性区分方式",不过后者几乎没有让罪犯处在被最终识别出来的任何危险之中。(也许有时候这条线是模糊的,或者很难画出来。)

丹尼特的态度是否也属于格赖斯那样的,这一点并不清楚(不过,这可以用来让他的立场变得更加可信)。他的态度也可能依赖于各种不同的论证,从而说明不可能存在这样一种原则性区分,或者对一个理论家来说,关于这会是什么东西,他很难找到什么办法去确认。[51]还存在下面这样的删因式态度,即当某些理论家把直觉上的区分排除在外或者发现它们难以解释的时候,就拒绝接受这些直觉上的区分。

我在这里关心的是源于格赖斯的态度。在我看来,这个原则可能被过度使用了。正如我已经提到的,我想要在语言哲学中讨论的一个重要教益是,我们不应该把语用学想成是一个废纸篓。如果不考虑丹尼特本人的动机,这一点在他的"极小嫌疑人"那里已经得到了很好的阐明。

就像丹尼特例子中那样,假设一个罪案是由唯一一个罪犯作的。于是

---

[51] 丹尼特给出了自己质疑这种区分的理由,其中有些上面已经提到了。我说过,想要全部处理好他的众多案例是不可能的。但是,我将简要提到他关于围坐一张桌子旁边的人的例子(1987:196—197)。按照丹尼特的观点,在思考"眼前年龄最小的那个人"和思考"比尔"这两者之间,好像存在一个清晰的分别。如果一个人对于眼前这些人的年龄毫不知情,这个摹状词就没有产生任何从物信念,然而"比尔"显然是可以产生出从物信念的。但是,假如比尔的双胞胎兄弟冒名顶替,这个专名也不会产生出从物信念,因此这种表面上的差异只是心理上的。这个案例如果这样讲述的话,多少会有些描述不到位。也许丹尼特假定了这个认知主体是认识比尔的。在这种情况下,他所具有的从物信念就既是关于比尔的,也是关于"那个人"的,而那个人可能真的是、也可能并非真的是比尔。另一种极端情况是,如果该主体从没有听说过比尔,那么这个信念就只是关于"那个人"的,他可能是也可能不是比尔。丹尼特更早时候提出的关于被称为"沙基的披萨店"(Shakey's Pizza Parlor)(167ff.)的两个地方的怪异幻想(他承认这个案例可能会被认为太过反常,以至于会破坏一种理论),只要它足够清楚,也应该用相似方式加以处理。

像"嫌疑人"这样的词项就属于谓词,不存在与其相应的动词。㉕例如,考虑:

（19）对于芝加哥警察怀疑犯了罪的每两个人来说,纽约警察总怀疑有三个。

这是一个比率问题——它可能是指,有四个嫌疑人是芝加哥警察发现的,而纽约警察发现的则有六个。既然警察们相信存在唯一一个罪犯,因而他们很清楚,嫌疑人当中,很多事实上是无辜的。

假设事实上所有嫌疑人都是无辜的。于是,按照丹尼特,从这种语言的真正的语义学来看,(19)中给出的比率会是错误的。真正的罪犯必须总是包含在"嫌疑人"的外延当中。事实上,按照我在前一部分给出的论证,"嫌疑人"所谓"真正的"外延(任何城市的警力所掌握的)会是很大的——它甚至会包含埃菲尔铁塔在内。然而,即使丹尼特所设想的事是正确的,而且那唯一一个真正的罪犯也需要包含在内,像(19)这样的陈述也会是错的。

这里的要点在于:诸如"嫌疑人"这样的词项属于谓词。它们在这种语言中与量词、基数以及诸如此类的东西相互作用,我们不得不把它们投射到各种各样的语句上去。这些谓述和相互作用如何可能得到解释呢?最终它们依赖于(15)的概念("关于 y, S 相信它是 F")。它们只能通过下面这种说法才能得到解释:除了字面英语[其中像(19)这样的陈述为假是不言自明的,它就不应该提出来],还存在另外某种东西——"语用英语"(Pragmatic English)——混淆这两者的说话者由于没有意识到从全称输出所推出的"嫌疑人"的字面上的外延,因此的确接受和使用了这种东西。㉖在语用英语当中,"嫌疑人"与量词和基数相互作用,其作用方式同普通的、"混淆的"说话者的直觉相匹配。必定存在某些投射原则,能让我们面向这整个语言,去评估这种混淆了的英语或语用英语的那些陈述。但是这样的话,语用英语为什么就不能被简称为"英语"呢?和其他语言的语义学一样,

---

㉕　从逻辑上看,一个及物动词就是一个二元谓词。"怀疑"是一个动词,它可以还原为一个一元谓词"一个嫌疑人"。(当然,实际上在"a 怀疑 b"中还有其他参数,也就是 b 被怀疑的那些东西、时态,等等。)

㉖　索萨大概会同意丹尼特关于"嫌疑人"这个词项的看法。实际上,在他的"纵火狂"一例中,问题在于是否有谁会怀疑谋杀者是纵火狂。

它的语义学也必定要从"嫌疑人"这样词项的外延,以及它们与基数等等的相互作用出发,通过递归的方式给出。[54]

下面是我想从这番讨论中总结出的一个教益:受格赖斯的影响,我们有时候走得太远了。我们还是把语义学弄得尽量简单一些,其余的都是语用学,而我们没有必要考虑它。但是,有时候我们的确不得不考虑语用学,也许应该把这种现象处理成该语言的语义学的一部分。语用学并不是一个废纸篓。日常说话者似乎能够处理这些区分,而这些区分据说不可能做出或者"不应该"做出。也许我们更应该好好看一看它们是什么东西,假如它们太难理解了,那我们可能就老老实实承认它们理解起来有难度。如果我们不能弄明白这些区分,责任就在我们身上,而不在普通说话者那里,从这个方面看,我们的语义学是不完全的。

也许这些区分实际上就是我们语言固有的成分,这正是我们对语言的用法,但若从真正纯哲学的观点看,这些区分并不重要。丹尼特说,

> 于是正如蒯因表明的,如下两者之间看似截然分明的心理区分也就坍塌了。
>
> (48) 胡佛相信,有人(某**一个人**)谋杀了史密斯。
>
> (49) 某人被胡佛相信谋杀了史密斯。(198)

心理上的? **心理上的?**[55] 我不认为刑法(这正是丹尼特和索萨所强调的领域)会把相关的从物信念看作纯心理上的。关于这些东西的重要性,我实际知道的比我应该知道的要少,但我知道的足够多,以至于我相信这里涉及真

---

[54] 比较一下"嫌疑人"这个例子和前面(注释⑭)提到的"女人"的例子。尽管格赖斯提到了特殊语境中"女人"(或"女士")的格赖斯型隐含,但"女人"的外延不受影响。考虑:"董事会中有多少女人?""这个房间中有多少女人",等等。"女人"的外延在整个语言中都可以通过一种自然的方式进行投射,普通说话者就是这样说的。因此,格赖斯所提到的这种特殊隐含不需要被引入这种语言的语义学之中。

假如只有格赖斯会话隐含弄乱了"嫌疑人"这个词项在某些特殊案例中明显的外延,那么,这一点对于这个词项应该是成立的;但事情并非如此。

[55] 丹尼特的论文表明他说下面这些话时是十分严肃的:心理学,一旦被说清楚,就将把这其中许多关于信念和指称的概念消除掉,并能消解相关的谜题。参看他的论文结尾那几句话(1987:200)。

正的法律问题。首先,关于如此这般的人实际上是不是嫌疑人,警方经常会给出官方声明。⑯在我们国家,大陪审团经常会寄送给某人一封警告信——而这就是从物的:它是关于那个特定人的;它是给一个特定人的——他或者她是调查的目标,这是一封所谓的目标信函。当然,在这里,关于这封信的接受人不存在任何哲学争议。但是,提出这个从物信念问题的是下面这个法律假定,即大陪审团强烈怀疑的一个人作了这个案子,相应正在接受调查的人应该收到这样一封信。在适当的辖区,某人是一个调查目标这一点,可能会具有法律上的后果。

有时候我听到有人给出这样一个相关断言:无论日常自然语言的案例会是什么,科学的语言不应该承认这样的表达式,如"存在某个人,我相信这个人是一个间谍",以及大概与之相关的表达式,如"已经识别出来的那个对象""我们知道它是哪一个 F",等等。当然,这种看法源于下面这个蒯因式观点:识别对象的所有方式都是平等的,关于识别对象的不同方式的"绝对非平均主义"理论明显是不科学的。有人之所以会对无限定输出有好感,正是以这个思想为基础的。蒯因最著名的一件事是把它应用到了模态逻辑,然后在后来才把它应用到了信念和知识语境。但这在我看来显然是站不住脚的。按照这种观点,可计算理论——也就是递归论——将不会是一门严肃的科学。它试图回答的是什么问题呢? 它想要回答的是这个问题:什么时候会有这样一个函数 f,当给定一个自变元 n,我们最终可以说出其值 $f(n)$(关于这个计算需要用时多久,并没有限定)。但是按照严格的蒯因式思想,任何数论函数,一旦得到定义就会自动成为可计算的。对于给定的任何 n,其取值就是 $f(n)$。假定情况与此相反,那也就意味着像蒯因所讲的,对于两种指谓同一个数字的不同方式采取一种"绝对非平均主义"态度。但是,我担心这恰恰就是可计算理论**实际**所做的事。我们假设,自然数是典范系统已经给定的(为了实现可计算理论的目的,最简单的是 0 后面跟着有穷多后继符号),并要求在该系统中给出这种计算。一个可计算

---

⑯　好像在很多辖区,"嫌疑人"这个词项都有一个正式的法律界定。正因为"嫌疑人"具有否定性的涵义,如今的警方使用的是"利害关系人"这个词项,但它好像没有一个正式的法律界定。无论哪种情况,警方一般都会很谨慎地控诉某人是行凶之人。最终,警方可能会准备无条件地把某人识别为行凶者或罪犯。

函数就是这样一个函数,在其中你总是可以通过应用一个适当程序得到这个答案。这一点并不是对任意函项都能成立。[57]复杂性理论也可以充当一个例证。[58]

如果有谁说这些不是严肃的概念,无论是从科学的观点看,还是从法律的观点看,在我看来都是错误的。恰恰是为了让语言哲学变得更简单,并避免得出过多区分,任何人都不应该不这样认为。

这里不是讨论所有这些具体问题和分歧之处的地方,这些东西在不常见的场合可能会对"知道是谁"这个用语才会出现。人们之所以会关注这个用语,因而关注涉及人的事例,这好像源于亨迪卡(1962)所做的强调。在这个事例中,不仅有可能在这个用语中存在歧义,而且在具体事例中也可能存在与相关术语(如"知道是哪个人""识别出那个人"等等)的分歧,并且还存在着从言—从物的分歧。"利益相关"或"语境依赖"这些惯用表述,在我看来并不总是能把根本问题讲清楚。[59]当把"知道哪一个"应用到一般对象,而不是必然应用到人身上(就像上面讲到的数的例子),这些歧义就会更加少见了。

实际上,即使涉及的是人,这些歧义也是相当不常见的,而且从它们本

---

[57] 当然,独立于任何关于直觉可计算性的思想,我们都可以陈述该理论的形式定义。(存在好几种定义,它们可以被表明是等价的。)然而,如果没有关于这种直觉可计算性的思想,该理论的完整动机也就丢掉了。按照这种可计算性概念,我们理想地假设正在执行该项计算的人没有任何时间或空间的限制。(当然,严格地说,可计算性概念最好是被看作这么一个东西:它具有一个程序,遵照该程序我们可以知道哪个数是该函数的取值,而这与从物地知道作为这个取值的一个数字的关系可能是复杂的。在这个例子中,我倾向于认为这些概念是重合的。无论如何,在这两种情况下,对这种区分抱有敌意,根源于针对"绝对非平均主义"优先选择一种指谓一个数字的方式而不是另一种方式这种删因式反对。)[我曾讨论了这个问题(Kripke, 1992)。]

[58] 复杂性理论对这种计算的长度增加了一种形式限定,这样做就等于认可了这个想法:那些超出一定长度的计算在实践中是无法实施的。

[59] 例如,当我观看经典影片《谜中谜》(Charade)时,我最终认识到(在电影剧情揭晓之前)一个神秘的杀手实际上是卡森·戴尔(Carson Dyle),在电影靠前的部分,这个人被错误地报道说很久之前就已经被杀掉了。但是,我没有意识到戴尔假装成了一个 CIA 特工,在电影里面他是一个换了名字的角色。我当时意识到了杀手是谁吗? 可能答案是有分歧的。(然而在我看来,"利益相关"或"语境依赖"好像并不是针对这种分歧最容易接受的描绘。)没有歧义的是,我的确具有一个关于戴尔的正确信念,即他制造了这次谋杀。(但如果让我选的话,我承认我有可能更愿意承认我没有搞清楚"凶杀是谁"。)

试图讨论所有与"知道是谁"这个用语有关的问题,或者波尔和莱肯(Boër and Lycan, 1986)提出的问题,已经超出了本文的研讨范围。

身并不会产生出这样的问题：一个人是否具有关于一个主体的从物信念。我谈得有些教条了，但我请各位读者考虑一下：如果有一个电视报道说，一桩案件的元凶如今已经找到，或者有个人，警方如今相信他就是罪犯，当听到这个报道时，他或者她本人会有什么反应？问题是：此时会有某个人，他听到了这个报道，关于这个案子他知之甚少或干脆一无所知，那么，他会去思考"语境是什么？其中涉及哪些利益？"或是任何与此相关的问题吗？我认为我们会觉得这个报道已经相当清楚了，不应该去听哲学家们讲另一套说辞。（实际上，他们本人并没有别的不同想法，除非他们想就这个问题写下些什么。）

语言哲学中第二个一般性问题是我所谓的"玩具鸭谬误"。就让我给个例子吧，因为一方面，我所批评的那些人一直在谈论各种他们必定会以为在字面上为假或者不正确的例子；但另一方面，可能存在一种给出这些例子的倾向，就好像这些例证不得不在字面上为假是正确的。设想父母带着孩子到了一家玩具店。那些玩具是各种动物的塑料模型。孩子会问"那是一只鹅吗？"父母会说"不，那是一只鸭子"。

显然不应该从这种例子中得出什么教益来。首先，存在着两种鸭子：一种是活的有机体，另一种则是塑料制成的。（父母回答说"那是一只鸭子"难道不对吗？）或者，"鸭子"这个词项是有歧义的。它有一种窄的含义，其中鸭子必定是指一种有机体，还有一种更宽的含义，其中它可能是用塑料做成的。我们也不能论证说，譬如"鸭子"这个词项具有单独一种宽含义，既包括那些塑料玩具又包括那种水禽，但在特定语境中存在一种语用意涵，即鸭子必定是指一种生物性动物。我们也不应该说，这个例子表明"鸭子"这个词项是高度语境性的，乃至是"利益相关的"，以至于如果有人主要对生物学感兴趣，或者对于吃肉感兴趣，或者只是看到一种动物在水里或在动物园悠闲自得地移动，鸭子就必须是动物；但是，如果有谁对拥有一件玩具感兴趣，一只鸭子就可以用塑料做成。这些结论没有一个是正确的。任何一部词典都不应该包括这样一个"鸭子"的词条，其含义是：鸭子可能使用塑料做成，而且根本不可能是活的生物。

不用考虑这种应用是否正确，就当前这篇论文中涉及的争议问题来说，我认为这里的要点是，当我们在语言哲学中给出任何例证时，我们必须要注意:它不是玩具鸭例证。我们不应该得出结论说,某种东西属于语言的合法使用,对它应该通过一部字典或语义理论进行辨认,即使存在着适当的场合,在其中人们会说到它。

在这种事例中,玩具鸭例证的一个标志是,那个孩子可能会提问"但这不是真的鸭子吗?"而父母则可能回答说"不,这不是真的鸭子"。或者,正如我们会说到的,"一只玩具鸭子并不真是一只鸭子"。不幸的是,对于玩具店里发生的这场对话来说,完全可以构建一些这样的情境,在其中"真正的"鸭子的测试将无法奏效。但一般来说,它可能会提供帮助,而对我们来说,一只玩具鸭子当然不会真是一只鸭子。

我想补充一点:我在这里提到的这个语义学问题,最早是受到奥斯汀(J. Austin)的例子启发想到的。奥斯汀提到了某个人,这个人指着一幅画说"那是一只狮子"(Austin, 1962:91)。[60]然而在这个例子或相应例子(其中一个人指着一幅画说"那是我的爷爷")当中,有一点并不清楚:我们没有说出某种想要其在字面上为真的东西。例如,在爷爷的例子中,那个人正指着**画里面那个人**,而在狮子一例中,指的则是**画里面那个动物**。[61]我打算用我自己的塑料玩具鸭的例子去替换奥斯汀上面这幅画的例子,这样也能够实现奥斯汀想要的目标。

有一件事我不是很清楚要怎样去解释,那就是:为什么会允许这样的用法出现,哪怕它们并不符合正确的语言字典。奥斯汀结合他本人的例子说,我们正在削减冗言赘语。但这好像并不是正确的解释。为什么说出"那是一只玩具鸭"或者"那是一只塑料鸭"会啰嗦到让人感到如此恼火呢?[62]在缺少这样一种解释的情况下,除非我们想出一种解释来,否则我们也就只能承认这些语境的实际存在了。无疑,一个解释将会帮助我们认识到这些用语什么时候会出现,但重要的是,这个语言哲学家必须谨慎,以避免从它们得

---

[60] 他写道,"这表明'狮子'这个词有**两个意思**——一个意思指的是一种动物,另一个意思指的是一种动物的一幅画?"显然不是。(在这个事例中)为了削减累赘,我可以在一个情境中使用主要适用于另一个情境的词。只要这些情况大家都知道了,也就不会有任何问题出现了。

[61] 我在洛克讲座(1973)中讨论了这个例子。我认为,即便并不存在这样描绘的一只真实的狮子,这一点也是适用的,不过在这里我不打算细说了。

[62] 佩德罗向我提议,有些这样的用语可以被看作引入了特殊的虚构语境或游戏,从而允许我们把"玩具"或"塑料"省略掉。

出错误的结论。㊿

　　为了表明可输出性的极端语境性或者利益相关性，索萨提出了很多例证，其中一些在我看来就属于玩具鸭型例证。在我看来，索萨对于可输出性的极端语境性论证实际表明的就是，这些就属于玩具鸭型例证。在一个案例中，索萨提到了一个多选测试题，问的是"这些当中哪一个是间谍?"对此，正确的答案是"个子最高的那个间谍"。大多数孩子都认为这个测验得到了正确的回答，而出题人对个子最高的间谍(他碰巧认识这个人，而且他还知道这就是个子最高的间谍)说——是的，从不止一种意义上看，这都是无稽之谈——"大多数孩子认识到，你就是这个名单中的那个间谍"。但是可以确定，这些孩子从来就没有听说过所说的这个间谍，更不用说关于他的相关事实了。由此，他们真的拥有一个关于他的信念吗? 我认为，正确的分析是，当他把这报道给那个间谍时，出题人显然是在开玩笑。由此可见，这就是一个玩具鸭型案例。

　　下面我们来考虑索萨最后给出的例子，他明显是拿这个例子去确证他的主要观点的(Sosa，1970:894—896)。大都市中有一位看似成熟可靠的公民，该公民在其所在共同体中非常知名，在警察局长那里他尤其知名，但他有一种纵火的私密倾向。也许是出于其特有的行事风格等等的考虑，警察称那个放了这些火的人为"都市纵火狂"。另一场火灾刚刚发生过，警局宣布，基于以往的线索，他们相信这场火又是那个都市纵火狂干的。于是索萨指出，上面提到的那位公民可以正确地让自己的妻子(她并不知道自己丈夫的罪行)安心，没有谁会怀疑是他纵了火。另一方面，人们可以这样描述警察局长，即他这样宣布:基于他们对都市纵火狂特有行事风格的掌握，他锁定了一个嫌疑人。正如索萨所说，"这位局长……很高兴，因为他们并不是完全摸不到门路，他通过报道某人被怀疑放了这场大火从而强调了这一点。

　　㊿　我想补充的是，奥斯汀也认为一个在哲学上有意义的事例至少局部是以一只玩具鸭的用法作为基础的，也就是艾耶尔的这个观点:关于"看到"，存在两种相互冲突的含义(参看 Ayer，1940)。

　　我承认如果没有一个清晰的标准，不但哲学家从一只玩具鸭的使用得出这个错误结论的危险会存在，还存在这样一个对立的危险:将一只玩具鸭的使用作为一个有效例子的情况给忽略掉。在正文中我提到将它是不是一只"真正的"鸭子作为一个标准，但我并没有掌握一种一般性的标准。

（他们并不仅仅怀疑有人放了这场火；至少他们知道「是那个纵火狂放了这场火，而不是他的随便哪个同伙干的。」）"（Sosa，1970:895）。

按照索萨的看法，这种看似带有悖论性质的事例，要通过诉诸嫌疑人这个概念的极端语境敏感性加以解决。在一种意义上（被描述为"成熟稳重的公民"）他不是嫌疑人，而在另一种意义上（称之为"都市纵火狂"）他则是嫌疑人。一开始，索萨用他的说明 III 来描述这种看似具有悖论性的事例，但很快就用这个案例去支持他回归到说明 I 那里去了（允许全称输出）。这位公民（他也是那个都市纵火狂）成了嫌疑人，这样说可能会在修辞上产生误导。然而正如我们所看到的，用这种方式讲述这件事就等于错误描述了这个情境。正像索萨明确说的，因为这位同时也是那个都市纵火狂的诚实可靠的公民，正确地否认了任何人怀疑到了他（Sosa，1970:894—895）。

我很难分享索萨有关这个案例的直觉。伦敦警察局真的会宣布"我们掌握了一个嫌疑人；它就是开膛手杰克吗"？在我听起来，索萨所说的警察局长和伦敦警察局的说法都是很奇怪的。没错，关于这件事是谁干的，他们知道的或相信的，可能不仅仅是什么都没有，而是一个他们并没有掌握的嫌疑人。我怀疑索萨的直觉是不是受到了下面这个事实的影响，即警察已经给了这两个罪犯一个名字（或者一个"名字"）。如果警察说的是"我们认为是同一个人作了这个案子，就如同以前那些类似案件那样"，情况又会怎么样呢？我们会不会由此而倾向于认为他们已经掌握了一个嫌疑人呢？

即使我们能够分享索萨的直觉，警察局长宣称掌握了一个嫌疑人，这明显也属于一个玩具鸭事例。假如那个纵火狂的妻子在听到警局的宣布之后说"他们也认为是你作了这个案子"，这个案例也许会更强一些。（如果在这个例子中他是无辜的，而是另有某人模仿了他的方法作案，那么，这个案子会更加令人伤感。）在这个版本中，她的陈述具有一种更为真切的从物味道。即便如此，我仍然认为它明显是一个玩具鸭型案例。再说一遍，我们应该记住"嫌疑人"是一个谓词，它与量词、基数以及此类东西发生相互作用，而且我们应该明白通常情况下它将如何被投射。那个纵火狂可以这样恰当地回答他的妻子："哦，算了吧，我根本就不是一个嫌疑人。"只有来自丈夫的关于他不是嫌疑人的安心的话，才符合我们通常用来投射这个谓词的方式。

我认为这个回答是正确的,它就等于否决了这个案例是一个玩具鸭型案例。[64]

不用考虑我一直在讨论的具体的应用,我希望已经说服了读者:我所谓的"语用废纸篓谬误"和"玩具鸭谬误",实际上是语言哲学中要避免的诱惑。关于正在讨论的这个特殊案例,我希望所有意图求助于无限定输出的诱惑都已经被清除掉了。[65]

参考文献

Austin, J. L. (1962). *Sense and Sensibilia*. Oxford:Clarendon.

Ayer, A. J. (1940). *The Foundations of Empirical Knowledge*. London:Macmillan.

Boër, S. E., and W. G. Lycan(1986). *Knowing Who*. Cambridge, MA:MIT Press.

Dennett, D. (1982). "Beyond Belief." In *Thought and Object*. Ed. A. Woodfield. Oxford:Clarendon. Reprinted in Dennett(1987); citations are to the reprint.

——. (1987). *The Intentional Stance*. Cambridge, MA. MIT Press.

Donnellan, K. (1966). "Reference and Definite Descriptions." *Philosophical Review* 75:281—304.

Grice, H. P. (1961). "The Causal Theory of Perception," *Proceedings of the Aristotelian Society* 35:121—153.

——. (1989). *Studies in the Way of Words*. Cambridge, MA:Harvard University Press.

Hahn, L. E., and P. A. Schilpp, eds. (1986). *The Philosophy of W. V. O. Quine*. LaSalle, IL:Open Court.

Hintikka, J. (1962). *Knowledge and Belief:An Introduction to the Logic of the Two Notions*. Ithaca, NY:Cornell University Press.

Kaplan, D. (1968). "Quantifying In." *Synthese* 19:178—214.

——. (1986). "Opacity." in Hahn and Schilpp(1986).

——. (n. d.). "What Is Meaning? Explorations in the Theory of *Meaning as Use*." Unpub-

---

[64]　如果我们认为真正的专名总是允许输出,我们就必须否认"都市纵火狂"是一个真正的专名。我们不需要在这里详细阐明这个问题,但无疑,一种玩具鸭类型的感觉,即"都市纵火狂"必定允许输出,对这个例子所造成的幻觉是有帮助的。

[65]　我想感谢惠特克,因为这次讲演最初是他转录的。感谢毕希纳和奥斯塔格在编辑上提供的帮助,尤其要感谢佩德罗,除了富有帮助的建议和交流,她还帮助修改了最初讲演的录音。这篇论文是在纽约城市大学研究生中心索尔·克里普克中心支持下完成的。

lished manuscript.

Kripke, S. (1973). *The John Locke Lectures: Reference and Existence*. Unpublished manuscript.

——. (1977). "Speaker's Reference and Semantic Reference." *Midwest Studies in Philosophy* 2:255—276. Reprinted in this volume as Chapter 5.

——. (1980). *Naming and Necessity*. Cambridge, MA: Harvard University Press.

——. (1992). "Logicism, Wittgenstein, and De Re Beliefs about Natural Numbers." Unpublished manuscript.

——. (2005). "Russell's Notion of Scope." *Mind* 114:1005—1037. Reprinted in this volume as Chapter 8.

第十二章　预设与回指*

——关于投射问题之表述的若干评论

"你已经停止殴打你老婆了吗?"这是一个很老套的例子。从这类例子中,我们对预设的直观概念已经很熟悉了。尽管已有的文献中出现了很多相互冲突的尝试,以期准确把握"预设"这个概念究竟是什么意思,但在某种程度上说,斯图尔特(Stewart)大法官关于"色情"的评论在这里是能够成立的:即使我们不能确切地说清楚它到底是什么意思,但只要我们看到它,立刻就能把它辨认出来。在这篇文章中,我将关注语言学文献中所谓"预设的投射问题"。简单说来,这个问题就是指:如果我们有一个逻辑上的复合句,而它的子句具有某些预设,那么,我们如何根据子句的预设计算出整个复合句的预设? 本文的主要论题是:探讨预设投射问题的常见文献都忽略了一

＊　本文是一篇经过编辑的学术讲演记录稿,这次讲演是 1990 年 10 月在普林斯顿大学举行的"回指研究的语言和哲学进路"会议上发表的。感谢索姆斯和尼尔敦促我提交了这份材料。同时,从另一个角度我也要感谢索姆斯和终身教职制度,正是因为我在 1984 年将阅研他研究这些问题的论文作为其任期审查部分工作时的经历,使我对这些议题产生了兴趣。假如不是因为读了索姆斯的文章,我绝不可能对这个问题产生兴趣。

我要感谢霍尔顿(R. Holton)、迈克尔(M. Michael)和索姆斯,因为他们记录了当初的讲演,并给出了颇有助益的评论。感谢泰希曼,尤其还有佩德罗,当前这个版本就是在他们的帮助下面世的。本文是在纽约城市大学研究生中心克里普克中心的支持下完成的。

这是通过口头(附分发传阅资料)而非书面形式发表的一篇文字记录稿,这个事实可以解释为什么本文会呈现出一定数量的对话式语气。

1994 年秋在普林斯顿召开的一次专题研讨会上,我更细致地阐述了这份材料,对其中讨论的特定案例进行了修改。然而,本文正文中我并没有把这些修改包括进来,正文所述基本上是正确的。关于回指、积极和消极语境等等的主要基本观点,未受到任何修改的影响。

本文的内容以及基本思想在专业学术圈中已经传播了一段时间。不过,我感觉(同时也有人敦促我)应该最终见到正式印刷版本。

在有些案例中,由预设性词句所触发的指称,所指称的是积极语境未被说出的要素(或者将其从消极语境放入积极语境之中),这种情况最好被看作指示(deixis)而不是回指。考虑到研讨会的主题以及指示与回指的关系,我通篇用的都是回指,而且我并不对这个问题有什么担忧。

个本该考虑在内的回指要素。一旦我们把这个要素考虑进来,对该问题的表述就会发生重大的变化。

我并不觉得自己在这个领域是专家,有鉴于此,我首先对自己所知道的部分文献做个简要的回顾。索姆斯(1982:488)针对不同类型的预设给出了一个相当标准的清单。

(1) 比尔后悔对他父母说了谎。　　　　　　　[叙实型(Factive)]
　　 P:比尔对他父母说谎了。

(2) 伊凡已经停止殴打他老婆。　　　　　　　[体态型(Aspectual)]
　　 P:伊凡曾经殴打他老婆。

(3) 安迪今天再次会见了巴勒斯坦解放组织。[叠置型(Iterative)]
　　 P:安迪以前会见过巴勒斯坦解放组织。

(4) 我们正是在八月离开了康涅狄格州。　　　[强调型(Cleft)]
　　 P:我们离开了康涅狄格州。

(5) 约翰损坏的是他的打字机。　　　　[假拟强调型(Pseudocleft)]
　　 P:约翰损坏了某些东西。

(6) **比利**也是有罪的。①　　　　　　　　　　[也型(Too)]
　　 P:比利之外的某个人是有罪的。

(7) 约翰所有的孩子都睡着了。　　　[特定量词(Certain Quantifiers)]
　　 P:约翰有孩子。

(8) 法国国王躲藏了起来。　　　　　　　　　[指称型(Referential)]
　　 P:法国有一位国王。

弗雷格或许是第一个引入预设概念的哲学家,他描述这个概念的方式使得上面最后一个案例成了预设的典范案例。目前,我还并不清楚他是否认为预设并不只是这种例子。他的理论是说:恰当存在真值间隙时,预设就会失效。对他来说,所有这样的失效根源于指称的失败。这一点也可以推广到其他一些案例上去。斯特劳森因为在哲学文献中重新引入了预设概念而变得相当出名(Strawson,1950,1952)。在斯特劳森那里,有两种情况会造成问题:一是弗雷格所说的情况,但更重要的情况是:一旦预设失效,那就

---

① 整篇文章我都用不同字体表示包含也(too)的案例中的焦点要素(focus element)。

什么也没说到——也就是没有作出任何陈述。②

　　除了弗雷格和斯特劳森提出的预设概念,还有斯塔尔内克(1973,1974)引入并由刘易斯(1979)加以讨论的、关于说话者或会话参与者的那种刻画的更为广义预设概念。大致说来,其中的想法指的是,你不应该做出一种含有预设的言述,除非该预设成立这一点本身就是会话参与者的背景假定之一。斯塔尔内克和刘易斯认识到,在某些情况下,这个规则会遭到违反。他们认识到,即使一个预设并不属于在先的背景假定,人们依然可以在会话中引入该预设,而不必把这个引入的预设明确陈述出来。例如,你可以说你正准备去见你的妹妹,这样就引入了一个预设,即你有一个妹妹[斯塔尔内克将此称为"接纳"(accommodation)]。有人认为,在这种情况下,会话参与者认识到现存会话语境并不能满足该言述的预设要求,但通过补充所需的信息以便让该语境与预设规则协调起来,该语境却可以接纳这个说话者。有人提出,只要说话者认为所需要的信息被各方认为毫无争议,或与此类似,说话者就能把会话进行下去。③

　　关于预设的另外一个人们经常注意到的特征是,预设和句子被断言的内容不一样,当句子被嵌入否定之中,或者作为条件句的前件时,预设仍然还会存在。关于投射问题最简单的假说是累积性假说:如果有了从句的预设,那么这个预设也就会是整个复合句的预设。④尽管这与弗雷格理论的某

---

　　②　埃文斯(Evans,1982:12)论证(该论证取得了一定的成功)说,弗雷格后期手稿中就提到了斯特劳森这种会产生问题的情况,不过据我所知,这并不是在《论含义和指称》(Frege,1892)一文当中。

　　③　我从没想过这种书面表述的方案总会管用。我的问题是,一个法国君主论者可能会对共和党人挑衅说,"不管你们共和党人说什么,反正我上星期遇到了法国国王"。在这里,"存在一个法国国王"不会被认为没有争议,或者大家并不期待它没有争议。关于这样的情况可能会有很多事情可以说;我不知道其中是不是会有很让人满意的。但是我准备假定,这个大致勾勒的画面总体还是让人满意的。它已经够好了,我们可以将其进行扩充以便涵盖这样一种情况。这样做对当前的讨论来说就已经足够了。

　　不过,我认为汤姆逊在1990年研讨会上讨论这篇文章的讲话中提出了一个观点,即斯塔尔内克陈明了预设的会话概念的条件,这些条件在他看来就是有效的,除非它们并不存在。这些危险在斯塔尔内克本人提到的妹妹一例就已经存在了。刚刚给出的君主制-共和制争论一例中,这些危险则更加明显。当前讨论中没有任何东西会真的依赖斯塔尔内克对预设的刻画,之所以提到它,只是因为它在索姆斯(1982)当中很显眼。事实上,即便是对索姆斯的论文来说,它也没有那么重要。

　　④　累积性假说是兰根道和萨文(Langendoen and Savin,1971)引入语言学文献中来的。

些方面很相似,但他并不接受最一般形式上的累积性假设。我们能从他的
理论推出的结论是,真值函项⑤具有累积性质,但间接引语、命题态度等却
不具有这个性质。间接引语和命题态度被卡图南和皮特斯(1979)称为**塞词**
(plugs):这种句子并不继承它们的子句的预设。⑥然而,罗素(1905)针对真
值函项提供了一个条件句实例,他认为这个例子否决了弗雷格的预设理论。
他指出,就条件句来说(其中后件的预设在前件中已经得到了断定),参与者
们也不需要假定这个预设是真的。⑦罗素的观点反映在卡图南和皮特斯给
出的一个算法当中,该算法用于计算条件句"**如果 A,那么 B**"和合取句"**A
并且 B**"的共同预设。

(9)$(A_p \& (A_a \supset B_p))$

在这个记法中,S_a 代表句子 S 断定的内容,S_p 代表 S 预设的内容。由
此,根据卡图南和皮特斯,条件句和合取句同时预设了两个东西:一是 A 的
预设,二是这个主张,即如果 A 断定的内容是真的,B 所预设的内容就是真
的。由此可以推出:如果前件断定的内容,也许加上某些特定的背景假定,
推出了 B_p,那么,假定或预设 B_p 就全无必要了,或者说它被过滤掉了。这就
是他们想要把握的特征。

我并不是想要表明,这种对于条件句与合取句的预设的说明是一种完
美的理论。事实上,我不知道有哪种说明能够豁免描述性问题或明显的反
例。⑧然而对当前目标来说,卡图南和皮特斯的算法却是这样的一种说明。

---

⑤　卡图南和皮特斯(1979)愿意承认,真值函项是英语中**并且、或者、并非**(至少是它的主要用
法)、**如果……那么……**的形式化。就当前讨论来说,并没有太多东西与这个问题相关。或许我们
可以对之进行修改,以便使其符合英语中一些或所有小品词的另一种说明。

⑥　这并不是说弗雷格的理论对于塞词应该是什么必定会作出正确的预测。弗雷格也没有讨
论辖域歧义相关的罗素型问题。[大家在这里可以查阅我本人(Kripke, 2005)关于这个主题的讨
论,该文作为第八章收入了本书。]

⑦　罗素的例子是这样的:

《暴风雨》(*The Tempest*)中的国王可能会说:"如果斐迪南没有溺水而死,斐迪南就是我唯
一的儿子了。"……但是,假如斐迪南事实上已经溺水而亡了,上述陈述仍是真的。(Russell,
1905:484)

罗素还给出了一个包含全称量化条件句的集合论实例。(他的例子在我看来有些造作,但合理
的数学例证是可以举出来的)(现在大家可以再去查一下我在第八章对这个论题的讨论。)

⑧　我只熟悉涉及这类事例的一小部分提议。

类似的观点也适用于析取句的算法,它是由卡图南和皮特斯提出,并由索姆斯(Soames,1979)修改后面那个子句而成的。

（10）$(\neg A_a \supset B_p) \& (\neg B_a \supset A_p) \& (A_p \vee B_p)$

尽管索姆斯表明,在有些情况下,即使是这个算法也确定不管用,但就此刻来说,它已经足够好了。只有(49)和(50)这两个例子涉及了析取,它们对主要的讨论来说并不是关键性的。我没有讨论涉及**相信那个**(believe that)、**想要那个**(want that)等等的情况,也没有讨论我的方案何以对它们产生影响。

正如一般情况下人们所认为的那样,隐藏在这整个方案背后的一个假定是:即使独立于子句出现于其中的环境,我们也可以给每一个单独的子句分别指派预设,然后再去计算整个语句的预设。这样做是很自然的,例如,我们可以看弗雷格对这个问题的阐述,当然,脱开弗雷格型背景,这样做也行得通。有一点无疑会被人们认可,即如果任何子句当中存在**明确的**代词回指和交叉指称,这些子句就将不得不据此进行解释。更重要的是,如果量词与预设交互作用,这幅简单的画面显然就不再成立了(Heim,1983)。但在缺少这些要素的情况下,这似乎就是文献当中呈现出的画面了。

本文所要论证的观点是,预设性词项本身所携带的一个重要的回指要素被遗漏在这幅标准画面以外了。其结果是,那些适当的预设被错误地描述了,例如上文引自索姆斯的清单(Soames,1982)就是这样的情况。⑨回想起来,我觉得那个清单并没有把握到我们关于相关预设的那些直觉,也就是一想到它们就会自然产生的那些直觉,在很多情况下,它这个清单甚至会是

---

⑨　我所知道的唯一一个对该方案提出质疑的地方,是在索姆斯(1989)最后一部分。该部分中包含一个注释,其中提到了索姆斯和我关于这篇论文中某些材料所进行的对话。另外,当我向他阐述我的方案时,这个相关部分的一些文本似乎也受到了我的方案的影响。

[自从我发表这篇文章以来,我看到了海姆(1992)的一份传阅稿(不是最终版本)。尽管我认识到这篇文章开头引用的索姆斯(1982)有关预设的存在性(非回指)说明一直居于主导地位,但海姆引用了卡图南(1974:184),其中提到了关于**也**的一种分析,据说这种分析基于格林的文章(Green,1968),与我们在这里提出的方案有些类似。事实上,卡图南的确好像(在不经意间)给出过这样一种分析,但好像紧跟着的却是纯粹的存在性分析,而这就是我要批评的主要观点,此外他坚持卡图南和皮特斯(1979)中关于**也**的存在性分析(例如参看第35页)。我没能在格林的作品(1968)中找到这一点,不过我也可能疏漏了一些东西。有关包含和逆包含提出的观点在那里确实得到了说明。例如,参看格林的句子(12)和(19),第24—25页。]

反直觉的。尽管我想设法确证这个观点,但我不想提出一种明确的反论,之所以如此,部分原因是,我只能在这个问题上倾注少量的时间,此外也在于我感觉到有些人在相关考虑上比现在的我更加专业(因为我还没有特别认真地去了解语法学中有关标准回指问题的大量文献)。⑩但是,我想大致描绘一下那些与预设回指理论的发展有关的考虑,同时,关于这样一种理论应该采取什么样的形式,我也想谈一些看法。

考虑下面这个相对复杂的例子(针对通常那幅画面的更明显、更简单的反例很快就会出现):

(11) 如果赫布来参加聚会,那么**老板**也会来参加。

按照通常观点,后件的预设是,这个老板之外的某个人将会来参加聚会。⑪而在我看来,这个后件的预设是:赫布不是老板。这里有一件事需要注意:我自己的观点给这个后件提供一个预设,如果脱离开前件,它是不可能被理解的。

在我看来,有一点是无可争辩的:我们通常都会认为这恰恰就是它所预设的内容。然而关于我们为什么会这样想,存在一种恰当的语用解释,这与卡图南和皮特斯已经给出的一个解释是相关的。回忆一下卡图南和皮特斯关于条件句预设的算法。

(9) $(A_p \& (A_a \supset B_p))$

这种标准算法何以能够解释这里的预设呢? 按照卡图南和皮特斯的理论,(11)的后件的预设是"这个老板之外的某个人将会来参加聚会",而整个条件句的预设是"如果赫布来参加聚会,那么这个老板之外的某个人将会来参加聚会"。于是,我们可以尝试像格赖斯那样给出一种"会话隐含"的解释(Grice, 1961, 1975, 1989)。因为我们感到,至少整个条件句预设了赫布本人并不是老板。关于人们何以知道条件句"如果赫布来参加聚会,不同于这个老板的某个人将会来参加聚会"这个问题,一个自然

---

⑩ 这里除了有给语义学家的材料,可能还会有给语法学家的材料。

⑪ 条件句整体上的继承(inheritance)条件在卡图南和皮特斯(1979)那里是作为一个初始的语义概念(涉及规约隐含)给出的。斯塔尔内克(1974)和之后的索姆斯(1982)试图对继承条件提供一种语用解释,以使其对语境保持敏感。海姆(1983)提供了一种更具语义性的说明,也涉及与这些子句相关联的语境当中的变化,并通过一种算法的方式预测了被继承的预设。

的解释是,这个说话人想当然地认为赫布本人并不是老板。这可能会是对"赫布不是老板"这个更强预设的"幻觉"的一个合理解释。

然而,这个解释对(12)这类实例来说并不能成立:

(12)如果赫布和他的妻子都来参加聚会,那么老板也将会来参加聚会。

按照上述标准说明,此处后件的预设是:不同于老板的另外某个人将会来参加聚会。但在我看来,后件预设的是赫布和他的妻子都不是老板。请注意:按照标准观点,整个条件句的预设是:

(13)如果赫布和他的妻子都来参加聚会,那就存在一个不同于老板的 x ,使得 x 来参加聚会。

这个条件句是显而易见的,除了赫布和他的妻子是两个人之外,要想假定它,我们并不需要任何额外信息。因此,赫布和他的妻子都不是老板这一点被蕴涵或者被预设,任何有关于此的感觉都无法通过一种将(13)指派为(12)的预设的理论进行说明。[12] 这个简单的想法指的是,一般来说,如果我说某某和某某会来,而且他也会来,这里的预设就是,"他"是另外一个人。这个预设并不是通常说明给出的存在预设之外另外附加的,而是实际取代了这种存在预设。[13] 如何把这推广到其他事例? 这是一件复杂的事,但会在后面举例时出现。

---

[12]　如果我们假定这样一个背景,在其中如果没有自己的配偶相陪伴谁也不会来参加聚会,那么这一点即便对(11)也会是成立的。

更有甚者,许多人都期待参加这次聚会,这可能是背景假设的一部分。不然,这几乎就不会是一场聚会了。因此可以肯定,某个不同于老板的人将会参加聚会。于是,这种情况就会更接近于下面的(14)。

[13]　既然我认为(11)的后件预设了赫布不是老板,(12)的后件预设了赫布和他的妻子两人都不是老板,因此,一旦有人接受了卡图南和皮特斯的算法,(11)的预设就会变成"如果赫布来参加聚会,那么赫布不是老板",解读为一个类似于(12)的实质条件句。索姆斯(Soames, 1979)和盖士达(Gazdar, 1979)发现,在有些情况下,一个条件句的后件好像是被预设好的。然而,我们可以像卡图南和皮特斯提议的那样,对此给出一种格赖斯式的回应,并论证,既然(该公司或集团)已经有了一个唯一的老板,那么,断言这个实质条件句的唯一根据,可能就是关于后件的真值函项知识。赫布来不来参加聚会和赫布是不是老板这两者之间没有任何关系。参看索姆斯(1982)对于更早时候他和盖士达提出的方案与卡图南和皮特斯方案之间的比较的讨论。我之所以认为预设赫布不是老板的是该条件句的后件,而不是条件句整体,以及语用的格赖斯型理由必须用于解释把相同的预设附加给整个条件句的直觉(假定了卡图南和皮特斯算法),是有自己的理由的,关于这些,可以参看后面我对(20)的讨论。

一般认为,预设是从下面这个回指要求产生的:当人们说到"也"时,指的是某种并行信息,这种信息或者处在另一从句中(这是投射问题有趣的案例),或者处在语境之中。[实际上是处在后面我所称谓的"积极语境"(active context),而不是"消极语境"(passive context)之中。有人可能想要通过某种理论的形式,把从句事例归入语境事例之中,但在这里我不打算采取其中任何一种方式。]当焦点要素是一个单称词项时,它被预设与并行从句中其他相应要素或(积极)语境中其他信息点是非共指的(noncore-ferential)。既然我们所拥有的是一种回指,我们所需要的就是一个与代词回指并行的理论,这个理论将要回答这个问题:何种类型的回指是允许的,这些新型预设性回指是如何与人们更熟知的其他类型回指(包括日常的回指代词)相互联系的。

下面这个例子更简单,而且十分引人关注:

(14)山姆今晚也在纽约吃晚餐。

我们设想(14)是突然说出来的一句话;它没有预设任何这样的语境,在其中我们所关心的是在纽约吃晚餐的其他任何人。[14]通常的观点认为,(14)的预设是,某个不是山姆的人今晚正在纽约吃晚餐。但这是错误的。因为只要一个句子的预设得到了满足,这个句子也就会是恰当的,而通常的观点所断言的是,(14)几乎总会是恰当的,不用考虑任何特殊语境。可以肯定,在一个给定的夜晚,会有许多人正在纽约吃晚餐。但与通常的断言相反,"也"在这里尤为奇怪是显而易见的。听话人会说:"也?你说'也'是什么意思?你心里想的是什么人?"。

示例(15)也是类似的情况:

(15)普里西拉又在吃晚饭了。

按照通常观点,这句话的预设是普里西拉之前已经吃过晚饭了。因为如果她是一个成年女性,这一点可能很容易假定出来,于是对(15)的言述应该总会是十分恰当的。但是,如果缺乏任何特殊的背景,对这样一个言述的自然反应是"你说'又'是什么意思?也许她在一个小时之前也吃过晚饭

---

[14] 关于这个例子的相关讨论在索姆斯(1989)最后一部分可以找到。正如我在注释⑨中所说,他很可能已经受到了这个讨论以及他在一个注释中归给我的那些例子的影响。

了？你是在暗示说她是一个吃货吗？或者,她在节食,本来就应该不吃晚饭的,但她最近打破了节食计划,现在又一次打破了计划。那么,这里你到底是什么意思呢?"显然,通常的预言是不正确的。

要想处理好(14)和(15)这样的例子,我的想法是区分两种类型的语境。⑮如果有的东西在会话中被明确提到,或者就是人们心里面想的,并且人们知道那就是自己心里所想的,或者从某个方面看十分显著,我们就称这种语境为**显著**语境或**积极**语境。积极语境除了包括各种断言,可能还包括一系列问题或论题。积极语境可能是一种复杂的实体,但它会是那种能够恰当使用**又**和**也**的东西。还存在一种**消极**语境,它是由说话者所能把握的一般性背景信息所构成的,但这种背景信息并不被看成是相关的或是说话者心里所想的。**也**和**又**应该指称并行的要素,也就是指称与"普里西拉吃晚饭""山姆在纽约吃晚餐""老板来参加聚会"并行的要素。这些并行要素必定来自积极语境,或者来自所说的断言中的其他从句。它们不可能仅仅来自消极语境:它们仅仅是众所周知的,这还不够。⑯

有些东西仅仅通过提到它就可以引入积极语境中来。考虑下面这个例子:

(16)今晚其他许多人正在纽约吃晚餐,而**山姆**也在那吃晚餐。

这仍然是一种相当奇怪的表达。为什么说话者非要这样说话呢?但一旦说话者这样说了——例如,一位心有担忧的母亲说,"山姆晚上真的要去纽约吗?那不是个危险的地方吗?"作为回应,你就可以这样说——其中的**也**是完全恰当的。⑰如果从(16)中把**也**去掉,得到的语句的内容就和下面(17)的内容一样了。

(17)像其他许多人一样,今晚山姆在纽约吃晚餐。

除了那些信息状态比较贫乏的人(对这些人来说,很大范围的可能世界

---

⑮ 这样做可以认为与索姆斯(1989)最后一部分提到的几个想法有关。

⑯ 请注意,与索姆斯(1989)所造成的印象相反,它不仅仅是这个问题:我们是知道正在纽约吃晚餐的某些不同的人,还是知道普里西拉已经在某些不同的时间吃过了晚餐?我们完全可以知道许多正在纽约吃晚餐的特定的人,或者知道某些特定的时间,普里西拉在此之前已经吃过晚餐,但在这里它们都是不相关的。

⑰ 尽管(16)是一个合取句,但我同样可以给出两个独立的句子,而仍然把许多人正在纽约吃晚餐这条信息置入积极语境。不过在这些情况下,**也**可以被视为回指性的。明确提及,是把某种东西置入积极语境的一种特殊方式。

都没有被排除在外),(17)只不过传达了与下面的(18)相同的信息,因为今晚许多人在纽约吃晚餐是一件众所周知的事。

(18)山姆今晚在纽约吃晚餐。

但是,如果说加上**也**仍然是恰当的,(17)和(18)就不一样了。如果有人只说了下面的(14):

(14)山姆今晚**也**在纽约吃晚餐。

如果没有任何合适的背景信息,这个**也**就是不恰当的,不应该被说出来,甚至不能对那位心有担忧的母亲说出这个词。然而,(19)是可以接受的:

(19)像其他许多人一样,山姆今晚**也**在纽约吃晚餐。

这里的预设(在这里是同义反复)是,"山姆"并不是这其他许多人中的一个。

另一方面,无论出于什么原因,只要有恰当的东西处在积极语境当中,(14)就会变得完全没有问题。积极语境不需要由一个从句乃至一个紧贴在前的话语要素所组成。对此已经给出了很多例证。这次会话的参与者们很可能在心里面积极想到的,是正在纽约吃晚餐的某些人。同样,就像上述讨论中提及的有关普里西拉的有些想法,如果人们心里有的就是这些想法,(15)可能就是恰当的。

因此,我的观点是:无论是在积极语境还是在其他从句或话语要素中,都存在着对并行信息的回指(back-reference)。如果某个东西被明确提到,或者如果它正好就是人们心里所想的,这个东西就进入了积极语境。然而,消极语境对于非同一性来说已经足够;人们不必非要想到或说出赫布不是老板,只要他们意识到这一点就行了。非同一性所需要的预设,无论是积极语境,还是消极语境,都可以满足。我相信,海姆(1983)把整个语境归入了一个大命题中,而这个大命题就是一个可能世界的集合。在我看来,下面这种情况似乎是有可能发生的,即不仅必定存在着两种语境,积极语境和消极语境,而且积极语境的性质至少要比单纯一个世界集要复杂得多。首先,积极语境是一个包含命题的集合,它最好被认为是自成一体的。再者,从这个集合除了可以区分出断言之外,还可以区分出问题和话题等等。换句话说,在这种语境中,我们甚至可能只拥有经过解释的语句,而不是命题。(既然它们已经在那,我们不妨直接使用它们。)这些推测中没有哪一个是关键性的。我当然不希望本文依赖于任何特定的形式语义学。

这里出现了一个重要问题。在讨论(11)时我发现了赫布不是老板这个预设。这个预设应该指派给后件——也就是指派给包含预设性要素**也**的从句——还是就像我们在许多这样的情况下直观上所认为的那样,应指派给整个条件句呢?如果我们只是把它指派给后件,我们就必须使用卡图南和皮特斯给出的那种类型的解释,以便解释清楚为什么我们会在直觉认为某种东西更强一些。事实上,我的确更赞成将其指派给后件。这样做的必要性可以从例句(20)看出来:

(20)如果南茜没有赢得这次比赛,而获胜者来参加我们的聚会,那么**南茜**也会来。

按照我的提法,这里的预设是,南茜将不会是获胜者。根据卡图南和皮特斯的观点,如果把这个预设指派给后件,它就会被"过滤掉",而且不需要被说出整个条件句的讲话者预先假定。在我看来,这个结果在直观上似乎是正确的。整个条件句绝不会预设南茜将不会获胜。因为这个预设在前件中已经非常明确地陈明了,因而它不需要被说出整个条件句的讲话者所预设。于是,在没有提前预设南茜不会是获胜者的情况下,(20)是可以接受的,而且它实际上与南茜完全可能赢得比赛这个想法明确兼容。

下面通过实例(21)来引入**再一次**的相应案例:

(21)如果卡斯帕罗夫在东京比赛中击败了卡尔波夫,那么,他很可能在柏林比赛中再一次击败卡尔波夫。

按照传统解释,指派给后件的预设是,卡斯帕罗夫之前击败过卡尔波夫。事实上,这件事可能是众所周知的。相比之下,我认为通常来说这个预设指的是,柏林比赛将在东京比赛之后举行。我们再一次看到,预设应该被指派给后件,而不是整个条件句,这一点应该基于下面这个并行的例子进行论证。

(22)如果东京比赛先于柏林比赛,并且卡斯帕罗夫在东京比赛中击败了卡尔波夫,那么,他很可能将在柏林的比赛中再一次击败卡尔波夫。

和此前一样,(22)不需要预设(在整个条件句中)东京比赛将先于柏林比赛,因为这已经在前件中明确陈明,并在整个条件句中被"过滤掉"了。

下面让我们考虑停止(stop)的案例(也许这是最出名的一个)。

(23)如果山姆在观看歌剧,那么,当华盛顿红人队的比赛开始时,他将停止观看歌剧。

在我看来,指派给停止的一个预设是,红人队的比赛是在歌剧进行中开始的,而不是在歌剧刚开始的时候开始的。后件的传统预设,也就是山姆此前已经在观看歌剧,当然也是有效的,但在(23)中,由于该预设已经明确包括在前件之中,因此它被过滤掉了。然而,后件的预设能够被过滤掉也只是因为这一预设,即红人队的比赛是在歌剧开始之后开始的(而实际上,在歌剧上演期间,这一点对于这种过滤来说并不是必要的)。

然而,在以下两者之间好像存在着重大的差别:一方面是停止的案例,另一方面是又和也的案例。又和也对积极语境或其他从句中的并行信息具有习惯性回指,但这对于停止并不总是能够成立。比如:

(24)吉尔已经停止吸烟了。

只要她抽烟这件事是会话参与者们所周知的,即使人们对吉尔抽烟没有任何特殊的关切,(24)也是某种可以说出来的东西。并不要求这个假定必须出现在积极语境或其他从句之中。可见在这方面,停止的情况与我针对又和也所说的话是不一样的。

就像刚刚所设想的那样,如果有人突然之间说出了(24)这句话,通常来说,预设就不会仅仅是吉尔过去抽烟这么简单了,还将包括她吸烟一直吸到最近。还可能存在着其他案例,其中的预设会更弱一些,但这里我不打算细讲了。[18]在某些案例中,会存在另一个从句或者积极语境的要素,它们给出了具体时间或日期,就像(23)中那样,此时就会存在一种想要的对该从句或要素的回指性指称。这种案例中的预设是:停止吸烟发生在那个时间之后,或者是在那个时间开始的一个连续时段之后,或者是在这样一个时段之后,即当停止吸烟发生并且包含回指要素的从句中提到的事情发生时,这个时段就会终止。

由此可见,在很多情况下,停止所触发的预设指的是时间或时段。如果出其不意地说出了(24),预设所指称的不过就是言述的时间,而在诸如

---

[18]　自从我给出论文初稿以来,佩德罗就给我提供了一些这样的案例。

（23）这样的例子中,所指的预设则是由其他从句或消极语境的其他元素所触发的。通常对于预设的说明,或许受到本文开头（以及这种弱预设实际上即为**停止**所触发的全部内容的地方）那个常见疑问例句的影响,已经变得太有影响了,而且它并不是普遍情况。[19]

考虑一个不同于**停止**的例子:

（25）正是约翰解决了投射问题。

我认为,这里存在对另一个从句或积极语境的强制（compulsory）指称。或者至少通常会存在这种东西;有时会存在某种（斯塔尔内克意义上的）接纳,当这个句子被引入时,就会出现这种东西。

索姆斯（1989:605）提到了一些与此相关的内容。假设某人突然说“正是玛丽弄坏了打字机”,这里不存在任何有关打字机已经坏掉的背景知识。那么,这句话的预设就是,有人弄坏了打字机（稍后我会论证对该预设的这种说明太弱了;但在这里我们暂且接受它）。接纳的情况有可能会发生;但索姆斯提出,关于这,还存在某种奇怪的东西——存在着一种假装,即假装在这句话之前的谈话主题就是去判定是谁弄坏了打字机。我赞成这种说法。

不过,在某些语境下,事情倒是也没有这么糟。这是学术写作中人们相当熟识的措辞手段,因此我们（学术中人）应该十分熟悉。我经常看到这样的句子:“It was Mary Smith who should be given the credit for first observing that...”（正是玛丽·史密斯应该获得赞誉,因为她第一个发现了＿＿＿＿）,“＿＿＿＿”处的信息实际上应该是读者们并不知道的。作者试图给出“＿＿＿＿”处的信息,与此同时把赞誉献给玛丽·史密斯。但是,主要的工作仍在于传递“＿＿＿＿”的信息。作者完全可能使用直接的断定说,“‘＿＿＿＿’是真的,是一个重要发现。玛丽·史密斯由于第一个发现了它因而获得了赞誉。”（当史密斯发现的这个假想的事实相当知名时,这个修辞手法有可能会是最常见的,但未必是这位读者所知道的。）

然而,关于“预设了什么”这个问题的上面这幅通常的画面,有些东西真的很糟糕,而且事实上是十分有害。我们可以用下面这个例子来说明:

---

⑲ 霍尔顿和迈克尔发现,我最初对**停止**的讨论在某些方面还不够清楚,我希望我的修订回答了他们提出的有关我的意图的疑问。

（26）如果约翰·史密斯昨晚在海滩散步，那么，昨晚正是贝蒂·史密斯在海滩散步。

后件通常预设的是下面这个（27）：

（27）昨晚有人在海滩散步。

根据卡图南和皮特斯的过滤规则，整个条件句的预设是下面的（28）：

（28）如果昨晚约翰·史密斯在海滩散步，那么，昨晚有人在海滩散步。

既然（28）为真无可争辩，因而（26）应该总是没有问题的。但（26）明显是一句很奇怪的话。下面这些例句同样如此：

（29）a. 如果莎莉反对他任职，那么正是苏姗提出了反对。

　　　b. 莎莉反对他任职，并且正是苏姗提出了反对。

这些都是相当奇怪的句子。按照通常的说明，（29a）（29b）和（26）一样，应该是完全可以接受的，但如果突然说出来，实际上会让人感到非常怪异。卡图南和皮特斯的过滤规则，如果用强调句所触发预设的通常那种说明考虑的话，会把（29a）和（29b）共同触发的下面这个条件句作为其预设：如果莎莉反对他的任职，那么有人反对，但这个条件句之为真是显而易见的。由此，（29a）和（29b）应该没有任何问题。

实际上，（29b）尤其会激起这种反应："等一下！你说正是莎莉反对他的任职，为什么你接着又说是苏姗反对呢？"你可以试着依据这些例子，通过说真正的预设涉及唯一性条件，来修改这种标准提法。按照这个提法，（26）真正预设的是，昨晚只有唯一一个人在海滩散步，（29a—b）真正预设的是只有唯一一个人反对他任职。这样就可以把两个陈述的奇怪之处解释清楚了。这样，（26）的预设就是：如果约翰·史密斯昨晚在海滩散步，那么唯一一个人昨晚在海滩散步，这个预设与其后件的断定直接构成矛盾。（29a—b）的情况与此类似。但是，这个提法并不管用，因为这样一个唯一性预设并非总是有效，这一点正是通常提法所正确断言的。例如，在任职一例中，"如果有人反对他的任职，我打赌正是莎莉和苏珊做的"这样的陈述毫无问题，但这与强调句中的唯一性预设正好相反。

在我看来，事情似乎是这样发生的：一个强调句需要明确指称积极语境或指称另一从句（正如上文提到的，有时候，预设可以通过带有容纳的修辞手段引入积极语境）。积极语境或其他从句确实蕴涵着某个人具有某种性质P,或是做过了某件事情。同时它也必定会提出这样一些问题:"谁具有那种性质?"或"是谁做了那件事?"强调句中给出的答案由其字面形式给出,这种形式是指,**正是如此如此做了这件事**,这个答案才被认为是对相关问题,即"谁做了那件事"的完整回答。

按照这种说明,(26)正常来说会让人觉得奇怪,这是因为,如果假定了前件,那么后件就不能对相关问题,即"昨晚是谁在海滩散步",提供完整的回答。同样,(29a)和(29b)也是奇怪的句子。例如,(29b)表明,即使前面的子句说的是莎莉反对他的任职,但对"谁反对他的任职"这个问题的完整回答仍然是由**正是苏珊反对它**提供的。

然而,有时候完整的答案并不能完整列出满足这个条件的所有东西。这个清单可能会受到积极语境中相关条件的约束。例如,有人可能会问:"昨晚哪个**女**人在海滩散步了?"有人可能会提出,约翰·史密斯总是有自己的妻子陪同,而且我们有理由认为他昨晚就在海滩散步了。在这样一种情境下,(26)是无可非议的,尽管在常规语境下它会让人感到奇怪。

在所有这些案例中,我都假定了所指的那些人的非同一性——例如,约翰·史密斯和贝蒂·史密斯、莎莉和苏姗的非同一性,等等。这就是这些例子让人感到奇怪的原因所在。如果我们拥有两种指称同一个人的方式,那么一种类似的强调句构造可能就相当完美了。虽然我可以用西塞罗和图利这个老掉牙的例子,但我们还是尝试一些别的例子吧。

(30)如果安伯雷子爵正在发表演讲,那么正是伯特兰·罗素正在发表演讲。

和以前一样,在(30)中,积极语境的问题可能是"谁在发表演讲?",但问题也可能会是"安伯雷子爵是谁?"或者"我应该去听一听由一位安伯雷子爵所发表的那个演讲吗?他是谁"?有人可能会回答,"是的,你应该去听一听",接着说出了(30)。[20]

---

[20]　罗素的父亲是安伯雷子爵(他的祖父也是)。罗素本人最终继承了这个头衔(后来又继承了"罗素伯爵"这个头衔)。人们可以设想(30)是在这么一个特定时间说出来的,此时罗素已经继承这个安伯雷子爵的头衔,但没有继承另一个。(实际上,伯特兰·罗素的父亲用"安伯雷"作为姓,用了安伯雷子爵这个头衔,但我不知道罗素本人什么场合这样用过——比如在发表讲演时)。在这个意义上,这个例子可能有些虚构的色彩。

同样,在恰当的语境中,我们还可以说出以下句子:

(31)如果《论表示》的作者正在发表演讲,那么正是伯特兰·罗素在发表演讲。

(32)如果伯特兰·罗素正在发表演讲,那么正是《论表示》的作者在发表演讲。[21]

不用把这些例子再梳理一遍,有一点也应该是清楚的:假拟强调句的情况和强调句的情况是类似的。

接下来我们考虑(33)。

(33)如果卡斯帕罗夫在接下来的比赛中没有击败卡尔波夫,他在**柏林比赛中可能**也(either)不会击败他。

也(Either)和也(Too)的表现是相似的,区别在于前者用于否定情况之下。(33)的预设是,柏林比赛不是下一场比赛。同样:

(34)山姆今晚也将不在纽约吃晚餐。

(34)的预设并不仅仅是:山姆之外的某个人今晚将不在纽约吃晚餐,这一点就像在(14)中那样,是显而易见的。更准确地说,这个积极语境当中的某种东西,必须提到特定的某个人、特定的多个人、一个人群,以及诸如此类,他们今晚也不会在纽约吃晚餐。

与(33)类似的一个例子是下面这个(35):

(35)如果卡尔波夫在下一场比赛中将死了卡斯帕罗夫,那么,挑战者将很有可能**在柏林比赛中**也将战胜冠军。

在这种案例当中,焦点要素应该不同于回指并行中的对应要素。因此,该条件句的第一个预设是,下一场比赛不是柏林这场比赛。但在这里还预设了,有些同一一和一个包含在前面例子中是默认的,因为它们的存在是通过单纯重复这些词项或是通过代词而得到显示的。在这里,它们已经变得很明确了。这里涉及的预设包括:卡斯帕罗夫是冠军,卡尔波夫是挑战者,任何把对手将死的人都会击败他或者她(最后一种情况就是一个包含关系)。[22]因此,除了被预设的非同一性,还存在着被预设的同一性和包含关

---

[21]　之所以补充(30)—(32)这几个例句,是为了答复索姆斯提的一个问题。

[22]　关于国际象棋的例子,我已经按照霍尔顿和迈克尔的意见进行了修改。他们关于**将死**的观点之一被礼貌性地淡化了。他们说:"认输是常见的事。"事实上,认输是锦标赛中的常(转下页)

系。我们需要这些东西,以便用来支持对并行信息的回指,而它们可能会来自消极语境或积极语境。它们也可能会被其他从句中的恰当信息过滤掉。类似观点也适用于**再一次**,(36)就表明了这一点:

(36) 如果卡斯帕罗夫在下一场比赛中将死了卡尔波夫,那么,冠军将有可能在柏林比赛中再一次战胜挑战者。

其中的预设如下:

> 下一场比赛将早于在柏林举行的比赛。
>
> 卡斯帕罗夫是冠军。
>
> 卡尔波夫是挑战者。
>
> 任何一个将死一个玩家的人都将击败他或她。

下面的例(37)阐明了有关于此的另一个观点。

(37) 那个共和党人支持这个议案,**布兰克参议员也支持它**。

这里相关的预设并不是单称词项之间的非同一关系,而是一个非党派性声明:布兰克参议员不是那个共和党人。在(37)中,**所有**共和党人应该都是支持该议案的,但这似乎不是必要的。下面的(38)就解释了为什么会是这样。

(38) 有些共和党人支持该议案,**布兰克参议员也支持它**。

这里我们再一次看到,相关的预设依然是,布兰克参议员不是一个共和党人。

接下来我们考虑以下这两个例句:

(39) 化学家们将来参加聚会,**哈里也将会来参加**。

(40) 如果其他一些化学家来参加聚会,**哈里也将会来参加**。

(39)的预设是,哈里不是这些化学家中的一员。(40)的预设则恰好相反,它显然预设了哈里正是一位化学家,而这个预设是由**其他**触发的,而不

(接上页)态,玩到明确把对手将死是很罕见的。严格说来,(35)以现在所说并没有什么问题,但存在着某种隐含之意,即比赛玩到了把对手将死,这是虚构的。(也许还存在某种暗示,即这是一个冠军系列赛,在我的印象中,这样的比赛很少在很多不同的地方进行。)我不是要更改这个例子,而是建议读者们去假定恰当的东西,即使它们与常见的事实正好反着。

是由**也**触发的。由**其他**触发的预设是最明显的预设回指的案例了。归于**也**的预设，哈里不是不同于哈里的化学家中的一个，乃是一种同义反复。

显然，(40)的逆命题也是可以接受的，记作(41)：

(41) 如果哈里来参加聚会，那么**其他一些化学家**也将会来。

此时由**其他**所触发的预设仍然是一样的，尽管回指的顺序颠倒了。此外，虽然其中很自然地包含了**也**，但就算没有它，(40)和(41)依然是可以接受的。

其他作为一个预设要素是如此明显，以至于我无法设想探讨预设的语言学文献没有提到它。尽管我并没有做过系统的研究，但它好像真的没有被提到过。㉓

还有另一种案例也会出现，其中，**其他**指称积极语境或之前的话语要素，例如下面的(42)：

(42) 史密斯将会来。**其他一些化学家**也将会来。

这样，由**其他**所触发的预设显然就是，史密斯是一个化学家。(43)是一个更复杂的例子：

(43) 史密斯将会来。哈里不喜欢史密斯。不过，如果其他一些化学家会来的话，哈里也会来。

(43)中由**其他**所触发的预设，或者是史密斯是一位化学家，或者是哈里是一位化学家(又或者他们两人可能都是化学家)，究竟如何，就要看所掌握的信息了。假定预设是这些情况中的第一个。在这种情况下，(43)最后一句中的预设就包括：由**其他**所触发的预设是史密斯是一位化学家，而由**也**触发的预设是，哈里不是史密斯(因为这个预设是前一个语句所蕴涵的，因而它也许是无效的)，哈里不是前件所假定的**其他一些化学家**(也就是除了史密斯之外)中的一个。在这个例子中，哈里本人可能是，也可能不是一个化学家。在(40)当中，我当然已经假定它是在没有之前语境的情况下说出来的，或者至少下面这一点是清楚的，即**其他**意在指称哈里，而不指称其他任

㉓　至少到1990年，在我读过的关于预设的语言学文献中，还没有看到过将**其他**作为预设触发词的实例。1957年我曾听到布莱克(在另一个语境中)提供的实例，出处是布莱克对佩普(A. Pap)一篇论文所做的评论，据我所知，这篇评论没有公开发表。但是，我找到了佩普死后出版的那篇文章的一个后期版本，其中提到了布莱克的例子。(Pap, 1960:50)。

何一个人。㉔

由**其他**触发预设的案例可以用来阐明如下通常观点的来源可能会是什么，即**也**具有一种弱的预设，它是在本文开头引用的索姆斯(1982)的清单给出的。考虑下面这个例子就可以看到这一点：

(44) 如果并非哈里的某个人是志愿者，那么**哈里也**会是志愿者。

按照当前模型，由**也**所触发的预设是什么呢？它指的是，哈里不是某个并非哈里的人。这无疑(十分显然)是真的。然而，有人可能会倾向于这样看待(44)中的情境：在(44)中，由**也**触发的预设在整个条件句中被过滤掉了，因而(44)本身没有触发任何预设。但这只能意味着，后件中由**也**所触发的预设是前件所蕴涵的。这个前件指的就是，某个并非哈里的人是志愿者。统一应用这个论证的话，本文开头引自索姆斯(1982)的关于**也**的预设的那种标准说明，似乎就能推出来了。然而，尽管这个论证看起来可能很有说服力，但实际上它并不能推出来。当前这个模型通过一种非常不同的方式来解决这个问题。而我希望我已经说服了读者，那种标准的说明不可能是正确的。㉕

当然，肯定会有这样一些个人言语、方言及语境，在其中**其他**信息没有被明确言说，而只是被意会了。在学校时有人告诉我们，不能放任将**其他**信息隐而不说——例如，如果不打算把我们自己**也**包括进去，那就不要说"我能轻松打倒屋里的**任何人**"。类似地，"在他的国家，哈里比身边**任何一个化学家**都优秀"，这可能意指身边任何其他化学家。也许甚至会有这样的方言，其中**有些化学家**可以这样来用。这所学校之所以坚持使用**任何其他**，其

㉔ 霍尔顿和迈克尔影响到了这个讨论。(42)和(43)这两个例子回应了他们提出的质疑。同时，最初讨论中的一些材料删掉了，因为他们的质疑让我对正确立场是什么变得没有把握了。

㉕ 实际上，关于**其他**的案例在我意识到的关于预设的文献中是没有的(见注释㉓)，但对索姆斯(1982)提到的许多其他的预设，可以给出类似的过滤论证，而它们在每个例子中都是错误的：

(i) 如果普里西拉之前已经吃过晚饭，那么她正再一次吃晚饭。(现在)

(ii) 普里西拉之前已经吃过晚饭，并且她现在正再一次吃晚饭。(现在)

(iii) 如果有人投票反对他任职，那么，正是苏姗投票反对他任职。

在这些例子中，前件均陈述了索姆斯(1982)提到的预设。既然这些预设在条件句(或合取句)被过滤掉了，看来由此就可以推出，这些前件必须陈明所需的全部预设。然而这种过滤论证绝不会是正确的。在任职的例子中，前件提出的问题——"如若如此，谁投票反对他任职呢？"——需要一个完整的回答。吃晚饭的例子中，(对一个正常成年女性来说)无论其前件或第一个合取支可能多么模糊或明确，它都给又提供了充分的语境，使其拥有恰当的回指。

原因可以归结为学校老师们对标准量化理论的推崇。实际上,如果我们遵从学校的禁令,我们的语言当然就会是更加精确而且没有歧义的。

另外一个问题是下面的(45)和(46)所阐明的。㉖

(45) 如果内布拉斯加州大学队来参加晚宴,剥玉米人队也会留下来喝酒。

(46) 如果波兰人打败了俄国人,那么匈牙利人也将打败俄国人。

显然,普遍词项和动词都能作为焦点要素以及作为同一性元素而被涉及。这一点在(45)中得到了说明,其中来参加晚宴和留下来喝酒是不同的。在我选的这个例子中,内布拉斯加州大学队和剥玉米人队是同义词。例句(46)采自索姆斯(1982:497)。其中,俄国人重复出现了两次,但在我看来,这里的预设是,波兰人和匈牙利人是不同的群体。

下面这些例句更加重要:

(47) 来自中西部的人将来参加晚宴,内布拉斯加州大学队也将留下来喝酒。

(48) 约翰所有的朋友都来自内布拉斯加州大学队,而比尔的朋友也全部来自中西部。

除了参加晚宴和留下来喝酒之间存在区别,(47)最重要的预设是内布拉斯加州大学队的人是来自中西部的人。内布拉斯加州大学队作为同一性陈述或包含陈述中出现的要素,是通过也对并行信息进行回指得到的结果。当然,内布拉斯加州大学队的人并不等同于中西部的人,准确地说,他们包含在中西部人这个集合当中。因此,这个句子的意思是,有一群来自中西部的人将来参加晚宴,而它们的某个子集——内布拉斯加州大学队的人——将留下来喝酒。(还有一个假设:那群来自中西部的人包含一些内布拉斯加州大学队的人。换句话说,这个子集是非空集。)当然,我们知道,如果来自中西部的人来参加晚宴,他们就会包括内布拉斯加州大学队的人,因为内布拉斯加州大学队的人就来自中西部。然而,和(48)情况类似,这种包含也可能正好相反。这里,第二个合取支中来自中西部的人这个集合的元素(它触发了这个预设)拥有这样一个外延,它包含(而不是被包含)来自内布拉斯

㉖ 这个问题在上面象棋比赛的例子中已经部分介绍过了。

加州大学队的并行元素的外延。这样,在(48)中我们就拥有和(47)中的一样的包含,只是这些词项出现的顺序以及它们与预设性词句之间的关联是反过来的。上文已经提到的一个与国际象棋比赛有关的包含,其中就有这样一个预设:将死意味着彻底击败。

帕蒂提到了一个类似的例子[27],这个例子多年前曾被致力于研究**也**的语法研究的学者们关注过。它和下面这个例句有些类似:"**如果约翰将在10点钟离开聚会,那么吉尔也将提早离开聚会。**"这个例句的预设是:那些10点钟离开聚会的人们将提早离开聚会。这里以及(48)中的关系就是我所说的**逆包含**或**超集**。

并非总是**必然**存在着严格的包含或逆包含。有时候,那些被预设处在包含关系之中的集合,并不是直接来自前件和后件,而是来自前件、后件,以及其他相关背景信息。[28]不过从语义上讲,这幅总体的画面应该是清楚的。包含和逆包含都是根据这个要求计算出来的:像**也**、**又**这些回指元素应该指称并行的信息。当我们遇到包含和逆包含时,它仍然是一个要从语法上进行刻画的项目。在上面的例子中,主词位置上有对谓词或群进行刻画的前件,要求后件中要有包含,谓词则相应要求有逆包含。[29]

对于**要么**,还有另外一种考虑。看下面这个例句:

(49)**要么华林数**(Waring number)**是奇数,要么华林数加6也是偶数。**[30]

---

[27] 这个例子是在本文所提交的那次研讨会之前的一篇论文中提出来的。

[28] 实际上,这种背景信息(可能处在积极语境当中)可能根本就不要求有任何包含关系。假设我们知道,来自纽约的人只有在他们的加利福尼亚朋友陪同下才参加活动。于是,有人可能就会这样说:

(i)如果来自纽约的人来了,**他们来自加利福尼亚的朋友们也将留下来喝酒。**

这里的预设是,如果来自纽约的人来了,他们来自加利福尼亚的朋友们也会来。但这显然不是什么包含——比如,来自加利福尼亚的朋友来自纽约。

[29] 如果相关前件被置入所有**A**都是**B**这种形式当中,且后者被表达为一个全称量化条件句,那么,主词在逻辑上将处在否定位置,后件则处在肯定位置。我试探性地猜想,这种情况和这种现象有关,并且有可能会导致普遍化。(在量化理论中,每一个原子公式都作为自身的一部分,处在肯定位置。在一个条件句的前件中,肯定和否定位置作为整个条件句的组成部分,是颠倒着的,而它们的位置在后件中则会得到保留。否定颠倒了肯定和否定的位置。合取、析取以及全称和存在量化使得肯定和否定的出现不可颠倒。)

[30] 一给定数字q的华林数是最小数,使得每个正整数都能表示成许多q次幂的和。(例如,每一个正整数都是四个平方数的和。)这里我假定参数q在之前明确的语境中提到过。

谓词**是奇数**可以被看作并行于**是偶数**。这个例句所预设的是,华林数像所有整数一样,如果它不是奇数,那就是偶数。为了给这里的**也**提供合理性证成,焦点要素是**华林数加 6**,它应该与华林数不同。

一个类似的例句是下面的(50):

(50) 要么老板将不来参加聚会,要么**约翰**也来参加聚会。

我假定这是可以接受的,其所预设的是,约翰不是老板。

另一个问题涉及有关这种类型的回指何时被允许的规则。这个问题类似于明确的代词和量化回指存在的那些相应的问题。让我举几个例子。

(51) 或许山姆会来参加聚会。如果没有董事会会议,老板也会来参加聚会。

显然,回指不必在同一个句子中,而是可以回指到前面的句子,至少,如果前面的语句距离所说的话语有适度的回指距离,那么情况就会是这样。在(51)中,由**也**触发的预设是,山姆不是老板。有关**其他**的例子上面已经说过了,而且总的观点在本文中实际也已经提出来了。实际上,只要预设处在积极语境之中,在前面紧邻的话语中,它就可以不说出来。

下面我们来看(52),它是以索姆斯(1982:525—526)的实例为基础的:

(52) a. 如果霍尔德曼是有罪的,(那么)**尼克松**也是(有罪的)。

　　　 b. **尼克松**也是有罪的,如果霍尔德曼是(有罪的)。

　　　 c. 如果**霍尔德曼**也是有罪的,(那么)尼克松是(有罪的)。

　　　 d. 尼克松是有罪的,如果**霍尔德曼**也是(有罪的)。

在(52b)中,并行要素出现在条件句的前件中,但在后件后面才被说出来。对我来说,这个回指问题类似于代词化的问题。要注意:这个问题与常见的基础性代词实例之间明显是类似的。

(53) a. 如果约翰有空,他将会来参加聚会。

　　　 b. 他将会来参加聚会,如果约翰有空。

　　　 c. 如果他有空,约翰将来参加聚会。

　　　 d. 约翰将来参加聚会,如果他有空。

(53a—d)中的**他**类似于(52a—d)中的**也**。此外,**也**在(52a—d)每个条件句中的位置,分别类似于**他**在(53a—d)每个条件句中的位置。然而,对回指的约束是不同的。众所周知,除了(53b),在(53)其他例子中,**他**和约翰都能通过回指关联起来。在这个例子中,**他**必定回指这个话语中某个(相当接近)此前提到的人,或者必定直接指称言述语境中某个人,而不回指约翰。

在(52a—d)中,回指的规则是不同的。在其中,**也**不可能触发从尼克松到霍尔德曼的回指的,是(52c),而不是(52b)。(52c)的情况和(53b)一样,对于先前提到的或者语境人物(比如约翰·米切尔)必定会存在一个回指或指示。③

当前这种说明的一个重要问题是:与代词回指规则相类似的那些预设回指规则是什么? 刚才我讨论了**也**的部分案例。对于本文讨论的所有预设要素来说,其规则不一定是相同的。

正常来说,预设就是我的理论所预言的东西。完全可能会出现一些貌似反例的情况,这时可能就需要我们弱化所预言的预设,但我所考虑的每一个这样的情况,似乎也都要求对标准观点相应进行弱化。这类情况好像经常涉及一些特殊类型的修辞,而且不应该被看作是典型的。②

参考文献

Evans, Gareth. 1982. *The varieties of reference*. Oxford: Clarendon Press.

Frege, Gottlob. 1892. Über Sinn und Bedeutung. *Zeitschrift für Philosophie und philosophische Kritik* 100:25—50. Trans. By Max Black, reprinted in *The Frege reader*, ed. By Michael Beaney, 151—171. Oxford: Blackwell(1997).

Gazdar, Gerald. 1979. A solution to the projection problem. In *Syntax and semantics 11: Pre-*

---

③ 在本文初稿中,关于(52d)是否可以接受我表达了一些犹豫(索姆斯当时是赞同它的),我当时说,有时候我确实是这样听到它的,但并不是总这样。现在来看,我没搞明白当时自己为什么会犹豫。同时,在最初版本中,还有某种与索姆斯本人对霍尔德曼-尼克松案例的讨论进行的某种比较。索姆斯指出,如果没有**也**,这几个陈述就是等价的,因为无论前件是在后件之前还是在其之后进行陈述,条件句都是等价的。于是他得出结论说,无论是语义学,还是格赖斯的会话隐含,都不能用来解释(52c)的特殊地位。我自己对此的解释是:关于**也**的回指规则,类似于(53)中关于**他**的众所周知的规则。有兴趣的读者可以把我的这个解释与索姆斯(1982:525—526)的讨论做一番比较。在最初对索姆斯的讨论进行评论结束时,我只是提出,但没有回答这样一个问题:他总结得出的教益在当前的分析中消失了,抑或是,这些教益可以得到他所举案例之外其他案例的支持呢?

② 参看本文开篇的注释,我在那里提到后来的一次研讨会,我在会上的确讨论了这类情况。

supposition, ed. By Choon-Kyn Oh and David Dineen, 57—89. New York: Academic Press.

Green, Georgia. 1968. On *too* and *either*, and not just on *too* and *either*, either. In *Papers from the Fourth Regional Meeting of the Chicago Linguistic Society*, ed. By Bill J. Darden, Charles-James N. Bailey, and Alice Davidson, 22—39, Chicago: University of Chicago, Chicago Linguistic Society.

Grice, H. P. 1961. The causal theory of perception. *Proceedings of the Aristotelian Society*, *Supplementary Volume* 35:121—152. Reprinted in part in Grice 1989, 224—247.

—— 1975. Logic and conversation. In *The logic of grammar*, ed. By Donald Davidson and Gilbert Harman, 64—75, Encino, CA: Dickenson.

—— 1989. *Studies in the way of words*. Cambridge, MA: Harvard University Press.

Heim, Irene. 1983. On the projection problem for presuppositions. In *Proceedings of the Second West Coast Conference on Formal Linguistics*, ed. By Michael Barlow, Daniel P. Flick-inger, and Michael T. Wescoat, 114—125. Stanford, CA: Stanford University, Stanford Linguistics Association.

—— 1992. Presupposition projection and the semantics of attitude verds. *Journal of Semantics* 9:183—221.

Karttunen, Lauri. 1974. Presupposition and linguistic context. *Theoretical Linguistics* 1: 181—194.

—— and Stanley Peters. 1979. Conventional implicature. In *Syntax and semantics 11: Presup-position*, ed. By Choon-Kyn Oh and David Dineen, 1—56. New York: Academic Press.

Kripke, Saul. 2005. Russell's notion of scope. *Mind* 114:1005—1037. Reprinted in this volume as Chapter 8.

Langendoen, D. Terence, and Harris B, Savin. 1971. The projection problem for presupposi-tion. In *Studies in linguistic semantics*, ed. By Charles J. Fillmore and D. Terence Lange-ndoen, 55—60. New York: Holt, Rinechart and Winston.

Lewis, David. 1979. Scorekeeping in a language game. *Journal of Philosophical Logic* 8:339—359. Reprinted in *Philosophical papers*, vol.1, 233—249. Oxford: Oxford University Press(1983).

Pap, Arthur. 1960. Types and meaninglessness, *Mind* 69:41—54.

Russell, Bertrand. 1905. On denoting, *Mind* 14:479—493.

Soames, Scott. 1979. A projection problem for speaker presupposition, *Linguistic Inquiry* 10: 623—666.

—— 1982. How presuppositions are inherited: A solution to the projection problem. *Linguistic Inquiry* 13:483—545.

—— 1989. Presupposition. In *Handbook of philosophical logic*, *vol.4*, ed. By Dov Gabby and Franz Guenthner, 553—616. Dordrecht: Reidel.

Stalnaker, Robert. 1973. Presuppositions. *Journal of Philosophical Logic* 2:447—457.

—— 1974. Pragmatic presuppositions. In *Semantics and philosophy*, ed. By Milton K. Munitz and Peter K. Unger, 197—214. New York: New York University Press.

Strawson, P. F. 1950. On referring. *Mind* 59:320—344.

—— 1952. *Introduction to logical theory*. London: Methuen.

第十三章 时间与思想之谜

假设在某个给定时刻,我在思考时间点(instant)所构成的一个集合 S(我把这些时间点称作"时间")。例如,我可以思考电视还不为人知之时所有时间的集合,星际旅行成为日常事务之时所有时间的集合,等等。请注意,我并不需要知道这里所讨论的这些集合是否为空集——我可以通过一种定义性性质来思考它。

但是,这里有一个问题:假设我在某个特定的时间 t_0 思考集合 S_0,而 S_0 包含了所有如下的时间 t:我在 t 时思考一个给定的时间集 S_t,但 S_t 不包含 t 本身。用通行的符号表示为:

$$S_0 = \{t \mid S_t \text{ 存在 \& } t \notin S_t\}。$$

现在,我在这个特定的时间 t_0 思考 S_0。那么,t_0 是不是 S_0 的成员呢? 读者可以自行补充所导致的悖论。

与罗素悖论非常相似,这里的问题很清楚。但与罗素悖论不同的是,假定"我思考一个(时间的)集合 S"这个谓词有意义,其中没有任何东西会与通行的策梅洛集合论,或 ZF 这类更强的理论不相容。我们只是在处理所有时间的集合的一个子集,它可以通过分离公理加以定义。①

我本来在 60 年代的某个时候就想到了这个问题。和我的许多其他作品一样,该篇文章的公开发表也被推迟了很长时间。不过我一直觉得这是一个有趣的问题,值得公开发表出来。

---

① 在策梅洛集合论常见的公理表达中,分离公理模式仅限于集合论语言中一阶可定义的性质。根据策梅洛本人的意图,分离公理说的是,任何"确定的性质"都可以用来定义一个给定集合的子集。因此,如果将语言加以扩充,从而使论证中所涉及的谓词有意义,我们就可以在扩充的语言的分离公理中将这个问题加以形式化。(顺便提一下,时间集可以等同于实数——这些加上一种通行的集合论定义——这减少了对额外初始符号的需求,尽管这样做并不是必须的。)

卡普兰后来发现了另一个谜题。他的谜题对可能世界和命题(等同于可能世界集)概念提出了如下质疑:如果所有世界的集合的基数是 κ,把命题当作可能世界集,则所有命题的集合的基数必定是 2^κ。卡普兰增加了下面这个额外的假定:对每个命题 p 和固定的时间 t_0,存在一个世界,使得我恰好只在 t_0 时心里面想到了命题 p。但这给出了一个集合的幂集到这个集合本身的一一对应,这与著名的康托尔定理相矛盾。(要注意,如果人们采用比可能世界集更精细的命题概念,那只会让问题变得更糟。)

在很长时间之内,卡普兰满足于让这个问题保持口头流传并被他人引用——尽管他在会议上报告过这个谜题——但他最终还是把它发表了。[2]他也对这个论证进行了形式化,尤其是引入了下面这个公理:

$$(A) \quad \forall p \Diamond \forall q(Qq \leftrightarrow p=q)$$

这里 Q 可以解释为某个人在某个时间想到了一个命题。[3]卡普兰争辩说,即使人们基于某种哲学理由或其他理由质疑(A),在模态逻辑本身的阐述中也肯定不能排除(A)。它在形而上学/哲学假定上应该尽可能保持中立。[4]很多年来,我都听到了人们表达这个观点,即所讨论的这种基数考虑对可能世界概念和"可能世界语义学"造成了真正的困扰。当我最终决定围绕这个问题进行写作时,我发现也有其他论文在讨论卡普兰悖论,而且以后可能还会有。[5]

在这篇短文中,我想说的是,无论卡普兰的论证所提出的问题是什么,

---

② 刘易斯(1986:104)说,他在1975年直接从卡普兰那里听到过这个悖论。我也是直接从他那里听到的;但具体日期我记不得了。其正式发表于1995年(Kaplan, 1995)。卡普兰说他对这个问题思考了大约15年(Kaplan, 1995:41)。我不确定这句话所暗指的是精确日期还是大概日期,因为与其著作(1995)出版的日期不同,我不知道卡普兰的论文是什么时候写的。然而,卡普兰在第一个注释中说这个论证的"处女秀"是在70年代中期,这与刘易斯说的时间大体相同。

③ 从语法上看,卡普兰将Q看作与◇同类的内涵性命题算子。

④ 抛开这个特别的问题不谈,在卡普兰所倡导的一般原则上,我与他看法一致。我之所以这么说,是因为其他人似乎认为,至少在以可能世界为基础的想法上,模态逻辑涉及丰富且有争议的形而上学假定,而经典逻辑则没有。比如,刘易斯在写到卡普兰的(A)议题时,就明确说:"我不是一个逻辑学家,形而上学的中立性不在我的目标当中"(1986:105, n.2)。很清楚的是,刘易斯的整本书实际上都是形而上学方面的研究。但我想,这种把模态逻辑当成深刻的形而上学主题的态度,并非只有刘易斯才有。

⑤ 例如,参看安德森(Anderson, 2009)和林德斯特伦(Lindström, 2009)。

它都不会真的是关于所有可能世界的集合这个概念的基数问题,⑥它也不必然要依赖于任何像(A)这样的假定。当然,卡普兰的论证,像他所给出的那样,看起来包括了所有这些东西。然而,我自己的谜题是就时间的情况给出的。时间与模态、时态逻辑与模态逻辑,以及时间点与可能世界所扮演的角色之间的类似都非常著名。⑦这里也没有任何基数问题。所有时间构成的集合的基数,只不过就是(实数)的连续统。因此,没有人会去质疑所有时间的集合这个概念是有意义的。我也没有提出过类似卡普兰的(A)那样的假定。我所假定的只是,我在给定的时间 t_0 可以自由地思考集合 S_0。这个假定不仅看起来无可指摘,而且我实际上就已经满足了它;因为在给出这个悖论时,我实际上就已经在某个特别的时间思考这个集合了。⑧当我把我自己的悖论告诉刘易斯时,他指出(在我看来,他是正确的),我也可以用人的集合而不是时间的集合来表述这个问题。或许他所想的是以自我为中心的逻辑,其中的人与时间或世界类似,都是适当的片段(indice)。⑨出于同样的理由,提出如下假定也是无可指摘的:我可以在一个指定的时间自由地思考作为世界 w 这一性质,而在 w 中我正好在那个时间思考一个可能世界集 S_w,使得 S_w 又不以 w 为其成员。事实上,和先前一样,在陈述这个问题时我不就已经这么做了吗?

尽管在我们讨论这个问题的时候,刘易斯似乎认可这一点:我的悖论表

---

⑥ 我实际上有自己的怀疑,如果我们可以谈论所有的可能世界,那么它们就不能构成一个集合,更不用说人们可以谈论它们的幂集了。但我的理由与这里的讨论不同。见下文的"最后非科学的附言"。

⑦ 但这个论证中没有任何东西依赖于对时态逻辑的承诺,这与径直将时间当作又一个索引的四维式处理是不一样的。

⑧ 或许同罗素悖论还有另一个模糊的类比。在考虑最大基数悖论时,他忽然意识到问题在于某种集合的存在,也就是所有并非自身成员的集合的集合。因此,正如哥德尔所评论的(1983:452),把这个问题从不必要的技术细节中解放了出来。然而,在当前的例子中,顺序恰好是反过来的。当前的作者,在思考罗素悖论的时候,直接发现了这里陈述的悖论,完全没有考虑过基数问题。相反,正是卡普兰在他自己的悖论构造中用基数悖论的术语来表述了问题。

⑨ 根据我的记忆,在这场对话发生的时候,卡普兰的问题已经以口头形式广泛流传开了。正如我说过的(注释②),我记得是从卡普兰本人那里听说的,而且作为回应,我也告诉过他我自己的悖论(见下文)。对刘易斯来说,也参看注释②。

卡普兰(1995:48—49, n.1)列举了许多他早先给出这个论证的场合,包括一份打印的摘要(1983)。他也给出了一个清单,其中包括了早先提到或讨论过他的论证的一些作者,包括刘易斯。我不打算讨论这些话题。

明,没有什么关于可能世界的特别问题不会是关于时间或人的问题,但在他关于可能世界的著作(1986:104ff)中却没有这场讨论的踪迹。他在那里只是拒斥了卡普兰的假定(A),而用康托尔的基数论证说,"大多数世界集,事实上他们中除了非常少数的之外,都不是合适的思考内容"(Lewis,1986:105)。他补充说,在论证假定(A)不能被排除时,没有"中立性"的位置。

如果我们只是用基数来思考这个问题,那么,就时间集而言,这里似乎没有任何悖论性的结论。很可能出现的情况是,大多数时间集不是我在任何特别的时间的思想对象。如果像刘易斯那样,用可能世界的术语来表述,结果看起来或许更糟,因为这可能意味着(足够近似)存在这样的命题,其本质是任何可能的心智都不能考虑到的。刘易斯在讨论中,用他自己的心理学观点争辩说这个结果不是不合理的。⑩

我也和卡普兰本人讨论过我关于时间的难题,并争辩说,它意味着关于可能世界和基数的特殊悖论并没有触及这个问题的实质。然而,我的对话又一次没有影响到他后来的谈论和关于这个主题的写作。我不知道他怎么想的,也不知道我是否正确地传达了我的观点。总之,这次讨论没有给他留下深刻的印象。

卡普兰最终得出的结论是,他的假设(A)直接导致了一种克里特型说谎者悖论(1995:45—46)。在这种意义上,他的论证或许支持了我的观点,即可能世界集及其幂集的基数并不是问题的实质所在。⑪

当然,作为对各自的问题的解答,我们(即卡普兰和我)所想到的第一件事情都是遵循罗素的分支类型论。这是罗素在处理克里特型说谎者悖论时明确提到的。当克里特人说,"克里特人所断言的每个命题都是假的",或者换种说法,"对所有的 p,如果一个克里特人说 p,那么非 p",克里特人的断言必须属于更高的类型,因此并不出现在量词"对所有的 p"的辖域之中。对

---

⑩　再者,在我看来,不接受卡普兰的(A)似乎并不必然导致人们接受这样的想法:存在着任何可能的存在物都不能想到的命题。我可以提到,在卡普兰关于(A)的直觉动机之外,他还通过与关于个体的谓词的相应假定的类比来提供抽象的动机(见 Kaplan,1995:43)。然而在我看来,与关于个体的假定的合理性的任何类比,都是有点可疑的,因为在(A)中我们所关心的是关于任意的世界集的假定,因而关心的是比世界本身更高类型的实体,但在个体的情况中则不是这样。

⑪　实际上,在卡普兰的论文中并没有强调这样的结论,而他明确地说(1995:46),悖论的产生并不能归咎于(A)。但是,那里的语境是,他在说分支类型论不应该作为问题的解答,而且其他许多经验上为真的假定也会产生说谎者悖论。

我的例子来说,人们用来定义时间集的性质必须具有不同的类型,"思考时间集"这个谓词也一样。人们在思考一个时间集时,必须通过一个定义性性质来思考,因此谓词"思考"具有不同的类型论层级。一旦人们观察到这种适当的限制,就必须说,上文所定义的谓词 S_0,要比用来定义 S_t 和包含在"思考"关系之中的性质,居于更高的类型。

很长时间以来卡普兰和我都有这个共识,即罗素的分支类型论的动机是以重要的哲学论证为基础的,而这被多数逻辑学家和哲学家误解和低估了。罗素引入分支的首要动机是内涵逻辑的问题,例如说谎者悖论。正是因为有了这种动机,他提出归约公理时并没有将分支一笔抹消。[12]

这里给出的悖论表明,归约公理并没有抹消分支类型论的内涵逻辑动机。通过内涵的分支类型论所提出的问题解答中,没有任何东西与接受策梅洛关于时间集的完整的分离公理相冲突,即便该公理允许集合通过非谓述的方式加以定义。关键在于,正如罗素的归约公理一样,人们可以在坚持关于外延的非谓述观点的同时,坚持关于内涵(分支的)谓述观点。[13]

然而,我并不打算把分支类型论当作对于我的问题或卡普兰问题的适当解答。如果人们以某种类似语义悖论的方式来思考内涵逻辑中的悖

[12] 罗素的动机在今天似乎得到了许多哲学家更好的理解,无论他们是否赞同将分支类型论作为适当的解答(这正是安德森和林德斯特伦的论文所表明的),而有些人从一开始就理解对了(例如,Prior, 1958,尽管他拒斥分支类型论)。

分支类型论还有另外一个动机,也是从罗素以及其他一些人的工作,例如从彭加勒(Poincare)和韦尔中来的。这个动机是不使用非谓述的定义来处理数学,尤其是分析。一旦人们拥有归约公理,他的确就清除了这个动机。[罗素在《数学原理》第二版的导言中的确讨论了没有归约公理数学能走多远的问题,所得出的是非决定性的结论,而且他也不知道韦尔已经做过的工作(见第八章,注释[61])]。在和我的对话中,以及在正式的文本中,著名的逻辑学家和哲学家都坚持认为,罗素在提出归约公理时完全清除了分支的动机。例如,在和克莱塞(Kreisel)的对话中,他向我表达了这样的观点:分支类型论是罗素的主要成就,但把它与归约公理相关联是愚蠢的。我回答说,有归约公理的分支类型论仍然具有内涵逻辑的动机,但我怀疑是否成功传达了我的观点。

[13] 有一个悖论肯定是基数问题,那就是与卡普兰问题有些类似的罗素的命题集问题。罗素假定,对任何命题集,存在唯一的命题作为其合取。但那样我们就会得到任意命题集到命题的一一映射,与康托尔定理"不存在集合的幂集到集合本身的一一映射"相矛盾。罗素要是在《数学原理》中讨论了这个悖论,并用分支类型论来解决它,哪怕用到了归约公理,他也会尽力澄清他的分支类型论的动机,以及为何归约公理没有消除这个动机。对这一点的阐述,见丘奇(Church, 1984)和克莱门特(Klement, 2005)等相关著作。米希尔(Myhill, 1958)重新发现了这个实质相同的悖论,表明该悖论正式出现于丘奇最具内涵逻辑特点的精致替代方案之中,而这个方案旨在对丘奇(Church, 1951)提出的关于含义和所指的逻辑进行形式化处理。

论——卡普兰甚至在他的案例中提到了这个类似,那么,分支类型论就类似于有穷的塔尔斯基层级。⑭一种替代方案是一种内涵逻辑,类似于我在本书第四章(Kripke,1975)中提出的方案,有许多论文对其加以推广或提出了择代选项。安德森和林德斯特伦在论文中提出了与分支方案不同的观点和择代方案(安德森特别批评了分支方案)。我不会在这篇文章中进一步探讨这个问题,因为我"不想做假设"。

最后非科学的附言:当我做模态逻辑语义学的研究时,我设定了一个世界集 K 和其上的可及关系 R,一个特别的现实世界,以及一个论域函数。我的主要目标是找到集合论上有意义的,对于有效性、可满足性和其他模型论概念的定义,使我们能够提出诸如完全性之类的问题。但在有效性的定义中,集合 K 是任意的,而且允许变化。我完全没有考虑过所有可能世界的**那个唯一的集合**(或类)。

因此,我尤其没有考虑过**不加限制地**在所有可能世界中为真的问题。(这个区分或许类似于"真"和标准量词逻辑中的"在模型中真"。)我更没有考虑过对模态概念给出一种归约性分析,而刘易斯肯定考虑过。但是,有了可能世界语义学,人们进一步考虑所有可能世界的**那个唯一的汇集中的绝对真理**,就是不可避免的了。我本人强烈怀疑它们能否构成一个集合,更不用说它们还有幂集(见注释⑥)。特别是,在我看来,假设对每个基数 κ,恰好存在 κ 个个体对象,这是可能的(这显然与我的模态逻辑观并不冲突)。但是,由这径直就可以推出,所有的可能世界不能构成集合。⑮但这与卡普兰的悖论和我的悖论都没有关系。无论人们如何看待卡普兰问题,我认为它都应该参照当前的问题来考虑。⑯

---

⑭ 也参见丘奇(1976)。

⑮ 根据我的记忆,朱斌(Jubien,1988)(我并没有为了写作本篇论文而重读此文)对可能世界的怀疑并不影响我最初的模态逻辑语义学,但会影响"可能世界语义学",如果后者要求任意高类型的可能世界集,而这种要求会因为可能世界不构成集合而得不到满足。这里或许可以做一些工作,但我不准备在这里展开讨论。

⑯ 我要感谢毕希纳、奥斯塔格,特别是佩德罗在我创作这篇论文时给予的帮助。我在克里普克中心的编辑们有理由抱怨,这篇文章所提及的复杂主题太过简略,它们的确需要给予更多处理和解释。我顺从他们之意做了一些工作,但完全满足他们的愿望,会使本文不再是陈述我自己的悖论,而是变成一部讨论诸如分支类型论等所有这些主题的专著。本文的完成得益于纽约城市大学研究生中心的克里普克中心的支持。

参考文献

Almog, J., and P. Leonardi, eds. (2009). *The Philosophy of David Kaplan*. New York: Oxford University Press.

Anderson, C. A. (2009). "The Lesson of Kaplan's Paradox about Possible Worlds Semantics." In Almog and Leonardi(2009), 85—92.

Benacerraf, P., and H. Putnam(1983). *Readings in the Philosophy of Mathematics*. 2nd ed. Cambridge: Cambridge University Press.

Church, A. (1951). "A Formulation of the Logic of Sense and Denotation." In *Structure, Method, and Meaning: Essays in Honor of Henry M. Sheffer*, ed. P. Henle et al. New York: Liberal Arts.

——. (1976). "Comparison of Russell's Resolution of the Semantical Antinomies with that of Tarski." *Journal of Symbolic Logic* 41:747—760.

——. (1984). "Russell's Theory of Identity of Propositions." *Philosophia Naturalis* 21: 513—522.

Gödel, K. (1944). "Russell's Mathematical Logic." In *The Philosophy of Bertrand Russell*, ed. P. A. Schlipp. Evanston, IL: Northwestern University Press. Reprinted in Benacerraf and Putnam(1983), 447—469; references are to the reprint.

Jubien, M. (1988). "Problems with Possible Worlds." In *Philosophical Analysis: A Defense by Example*, ed. D. F. Austin. Norwell, MA: Kluwer, 299—322.

Kaplan, D. (1983). "Abstracts of Sections 5 and 12." In *7th International Congress of Logic Methodology and Philosophy of Science*. Salzburg, Austria: Hutteger.

——. (1995). "A Problem in Possible-Worlds Semantics." In *Modality, Morality and Belief*, ed. W. Sinnott-Armstrong, D. Raffman, and N. Asher. Cambridge: Cambridge University Press.

Klement, K. C. (2005). "Russell-Myhill Paradox." *Internet Encyclopedia of Philosophy*. http://www.iep.utm.edu/par-rusm

Kripke, S. (1975). "Outline of a Theory of Truth." *Journal of Philosophy* 72:690—716. Reprinted in this volume as Chapter 4.

——. (2005). "Russell's Notion of Scope." *Mind* 114:1005—1037. Reprinted in this volume as Chapter 8.

Lewis, D. K. (1986). *On the Plurality of Worlds*. Oxford: Blackwell.

Lindström, S. (2009). "Possible World Semantics and the Liar. Reflections on a Problem Posed by Kaplan." In Almog and Leonardi(2009), 93—108.

Myhill, J. (1958). "Problems Arising in the Formalization of Intensional Logic." *Logique et*

Analyse 1:78—83.

Prior, A. (1958). "Epimenides the Cretan." *Journal of Symbolic Logic* 23:261—266.

Russell, B. (1903). *Principles of Mathematics*. Cambridge: Cambridge University Press.

Whitehead, A. N., and B. Russell. (1910, 1912, 1913). *Principia Mathematica*. 3 Volumes. Cambridge: Cambridge University Press. 2nd ed., 1925(Vol.1), 1927(Vols.2, 3).

图书在版编目(CIP)数据

哲学的困惑:克里普克哲学论文选辑/(美)索尔
·克里普克(Saul A. Kripke)著;刘叶涛等译.—上
海:上海人民出版社,2024
书名原文:Philosophical Troubles:Collected
Papers,Volume 1
ISBN 978-7-208-18515-9

Ⅰ.①哲… Ⅱ.①索… ②刘… Ⅲ.①哲学-世界-
文集 Ⅳ.①B1-53

中国国家版本馆 CIP 数据核字(2023)第 204201 号

责任编辑 陈依婷 于力平
封扉设计 人马艺术设计·储平

哲学的困惑
—— 克里普克哲学论文选辑
[美]索尔·克里普克 著
刘叶涛 雒自新 刘东 等 译

出　　版 上海人民出版社
　　　　　(201101 上海市闵行区号景路 159 弄 C 座)
发　　行 上海人民出版社发行中心
印　　刷 江阴市机关印刷服务有限公司
开　　本 720×1000 1/16
印　　张 29.75
插　　页 4
字　　数 453,000
版　　次 2024 年 4 月第 1 版
印　　次 2024 年 4 月第 1 次印刷
ISBN 978-7-208-18515-9/B·1710
定　　价 128.00 元